国家哲学社会科学成果文库

NATIONAL ACHIEVEMENTS LIBRARY
OF PHILOSOPHY AND SOCIAL SCIENCES

街区里的商人社会：
上海马路商界联合会(1919-1929)

彭南生 著

北京师范大学出版集团
BEIJING NORMAL UNIVERSITY PUBLISHING GROUP
北京师范大学出版社

彭南生　　男，湖北黄陂人，1963年10月生，华中师范大学中国近代史研究所教授，先后入选教育部新世纪优秀人才支持计划、楚天学者特聘教授、"万人计划"哲学社会科学领军人才等。曾任华中师范大学历史文化学院院长，校科研部部长兼社科处处长，现为华中师范大学副校长。长期从事中国近代经济史、社会史的教学与研究工作，主持国家社科基金重大攻关项目、教育部人文社科重点研究基地重大项目等多项基金课题，在《历史研究》《中国经济史研究》《近代史研究》《学术月刊》《史学月刊》等刊物上发表论文百余篇，在学术界产生了较大影响，曾获全国优秀博士学位论文奖、教育部高等学校科学研究优秀成果奖（人文社会科学）二等奖、国家级教学成果奖特等奖、湖北省教学成果一等奖等。

《国家哲学社会科学成果文库》
出 版 说 明

为充分发挥哲学社会科学研究优秀成果和优秀人才的示范带动作用，促进我国哲学社会科学繁荣发展，全国哲学社会科学工作领导小组决定自 2010 年始，设立《国家哲学社会科学成果文库》，每年评审一次。入选成果经过了同行专家严格评审，代表当前相关领域学术研究的前沿水平，体现我国哲学社会科学界的学术创造力，按照"统一标识、统一封面、统一版式、统一标准"的总体要求组织出版。

全国哲学社会科学工作办公室
2021 年 3 月

自　序

　　20世纪50年代，美国密歇根大学著名教授罗兹·墨菲将上海称为"现代中国的钥匙"，他连续用了两个"中心"来赞誉上海在中国的作用——"上海一直是从城市发难以至席卷全国的经济变革运动的中心"，"实际上成为整个长江流域的商业中心"，用了三个"之一"来称羡上海在世界城市中的地位——"主要的世界都市工业中心之一""全世界最前列的五大都市或六大都市之一""世界上最主要的金融中心之一"。① 当然，上海也是理解现代中国的"钥匙"，因为"上海，连同它在近百年来成长发展的格局，一直是现代中国的缩影"，两种文明在近代上海接触和碰撞，"现代中国就在这里诞生"。② 1991年，章开沅先生在为乐正博士的《近代上海人社会心态(1860—1910)》一书作序时写道："可以毫不夸张地说，如果不了解上海，就不可能真正地、深刻地、完整地了解中国近代史。"③我在从事中国近代史研究的过程中，似乎也从未绕开过上海史。作为近代中国经济、文化最发达的地区，上海自晚清以来，对近代中国历史上发生的若干重大历史事件产生了或显或隐、或重或轻、或急或缓、或直或曲的影响，不仅如此，作为近代中国最为活跃的历史舞台，一幕幕历史活剧也在上海上演，有些事件，看似微不足道，却"于无声处"挥写了浓墨重彩的一笔，有些团体，看似细小，却"曲径通幽"似的勾连起大的历史，五四运动后兴起的上海马路商界联合会，就是一例。表面上看，它只是中小

---

　　① [美]罗兹·墨菲著，上海社会科学院历史研究所编译：《上海——现代中国的钥匙》，上海人民出版社1986年版，第2—3页。

　　② [美]罗兹·墨菲著，上海社会科学院历史研究所编译：《上海——现代中国的钥匙》，第4—5页。

　　③ 章开沅：《序言》，见乐正《近代上海人社会心态(1860—1910)》，上海人民出版社1991年版，第1页。

商人自发组织起来的、以商业街区为活动范围的民间社会团体，在商人团体林立的上海，不足为奇，但仔细观察，在 20 世纪 20 年代的历史舞台上，上海马路商界联合会不仅在五四运动、五卅运动等全局性事件中积极声援，在反对江浙战争、反对曹锟贿选等重要事件中主动发声，在反对租界当局越界筑路、争取华人市民权的地区性事件中谋求作为，在"乔杨案""陈阿堂案"等维护华人权益的具体事件中彰显了强大的能量，而且在维护街区商业秩序，兴办教育、医疗等公益事业上倾力投入，其风头甚至盖过同一时期的上海总商会。这就是近代上海的魅力，上海处处皆历史。

我开始关注上海马路商界联合会，多少有些偶然。1998 年 9 月，我有幸进入南京大学历史系博士后流动站从事博士后研究，在合作导师蔡少卿先生的指点下，进行近代行业组织的探讨。为了充分搜集资料，我不仅北上京城，泡在国家图书馆，徜徉在近代中国文献的书山中，东进上海，调阅近代上海同业公会档案，而且系统翻阅了近代中国存在时间最长的报纸——《申报》。该报每天的"本埠新闻"版，最吸引我的眼球。1919 年后的"本埠新闻"版上，不同名称的"马路商界联合会"纷纷跳入我的眼帘，引起了我的注意。我边看边思考，这是一个怎样的团体呢？为何《申报》记者如此重视这个组织呢？而且有关马路商界联合会的记载连篇累牍，可谓不厌其烦，不厌其细。这不能不引起一个历史学者的好奇。

但是，我只能将这种好奇暂藏在心底。由于忙于博士后出站报告的撰写，我无暇他顾。2000 年 11 月，我顺利地从南京大学出站，回到母校华中师范大学，进入近代史研究所。我的时间更加充裕了，心底的好奇马上浮上心头。近代史所资料室藏有整套影印本《申报》，我制订了一个系统的计划，决定用三年时间逐日、逐版、逐字地将《申报》上有关马路商界联合会的报道与各种记载、评论，一一录入电脑（托信息化时代的福，我不用像老一辈学者那样"爬"格子，但信息化时代的"原住民们"——年轻一辈的学者自然会笑话这一计划的"笨拙"，不过，"笨拙"的好处却在于录入的过程也就是思考的过程，不像时下那些快餐式阅读，读完了也便罢了）。也许是好事多磨，2001 年 9 月，我应香港浸会大学的邀请，在亚洲基督教高等教育联合董事会（简称"亚联董"）的资助下，赴该校历史系访学，并承担了本科生"中国近代史"课程的教学任务，我又不得不暂时中断这一计划。2002 年 6 月，我结束访学回到学校，开始了边搜集资料边开展阶段性研究的生活。几年下来，我竟自得其乐地录入了《申报》上有关上海马路商界联合会的资料 300 余万字，年复一年地从故纸堆中录入文字本是一份苦差事，何乐之有？这也许就是近代上海的魅力所在，一方面，近代上海史可以看作近代中国大历史的浓缩，中国近代史上的若干重大事件在上海都可以找到蛛丝马迹，另一方面，马路商界联合会与上海地方史息息相关。随着资料积累的增多，更为好奇的问题也不断地浮现在脑际：一个自发组织起来的街区性商人组织何以能在一个历史时期内呼风唤雨？历史学者刨根问底的品性使得我对上海马路商界联合会的探讨爱不释手，以至于我一再推迟了其他国家社科基金项目的结项。

2005 年，我在《浙江学刊》第 6 期发表了《民初上海马路商界联合会简论》，这是我对上海马路商界联合会进行研究的第一篇论文，其后，我围绕这一课题先后发表了 20 余篇论文，涉及该团体的性质、兴起背景、组织沿变及生态、主要活动、历史影响，等等。在将其他课题陆续结项后，我又以上述前期成果为基础，申报了 2010 年度国家社科基金项目并顺利立项。本以为该项目基础良好，应该很快可以完成，但是，由于非学术性事务接踵而至，先是在历史文化学院院长任上，本已"驾轻就熟"，可以较好地兼顾学术与行政的时候，没想到在学校轮岗时被调换到学校科研部门，又从头学做新设立的科研部部长（兼社科处处长），刚刚熟悉这一新工作，又被组织任命为华中师范大学副校长，而且分管教学这一个大摊子，从附小一直管到继续教育，领域广、杂事多，在这一新岗位上，前两年基本上处在边学习、边工作的状态中，对于学术事业，时间真的是太过于吝啬了，我难以有一个完整的日子投入课题研究中，于是，又蹉跎岁月，直至今日。其间，还得力于近代史所的一些研究生，如何亚丽、韩海蛟、刘雅婧、杨美、李庆宇、杨利强、王丹辉、粟晨阳、朱力、赵肖、田军等，他们参与到对《民国日报》有关马路商界联合会资料的搜集与整理中，何亚丽、王丹辉同学还以上海马路商界联合会为题，撰写学位论文，探讨了上海民间商人团体的基层选举，或上海租界市民权运动，受到盲评评委和答辩导师组的好评，本书中有关马路商界联合会选举和市民权运动的内容也有她们的贡献。

本书出版之际，要感谢的人很多，要铭记的事也很多。我所在的华中师范大学为我的研究提供了良好的外在条件，中国近代史研究所为我调阅《申报》《民国日报》等报刊文献资料提供了极大的便利，许多国内学术期刊界的朋友们为阶段性论文的发表留出了版面，还有那些为论文发表而盲审的、提出了宝贵修改意见的、至今我仍不知其名的专家们！在研究过程中，陈来幸教授特地从日本给我寄来她在神户大学学报上发表的《上海马路商界联合会》论文，使我颇受启发。特别令人难忘的是，2012年我携带一篇与上海马路商界联合会有关的论文参加了在南非斯坦陵布什大学(Stellenbosch University)举行的第16届世界经济史大会，在"经济全球化背景下的中国商人和中国商业"分论坛上，日本学者久保田教授、顾琳(美籍)教授，伦敦政治经济学院的邓刚教授以及一些不太熟悉的外国教授等，在听完我的报告后，表现出了浓厚兴趣，顾琳教授还用中文提了两个问题：①除上海外，中国其他城市是否也有类似上海马路商界联合会之类的团体？②马路商界联合会与一条街道上从事同一行业的同业公会的关系如何？这两个问题既富有启发性，又具有挑战性，我当时依据所掌握的资料与顾琳教授进行了讨论，在后续研究中，我又重点关注了这两个问题。最后，我还要特别感谢我的夫人艾咏芳和儿子彭嵩颀。夫人一如既往地承担了全部家务，孩子在日本留学期间为我翻译了陈来幸教授的那篇日文论文。没有这样的环境，这本延误了的小书想要出版，恐怕也只能待之于来日。

目　　录

CONTENTS

绪　论

本书主要研究五四运动后上海马路商界联合会(以下简称"商联会")的兴起与发展、组织衍变、主要活动、结局及影响。据笔者所见资料,目前仅见20世纪20年代中期浙江嘉兴出现过"北大街商界联合会、中街城湾商界联合会、城东商界联合会、南门外商界联合会"等类似的街区团体①,但只在《申报》上有过间接记载。这更增添了笔者对上海商联会的好奇:商联会是一个什么样的团体? 在团体林立的大上海,为何会自发兴起一批以街区为活动范围的民间商人团体? 商联会产生了怎样的历史作用? 要很好地回答这几个问题,我们不能仅仅囿于社团史领域,也不能受限于社会学眼光,原因很简单,商联会存在于近代上海,离不开上海这块沃壤,商联会又与方方面面存在着密切关联,尤其是受到当时蓬勃兴起的政治运动的影响。因此,离开上海史探讨商联会或就商联会论商联会,都会使研究工作脱离大的历史环境,必须将视野放宽到城市史领域,把商联会放到近代上海城市发展的历史进程中,综合运用历史学、社会学、政治学、经济学等相关学科的理论与方法加以审视。

---

① 《嘉兴商联会被解散后乞援》,《申报》1925年9月6日,第14版。

一、城市史研究中的上海史①

城市是一个巨大的承载体，不仅人口集中，而且政治、经济、文化交汇，代表了人类文明发展的水平。因此，城市历来是中外学术界研究的一个重点，近年来，城市学俨然发展成为显学，历史学、地理学、建筑学、生态学、经济学、政治学、社会学等不同学科参与其间，丰富了城市研究的内容与视角。但是，任何一门学科对城市的研究都不可能是单一视角，这是由城市的综合性、城市问题的复杂性所决定的，各种学科相互渗透、互相借鉴，促进了城市研究的深入发展。

单就历史学而言，史学界对城市史的研究佳作频出，新论不断，据初步统计，从 1986 年至 2006 年的 20 年间，《历史研究》《中国史研究》《近代史研究》《史学月刊》等 8 种主要史学期刊上共刊发城市史及相关研究文章 390 篇。②2007 年以来，城市史研究的热度丝毫不减，据中国知网对 2007—2015 年的研究成果的检索，有关城市史研究的论文约 350 篇。③ 这些研究成果在时间跨度上，从中国古代延续至近代城市及当代城市；从内容上看，包括城市起源与形成，城市布局与建筑，市政建设与管理，城市经济、社会、文化等；从范围上看，涉及单个城市、类型城市、城市群等；从方法上看，涉及综合研究、比较研究等。综观有关城市史研究的成果，可以大别为三：

一是单个城市史研究。这是有关单个城市的综合性、整体性研究。"七五"期间国家社科发展规划布局了上海、天津、重庆、武汉四个重点城市史的研究课题，出版了张仲礼主编的《近代上海城市研究》（上海人民出版社 1990

---

① 这里并不是要全面地介绍和评价近代上海城市史的研究现状，只是将与本书有关联或有启发性的研究成果做一个简述，以从中得到借鉴。有关 20 世纪的上海史研究可参见熊月之：《20 世纪上海史研究》，《上海行政学院学报》2000 年第 1 期，第 92—105 页。

② 熊月之、张生：《中国城市史研究综述(1986—2006)》，《史林》2008 年第 1 期，第 21—35 页。

③ 这是对中国知网(Cnki. net)期刊部分包括史学理论、世界历史、中国通史、中国民族与地方志地、中国古代史、中国近现代史、考古、人物传记等，以"城市史"为检索条件，截至 2016 年 4 月 3 日的检索结果。

年版)、隗瀛涛主编的《近代重庆城市史》(四川大学出版社 1991 年版)、罗澍伟主编的《近代天津城市史》(中国社会科学出版社 1993 年版)、皮明麻主编的《近代武汉城市史》(中国社会科学出版社 1993 年版)。上述研究成果可谓中国近代城市史研究的代表性作品,其内容涵盖了中国近代城市的政治、经济、文化、社会、市政等方方面面,方法多样,且大体形成了以隗瀛涛为代表的"结构—功能学派"和以皮明麻为代表的"综合分析学派"。不过,这些研究在注重整体结构完整的同时,仍缺乏微观与深层次的探索。

二是类型城市史或城市群、城市带研究。这是单个城市史研究的逻辑延伸,标志着城市研究进入了一个新阶段。四川大学隗瀛涛开辟了类型城市史研究领域,他依据城市的历史属性和城市功能结构将城市划分为传统城市和开埠通商城市,前者又可细分为传统的行政中心城市、工矿业城市和工商业城市,后者又分为约开商埠和自开商埠,并主张对中国近代城市史进行分类研究。[①] 随后,何一民将"衰落城市"作为近代中国城市的一种"重要类型"进行了专题探讨,运用多学科方法,从社会政治经济变动、交通地理的变迁、战争的破坏、自然灾害的影响等方面全面分析了中国近代不同类型城市衰落的原因。[②] 蔡云辉的《战争与近代中国衰落城市研究》(社会科学文献出版社 2006 年版),以战争为观察视角,深入探讨了近代中国城市衰落的主要原因。张仲礼先后对东南沿海城市、长江沿江城市进行了研究。他首先将"东南沿海城市作为一个城市群来研究"[③],认为"东南沿海城市是一个有机的城市群,彼此之间存在着紧密的联系"[④],从而开启了中国近代城市群研究的序幕。紧接着,他又对长江沿江的重庆、武汉、南京、上海等 14 个城市进行了研究,基于"长江,作为天然的纽带,将他们有机地联系在一起"的城市带理念,从城市发展的个性中归纳出沿江城市之间的联系及其共性。[⑤] 从上海到沿海城

[①] 隗瀛涛主编:《中国近代不同类型城市综合研究》,四川大学出版社 1998 年版。

[②] 何一民主编:《近代中国衰落城市研究》,巴蜀书社 2007 年版。

[③] 张仲礼主编:《东南沿海城市与中国近代化》,上海人民出版社 1996 年版,"序言"第1—2页。

[④] 张仲礼主编:《东南沿海城市与中国近代化》,第 23 页。

[⑤] 张仲礼、熊月之、沈祖炜主编:《长江沿江城市与中国近代化》,上海人民出版社 2002 年版,"序言"。

市再到沿江城市，是张仲礼研究城市史的三部曲。上述研究多以城市化或城市近代化为主线，分析不同类型城市或城市群兴衰起伏的原因，总结类型城市的发展规律、挖掘城市群或城市带发展中的共性是研究者的学术旨趣。

三是城市史中的专门史与专题史研究。如前所述，城市是政治、经济、文化的聚合体，因此，城市史中的各种专门史，仍然受到各专门史的学者们的高度重视，大多名之以"××城市××史"，如段本洛、张圻福合著的《苏州手工业史》(江苏古籍出版社 1986 年版)，徐新吾、黄汉民主编的《上海近代工业史》(上海社会科学院出版社 1998 年版)，上海百货公司等编著的《上海近代百货商业史》(上海社会科学院出版社 1988 年版)，许金生的《近代上海日资工业史(1884－1937)》(学林出版社 2009 年版)等。近年来，城市史研究的视角正悄然转变，各种专题史的研究层出不穷，如城市社团、社会群体、城市管理、市政建设的研究方兴未艾，这类研究或转换视角、独辟蹊径，或借鉴相关学科的理论与方法，取得了令人瞩目的成果，成为城市史研究中的一个亮点。马敏、朱英合作开展苏州商会研究，"力图将对苏州商会的剖析同对近代社会结构变迁的分析相结合，透过商会而观察社会，展现当时城市社会组织的构造与经济、政治生活的实际运行"①。宋美云的《近代天津商会》对近代天津商会的兴衰的整个过程进入了深入研究，"对天津商会与国内外商会网络体系建构的基础、形式、特点以及它们之间的关系进行探讨"，对天津商会在市场经济中的作用、在城市社会建设中及政治参与中所扮演的角色进行了分析。② 严昌洪主编《近代中国城市下层社会群体研究——以苦力工人为中心的考察》，组织一批年轻学者对近代农民工、人力车夫、码头夫、粪夫、清道夫等苦力工人群体进行透视，使我们全面认识到了城市化进程中与城绅、商人、企业家、买办等上层人物相对的边缘社会群体。③ 这些研究使我们对城市史的某一侧面或某个层面有了更深入的认识，但此类研究往往忽视了城市史这个整体，大多从特定的经济史、政治史、社会史、文化史的角度出发，或站

---

① 马敏、朱英：《传统与近代的二重变奏——晚清苏州商会个案研究》，巴蜀书社1993 年版，"前言"第 3 页。

② 宋美云：《近代天津商会》，天津社会科学院出版社 2002 年版。

③ 严昌洪主编：《近代中国城市下层社会群体研究——以苦力工人为中心的考察》，湖北人民出版社 2016 年版。

在特定领域，对其研究对象与城市的联结关注不够，也就是说，没有将研究对象放到特定的城市环境中，似乎它们是脱离城市的独立存在。因此，这样的研究虽然在专门史上自成体系，或在特定领域中独自成篇，却缺乏宏观视野，不仅缺乏厚重的历史因果探究，也难以弄清其在城市发展进程中的地位与作用。

上海史也是国内外学者们关注的一个焦点。梁元生认为20世纪的上海史研究出现过两次热潮，一次在20世纪20年代和30年代，一次在20世纪80—90年代末。① 其实，进一步往下看，进入21世纪以来，上海史研究的热度依然不减。笔者无意系统梳理上海史研究的学术史，仅拣选其中一些代表性的学术著作，它们或在视角上，或在方法上给我们以启迪。葡萄牙学者裴昔司于1909年出版《晚清上海史》，与其说这是一部正规的上海城市史，不如说是一部战争（从鸦片战争、太平天国运动到上海小刀会起义）与近代早期上海的变革史。② 美国学者罗兹·墨菲的《上海——现代中国的钥匙》，也是国外较早出版的研究上海史的专门著作，他将近代上海的发展置于中国、亚洲乃至世界城市的发展格局中，从政治、地理、交通、人口、工业、贸易等多方面论述和比较了上海的发展及其特点。③法国学者白吉尔推出的《上海史：走向现代之路》，则为我们展现了中国传统文化与西方文化交汇融合的现代性的表现及其促使近代上海迅速发展的一个半世纪的历程。④ 考察西方学术界对上海史的研究，不能不提到魏斐德，作为国际著名历史学家，魏斐德的中国史研究钟情于上海，他将后半生的精力投入近代转型时期上海的城市社会管理的研究上，涉及上海的警察、战时恐怖主义与城市犯罪、共产党对上海市政警察的改造等方面，无论是论点还是研究方法都给人耳目一新之感。⑤

---

① 梁元生：《从〈上海通志〉到〈上海通史〉——一个城市的史学史》，见梁元生《晚清上海——一个城市的历史记忆》，广西师范大学出版社2010年版，第1—20页。

② ［葡］裴昔司：《晚清上海史》，孙川华译，上海社会科学院出版社2012年版。

③ ［美］罗兹·墨菲著，上海社会科学院历史研究所编：《上海——现代中国的钥匙》。

④ ［法］白吉尔：《上海史：走向现代之路》，王菊、赵念国译，上海社会科学院出版社2005年版。

⑤ 熊月之：《从上海史研究看魏斐德治史方法》，《杭州师范大学学报（社会科学版）》2013年第5期，第73—77页。

与国内学术界的城市史研究不同的是，国外的中国近代城市史研究者擅长于理论建构与模式创新。20 世纪 60 年代末至 70 年代，美国斯坦福大学施坚雅教授开始了对中国城市史的研究，并主编《中华帝国晚期的城市》，他创造性地引入宏观区域理论、"核心—边缘"论、"等级—规模"论等理论模式，对以市场为基础的中国城市层级结构进行了富有卓见的探索，在国际城市史学界产生了极大影响。① 威斯康星大学密尔沃基分校鲍德威关于济南城市变迁的研究，从现代化视角描述了 1890—1949 年济南的经济与政治发展，深刻分析了外国的影响、中国的政治领导、经济变化的一般模式与"济南现代化"这一总体性问题的关联度。② 罗威廉对汉口城市的系列研究，开创了中国近代城市史研究的另一范例，他从中西城市比较的角度，描述了 18 世纪末至 19 世纪末中国内陆城市的商业发展与城市社会组织，揭示了一条不同于西方城市化的中国商业城市发展的轨迹③，正如作者本人所阐述的那样："本项研究的目的是描述一个在全面效法值得怀疑的西方模式、进而偏离其固有发展道路、进入一个'泛文化的城市历史'发展阶段之前，中国城市的本土化发展达到最高水平的地方。"

在施坚雅、罗威廉等西方关注中国城市史的汉学家的影响下，日本也掀起了一股研究中国近代城市史的热潮，并在 20 世纪 90 年代初先后成立了上海史研究会与天津地方史研究会。据日本学者水羽信男研究，日本的中国近代城市史研究具有的几个特征如下：重视并研究城市作为中国的近代性得以发展的场所；将城市史研究作为进一步深入理解近现代中日关系的途径④，这方面的代表作当可数日本学者高纲博文的《近代上海的日侨社会史》(上海人民出版社 2014 年版)，该书用实证方法阐明了近代上海日侨社会的状态、日

---

① 王旭、赵毅：《施坚雅宏观区域学说述论——中国城市史研究的理论探索》，《史学理论研究》1992 年第 2 期，第 69—80 页。

② [美]鲍德威：《中国的城市变迁：1890—1949 年山东济南的政治与发展》，张汉、金桥、孙淑霞译，北京大学出版社 2010 年版。

③ [美]罗威廉：《汉口：一个中国城市的商业和社会(1796—1889)》，江溶、鲁西奇译，中国人民大学出版社 2005 年版；《汉口：一个中国城市的冲突和社区(1796—1895)》，鲁西奇、罗杜芳译，中国人民大学出版社 2008 年版。

④ [日]水羽信男：《日本的中国近代城市史研究》，《历史研究》2004 年第 6 期，第166—171 页。

侨的活动及意识，同时揭示了处于中日关系环节中的日侨在近代上海与中国社会相互依存、竞争、敌对的关系。高纲博文的夫人小浜正子则尝试从新的视角探讨城市社会史，她"从作为社团网络的城市社会发展史这一角度出发，重新探索当时上海社会的动向"①，从而很好地将社团的产生、发展与城市社会运动有机地统一起来。

如果说城市史是一门显学的话，上海史可以当之无愧地称为显学中的显学。上海是近代中国最大的通商口岸城市，人口最为集中，包括租界中的外国侨民在内的移民众多，市民构成复杂，工商业发达，文化多元多彩，上海的城市史与近代化进程也成为学术界关注的重点，有关成果可谓首屈一指。宏观叙述的上海史主要有刘惠吾主编的《上海近代史》（上下两册，华东师范大学出版社 1985 年、1987 年版）、唐振常主编的《上海史》（上海人民出版社1989 年版）、张仲礼主编的《近代上海城市研究》、熊月之主编的《上海通史》（上海人民出版社 1999 年版）。近年来，有关上海的各种专题史的研究层出不穷，如徐鼎新、钱小明的《上海总商会史（1902—1929）》（上海社会科学院出版社 1991 年版），忻平的《从上海发现历史——现代化进程中的上海人及其社会生活（1927—1937）》（上海人民出版社 1996 年版）等，关于近代上海社会团体、社会群体、社会生活、市政建设、城市管理等，均有学术著作问世。② 梁元生的研究涉及上海的多个层面，从道台到商帮，从会馆、公所到各类"局""堂"，从

① ［日］小浜正子：《近代上海的公共性与国家》，葛涛译，上海古籍出版社 2003 年版，第 38 页。

② 徐鼎新、钱小明：《上海总商会史（1902—1929）》，上海社会科学院出版社 1991 年版。陶水木：《浙江商帮与上海经济近代化研究（1840—1936）》，上海三联书店 2000 年版。郭绪印：《老上海的同乡团体》，文汇出版社 2003 年版。王菊：《近代上海棉纺业的最后辉煌（一九四五——一九四九）》，上海社会科学院出版社 2004 年版。易继苍：《买办与上海金融近代化》，知识产权出版社 2006 年版。方平：《晚清上海的公共领域（1895—1911）》，上海人民出版社 2007 年版。于珍：《近代上海同乡组织与移民教育》，社会科学文献出版社 2009 年版。张天政：《上海银行公会研究（1937—1945）》，上海人民出版社 2009 年版。李黎明：《近代上海摊贩群体研究（1843—1949）》，山东人民出版社 2013 年版。熊月之研究员任主任的上海城市社会生活丛书编纂委员会编辑出版的"上海城市社会生活丛书"第一批 12 种、第二批14 种，其中有关上海市政、交通与城建研究的著作有陈文彬：《近代化进程中的上海城市公共交通研究（1908—1937）》，学林出版社 2008 年版；孙倩：《上海近代城市公共管理制度与空间建设》，东南大学出版社 2009 年版。

宗教文化到中西书院，富有多种创见，其研究结集为《晚清上海：一个城市的历史记忆》，作者的学术诉求旨在论证"以上海为代表的中国城市，在其走向现代的历史行程及急剧变化之中，传统的'公共空间'也相应地出现了很大的变化"。①

　　笔者并非城市史专家，本书也不是专题性的城市史研究，但梳理包括上海史在内的城市史研究动态并非多余，因为马路商联会产生、形成于五四运动时期的上海，不仅得益于近代城市的兴起、发展及其共性，也取决于近代上海的独特性与现代性。因此，我们简要回溯国内外学术界关于近代城市史，尤其是近代上海史的研究，无非是从中吸取学术养分，将马路商联会的研究与上海史的时空背景连接起来，尤其是关注上海不同于其他城市的独特性何以孕育出马路商联会这样一个自发性的民间商人团体。当然，马路商联会作为近代上海社会的一个有机构成部分，它的历史本身也是上海史的重要内容，不过，这方面的研究仍然是上海城市史研究中的一个薄弱环节。

二、继承与创新：商人团体史研究如何深入

　　中国近代商人团体不仅包括综合性的商会组织，而且也应包含业缘性的同业公会和乡缘性的同乡会。同乡会本是异地同乡（包括在异地做官、求学、经商的各类同乡）的联谊团体，但在近代中国，尤其是工商业城市里的同乡会多已演变为以同乡商人为主的团体，如上海的宁波同乡会便是如此。有关中国近代商人团体史研究的回顾与总结论文较多②，笔者不再赘述。这些研究

　　①　梁元生：《晚清上海：一个城市的历史记忆》，广西师范大学出版社 2010 年版。

　　②　具有代表性的关于商会史研究的综述主要有徐鼎新：《中国商会研究综述》，《历史研究》1986 年第 6 期，第 81—91 页；虞和平：《近八年之商会史研究》，《中国社会经济史研究》1995 年第 4 期，第 74—82 页；胡光明、宋美云、任云兰：《首届商会与近代中国国际学术讨论会综述》，《历史研究》1998 年第 6 期，第 178—184 页；冯筱才：《中国商会史研究之回顾与反思》，《历史研究》2001 年第 5 期，第 148—167 页；冯筱才：《最近商会史研究之刍见》，《华中师范大学学报(人文社会科学版)》2006 年第 5 期，第 65—70 页；马敏、付海晏：《近 20 年来的中国商会史研究(1990—2009)》，《近代史研究》2010 年第 2 期，第 126—142 页；朱英：《中国行会史研究的回顾与展望》，《历史研究》2003 年第 2 期，第 155—174 页；朱英：《中国商会史研究如何取得新突破》，《浙江学刊》2005 年第 6 期，第 78—83 页。

成果为商人团体研究的进一步深入发展奠定了良好的学术基础，但是，如何在继承中创新却是一大难题。

一是理论创新难。近代商人团体史研究成就斐然，但也毋庸讳言，"翻烧饼"现象明显。纵观近30年的国内外商会史研究，早期学术界主要是将商会史纳入政治史视野，将商会作为中国近代资产阶级的载体加以探讨，突出研究商会的性质、作用与历史局限性，并以此论证中国早期资产阶级的软弱性与妥协性。随后，"传统与现代"关系理论（包括现代化理论）、市民社会理论（或曰国家与社会关系理论、公共领域理论）、社会网络结构理论、交易成本理论等，都被学者们运用丁商会史研究，进一步深化了对商会产生、发展过程中因果关系的分析。这些创新都得益于对相关学科理论与方法的成功借鉴，说到底，理论创新就是一种视角的变换，所谓"横看成岭侧成峰，远近高低各不同"，在不同的角度观察同一对象，多少会产生新的观感，视野的拓宽还可以使我们观察到过去未曾观察到或较少观察到的问题。因此，每一次新的理论方法的出现，都能或多或少带动商人团体史研究的新发展。但是，理论创新并非易事，虽然可以借鉴不同学科的理论与方法，但不同的学科有不同的知识结构，话语体系相异，语境不同，不能生搬硬套。于是，一些学者常常在绪论部分大谈理论的借鉴与创新，但在实际研究中，却是理论归理论，历史归历史，理论与历史的"两张皮"现象十分严重。经济史专家吴承明先生早就对历史学界借用经济学理论研究经济史提出过告诫，他指出，"在经济史论文中，时见'根据某种理论，应如何如何'语式，这是最笨的用法"，应该借鉴理论作为"思考方法和分析方法，加以运用"。① 研究近代商人团体史也不例外。

域外理论是依据其本国历史或经验建构起来的，移植到中国可能存在"水土不服"的现象。比如现代化理论主要是对西方历史与经验的总结，以西方国家为参照系，将现代化等同于西化，是一种变形的"西方中心论"。在现代化理论视野下，传统与现代是对立的，现代的必然是先进的，传统的必定是落

---

① 吴承明：《经济学理论与经济史研究》，《中国经济史研究》1995年第1期，第3页。

后的。因此，用现代化理论来研究非西方的历史文化，不仅忽视了人类文明演进路径的多样性与丰富性，而且也往往存在着削足适履的现象。又比如，市民社会理论运用于中国商会史研究，的确使商会史研究向前跨进了一大步，但是，运用不当也存在着削足适履的现象。朱英是较早也较成功地运用市民社会理论研究商会史的中国学者，但是，他"自己也感到运用西方的理论探讨中国的历史存在着不小的难度，也可以说有不少难以解决的问题，实质上就是西方理论的中国化问题"，他在研究工作完成后的后记中"曾说明两个未完全解决的难题：一是中国学者所从事的有关近代中国以及当代的市民社会研究，都是以西方先验的历史和由西方历史演绎出的理论作为参照系，较少结合中国的实际情况构建中国的市民社会理论，因而必然会存在理论上的困惑；二是西方的市民社会理论能否真正适用于分析中国的历史和现实，虽然该书（指《转型时期的社会与国家——以近代中国商会为主体的历史透视》——编者注）第一章对其可行性和必要性有所阐述，并在具体的论述中尽量注意近代中国不同于西方国家的历史特点，避免完全用西方的理论硬套中国历史，从中国的实际国情特点出发进行实证性的研究，同时对西方市民社会的理论在某些方面也有所修正，但却远未达到令人信服和满意的程度"。① 近年来，学术界在商人团体研究中的创新较少，与理论创新的难度分不开。

　　二是商人团体史资料的搜集、整理与共享难。一方面，我们已经进入了所谓大数据时代，史学界已有如黄一农、李中清等学者运用大数据方法研究"红学"史、中国人口史、历史上的社会流动等，并提出了新的创见，受到学术界的重视。但是，就商人团体史领域而言，已经出版的资料离真正的"大数据"相差甚远。近代中国商人团体的资料虽然浩如烟海，但分散在不同的地区、不同的单位，被很多机构视为己有，垄断独享，难以实现真正有效的开放共享。另一方面，档案资料的数字化也是一项耗费巨大的工程，单靠学者们的个人努力，是难竟其功的。史学是一门实证性很强的学问，依赖于史料的挖掘和整理，史料的有无、多少、辨析、解读等直接影响研究的广度与深

---

① 朱英：《中国商会史研究如何取得新突破》，《浙江学刊》2005 年第 6 期，第 80 页。

度，目前学术界已经推出了若干近代商人团体的史料专集，如由天津市档案馆、天津社会科学院历史研究所、天津市工商业联合会联合组织整理的《天津商会档案汇编》，由苏州市档案馆和华中师范大学中国近代史研究所联合编辑的《苏州商会档案丛编》等的出版，有力地推动了近代天津商会和苏州商会的研究。但其他地区的商会资料，尤其是诸如同业公会、同乡会之类的商人团体的档案文献，还没有进行系统性的挖掘和整理，限制了商人团体史研究的进一步深入拓展。

三是研究范围的拓宽难。如何准确地把握不同地区商人团体的地域性特征，是商人团体史研究中的一大难点。难就难在资料共享与方法创新上，资料共享的难度已如前述，方法创新也是制约商人团体史研究范围进一步拓宽的障碍。商人团体史研究已经形成某种定式或曰"套路"，遵循着"成立—性质—职能—作用"的路径，近年来，博士生、硕士生有关商会史研究的选题不少，名之为"某某地区商会研究"或"某某城市商会研究"，有关同业公会研究的选题也越来越多，如"某某行业同业公会研究"，但如果将选题中的此"某某"换成彼"某某"，将此行业换成彼行业，似乎也完全可以成立，出现了商人团体研究论文千"篇"一律、千"会"一面的现象。当然，并非说这些内容不重要，而是在探讨这些问题时不能停留在静态层面的制度层次，在近代中国，从晚清政府到南京国民政府，对具有法人性质的商人团体都制定有专门的商人团体法规，如《商会简明章程》《商会法》或《同业公会法》，据此制定的实施细则如《商会法实施细则》《同业公会业规》等也大体相同，因此，如果停留在文本上，或据文本找几个事例予以论证，那就难脱窠臼。

如何克服商人团体研究中的这些弊端？笔者以为，除了运用数字化方法加大资料的搜集、运用与共享外，还需要宏大叙事与精细描述的有机统一。宏大叙事与精细描述的有机统一不仅是一种书写方法，也是一种研究范式，研究者需要宽广的学术视野、理论关怀与工匠般的精致细腻。

首先，必须将商人团体放回到近代经济、政治、社会的大格局中，融进地方历史的大脉络。商人组织不是独立于特定社会环境之外的孤立团体，什么样的环境造就什么样的团体，也在一定程度上决定团体的形态与活力大小，商人团体也是一定时势，即历史发展到一定阶段的产物，脱离了特定的时势背景，商人团体也就成了无源之水、无本之木。因此，研究者需要具备开阔的视野，将商人团体史与所在地区的经济史、政治史、社会史、文化史等紧密结合起来。以同乡会为例，近代上海同乡会众多，不仅与上海在全国重要的经济地位有关，与它在国内外密切的贸易关系有关，也与海派文化的开放性、多元性相关，同时，不同的地域文化对同乡会组织造成了不同的影响，我们要着重讨论海派文化是如何融入上海的商人团体中的，海派文化是如何影响其团体建设、组织运行的，上海的同乡会组织又是如何将各地的文化习惯保存在组织中的。再以本书的研究对象上海马路商联会为例，在商人团体林立的上海，为什么五四运动前后民间自发形成了一批以街区为活动范围、以中小商人为主体的商人组织？要弄清这个问题，不仅需要将该团体放到特定的时空格局下，与五四时期的"大历史"相关联，同时也要与上海的"小历史"，即上海的政治、经济、文化等地方史紧密结合起来进行研究。简言之，研究者需要拿起学术的"瞭望镜"，全面观察商人团体周围的环境，找出适于或不适于商人团体生存、发展的条件，以及商人团体对所在地方的政治、经济、文化可能产生的影响。

其次，要加强精细研究，即在宏大叙事的背景下，注重组织、人物、事件的来龙去脉及其团体交往、人物关系，探讨隐藏在背后的复杂因素，研究者要善于运用学术的"显微镜"，在资料允许的情况下，刨根问底，不放过任何一个细节，没有精细研究的宏大叙事，容易造成研究对象的迷失。精细研究要善于多维度地观察，"精细的历史观提倡多向度的历史视角，主张历史中的区分和具体化，通过对历史细节的重建，再现历史的复杂性和多面相"①。例如，以商人团体为例探讨国家与社会的关系时，我们不仅要重视政府的经济政策与措施、经济法规的制定与颁布，商会与政府之间的公文往来，也不

---

① 马敏：《21世纪中国近现代史研究的若干趋势》，《史学月刊》2004年第6期，第9页。

能忽视商会人物尤其是商会头面人物与政府官员之间的交往，这类交往有时甚至影响到了政府经济政策的走向。对商人团体的精细研究，还要注意商人团体与区域外的商人组织之间的联系，以及同城的相同与不同类型的商人团体之间的交往，将特定研究对象置于商人组织这个大网络中。例如，对上海马路商联会的精细研究，考察各马路商联会之间的内生关系自是题中应有之义，作为自发性的商人团体，它们彼此之间有呼应、有合作，也有分歧、有斗争，细化研究有助于描述商联会的历史真相，此外，还要探讨商联会的外部共生性。在租界制度下，商联会是如何处理与租界当局的关系的？在由商会、同业公会、同乡会等织成的上海商人组织网络中，它们之间是如何互动的？精细研究要善于小中见大、见微知著，不能就事述事，就事论事，记流水账，陷入烦琐的细节考据而不可自拔，这样，只能是只见树木，不见森林。

最后，还需加强比较研究。随着社会经济的发展，从晚清开始，从商埠城市到较为繁盛的市镇，都产生了商会、商务分会以及或多或少的同业公会、同乡会，它们虽有很多共性，但是，由于不同城市的经济发展水平、地域文化、商事习惯不同，同一类型的商人团体也存在着差异性，只有善用比较法，才能突出不同地区商人团体的个性。

总之，要使商人团体的研究"活"起来，从文本出发的性质探讨，制度层面的静态论述，缺乏比较与联系的单一研究，都是我们应该加以避免的，宏大叙事与精细描述的结合，有望将商人团体史的研究进一步推向深入。

三、记忆与评价：上海马路商联会的史料及其研究

历史问题的发现或曰史学研究课题的形成大体有三种路径。一是到史料中去寻找课题。史学是一门实证性很强的学科，有一分史料说一分话，离开了史料，历史研究寸步难行。因此，历史研究者需要熟悉史料、掌握史料，通过对史料的比对、分类，从中提炼出有价值的课题。二是从历史研究的分歧中寻找课题。由于史学研究者的理论功底、情感取向、史料掌握程度不同，

对同一研究对象也许会存在不同看法。我们要认真分析产生分歧的原因，从分歧问题入手，重新进行理论审视、方法创新，扩大史料搜集范围，提出新的创见。三是从现实关怀的角度寻找史学研究课题。历史虽然不会重演，但历史与现实之间总有一定的延续性、连贯性，针对现实中的热点与焦点问题，追根溯源，分析历史原因，总结经验与教训，也可以产生具有学术价值与现实借鉴意义的课题。例如，生态环境史备受学者们青睐，很大程度上是由于我国的工业化发展已经或正在造成相当程度的环境破坏，研究历史上环境变化的过程及其经验和教训对当下的生态治理不无借鉴。当然，此种路径仍需谨慎，要防止历史研究成为现实的注解，形成影射史学，甚至使史学依附于政治，成为政治的附属品。虽然可以循此三种路径去发现历史问题，但一个有价值的历史课题的形成却是综合多种因素的结果，如研究者虽然掌握了充足的史料，但如果不了解研究动态，就可能造成简单重复，其学术价值也会大打折扣，如果只有现实关怀，没有足够的史料，这种研究也只能成为空泛的议论。因此，一个好的研究课题一定是史料充分，能够针对现有研究中的薄弱环节或分歧点，同时又具有现实意义的选题。本课题以上海马路商联会为研究对象，多少有些偶然。笔者在博士后研究期间，为搜集行会与同业公会资料，系统查阅了《申报》，翻阅到1919年五四运动后，《申报》"本埠新闻"版开始出现上海马路商联会活动的报道，而且篇幅、字数逐步增多，有时是整个版面的记载，这种跟踪式的报道一直持续到1929年南京国民政府对商人团体的整理结束之后，此后对此类民间商人组织也断断续续地有所记载。作为一名历史研究者，面对如此集中而且丰富的资料，犹如发现了一座学术富矿，在搜集行会史料之余，我也将上海马路商联会和与此相关的资料录入电脑，形成一个专题数据库。博士后研究结束后，我将主要精力用于扩大马路商联会史料的搜集与整理，同时开始了解商联会研究的学术动态，令人不解的是，如此活跃的上海马路商联会，学术界只有陈来幸、李达嘉等学者的寥寥数篇论文，可见其研究相当薄弱。幸运的是，我申报的上海马路商界联合会资料整理与研究相继获得了教育部人文社会科学重点研究基地与国家社科基金的资助，得以系统地扩大史料的搜集范围，开展阶段性研究①，为最终完成本课题的研究工作奠定了厚实的基础。

（一）上海马路商界联合会的史料构成

伴随着五四运动产生和成长起来的上海马路商界联合会，是一个非常活跃的商人团体，其影响力当与上海总商会并驾齐驱，甚至一度驾乎其上。从其产生的那一天起，上海地区的《民国日报》《申报》及其他地方报刊，对商联会的活动进行了大量的、连篇累牍的新闻报道，留下了大量珍贵的活动记录，

---

① 截至2015年，笔者围绕上海马路商联会公开发表了21篇论文：《民初上海马路商界联合会简论》，《浙江学刊》2005年第6期，第84—90页；《民族主义与人道主义的交织：1923年上海民间团体的抵制日货与赈济日灾》，《学术月刊》2008年第6期，第147—154页；《对商贩之死的抗争——以1926年"陈阿堂案"为讨论中心》，《江苏社会科学》2008年第3期，第205—214页；《权重还是利重：1922年上海银楼业罢工风潮的取向》，《浙江学刊》2008年第4期，第53—60页；《简论华盛顿会议前后的上海马路商界联合会》，《社会科学家》2008年第4期，第6—11页；《五卅运动中的上海马路商界联合会》，《安徽史学》2008年第3期，第60—69页；《20世纪20年代初期的上海铜元危机及其应对——以马路商界联合会为讨论中心》，见张宪文主编《民国研究》总第15辑，社会科学文献出版社2009年版，第80—96页；《五四运动与上海马路商界联合会的兴起》，《华中师范大学学报（人文社会科学版）》2009年第3期，第69—76页；《20世纪20年代的上海南京路商界联合会》，《近代史研究》2009年第3期，第95—114页；《论民初上海马路商界联合会的街区自治性》，《理论月刊》2009年第3期，第5—11页；《20世纪20年代上海商业街区的基层选举——以上海马路商界联合会为分析中心》，《江苏社会科学》2009年第3期，第176—184页；《抗捐与争权：市民权运动与上海马路商界联合会的兴起》，《江汉论坛》2009年第5期，第74—84页；《1921年上海公共租界乔杨案抗争的多重驱动——兼论近代上海马路商界联合会与同乡会的关系》，《浙江社会科学》2010年第3期，第97—102页；《20世纪20年代上海马路商界联合会的组织生态》，《华中师范大学学报（人文社会科学版）》2010年第6期，第48—55页；《屈辱的记忆：以"廿一条"国耻纪念为讨论中心》，《江苏社会科学》2010年第5期，第208—215页；《国民责任意识与上海中小商人团体力量的集结——以20世纪20年代上海马路商界联合会为分析重点》，《社会科学》（上海）2011年第4期，第137—146页；《1923年上海商界的反贿选运动——以上海马路商界联合会为分析中心》，《华中师范大学学报（人文社会科学版）》2011年第6期，第43—50页；《行小善：近代商人与城市街区慈善公益事业——以上海马路商界联合会为讨论中心》，《史学月刊》2012年第7期，第41—49页；《政争、权争与派系之争：上海商总联会分裂原因初探》，《史学月刊》2014年第8期，第42—52页；《江浙战争前后的上海马路商界联合会——兼论近代民间商人组织的自我建构》（与何亚丽合作），《江西社会科学》2014年第12期，第119—127页；《上海商总联会的形成、重组及其性质》，《华中师范大学学报（人文社会科学版）》2015年第3期，第136—146页。

成为本书的主要资料来源。国共合作时期，国民党非常重视民众运动，尤其是商民运动，《民国日报》作为国民党的机关报，大量宣传、报道商联会的活动，体现了国民党对商民运动的重视，这一点可以理解。但是，作为一份商业报刊，《申报》对商联会的跟踪报道频率之高、记载之详细令人吃惊，从该会产生的 1919 年五四运动后到形式上奉命解散的 1929 年，几乎无日不有记录，有时甚至整版予以报道。《申报》何以不吝笔墨、不惜篇幅，对商联会进行追踪式的报道呢？是《申报》的政治倾向发生了变化，还是商联会活动巨大的新闻价值带动了报刊销量的大幅增长而令报社如此感兴趣呢？这是长期萦绕在我脑间的一个问题，曾经供职于国闻社[①]的李子宽[②]在一则回忆材料中解开了笔者的疑团：

> 　　国闻社（成立于 1921 年 9 月）在创办后的几年中，为孙中山、段祺瑞、张作霖"三角联盟"宣传，直接反对直系军人统治的材料，倒并不多。相反，它每天所发的新闻中绝大部分都是关于上海各马路的商界联合会的报道。当时上海出现了许多马路商界联合会，或者按行业组织起来，或者按地区组织起来。这些中小商人，在他们的联合会中除了讨论本行业和本地区的个别问题外，还要从本身的利益出发对政治上的问题发表主张。于是它们的开会纪录，连同长篇累牍的"快邮代电"、"宣言"之类，都要借报纸作园地，这类的文字也就充分供应了通讯社，成了它的"资

---

　　① 国闻社，1921 年 8 月由胡霖（政之）创办，社址在上海四马路（今福州路 436 号）。胡自任总编辑，名义社长为邓汉祥。办社经费由孙中山、段祺瑞、张作霖各出 1000 银元。1922 年 4 月和 11 月分别成立汉口和北京分社。开办之初，主要是为当时孙、段、张的"三角联盟"进行宣传。1924 年江浙战争后，"三角联盟"瓦解，该社的政治背景也随之发生变化。该社还创办有《国闻周报》。参见马学新、曹均伟、薛理勇等主编：《上海文化源流辞典》，上海社会科学院出版社 1992 年版。

　　② 李子宽（1898—1982），又名李裕基，江苏常州人，1921 年参与国闻通讯社的组建工作，任该通讯社上海分社主任。1926 年兼任复刊后的《大公报》驻上海特派记者，1936 年任上海《大公报》副经理、经理。1937 年后，在重庆任该报董事会监事会联合办事处总书记。抗战胜利后，任上海新闻记者公会常务理事及上海报业同业公会理事长。中华人民共和国成立后，历任上海《大公报》副总经理，上海市政协常委、副秘书长，上海市政协文史资料工作委员会副主任兼办公室主任。（参见陈玉堂编著：《中国近现代人物名号大辞典（续编）》，浙江古籍出版社 2001 年版，第 99 页。）

料"。我所以要用"文字"这两字，不是没有特殊用意的，因为，就其质量来讲，其中许许多多实在够不上新闻的标准，也不为一般报纸读者所欢迎，无宁称之曰文字还比较老实些。我们当时每天发出的这类"新闻"几乎在万字以上，搞得人人手忙脚乱，自己翻阅一遍也要皱眉头。可是，不知道毕竟是幸事呢，还是不幸，当时各报社对之却并不讨厌。大概因为：这时有几家报纸采取了广告本位政策，为了吸收大量广告，不惜尽量扩大篇幅，而广告客户又要求把广告刊载在新闻版上(一部分报纸如此做，另外一些报纸不甘于过分相形见拙，也多少凑一下热闹)。这样一来，报纸也就不得不相应地扩大新闻面积。新闻既没有那样多，于是通讯社所供应的这许多质低量大的文件，便成为应运的"填充料"。如果今天有哪一位研究新闻史的朋友愿意翻阅一下那些年的上海报纸，不难发现这一个现象，得出相似的观感。①

可见，在时人的眼中，商联会的活动是够不上新闻的标准的，自然也就没有那么大的新闻价值。但是，这些老老实实的"文字"记录，随着时间的推移，却日益显现出历史价值。一是其记录的真实性与原始性，诚如时人所言，商联会的活动本无多大新闻价值，不过是一些"填充料"罢了，对记者而言，既无制造轰动效应的压力，亦无润饰语言所造成的虚空，只需要把商联会的活动原原本本地记录下来，从而为我们复原商联会的真实历史面貌提供了难得的第一手材料。二是报道的详尽与具体，由于此类文字主要只是为刊载广告而增加报纸的版面，甚至不用考虑读者阅读的需要，因此，相关记载不厌其烦，详尽细致。虽然其新闻价值不大，但失之东隅，收之桑榆，如此原始、真实、详尽、具体的记载，恰恰满足了历史研究者的需要。本书就是以《申报》《民国日报》《新闻报》等报刊文献的记载为主，再辅之以其他资料。

其他资料包括当事人的回忆和与马路商联会有关的当事方的记载。当事人的回忆是本书研究工作不可或缺的辅助材料。上海市工商业联合会曾于20世纪60年代初组织马路商联会的部分亲历者撰写有关该团体活动的回忆材料，一是保存历史的需要，二是为工商业的社会主义改造提供历史借鉴。虽

---

① 李子宽：《回忆"国闻社"》，见中国人民政治协商会议江苏省常州市委员会文史研究委员会编《常州文史资料》第 9 辑，1989 年，第 109 页。

然这些回忆难免受到时代环境的影响，但还是保存了一些真实的资料。从公布的这些回忆材料看，当事人大都是马路商联会的活跃人物，如余华龙、严谔声、蒋梦芸、虞仲咸、张静庐、许云辉、曹志功等，他们所熟知的内情是当时新闻报纸上难得反映的，尤其是国共两党对商联会活动的介入，这些活动当时都是在秘密或半秘密状态下进行的，只有通过回忆才能弄清其原貌。这部分回忆材料保存在上海市工商业联合会档案史料室，其中有部分内容收录在上海市工商业联合会、复旦大学历史系联合编辑的《上海总商会组织史资料汇编》中。

与上海马路商联会有关的各当事方的记载也为研究工作提供了难得的史料。(1)南京路商界联合会在各路商界联合会中规模最大、实力最强、组织最完备，1930年该会出版会刊，分别记载该会简史、该会历届工作纪要、夜校略史、会员录、历届会长及主席小传等内容，为我们窥探各路商联会提供了不可多得的珍贵史料，该史料现存于上海市档案馆，亦收录于《上海总商会组织史资料汇编》中。(2)上海马路商联会在五四运动、五卅运动中均十分活跃，这引起了公共租界工部局警务处的注意，从某种意义上说，上海马路商联会的活动均在各巡捕房的监控下，巡捕房的情报搜集与分析也是研究该组织的重要史料。(3)南非法官费唐于1929年受公共租界工部局邀请抵达上海对公共租界进行了独立调查，经过数月调查，形成《费唐法官研究上海公共租界情形报告书》(*Report of the Hon. Richard Feetham to the Shanghai Municipal Council*)四卷，其中关于各路商界总联合会及与之相关的记载具有重要参考价值。(4)1921年中国共产党成立，1924年国共合作，国共两党均非常重视民众运动的开展，资产阶级、小资产阶级也是共产党争取的对象，因此，在上海、江苏等地方党的文件、党的工作报告等文献中均有大量关于上海马路商联会的记载，这部分资料集中在由中央档案馆、上海市档案馆合编的《上海革命历史文件汇集》中，也是我们研究上海马路商界联合会的重要参考。此外，中共早期领导人如陈独秀、瞿秋白、恽代英、邓中夏、李立三等也有对上海马路商联会的分析或回忆。这些材料均收录于相关文集里，亦可供利用。

综上所述，有关上海马路商联会的资料包括新闻记载、时人调查、当事人口述与回忆等，为本书的研究提供了充足的原生态史料。

(二)上海马路商界联合会的自评与他评

上海马路商联会究竟是一个什么性质的团体，在历史上产生了什么作用，有待于史学工作者的探讨。历史研究贵在求真求实，因此，对上海马路商联会真实面貌的描述便是史学研究的题中应有之义，也是本书的主旨。但历史研究不应止步于此，史学的恒久魅力在于对历史事实的解释。因此，在开始研究之前，我们先看看当事人的自我评判、文学作品中的艺术建构、当时的政治人物对商联会的评价，这些都反映了社会不同方面对上海马路商联会的认识。

总体而言，商联会的自我肯定多。从商联会产生的动机看，它是在一个特定历史时期、在特殊历史背景下、由上海部分商人自发组织起来的、以街区为活动范围的民间团体，"立意甚高"。20 世纪 60 年代初期，上海市工商联邀请上海马路商联会部分当事人举行座谈，曾任商总联会议董的严谔声认为商联会就是一个中小商人的组织，他回忆说，在抗捐运动中，"客观形势上中小工商界对于联合起来成立自己的组织早已感到迫切需要"，并特别指出上海总商会长期以来对中小商人的种种排斥，于是，"工部局加捐案起，一触即发，中小户自己的组织就很快成立起来"。① 他肯定商总联会"是中小资产阶级和知识分子的联合组织，大资产阶级即使加入商总联，也不积极发挥作用"②。余华龙也认为"中小商人成立商总联会的目的，是要取得与工部局对话的一席之地"，"因为总商会会员都是工商界上层人物，在租界内违了章，只要在马路上签个字，就可以放行，而中小商人稍有越规往往被拘禁受惩罚，感到深受帝国主义压迫"。③ 也正是基于这一特殊背景，商总联会提出以"联络情谊，交换智识，发展自治，提倡国货"为宗旨，在上海总商会之外，独树一帜。各路商联会也提出了大同小异的办会目标。商联会成立后，十分活跃，

① 严谔声口述：《我与商界联合会》，《档案与史学》2002 年第 2 期，第 40 页。
② 严谔声：《严谔声回忆》(1960 年 11 月 25 日)，原件藏上海市工商业联合会档案史料室，转引自上海市工商业联合会、复旦大学历史系编《上海总商会组织史资料汇编》下册，上海古籍出版社 2004 年版，第 934 页。
③ 余华龙：《余华龙回忆》(1960 年 11 月 23 日)，原件藏上海市工商业联合会档案史料室，转引自上海市工商业联合会、复旦大学历史系编《上海总商会组织史资料汇编》下册，第 933 页。

彼此之间相互呼应，产生了一定的影响，因此，在商联会的自我"鉴定"中，多历数办会成绩。1922 年，商总联会自我总结了前几年的办会历史，指出"吾商界联合会，自组织以来，迄已数载，所有成绩，尚足称道，如要求修改洋泾浜章程，力争市民权，产生华人纳税会，选举华顾问，提倡义务教育，广设夜校，反对实施界内印花税，力办各种慈善事业，不为无功"①，并以此作为新、旧两总会合并重组的理由，同时高度肯定了商总联会在全国的影响，认为"本会已有五年之历史，争市民权时，成绩斑斑，全国皆知"②。福建路商联会会长邬志豪不无自豪地说："本埠商联会发起于民国八年间，不数月前后成立者三十四会，入会商铺三万二千余家，迄至今日，已至五十余会，东自引翔港，西迄七宝镇，横贯数十里，凡百商店，多在会员之列，由会员组成分会，由分会合组总会，谓为代表全埠市民，谁曰非宜。"③1927 年南京国民政府建立后，开始了对商人团体的整理，上海马路商联会也被列入清理解散之列，为了维护团体的生存，商联会列举了种种理由予以反抗，其实这也是一次清晰的自我形象建构。1929 年 4 月 5 日，上海 54 路商联会共同发表对于商界统一组织的宣言，对马路商联会自成立以来的历史进行了全面总结。在五四运动中，商联会"一致罢市，全国震动，世界惊骇"，结果，曹汝霖、陆宗舆、章宗祥被罢，中国代表拒绝在《巴黎和约》上签字，"卒以保全山东"，"虽不敢为此种结果由于我各路商界之力，然我各路商界因无负于国家者也"。随后，在抗捐斗争中，商联会"以路分名，集于一总"，成立纳税华人会，推举五代表为工部局顾问，"我各路商界对帝国主义者奋斗取回市民权，以促国家主权者，我各路商界因何负于国家哉"。在北伐战争中，"我各路商界实不让人"，"实堪自慰于国民革命可告无过矣"，"我各商界联合会之组织，惟其为适应社会生存之需要……故团结益臻巩固，而反抗军阀，反抗帝国主义之运动，更显露其强有力之表现，其当仁不让，见义勇为，证以我各路商界联合会无一有固定之产业而益彰，所谓牺牲自己，为益大众，我各路商界可当之而无愧"。五卅运动中，"我各路商界对帝国主义者奋斗之工作，又彰彰在人耳目

---

① 《定期商议合并商总联会》，《申报》1922 年 9 月 12 日，第 13 版。
② 《商总联会职员会纪》，《申报》1923 年 5 月 29 日，第 14 版。
③ 《组织市政筹备会之建议——邬志豪致总商联会函》，《申报》1925 年 3 月 7 日，第 13 版。

者也"。最后，在国民政府训政时期，"我各路商界应有组织，所以实为练习四权运用之工具，因我各路商界之组织，为平面之组织，所以于唤起之工作，收效尤为宏速，是岂具文之机关哉。是岂无益于实现三民主义之机关哉"。①上述评价虽是在商联会组织面临解散的特殊背景下的自我辩护，带有溢美与夸大色彩，但商联会在五四运动、五卅运动、北伐战争中的组织动员和积极参与则基本属实。费唐的调查报告也认为商总联会具有"半政治性"，他说，商总联会"含有半政治性质之团体。虽究其原始，本非政治组织，但对于政治问题，曾时常参预"。②

各马路商界联合会也不吝赞美之辞，余颜庭认为南京路商联会"执各路商联会之牛耳，而为海上独一无二之纯粹商人团体"③。时人亦谓："南京路为各路之冠，南京路商联会在总会中亦首屈一指。"④九亩地商联会则获得了会员的高度认可，商人纷纷赠以"商界保障""惠我商人""商人屏藩"等匾额。⑤这些商联会的成绩及其所受到的肯定也鼓舞了其他马路商联会的接踵而起，如1926年西城商联会在成立缘起中指出："商界联合会之性质，实为地方之真正市民团体，如北市租界各马路商界联合会之进步，大有一日千里之势。"⑥

商联会的自我定位也很高。"马路联合会者，上海市民六三运动之产生物也，其组织之基础为商店，其参加之分子为商人，可谓上海全部最普遍、最纯粹之商业团体"，"总联合会以为群众集合之总枢，上海市民能力之伟大，即可于此觇之焉"。⑦"成绩甚为优美，如组织纳税华人会，推举工部局五顾

---

①　《上海全市各路商联会对商界统一组织宣言》，《申报》1929年4月5日，第13版。

②　《费唐法官研究上海公共租界情形报告书》，见熊月之主编《稀见上海史志资料丛书》第9册，上海书店出版社2012年版，第501页。

③　余颜庭：《本会之责任》，原载《上海南京路商界联合会会刊》，转引自上海市工商业联合会、复旦大学历史系编《上海总商会组织史资料汇编》下册，第997页。

④　《纪南京路联合会之周年纪念》，《申报》1920年10月4日，第10版。

⑤　《九亩地商界拥护商联会》，《申报》1928年1月11日，第15版。

⑥　《各商联会消息》，《申报》1926年1月6日，第14版。

⑦　《两商总联会合并之酝酿——美伦里商总联会之宣言》，《申报》1923年7月4日，第14版。

问，皆商联会所得之结果。"①北城商联会冯秋心则将上海总商会与马路商联会做一番比较，认为"今日之商会，简直为武人政客之附属品，各路商界联合会则为纯粹平民机关"②。

相比之下，文学作品中建构起来的商联会形象远没有那么高大。作为一个街区性的中小商人组织，马路商界联合会在当时的上海可谓"家喻户晓"，这既与当时报刊对它的连篇累牍的报道分不开，也与当时文学作品中留下的形象不无关系，茅盾的短篇小说《速写》、秦瘦鸥的短篇小说《小店主》等作品里都留下了其印迹。在作家的笔下，商联会的形象并不好，著名的新鸳鸯蝴蝶派代表人物秦瘦鸥在他创作于 1938 年的短篇小说《小店主》中刻画了马路商联会一副"马路政客"的形象，故事的情节是这样的：小店主李兴几经周折、东拼西凑租下了一爿小店，不料刚开业二十几天，一位庄姓客人找上门来了，李兴接过客人递上的名片，一看来头不小："庄一公浙江鄞县，中国济众合群会理事……××路商界联合会总干事"。在李兴的印象中，这类人就是上海那种"并不需要有什么正常职业而生活永远比有正当职业的人还富丽的'马路政客'"。几句寒暄后，庄先生便说到新店家开业登记的事，"照从前太平时候的规矩，一爿新店开张了至迟二十天工夫，便得上联合会来登记了"，言下之意是，李兴有些破了规矩。李兴自然不服，便索要章程，直接看起了有关"会费"的规定："本会会员各视营业范围之大小，缴纳会费如左：(甲)铺面在两开间以上兼有楼面者，每月十六元；(乙)铺面在两开间以上并无楼面者，每月十二元；(丙)两开间铺面兼有楼面者，每月十二元；(丁)两开间铺面并无楼面者，每月八元；(戊)一开间铺面兼有楼面者，每月八元；(己)一开间铺面并无楼面者，每月五元；(庚)设摊营业者，每月二元。入会时一律各缴入会费三个月之数。"李兴认为会费太高，且要缴纳三个月的入会费，即使按(己)类算法，也需要 15 元钱，他有些不愿意。庄先生眼见"今天是不能有钱到手的了"，便起身欲走，临走时，掏出烟匣，问李兴："你们有白锡包吗？多少钱一听？"这明摆着是要顺便讨包烟抽，不料李兴却并不识相地说，"庄先生要买，就照本算一块零"，庄先生非常气愤地走了。第四天下午，一个"长

① 《沪南商联会筹备会纪》，《申报》1922 年 4 月 3 日，第 14 版。

② 《闸北五路商联会成立会纪》，《申报》1922 年 6 月 12 日，第 14 版。

着一脸横肉的家伙"到店里"买二毛钱巧克力糖",这天傍晚,"横肉脸"带着"另外两个穿玄色短衫裤的人和一个蓬头散发……的浦东女人"冲进小店里,开口便骂:"×那那娘的×!你们做生意这样不规矩吗?"不由分辩,"横肉脸"硬说孩子吃了店家卖的发了霉的巧克力,住进了医院,并要动手打李兴。好在老父亲出面向"横肉脸"赔礼道歉,并"拿出三张一元法币来解决了这件事"。到晚上打烊的时候,老父亲跟李兴说,"我要上一个朋友家里去一次",并带了 15 块钱。过了一天,庄先生坐着包车从店前经过,非常客气地与李兴父子打招呼,"李兴就明白了父亲那一晚拿去的十五块钱的用途,原来就是赶缴入会费",到了月底,"拿着×××路商界联合会的收条簿到李兴店里来收会费的竟就是那个横肉脸"。① 可见,在秦瘦鸥的笔下,像李兴这样的小店主,无论愿意与否,均得入会,照例缴纳 15 元的入会费和每月 5 元的月费,商联会的主要功能也就是采取正当与不正当的手段收取各种费用。虽然这只是一种艺术建构,但仍可以看出作为文学人的"他者"是如何看待马路商联会的。在60 多个马路商联会中,难免鱼龙混杂,参差不齐,如闸北虬宝路商联会就受到"如巧立名目、勒索捐费,虞立会长等各种病商情形"的指责②。

最后,我们考察一下中共早期领袖对上海马路商联会的评价。中国共产党成立后,非常重视革命统一战线工作,资产阶级尤其是小资产阶级是党争取的对象。恽代英认为:"各马路商界联合会,是一般小商人的组织,小商人比较大商人的革命性要强,反帝国主义性要厚,但虽有反帝国主义之心,而却是很害怕的。"③邓中夏持相同观点,他指出:"各马路商界联合总会为中小商人组织,每一马路或数马路的中小商店组织各马路的商界联合会,再联合成为总会;其中亦有大资本家在内,但为数较少。"④恽、邓等人的评价侧重商联会的政治性,将商联会看作小资产阶级的政治代表。但在陈独秀看来,上海马路商联会是一个不关心政治的组织,他将当时中国不关心政治的人分

---

① 秦瘦鸥:《小店主》,见《二舅——秦瘦鸥短篇小说选》,太平书店 1944 年版,第60—72 页。

② 《闸北商联会开会纪》,《申报》1923 年 8 月 29 日,第 16 版。

③ 恽代英:《恽代英全集》第 8 卷,人民出版社 2014 年版,第 102 页。

④ 邓中夏:《邓中夏全集》(下),人民出版社 2014 年版,第 1495 页;又见邓中夏:《中国职工运动简史(1919—1926)》,人民出版社 1979 年版,第 184 页。

为三类，其中第二类就是商界，他说："我们中国不谈政治的人很多，主张不谈政治的只有三派人：一是学界，张东荪先生和胡适之先生可算是代表；一是商界，上海底(的)总商会和最近的各马路商界联合会可算是代表；一是无政府党人……"①不过他同时认为，马路商联会是适合他所主张的城市自治的需要的，他说："城市的地方自治，要按着街道马路或是警察的分区，分做许多小自治区域，先从这小区域着手，不可急急去办那城自治市自治"，"上海各马路的商界联合会，颇和我主张的小组织相同"。②陈对商联会的评价则侧重其社会性，将商联会看作城市自治的载体。可见，恽、邓与陈等人对商联会的认识均各取所需，并非全面的历史评价。

当然，最客观的评价当数史学工作者的评价。不过，从现有研究来看，马路商联会仍是一个薄弱环节。学术界在相关专题如五四运动、五卅运动等研究中大多提及上海马路商界联合会，但要么语焉不详，要么一笔带过，在各种专门史如工人运动史、中共党史等著作中也偶有提及，但大多只有寥寥数语，对这个团体的面貌均不甚清楚。20世纪60年代初，中华书局组织力量编撰《辞海》，对上海马路商联会做了非常简要的诠释："1919年五四运动后上海各马路商店组织的中、小资产阶级的团体。1925年五卅运动中，该会在工人运动影响下，发动中、小商人举行罢市，并参加工商学联合会。后因帝国主义和大新资产阶级的威胁利诱而动摇妥协。1927年被国民党反动派撤销。"近20年后，暨南大学马列主义教研室中共党史组编写《中共党史名词解释》时仍一字不差地照录这一解释，关于上海马路商界联合会的研究并未展开。③

20世纪80年代末、90年代初兴起了一股辞典编撰热，如《民国大辞典》《中国商业文化大辞典》《中国改革大辞典》等均列有"上海马路商界联合会"条目，却存在基本史实的错误。例如，《中国商业文化大辞典》对上海马路商联

---

① 陈独秀：《谈政治》，《新青年》第8卷第1号，1920年9月，第1页。

② 陈独秀：《实行民治的基础》，转引自陈独秀著，乔继堂选编《陈独秀散文》，上海科学技术文献出版社2013年版，第35、37页。

③ 中华书局辞海编辑所修订：《辞海(试行本)》第8分册，中华书局1961年版，第300页。暨南大学马列主义教研室中共党史组编印：《中共党史名词解释》上册，1980年，第172页。

会做了如下描述：

> 民国时期上海中小商业资本家的联合团体。1919 年"五四"运动时期
> 成立。原称马路商会，最初由上海租界各商行店肆发起，继之南市、闸
> 北相继成立，租界、闸北地区的均以所在地马路为名，如河南路马路商
> 会、宝山路马路商会，故有此称。马路商会的成立旨在保护参加者的利
> 益，抵御外界各种压迫，其组织较为简单，遇有对外公共事项，仅由各
> 商行店肆老板、经理会集协商，议定后推举二三人出面处理、交涉。创
> 立时期曾积极参加"五四"反帝爱国运动。1924 年，马路商会更新组织，
> 扩充会务，改名为马路商界联合会，仍冠以某路某区字样。马路商界联
> 合会设事务处，推选会长负责会务，如调解劳资纠纷，负责治安保卫，
> 举办职工福利，参加社会活动和公益事项等。1925 年"五卅"运动中，各
> 路各区商界联合会曾一致抗议帝国主义屠杀中国人民的暴行，一度举行
> 反帝罢市斗争，并协同工界、学界组织工商学联合会。1927 年国民党上
> 海特别市政府成立，借口马路商界联合会为非正式团体，将其一律取缔
> 解散。①

事实上，从产生的那一天起，马路商联会大多称为马路商界联合会，也有少
数称为马路商业联合会，还有个别称为马路工商联合会，并非原称"马路商
会"，亦非于 1924 年时改称"马路商界联合会"，1927 年国民党政府也并未实
现对马路商界联合会的取缔解散。

　　不过，如何评价马路商联会，学术界却存在着分歧。黄逸峰、姜铎、唐
传泗、徐鼎新等前辈学者认为上海马路商总联会是五四运动前后涌现出来的
民族资产阶级的团体，"在'五四'运动反帝爱国浪潮的推动下，该会性质和宗
旨，已由最初的单纯反对增税，发展成为积极参加反帝爱国斗争，并要求参
预上海市政，改良商业，唤起上海市民自治精神的民族资产阶级群众团
体"②。"它不受资力大小或行业高低的限制，故群众性较上海总商会为广，

---

　　①　傅立民、贺名仑主编：《中国商业文化大辞典》，中国发展出版社 1994 年版，第
826 页。

　　②　黄逸峰、姜铎、唐传泗、徐鼎新：《旧中国民族资产阶级》，江苏古籍出版社 1990
年版，第 253—254 页。

入会者以商号居多，也有少数工厂、银行的代表，但大部分是中小企业的资本家或经理人"，因此，"商界联合会同总商会是代表上海资产阶级的不同阶层。作为同是资产阶级，两者有共同的利益和要求，也有基本相同的阶级性格；作为这个阶级的不同阶层和具有不完全相同的社会身份，在某些问题上又往往持有相异的态度"。① 在五卅运动中，"两大商界组织对待反对帝国主义的'三罢'斗争的群众运动，则表现了不同的态度"②。旅日华裔学者陈来幸基本同意上、下层的"分层"说，认为它们分别代表着对内、对外两种不同的角色，代表上层的总商会在对外、"对政府方面有着重要意义"，相比之下，让更为广泛的阶层能够参加的马路商联会则"扮演着推动市民运动这种对内方面重要的角色"。③ 同时，上海学术界开始了更细致的研究。郭太凤明确肯定商总联会是"上海资产阶级另一重要团体"，"也是上海马路商界的最高组织，在上海中小资产阶级中具有深厚扎实的根基，此后十余年中，在上海乃至全国造成不小的声势"，在《二十年代上海商总联会概述》一文中，他主要探讨商总联会与政界的关系，重点放在同国民党的关系方面。④ 此外，孙爱民的一篇未刊硕士论文《近代上海商总联会研究》，将商总联会的产生、主要活动及其解散的过程放到国家—社会互动的视角下加以探讨，是一篇具有一定开拓性的论文，但只是粗线条的叙述，有些重要方面如商总联会的离合纷争及其组织沿变等内容尚未涉及。⑤

台湾学者李达嘉明确肯定上海马路商联会系上海中小商人组织，"它在形态和性质上都不同于以往的商人组织，是由城市街道商店组织而成"，"从一开始，其政治功能便较商业功能强烈"，不过，李达嘉不同意过分强调商总联会与总商会的阶级对立性，他说："从政治行为观察，商总联会确实较总商会

---

① 黄逸峰、姜铎、唐传泗、徐鼎新：《旧中国民族资产阶级》，第294—295页。

② 黄逸峰、姜铎、唐传泗、徐鼎新：《旧中国民族资产阶级》，第297页。

③ [日]陈来幸：《上海各路商界联合会について(1919—1923)》，《神户大学史学年报》1988年第3号，第78—98页。

④ 郭太凤：《二十年代上海商总联会概述》，《档案与史学》1994年第2期，第42—45页。

⑤ 孙爱民：《近代上海商总联会研究》(未刊稿)，硕士学位论文，上海师范大学，2004年，指导教师为苏智良教授。

激进，不过，深入观察马路商联会和商总联会的结构，将发现它们的成员复杂，虽然号称中小商人团体，领导者却颇多非商界人员。这些领导人物的政治立场，相当程度左右著商总联会的政治走向。"①

美国学者中较早涉及上海商总联会的是傅士卓（Joseph Fewsmith），他在其博士论文以及稍后以此为基础的著作中，将上海商人团体模式的变化放到民国独裁统治形成的宏大话语体系下加以研究，认为晚清地方自治的发展、商人观念的变化、民族主义意识的高涨，是促使"商人政治化"（The Politicization of the Merchants）的重要因素，五四运动和五卅运动是"商人政治化"的重要表现，商总联会就是"商人政治化"的产物。② 但是，他对五四运动后至五卅运动前商总联会及各路商联会的政治表现缺乏分析，忽略了这一时段的政治变局中商人的反应以及对商总联会造成的影响。

日本学者小浜正子将包括马路商联会在内的自发结成的各种社团网络，看作上海地域社会形成的基础，她说，"人们为了在社会竞争中生存下去，实现自己的意志而自发结成了各种社团，作为社团的网络，地域社会也就形成了"，这一过程大约发生在19世纪末到20世纪20年代中期，"各种新旧社团活动踊跃，盛况空前，超过了帝政后期。上海都市社会也作为社团网络开始形成"③，在这一过程中，"商总联会统属各街区的商界联合会，在全上海范围内将这些'中小商人'凝聚起来……总商会偏向于大商人资本家，为了他们的利益而牺牲中小商人的利益；中小商店为了保护自己而组织了各路商界联合会"④。不过，也有学者不同意这种"阶级分层说"，韩国明知大学的李升辉明确主张"不该把商界联合会断定为中小商人的组织"，"不能因为各马路商界

　　① 李达嘉：《上海的中小商人组织——马路商界联合会》，《新史学》（台北）2008年第3期，第41—88页。

　　② Joseph Fewsmith，*The Emergence of Authoritarian－Corporatist Rule in Republican China：The Changing Pattern of Business Association in Shanghai*（《中华民国独裁统治的出现：上海行业协会模式的变化》），Ph. D. dissertation，the University of Chicago，1980；*Party，State，and Local Elites in Republican China：Merchant Organizations and Politics in Shanghai，1880－1930*（《中华民国的政党、国家和地方精英：上海的商人组织与政治，1880－1930》），Honolulu，University of Hawaii Press，1985.

　　③ ［日］小浜正子：《近代上海的公共性与国家》，葛涛译，第287页。

　　④ ［日］小浜正子：《近代上海的公共性与国家》，葛涛译，第220页。

联合会及商总联合的成员中中小商人的比率高，而把这些团体看做是中小商人的团体。即，这两个组织是阶级上非常松散的组织。相比之下，上海总商会是明显代表自身阶级利益的组织。而商总联合是松散的组织，使外部势力在政治上更容易利用商总联合"。① 张生以南京路商界联合会为例，认为"将各马路的商联会理解为与上海商总联会相类的中小资产阶级商会组织，部分地夸大了其政治意义，而忽略了其作为社区、邻里组织的性质"②。在评价商联会的政治色彩时，陆烨的看法与张生相似，他认为，法租界商联会的对内对外活动有两大显著特点，"一是组织上的松散性，二是对于市政的消极性"，与公共租界商联会相比，"法租界商联会办事方面的一个重要特点是在商言商原则"。③

可见，虽然学术界对上海马路商联会的研究较为薄弱，但分歧却很大。现有研究有两个明显不同的学术取向，一是侧重于政治学上的观察，分歧点集中在商联会究竟是一个代表了中小资产阶级利益的团体，还是没有明确阶级性的、松散的组织；二是社会学上的观察，关注点集中在商联会是一个社区、邻里组织，还是一个中小商人的商会组织。当然，两种学术取向之间的分歧也在所难免，或强调其政治性，或突出其社会性，乃至于据此而否彼。其实，上海马路商联会本身是一个庞大的系统，不仅包括商总联会，也包括了各马路商联会，分别存在于公共租界、法租界和华界，它们之间既有一定的共性，也存在着差异性，商总联会还曾因主张不同一度分裂，因此，从不同视角观察马路商联会，必定会得出不同的结论，各马路商联会本身也有不同的侧重点，有的热心政治活动，有的"在商言商"，如果从特定视角，或从单个马路商联会的个案研究结论出发而推及其余，这样的观点不可避免地带有一定的片面性。所以，正确评价上海马路商联会，需要一个全面的、整体的研究。

---

① ［韩］李升辉：《1920 年代上海"中小商人"团体的构成与性质》，见欧阳恩良主编《近代中国社会流动与社会控制》，社会科学文献出版社 2010 年版，第 129 页。

② 张生：《上海南京路商界联合会简论(1919—1949)》，《社会科学》(上海)2008 年第 2 期，第 167 页。

③ 陆烨：《抗捐视角中的上海法租界市民团体(1919—1937)》，《史林》2013 年第 6 期，第 33 页。

四、结构与逻辑：本书的框架铺排与主要内容

对上海马路商联会进行全面的、整体的研究，正是本书的旨趣所在。除绪论与结语外，本书共分为十章，第一章考察了上海马路商联会产生的大背景，即商联会形成的经济社会因素、文化思想因素和直接诱致性因素。马路商联会是一个包括商总联会和各路商联会在内的系统组织，发端于五四运动中，但不限于五四时期，各路商联会的成立时间有先后，几乎延续了整个20世纪20年代。马路商联会肇端于五四运动后的上海，有其丰厚的地方历史土壤。鸦片战争后，上海开埠通商，西方列强纷纷在这里辟租界、开洋行、设工厂、盖楼房，中外杂处，民族工商业快速发展，人口迅速集聚，作为一个移民城市，近代上海思想活跃，文化多元。不仅如此，近代上海人的自我认可度高，在国家政治、经济、文化生活中的担当意识强。这些都为上海马路商联会的产生奠定了政治、经济与社会基础。上海地方史不仅是近代中国史的重要内容，而且常常超出上海，影响全国，从某种意义上讲，上海地方史展开后就是一部浓缩的近代中国史。

当然，马路商联会产生、形成并主要活动于20世纪20年代的上海，有其直接诱因。五四运动发生的当年，在上海兴起了三十多个以马路命名的商联会组织，它们的集中出现是中小商人在五四运动中迸发出来的政治激情延伸的结果。以"外争国权"为理念的五四爱国精神成为中小商人集体记忆并以此自勉的工具理性，以商人联合所展现的力量为核心的五四情结成为维系马路商联会的纽带，他们从五四运动的胜利中受到鼓舞。"佳电"风波及上海总商会在罢市斗争中所展现出来的形象，严重损坏了总商会在一般中小商人中的权威性，直接催生了马路商联会的兴起。

五四运动后，商人国民意识的发展成为马路商联会兴起的思想基础。五四运动中，上海商人积极参加罢市斗争，努力维护社会秩序，成功地履行了商人的国家责任与社会责任，商人的国民身份认同感进一步增强了，从而为以中小商人为主体的马路商联会的兴起准备了思想条件。五四运动后，马路商联会通过各种方式强化了商人的国民角色，开展国民责任自省，增强了商联会的凝聚力，成为动员中下层商人参与国民大会策进会、发起民治运动、

组织储金赎路运动等一系列政治行动的工具理性，节省了马路商联会的组织成本，提高了商联会的行动力。这是 20 世纪 20 年代的政治运动中以中下层商人为主体的马路商联会较之上海总商会更为活跃的一个重要因素。

第二章与第三章讨论了上海各马路商联会的创立与发展。为了叙述的便利，笔者将上海马路商联会分为公共租界、法租界和华界三大板块，基本上按时间顺序描述各重要的马路商联会的酝酿、筹备及成立。从时间上看，五四运动后与五卅运动时期是上海马路商联会成立较为集中的时段，这在一定程度上能够说明上海马路商联会与近代反帝爱国运动的密切联系。从其会务状况看，各路商联会之间既有共性，也存在差异性，有些政治色彩较浓，有些则"在商言商"，不问政治，有些按章程规范运行，组织严密，董事会、评议会等机构健全，会议机制完善，年度换届选举有序进行，有些则较为随意，既无章程约束，亦无相应的机构机制，会长多年沿袭，职员会、评议会形同虚设，这些都体现了上海马路商联会的多样化建构特点。公共租界、法租界和华界各自成立了独立的商总联会，但就其地位与影响而言，公共租界商总联会无疑扮演了近代上海商总联会的角色，发挥着领袖作用。各路商联会在对外抗争上多能体现一致性，但在对内问题上则时存分歧，甚至曾一度形成两大对立的阵营。商总联会的分立，很大程度上是各路商联会政治歧见、地域派系争斗的产物。

第四章对商总联会的形成、分立及重组进行了详细剖析。五四运动后，在各马路商联会基础上形成的商总联会，以日益高涨的民族意识作为动员和集结中下层商人的工具理性，以"不出代议士不纳租税"为手段，在抵制公共租界的增捐斗争和争取市民权运动中，集中展现了租界内中下层华商的整体力量。但是，在变幻莫测的国内政局中，中小商人政治上的幼稚性、复杂的政治派系与地域性商帮的争夺，导致组织分裂。1921 年上海商界总联合会分裂为以陈则民为代表的旧总会和以赵南公为中心的新总会，对立始则肇端于国民大会问题上的争执，继则加深于江苏省议会选举中的舞弊。政见的分歧是双方对立的基本原因，权力争夺是彼此角力的关键因素，商界内部的派系矛盾则是新、旧两总会摊牌的重要推手，在政争、权争与派系之争的背后，既掺杂着宁波帮与非宁波帮之间复杂的地缘因素，也存在着内部制度设计不合理、商联会成员社会成分复杂等组织缺陷。新、旧两总会的分立，造成华商整体力量的分散与弱化，各路商联会要求商总联会远离政治，回归"在商言商"的本位，经过三轮自下而上的努力，分裂两年之久的商总联会再次走向统一。上海商总联会的形成与分合，反映了中下层商人政治上的激进性与不成熟性。尽管如此，商总联会在维护市场秩序、反对工部局增捐和北京政府开征印花税的斗争中，仍然发挥了积极作用，维护了商人的整体利益，是一个政治色彩浓厚的非法人中下层商人团体。

第五章探讨了上海马路商联会的组织形态。组织形态是一个团体内部与外部关系的总和，既包括领袖与成员之间、成员与成员之间的各种关系，也涵盖该团体与其他社会团体、权力机构的关系，规范这种关系有赖于各种制度的构建与运行，任何团体都是依靠制度运行的，团体本身也可视为一种制度。从这个意义上说，组织形态其实也是一种有关组织的制度框架，包括制度的设计、实施，以及制度设计与实施之间的吻合度。20世纪20年代的上海马路商界联合会是一个以商业街区内的中下层商人为基本会员的街邻性商人团体。在团体内部关系上，体现了会员入会的自愿性、权利的平等性，最大限度地动员了商人参与团体活动的热情。在生存形态上，体现出集不同行业、不同籍贯的商人于一体的块状性，同一马路、街道构成一个相对独立的组织，与中华文化中重视以邻为伴、与邻相恤的传统一脉相承。在外部关系上，与业缘性的同业公会、乡缘性的同乡会等形成"合纵连横"的互补关系，增强了商人的整体力量。因此，在20世纪20年代的上海历史舞台上，马路商界联合会能够成为与上海总商会相比肩的商人团体。商联会与总商会之间既有合作，也有分歧与对立，总体上表现为若即若离的关系。一年一度的换届选举是商联会的一项重要组织活动，反映了20世纪20年代上海商业街区的基层选举面貌，它所设计的一整套制度规范，基本上体现了选举的公开性、社会合法性与其成员间的平等性。商联会设计的多样化投票方式，便利了组织成员的参与，有利于唤起商人对街区公共事务的关注，对陶冶中小商人的民主素养也产生了积极作用，加强了中小商人对城市基层社区的认同。虽然在选举活动中还或多或少地存在着一些疵瑕，但从总体上看，商联会的选举机制彰显了其较强的自组织力，保障了它的生存与发展。马路商联会的会员主要来自商业社会底层，体现了朴素的民主色彩和组织的自发性与自愿性，是一个草根性的社团。

第六章研究了马路商联会与租界当局之间的斗争。从马路商联会产生的那一天起，商联会与租界当局之间的斗争就未停止过，其实，商联会就是租界华商在向租界当局争取市民权的运动中产生形成的，商联会产生后，又进一步推动了市民权运动的深入发展，其结果便是工部局华顾问及华人董事的产生。在市民权运动中，商联会充分发挥了组织与动员作用。该章还撷取了两个具体个案，进一步分析商联会在维护华人权利的斗争中是如何同其他团体协力抗争的。1921年6月初，上海公共租界的四川路上发生了一起因买卖纠纷而枪击毙命的案件，称为"乔杨案"。该案发生后，坊间迅速流传开来，在马路商联会、同乡会等商界团体的组织下，华商进行了理性抗争，对租界当局形成了强大的压力，凶犯受到了应有的法律制裁。在这场理性抗争中，街缘、乡缘与民族意识集结在一起，构成了抗争中的多重驱动力量，参与抗争的范围逐步扩大，参加抗争的人数逐渐增多，基于街缘性的马路商联会与基于乡缘性的同乡会在抗争中构建起了相互协调、一致行动的新型互动关系，同街、同乡等地域意识也成功地转化为民族意识。1926年8月，上海小商贩陈阿堂被发现死于日轮"万里丸"上，史称"陈阿堂案"，日方依仗强权与特权，对案犯极力开脱与庇护，中国朝野政治力量及社会各界掀起了大规模的抗争。商联会联合其他商人团体或基于同乡之谊，或基于同胞之情，采取了符合自身特点的声讨与声援行动，为复原"陈阿堂案"真相、谋求法律惩凶做出了努力。工界站在抗争行动的前列，毅然发起了同盟罢工，将自身利益诉求与为同胞申雪、取消日本治外法权结合起来，演出了一幕反抗日本压迫的生动活剧。处于北伐前夕的中国国民党在抗争中积极联合并引导工界和学界，在相当程度上代表了当时进步的政治力量，其不同于北京政府的"废约"要求，不仅将自身与军阀势力鲜明地区别开来，而且树立了以推翻军阀统治为目标的国民革命的正当性，展现了国民党积极争取国际平等的政治诉求。

维护商人的经济利益也是商联会的重要职能，从抗税抗捐至反对电话加价，从调解会员商务纠纷到声援房客运动，商联会可谓不遗余力。第七章讨论了商联会在应对铜元危机、拒贴印花税票、反对电话加价、声援房客运动中所担当的角色。20世纪20年代的上海笼罩在铜元危机的阴影中，工商业者尤其是中小商人深受影响，为此商联会从危机发生的那一刻开始，便关注它的走向，企图化解危机给商人带来的风险，维护正常的市场秩序。它们积极呼吁政府禁止进口、禁用轻质铜元，并采取自救行动，拒用轻质铜元。但是，化解铜元危机的努力显然超出了一个民间团体自身的能量。在铜元危机中，政府虽应商界之请，屡次下令禁铸、禁运，但随着北京政府权威下降，各地阳奉阴违，视禁令如具文，铸者自铸，运者自运，铸运背后浸透着各地方集团的巨大利益，因此，虽然铜元危机间歇性地持续到1925年，但作为中小商人利益代言人的商联会在1922年之后，多半采取听之任之的态度，既对请求政府施救缺乏信心，也对商界自救缺乏激情。即使如此，透过铜元危机初期商联会的自救行动，我们依然看到了基层商人团体在如何扮演一个勉为其难的市场维护者角色。

北京政府为实现租界内华人贴用印花税票，与西方列强进行了长时间的交涉，有抗争，亦有妥协，最终于1919年年底达成了《租界内华人实行贴用印花办法》，并拟于1920年1月1日起施行。但是，有令难行，北京政府拟于租界华商中开征印花税之举遭到了强烈抵制，租界华商在上海总商会和马路商界联合会的组织下，以负担过重、"华洋不能一律"为理据，拒贴印花税票，并借助工部局的力量，达到了抵制印花税的目的。在北京政府、西方列强与租界华商的三方博弈中，西方列强是真正的赢家，北京政府和租界华商都是弱者，只有借助西方列强的力量才有可能开征印花税或拒绝印花税。最后，租界华商取得了阶段性的胜利，北京政府没有实现开征印花税的目的，其权威再次受到挑战，工部局则成功地维护了租界管治权。

反对电话加价、声援房客运动是商联会维护中小商人利益的又一体现。电话在旅馆、菜馆、茶馆、酒店等行业中使用普遍，是招揽顾客的重要手段，但这些行业的商人大多资本少、规模小，承担不了高额的费用。然而，1924年华洋德律风公司决定大幅提高电话价格，引起了上述行业商人的强烈抗议，各路商联会及商总联会代表电话用户，积极与租界当局和德律风公司交涉，最后迫使德律风公司在原有基础上让步，降低了收费标准。房客运动的实质是反对房东加价，上海的中小商人大多靠赁房经营或租屋居住，因此，房租的贵贱决定经营成本的高低，为了维护自身的利益，20世纪20年代上海兴起了众多房客联合会，开展以反对加租、要求减租为目的的房客运动。房客联合会是单一目标指向的利益联合体，其会员与各路商联会具有交叉性，相比之下，马路商联会的目标指向多元，因此房客联合会会员的利益诉求也正是商联会维护中小商人利益的体现。在房客运动中，商联会站在房客立场上直接与房东交涉，缓解了利益冲突，有些还直接组织房客大会，或参与发起房客联合会，或派人担任房客联合会要职，发挥了重要作用。

作为一个具有深厚政治色彩的民间商人团体，上海马路商联会几乎参与了 20 世纪 20 年代所有重大政治事件，并展现了积极的姿态，第八章对此进行了深入探讨。华盛顿会议召开前，以马路商联会为代表的上海中、下层商人充满了期盼与希望，力主中国与会，乘势一举实现收复国权、废除"二十一条"的目的；会议期间则以函电、游行等方式对中国代表进行有力声援，会后协力开展筹款赎路与抵货运动，表达了中、下层商人以和平示威为手段、以经济绝交为策略维护国权的理性诉求。但中、小商人的力量有限，国民外交终究难以解决国家外交层面上所应解决的问题。曹锟贿选是武人政治与金钱政治结合的产物，招致全国各界的普遍反对。以上海马路商联会为中心的上海商界掀起了声势浩大的反贿选运动，它们纷纷集会、通电，否认北京政府，主张国民自治，呼吁罢税惩凶，并推动上海总商会出面组织民治委员会。上海总商会将民治委员会严格控制在大商人层面上，导致了"民治"即"商治"的狭隘性，增加了上海商界内部大商人与中、下层商人之间的分歧，严重削弱了反贿选运动的力量。反贿选运动是五四运动以来上海商人国民责任意识的一次实践和寻求国民自治的一次尝试，表明了上海商界与北京政府的进一步疏离，也为早期中国共产党人理解商人阶级提供了一个实例。

上海各马路商联会组织和动员广大中、下层商人以同盟罢市、函电抗争、捐助款项等多种方式参与了五卅运动，表达了对学生爱国行动的一种有力声援，造成了一种有利于对外交涉的舆论环境，在一定程度上解除了工人、学生的后顾之忧，使得斗争能在相当长的一个时期内坚持下来，成为上海各商人组织中政治性格最为鲜明的街区性团体。我们认为，五卅运动中的罢市是一种斗争手段，开市是一种策略选择，罢市与开市之争，不应作为资产阶级上层和中下层的分界线，更不能作为资产阶级反抗帝国主义斗争坚定与否的标准。1924 年江浙战争爆发，造成了上海社会秩序的严重失序和商业上的巨大损失，战前，以马路商界联合会为代表的上海中、下层商人通过函电、集会等方式反对战争，力图避免战争爆发。战争期间，商联会采取武装自卫、救济难民、调节民食等多种手段，努力维护战争背景下的城市秩序。战后，商联会积极从事善后救济，并介入各方势力之间，扮演重要的交涉调解角色，以防战事再起。商联会在战争前后的言行，充分反映了商人团体的社会责任意识、慈善公益理念与合作精神。商联会在维护城市社会秩序中所扮演的重要角色，不仅有力地提升了它作为民间组织的社会合法性与权威性，也在一定程度上诠释了商联会何以成为20世纪20年代上海政治舞台上非常活跃的商人组织。

在南北对峙的复杂政局下，商联会的政治姿态不仅决定于商联会自身的性质与职责，也取决于南北两个政权的性质。作为一个体制外的、非法人中小商人团体，商联会以外争国权、内争商权为己任，理念与情感上均亲近南方革命政权。因此，商联会的政治天平明显偏向广州国民政府，对北京政府表现出了明显的疏离倾向，采取声讨、抵制、反抗等多种形式，反对北京政府，有时态度十分激烈，甚至以不承认北京政府相抗衡。与此同时，国民党政治势力也开始了向商联会的渗透，进一步增强了商联会的政治色彩。

第九章探讨了马路商联会的社会公益行为。上海马路商联会在政治诉求之外，十分重视社会公共事业的发展，尤其是所在商业社区内的慈善公益事业，通过办学、防疫施诊、防盗，为商铺学徒提供补习教育，弥补公共卫生之不足，构建公共安全体系，成为城市社会管理的一个有机部分。不仅如此，商联会还关注街区外的慈善救济事业，积极参与国内灾后救济、劫后声援及国际人道主义救助等。不过，在商联会的公益行为中，随着"邻"的范围不断放大，从邻街，到邻省，再到邻国，商联会投入的热情与力度明显递减。商联会的"行小善"与商会、同业公会、同乡会等商人团体的慈善公益行动一道构成一个较为完整的商人救助网络，形成社会协同效应，缓解了社会冲突，改善了经营环境，增强了商人对所在街区的认同，提高了商户的组织化程度，为城市地方自治奠定了基础。

第十章探讨了商联会的历史结局。曾经叱咤风云、显赫一时的上海马路商联会，随着南京国民政府的成立，走上了一条被整理、被解散以至集体"消失"的曲折之路，未能跨越时代而继续发展。商联会的历史命运与国民党的角色转换密切相关，国民革命运动中，国民党加强了对商人团体的渗透，商联会被当作国民党在上海发起商民运动的有效团体之一，商联会中的国民党商人逐渐控制了商总联会领导层。国民革命军占领上海后，政治色彩浓厚的商联会纷纷改组成立商民协会，但商联会并未消失。1929 年 10 月，在国民党上海特别市党部的主导下，马路商联会被改组为市民会，11 月，马路商联会突然从公众视线中集体消失了。但是，曲终人未散，部分商联会很快又恢复了活动，因此，商联会的被解散只是一种没有结束的消失。

第一章　风云际会：上海马路商联会的兴起

　　五四运动时期兴起的上海马路商联会，有其复杂的历史成因。鸦片战争之后，上海是最早被迫开放的商埠，外商在这里辟租界、设洋行，使得上海成为近代中国对外贸易的窗口，这里既是外国冒险家的乐园，也是民族工商业者经商营工的乐土。经过数十年的发展尤其是第一次世界大战期间民族工商业的进步，到五四运动前夕，上海不仅成为近代中国最为发达的工商业城市，而且傲立东方，城市规模不断扩大，人口迅速增加，中外文化在这里交汇并存，不同思想在此相互碰撞，氤氲生长。虽然人们对家乡的认可是一种常情，但近代上海人对上海的认可度之高，其他地方无出其右。当然，这不仅是近代上海人的一种自豪感，更是一种责任意识，简言之，近代上海人应该承担起与上海城市地位相匹配的历史责任。租界的存在、外人的特权，"冒险家们"的为所欲为，"华人与狗不得入内"的刺激，也不断提升了近代上海人的民族意识。这是马路商联会能够在上海兴起、发展并在一定时期内不断壮大的沃壤。如果说这是上海马路商联会产生的历史基因的话，那么，五四运动就是它得以兴起的直接诱因。五四运动是一个历史的汇聚点与爆发点，它进一步激发了工商业者的爱国热情，增强了上海商人向租界当局争取市民权的观念和与租界当局进行斗争的意识，马路商联会则成为动员、组织商人尤其是租界内华商的有效载体，五四运动后上海商人中不断高涨的国民意识为马路商联会的兴起奠定了思想基础。

一、地方史的展开：从"小苏州"到"大上海"

鸦片战争前，上海已经发展成为全国最大的棉纺织业中心，航运业与商业性农业也已发展到较高水平，其时，上海县城人烟稠密，商业兴隆①，有"小苏州""小杭州"之称，但还远远称不上"大上海"。20世纪30年代之前，上海仅指租界和闸北等地，何时称为"大上海"，学界没有统一说法。② 20世纪30年代后，随着"大上海建设计划"的制订与实施，"大上海"的说法较为普遍地出现。但从上海的实力和地位来看，清末民初的上海可当之无愧地称为"大上海"。

（一）"大上海"与近代上海人的上海认同

"大上海"缘于上海大。开埠通商，使近代上海进入了一个新的发展时代，中心城区北移，尤其是租界的扩张，使上海城区面积迅速扩大，到1899年，公共租界面积扩展到33503亩(1亩约666.67平方米)，法租界面积也在1914年扩张到15150亩。③ 在租界的带动下，华界城区不断突破城墙的限制，民

---

① 刘惠吾编著：《上海近代史》(上)，华东师范大学出版社1985年版，第1—26页。

② 1925年5月5日，孙传芳在上海总商会的演说中提及"大上海"，它是作为一个城市建设计划出现的，据胡适研究："这篇演说里提出的'大上海'的计划，就是要建立一个行政总机构，把租界四周围的中国地区——南市、闸北、沪西、浦东、吴淞，——向来没有统一的行政中心的，完全统一，在这个新的行政总机构(淞沪商埠督办公署)之下；要使这个行政中心机构有全权可以改善整个区域的市政，可以计划一个新港，可以解决许多外交悬案，——如越界筑路、如越界收房捐、如会审公堂等等。总而言之，那个'大上海'的理想是'要使上海租界四周围的中国地区成为一个模范城市，其结果应该成为我们要求取消外国租界的基础'。"(胡适：《丁文江的传记》，生活·读书·新知三联书店2014年版，第140—141页。)1926年10月丁文江在《北华捷报》(North China Herald)用英文发表了"大上海自治市"(The Greater Shanghai Municipality)计划。1929年上海市政府文件中提出了"大上海建设计划"并开始付诸实施。文学作品中以"大上海"命名者更多，1932年11月，黄震遐(1907—1974)在大晚报馆出版抗战文学作品《大上海的毁灭》。"大上海"还曾一度作为文学期刊刊名，1943年8月创刊，共出版七期，郭沫若、林徽因、陈蝶衣等名家在该刊上发表过作品或译作。

③ 邹依仁：《旧上海人口变迁的研究》，上海人民出版社1980年版，第90—92页，表1至表3。

初，上海拆除城墙，城区迅速扩大，与此同时，苏州河以北的闸北一带快速发展，到民初新辟的马路达二十余条。经过七十余年的发展，到 20 世纪初年，上海城市区域比开埠时扩大了十余倍。

市政建设随着城区的扩大而不断进步，到清朝末年，英租界内的"南京路东起浦滩，西至泥城桥，市街广阔，房屋高敞，为沪上冠。……此外市街，如福州路广东路山东路山西路河南路福建路湖北路等，皆为繁盛之区，店铺林立，货物山积，往来行人，毂击肩摩，洵菁华荟萃之所也"，法租界内，"市街之盛，以公馆马路即法大马路为最，余如兴圣街吉祥街紫来街等处，皆为商贾荟萃之所"，美租界"市街之繁盛，虽不及英租界，然虹口百老汇路及北四川路等，亦有市肆嚣尘、车马辐辏之势"。① 开埠通商以来，上海的发展莫不令人称羡，见证了近代上海崛起的沪上名商李平书不无自豪地称颂上海"自通商以来，五洲万国莫不知地球上有此繁盛之区，而上海之名洋溢乎泰西远东，更无论中国二十二行省矣"②。租界的市政建设客观上带动了华界城市的发展，成书于 1914 年的《上海指南》描述当时的闸北：

> 迩来路政广修，或新筑或改筑，如宝山路、宝兴路、新闸桥路、新大桥路、华兴路、士庆路、虬江路、邢家桥路、亚富台而司路、顺征路、新疆路、海昌路、北海昌路、兴安路、香烟桥路、公家路、黑狮路、窦乐安路、光复路、大统路等是也。……各种工厂，与豪商巨贾之别墅，及洋人住宅，日见其多，地价亦因之而昂。③

1930 年国人增订《上海指南》时已经将上海与当时地球上最为繁华的几座著名城市相媲美，称"上海地当吴淞江与黄浦江会流之点、东西两洋交通之冲，为吾国第一商埠。其繁盛不亚于英之伦敦、法之巴黎、美之纽约、德之柏

---

① 商务印书馆编译所编：《宣统元年上海指南》，见熊月之主编《稀见上海史志资料丛书》第 4 册，上海书店出版社 2012 年版，第 9—10 页。

② 李平书著，冯绍霆整理：《且顽老人七十岁自叙·附：廿年一瞥》，见熊月之主编《稀见上海史志资料丛书》第 3 册，上海书店出版社 2012 年版，第 453 页。

③ 转引自张笑川：《近代上海闸北居民社会生活》，上海辞书出版社 2009 年版，第 57 页。

林等处"，其中上海城内"小东门大街、老北门大街、新北门大街、彩衣街、旧教场、城隍庙、九亩地等处为最繁盛，城隍庙尤为中心"。① 在沪外国商会亦不吝赞美之辞，如英国商会称上海"为中国最重要之制造与工业中心""世界最重要十商埠之一"，法国商会称"上海不仅为中国之首要商埠，抑亦为世界最大商埠之一，不仅为伟大之商务中心、伟大之运输及工业中心，抑亦为一蒸蒸日上之大城"。②

随着城市的发展，上海人口汇聚速度加快，反过来，人口增长又进一步推动了上海的进步，为城市工商业提供了廉价的劳动力，同时带动了城市消费。据邹依仁研究，1852 年上海总人口为 54 万余人，到 1936 年增长到 381 万余人，其主要构成如表 1-1 所示：

表 1-1　近代上海人口变动表

单位：人

年份	华界人数	公共租界人数	法租界人数	总人数
1852	544413	—	—	544413
1865	543110	92884	55925	691919
1910	671866	501541	115946	1289353
1915	1173653	683920	149000	2006573
1927	1503922	840226	297072	2641220
1930	1702130	1007868	434807	3144805
1936	2155717	1180969	477629	3814315

资料来源：本表据邹依仁著《旧上海人口变迁的研究》第 90—91 页表 1 改制。

"大上海"缘于上海强。鸦片战争后，上海开埠通商，逐步发展为中国近代对外贸易中心，随着租界的开辟，专门从事对外贸易的洋行与洋商增多，

---

① 林震编纂：《增订上海指南》，见熊月之主编《稀见上海史志资料丛书》第 5 册，上海书店出版社 2012 年版，"上海指南凡例"第 1 页、正文第 3 页，标点略有改动。

② 《费唐法官研究上海公共租界情形报告书》，见熊月之主编《稀见上海史志资料丛书》第 8 册，上海书店出版社 2012 年版，第 349、366 页。

1850 年上海对外贸易量超过传统外贸中心广州，1861 年上海出口贸易额占全国出口贸易总额的 50%，其后连续十年超过 60%。① 第一次世界大战后期上海对外贸易量剧增，从 1917 年的 4.07 亿海关两上升到 1926 年的 9.58 亿海关两，1920—1930 年，上海承担了中国对外贸易量的 40%—50%。② "上海无形中已成为世界航运的中心，大量的贸易在进行着，和它有商业关系的，占中国全人口一半，已有二万万人直接间接和上海发生关系，上海实在已经握着中国全部商业的一半了"，因此该书作者称上海为"半个中国贸易之灵魂"。③

随着中外贸易的发展，上海成为早期外资工业的集聚地，到甲午战争前夕，上海的外资工业企业共 45 家，分布在船舶修造、纺织、印刷、公用事业、制药、食品、卷烟等行业。洋务运动时期，清政府在上海创办军事工业和官督商办的民用工业的同时，上海民族资本工业兴起，经过第一次世界大战期间的发展，上海成为近代中国名副其实的经济重镇。首先，上海是全国重要的工商业中心，1920 年，上海拥有 20 来家面粉厂，承担了全国面粉生产的 30%。④ 上海绝大多数行业均占据国内半壁江山，1925 年，上海棉纺厂的纱锭数占全国纱锭总数的 54.89%，布机数占全国布机总数的 64.21%，1931 年纱锭数为全国纱锭总数的 55.14%，布机数是全国布机总数的 57.94%。⑤ 到 20 世纪 30 年代初，上海卷烟业占全国卷烟业总产值的 51.69%，印刷业占全国印刷业总产值的 60.49%，制革及皮革制品占全国同业总产值的 69.31%，丝织、制药、造船、电器用具等行业的产值均超过全国同行业产值

---

① 朱镇华：《近代上海金融市场发展概况》，《金融研究》1991 年第 9 期，第 30—33 页。

② [法]白吉尔：《上海史：走向现代之路》，王菊、赵念国译，第 130 页。

③ 屠诗聘主编，邢建榕整理：《上海市大观》，见熊月之主编《稀见上海史志资料丛书》第 7 册，上海书店出版社 2012 年版，第 58—59 页。

④ [法]白吉尔：《上海史：走向现代之路》，王菊、赵念国译，第 131 页。

⑤ 徐新吾、黄汉民主编：《上海近代工业史》，上海社会科学院出版社 1998 年版，第 311—312 页，附录统计表。

的 70％，橡胶制品产值占全国同行业产值的比例更是高达 84.88％。① 从工业总量看，据 1937 年前的估计，上海的近代工业产值已占全国工业总产值的一半。与此同时，上海的商业也随着贸易的发展日益繁荣，据不完全统计，上海租界内具有一定规模的商号 1906 年增至 3677 家，如加上华界，到 1909 年已达 10528 家。②

近代上海也是金融机构的集聚地，到 1932 年，上海中外银行的库存现银为 4.56 亿元，据时任中国银行总经理的张嘉璈估计，全国资金量不过 6 亿元左右，而上海占全国资金总量的 76％③，金融集中程度相当高。到 1936 年，上海有中外资银行 120 家，其中包括侨资银行在内的外资银行达 36 家。④ 再以钱庄为例，第一次世界大战前夕，上海有钱庄 40 家，1919 年发展到 67 家，1925 年"上海入会钱庄，共计 82 家，资本总额已达 11,971,000 两"，到 1926 年增至 87 家，资本总额增长到 13111000 两。⑤

"大上海"缘于其多元与包容。1842 年上海开埠通商后，随着对外贸易与工商业的发展，来自不同国家、不同地区的人口快速汇聚，这些移民将不同国度、不同地域的文化带到上海，促进了近代上海文化教育事业的发展。到清朝末年，上海的学堂数量多、出版机构多、报纸杂志多，在全国可谓首屈一指，经过民初的发展，到 20 世纪二三十年代，上海已经成为近代中国的文化教育中心。1909 年的《上海指南》和 1930 年的《增订上海指南》全面反映了从清末民初到 20 世纪二三十年代的上海全貌，对文化教育事业的记载比较详细，按其分类，列为表 1-2：

---

① 张忠民主编：《近代上海城市发展与城市综合竞争力》，上海社会科学院出版社 2005 版，第 189 页。

② 刘惠吾编著：《上海近代史》（上），第 332 页。

③ 《上海中外各银行两银存底概况》，《中行月刊》第 5 卷第 3 期，1932 年 9 月。

④ 中国银行总管理处经济研究室编印：《全国银行年鉴（中华民国二十五年）》，1936 年。

⑤ 中国人民银行上海市分行编：《上海钱庄史料》，上海人民出版社 1960 年版，第 168、188、191 页。

表 1-2　1909 年与 1930 年上海重要文化教育事业一览表

类别		数量		类别		数量	
		1909 年	1930 年			1909 年	1930 年
学校教育	大学校	师范及专修学堂、中学堂、租界小学堂、城厢内外小学堂、女学堂、专门学堂、华洋合办学堂、外国教学学堂等193所	30	通俗教育	宣讲团	—	1
	专门学校		22		图书馆	5	11
	师范学校		3		博物院	2	2
	中等学校		62		天文台	1	2
	小学校		227		陈列所	1	1
	义务学校		31		公共体育场	0	2
	女学校		110		总数	9	19
	幼稚园		21	新闻出版	日报		33
	职业学校		14		通信社	31	15
	夜学校		20		杂志		132
	函授学校		5		出版（书坊）	20	140
	总数	193	545		印刷	—	139
社团组织	宗教类		24		总数	51	459
	政治类		6	其他	会馆	57	57
	学术类	32	46		公所		190
	自治类		19		教堂	38	54
	经济类		138		庙宇	—	138
	总数	32	233		总数	95	439

资料来源：本表据商务印书馆编译所编的《宣统元年上海指南》（见熊月之主编《稀见上海史志资料丛书》第 4 册）编制，表中小类划分主要依据 1930 年《增订上海指南》作者的分类。有些分类按当今标准未必十分科学，名称也有变化，如 1914 年的分类无法与 1930 年一一对应，或并入相近类别，如 1914 年的藏书楼与 1930 年的图书馆，或只列总数。

由上表可知，从 1909 年到 1930 年，上海的文化教育事业获得了长足进步，其中各类学校数量由 193 所增长到 545 所，新闻出版事业单位由 51 家增长到 459 家，"上海一埠，因出版物众多，能应中国智识阶级之需要，故在东方有文化中心之美誉"①。"由于近代上海处于中外两种权力控制边缘地带，

---

① 《四团体对于印刷附律之说明》，《申报》1924 年 4 月 14 日，第 13 版。

处于多种文化影响的复合区域"①，因此，上海的人口多元、民族多元、教育多元、宗教多元、信仰多元、思想活跃，从而为各类社团组织的发展提供了肥沃的土壤。

身处"大上海"的近代上海人言及上海时，常常用"枢纽""中心""荟萃""第一""最""极"等词语来描述"大上海"的繁华和在中国、远东乃至世界上的地位，字里行间充满了自豪感。详情见表1-3。

表1-3　五四运动后上海商人对"大上海"认同度的定性描述

近代上海商人对"大上海"的认识	资料来源	
	篇目	《申报》所载日期及版面
上海一埠，华洋互市，为远东极大商埠	《租界华董问题之往复公文》	1919 年 9 月 5 日，第 10 版
上海为华洋荟萃之区，全国金融之枢纽，华洋交易最繁	《海宁路商界联合会提倡施行通用阴历之建议》	1920 年 1 月 29 日，第 11 版
上海为中外文化枢纽，世界观瞻所系	《请防娼妓流入法租界之公函》	1920 年 10 月 15 日，第 10 版
上海为万国交通之枢纽，又为万商云集之场合	《摊商联合会之宣言》	1923 年 11 月 10 日，第 17 版
上海为华洋杂处，中外观瞻所系	《各界反对公卖烟土之激昂》	1925 年 5 月 11 日，第 13 版
上海为华洋荟集之区，观瞻所系，动关全局	《各团体反对华界售土昨讯》	1925 年 5 月 21 日，第 13 版
上海为中国第一商场，人才荟萃之区	《福建路文监师路商联会致虞洽卿书》	1925 年 3 月 12 日，第 13 版
上海一埠，为我国最大之商场，各国商旅，咸荟萃于斯	《商办货物水陆自卫团之组织》	1925 年 4 月 30 日，第 13 版
上海一隅，为全国商业之枢纽，市民殷繁，甲于他埠，其财产之寄于是者，不知凡几	《上海特别市起草大纲委员开会纪》	1926 年 11 月 25 日，第 9 版
上海为世界六大商埠之一，中国经济之中心，文化之枢纽	《上海全市各路商联会对商界统一组织宣言》	1929 年 4 月 5 日，第 13 版

---

① 熊月之：《"上海城市社会生活史"丛书总序》，见白华山《上海政商互动研究(1927—1937)》，上海辞书出版社 2009 年版，"总序"第 3 页。

当然，近代上海人没有沉浸在自豪中洋洋得意，而是对自身提出了更高的要求和标准，自我赋予了强烈的责任感。在他们看来，"大上海"作为近代中国的对外窗口，一举一动、一言一行都代表着中国人民，体现了中华民族的文明程度。因此，他们需要组织团体，汇聚力量，"上海为中外商人所荟萃，华洋贸易之总枢，我商人尤有组织团体之必要"①。上海的城市建设，诸如城市自治、市容市貌、公序良俗等方面都应该成为中国其他城市的模范，"上海乃民治规模地，中国他处城邑，多取法于上海"②，在城市自治方面应该率先垂范。"上海为中国第一市场，中外观瞻所系，正风易俗，刻不容缓"③，因此，近代上海商人积极呼吁市政当局和社会各界革除陈规陋俗，倡导新风尚。"上海为全国工商业中枢，又为舆论中心，革命之发源地，人文荟集，中外观瞻，一举一动，一政一行，均为全国作标准"④，上海理应走在全国改革的前列，"商业上有待研究之事，不胜枚举，惟全国商业，首推上海，故改良贸易，每从上海发轫"⑤。甚至上海的各个行业也应该在全国同行业中起到领头羊的作用，如药业在反对内务部施行药业注册条例时，一致认为"吾药业各号之在上海者，不下数百余家，在事实上为各埠总枢，为自卫起见，自当首先表示反对"⑥。当然，各地商人也确实对上海同行寄予了莫大的期许，认为"上海为全国舆论之中心，诚得沪人士登高一呼，必能使全国响应"⑦。上海商人的责任感及在近代中国政治生活中的地位与作用在五四运动中达到高峰，以至于上海商人常常将五四运动胜利的功劳记在上海的头上，称"我国群众运动之著闻于世者为五四一役，其实以上海市民轰轰烈烈之六三运动，为其最后成功，虽根深蒂固之曹、陆、张三贼，未即置之于法，而罢斥以去，至今不敢显干国政，上海市民因有之威权，不可谓非一试其锋"⑧，

---

① 《法租界商总联合会成立会纪》，《申报》1926年7月15日，第15版。
② 《公共租界纳捐人年会纪事》，《申报》1920年4月8日，第10版。
③ 《纳税华人会竭力反对赛狗》，《申报》1928年8月25日，第14版。
④ 《南市两商联会请组纳税人会》，《申报》1929年3月25日，第16版。
⑤ 《福建路商界联合会开会纪》，《申报》1923年11月24日，第14版。
⑥ 《药业会议反对注册条例》，《申报》1923年1月21日，第15版。
⑦ 《京教职员代表抵沪后之谈话：负有四项任务》，《申报》1921年6月12日，第10版。
⑧ 《两商总联合合并之酝酿》，《申报》1923年7月4日，第14版。

"一般市民之心理，以为此后上海之发展，将无限量矣"①。

总之，上海马路商联会的产生及其活跃时期，也正是上海资本主义经济发展的黄金时期②，这在客观上为商联会的兴起奠定了强大的经济基础，近代上海商人对"大上海"的高度认同及由此形成的自豪感，以及建立在此基础上的责任感也为商联会的产生提供了一定的心理支撑力量。

(二)"大上海"的商业规模与商业布局

近代上海商业繁荣，商人众多。南京路是"大上海"的商业汇聚之区，其繁华程度冠绝上海。南京路之外，繁华之处亦所在多有，如四马路，时人描述其繁荣的竹枝词云，"几条马路净纤埃，路上行人挤不开。十字街头须仔细，东洋车过马车来"③，一副人来车往、熙熙攘攘的热闹场景。作为近代中国最大的工商业城市，近代上海商业人口众多，据邹依仁统计，1935 年上海华界从商人口有 185912 人，公共租界商人为 183328 人。④ 其实，这并非商人全部，不仅数量庞大、难以统计的小商人如摊商、走卒、贩夫并未计算在内，法租界的从商人口也未纳入，此外，还有大量的手工业者，那些前店后坊式的手工从业者，亦商亦工，他们在经营方式上的普遍特点就是"家店合一、前店后坊"，"上海南市居民，约在五十万以上，地面上半为商店，半为经纪人之居家，或为工艺场所"⑤，因此，这部分居民中也有相当一部分不应被排除在商人之外，却难以统计。即便如此，近 40 万人的商业人口，在近代中国亦可谓首屈一指。近代上海商业形态多样，既有现代化经营的百货商店，从事门市批发的商号，也有从事零售业务的大量中小商铺，还有流动贩售的摊贩。这是理解近代上海商人团体众多、活动频繁、影响力大的一个基本因素。

近代上海商业行业众多，商业形态丰富。鸦片战争前，上海已经出现了

---

① 《组织市政筹备会之建议——邹志豪致总商联会函》，《申报》1925 年 3 月 7 日，第 13 版。

② 法国著名中国史专家白吉尔认为 1921—1937 年是上海资本主义发展的黄金时期，参见[法]白吉尔：《上海史：走向现代之路》，王菊、赵念国译，第 129—150 页。

③ 卧读生著，顾静整理：《上海杂志》，见熊月之主编《稀见上海史志资料丛书》第 1 册，上海书店出版社 2012 年版，第 174 页。

④ 邹依仁：《旧上海人口变迁的研究》，第 106—107 页，表 15、表 16。

⑤ 《南市商业团体请愿暂缓加征总捐》，《申报》1928 年 3 月 9 日，第 13 版。

专业性商店，如出售土布、棉花、米、杂粮、木材等专门商店，鸦片战争后，随着进口商品的增加，商业形态也进一步发展，其中，除杂货店外，出现了广货店、京广杂货店、洋广杂货铺，随后，洋广杂货铺中又分化出以经营洋货为主的华洋杂货业和百货商店。① 这些都为近代上海商业性的行业组织如行会、同业公所、同业公会的兴起和发展创造了条件。

但是，在综合性的商会、业缘性的同业公会等商人团体之外，为什么能兴起一类以街区或马路命名的商联会呢？笔者认为，从商业因素上分析，这不仅得益于上海商业繁荣、从商人数众多，还离不开近代上海的商业布局特点，即商铺分布上的行业类聚性。

所谓行业类聚性，是指相同或相似行业在地域分布上的相对集中性，其实，类聚性在中国古代城市的商业布局中就十分明显，如打铜街、打铁街、金箔街、丝线街、鱼市口、豆腐街、鸡场街、卖糖街等，这是行业类聚性的反映。上海也不例外，不过，随着近代工业的兴起，传统手工业与商业受到强烈冲击，但新兴商业也依然沿袭了这一特点。其中，小东门大街"多银楼绸缎皮货乐器店"，新北门大街"多磁器红木眼镜木梳珠宝竹器象牙器店"，"参燕药材桂圆水果咸货等铺，皆在咸瓜街一带"。② 洋广杂货铺则大多分布在租界内南京路、河南路及棋盘街、五马路一带，"上海货物皆有聚市之所……洋广杂货在碁（棋）盘街及西马路"，这些商铺资本从二三千两银子至一二万两银子不等，一般雇用5—8人。③ 又如，昼锦里为女鞋店集中之地，"昼锦里在英租界，即山西路，由九江路口至汉口路口。自南至北，亦仅四十余店，而出售妇女装饰品者，自香粉外，以女鸟店为首屈一指。初惟荣秀斋营业发达，继遂有荣宝斋与之并驾齐驱。后则日盛一日，望衡对宇，已二十余家矣"④。

---

① 上海百货公司、上海社会科学院经济研究所、上海市工商行政管理局编著：《上海近代百货商业史》，上海社会科学院出版社1988年版，第9页。

② 林震编纂：《增订上海指南》，见熊月之主编《稀见上海史志资料丛书》第5册，第3—4页。

③ 上海百货公司、上海社会科学院经济研究所、上海市工商行政管理局编著：《上海近代百货商业史》，第21页。

④ 徐珂编撰，闻诗辑录：《沪稗类钞》，见熊月之主编《稀见上海史志资料丛书》第1册，第395页。

"苏州路一带商界林立，营业繁盛，如煤业铁业为该路之集中营业。"①此外，公共租界内商业分布上的相对集中性也非常突出，"旅馆酒楼番菜馆，约在汉口路福州路，戏园约在福州路汉口路，衣庄约在福建路，书坊绸缎铺约在河南路汉口路，银行约在黄浦滩路南京路北京路江西路河南路，票号钱庄约在北京路，香粉女鞋约在山西路，报馆约在山东路，交易所约在爱多亚路，轮船公司外国旅馆约在黄浦滩一带"②。福州路中段一带，则又以"文化街"著称，"因为那边的书店很多，最大的如中华书局、世界书局、大东书局。其次如广益、正言、独立、光明、开明、百新、永祥及中国图书杂志公司等，以及什么斋和什么阁等古董书店，更有不少的文具等。它的数量，总有几十家之多。这一段短短地方，有了几十家书店，自可称誉'文化街'而无愧了"③。由于行业类聚性的存在，近代上海形成了一些著名的商业街区，如表 1-4 所示：

表 1-4　近代上海著名商业街区一览表

行业	聚集地	行业	聚集地
绣货	盆汤弄	笺扇店	抛球场
眼镜	新北门内	木器	紫来街
洋货	大马路、法马路	皮货店	抛球场
珠宝玉器	新北门内北市昼锦里	竹器	篾竹街
鞋袜	宝善街	木行	南市及新闸
钱业	抛球场后马路	旧木器店	红庙弄及沿城浜
女鞋店	昼锦里	米行	南市及新闸
人参药材	咸瓜街	冰鲜水果	小东门外
古董店	新北门内北市麦加圈	花行	南市及新闸

---

① 《各商联会消息》，《申报》1929 年 6 月 21 日，第 14 版。

② 林震编纂：《增订上海指南》，见熊月之主编《稀见上海史志资料丛书》第 5 册，第 5 页。

③ 屠诗聘主编，邢建榕整理：《上海市大观》，见熊月之主编《稀见上海史志资料丛书》第 7 册，第 721 页。

续表

行业	聚集地	行业	聚集地
书坊	四马路祺盘街	信局	二马路及咸瓜街
东洋磁器	兴圣街	船行	新老闸、盆汤弄
帽子店	大东门内北市二马路	磁器	五老峰

资料来源：卧读生著，顾静整理：《上海杂志》，见熊月之主编《稀见上海史志资料丛书》第 1 册，第 138 页。

成书于 20 世纪 40 年代末期的《上海市大观》更加详细地记载了上海"店多成市"、扎堆经营的商业集中区：

> 福建路（石路）从南京路到广东路一段，是旧衣庄的集中区。南京西路（静安寺路）和林森中路（霞飞路），是女子时装店的集中区。四川北路、湖北路、林森中路，是男子西装店的集中区。中正北一路（同孚路），是童装店的集中区。贵州路、浙江路（小花园）是女鞋店的集中区。河南路、广东路的左右，是呢绒店的集中区。抛球场、小东门、老北门，是皮货店的集中区。南京路、浙江路，是男子皮鞋店的集中区。广东路的西段，是伶人戏衣及用具店的集中区。再说食品：十六铺、小东门，是水果行鲜鱼行的集中区，民国路是海味行的集中区。十六铺南，和新闸桥，是米行的集中区。八仙桥，是下等旅馆的集中区。福建路、浙江路、湖北路，是中等旅馆的集中区。西藏路，是较为高等旅馆的集中区。福建路，是桂元店的集中区。虹庙弄，是旧式木器店的集中区。北京路，是新式木器店的集中区。九江路，是颜料店和礼品局的集中区。北海路（六马路），是皮革业的集中区。卫海威路，是汽车零件店的集中区。山西路，是湘绣店的集中区。福州路是药房的集中区。北苏州路与浙江路桥堍是钢铁店的集中区。天潼路是蛋行的集中区。圣心街是绒线店的集中区。外滩和宁波路，是金融业的集中区。满庭芳，是杂货五金的集中区。①

① 屠诗聘主编，邢建榕整理：《上海市大观》，见熊月之主编《稀见上海史志资料丛书》第 7 册，第 722—723 页。

　　行业类聚性是商业经营规律的反映，也是马路商联会形成的社会基础。一方面，马路商联会出现之前，同行商人已有同业公会之类的业缘性商人组织，他们之间更加容易聚合，从而为街区内商人的联合提供了前提。另一方面，同业公会只是以行业为纽带的商人之间的纵向组织，其目的主要是维护行业利益，调解同业纠纷，但是，同一商业街区内还有非同业的商人，因为行业类聚性毕竟只是同业的相对集中性，那么，同一街区的不同行业商人的横向联系仍然缺乏一个相应的平台，这就为以街区为活动范围、以街区内的公共事务为关注对象的马路商联会的兴起留下了空间。

　　（三）五四运动前上海商人团体的网状结构

　　五四运动前，上海商人组织可大别为三：一是综合性的商人团体，如上海总商会、县商会；二是以业缘为纽带的行业性商人团体，如同业公所、同业公会等，1918 年后，行业性的商人团体依照工商同业公会规则转型为同业公会；三是以血缘、乡缘为纽带的同乡商人团体，如泉漳会馆、广肇公所、宁波同乡会等。

　　上海总商会是依照有关法规成立的法人社团，其历史可以追溯至 1902 年成立的上海商业会议公所，1904 年 5 月正式改组为上海商务总会，1912 年 2 月再改组为上海总商会。总商会会员分为团体会员和个人会员，一般商人可作为个人会员加入。从其成立之初到几次改组，上海总商会的会费标准在不断降低。上海商务总会时期规定团体推举会员，凡按例年缴纳银三百两者，可推举会员一人，依此类推，六百两以上可举会员两人，九百两以上可举会员三人，以三人为限，若未被公举为团体会员，但"其人每年担任会费三百两以上，关心公益"者，可作为特别会员。除特别会员外，"常年捐会费十二两以上者，得为本会会友"。① 上海总商会成立后，修改了会费标准，规定"各业团体出会费至一百两以上者，得举会员一人，以多至十人为止"，"各业商号商人不附入团体、单另入会者，会费酌分三种，一百两、五十两、三十两。每年担任会费五十两以上者，得举其店东或经理人入会为会员；三十两者，

_____

① 《上海商务总会第二次暂行试办详细章程》，见上海市工商业联合会、复旦大学历史系编《上海总商会组织史资料汇编》上册，上海古籍出版社 2004 年版，第 72—73 页。

得举为会友。会友有选举权，会员有被选举权"。① 虽然标准大大降低，但能够入会的会员依然很少，一般中小商人只能望会兴叹，因此，总商会基本上是大商人的俱乐部。例如，1911 年第六届商务总会各类会员人数 121 人，其中，团体会员 30 人、特别会员 18 人、领袖会友 31 人、个人会友 25 人、特别个人会友 17 人。② 1920 年上海总商会各类会员人数为 452 人，其中团体会员 122 人、个人会员 256 人、特别个人会友 74 人。③ 尽管会员人数有所增加，但相对于近 40 万的商业人口而言，能够入会者依然凤毛麟角。因此，能够吸纳更多商人入会的微型组织的存在是大势所趋。

同业公所、会馆和同业公会、同乡会是对商人组织的一个必要补充，部分满足了普通商人的需求。同业公会多从同业公所转化而来，其基本宗旨是"维持同业公共利益，矫正营业上之弊害"，其功能涵盖经济、社会、教育、司法等多个方面。上海作为近代中国最大的工商业城市，行业发达，同业团体众多，在《上海指南》记录的上海工商团体中，1909 年公馆、公所共 57 个，1922 年公所有 228 个，1926 年达 239 个，1930 年增长到 247 个，另在"实业团体"中还收录了同业公会 107 个。④ 作为一种业缘性的商人团体，同业公会将同一城市中的同行商人从纵向上联系起来了，这些同行商人可能相对集中在同一街区内，但更可能分散在不同街区。近代旅沪的外地商人众多，身在异乡的这些客籍商人的乡情乡谊、乡音乡俗也使他们在异地的联系更为密切。会馆、同乡会等乡缘性组织为客籍商人在上海搭建起了一个属于自己的"家"，成为旅沪商人的一个重要的联系平台。据郭绪印研究，近代上海的会馆"全部属于商人会馆类型"，具有复合性功能，"其地缘、物缘、业缘、神缘、亲缘文化现象也丰富了上海文化的多元化特色，具有民族性的凝聚力"。1909 年

---

① 《上海总商会通告并附修改（入会、会费、选举）章程》，见上海市工商业联合会、复旦大学历史系编《上海总商会组织史资料汇编》上册，第 135—136 页。

② 《1911 年商务总会第六届入会同人录》，见上海市工商业联合会、复旦大学历史系编《上海总商会组织史资料汇编》上册，第 116—122 页。

③ 《1920 年上海总商会同人录》，见上海市工商业联合会、复旦大学历史系编《上海总商会组织史资料汇编》上册，第 290—303 页。

④ 林震编纂：《增订上海指南》，见熊月之主编《稀见上海史志资料丛书》第 5 册，第 158—164 页。

上海的会馆数为 18 个，1910 年为 26 个，1914 年 34 个，1916 年 44 个，1922 年 53 个，1930 年会馆增加到 62 个，另外还有同乡会 52 个。①

综合性的总商会，业缘性的同业公所与同业公会和乡缘性的会馆、同乡会，星罗棋布地分布在上海各地，织起了近代上海一张巨大的商人网络。在这个网络中，业缘、乡缘、法缘、人缘等是联结商人的纽带，总商会—同业公会—同乡会等构成一种层级结构，总商会由于其所处地位及其与政府的关系，扮演着领袖角色，同业公会及有影响力的同乡团体如泉漳会馆、山东会馆等都被纳入其中。政府赋予商会一定权限，同业公会能否设立、如何运行，须由商会予以审查与认定，官府核准时，必须有"该处总商会商会之证明文件"。② 在制度层面上，总商会与同业公会相互依存，一方面，同业公会必须尽到会员的义务，另一方面，总商会也必须保护作为团体会员的同业公会的利益。在会员构成中，上海总商会的合帮会员占有重要地位，1916 年 6 月前，以团体名义加入总商会的合帮会员共计 125 个，其中既有同业公会等业缘性组织，也有地域性的商帮组织。③ 一般而言，实力雄厚的同业公会、会馆等的领袖同时也是总商会议董。同业公会、会馆等作为总商会的基层组织，又有责任维护其同业或同乡商人的利益，并借此将各自行业、各自地域的商人吸纳到团体中，如果说团体会员和个人会员是总商会的直接会员的话，那么，团体会员组织中的会员又成为总商会的间接会员。

不仅如此，由于总商会与同业公会、会馆以及其他类型的商人团体之间职员、会员的交叉任职等人缘关系，这个网络变得更加复杂。实际上，同一商人不仅可能是多个商人团体的会员，甚至可能同时或先后在多个商人组织中担任相应职务，有些还在后来新成立的商总联会或各路商联会中任职，使

---

① 郭绪印：《老上海的同乡团体》，第 14 页。商务印书馆编译所编：《宣统元年上海指南》，见熊月之主编《稀见上海史志资料丛书》第 4 册，第 125—126 页。林震编纂：《增订上海指南》，见熊月之主编《稀见上海史志资料丛书》第 5 册，第 145—147、164—166 页。

② 《工商同业公会规则》(民国七年四月二十七日)、《工商同业公会规则施行办法》(民国七年四月二十七日)，转引自彭泽益主编《中国工商行会史料集》下册，中华书局 1995 年版，第 985—987 页。

③ 《上海总商会同人录》，《商业月报》第 1 卷第 1 号，1921 年 7 月。

得商人的社会身份更加复杂，这种"一身多任"的现象在上海较为普遍，其典型情况如表1-5所示：

表1-5　近代上海著名商人在商人团体中的"一身多任"现象举例

姓名	在商人团体中的任职情况
方椒伯	上海总商会第五、八任会董，第六、七任副会长；银行公会会董；宁波旅沪同乡会会长；南京路商联会会长
虞洽卿	上海总商会第三、四、六、八任会董，第七任会长，第九任执行委员；宁波旅沪同乡会会长；上海航业公会理事长；海宁路商联会会长
宋汉章	上海总商会第二、三、四、七任会董，第六任会长；上海银行公会会长；汉口路商联会会长
冯少山	上海总商会第五任会董、第九任主席委员，广肇公所董事，上海纸业公会会长
杜月笙	法租界商总联会会长，浦东同乡会理事长
邬志豪	上海总商会第九任执行委员，福建路商联会会长，宁波旅沪同乡会执委
袁履登	上海总商会第五、六任会董，第九任执行委员，第八任副会长；商总联会会长；宁波旅沪同乡会执委
赵南公	上海总商会第九任执行委员，四马路商联会会长
陈翊庭	上海总商会第九任执行委员，沪北五区商联会副会长，舟山同乡会会长[1]，宁波旅沪同乡会执委，商总联会议董
叶惠钧	上海总商会第五、六任会董，第九任执行委员；上海华商杂粮公会会长；上海商总联会议长[2]
徐乾麟	上海总商会第六、七任会董，南京路商联会会长，绍兴七县旅沪同乡会会董
项松茂	上海总商会第七任会董，中华国货维持会执行委员，四马路商联会会长
许廷佐	上海总商会第九任执行委员，百老汇路商联会会长，商总联会副会长，宁波旅沪同乡会执委
李徵五	上海总商会会董，四马路商联会副会长

資料来源：本表据《申报》，《民国日报》，上海市工商业联合会、复旦大学历史系编《上海总商会组织史资料汇编》，金普森、孙善根主编《宁波帮大辞典》（宁波出版社2001年版）等有关记载汇编而成。

注：（1）参见中国人民政治协商会议全国委员会文史资料委员会编：《中华文史资料文库·社会民情编》第20卷（20—20）"社会民情"，中国文史出版社1996年版。（2）商联会设有评议部者，其负责人报道多明确称"评议长"，也有报道称为"议长"。两者含义相同，互相混用。由于"评议长""议长"为历史用语，且笔者掌握的直接资料较少，故本书在叙述时保留了两种用法，未做修改。

可见，到五四运动前夕，上海各类商人团体犹如一个个"结点"分布在上海的大街小巷，业缘、乡缘、法缘、人缘将这些"结点"联结为一个巨型社会网络。在这个网络中，当不同的商人团体目标一致时，彼此之间就能够良性互动，但当利益冲突、看法分歧时，彼此之间也会存在矛盾斗争，不同性质的商人团体之间形成错综复杂的关系。尤其是在处理与租界当局的关系时，这个网络能够形成合力，为了共同的目标而奋斗，总商会登高一呼，同业公会就能够将不同行业的商人组织起来，同乡会将散居在不同街区的客籍商人号召起来。但是，从组织动员角度看，作为团体会员的公所、会馆或同业公会、同乡会虽然必须完成总商会的号令，业缘性的同业公会和乡缘性的同乡会也能够完成同行商人和同乡商人的动员任务，但是，没有一个商人团体能够组织动员同一街区内的商人，因为这些居住在同一街区，来自不同行业、不同地域的中小商人之间的横向联系仍然缺乏相应的桥梁，这就为以商业街区为活动范围的马路商联会的出现留下了一定的空间。

(四)从町内会到各路联合会：沪埠日侨团体的影响

中国古代乡村"乡田同井，出入相友，守望相助，疾病相扶持"，形成一种良好的邻里传统，这一传统也延续到了近代。不过，五四运动后兴起的上海马路商联会受到了在沪日侨组织"町内会"的刺激。町内会是日本在沪居留民以居住地为单位的基层组织，日本侨民多分布在虹口地区以日本领事馆和东本愿寺为中心的附近地带，集中居住，1915 年，文监师路住有日本人 851人，吴淞路有 515 人，南浔路有 235 人，据上海日本领事馆的调查，1927 年，吴淞路区域有日本侨民 1997 户，7582 人，接近当时上海日本人总数的三分之一。① 据学者现有的统计，1899 年在沪日侨人数突破 1000 人，此后逐年增加，到 1914 年突破 10000 人，1915 年达 11457 人，第一次世界大战结束后的1919 年达到 17720 人，到 1928 年上升至 26541 人。②

1915 年是一个被国人称为国耻的年份，这一年的 5 月 9 日，袁世凯接受日本政府提出的"二十一条"，触发了中国人民大规模的反日爱国运动，其中

---

① 马长林：《上海的租界》，天津教育出版社 2009 年版，第 164 页。
② 陈祖恩：《上海日侨社会生活史（1868—1945）》，上海辞书出版社 2009 年版，第531—533 页，"附录一：上海日侨人数统计表"。

又以抵制日货运动最为激烈，为了维护自身安全，在沪日本侨民组织起了町内会，负责避难救护、护送儿童、通信联络等。最初主要有丁兴里会、文路同志会、协和会、亲和会、吴汉亲邻会、近亲会共 6 个町内会，1917 年，又另行组织了 6 个町内会。为了密切町内会之间的相互联络，各町内会又联合成立"上海日本人町内会联合会"。五卅惨案发生后，在沪日侨町内会组织迅速增加至 40 个，并将町内会联合会改为"上海日本人各路联合会"，以便针对中国人民的抵制日货运动采取一致行动。① 该联合会组织严密，以"图上海日本人之联络，以协同一致团体精神，资邦人之发展"为目的，上海日本人各路会均须加入该会，"编成完全联络网"，以委员制统筹运行，各路推举代表组成委员会，委员会互选若干常委。上海日本人各路联合会共分八区，除第五区常委姓名不详外，其余各区常委姓名如表 1-6 所示：

表 1-6　上海日本人各路联合会会长一览表

区别	姓名	职务	职业
第一区	须藤五百三	亲友会会长	须藤医院院长
第二区	杉江房造	同志会会长	日本堂书局长
第三区	近藤光	近亲会会长	浅见商店店主
第四区	藤井辰之助	北友会会长	棉丝布同业理事
第五区	不详	不详	不详
第六区	丸山收平	大东街会会长	上海银行总经理
第七区	林雄吉	北亲会会长	林建筑事务所所长
第八区	渡边新五郎	东友会会长	上海通信社社长

资料来源：《日侨各路联合会讯·章程并常任委员》，《申报》1925 年 12 月 15 日，第 15 版。

---

① 陈祖恩：《上海日侨社会生活史(1868—1945)》，第 109—110 页。

此后，上海日本人各路联合会不断发展，到 1931 年町内会增长到 56 个，总会员数 15953 人。各路联合会干事属义务职，不领薪俸，入会会员每年须支付一元会费，遇特别需要时再另行捐献。与此同时，在沪日本侨民还以町内会为基础，组建自警团，以自卫为目的，活动经费全部由各町内会承担。在沪日本侨民町内会的存在，主要以对付中国人民的抵制日货运动为旨归，这一点，公共租界工部局警务处十分清楚，1919 年其在给上海英总领事的报告中曾提到"日本人街道联合会的干事会，每日于日本俱乐部内举行会议，商议关于'抵制日货'的情况"①。上海日本人各路联合会自陈"想方设法处理众多的反日、抵制日货运动，在几次事变之际，发动不屈不挠的精神妥善应对。此外，对于改善公共租界的行政，努力勇敢地贯彻自己的信念，对内团结与紧密，在日本人多项社会事业中服务奉公，如亲善和睦、增进福利、引导舆论、善导思想、协助教育事业、普及敬神思想等"②，日本学者高纲博文认为上海日本人各路联合会是上海"土著派"日本民众依存的一种"草根法西斯"组织，在实际上发挥着"自治组织"的作用③。在沪日侨町内会的存在，不仅反映了日本人的集体安全意识，也在一定程度上体现了当时中日民间关系的紧张，"可以说，其是日本民众在'国际都市'上海的疏离感、孤立感、受害者意识基础上建立起来的组织。以这些不安全的自我意识为基础的各路联合会，特别在精神上以天皇制意识形态为支柱，在现实中依存于当地日军，积极地推进与日军的合作，为'维护权益'而敌视中国民众，并采取排外行动"④。

从存在形态上看，在沪日侨的町内会，是对日本城市中传统的邻里组织的移植，据 1934 年的一份调查，日本东京市的町会最早可追溯至 1887 年以前，20 世纪 20 年代是町会建立的高峰期，详情见表 1-7：

---

① 中国科学院历史研究所第三所近代史资料编辑组编：《五四爱国运动资料》，科学出版社 1959 年版，第 751 页。
② 《上海居留民团三十五周年纪念志》，转引自[日]高纲博文《近代上海日侨社会史》，陈祖恩译，上海人民出版社 2014 年版，第 69 页。
③ [日]高纲博文：《近代上海日侨社会史》，陈祖恩译，第 72 页。
④ [日]高纲博文：《近代上海日侨社会史》，陈祖恩译，第 72 页。

表 1-7　日本东京町会的成立(1887—1932)

单位：个

时　期	东京市原 15 区建立的町会	1932 年新增 20 区建立的町会	共计	占总数的百分比
1887 年前	8	6	14	0.6％
1887—1892 年	12	3	15	0.7％
1893—1897 年	19	4	23	1.0％
1898—1902 年	38	4	42	1.9％
1903—1907 年	60	11	71	3.1％
1908—1912 年	26	12	38	1.7％
1913—1917 年	77	37	114	5.0％
1918—1922 年	212	95	307	13.6％
1923—1927 年	351	471	822	36.4％
1928—1932 年	183	631	814	36.0％
共　计	986	1274	2260	100.00％

资料来源：本表据西奥多·C. 贝斯特著，国云丹译《邻里东京》(上海译文出版社 2008 年版)第 67 页附表改制。

由上表可知，东京市内 72.4％的町会建立在 1923 年之后，"在这些邻里中，相互重叠、内在交织的社会组织和机构为当地的社会生活提供了完备持久的结构，居民之间不仅可以通过本地的组织，也可能通过非正式的社会、经济和政治网络相互发生联系"①。不过，日本的町会主要是以本社区内的居民家庭为成员，帮助解决社区内的公共事务，"通过邻里互助、自治、预防犯罪和预防火灾，致力于公众福利的提升"②。町会领导人要面对社区内居民要求的"帮助解决学校的招生问题、细小的税收事务、垃圾收集不够、公共设施

---

①　[美]西奥多·C. 贝斯特：《邻里东京》，国云丹译，上海译文出版社 2008 年版，"序言"第 1 页。据西奥多·C. 贝斯特研究，町内会(chônaikai)与町会(chôkai)两个概念可以替代使用，日语的字面意思为"乡镇联合会"或"乡镇内部联合会"，在英语里有不同的译法，西奥多·C. 贝斯特称之为"邻里协会"(neighborhood associations)，其他学者则将其解释为"城镇协会"(ward associations)或"街区协会"(block associations)。

②　[美]西奥多·C. 贝斯特：《邻里东京》，国云丹译，"附录 B　柳木宫本町会"，第 294 页。

引起的噪音、建筑许可以及其他上百种投诉和全世界所有的城市政治家通常都要处理的繁文琐事。他尽力处理好这些事情，即使是那些最不相干的请求，他也会作为中间人，不仅为本地居民跟区政府建立联系，还跟其他认识的商人和有影响力的人或者上级政府的政治家和他可以影响到的各种公共和私人机构拉上关系"①。

日本在沪居留民的各路联合会组织开展了争取公共租界里日本侨民的权利的斗争，他们的主要业绩包括"编成公共租界警察部日本队"，"要求工部局各部门采用日本人职员"，"要求增加公共租界日本人参事的名额"，"获得工部局对日本人小学校的教育补助金"，"对上海日本商业学校用地进行交涉"，"应对中国方面收回租界运动而进行各路联合会的活动"，"针对增加公共租界参事会员而进行各路联合会的活动"。② 毫无疑问，这些活动对租界里的华人产生了一定的刺激作用。中国古代乡村本就有守望相助的传统，不同地区的商人来到上海这个陌生的大都市，不仅需要有会馆、同乡会所的"祀神、合乐、义举、公约"等活动，以联络乡情、扶危济困，更需要日常生活中街坊邻居的相互帮衬，尤其是当租界当局侵害华人的利益时，当看到在沪日侨抱团所形成的合力时，"在法租界及公共租界里的中国人，都想与日本人早已组织好的街道联合会看齐。各行各业的商人以及外国人雇佣下的中国人都在讨论着组织联合会事"。③旅沪日侨组织各马路日侨商界总联合会成立后，进一步加强与上海商总联会的沟通交流，相互借鉴。

二、五四运动与上海马路商联会的兴起

五四运动后，上海商界兴起了一股创设马路商界联合会的热潮。据《申报》记载，仅1919年内上海设立的马路商联会就多达34个，此后，热度不减，直到1929年还有苏州路商联会的设立。据初步统计，从五四运动到南京国民政府进行商人团体整理的1930年，上海设立的马路商联会团体多至60

---

① ［美］西奥多·C.贝斯特：《邻里东京》，国云丹译，第99页。
② ［日］高纲博文：《近代上海日侨社会史》，陈祖恩译，第69—70页。
③ 中国科学院历史研究所第三所近代史资料编辑组编：《五四爱国运动资料》，第743页。

余个。由上海市工商业联合会、复旦大学历史系辑录的《上海总商会组织史资料汇编》载："自1919年7月9日北城工商联合会筹备成立之后，陆续成立之各马路商界联合会共达65个。"[①]是什么原因直接导致了以商业街区为活动范围的马路商联会的兴起呢？

(一)五四运动中马路商联会的产生

曹、陆、章被罢免后，一般中小商人从五四运动的胜利中受到鼓舞，也看到了联合、团结起来的力量。各马路商界联合会如雨后春笋，纷纷设立。但是，商联会究竟是怎样成立起来的？最早的商联会是哪一个？史料说法不一，严谔声、余华龙等亲历者强调了商界的自觉，许德珩则回忆说，"上海有个马路联合会，那是学联搞起来的"[②]，强调了学联对商联会的催生作用。又据《申报》记载，"山西路商界联合会当六五商界表示爱国牺牲时即肇其端"[③]，在《时事新报》6月13日的报道中却出现了五马路商家联合会会长黄宗藩与学生一起上街劝导各商店开市的消息[④]。署名为"粤东闲鹤"者则认为罢市进行到第五日，南京路大商家150余家在贵州路报本堂开会，议决坚持办法，非得北京政府确实表示，不愿开市营业；当时即互相联络结合为南京路商店联合会。[⑤] 学术界也有论者认为"上海各马路商界联合会是从南京路开始组织的"[⑥]。法租界商联会则认为，五四运动中出现的马路商联会均系步其后而起："自学潮陡起，我居沪法租界各商家良心不泯，见义勇为，先之以罢市，旋即组织商业联合会奔走呼号，促国民之猛省，救国事于危急，满胸热血，一往无前，此诚我各商家之内省无疚，亦共见共闻，各界不视为凉血动物也。……今日上海各路商界联合会先后成立，民气发扬有如潮涌，从流溯源，

① 上海市工商业联合会、复旦大学历史系编：《上海总商会组织史资料汇编》下册，第926页。

② 转引自彭明：《五四运动史》，人民出版社1984年版，第338页。

③ 《山西路商界重组联合会》，《申报》1919年11月25日，第10版。

④ 《昨日学生之游行》，《时事新报》1919年6月13日，第1版。

⑤ 粤东闲鹤编：《曹汝霖》，见中国社会科学院近代史研究所近代史资料编辑组编《五四爱国运动》(下)，中国社会科学出版社1979年版，第455页。

⑥ 黄逸峰、姜铎、唐传泗、徐鼎新：《旧中国民族资产阶级》，第253页。

未始非本会有以倡其先"①，"法租界商业联合会发起于各团体之先"②。也有报道认为："河南路商界联合会成立最先，内部团结甚固。"③不过，从《申报》的记载来看，1919年6月22日成立的沪西商界联合会当属最早的商业街区内的马路商联会，该报道称："本埠西门外一带商店近将特联合店邻组织一会，借资联络，自方浜桥起至斜桥止，计盖章入会者二百七十家，于昨日午后三时，借公共体育场开沪西商界联合会成立大会……公推吕耀庭、吴钦之为临时正副会长。"④沪西商界联合会的首创性也得到了其他马路商联会的认可：

> 上海之有商界联合会，在五四运动之后，盖当时山东青岛等处，有各界联合会之组织，于是上海遂影响及之，首先成立者为沪西商界联合会，然后各路方次第成立，当时有人认各路商界联合会为商会之变相者，其实不然，盖今日之商会，简直为武人政客之附属品，各路商界联合会则为纯粹平民机关。⑤

此后，陆续又有关于马路商联会筹备或成立的记载，如7月4日召开的北城工商联合会筹备会，7月31日成立的文监师路工商联合会⑥。从《申报》的记载来看，五四运动发生的当年，上海共成立了33家马路商界联合会，其简要情况如表1-8所示。

表1-8　1919年上海马路商界联合会筹备或成立情况简表

名称	成立时间	成立时的会长、副会长
浙江路商联会	7月19日	朱一笙、宋锡山
文监师路商联会	7月31日	沈星德、张连发
新闸路商联会	8月5日	胡鉴人、赵可成
北河南路商联会	8月17日	陆文荃、周柳江

① 《法租界商业联合会复活》，《申报》1919年9月22日，第10版。
② 《法租界商界重组联合会》，《申报》1922年9月18日，第10版。
③ 《河南路商联会募集特别捐》，《申报》1919年11月28日，第10版。
④ 《沪西商店联合会成立》，《申报》1919年6月23日，第10版。
⑤ 《闸北五路商联会成立会纪》，《申报》1922年6月12日，第14版。
⑥ 《文监师路工商联合会成立》，《申报》1922年8月3日，第11版。

续表

名称	成立时间	成立时的会长、副会长
民国路商联会	8月20日	楼善和、钟瑞清
北福建路商联会	8月20日	陈宝德、徐丽洲
河南路商联会	8月22日	金馥生、陆费逵
北城商联会	8月24日	施翔林、朱仲斋
沪西商联会⁽¹⁾	8月31日	吕耀庭、穆蔚良
南京路商联会	9月20日	王才运、潘锡范
北四川路商联会	10月4日	张鳢堂、陆文中
东北城商联会	10月10日	陆汇泉、赵景忠
天潼路商联会⁽²⁾	10月11日	蔡仁初、何觐林
山东路商联会	10月12日	徐时隆、严思盈
嘉兴路商联会	10月12日	周之璜、金锦源
豫园商联会	10月13日	张士元、苏醴源
五马路商联会	10月22日	朱霞琯、周崧
四马路商联会	10月24日	项松茂、陆镜如
各路商总联会	10月26日	陈则民、金馥生
汉口路商联会	10月31日	宋汉章、吕静斋
沪北五区商联会	10月31日	范鹏、邓少屏
福建路商联会	11月13日	王宗藩、胡汝鼎
唐家弄商联会	11月16日	朱尧臣、周瑞珍
西华德路商联会	11月23日	沈佩兰、庄鲁卿
法租界商联会	12月1日	叶觊辰、汪醒斋
武昌路商联会	12月1日	万国安、郑良瑛
沪西商联会⁽³⁾	12月7日	金省三、颜芹香
广西路商联会⁽⁴⁾	12月8日	余民进、陈厚载
中城商联会	12月23日	吴柏春、汪存厚
爱克界三路商联会	12月26日	王春泉、陈家宝
汉璧礼路商联会⁽⁵⁾	具体日期不详	黄慎康

续表

名称	成立时间	成立时的会长、副会长
海宁路商联会	具体日期不详	—
七浦路商联会	具体日期不详	—

　　注：本表资料均摘自《申报》《民国日报》的有关记载。(1)全称为沪西商业联合会。(2)1927年春改为天潼路商界联合会。(3)全称为沪西商界联合会。(4)1924年增加贵州、劳合两路，1926年增加天津、宁波两路，改组成天津五路商联会。(5)汉璧礼路商联会成立于何时，《申报》并无记载，但该报9月5日第10版曾刊发汉璧礼路商界联合会反对公卖存货函，据此判断，该商联会应在此之前已经成立。参见《商界团体反对公卖存货函》，《申报》1919年9月5日，第10版。

　　马路商联会的兴起，反映了上海中小商人在联合的道路上迈出了新的步伐。一般来说，马路商界联合会是由各街区的较大商家率先发起，在全路范围内征求签名盖章，在绝大多数商家同意的原则下成立的，如西华德路商联会就是由发起人朱、蒋诸君"先从各商号签名盖印为入手办法，全路四百数十家一致赞成"下组成的①。有些马路商联会从发起、征求签名到制定章程等环节需要经过多次筹备才能建立起来。例如，北城工商联合会"曾于夏历六月初七日(公历7月4日)假老北门内萨珠弄国货筹备处开第一次筹备会，到者七十余人"，7月20日，召开第二次筹备会，讨论了联合会的名称、宗旨、职责、会员、职员、选举、会期等会章，确定"以挽救国危、劝用国货，互相保卫，一切事宜专以和平为宗旨"。② 而其的最终成立是在1919年8月24日。又如，邑庙豫园二百余户商号曾于1919年7月10日、20日两次召开筹备会，决定组织邑庙豫园商业联合会。③ 8月30日，又借爱多亚路上海商业公团联合会开选举评议干事会，到者200余人，新闻、北城、东北城、民国路、中城等商界联合会代表到会④，但最终宣告成立却是在10月13日。还有些马路商界在抵制租界当局加收捐税的斗争中，秉持五四精神，加快了联合组织的步伐。1919年7月12日，"虹口、北四川路、天潼路、武昌路、崇明路等处

---

① 《西华德路商界议组联合会》，《申报》1919年11月15日，第10版。
② 《北城工商联合会之筹备》，《申报》1919年7月21日，第11版。
③ 《组织邑庙豫园商业联合会》，《申报》1919年8月1日，第10版。
④ 《豫园商业联合会选举纪事》，《申报》1919年8月31日，第10版。

各铺户商民因闻公共工部局于此次收取秋季房捐时有加收二厘带收特别捐若干情事，金以值此米珠薪桂市面凋疲之秋设再加增负担，商民等实属力有未逮，故各就各路结合一小团体，拟就种种不能负担之理由，缮具禀词，分别呈请外交团与工部局及各该管长官、总商会等处各机关，吁恳曲为体谅，免予加增"①。

各马路商联会成立之后，基本上改变了各马路地域内各业中小商家的涣散局面，在维护街区商户利益的抗争中发挥了重要作用。但各路商联会仍自成一体，在与租界当局的抗争中难以采取一致立场，尤其是随着市民权运动的展开，各马路商界迫切需要形成一个统一的组织，"以对外不可无统率机关，对内不可无集权枢纽"②，于是，"各路商界外顺世界之潮流，内悟散沙之非计，结合团体，先后组成商界联合会有二十余路之多，又惧其各自为政，漫无统系也，于是有各路商界联合总会之组织"③。1919 年 10 月 26 日，各路商界总联合会正式宣告成立。它的成立既巩固了已有的商联会组织，又在一定程度上推动了该组织在各马路等商业街区的进一步普及，如四马路商联会就是赶在总联合会成立大会之前宣告成立的。

可见，五四运动推动了上海马路商联会的产生。那么，商界又是如何看待五四运动与各马路商联会兴起和发展之关系的呢？首先，他们认为，上海马路商联会是五四运动的产物。五四运动中，上海商人的罢市斗争基本是以商业街区为其组织活动范围的，其组织的严密性为总商会、同业公会等商人团体所不及，显示了较强的动员能力。"自五四以来，吾人已彻底觉悟，非结合团体，群策一致，不足以救万一"④，于是，马路商联会纷纷创设。沪南南市十六铺里马路卤瓜街一带，商业发达，"五四运动时，各商界皆非常热心，抵制劣货，曾经组织沪南商界联合会"⑤。五马路商联会会长陈伯男认为，"吾商人因六三运动而组织各路商界联合会，进而总会，当时固以团结力之巩

---

①　《商店吁恳免加房捐》，《申报》1919 年 7 月 12 日，第 11 版。
②　《前上海各马路商界总联合会恢复宣言》，《申报》1926 年 6 月 25 日，第 2 版。
③　《商界联合总会成立纪盛》，《申报》1919 年 10 月 27 日，第 10 版。
④　《武昌路商界联合会成立》，《申报》1922 年 12 月 3 日，第 10 版。
⑤　《沪南商联会发起之先声》，《申报》1922 年 1 月 21 日，第 11 版。

固，主张之一致，一切事业，颇著成效"①。九亩地商联会的创设也是以五四精神相标榜的：

> 上海一埠，五四以还，商联会之产生，接踵而起，足见人群进化，知离群索居，不足以图存现在世界，我九亩地地方辽阔，商店林立，不亚于其他区域，惟商界联合会尚付缺如，有事发生，各自为政，不相谋合，殊为可憾，各商号诸同仁有鉴于斯，爰集同志，一再筹维，援照各处成例，发起九亩地商界联合会。②

上海马路商界总联合会也认为："六三一役，世人公认为上海市民标示正义之举，顾欲保持此正义，因有各路商界联合会之组织，顾虑各路之散处，因又有各路商界总联合会之设。追溯已往之历史，本会与各路联合会由正义而产生而结合，事实昭著，其关系之密切，非其他总分会之可比。"③河南路商联会认为："上海商界自六三运动以后，觉悟商人有团结之必要，各路联合会，应运而兴，复由各路而集合为总会，团结力甚大。"④总部位于美伦里的商总联会则认为："马路联合会者，上海市民六三运动之产生物也，其组织之基础为商店，其参加之分子为商人，可谓上海全部最普遍、最纯粹之商业团体，而犹虑其散漫也。复设想联合会以为群众集合之总枢，上海市民能力之伟大，即可于此觇之焉。"⑤

其次，商联会常常以五四精神自励，鼓励商人团结奋斗。五马路商联会认为上海"本埠各分会不下六七十路，集合者只四十余路，其余或尚未成立，或观望不前，或虚名无实，欲收指臂之效，应加详细调查，就敝会主张，须分三项办理，对于未成立者，应尽力援助，俾速告成，对于观望者，应派人联络，免致纷歧，对于虚名无实者，详予审查，设法取缔，则总会之基础巩

---

① 《各路商界游园会纪：章程草案成立》，《申报》1923 年 8 月 27 日，第 13 版。
② 《各商联会消息》，《申报》1925 年 12 月 23 日，第 15 版。
③ 《商总会征求分会加入》，《申报》1923 年 12 月 29 日，第 14 版。
④ 《提议两商总联会合并之响应》，《申报》1922 年 9 月 5 日，第 13 版。
⑤ 《两商总联会合并之酝酿：美伦里商总联会之宣言》，《申报》1923 年 7 月 4 日，第 14 版。

固，六三之精神，永久保存，商界前途，庶几有豸"①。曾因合并两商总联会而有功的五马路商联会会长陈伯男于 1923 年 10 月当选为各路商界总联合会会长，他在回顾商总联会的历史并展望未来时，希望商界坚持初衷，同心协力，"则上海商民六三运动之荣誉与精神，可以保持"②。合并后的商总联会也认为：

> 溯自民七五四事兴，吾人惕于时局之阽危、外侮之日亟，不图自振，噬脐何及，尤深知非团结一致贯彻主张不为功，于是有各路商业联合会之组织，其初以事属草创，不均缔造艰难之感，迨后潮流所趋，事不容缓，寖假而有本总联合会之成立，盖合全沪数十分会而有此大团结之组织，全沪数十万商民，以期许于各分会者，尤深切属望于本会，故本会职责所在，不啻为数十万商民之喉舌也。③

最后，五四情结是维系商界团结的纽带，鼓舞商人继续奋斗的动力。在华盛顿会议上关于鲁案的交涉过程中，马路商联会就是以五四精神号召商人掀起国民外交运动，"闻各路主张，甚为激烈，愿以五四运动之精神，争兹千钧一发之危局"④。商总联会则认为：

> 敝会自五四运动之役，慨于租界市民权之堕落，遂尔在各马路成立商界联合会，以资群策群力，共争租界市民权利，嗣由城南、闸北、英、法租界等各分会联合组成总会，以图力量集中，为商民谋福利。⑤

可见，以"外争国权"为主要诉求的五四运动为上海马路商联会的兴起创造了契机，商联会也常常以其为五四运动的产物而自省，以五四精神自励，以五四情结作为其团结的纽带。总之，五四运动促进了上海马路商联会的形成。

(二)国权观念与国民意识：商联会产生的思想基础

上海马路商联会集中出现于五四运动时期，这不是历史的巧合。首先，

---

① 《五马路商联会之建议：致总商联会文》，《申报》1923 年 10 月 30 日，第 15 版。
② 《各路商总联会选举大会纪：陈伯男当选会长》，《申报》1923 年 10 月 29 日，第 13 版。
③ 《商联周报之先声》，《申报》1923 年 9 月 24 日，第 15 版。
④ 《对于鲁案之二次示威大运动》，《申报》1922 年 1 月 8 日，第 10 版。
⑤ 《商总联会之声明》，《申报》1928 年 10 月 18 日，第 16 版。

参与五四运动使中小商人懂得了组织团体的重要性；其次，五四运动中商人国权观念的增强与国民意识的高涨为商联会的兴起奠定了坚实的思想基础。

五四运动中，上海公共租界、法租界及华界商店在学生爱国热情的感召下，自发地参与了罢市斗争，如"五九"国耻日，南京路上，"全体一例休业者，首推书业，次则药房、钟表、洋货、棉业等。……该地一带，除各书店一律休业外，即仪器、文具各店莫不休业。此外若美界、若法界，均有同等之表示"①，"沪城大小东门内各商号门前皆大书特书，声明'本号自今日起始终不售日货'等字样"②。"六三"以后，各马路商界以更大的激情投入罢市运动中，法租界兴圣街一带洋广货业"连日集议，本爱国之热诚，良心之主张，公同决定对外、对内二种办法，函请该业公所(在公共租界泗泾路)通告各同业一体照办；并致函东庄洋货公所要求一致进行，以示商民爱国之决心"③。小东门一带的中小商店还自动联合起来，于 6 月 5 日组成了商业联合议会，宣布罢市。④"南京路各大商家，约一百五十余户，午后集于贵州路报本堂，计议坚持办法。最后遂议定以'召盘'、'清理账目'、'闭歇'等方法抵制之。会散而后，则各家门板之上，平日张贴之'不除国贼不开门'、'不除国贼不开市'等字样，一变而皆贴红纸小签条'召盘'、'清理账目'、'闭歇'等等。"⑤罢市迅速在闸北、法租界、公共租界地区内的马路、街道上蔓延开来。对于中小商店的罢市之举，公共租界工部局、上海军警企图利用武力强行开市，"自罢市后，城厢南市各商号被军警勒令开市者已非一次；最可恨者，恒于午夜黎明，枪棍交哄，逼令开门。然各商号救国情殷，咸书'召盘歇夏，清理帐目，暂停数天'等字样，高粘门上为抵制"⑥。上海总商会、商业公团联合会对于商店罢市，态度始终有所保留，主张有限度地罢市，并配合工部局劝导

---

① 《商界之纪念国耻》，《申报》1919 年 5 月 10 日，第 10 版。

② 上海社会科学院历史研究所编：《五四运动在上海史料选辑》，上海人民出版社1980 年版，第 189 页。

③ 上海社会科学院历史研究所编：《五四运动在上海史料选辑》，第 214 页。

④ 徐鼎新、钱小明：《上海总商会史(1902—1929)》，第 241 页。

⑤ 上海社会科学院历史研究所编：《五四运动在上海史料选辑》，第 384 页，个别字词与标点有改动。

⑥ 上海社会科学院历史研究所编：《五四运动在上海史料选辑》，第 383 页。

开市，这更加激起商人的愤怒，于是"店家决心随撕随贴，其措词不一：有书'爱国自由，不受干涉'八字者；有书'你会撕，我会贴'六字者；有书'我心已决，越扯越贴'八字者；有书'你扯我贴，越扯越多'者；有书'你愿做亡国奴否'七字者"①。罢市斗争中，也出现了临时性的、非正式的街区组织，如 6 月 11 日法大马路天吉堂伙友戎鸿文因分发传单被捕，"南市各商店伙友均抱不平，立时聚集六百余人，金以本当报请商会，现因主任无人，不得已临时组织商业联合会，以此名义举出许、陈、周、王四代表，齐拥至一区一分署，要求将戎鸿文开释"②。

马路商界的临时集议乃至临时性的街区组织，都难以改变"六三"罢市的自发性。作为罢市的在场人与亲历者，县教育会的曹慕管指出"此次商界举动，完全为自动，并无他人胁迫"，省教育会沈信卿认为"此次商界举动纯出自动，并无外界煽惑"，商界名人穆藕初也认为"此次商界罢市全出自动"。③他们对罢市行动自发性的认识，实可做两方面的解读。一方面，商人自动地参与到罢市运动中来，反映了商人觉悟的提高和国民意识的增强；另一方面，罢市中各路商家虽然也有某种形式的联合会议，但次数有限，联系松散，约束力不强，以至于在对付军警当局强行开市时，行动不一，这在很大程度上反映出各路中小商家之间还缺乏统一的协调和指挥，迫切需要成立一个以街区为活动范围的商人团体。

不仅如此，上海商人，尤其是广大中小商人通过参与五四运动，发起"六三"罢市，进一步增强了国权观念，进一步提升了国民意识及其责任感。

首先，五四运动中上海商人的国权观念进一步增强了。五四运动以"外争国权，内惩国贼"为目标，深深地感染了参与这场运动的广大商人。"我国素来商情涣散，近自五四运动始知联合，故各路各业之联合会接踵而起。"④文监师路工商两界"自学潮发生后，对于国事非常注意，且能顾及公益，力图自治"⑤，更是五四时期商人国权意识高涨的产物。

---

① 上海社会科学院历史研究所编：《五四运动在上海史料选辑》，第 376 页。
② 上海社会科学院历史研究所编：《五四运动在上海史料选辑》，第 387 页。
③ 上海社会科学院历史研究所编：《五四运动在上海史料选辑》，第 378、379、381 页。
④ 《唐家弄商界联合会成立》，《申报》1919 年 11 月 17 日，第 10 版。
⑤ 《文监师路工商联合会成立》，《申报》1919 年 8 月 3 日，第 11 版。

近代以来，中国主权不断沦丧，领土完整被破坏，关税自主被侵蚀，司法独立遭践踏，国家地位日益沉沦。在传统封建政治体制下，商人"在商言商"，视国家政治为禁区。但是，随着西方工业化浪潮的东渐，中国民族资本主义经济的发展，帝国主义经济侵略的不断加深，民族危机的空前严重，晚清时期商人的民族主义思想逐步萌芽和发展，其核心内容是振兴民族经济，目标诉求是实业救国，20世纪初年兴起的收回利权运动、抵制美货运动，均可视为商人捍卫国家权利的实践。从中可以窥探到，晚清商人的经济民族主义行为中已经夹杂着近代国家观念，正如有的学者指出的那样，"晚清商人民族主义思想中的国家观念和传统国家概念的显著不同，在于它将中国看作各民族统一完整的国家，并且意识到'国家为人民之集合体'，而不是视中国为某一个王朝统系世代相袭的天下"①。在这一基础上，出现了国权意识的萌发，商人认识到包括领土完整在内的主权对国家、国民的重要性——"国者，一国自有一国之主权，国民者，人人各有国家之一分，而当尽其责任。土地则国民人人所有之土地也，人人知其为之所有而争之则存，人人以为非己之物而不争则亡"②，呼吁国人树立起自觉捍卫从领土完整到税权自主等一系列涵盖政治、经济、军事、文化等领域的国家权利的意识。

北京学生的五四之举以"外争国权，内惩国贼"为诉求，激发了商人的爱国热情，罢市斗争的胜利显现了商人团结的重要性，鼓舞了商人作为国民一分子的自豪感，以至于五四运动之后多年，商人中仍普遍存在着难以抹去的五四情结：

> 五四是学生起来打倒曹章陆等的运动，自发生罢课而后，莫不再接再厉的劝告各界参加爱国运动，上海的商界同胞，那时也觉悟了，明白学生与商人有联合之必要，所以在民国八年六月三日有大罢市之举动，上海商界同胞牺牲了一切，来帮助学生，一致进行，这种运动，影响到北京、杭州各地，伪政府畏惧了，罢免了曹章陆，这种事实的实现，不得不归功于上海的商界同胞，我们又觉得六三运动，是开中国的

---

①　朱英：《近代中国商人与社会》，湖北教育出版社2002年版，第31页。
②　《记录味莼园集议电阻俄约演说》，《中外日报》1901年3月18日，第3版。

新纪录。①

字里行间充满了对商人力量的自信。对上海商人而言，"六三"罢市是一段美好的集体记忆，是商人团结的象征，是商人国权意识的体现，"是表示我们商界爱国卫国的决心，使世界上的人，晓得我们中国的人心是还没有死的"②。在商人眼中，罢市固然是声援学生的爱国之举，开市又何尝不是确保运动胜利的不二策略呢？"前之罢市，所以爱国，行乎其所不得不行也。今之开市，亦所以爱国，此乎其所不得不止也。"③但是，商人终究要依靠商业利润，经商营工乃其固有的商权，保障商权才能更好地维护国权，因此，五四运动之后，上海商人对国权倍加关注，对国事更为关心，"我商人自五四以还，知国家与商人有密切关系，年来对国事之挽救，不惜牺牲，任为后盾"④。

其次，广大中小商人在五四运动中进一步提升了国民意识。五四运动中，上海中、小商人积极参加了罢市斗争，声援学生爱国运动，承担起了商人对国家的责任，同时，积极维护社会秩序，履行商人的社会责任。

在传统社会，士农工商皆臣民，商人处在四民之末，社会地位低下。在"朕即国家"的专制主义下，皇权即国权，国事不过是皇帝一家一朝的私事，一般商人无权过问，也无须过问，"在商言商"是传统商人谨守的商道之一。近代以来，随着西方资本主义的入侵，民族危机逐步加深，中华民族命运共同体意识日渐增强。从某种意义上看，辛亥革命的酝酿和发生，实际上是民主共和观念在舆论、思想、法律与国家体制设计上的一次实践，尽管这次实践还存在着一定的历史局限性，但在民族国家意识建构上不愧为一场伟大的革命。随着民主共和思想的传播，传统的臣民观念受到强烈冲击，"今试问一国之中，可以无君乎？曰可。民主国之总统，不得谓之君，招之来则来，挥之去则去，是无所谓君也。又试问一国之中，可以无民乎？曰不可。民也者，

---

① 《反日会昨开六三纪念大会》，《申报》1928 年 6 月 4 日，第 13 版。
② 海上闲人编：《上海罢市实录》，见中国科学院近代史研究所近代史资料编辑组编《五四爱国运动》（下），第 15 页。
③ 海上闲人编：《上海罢市实录》，见中国科学院近代史研究所近代史资料编辑组编《五四爱国运动》（下），第 18 页。
④ 《山东路商联会常会纪》，《申报》1923 年 7 月 11 日，第 15 版。

纳其财以为国养，输其力以为国防，一国无民则一国为丘墟，天下无民则天下为丘墟。故国者民之国，天下之国即为天下之民之国"①。临时大总统孙中山的公仆形象颠覆了几千年来笼罩在人们心理上的"家国天下"的阴影，代之以民主国家人民做主的理念，商人也成功地完成了由"臣民"向"国民"的角色转化。在民国与国民的关系上，商人普遍认为国民是国家的主体，国家犹如一公司，国民犹如众股东，国民与国家的关系犹如股东与公司的关系："民国犹一公司，国民犹之众股东，京内外凡百执政，总分公司中之职员耳，今各职员横行无忌，居股东地位者，断无任其败坏破裂，置公司血本于不问之理。"②因此，在商人眼中，政府官员不过是受雇于国民的职员而已，其权力来自国民，当政府官员滥权使国家利益遭受损失时，居于主体地位的国民为了维护国家的利益，有责任起来纠正甚至罢免滥权的官僚。在这里，商人以通俗化的职业语言形象地诠释了国民责任。

国民责任包括两个层次。第一层次为国民对国家的责任，"凡我国民，当尽匹夫之责"③，既有缴纳赋税、监督政府等共同责任，也有因职业差异而形成的本位责任，如商人应该承担起发展工商、繁荣经济的本位职责，但是，当国家和民族处在危急关头时，所有国民都应肩负起救亡图存的责任。不同时代，国民责任有不同的着力点，五四时期，国民应该肩负起"内惩国贼、外争国权"的重任：

> 凡为中华民国之国民，均应同来出力救中国。欲求国家之完固，非惩办卖国贼不可。欲求国土之完全，非取消中日密约不可。取消中日密约，非誓死抵制日货不可。④

所以，商界团体在要求惩办曹、陆、章的函电中，一致要求北京政府以民意为重："民国约法，首从民意，设或人心一去，挽救无从。丁兹内忧外患伺隙

---

① 《说国民》，见张枏、王忍之编《辛亥革命前十年间时论选集》第1卷上册，生活·读书·新知三联书店1960年版，第72页。

② 《商总联会对政潮之重要宣言》，《申报》1923年6月14日，第13版。

③ 《各团体之对日运动》，《申报》1923年3月24日，第13版。

④ 吴中弼编：《上海罢市救亡史》，见中国科学院历史研究所第三所近代史资料编辑组编《五四爱国运动资料》，第581页。

于旁，政府之兴废，人民之生命系焉。洋布商民亦国民之一份，用特电请，敬乞诚意相加，俾顺民意而伸公理。"①

第二层次为国民对社会的责任，保持社会的稳定、有序与和谐，维护正常的社会生活既是国民责任的重要范畴，也是维护人类社会发展的必要条件，但在激烈的政治运动或激进的社会改革中，往往难免产生对抗和冲突，有时甚至出现暴力流血事件，如果大多数国民能够保持理性，履行国民的社会责任，那么，政治运动或社会改革就能在既定轨道上顺利推行，否则，就会造成社会对立直至完全失控。因此，如何将国民的国家责任与社会责任有机地结合在一起，是衡量国民观念是否健全的一个重要标准。五四运动为我们提供了检验商人的国民观念的一个重要历史标本。

一方面，五四运动中的商人罢市是声援青年学生的爱国举动，是商人履行国家责任的重要体现：

> 北京政府，历年以来所为违反国民公意，损失民国主权之行为，其结果将阻滞中国人民之进步，障碍远东之永久和平。……于中国今日危险最甚之时期，违反民主国常规，威压国民，夺其集会结社言论之自由，拘禁杀戮爱国之青年，庇护应负卖国责任之官吏。上海中国全体，认此为政府故意与国民宣战，非可以口舌谕，已于昨日起一律罢市，以表国民反对政府卖国行为之决心。②

罢市给商人造成了经济上的重大损失，对于锱铢必较、唯利是图的商人而言，这是一个十分艰难的抉择，在这个过程中，商人们并非没有犹豫，但是，当他们意识到罢市最终成为一种履行国民责任的手段时，基于"商人亦国民一份子"的理念，商人们义无反顾，行动坚决，积极投身到"六三"罢市中，直至"内惩国贼、外争国权"的阶段性目标实现为止。因此，共同的国家责任感成为商人一致罢市、声援学生爱国运动的最大公约项，正如商人在"六三"罢市的宣言中所说：

① 吴中弼编：《上海罢市救亡史》，见中国科学院历史研究所第三所近代史资料编辑组编《五四爱国运动资料》，第596页。

② 杨尘因：《民潮七日记》，见中国科学院历史研究所第三所近代史资料编辑组编《五四爱国运动资料》，第446页。

中国乃国民之公产，政府为人民之公仆。为仆者卖主以自肥，主人不加责斥，而请其稍加哀怜，勿为过甚。……谁非国人，谁无忠义，忍令人民法内之自由先失，国家继是以灭亡耶。此吾工商诸界所至痛极，奋而出此辍业之最后一策也。①

另一方面，商人在罢市中尽力履行社会责任，反对扰乱街面、造成混乱的暴力行为，努力维护城市社会秩序。上海"六三"罢市后，"各商店门首，均贴有白纸，书'商学一致救国'者，'文明抵制切勿暴动'者"②。1919 年 6 月 5 日，各团体通告维持秩序，"奉劝诸公，有店者回店，无店者回家，切弗在马路上闲游，以免意外危险"③。法租界及公共租界商家，"各按段落组织商界维持队，手执警告勿暴动小旗，肩挂同一词句之字带，往来巡察，维护境内治安"④。6 月 6 日，县商会发出通告，"务请各业保守秩序，勿生意外为至要"⑤。6 月 8 日，"南京路(即英大马路)、福州路(即四马路)一带之罢市商铺，门首贴有一种劝告，大书'爱国同胞，无事切勿在马路闲游，或成群结队叫喊拍手，此种举动，实属妨害公安，恐若起外界干涉，其各戒勉'等字样。并由学生队、童子军，分班站于各要隘之处，向众以诚恳之词泣告。以故罢市后之租界秩序，井然不紊，非常安谧"⑥。在法租界，"有商界维持会中人，持有四五寸阔，四尺余长之白竹布，一头书'幸勿暴动'，一头书写西文，与华文字义相同，至法租界每一商店，送布一条，并劝各店中人围在身上，以

---

① 海上闲人编：《上海罢市实录》，见中国科学院历史研究所第三所近代史资料编辑组编《五四爱国运动资料》，第 445 页。

② 海上闲人编：《上海罢市实录》，见中国科学院历史研究所第三所近代史资料编辑组编《五四爱国运动资料》，第 486 页。

③ 吴中弼编：《上海罢市救亡史》，见中国科学院历史研究所第三所近代史资料编辑组编《五四爱国运动资料》，第 590 页。

④ 海上闲人编：《上海罢市实录》，见中国科学院历史研究所第三所近代史资料编辑组编《五四爱国运动资料》，第 358 页。

⑤ 吴中弼编：《上海罢市救亡史》，见中国科学院历史研究所第三所近代史资料编辑组编《五四爱国运动资料》，第 591 页。

⑥ 海上闲人编：《上海罢市实录》，见中国科学院历史研究所第三所近代史资料编辑组编《五四爱国运动资料》，第 371 页。

维本街内之秩序"①。6月9日，"公共租界，经商学界预发通告，居民人等于四时后，无事切勿出外闲游之传单，故南京路、福州路、浙江路、湖北路、福建路等处之行人，较之前两晚大为减少"②。童子军和各校学生"手执'切勿暴动'小旗，轮班在南京路、九江路、汉口路、福州路、广东路、河南路、福建路、浙江路热闹之区，辅助捕房维持秩序，成绩颇佳。而商铺伙友组织商团救国一心团亦加入"③。

　　观察更为细致的是以旁观者身份出现在大街小巷的记者们，他们以细腻的笔法、赞赏的语调如实记述了在"三罢"斗争中的人们是如何维护社会秩序的：

> 　　没有一条街，不见手执白旗，头戴白帽的青年国民的。在大马路浙江路转角的地方，有学生指挥车马，不使拥挤。我又看见在法租界大马路，有一个四五岁的小孩，坐三轮的脚踏车，车上插了"切勿暴动"的一方白旗。又看见商界里的青年结了队伍，手执白旗，劝大家维持秩序。五月里热天气，他们都汗流如雨，我见商店学徒慰劳队，扛了茶水糕饼，沿途给学生饮食，使他们不致饿渴。不图箪食壶浆的景象，在今日实现。④

　　可见，五四运动中的商人罢市既是商人国民责任意识的行为反映，又在一定程度上进一步深化了商人的国民观念，陶铸了国民"新精神"："第一，是有互助的精神。第二，是有轨律的动作。"⑤所谓"互助"，是指参加运动的工、

---

① 海上闲人编：《上海罢市实录》，见中国科学院历史研究所第三所近代史资料编辑组编《五四爱国运动资料》，第 381 页。亦参见吴中弭编：《上海罢市救亡史》，见中国科学院历史研究所第三所近代史资料编辑组编《五四爱国运动资料》，第 595 页。

② 吴中弭编：《上海罢市救亡史》，见中国科学院历史研究所第三所近代史资料编辑组编《五四爱国运动资料》，第 598 页。

③ 粤东闲鹤编：《曹汝霖》，见中国科学院历史研究所第三所近代史资料编辑组编《五四爱国运动资料》，第 678 页。

④ 海上闲人编：《上海罢市实录》，见中国科学院历史研究所第三所近代史资料编辑组编《五四爱国运动资料》，第 327 页。

⑤ 海上闲人编：《上海罢市实录》，见中国科学院历史研究所第三所近代史资料编辑组编《五四爱国运动资料》，第 338 页。

商、学界为了一个共同的目标，各尽所能，相互声援，如"记者出外散步时，尝见有许多商家门首均悬有欢迎学生的小旗，并特备茶点，请学生随意进内休息，且有各商家挑着许多茶食，游行街市，请过路学生随意饮食"①。所谓"有轨律"，即守秩序，商人罢市的七日中"秩序甚好，总可算得国民程度进步的一斑"②。过去，有研究者认为维护社会秩序是商人斗争不坚决的体现，反映了资产阶级的软弱性和妥协性，其实，这是革命话语下的唯暴力论思维，是有欠公允的。在民众情绪激化的政治运动中，诉诸暴力的感性行为比维护秩序的理性行为要简单得多，但是，暴力并非解决一切矛盾与纷争的灵丹妙药，相反，维护政治运动中的社会秩序并非示弱，而是在肩负国家责任的同时履行社会责任的一种体现，体现了国民素质与文明程度的进步。

最后，广大中小商人通过参与五四运动，提升了国民责任认同感，成为马路商联会兴起和发展的工具理性。

五四运动的胜利使中、小商人认识到联合的力量，甚至将曹、陆、章的被罢免视为"国民之直接战胜政府之第一次"，通过五四运动，商人的国民意识在多方面进一步提高了："一、国民之力，必须联合，方能奏效。二、政府虽行压制，绝不能与大多数人民之心志相抵抗。三、爱国之心，工商两界与学界一致，不能因教育而判高低。四、中国人民，已应世界潮流而一变其旧时之心理及态度。"③也就是说，商人改变了逆来顺受的臣民心态，其国民责任感进一步增强了，从此，"商人亦国民一份子"成为商人言政议政、结社集会、参与政治的共同思想基础，各种以国民相号召的政治团体在20世纪20年代的大上海如雨后春笋般地出现，如国民大会、国民大会策进会、国民外交大会、国民外交协进会、国民救国大会、国民保土会、国民自儆会、国民会议促成会、中华国民励耻会、中华国民收回旅大协进会、中华国民拒毒会等，商人大都参与其中，有些甚至成为主角。这些团体在近代政治运动、国

---

① 海上闲人编：《上海罢市实录》，见中国科学院历史研究所第三所近代史资料编辑组编《五四爱国运动资料》，第339页。

② 海上闲人编：《上海罢市实录》，见中国科学院历史研究所第三所近代史资料编辑组编《五四爱国运动资料》，第342页。

③ 海上闲人编：《上海罢市实录》，见中国科学院历史研究所第三所近代史资料编辑组编《五四爱国运动资料》，第338页。

民外交运动、社会改良运动中充分发挥了组织动员作用。当然，最为直接的结果是催生了以中、小商人为主体的上海马路商联会的形成。上海法租界商联会在筹备过程中，"矢志不懈，大家团结，谋顺时势之所趋，各尽国民天职，此种现象小而言之为本界商家之热心，大而言之即彻始彻终根本救国方法"①。上海民国路商界联合会在成立宣言中宣称：

> 本路同人同是国民一份子，应尽匹夫之责，于是有民国路商界联合会之组织，结立团体，共谋救国，以提倡国货，挽回利权为唯一宗旨，无党无偏，一心一德，本纯洁之良心，谋国家之福利。②

成立宣言的字里行间透着民国路商人崇高的救国、谋国、兴国的国民情怀，在他们看来，将民国路上的商人组织起来，是履行国民责任的最好体现。其实，这何尝不是其他马路商联会成立的初衷呢？正如时人所谓："自去年五四以来，国民已自决矣，故有各马路商界联合会之产生。"③在20世纪20年代的上海历史舞台上，与代表各行业利益的同业公所、同业公会相比，各马路商联会更加强调商人的国民角色和国民责任，所以，马路商联会不仅始终站在争取租界华人市民权运动的前列，而且在反对北洋军阀统治、以废除"二十一条"为核心的国民外交运动中态度坚决，行动积极。在这一点上，以各马路商联会为基础的上海马路商界总联合会也超过了当时的上海总商会，其原因就在于它所秉持的国民理念。时任新闸路商联会会长的胡鉴人曾经呼吁人们重视商总联会的平民性质，尊重其国民权利，他认为"言论自由，思想自由，为民国文明国民应享之权利，除专制国家外，无论何人不能剥夺总联合会完全为一平民团体，发表政见，各有主权"④。因此，马路商界总联合会也理所当然地被人们寄予了更大的希望：

> 总商会虽为上海全埠商界之法定机关，然其所组织之分子，以入会资格限制之严峻，不能普及于大多数商界，故祇可谓为贵族的商人团体，

---

① 《法租界商联会二次筹备会》，《申报》1919年11月4日，第10版。
② 《民国路商业联合会宣言书》，《申报》1919年7月18日，第11版。
③ 《两路联合会周年选举纪》，《申报》1920年10月12日，第11版。
④ 《新闸商界联合会长胡鉴人复冯梓才函》，《申报》1920年8月16日，第11版。

实不足以代表全埠中小商家之意思。而有此总联合会成立，而上海一埠大小商家之总意思乃可于此机关中表现。譬诸代议制度，此联合总会者，乃直接普通选举所产出者也。际此商业竞争之时代，而国民自决主义已风靡一世，前途之希望正未可限量。①

马路商联会成立后，通过多种方式努力使国民责任感成为每一位商人自觉的意识。其一，利用选举大会、联谊会等形式，不定期邀请商界、学界名人开展以国民为主题的演讲，对商人进行国民责任、权利、义务知识教育，巩固商人的国民意识。1920 年 10 月 24 日，百老汇路商界联合会邀请周剑云以"民治精神与国民大会"为题发表演说，周剑云指出："诸君均商界中人，幸勿在商言商，须知士农工商，均属国民分子，无分阶级，顾亭林谓，天下兴亡，匹夫有责，是则有国民资格，即应负尽国民之责任。"②因此，只有团结起来，才能展现力量。马路商联会被人们寄予了无穷希望，11 月 14 日，在五马路商联会周年纪念会上，来宾徐季龙对商联会给予了很高的评价与期待，他指出："本埠有一特征，即商界联合会是也，商界团体，本来有一商会，不过商会与该会性质，似相同而实异，今有官僚之臭味，若联合会者，纯粹为平民制度，迥非崇拜武人、勾结官僚之团体可比，甚愿贵会诸君，共同研究，尽其力量，尽其责任，庶会基巩固，会务日益发达，由一路商界之联合，推而广之各路之联合，以及各县各省之联合，苟此联合全国，一致行动，何事不成。"③

其二，开展国民责任自省，反思民国政治乱象中商人应该承担的责任，认为国民对政府监督的缺失是造成武人专横的重要原因，爱多亚路商联会认为"民国肇始，于兹十一年矣，因我国民放弃责任，听凭武人官僚专权……致我人民日处于水深火热之中"④，"年来国事所以扰乱，外交所以紧急，皆由国民不自起而监督所致"⑤。1923 年 5 月，总部位于江西路的商总联会举行

---

① 《商界联合总会成立》，《申报》1919 年 10 月 27 日，第 11 版。
② 《百老汇路联合会开交谊会纪》，《申报》1920 年 10 月 25 日，第 11 版。
③ 《商界联合会开会并纪》，《申报》1920 年 11 月 15 日，第 10 版。
④ 《爱多亚路商联会之时局宣言》，《申报》1922 年 1 月 17 日，第 10 版。
⑤ 《沪人士对于北京政变之表示(三)》，《申报》1923 年 6 月 17 日，第 13 版。

"五九"国耻纪念会，在反思遭受国耻的原因时，认为国民难辞其咎，咎在没能明辨是非，"放弃天责"：

> 吾父老兄弟，曾亦自知其罪戾也否耶，民国主权在民，国民苟付托得人，袁世凯何由当选，国民苟能监督政府，袁世凯何由叛国，"二十一条"何自而来，惟国民无是非之辨，而袁世凯乃得执政，惟国民无力监督政府，而袁世凯乃不恤违犯约法，承认"二十一条"，以图帝制，袁世凯固死有余辜，然而容忍袁氏叛国卖国者谁耶？……我国民果能辞其咎否耶，人必自侮，而后人侮之，苟我国政治修明，上下一德，东邻虽欲加我以无礼，亦不可得，苟国民放弃天责，一任奸人宵小之盘据政权，虽欲外侮之不来，亦不可得也，欲澄清政治，则在国民之辨是非，严定去取，凡谋所以发展民治，保卫国家，确有主义政策，国民当与之合作，凡执法图私，阻遏民治之发展者，国民当鸣鼓而攻之，是非辨而后公论出，知所去取，而后奸人宵小，无由窥窃政权，庶几政治有修明之望，国耻有湔雪之时，势危矣，事急矣，邦人君子，共亟图之。①

通过上述方式，包括商人在内的国人的国民意识得到了一定程度的提高，"四万之众，为国主人，全球改观，万象呈新，乾坤开辟，风雷鼓荡，时值改革，纵多扰攘，文化阶级，国民思想，较诸往昔，判若霄壤，继以前进，曷可涯量"②，这是上海工商团体在1922年的"双十节"上对国民意识的自我审视，其中最为得意的莫过于对国民观念进步的肯定。当然，思想的变化也是多种因素促成的，当时旅居上海的外国人以旁观者的姿态进行了深入分析，指出"华人思想之骤然变迁，其原因不止一端……故举其荦荦大者数端，则实出于世界之变局，外国学说之灌输，与夫报纸学校之甄陶"③。

总之，马路商联会的成立是多种因素交叉作用的结果，其中既有显性和直接的因素，也有隐性与间接的因素。五四运动胜利的鼓舞，激发了商人的政治热情，争取华人平等参与租界市政管理的期盼，激励着华商团结一致，

---

① 《今日各团体纪念国耻》，《申报》1923年5月9日，第13版。
② 《各界祝贺国庆纪念之盛况》，《申报》1922年10月11日，第13版。
③ 《公共租界纳捐人年会纪事》，《申报》1920年4月8日，第10版。

中、下层商人维护自身利益的诉求，加快了商人联合的步伐，所有这些都直接地推动了马路商联会的兴起。不过，对一个团体长期存在和发展产生持久作用的，还是那些更为深层的思想因子，这就是五四运动后商人国民意识的觉醒，商人亦国民一分子，也是中华民国的主体，在国家、民族危难的时刻，理应挺身而出，扛起救国的重任，以街区为范围组成的马路商联会，是履行国民责任的一个有效载体。也正因为如此，各马路商联会成立后，采取多种方式进一步巩固和提高商人的国民责任意识，降低了商联会在动员和组织商人参与政治活动时的成本，提高了商人的政治自觉性。

(三)"佳电"风波催生了马路商联会的兴起

广大中小商人长期被挡在总商会之外，其利益诉求得不到应有的关注，导致了中小商人对总商会的普遍愤怒。正如《申报》杂评所言："曩者之商不措意于会，一旦有赖于会，乃怅然不得其门面而入。明是主人，乃傍惶为门外汉耳。"①"佳电"风波的发生，更加深了他们对总商会的不满。

1919年5月9日，上海总商会电呈北京政府，主张青岛问题应由中日之间直接交涉，青岛应归还中国，此即引起轩然大波的"佳电"。② 有关"佳电"风波，学术界多有评价，此处不赘。"佳电"的出笼引起了上海商界的裂变与分化，直接导致了马路商联会的兴起。

首先，"佳电"迅速引起了上海商界对总商会的怀疑与否认。由56个公团组成的上海商业公团联合会率先质问总商会："何以贵总会佳电违反民意，适如该国(指日本——笔者注)之愿，本会同人至愚不解。"③上海豆米业仁谷堂、萃秀堂及杂粮公会致函总商会，责问其"何以如此背道而驰，令人无从索解"④。在5月13日下午举行的商业公团临时谈话会上，与会者便提出了总商会在运作制度方面存在的缺陷，商界开始指责少数人把持总商会的局面，麦业公会致函指出："总商会一言一动，凡我商民均有密切关系，若任少数奸人把持其间，为虎作伥，则我侪商民皆为万世莫赎之罪人，殊难忍受。"⑤5月

---

① 《商会与商人》(杂评)，《申报》1919年7月10日，第11版。

② 《总商会对于青岛问题之主张》，《申报》1919年5月10日，第10版。

③ 《商人对于总商会之责难》，《申报》1919年5月11日，第10版。

④ 《汇志各界对外之表示》，《申报》1919年5月12日，第10版。

⑤ 《反对总商会元电之声浪》，《申报》1919年5月15日，第10版。

18 日，朱葆三、沈联芳两会长被迫与反对"佳电"各团体进行了接洽，但一般社会中人均认为商会有改组之必要，而朱、沈等人所擅发之"佳电"，"只不过是盗用商会名义，见好日人"①，总商会并未达到缓和不满情绪的目的。很显然，总商会若不改革，是很难再代表上海商界的。邹静斋、黄伯平等人公开呼吁改组上海总商会，"故欲总商会成为一有益之公共机关，不再发生悖谬举动，非根本改组不可，不但仅改选正、副会长为无益，即将现在会董全部改选，总商会亦不能遂有进步。盖吾人所以有组织商会之必要者，非欲总商会不为恶已足，实欲得良好之公共机关，为上海工商界谋幸福，为国民经济求发展"②。他们对上海总商会在商界的代表性提出了公开质疑：

> 盖上海总商会纯为一种贵族的组织，其会员仅为极少数之人，且不予多数之工商业者以入会之机会，而非总商会会员者，对于总商会内部之改革又不能容喙于其间。试以总商会会员之义务及入会手续观之，而总商会之不能代表上海工商业界可断言矣。……以商人论，大抵可分三种，一曰投资人……二曰直接经营人……三曰商业雇员……苟欲组织一完全代表上海工商业界之总商会，必须网罗以上三种商人之大多数。③

总商会在上海中小商人中的权威性陡降，一般商人将其劝告商店开市的通告视同废纸，"各商店咸谓商会既因佳电，会长辞职，会董不负责任，此种通告事前从未闻有开会议商，又无具名之人，甚为疑惑"，宁波帮、广东帮、山东帮均分头开会，拒绝开市，并对总商会通告做了嘲讽性的注解，如针对"商会有维持之责，不得不通知劝告"，注曰："从前你在那里？罢市时你在那里？今日谁要你维持？""谁听媚日洋奴说导？"④铜锡业公会还在回复其开市通告时开导总商会说："贵会为各业领袖，义当与各商一致进行，何必作人傀

---

① 《商会会长之卑劣手段》，《民国日报》，1919 年 5 月 19 日，第 10 版。
② 《改革上海总商会组织议》，《申报》1919 年 5 月 21 日，第 12 版。邹静斋、黄伯平等认为"上海总商会不能尽职"，"上海总商会非上海工商界之公共团体"，"上海总商会与教育界、学问界隔绝不通"。(《改革上海总商会组织议(续)》，《申报》1919 年 5 月 22 日、24 日，第 12 版。)
③ 《改革上海总商会组织议(续)》，《申报》1919 年 5 月 22 日，第 12 版。
④ 上海社会科学院历史研究所编：《五四运动在上海史料选辑》，第 390 页。

傷，模棱通告，有失威信，尚祈自珍！"①不过，总商会仍决定上街沿户劝慰开市，6月12日"八时后，各乘汽车由该会出发，至河南路大马路下车，挨户敲门劝人开市，应者只有十之二三，且有人报以'总商会之话，多不可靠'者，商人敢于直言如此，殊出人意料外"②。其实，从总商会在五四运动中的表现来看，这种局面一点也不意外，当时的上海总商会已经满足不了一般商人对结社的需求了。6月中下旬，"上海大多数商家因不满于原有之商会，亟谋组织一伟大商人团体，命名曰平民商会，以谋商家利益，业已议定章程暨发起宣言，赞同入会者已有2700余家"③。可以看出，"平民商会"有意与有"贵族组织"之称的总商会区分开来，从其章程草案看，平民商会规定凡在上海城厢或租界开设门庄商店、代办庄号、工厂、行栈以及有货品交易的特种营业的"主人及经理人或店员，得各凭其本商号盖戳之志愿书，代表各本商号为本会会员"，会员常年费每年国币四元，平民商会的最高权力机构为代议会，负责议决该会预算及决算、选举董事、议决议员请议及提议事件、议决董事部交议事件。代议员由在会各同业选举，每同业五十家得选出议员一名，不足五十家者亦得举议员一名。这个拟议中的平民商会，"以研究在会各商号相互之利益并相互维持之为宗旨"，"会立公共学校之无费或减费就学；会备公共医生之无费或减费治疗；会备公共药品之无费或减费取用；会备公共陈列所之无费参观游憩；会备公共律师之无费或减费延用"。④虽然该会最后不了了之，但从其会员组成、宗旨及其应享权利来看，平民商会反映了一般商人希望建立一个有别于总商会、能直接针对商家且无资本限制的普通商会的广泛诉求。

其实，早在"佳电"出笼之前，上海一般中小商人已对总商会颇有微词。随着近代工商业的发展，大商人与广大中、小商人的分化和分野日益明显，大商人不仅经济力量雄厚、社会地位高，而且租界当局也对其另眼相看。据曾出任商总联会议董并兼任商总联会秘书的严谔声回忆，当时"总商会会员有

---

① 上海社会科学院历史研究所编：《五四运动在上海史料选辑》，第390页。
② 上海社会科学院历史研究所编：《五四运动在上海史料选辑》，第392页。
③ 《组织平民商会之酝酿》，《申报》1919年6月24日，第10版。
④ 《上海平民商会章程草案》，《申报》1919年6月24日，第10版。

不受会审公堂拘传的特权，中小商人受租界当局欺压，权利无保障"①。商总联会的成立宣言中也将争取华商权利作为主要目标，宣称"参加市政，西董已允，要求修改约章，草案亦经拟定"②。广大中、小商人经营惨淡，社会地位低下，在商会系统下难以得到有效的保护，因此，他们感到有必要组合起来，依靠自己的团体力量捍卫自身的利益。1960 年，严谔声回忆说，商总联会的成立是基于多个方面的考虑："1. 因上海总商会操纵在大商人手里，中小商人无权参加，如邬志豪在福建路开了五、六家衣庄，在商联会是很重要的角色，但参加总商会则投黑白子表决通不过。2. 总商会会费很高，每年会费一百三十两银，中小商人望而生畏。……4. 总商会是纵向的组织，中小商人需要横向的组织来发挥作用。"③余华龙也认为："总商会会员都是工商界上层人物，在租界内违了章，只要在马路上签个字，就可以放行，而小商人稍有越规往往被拘禁受惩罚，感到深受帝国主义压迫。"④

其次，上海商界对总商会的怀疑与不满，导致其组织处于瘫痪状态。人们不难从"佳电"的字里行间读出总商会畏首畏尾的软弱性，"佳电"不佳，一时舆论大哗，上海总商会威望陡降，商界领袖地位受到极大质疑。早在"佳电"之前，上海商业公团联合会已于 5 月 7 日向北京政府发出"麻电"，要求严惩国贼，释放被捕学生，但它终究只是部分商人团体的联合，一时还难以取代上海总商会的地位。"佳电"的出笼及其所产生的纷争极大地分散了上海商人的力量，上海商界颇显群龙无首之乱象，这在很大程度上影响了商人的政治参与。参与罢市的各商号"以向无商店联络之机关，偶遭事故，难通声气，颇感不便，奔相探询，又无所适从，有拟订定集合之所而未能实行，盖此即

---

① 严谔声：《严谔声回忆》(1960 年 11 月 15 日)，原件藏上海市工商业联合会档案史料室，转引自上海市工商业联合会、复旦大学历史系编《上海总商会组织史资料汇编》下册，第 933 页。

② 《商界联合总会纪盛》，《申报》1919 年 10 月 27 日，第 10 版。

③ 严谔声：《严谔声回忆》(1960 年 11 月 15 日)，原件藏上海市工商业联合会档案史料室，转引自上海市工商业联合会、复旦大学历史系编《上海总商会组织史资料汇编》下册，第 933 页。

④ 余华龙：《余华龙回忆》(1960 年 11 月 23 日)，原件藏上海市工商业联合会档案史料室，转引自上海市工商业联合会、复旦大学历史系编《上海总商会组织史资料汇编》下册，第 933 页。

组织本会(指南京路商界联合会——笔者注)之隐机也"①。

　　正是在这种背景下，以各条马路为范围的商界联合会乘机而起，"各路联合会之组合，由于商会之不负责任所致"②，其"天职乃以团体之结合，抵制日货，振兴国货，作根本之强国计划"③，其"所抱宗旨无非以真正民间助政府后盾，急起直追为根本之救国而已"④。1919 年 10 月 26 日，在各马路商界联合会的基础上成立了马路商界总联合会，一时之间，上海一般商人因有了真正属于自己的团体而满怀希望：

> 　　上海商界所组设之团体，若各业之公所、各帮之会所，其团结力未尝不坚，然其性质祇能代表一帮业，又如总商会，虽为上海全埠商界之法定机关，然其所组织之分子，以入会资格限制之严峻，不能普及于大多数商界，故祇可谓为贵族的商人团体，实不足以代表全埠中小商家之意思。而有此总联合会成立，而上海一埠大小商家之总意思乃可于此机关中表现。譬诸代议制度，此联合总会者，乃直接普通选举所产出者也。际此商业竞争之时代，而国民自决主义已风靡一世，前途之希望正未可限量。⑤

可见，"佳电"风波使早已潜藏在广大中小商人心中的不满情绪迸发出来了，并且直接催生了以商业街区为基本活动范围的各马路商界联合会及以此为基础的商总联会的成立。

　　不仅如此，各路商联会成立后，也有意与总商会互别苗头、加以区分，五马路商联会在成立周年大会上指出，沪埠"商界团体，本来有一商会，不过商会(应为商联会？——笔者注)与该会性质，似相同而实大异，因现在之商会，含有官僚之臭味。若联合会者，纯粹为平民制度，迥非崇拜武人勾结官

---

　　①　王廉方：《本会史略》，原载《上海南京路商界联合会会刊》(1930 年)，转引自上海市工商业联合会、复旦大学历史系编《上海总商会组织史资料汇编》下册，第 994 页。

　　②　《北四川路商界联合会成立》，《申报》1919 年 10 月 5 日，第 10 版。

　　③　《法租界商业联合会成立会记》，《申报》1919 年 12 月 2 日，第 10 版。

　　④　《民国路商业联合会通告》，《申报》1919 年 8 月 19 日，第 10 版。

　　⑤　《商界联合总会成立纪盛》，《申报》1919 年 10 月 27 日，第 10 版。

僚之团体可比"①。

三、从抗捐到争权：马路商联会兴起的诱致性因素

五四运动前，公共租界当局的增捐之举引发了租界内华商的抗捐斗争，在五四运动的影响下，抗捐斗争很快转化为一场声势浩大的市民权运动。市民权运动的目的在于争取华人加入工部局董事会。在这场运动中，华商以抗捐为手段，以马路为组织范围，广泛发动华商店铺与工部局展开了博弈。截至 1920 年春季，作为市民权象征的华人董事并未产生。但是，作为市民权运动的副产品，各马路商界联合会及各路商界总联合会在抗捐风潮中相继成立，并且推动着市民权运动向更深层次发展。马路商联会在市民权运动中扮演了非常重要的角色，反映了五四运动后上海中小商人争国权、护商权意识的进一步增强。

（一）从抗捐到"暂行照付房捐"：市民权运动初起

所谓市民权运动是指租界华商根据纳税人权利与义务均等原则要求享有租界市政发言权与决策权的斗争，其主要目标就是通过修改租界章程，争取华人加入租界工部局董事会。这一斗争始于 1919 年七八月间的房捐风潮，当时华商就提出了工部局应加入华人议董的要求。

1919 年 4 月 9 日，上海纳税西人年会通过自 7 月 1 日起增收界内房捐二厘及附征特别捐的决议。对此决定，租界华商极为不满，一致认为"际此市面萧条，各物昂贵，原有各项开销已属无力负荷，何堪再增"，并决定"由每一马路之大小店铺连合为一组，缮具无力担负之理由书，各盖本店图章，分呈工部局、外交使团驻沪特派交涉员署、上海总商会、英美会审公堂，要求体恤商艰，打消前议"，与此同时，虹口、北四川路、天潼路、武昌路、崇明路等处各铺户商民亦对工部局加征房捐及特别捐表示反对，"故各就各路结合一小团体，拟就种种不能负担之理由，缮具禀词，分别呈请外交团及工部局"，"吁恳曲为体谅，免予加增"。② 7 月 12 日，南京路、福建路、北四川路、北

---

① 《五马路联合会周年大会》，《民国日报》1920 年 11 月 15 日，第 11 版。
② 《商店吁恳免加房捐》，《申报》1919 年 7 月 12 日，第 11 版。

京路等处各商店代表同赴总商会谒见沈仲礼、祝兰舫等商界领袖，请求援助，并决定14日下午赴特派江苏驻沪交涉公署(以下简称"交涉公署")面禀交涉员杨小川，同时，聘请律师代表致函工部局，要求撤销增收房捐二厘的决定。①7月14日，租界各路向交涉公署等机构递交要求取消房捐及特别捐的呈文，内容大致相同，兹举北四川路呈文为例，其所持五条理由如下：

> (1)自欧战以来，金融窘迫，物价步涨，租界各华商大半经济竭绌，日在困难之中，即各国洋商亦颇受影响，照常纳捐已属难支，设再骤增巨数，实难担负。(2)我国自辛亥迄今，内讧外患，连年不息，以致商货停滞，百业凋零，虽竭力维持，尚有岌岌可危之势，若再增加负担，大有朝不保暮之概。(3)年来沪上米珠薪桂，房租电灯自来火等项逐渐增加其值，开支之浩繁已达极点，况值内地灾荒迭见，各省乱事频仍，本埠各商已大受影响，照常纳捐已属勉力支持，设再增加，殊非保商之道。(4)住居公共租界内之铺户商民所纳房捐已照值百分之十二，如果再事加征，商民实已无力应付。(5)欧战终局，和会签约，各国均得无上之荣誉胜利，工部局既欲酬劳从戎西人给予年俸，似应另行筹款，不能摊派未得丝毫利益之华人。②

前四条理性地说明了租界华商面临的经济困境，第五条则直接反对工部局增捐的用途。与此同时，各路商界代表同赴交涉公署，"杨(小川)交涉员已令各代表每段举定代表一人开明职业、路名、牌号、姓氏呈送来署，函致工部局暨领事团，请订期在南京路议事厅会议磋商办法，务使双方兼顾"③。7月16日，杨小川委派交际科科长陈世光到领袖总领事署，陈述华商意见，要求"领袖总领事转饬工部局衡情查酌办理"④。但领袖总领事署迟迟没有回音，于是，七浦路、海宁路等商铺举定朱一笙等代表330户又于7月21日再至交涉公署，催促答复。

---

① 《商店吁恳免加房捐续志》，《申报》1919年7月13日，第10版。《商界吁免加捐之昨讯》，《申报》1919年7月26日，第10版。

② 《商店吁恳免加房捐三志》，《申报》1919年7月14日，第10版。

③ 《商店吁恳免加房捐四志》，《申报》1919年7月15日，第11版。

④ 《商店吁恳免加房捐五志》，《申报》1919年7月17日，第10版。

不久，上海总商会收到工部局复函称："工部局非不知华商之艰难，故已一再从缓，迟至今届秋季始由纳税西人议决实行，已属缓无可缓。至于特别捐四厘，若以为为数过巨，不妨分期缴纳。"①这是工部局第一次对华商的正式答复，不过，作为中方官方代表的交涉公署并未收到类似的复函。于是，7月25日上午，公共租界内的汉璧礼路、西华德路、北福建路、吴淞路、头坝路、天潼路、七浦路、海宁路、爱而近路、百老汇路、北四川路、嘉兴路、浙江路、河南路、五马路、南京路的街区代表16人，再一次同赴交涉公署，申述商情，请求公署"转致租界当道免予加增房捐"，并当场决定次日下午借总商会议事厅开大会，召集各马路商店纳捐人讨论解决办法。②27日午后各路店商代表数十人齐赴总商会与会董互相讨论，议决"由北海路、北四川路、西藏路、南京路、浙江路、福建路、广东路等共24路代表24人，公决定今日（即7月28日——笔者注）清晨十时至美国佑尼干律师公馆内，聘为代表，再向工部局陈述种种，务恳予以通融办理"③。至此，华商决心用法律捍卫自身的权益。

在佑尼干律师办事所，"佑律师向各代表声称，此次工部局增加房捐，亦出于不得已之举，曾经该局于大会时由各西董当众议决，将加增捐款数目列入预算表，为欧战时代径赴前敌出力者之奖劳金等款项，闻今次征收不足，下次仍拟缴收。故对于华商要求之意见，恐难达到美满之结果。现惟请求工部局董予以限制方法"，各路代表见取消增捐难以成功，便讨论决定"向工部局要求……予以平等待遇，华商方面添举华董"。④这是华商代表首次将增捐与华董直接联系起来。

与此同时，业缘性的商人团体上海铁业公所、银行公会、纱厂联合会与五金商人，也开会讨论工部局增收房捐问题，认为"加捐一层，按诸法律与情理皆无不合。同时表示意见，以为工部局议董中宜有一位或一位以上之华人"，不过，对此要求，代表租界当局意见的《字林西报》随即发表社论，认为

---

① 《商界吁免加捐之昨讯》，《申报》1919年7月26日，第10版。
② 《商界吁免加捐之昨讯》，《申报》1919年7月26日，第10版。
③ 《商店吁免房捐之会议》，《申报》1919年7月28日，第10版。
④ 《商店公请代表吁免加捐》，《申报》1919年7月29日，第11版。

"此两问题，不可并为一谈，宜完全分别之"，"加捐问题，乃法律与命令问题，且为纯粹必要事件，虽煽惑家之极善挑拨者，对于工部局布告文之诚恳与公正，想亦不能有所误会"，"尚望华人公所与报纸勿自视为单独另外团体之分子，但自视为对于上海幸福与吾人有同样关系之居户"。① 8 月 10 日下午，公共租界各马路商界代表 27 人开会讨论房捐问题，会议由陈则民、胡鉴人主持，代表们反对工部局加捐的理由主要集中为两点："一因商业凋敝，开支浩大。而纳税西人会议加捐时未就吾人负担能力一加考量。二因吾人既为市民，徒负纳捐义务，对于市政无可以发言之机会，捐款如何开支，丝毫不得过问。"会议还决定加聘律师向工部局请愿。②

不过，在接下来的抗争中总商会与各路代表之间产生了分歧。先是 8 月 12 日午后，河南路商店代表到总商会会所，"由会董祝兰舫接洽，商劝知照各路代表即日开会，将允付捐一事当众通过。至要求举华董问题，应请佑律师函致美国商会，同总商会向工部局商恳照法租界章程办理"，主张将捐税与添举华董问题分开处理。③ 但是，各路华商代表 24 人于 8 月 13 日在爱多亚路商业公团会所集议，其中主张致函工部局不缴款者 22 人，明确反对总商会的做法。为了弥合双方的分歧，8 月 15 日，各马路商店代表 20 余人在陈则民主持下再次集议，"一致主张先付旧额，俾纾租界行政之困难，新加之捐非得律师满意答复，不能缴付"④。

此时的外界舆论也绝然两立。部分华商承认工部局加捐理由的做法，迅速引起西方舆论的注意，《字林西报》随即发表社论指出，"华人既以加捐为有理由，然则无论工部局议董中有无华人代表，加捐之理由固不因以稍损也"，并威胁说"即以上海华人自己利益而言，华人此举亦为不智"，"今若华人必欲附以条件始肯缴捐，则其举动直同抗捐，外人之为其友者，将不能有以赞助之"。紧接着，《字林西报》又于 8 月 13 日发表社评：

> 今华人所持苟无代表加入议董则不缴捐之态度，简直是执手枪加诸

① 《英报再论房捐问题》，《申报》1919 年 8 月 8 日，第 10 版。
② 《各马路商店代表开会纪》，《申报》1919 年 8 月 11 日，第 10 版。
③ 《增加房捐问题之商劝》，《申报》1919 年 8 月 13 日，第 10 版。
④ 《关于工部局加捐之所闻》，《申报》1919 年 8 月 16 日，第 10 版。

工部局之头，而要求非工部局有权所可准许之事也。租界宪法系若干年前，经中外政府磋商而后拟定者，苟欲修改之，俾议董中加入华人代表，则必经中外政府之磋商，否则工部局纵得纳捐外人之同意，亦不能修改之，此项磋商手续必经数月之久，如华人必待磋商完毕如愿以偿之后，始允缴捐，岂不使租界全部行政停顿。恐受其害者，将以华人为更甚矣。在代表问题未经解决以前，华人固可组织一种顾问机关，俾工部局与之讨论财政及与华人有特殊关系之问题。顾在目前行政必不可中止，而欲行政不中止，则房捐必不可停缴。①

不过，西方舆论中也有对华商要求市民权表达同情之声的，《大陆报》认为：

> 此项要求，本属正当，且应在曩昔即行允许。盖租界行政所需费用泰半由华人纳税供给之，则支用之状况及结算之帐目，华人自有权过问。凡从前决定不以代表权予华人者，识见之短，无可讳言。既已铸成大错，则宜从速校正。②

美国《密勒氏评论报》亦认为："此项要求，诚有充分之理由者也。华人于获得此租界行政机关之完全合法代议权之前，固须经繁重之手续，然工部局尽可予以一种非正式之代议权，或先承诺不久即施行正式手续。……按此事简直为一种不出代议士而纳租税之问题。从前美国人民之独立，其根本原因即在此。"③该报还以法租界为例指出，"法租界当局因此凡事能得风气之先，而公共租界则事事落后，法人承认中国现在发展于华人所要求之改革，辄能先事允准，公共租界则反是，彼董所持之论据，谓华人之入居租界系求外人之保护，并非外人所邀请，此项论据，早应完全抛弃"，告诫公共租界当局"对于目下之争端，自以平正处置为妙，此则与华人外人皆有利益"。④

8月16日，总商会发起组织的由各路商店代表、洋律师代表及总商会领

---

① 《字林报论华人对付加捐事》，《申报》1919年8月13日，第10版。
② 《西报对于加捐问题之纪载》，《申报》1919年8月15日，第10版。
③ 《西报对于加捐问题之纪载》，《申报》1919年8月15日，第10版。
④ 《密勒报对于加捐之言论》，《申报》1919年8月21日，第10版。

袖三方参加的茶话会在总商会议事厅举行，总商会正、副会长朱葆三、沈联芳及会董聂云台、祝兰舫，洋律师代表古柏、费信惇、林百克以及各路商店代表 50 余人参加。费信惇首先提出"加捐为既定之案，不可不照付"，陈则民代表各路商店要求工部局暂缓二周收捐，由各路代表会同商会请愿政府修正租界章程，聂云台提议会同公团组织租界纳税华人会，推举代表与各领事交涉。三方代表各说各话，并未取得一致结果。会后，总商会致函工部局申述华商态度，"要求贵工部局查照各国商人在上海所尽之义务、享受固有之权利，今我华商反不能与各国享受同等权利，不能不提出意见，即华商要求选举贵局董事之选举权。今本会以商人名义地位函致贵局，拟于下星期内遴选会董数人赴贵局当面磋商最公允之办法，请贵局先定日期见复，俾可逐步进行，达双方完善之结果。再闻贵局拟下星期二即十九号收取房捐，今各代表尚难允许，用特具函知照贵局，请迟缓二星期，以便得此时间，可由敝会向贵局磋商也"①。

工部局方面始终强调增捐与华人代表权是两个问题，应分开处理。8 月 14 日，工部局总办李台尔在接受上海《泰晤士报》记者采访时表示："店主曾上书声明无力缴付所增之捐，今乃已变其呼声曰无代表权则不纳捐，代表问题，实属节外生枝，与捐款毫无相关。盖捐款者，凡属中外人民享有居住或贸易之特权者，须一律缴纳也，无代表权则不纳捐之呼声，在余观之，拟属借此以转移人之视线耳。"在回答记者"工部局其将设法强令店主缴付所增捐款"的问题时，李台尔十分肯定地说："实无转圜办法。"②8 月 18 日，也就是原定征收房捐的前一日，英驻沪领事费理伯、工部局代理总董怀德赴交涉公署，正式拒绝了华商暂缓收取房捐的要求，他们声称：

> 此次工部局议定加捐一层，所有办法业经格外通融，碍难再延，明日倘仍不遵，只得法律解决。务祈转达商会，敦劝大马路一带各商号先缴至尊署。所议工部局内添设华董一事，本总领事个人意见深为赞成，并允极力相助，怀德所见亦同。惟两事不能相提并论。③

---

① 《讨论加捐问题之茶话会》，《申报》1919 年 8 月 17 日，第 10 版。
② 《西报对于加捐问题之纪载》，《申报》1919 年 8 月 15 日，第 10 版。
③ 《加捐问题之昨讯》，《申报》1919 年 8 月 20 日，第 10 版。

交涉公署迅速将工部局答复转致总商会，并请总商会"转劝各商号先行付捐，勿再固执，至要求华董名义一节，应再与工部局切实磋商"。其实，总商会也于19日收到了工部局代理总董怀德措辞强硬的答复，称"惟有表示工部局之憾惜，以商会竟认随同反对工部局、赞成抗捐为适当也。商会关于此事之政策势必丧失外人对于华人希求租界行政发言权之同情，工部局于此别无他法，惟有对于不缴捐者立即设法逼其照缴而已"①。《字林西报》也随后发表社论，对华商争取租界市民权的行动颇为不满，认为"工部局绝无权力可依允此项要求，或予以正式扶助。今允于将来加捐时谘询华人代表之意见，已属公允。乃华人商会拒绝此议，行同儿戏，有意激乱，彼一般普通小商人或不能望其了解事态，得身为商会议董者，当能知之。今竟与反对缴捐者为伍，是不独碍及公安，且亦丧失外人对于其要求代表权之同情矣"②。总商会接到复函后，于19日下午五时召开紧急董事会，并邀请各路代表与会，"公同讨论双方兼顾完全之办法，劝令各该代表速即转知各路商号先行付捐，后再担任同意要求，俾得早日解决"。不过，此前各马路代表27人已于当日下午二时先期集会，发布总商会邀请函，并推举陈则民、金馥生、张鳝堂、王才运四人为发言代表，坚持要求将纳捐与市民权联系起来。总商会会长朱葆三提出："今次暂为下台，俟下季纳捐时苟华人仍不得市政权，则吾人大小商店居户新旧捐款一体拒纳。"陈则民代表各路商界表示："朱会长及各会董既同此主张，吾人宜暂允劝告各路商人暂行照付，至下季纳捐时，总商会定与吾人共同负责。"③

次日下午四时，各路商界代表陈则民、王才运、张鳝堂会同总商会朱葆三、聂云台、祝兰舫、宋汉章、沈仲礼等赴英总领事署，费伯理表示"此时设立华人顾问部，俾对于税务为提议讨论之机关，吾人可以承认即以此机关为华人直接参与市政之过渡机关，至华人如何参与上海市政，应由华人自行陈

---

① 《工部局发表关于加捐函件》，《申报》1919年8月21日，第10版。
② 《西报所载华人市政权问题》，《申报》1919年8月22日，第10版。
③ 《加捐问题之昨讯》，《申报》1919年8月20日，第10版。

请北京政府与外交团交涉"，并同意展期至 25 日开始征收房捐及特别捐。①

至此，租界华商争取市民权运动，以得到工部局同意租界华人组织顾问部的允诺而告一段落。工部局增加房捐二成及附征特别捐终于如愿以偿。8月 21 日，各路代表以各路商界联合会的名义发出通告，说明加捐与市民权交涉经过，劝告各路商店暂缴房捐：

> 原期必得租界当道承认华人市民权然后照缴，但变更租界章程手续繁重，非短少时期所能奏功，若坚持两事同时解决，则租界行政将成无米为炊之势。……英总领事对于吾人要求极表赞助，并提议先组织华人顾问部，为华人直接参与市政之过渡机关等，因此承认劝告各路商界暂行照付房捐，以静候顾问部之组织与市民权之解决，特将经过情形详为奉告，请自下星期一(即阴历闰七月初一日)起照付房捐，以全中西人民交谊而谋市民权之圆满解决，是所厚幸。②

至此，华商通过房捐风潮，从要求取消增捐开始，到"暂行照付房捐"，成功地表达了要求享有租界市民权的心声，并将这个愿望寄托在租界章程的修改及春季收捐上。"此次华人将照缴捐款，盖其心目中含有下届纳捐人会议时当可设法许华人加入代表之希望，但若竟不见许，则华人将组织团体以要求之，至是外人不能谓纳捐与代表并为一事为不正当矣。"③

(二)市民权运动中马路商联会的产生

抗捐是市民权运动的手段，争取华人加入工部局董事会则是市民权运动的最终目标。在手段的运用与目标的实现上，租界华商与工部局展开了博弈。然而，截至 1920 年春季，华商在这一斗争中并未如愿以偿，他们总是在斗争的关键时刻妥协退让，仅仅获得了租界华人参与市政管理的口头承诺。不过，如果以此否认这一阶段市民权运动的意义，则显然不符合过程认识论。笔者认为，这一阶段的市民权运动最大的成果就是伴随着这一运动兴起的马路商联会。据笔者初步统计，自 1919 年秋季房捐风潮起至 1920 年春季抗捐风潮

---

① 《各代表为加捐事谒英领纪》，《申报》1919 年 8 月 21 日，第 10 版。
② 《各路商界联合会通告：为加捐与市民权事》，《申报》1919 年 8 月 22 日，第 10 版。
③ 《西报所载华人市政权问题》，《申报》1919 年 8 月 22 日，第 10 版。

止，正式成立的马路商联会多达 38 家①，这是马路商联会成立最为集中的时期。从秋季到春季，各路商联会的成立伴随着抗捐争权的全过程，这不是一个简单的时间重叠，而是有着深刻的内在联系的。从某种意义上说，抗捐斗争为商联会的产生提供了历史契机，商联会则为抗捐斗争的持续发展奠定了组织基础。如果说，争取华人加入工部局董事会是市民权运动的最终目标的话，那么，商联会的兴起则是这一运动的副产品。

公共租界各马路商铺的抗捐运动，为马路商界联合会的兴起奠定了基础。起初，在面对工部局的增收界内二厘房捐及特别捐的决议时，各马路商界代表仅仅只是以其所面临的经济困境为由提出取消增捐的理由书，各马路也仅仅只是征集签名的单位。但是，随着斗争的深入，组织以马路为活动范围的商界联合会的必要性日趋迫切，如北河南路商联会是在反对租界征收帐篷捐的斗争中成立的，1919 年 8 月中旬，公共租界向北河南路各铺户征收帐篷捐，华商"以店基坐落五区警署管辖，关系国家主权，群起反对"，又发起"组织商界联合会，开特别紧急会议，金以此事不独商民无力担负，且丧失国家独立资格，决议对于此种帐蓬捐誓不认缴，在场众商一体赞成签字"。② 又据曾担任过南京路第八届商联会会长的余华龙回忆，"1918 年工部局要增加捐税，许多店主拒绝缴付，工部局为对付商人拒缴，强迫车货，如河南路交通路的裕昌呢绒号和广东路怡珍茶食店等号货物，都被车去，大家觉得有组织商联会必要。而且跑马厅、南京路外滩以及有其他一些公园与娱乐场所不准华人进去。马路商界感到纳税有份，权利享受不到"，"总之，中小商人成立商总联会的目的，是要取得与工部局对话的一席之地"。③ 当然，取得租界当局的认可并非易事，南京路商界联合会的成立曾历经波折，从密议到被认可，过

---

① 见本章表 1-8 所列 33 家，此外，在 1920 年的春季抗捐风潮中陆续成立的马路商联会还有 1 月 4 日成立的百老汇路商联会、1 月 10 日成立的大东门商联会、1 月 30 日成立的北京路商联会、2 月 29 日成立的沪北六路商联会；沪北六路商联会即七浦路商联会的扩大，其他五条马路为西藏路、甘肃路、开封路、阿拉白司脱路、文极司脱路。参见相关日期前后的《申报》记载。

② 《华界商店否认帐蓬捐续纪》，《申报》1919 年 8 月 17 日，第 10 版。

③ 余华龙：《余华龙回忆》（1960 年 11 月 23 日），原件藏上海市工商业联合会档案史料室，转引自上海市工商业联合会、复旦大学历史系编《上海总商会组织史资料汇编》下册，第 933 页。

程曲折，亲历其事的王廉方回忆说：

> 民八七月，工部局骤加房捐，华市民群相反对，然格于帝国主义历
> 来之淫威，都未敢明目张胆起而反抗。……本路王才运、陈励青、孙文
> 安、余华龙、周宪章、倪承龙、沈顺烦及仆等知非有整个团结作正式运
> 动不为功，遂假法租界洋货九业公会开会。不意事机不密，议未及半，
> 为法捕房所知，派探捕干涉，不得已由后门遁去。然自此团结之心益坚，
> 复联络外路潘冬林①、金馥荪、俞国珍、杜椿荪等十余人，假爱多亚路
> 商业公团开会，议决一方面对捕房收捐员延约，一方面扩大组织，集合
> 各路代表按日开会。无如众议纷纭，终无具体办法。而工部局坚持成议，
> 绝无考虑与展缓之余地。旋经交涉使杨小川，总商会会长朱葆三、会董
> 聂云台、沈敦和、闻兰亭、祝兰舫、宋汉章、汤节之等出任调停。结果，
> 均主张先付捐款，然后再与工部局讨论，增设华董，工部局并允许各马
> 路组织联合机关。②

大多数马路商界联合会是在争取市民权运动的过程中兴起的，如沪西各
路商界联合会就是一例。本来，沪西公共租界大沽路、重庆路、长浜路、南
成都路、淡水路、威海卫路、马霍路、孟德兰路等处华商店铺，截至1919年
11月下旬，尚无商联会组织，在马路商界总联合会征求修改租界章程意见的
过程中，沪西华商"以该处各路商界联合会犹未成立，不能联络互助"，特于
11月22日召开茶话会，"讨论筹备会所及签盖要求市政权号印各事"，结果决
定"一俟联合会草章拟就，即行定期开成立会"。③ 从某种意义上说，马路商
界总联合会的产生也是市民权运动的产物。1919年9月1日下午，爱而近路、
克能海路、界路等商店代表在爱而近路工商联合会开会讨论华人顾问团问题，
会上张汉杰提议各路联合会当合组一总会，以便于市民权运动的进行，得到
与会者的一致赞成，同时，他还提议未成立联合会的马路，应劝其迅速组织，

---

① 潘冬林，《申报》上有时亦写作潘东林，为同一人。
② 王廉方：《本会史略》，原载《上海南京路商界联合会会刊》(1930年)，转引自上海
市工商业联合会、复旦大学历史系编《上海总商会组织史资料汇编》下册，第994—995页。
③ 《沪西各路商界筹备联合会》，《申报》1919年11月23日，第10版。《沪西商界之
讨论会》，《申报》1919年11月29日，第10版。

也得到与会者的同意。① 9 月 3 日，各路商界代表联席会议仍假爱而近路工商联合会举行，主要讨论市民权与租界章程修改事宜，陈则民在会上提出上海各路商业联合会总会章程草案，经与会者逐条讨论通过。② 9 月 15 日，由北城工商联合会发起的各路商界联合会交谊会在位于萨珠弄的该会事务所召开，到会的有七浦路、四川崇明两路、海宁路、东北城、爱而近路、新闸路、民国路、沪西、中城、吴淞路、文监师路、邑庙豫园、五马路、嘉兴梧州两路等马路商联会的代表数十人，各代表讨论了各路商界联合会统一的必要性，并决定"另订日期，公开上海全市各工商业联合大会，以便议定统一章程，众均赞成"③。9 月 17 日，在闸北文监师路飞虹学校召开各路工商联合会总会筹备会，会议推举陈则民为主席，通过了筹设各路工商联合会总会的提议。④事实上，商总联会在正式成立以前，已经以总会名义开展了对租界章程的修改。

作为一种街区性的商人团体，马路商联会的产生推动了市民权运动的深入发展，其组织作用功不可没。其实，在各马路商联会正式成立之前，租界内的许多商业街区就以商联会的名义开展活动。比如，由上海商工学各界筹备召集的国民大会于 1919 年 7 月 1 日在西门外公共体育场如期召开，据载，参加大会的商界团体有"爱而近路、海宁路商界救国团，浙江路商界同志团，南京路、河南路、昼锦里、北四川路、外虹口、新闸路西段、南石路、四马路、广东路等商界联合会，法大马路、永安街、霞飞路、恺自尔路等商界联合会……此外华界如闸北、沪西、大东门、小东门等商界联合会"⑤。其时，绝大多数商联会并未正式成立。汉口路商联会正式成立于 1919 年 10 月 31 日，但早在"加捐问题发生时，首先集议，是未成立前已为公共谋幸福"⑥。秋季征捐开始后，各马路商界代表经常集议，商讨对策，采取一致行动，8 月 14 日的《字林西报》曾指出华商的抗捐行动"近数日来，颇有活动，以期造

---

① 《各路商店代表开讨论会纪》，《申报》1919 年 9 月 3 日，第 10 版。
② 《各路商业联合总会开会纪》，《申报》1919 年 9 月 4 日，第 10 版。
③ 《各工商团体交谊会纪事》，《申报》1919 年 9 月 16 日，第 10 版。
④ 《筹设各路工商联合会总会》，《申报》1919 年 9 月 18 日，第 10 版。
⑤ 《昨日公共体育场开会纪》，《申报》1919 年 7 月 2 日，第 10 版。
⑥ 《汉口路商界联合会成立会》，《申报》1919 年 11 月 1 日，第 10 版。

成有组织之反抗，虽其领袖何人，未易查知，但个中主要团体似为各街联合会，其领袖诸人拟向各铺募集经费，以供鼓吹代表权之用……各街分任此项费用，山东路每家收五角，而浙江路则每家收二角"①。陆续成立的各马路商联会虽发挥了重要的组织作用，但仍处在非公开状态。商总联会成立后，1919年11月中旬，由林百架律师致函工部局，说明"该会一切组织进行悉与中外法律毫无侵犯，从开会成立以来于今，种种经过会议决议事项，各界人民均表赞成"，声称该会宗旨"光明正大，专为交际各界，联络感情而起见"，请求给予注册备案，要求捕房"一体保护尽力"②，从此，商联会的合法性得到租界当局的认可，市民权运动也在商总联会和各路商联会的组织下有序地展开。不仅如此，租界内的马路商界联合会的兴起也对华界商人产生了示范效应，1919年12月上旬，上海南市商界因"公共租界、法租界等处俱已组设各路商界联合会及商界总联合会，而南市尚付缺如，爰有人发起拟依照租界各路商界联合会办法，一体进行"③。

综上所述，五四运动发生后不久，在上海兴起了30多个以马路命名的商界联合会组织，这一趋势此后多年得以延续，并在租界市民权运动中发挥了重要作用。它们的出现是一般中小商人在五四运动中迸发出来的政治激情延伸的结果，以"外争国权"为理念的五四爱国精神成为中小商人集体记忆并以此自励的工具理性，以商人联合所展现的力量为核心的五四情结成为维系马路商界联合会的纽带，他们从五四运动的胜利中受到鼓舞，"佳电"风波及上海总商会在罢市斗争中所展现出来的不良形象，严重损坏了总商会在一般中小商人中的权威性，直接催生了马路商界联合会的兴起。在民国年间上海商人运动的舞台上，马路商联会将"外争国权"与维护商权、争取租界华人参政权结合起来，谱写了一幕幕历史活剧。

租界是不平等条约的产物，长期以来，居住或经商于租界内的中国人承担了纳税的义务，却不能享受与外国人同等的权利，这种歧视性待遇成为租界华商心中挥之不去的心结。经过五四运动洗礼的上海商人，国权、商权与

①　《西报对于加捐问题之纪载》，《申报》1919年8月15日，第10版。
②　《商界联合会函请捕房备案》，《申报》1919年11月17日，第10版。
③　《南市组织商界联合会之动议》，《申报》1919年12月7日，第10版。

人权意识均大大增强。然而，就在这时，纳税西人年会为了补偿第一次世界大战中参战的协约国军人，通过了增收租界内房捐二厘及附征特别捐的决议，并决定自该年 7 月 1 日起开始征收。起初，受到刺激的租界华商只是以不堪重负为由，由各路商界联名通过交涉公署、总商会等正式渠道呈请取消增税，这一本能反应却被工部局以此项增税决议经过纳税西人年会多数赞成通过为由予以拒绝。增税与抵税的博弈背后，是对租界市政重大事项决策过程的合法性的较量。在工部局看来，增税二厘及附征特别捐是纳税西人年会通过的决议，是合法有效的，租界华商则从西方搬来了"不出代议士不纳租税"的武器，以法律手段提出了华人加入工部局董事会的诉求，市民权运动由此发端。在这种形势下，工部局承诺以增设华顾问为华人取得市民权的第一步，风潮暂时得以平息，秋季捐及其增捐也照常征收，但引起风潮的深层原因依旧存在。由于征捐的主要对象是各马路迎街店铺，于是，在市民权运动中各路商界掀起了一股设立商联会的热潮，并在各路商联会的基础上成立了商总联会，商联会广泛发动各路商铺，协调立场，一致对外，在市民权运动中扮演了重要角色。

在春季捐征收前，商总联会和各路商联会完成了修改租界章程的工作，并将盖有全体华商图记的章程草案呈送交涉公署转交各国领事团，满怀希望的商联会却遭到工部局的冷遇，草案送出三星期之久仍未收到任何答复。双方分歧太大，商总联会坚持将修改租界章程、选举华董作为基本目标，租界当局则主张华董未产生前，先产生华顾问二人，再由双方推出同等人数组织租界章程修改委员会。商总联会先是将华顾问的产生与组织租界章程修改委员会分开处理，以展现善意，以此换取领事团同意将华顾问由二人增至六人，继而在华顾问的产生、人数及其权限上与租界当局展开了反复较量。租界当局虽然同意将华顾问人数由二人增至五人，但强调领事团可以否定被选者，华顾问的权力不超出 1915 年"推广租界草案"第四条所规定的范围，双方陷入僵局。在商总联会与工部局尚未达成一致时，春季捐转瞬即至，华商的不满转化为抵制春季捐的动议，工部局决定强行征收春季捐，各路商铺在商联会的领导下以闭市表达不满与抵制。在斗争的关键时刻，总商会、商总联会的软化与工部局的强硬形成了强烈对比，最后，商总联会以得到领事团承认华人市民权、磋商修改租界章程的答复而告慰于各路华商，抗捐风潮再次平息，争权斗争却难竟其功。但是，作为争权斗争的成果，各路商联会和商总联会纷纷兴起并生存下来，成为 20 世纪的历史舞台上十分活跃的街区团体，不仅引领了此后市民权运动的深入发展，而且在街区性公共事务上扮演了主要角色，这或许是时人始料不及的。

第二章　多样化建构：各马路商联会的创立与发展（上）

　　五四运动后，上海出现了 75 个马路商联会，并在此基础上形成了 3 个"商总联会"，即公共租界里的上海马路商界总联合会、法租界商界总联合会、南市商界总联合会。① 它们究竟是怎样出现的，呈现出怎样的历史样态？要弄清这两个问题，必须从商联会创立的历史着手。本章考述各马路商联会的创立与发展，分析商联会的组织演进。从整体上看，马路商联会在 20 世纪 20 年代的上海历史舞台上共同扮演了重要角色，但这并不意味着它们表现相同。其实，75 个马路商联会参差不齐，规模有大有小，经费有多有少，成立有先后，差异较大。在演进过程中，有些壮大了，有些萎缩了，还有一些消失了。因此，不能对它们等量齐观，需要进行个案分析。

　　为了叙述的方便，笔者以时间为顺序，以各路商联会的分合演变为线索，将商联会划分为三大板块，即华界、公共租界、法租界，这种划分也只是相对的，因为租界的越界筑路，形成华洋交错格局，一条路分属两界，这也导致某些马路商联会参加多个商总联会的活动，如民国路商联会、徐家汇路商联会、唐家湾商联会等，既参加南市商总联会的活动，又加入法租界商总联

---

　　① 三个商总联会中，公共租界的上海马路商界总联合会其实并不限于公共租界，具有上海市商总联会的功能，因此书中多称"各路商总联会"，法租界商界总联会和南市商界总联合会均是区域性的，提到时一般都会注明。

会。本章主要叙述公共租界商联会的创立及其演变，在 75 个马路商联会中，南京路商联会首屈一指，是各路商联会中创立、建设和运行的典型，成为其他商联会效仿的样板，本章将单辟一节，对其进行专门分析。

一、抗捐斗争中出现的商联会

租界是不平等条约制度的产物。1845 年英国人在上海开辟租界，最初面积仅 830 亩，东至黄浦江、南到洋泾浜、西达界路、北接李家庄，1848 年往东南、东北、西南、西北四个方向扩张，面积增至 2820 亩。美国人最初也居住在英租界里，1852 年美国取得租地权后，旅沪美侨可直接与原业主签约，1863 年明确划定美侨虹口居留区四至范围，并与英租界正式合并成英美公共租界。此后，公共租界不断扩充，到 1894 年达到 10676 亩，1899 年在租界北面增 11377 亩，西面增 11450 亩，连同原有面积，公共租界总面积达 33503 亩。与此同时，英美列强的权力也在扩充，界内成立纳税西人会，设工部局管理市政，拥有司法、警察、征税等特权，界内华人只有纳税的义务，而没有相对应的权利。随着捐税不断增长，租界华商负担不断加重，在一次次抗捐斗争中，华人维护自身权利的意识也在不断增强，公共租界商联会就是抗捐和争权的产物。

如前所述，工部局增收房捐令一出，公共租界内各马路华商就自发联合起来加以抵制，随着斗争的发展，各路华商意识到组织团体的必要性。于是，各马路商联会纷纷创办，形成第一波高潮。

1. 浙江路商联会

从现有材料看，公共租界最早的商联会出现在浙江路。浙江路由界路至东新桥，首尾与华界、法租界相接，与海宁路、新唐家弄毗邻，该路小商人居多，店铺达 500 多家，"营业者，手艺商居多数局面，狭小莫可讳言"①。浙江路商界联合会，有时亦称南北浙江路商界联合会，成立于 1919 年 7 月。初设事务所于浙江路 256 号，1921 年 10 月迁往渭水坊 250 号，1922 年 5 月

---

① 《浙江路商界联合会通告本路同志书》，《申报》1920 年 9 月 4 日，第 11 版。

再迁至贻德里 108 号。①

1919 年 7 月 19 日，浙江路 300 余家商店在信昌里开商联会成立会，并选举各部职员，中央烟厂朱一笙当选为会长，副会长为厚馀典当宋锡山（一称宋薛三）、长和米行蒋荣甫（一称蒋荣夫）。② 为了便于联络会员，浙江路商联会在会长制下实行干事制，将浙江路分为四段，即南段、北段、中南段、中北段，各段设干事长一人，孙镜湖任总干事长，胡雅舟、徐少卿、俞文达、范祥椿分任各段干事长，负责分途联络。③ 作为最早成立的街区性组织，浙江路商联会没有先例可循，具有一定的探索性。

可惜，这种探索并不顺利。1921 年 5 月，浙江路商联会年度会员大会讨论了一年多来的办会经过情形，按章应改选商联会组织，"但应办之事甚多，如遽易生手，恐碍进行，似宜请朱、宋、蒋三会长留任一年，即广征求职员，俾臻尽善"，经过讨论，"金谓选举一层，俟下届再行举行"。④ 所谓"下届"，应该是延后一年，在 1922 年的年度会员大会换届。但是，浙江路商联会一再拖延，直到 1925 年才换届。浙江路商联会实行会长制下的干事制，但从运行情况看，会长并未履行职务，实际主持会务的是总干事长孙镜湖。

这种情况引起了会员的普遍不满，"主持者一意孤行，迹近包办，于是登报通告实行改组，当时各入会商号签字盖章，赞成改组者，有三百余家"⑤，随后，设立改组委员会，并于 6 月 23 日召集改组委员会会议，经过长时间讨论，决定"(1)重订会章；(2)发表改组宣言；(3)调查新旧会员进行改选，并公推虞仲咸起草会章"⑥。不过，此事在浙江路内部引起波澜，先是浙江路商

① 《淞沪粮食维持会消息》，《申报》1921 年 1 月 24 日，第 11 版。《商界联合会开会汇录》，《申报》1921 年 10 月 24 日，第 15 版。《浙江路商联会订期平粜》，《申报》1922 年 8 月 21 日，第 14 版。

② 《浙江路地方商业会开会》，《申报》1919 年 7 月 20 日，第 11 版。

③ 《浙江路商界联合会常会预纪》，《申报》1920 年 2 月 29 日，第 10 版。《浙江路商界联合会常会纪》，《申报》1920 年 3 月 4 日，第 10 版。

④ 《商界联合会开会汇纪》，《申报》1921 年 5 月 20 日，第 11 版。

⑤ 《南北浙江路商联会来函》，《申报》1925 年 10 月 20 日，第 12 版。

⑥ 《关于沪惨案之昨讯》，《申报》1925 年 6 月 30 日，第 14 版。

联会委托美国律师露雪臣登报声明，声称虞仲咸等"意在会外行动，捏称改组委员会名义，投稿国闻通信社，转送各报，刊入新闻栏希图破坏名誉"，要求"各报刻日更正"。① 不过，改组委员会认为商总联会"已承认浙江路改组为合法"，并敦促"进行改选手续"②，同时，发表声明指出："此次改组，完全同人公意，并非虞仲咸君一人所能左右，该函所谓虞君捏称名义，希图破坏名誉云，不知何指，唯恐当世不明真相，用特声明，务希贵报转登来函，是所至感。再自此以后，浙江路一切会务，全由本委员会主持，如有假借名义，概不承认。"③7月11日，浙江路改组委员会在少年宣讲团举行选举大会，在商总联会代表成燮春，各路代表周伯尧、潘冬林等人的监视下，正式选举出正会长汪维英，副会长刘大洪、虞仲咸，以及吕伯康、曹志功等18名议董。④ 可见，新的浙江路商联会实行董事会下的会长制。7月15日，新浙江路商联会召开第一次议董会，照章推举各科主任，选出"总务葛仲高、教育陆焕章、交际江源财、调查汪谓功、文牍虞仲咸(兼)、会计刘大洪(兼)"⑤。改组后的浙江路商联会设会所于浙江路中偷鸡桥口335号，并登报声明旧的浙江路商联会及其职员一并取消。⑥ 但是，旧的浙江路商联会仍继续存在，且公开活动，会长为蒋荣甫，干事长为孙镜湖，会员缩减至60余人。⑦ 至此，两会互不承认，互别苗头，浙江路出现了"一路两会"的局面。

　　针对浙江路商联会的分裂，商总联会先是派出许云辉、王肇成、谢惠廷、汪醒斋等人前往调查，继又推派邬志豪、严谔声调解，促使新、旧两会达成和解，但两会合并迟迟不见行动，"一路两会"的局面继续存在，不过，旧的浙江路商联会成员联合其他马路设立中央九路商联会，新的浙江路商联会按章改选，运转正常。表2-1是1926—1929年新的浙江路商联会年度改选情况。

① 《美国露雪臣律师来函》，《申报》1925年7月1日，第16版。
② 《关于沪惨案之昨讯》，《申报》1925年7月2日，第15版。
③ 《浙江路商界联合会改组委员会来函》，《申报》1925年7月2日，第16版。
④ 《浙江路商联会改组后之选举会》，《申报》1925年7月12日，第16版。
⑤ 《浙江路商联会议董会》，《申报》1925年7月16日，第16版。
⑥ 《南北浙江路商界联合会来函》，《申报》1925年8月15日，第15版。
⑦ 《急转直下之时局》，《申报》1925年10月17日，第10版。

表 2-1 浙江路商联会 1926—1929 年职员选举情况

选举日期	选举结果	《申报》记载日期
1926 年 6 月 3 日	汪维英、虞仲咸、王顺林、刘大洪等 18 人当选为议董	1926 年 6 月 4 日
1926 年 6 月 6 日	选举史芳乔为正议长，梁子就为副议长，刘同嘉为正会长，王顺林、汪鹿坪为副会长	1926 年 6 月 7 日
1926 年 6 月 11 日	刘同嘉未到任，议董会遂补推邵富润接任会长	1926 年 6 月 12 日
1927 年 2 月 28 日	改议董制为委员制	1927 年 3 月 1 日
1928 年 12 月 23 日	汪维英、曹志功、郑怀澄、虞仲咸、刘大洪等 21 人当选为执委，陈吉甫、刘同嘉当选为监委	1928 年 12 月 26 日
1929 年 1 月 6 日	执委会选举汪维英、虞仲咸、汪心存、刘大洪、郑怀澄 5 人为常务委员	1929 年 1 月 8 日

"一路两会"，一个实行会长制下的干事制，分段办事，但运行并不顺畅；一个实行董事会下的会长制，分科办事，1927 年由董事会制改为委员制，运转大体正常。但是，两商联会之间不断产生纠纷，不仅有损其形象，而且力量也因此被削弱。浙江路商联会成立虽早，但在众多商联会中成绩平平。

2. 文监师路商联会—蓬路三路商联会

文监师路又名蓬路，位于美租界，东自百老汇路，西至北浙江路。五四运动后，该路工商界"对于国事非常注意，且能顾及公益，力图自治"，经过两次筹备，1919 年 7 月 31 日开成立大会，选举产生评议员 13 人，沈星德任会长，张连发任副会长，下设会计、文牍、交际、庶务四科，设会所于飞虹学校内。① 10 月，迁会所于德鑫里江浙学校内，并初选张进云、潘冬林为总会董，陈震源、侯松龄为副会董。② 次年 4 月，再迁会所于文监师路德荣里675 号。③

---

① 《文监师路工商联合会成立》，《申报》1919 年 8 月 3 日，第 11 版。
② 《文监师路工商联合会常会》，《申报》1919 年 10 月 13 日，第 10 版。
③ 《商界联合会开会汇纪》，《申报》1920 年 4 月 6 日，第 10—11 版。

可见，文监师路商联会实行会长—总董制，但运行一年，"正副会长均为店务冗忙，屡次未能出席，要求辞职"，因此，议董会决定进行改选，以五十票为当选，如票数未足法定，则改用推举法。① 1923年，报纸上出现了潘冬林为文监师路商联会会长的消息②，潘氏何时、以何法当上会长，不得而知。1924年6月，沈星德复职，又以会长身份主持会务。③

1928年8月14日，文监师、北江西、伯顿三路各商家公推筹备委员11人，在文监师路五里房客联合会举行第一次会议，推唐一为筹委会主席，负责调查、征求会员、向总会报告等具体筹备工作。④ 8月17日，商总联会批准文监师路商联会改组为蓬路三路商联会案，开始广泛征求会员入会。⑤ 9月30日，蓬路、伯顿、北江西三路商界联合会在蓬路东德兴里五里房客联合会内举行成立大会，到会者百余人，选举选出唐一、陆昌荣、唐蕙廉、郭耀甫等十五人为委员。⑥ 10月1日，第一次全体委员会选举唐一、唐蕙廉、陆昌荣、赵显吉为常务委员，并推举秘书、经济、宣传、交际、调解五科办事人员，会址暂设五里房客联合会。⑦ 从此，蓬路三路商联会取代了文监师路商联会。

3. 新闸路商联会

新闸路位于新界，东自北泥城桥，西至赫德路，商店达600余家。新闸路商联会又称新闸九路商联会，由"新闸、大通、派克、成都、爱文义、山海关、卡德、麦根等九路商号连合组织而成"⑧，此外，白克路商店亦加入新闸九路商联会。1919年8月5日，新闸九路商界联合会在闸北慈善团开成立大会，与会的会员及来宾达300余人，陈则民应邀演讲，号召商人应具有团结

---

① 《商业联合会开会并纪》，《申报》1920年8月10日，第11版。
② 《虹口菜场风潮昨讯》，《申报》1923年8月17日，第14版。
③ 《汇志各路商联会消息》，《申报》1924年6月10日，第14版。
④ 《三路商界联合会筹备会纪》，《申报》1928年8月14日，第16版。
⑤ 《商总联会开会纪》，《申报》1928年8月18日，第14版。
⑥ 《各商联会消息》，《申报》1928年10月2日，第16版。
⑦ 《各商联会消息》，《申报》1928年10月4日，第16版。
⑧ 《爱文义路商号联合声明》，《申报》1926年9月12日，第2版。

心和坚忍心，"语语沉痛，字字肯切，全体鼓掌"。大会选举胡鉴人为会长，赵可成为副会长，同时选举产生的还有书记员、会计员、庶务员、干事员等职员40余人。① 一年来，新闸路商联会"协争市民权、设立义务学校"，编订征信录，卓有成效，受到社会肯定，会长胡鉴人认为成功的原因，在于"市民权、印花税二问题，多于商人有切身关系，今吾人办事，当求实际，常抱牺牲主义，惟其牺牲金钱、精神、光阴三者，才能有今日之效果"。1920年"五九"国耻纪念日当天，新闸九路商联会举行改选大会，胡鉴人以最高票当选连任，赵可成、黄贤卿为副会长，同时选举产生职员80人，计分东、南、中、西四段，每段各20人。② 1923年4月，该会举行第三次改选，结果项惠卿当选为会长，王茂卿、秦志新为副会长。③ 1927年新闸九路商联会改会长制为委员制，11月18日，选举项惠卿、胡鉴人等9人为监察委员，选举执行委员25人，下设评断、文书、财政、财监、组织、宣传、事务、教育等部。④

4. 北河南路商联会—河南路商联会

北河南路位于美租界，北起宝山路，南至铁大桥，北河南路商联会于1919年8月17日召开成立大会，到会者100余人，会议选举陆文荃为会长、周柳江为副会长，会计万国相、陆德竣，文牍陶渭卿、方树棠等。⑤ 成立不久，该会派代表周桥江、郑圣昌持函洽谈并入河南路商联会事宜，河南路商联会"无任欢迎"，并特派干事员祝志纯等前来"请各商号照填志愿书，联络感情，公同进行"。⑥ 河南路位于英租界，北接铁大桥，南至三茅阁桥，与北河南路毗邻，在抗捐斗争中，河南路华商是积极参加者。8月21日，河南路商联会在爱多亚路商业公团举行了成立会，与会各商号代表200余人，选举金馥生为会长，陆费逵为副会长，郭梅生为评议长，祝志纯为干事长，同时选

---

① 《新闸商界联合会成立》，《民国日报》1919年8月7日，第10版。
② 《国耻日各团体开会记》，《民国日报》1920年5月11日，第10版。
③ 《闸北路商联会纪》，《申报》1923年4月30日，第15版。
④ 《新闸九路商联会选举》，《申报》1927年11月19日，第15版。
⑤ 《北河南路商界联合会将成立》，《申报》1919年8月19日，第10版。
⑥ 《河南路商业联合会议决案》，《申报》1919年10月25日，第10版。《河南路商界联合会公函》，《申报》1919年11月2日，第10版。

举产生评议员、干事员各 12 名，设会所于金隆街美伦里内 12 号(1922 年年初迁至汉口路口庆和里 10 号乾源洋货号楼上)。①

据河南路商联会章程规定，该会每年春季举行换届选举，先由会员投票选出职员，每位会员可投票选举 12 人，以得票数前 32 位为当选，再由当选职员互选产生会长、副会长、评议长、干事长等。唯据报纸记载，1926 年河南路商联会会长为程兰亭，但没有相关选举的记录。

表 2-2　河南路商联会 1920—1928 年职员选举情况

选举日期	选举结果	资料来源
1920 年 3 月 25 日	选举金馥生为会长，陆费逵、金友生为副会长，邵仲辉为评议长，祝志莼为干事长	《民国日报》1920 年 3 月 26 日
1921 年 4 月 17 日	金馥生连任会长，陆费逵、金友生连任副会长，邵仲辉、祝志莼分别连任评议长、干事长	《民国日报》1921 年 4 月 19 日
1921 年 4 月 22 日	金馥生"因店务纷繁辞职"，商联会遂推次多数邵仲辉为会长，评议长由席云生递补	《民国日报》1921 年 4 月 24 日
1928 年 7 月 16 日	监察委员吴东秋、程兰亭，执行委员周企逢、黄芝香、陈枚芳等 15 人	《申报》1928 年 7 月 17 日

5. 北四川路商联会——四川崇明两路商联会——四川路商联会——崇明路商联会

1919 年 10 月，是公共租界各路商联会创办的集中时期，先后有北四川路、天潼路、山东路、嘉兴路、五马路、四马路、汉口路等马路商联会成立。北四川路位于美租界，北自靶子场，南至里摆渡桥，与四川路接壤，毗邻崇明路、天潼路、福德路。北四川路商联会正式成立于 10 月 4 日，事务所设在北四川路翠乐居，后迁入清云里 1950 号。因有崇明路商店加入，又称四川崇明两路商联会，会长张鳣堂，副会长陆文中，各职员及社会背景见表 2-3：

---

① 《河南路商界联合会成立》，《民国日报》1919 年 8 月 23 日，第 11 版。《河南路商联会迁移会所》，《民国日报》1922 年 3 月 10 日，第 11 版。

表 2-3　北四川路商联会首届职员及其社会背景

姓名	职务	社会背景	姓名	职务	社会背景
张鳣堂	会长	张鸿兴号	陈德霖	评议员	未详
陆文中	副会长	联益贸易公司	周干伍		周三记号
何广善	评议员	翠乐居	卓桂鸿		群芳居
卓桂鸿		群芳居	何广善		翠乐居
张挺生		元亨号	林苏		大中华药房
周干伍		周三记号	朱钦诰	干事员	万利源号
刘子荣		贸生利号	蒋子山		履新号
梁若陈		丽昌号	黎平		波丽号
林苏		大中华药房	俞铭巽		洪盛号
简文炳		悦兴号	郑绍添		瑞生顺号
陈立卿		永元昌号	朱英龙		朱英记
陈士琦		裕泰号	张挺生	会计员	元亨号
钱生财		新丰号	卓桂鸿		群芳居
陈霭庭		天然号			

资料来源：《北四川路商界联合会职员录》，《民国日报》1919 年 10 月 7 日，第 10 版；《北四川路商界联合会职员》，《申报》1919 年 10 月 7 日，第 10 版。

1920 年 5 月 12 日，四川崇明两路商联会举行换届选举，结果张鳣堂连任会长，蒋子山、陆文中当选为副会长，林炎夫为评议长，梁君泽为干事长。[①] 8 月，崇明路商户致函四川路商联会，"声明该路应时势之要求，向本会脱离，自行组织"，四川路商联会认为崇明路"与本会分立，各自进行，以谋会务之发展，事属可嘉"，于是，评议会"全体通过，准其脱离"。[②] 崇明路商联会独立后，四川崇明两路商联会改称四川路商联会。四川路商联会会员关心团体建设，该路新亚大药房、恒丰号等 14 家商店会员致函会长，提出商联会建设中存在的问题，称"本会根本上有一极大缺点，即本会成立至今，凡为会

① 《两路联合会周年大会》，《民国日报》1920 年 5 月 13 日，第 10 版。
② 《汇纪各路商界联合会消息》，《申报》1920 年 8 月 12 日，第 10 版。《四川路联合会评议会纪》，《民国日报》1920 年 8 月 15 日，第 11 版。

员者向未见有会章，未悉职员依据何物产出，殊不可解"，"会员除纳费义务外，尚有何种权利，若无会章，一切全失，依据结果，不过以全体名义供三数人之私意利用，实有污于本路全体之名誉也"，因此，要求商联会会长"订立章程，以巩固本会之根本"。①

四川路商联会十分重视组织治理，对违反会规的会员坚决予以惩处。1920年11月，评议长林炎夫因"骗盖图章"，撕毁章程而被取消会员资格，其弟林达夫"纵容其兄林炎夫盗领职权，扰乱秩序，破坏本会名誉公益议案等情"，照章"取消本职，勒令出会"。② 此事引起了林氏兄弟的反弹，无奈之下，会长张鳣堂多次请辞，1921年1月中旬，四川路商联会举行了换届选举，陆文中当选为会长，李芝堂、刘子荣为副会长，林荪为评议长，朱英龙为干事长。③

表 2-4　四川路商联会 1922—1929 年职员选举情况

选举日期	选举结果	资料来源
1922 年 3 月 7 日	会长：陆文中；副会长：欧阳竟如、叶景范；评议员：张鳣堂、刘子荣等 10 人；干事员：梁君泽、周干臣等 8 人	《申报》1922 年 3 月 8 日
1923 年 4 月 4 日	会长：张鳣堂；副会长：陆文中；评议长：蔡日南；干事长：俞铭巽	《申报》1923 年 4 月 5 日
1924 年 5 月 24 日	会长：俞铭巽；副会长：陈典谟、毛濂卿；评议员：陆连生、周干臣等 10 人；干事员：梁载卿、祝东生等 5 人	《申报》1924 年 5 月 25 日
1925 年 5 月 23 日	会长：俞铭巽；副会长：吴磐石、黄芬圃；评议长：周干臣；干事长：柳春华	《申报》1925 年 5 月 24 日
1926 年 6 月 12 日	会长：俞铭巽；副会长：蒋子山、周干臣；评议长：张横海	《申报》1926 年 6 月 14 日
1929 年 4 月 1 日	委员：汪诚斋、柳春华、唐惠廉、钱生财、俞铭巽、周干臣等 21 人	《申报》1929 年 4 月 2 日

① 《四川路商界致该路联合会会长函》，《申报》1920 年 11 月 19 日，第 11 版。

② 《四川路联合会紧急会议》，《民国日报》1920 年 11 月 22 日，第 11 版。《四川路联合会宣言书》，《民国日报》1920 年 11 月 26 日，第 11 版。

③ 《四川路联合会选举纪》，《民国日报》1921 年 1 月 18 日，第 11 版。

崇明路商联会独立后，有会员商店 60 余户，设会所于金银首饰工业会内，司徒侠海任会长，并出任商总联会议董。1926 年 8 月 2 日，该路举行改选，梁文基得 59 票，当选为正会长，高捷元得 54 票，何炳南得 52 票，当选为副会长。① 1927 年改会长制为委员制，次年 8 月 7 日，举行改制后的首次选举，选出高捷元、梁文基等 11 人为执行委员，罗鉴泉、李惠兴等 24 人为监察委员。②

6. 天潼福德两路商联会—天潼五路商联会

天潼路与毗邻的福德路合组天潼福德两路商联会，与四川路商联会合租一处会所，1927 年冬扩大改组为天潼五路商联会。天潼路位于美租界，东自黄浦路，西至北河南路，1919 年 10 月 11 日，天潼福德两路商界联合会在青年会大议场举行成立大会，与会代表 250 余人，会议选举蔡仁初(蔡仁茂号)为会长，何觐林(广生利)、欧阳星南(广益号)为副会长，同时推举评议员、干事员各 11 人。③ 1920 年 10 月 18 日，选举蔡百吉为评议长，陈文海为总干事长。④ 在 1921 年的第三届职员选举中，蔡仁初连任会长，陈文海、黄启汉当选为副会长，同时，蔡百吉为评议长，范增福为干事长。⑤ 1927 年年底，天潼福德两路商联会因吴淞路、乍浦路、密勒路三路商店加入，改组为天潼五路商联会，陈广海、蔡百吉、林可人、梁礼朝、尹权来等人当选为执行委员，王心贯、范德裕、蔡仁初、张宝坤、何觐林五人当选为监察委员，下设秘书、财政、调查、卫生、教育、宣传、组织、评断八部，执行委员选举陈广海、蔡百吉、梁礼朝为常务委员。⑥

7. 山东路商联会

山东路位于英租界，分南北两段，南段北接南京路，南至带钩桥，北段北自苏州路，南到宁波路，山东路商联会正式成立于 1919 年 10 月 14 日，以

---

① 《各商联会消息》，《申报》1926 年 8 月 3 日，第 16 版。
② 《各商联会消息》，《申报》1928 年 8 月 8 日，第 16 版。
③ 《天潼路商界联合会成立之纪》，《民国日报》1919 年 10 月 12 日，第 10 版。
④ 《马路联合会开会汇志》，《民国日报》1920 年 10 月 19 日，第 11 版。
⑤ 《天潼福德路更选职员》，《民国日报》1921 年 10 月 12 日，第 11 版。
⑥ 《天潼五路商联会改组成立》，《申报》1927 年 12 月 29 日，第 15 版。《天潼路五路商联会选举委员记》，《申报》1927 年 12 月 31 日，第 15 版。

徐时隆为会长，严思盈为副会长，闵望之为评议长，郑鸝鸪为干事长，成立时设会所于金隆街美伦里 16 号。① 11 月 14 日，山东路商联会评议部通过了《山东路商界联合会章程》共七章十五条②，规定该会宗旨为"研究商业常识，增进商人道德，敦睦本路感情，协力提倡国货，合谋公共幸福"，入会各商号推举一人或二人为会员，会员拥有选举权与被选举权，须缴纳会费与特别会费，其标准"按照每一开间门面每月须缴纳会费洋五角，开间多寡纳费以此类推，如热心会务愿多纳费者尤为欢迎，但力不从心者可以量予减收，惟特别费非有特别事故，概不劝募"。山东路商联会的创办就是通过特别费形式劝募的，共募得 152 元。③ 与其他各路类似，山东路商联会亦设执行与评议两部，其中，执行部设正会长、副会长、干事长各一人，下设干事员、庶务员、会计员、文牍员、书记员、调查员、交际员各若干人，并从干事中推举驻会干事一人，由会长聘任，按月支付薪水。执行部各职员分工明确，会长对外代表山东路商联会，监督该会一切事务并将评议部议决事项交各职员执行，拥有评议部议决案难于实行者提交复议权，在副会长、干事长副署下解散评议部之权，延聘顾问之权，副会长襄助会长并在会长缺席时代行会长权力，干事长受命执行应办事项，庶务员听干事长指挥，会计员专管银钱出纳、编制预算决算，文牍员负责对内对外一切文件，书记员听文牍员指挥，调查员调查国货及各项商业情形，交际员接洽各界及该路一切事宜。执行部所有职员任期为一年，可连选连任。执行部每周开一次例会，遇有特别事故可由会长召集临时会议。评议部设评议长一人、评议员十人，评议员由会员选举，任期一年，评议长由评议员选举，评议部职能如下：议决执行部交议事件，议决每年预算决算，议决该年一切进行事宜，弹劾妨碍会务或损害该会名誉的职员，经三分之二评议员联署可提议修改商联会章程，三分之二以上评议员同意即可修改。

在众多商联会中，山东路商联会对团体建设的重视，可与南京路商联会相媲美。每周一定期举行职员例会，讨论一周来的会务情况，加强会员管理，

---

① 《山东路商界联合会选举记》，《申报》1919 年 10 月 15 日，第 10 版。

② 《上海山东路商界联合会章程》，《申报》1919 年 11 月 28 日，第 11 版。

③ 《山东路商联合会纪事》，《申报》1919 年 10 月 30 日，第 10 版。

规定"入会商店应编号注册，并发给会员入会证，商店注册证"①，为加强会员商店之间的联系，商联会规定阴历每月二十日为会员自由聚餐会，"借以联络商家感情"，在 1922 年 11 月 9 日（阴历九月二十日）的第一次聚餐会上，酒至数巡，会长钱龙章强调商联会的宗旨为"一、联络感情，二、保守信用，三、防备外界侵犯"，并提出商界应该改良之处："一、增伙友薪水，二、订服务规则，三、减少营业时间，四、改良学徒待遇。"②山东路商联会重视选政，在举行第二届职员选举时，制订了详细的换届选举手续：第一，属于山东路之商店，每店推举二人为会员；第二，由本届职员分段派发选举单；第三，汇集新加入之会员，印一全体会员名单；第四，每商店分发会员单一纸，即在名单上选举 40 人为职员；第五，召集被选之职员投票互选正、副会长及各部职员；第六，新旧职员交替。③ 后来又补充规定，将推举之候选职员人数增至 42 人，可以少选，多则无效，并且"本店人不能举本店人"。④ 1920 年 12 月，山东路商联会举行成立后的第一次改选，分七段发放选票，共收回 190 份选举票，推定检票员、监察员，在监察员的监视下当场开柜，按得票多少选举职员 42 人⑤，选举过程并然有序。

表 2-5　山东路商联会 1921—1928 年职员选举情况

选举日期	选举结果	资料来源
1921 年 1 月 11 日	会长：钱龙章；副会长：郑鹧鸪；干事长：闵望之	《民国日报》1921 年 1 月 12 日
1922 年 4 月	会长：钱龙章；副会长：马倬云；议长：闵望之；副议长：朱存仁	《申报》1922 年 6 月 13 日
1923 年 11 月 8 日	会长：钱龙章；副会长：徐时隆；议长：马倬云；副议长：朱存仁	《申报》1923 年 11 月 8 日

① 《山东路商联会开会纪》，《申报》1922 年 7 月 23 日，第 15 版。
② 《山东路商联会职员聚餐》，《民国日报》1922 年 11 月 10 日，第 11 版。
③ 《马路联合会开会汇志》，《民国日报》1920 年 9 月 3 日，第 10—11 版。
④ 《山东路联合会选举办法》，《民国日报》1920 年 11 月 19 日，第 11 版。
⑤ 《商界联合会选举会并纪》，《申报》1920 年 12 月 14 日，第 10 版。

续表

选举日期	选举结果	资料来源
1926 年 10 月 10 日	选出钱龙章、马倬云、吴慎之、汪席儒等 21 名董事	《申报》1926 年 10 月 12 日
1926 年 10 月 11 日	会长：钱龙章；副会长：马润生	《上海总商会组织史资料汇编》下册第 1046 页
1928 年 1 月 4 日	选出执行委员钱龙章、马倬云、严桂庭等 27 人	《上海总商会组织史资料汇编》下册第 1046 页

作为一个街区性的商人团体，山东路商联会不仅十分重视自身建设和发展，而且举办多项街区内公益事业，为城市发展做出了贡献："历办地方公益事业，成绩斐然，如设立义务学校、星期施诊所、调解增加房租等及关于有益本路商界之事业，靡不极力进行。"①

8.嘉兴梧州两路商联会—虹口六路商联会

嘉兴路位于美租界，东自嘉兴桥，西至吴淞路，毗邻梧州路，1919 年 10 月 12 日，嘉兴梧州两路商联会在汤恩路承天英华学校举行成立大会，并选举商联会职员，周之璜任会长，金锦源任副会长，设会所于东嘉兴路桥堍 422 号，后迁至梧州路兰言里，1925 年又迁往梧州路经纬里新造石库门楼房。②1922 年 11 月，与嘉兴路、梧州路毗连的东鸭绿路、欧嘉路、狄思威路、肇勤路等路商店陆续加入，嘉兴梧州两路商联会随之易名为虹口六路商联会，并选举产生新的商联会职员：会长汪履安，副会长竺梅先、王佐泉，会计长唐荣甫，评议长王义全，干事长朱保罗，交际长余连贵。③从嘉兴梧州两路商联会到虹口六路商联会，共进行了十届职员换届选举。

---

① 《各商联会消息》，《申报》1926 年 4 月 4 日，第 14 版。

② 《嘉兴路商界联合会成立纪》，《申报》1919 年 10 月 13 日，第 10 版。《商界联合会常会汇纪》，《申报》1920 年 3 月 23 日，第 10 版。

③ 《虹口六路商联会之职员》，《申报》1922 年 11 月 10 日，第 15 版。

表 2-6　虹口六路商联会职员选举情况

选举日期	选举结果	资料来源
1923 年 10 月 14 日	会长：张竞民；副会长：汪履安、叶民皋；总干事：朱保罗	《申报》1923 年 10 月 15 日
1924 年 11 月 8 日	会长：张竞民；副会长：陈勇三、汪履安	《申报》1924 年 11 月 14 日
1924 年 11 月 21 日	评议长：林雪兆；干事长：谭伯贤	《申报》1924 年 11 月 22 日
1927 年 10 月 16 日	陈勇三、潘以三、朱保罗、黄文卿等人为执行委员，俞竹贤、黄吉泰等 9 人为监察委员	《申报》1927 年 10 月 18 日
1928 年 10 月 27 日	朱保罗、潘以三、张竞民、黄文卿、沈和甫、陈勇三等 30 人为委员	《申报》1928 年 10 月 30 日

虹口六路商联会注重"先谋本路商店之公益"，如防盗、缉匪、平粜、解决账务纠纷、调解劳资矛盾等与会员直接相关的细小事务，除职员常会外，在同乐春菜馆举行叙餐会是虹口六路商联会集会的一种重要形式。

9. 五马路商联会—北海路商联会—江西路商联会

五马路，即广东路，位于英租界，东自黄浦滩路，西至西藏路。该路商联会成立于 1919 年 10 月底，一方面，"各处商业联合会来函催促，早为组织，共图进行"，另一方面，"各路商界联合会总会成立在即，不能不共趋一致，固结团体，谋公共之利益，此举万不可缓"，1919 年 10 月 17 日，在复兴园举行第一次筹备会，讨论通过了商联会章程，并"议决于念九日假商业公团开成立大会"。① 10 月 29 日，五马路商联会成立大会在商业公团议场如期举行，会员 150 余人到会，会议选举朱霞琯为会长，周崧生、孙承甫当选为副会长②，设事务所于濂溪坊，随后迁址于五马路尚仁里 316 号，并补推熊敬如为评议长，张莲青为干事长。③ 1920 年迁会所于五马路王大吉弄内第 18、

---

① 《五马路商界联合会筹备会》，《民国日报》1919 年 10 月 18 日，第 11 版。
② 《五马路商界联合会成立纪》，《申报》1919 年 10 月 23 日，第 10 版。
③ 《五马路商界联合会职员会》，《民国日报》1919 年 11 月 19 日，第 10 版。

19、20号。① 同年1月，"北海路各商号，志愿加入本会，结合团体联络感情"②，6月，北海路（即六马路）80余家商户正式加入五马路商联会。③ 不过，不到半年，北海路商界指责五马路商联会"但知派人收费，从未报告会内用项清单，又如租界市民选举华顾问，亦未见有片纸通告，省议会选举权清查单，又一概放弃"，因此，北海路"同人深以寄人篱下，不能自由为苦"④，于是"决议公函声明与五马路联合会脱离关系，自行择地组织北海路商界联合会"⑤。

　　1920年12月5日，北海路商联会假西藏路南首一品香汉口路商联会会所开筹备会，会议公推刘屏仙起草章程，并决定于1921年元旦举行成立大会，选举正、副会长。⑥ 北海路商联会与其他商联会的不同之处在于结合工人，"与工界联络，无论何路之工人，均可加入本会，以便扩张会务，并谋工商两界之精神结合"，甚至会所亦与中国工会合租。⑦ 另外，为了扩大声势，"尚有营工商业于别路而居家于该路者，亦得以该店号名义加入，不分畛域"⑧。1921年1月1日，北海路工商联合会在汉口路商联会会所举行成立大会，到会者130余人，选举陈国樑为正会长，张瑞卿为副会长，宣告北海路商联会的正式成立。⑨ 陈国樑时任中国工会理事长，"事务较紧，坚辞不就"，于是北海路商联会改推晋康典当郑鉴之为正会长，张瑞卿仍为副会长，补推程德盛为评议长，陈国樑为总务兼交际干事。⑩ 郑鉴之"因事回潮州原籍"，该会另推张瑞卿递补，推顺源典当陈海亭为副会长。⑪ 北海路商联会独立后，

---

① 《广东路商界联合会迁移》，《民国日报》1920年4月10日，第11版。
② 《五马路商界联合会开会记事》，《申报》1920年1月24日，第10版。
③ 《五马路联合会开会纪》，《民国日报》1920年6月22日，第10版。
④ 《北海路工商联合会开会记》，《民国日报》1920年12月6日，第11版。
⑤ 《北海路另组联合会》，《民国日报》1920年11月8日，第11版。
⑥ 《北海路工商联合会开会记》，《民国日报》1920年12月6日，第11版。
⑦ 《北海路工商联合会开会记》，《民国日报》1920年12月6日，第11版。
⑧ 《北海路联合会筹备选举》，《民国日报》1920年12月26日，第11版。
⑨ 《北海路联合会成立纪》，《民国日报》1921年1月4日，第11版。
⑩ 《北海路工商会开会纪》，《民国日报》1921年1月29日，第11版。
⑪ 《北海路联合会补选会长》，《民国日报》1921年3月29日，第11版。《北海路联合会开会纪》，《民国日报》1921年4月1日，第10版。

1923年曾有云南路一度加入，然会务并无多大起色。

　　与他路商联会一样，年度会员大会是五马路商联会的最高议事机构，由会员直接选举会长、副会长等职员，下设总务、会计、常务、文牍、评议、教育、交际、调查等科，职员常会于每周日举行，遇紧急事务，可召集临时特别会议，此外，还有聚餐会、纪念会、团拜会等。1925年12月，五马路商联会通过江西路商联会并入案，随后，两会合并办公。1927年由会长制改为委员制，仍分科办事，下设秘书、财政、宣传、卫生、教育、调查、评判、组织等部。

表 2-7　五马路商联会职员选举情况

选举日期	选举结果	资料来源
1920年11月28日	会长：朱葭琯；副会长：周松生、储绍基	《申报》1920年11月29日
1923年12月7日	会长：王汉良；副会长：马润生	《申报》1923年12月9日
1924年11月11日	会长：王汉良；副会长：杨湧润、马润生	《申报》1924年11月13日
1926年1月	会长：王汉良；副会长：马润生	《上海总商会组织史资料汇编》下册第1046页
1927年12月21日	监察委员：王汉良、马润生、张一麈、梁伯华、孙承甫；常务执行委员：杨湧润、张梅菴、周文彬	《申报》1927年12月23日
1928年12月29日	王汉良、马润生、孙承甫、杨湧润、周文彬、李康年等20人为委员，贝明忠、张伯康、陈水铁为候补委员	《申报》1928年12月30日
1929年6月6日	常务委员：王汉良、张一麈、杨湧润；主席：王汉良	《申报》1929年6月7日

　　并入五马路商联会的江西路，位于英租界，北自自来水桥，南至三洋泾桥。1923年年初，由冯少山、黄锡霖等发起成立江西路商联会，筹备两月有余，第一批入会商号达280余家，3月25日正式举行成立大会，并选出会董60人，以商号为本位，四明银行得票最多，文成隆纸号次之，东南建筑公司、韦廉士药行、华商银行、鼎泰银号、利康银行、汇业银行、利康洋行、

长利洋行、三北公司、宁绍公司等均当选为会董①，冯少山任会长，连炎川、周明衡任副会长，为壮大声势，该会还邀请上海商界名人聂云台、袁履登、荣宗敬、穆藕初担任名誉董事。② 该会发起人兼会长冯少山，是文成隆纸号老板、上海纸业公会会长、上海总商会会董、广肇公所董事，同时兼任从原商总联会分离出来的、总部位于江西路60号的商总联会总董。冯在阐述江西路商联会成立的必要性时说，"大众皆认本会有成立之必要，本会宗旨，与总联合会之宗旨相同，盖同居一路，谊属乡邻，应有互相联络之必要"，从中可以看出，江西路商联会的成立主要是为了声援冯少山所在的商总联会对抗总部位于美伦里的商总联会(两个商总联会之间的分合，详见下章分析，此处不赘)。由于冯少山和后来继任江西路商联会会长的袁履登(不久当选上海总商会副会长)分身乏术，江西路商联会会务陷于停顿。鉴于此，1924年3月，江西路商联会通告各会员商店，指出"揆时度势，本路会务，万难延缓"，邀请各店代表于4月3日在宁绍公司议事室讨论商联会自身建设问题，经过讨论，代表们认为江西路商店"甚形发达，商联会早经成立，现在各路分会即偏僻者，亦积极进行，本路大体已具，只要讨论整顿方法"。③ 1925年年底与五马路商联会联合，次年5月，江西路商联会"以纳税华人会改选在即，调查纳税人资格，关系重要，特由袁履登、王汉良等，发起整顿会务"，恢复活动，并决定会所附设于五马路商联会内，但仍保留江西路商联会名义。④

10. 四马路商联会

四马路即福州路，位于英租界，东自黄浦滩路，西至西藏路。为了赶在商总联会成立大会之前，四马路商联会于1919年10月24日通过章程，匆忙宣布成立，甚至连职员选举手续都来不及完成，12月7日，选举五洲药房经

---

① 《江西路商联会成立会》，《申报》1923年3月27日，第14版。

② 上海市工商业联合会、复旦大学历史系编：《上海总商会组织史资料汇编》下册，第1055页。

③ 《江西路商界重谋团结》，《申报》1924年3月30日，第15版。《江西路商界联合会开会纪》，《申报》1924年4月4日，第15版。

④ 《江西路商联会定期恢复》，《申报》1926年5月14日，第14版。《各商联会消息》，《申报》1926年5月19日，第14版。

理项松茂为会长，同时选出各科职员。[①] 会所设于好华公司内，根据会长提议，1920 年 1 月职员会推举陈镜如为评议长，赵南公为干事长，会议讨论通过了会员缴纳会费规则——"按门面计算，每间每月大洋五角，即则递加，一律按间征收，惟或有楼下而无楼上，或有楼上而无楼下者，准按半间计算，收取小洋三角"，并规定常会每月第二周举行，评议会每周一次。[②] 至此，四马路商联会内部组织建设方告完成。

1920 年 7 月，在是否赞成吴佩孚召开国民大会的主张上，四马路商联会内部产生了严重分歧，会长项松茂反对国民大会，干事长赵南公则极力支持，因此，当赵南公以四马路商联会名义发表支持国民大会、改组反对该主张的商总联会的言论时，项松茂明确表示："我为本会代表，赵南公、张汉杰大行台之开会种种举动，我不承认，四马路为公开的会，决不肯为私人所用。"[③] 11 月 12 日，会长项松茂宣布辞职。[④] 20 日，四马路商联会举行换届选举，赵南公当选为会长，张汉杰、项松茂当选为副会长，唐乃安、张晋卿分别为评议长、干事。[⑤] 此后，赵南公长期连任四马路商联会会长。

表 2-8　四马路商联会职员选举情况

选举日期	选举结果	资料来源
1922 年 4 月 6 日	会长：赵南公；副会长：朱葆三、项松茂	《民国日报》1922 年 4 月 7 日
1923 年 1 月 3 日	会长：赵南公；副会长：项松茂、李徵五；评议长：徐朗西	《申报》1923 年 1 月 4 日
1924 年 1 月 15 日	会长：赵南公；副会长：项松茂、李徵五	《民国日报》1924 年 1 月 16 日
1927 年 11 月 14 日	执行委员：周邦俊、赵南公、顾次云、张厚斋等九人	《上海总商会组织史资料汇编》下册第 1050 页

① 《四马路商界联会开成立会》，《申报》1919 年 10 月 25 日，第 10 版。《商界联合会开会并纪》，《申报》1919 年 12 月 8 日，第 10 版。
② 《四马路联合会开会》，《民国日报》1920 年 1 月 26 日，第 11 版。
③ 《各路商界总联合会开会纪》，《民国日报》1920 年 11 月 10 日，第 10 版。
④ 《四马路商界联合会会长项松茂辞职宣言》，《民国日报》1920 年 11 月 12 日，第 1 版。
⑤ 《四马路联合会选举会》，《民国日报》1920 年 11 月 21 日，第 11 版。

二、公共租界其他商联会的成立

1919年10月26日，上海马路商界总联合会成立，山东路、海宁路、南京路、河南路、广东路、汉璧礼路、嘉兴梧州两路、浙江路、七浦路、爱克界三路、近而近路、文监师路、北城、四川崇明两路、天潼福德两路、福州路、北福建路、新闸路、汉口路、福建路共20个马路商联会的代表出席了成立大会。这在商联会的发展史上是一个标志性事件。一方面，它表明已经创立起来的马路商联会形成了一定的规模，可以支撑起一个建基于其上的总会组织；另一方面，商总联会的成立反过来又加快了其他马路商人创建商联会的步伐。汉口路商联会就是其中之一。

1. 汉口路商联会

汉口路位于英租界，又称三马路，东自黄浦滩路，西至西藏路。汉口路商联会成立前，该路商人积极组织参加抗捐斗争，正式成立前的1919年的"双十节"游行队伍中，已经出现了汉口路商界联合会的名称。1919年10月31日，汉口路商界联合会召开成立大会，到会商店70家，还有19个团体的代表。代表们听取了商联会筹备经过情形、收支账目、各路商联会贺词、来宾演说等，投票选举中国银行行长宋汉章为会长，吕静斋、顾硕(砚)卿当选为副会长，设会所于汉口路勒威大药房(1920年年底迁至跑马厅一品香南首，前雅歌集旧址)。① 来宾朱赓石在汉口路商联会成立大会上总结了该路商联会的两大特色："中国银行行长宋汉章先生加入贵会，银行与商界本有密切之关系，商界以银行为枢纽，各路分会票号钱庄多未加入，势力未免薄弱，今得宋先生为之提倡，匪特为贵会生色，即与各路分会莫大之关系，特色一。贵会对于加捐问题发生时首先集议，是未成立前已为公共谋幸福，即成立后自不待言，特色二。"② 可见，社会各界对汉口路商联会寄予了很大希望。

---

① 《汉口路商界联合会成立会》，《申报》1919年11月1日，第10版。
② 《汉口路商界联合会成立会》，《申报》1919年11月1日，第10版。

　　会议通过的《汉口路商界联合会章程》共九章十五条①，确定其宗旨为"固结团体，维持商权，互相提携"，以汉口路各店号为会员，没有成立商联会的各路的店号也可申请加入，会员店号须派一人为代表出席商联会。汉口路商联会由评议、干事两部组成。其中，评议部由评议员组成，"入会各店号代表除被选为职员外，皆为评议员"，设正、副评议长各一人，评议部每月开常会两次，但"有重要事件发生时得召集紧急评议会"。干事部设职员若干人，"干事部职员由入会各店号代表用无记名投票法选举"，任期一年，可连选连任，干事部设正会长一人、副会长二人，庶务干事三人、文牍干事三人、会计干事三人、调查干事三人，其中正会长全权处理会务，对外代表汉口路商联会，副会长代理会长缺席时职权，文牍干事主持撰写会中一切文件及保存各种记录，会计干事管理会中收发款项及保存各种账册，庶务干事管理会中一切时务，调查干事调查本会会中外及一切事宜。干事部每月开常会两次，"对于评议部议决案认为有碍进行时得由会长提交复议"。入会会员享有章程规定的权利，但亦应尽相应的义务，如会员享有选举权与被选举权，入会各店号享受商联会相当之扶持，同时，入会店号按甲乙丙丁四等缴纳会费，分别为每月二元、一元、五角、二角。不过，实际上会费由"各家自由认捐"，商联会并未强制收取。入会店号代表若有违犯该会章程者，由评议部提议惩戒，如有破坏该会名誉者，由评议部议决撤换。汉口路商联会每年召集会员大会两次，逢二、八月举行，有重要事件发生时，会长可召集临时大会。

　　1920年2月，副会长顾硕卿因病逝世，沈承甫被推举为副会长。1921年1月，汉口路商联会筹备第二届选举，进一步细化了选举办法，规定"一、本店不能选举本店人。二、选举人应署名盖章。三、被选人不能同一票内有二职员，多则无效"②。同时，宋汉章会长提出辞职请求，2月1日，选举吕静斋为会长，俞少卿、周茂楠为副会长，范李美为评议长，沈承甫为副评议长。③ 1921年因省议会议员选举风波，汉口路商联会会长吕静斋深受各路商

---

　　① 《上海汉口路商界联合会章程》，《申报》1919年11月11日，第11版。《上海汉口路商界联合会章程(续)》，《申报》1919年11月12日，第11版。

　　② 《汉口路商界选举办法》，《民国日报》1921年1月25日，第11版。

　　③ 《汉口路联合会选举纪》，《民国日报》1921年2月2日，第11版。

联会和商总联会的声讨，无奈之下，吕萌生退志，众会员商店一致挽留，最后，汉口路商联会脱离总部位于美伦里的商总联会。

表 2-9　汉口路商联会 1923—1929 年职员更替表

选举日期	选举结果	资料来源
1923 年 4 月 26 日	会长：吕静斋；副会长：史量才、张秉鑫	《民国日报》1923 年 4 月 27 日
1924 年 6 月 29 日	会长：吕静斋；副会长：王延松、陈静安；董事长：沈承甫；副董事长：胡梅棠	《申报》1924 年 7 月 1 日
1925 年 5 月 11 日	会长：张秉鑫；副会长：王延松、朱殿元；董事长：沈承甫；副董事长：邹晓秋	《申报》1925 年 5 月 12 日
1926 年 6 月 2 日	沈承甫、张文焕、陈静安、孙伯英、张秉鑫、吕静斋等 30 人为董事	《申报》1926 年 6 月 3 日
1928 年 7 月 1 日	执行委员：沈承甫、张秉鑫、黄金荣、黄楚九、工延松、莫兆镛等 11 人；监察委员：钱季寅等 5 人	《申报》1928 年 7 月 3 日
1928 年 8 月 8 日	常务委员：沈承甫、李晴帆、张秉鑫、朱邦佑、朱殿元	《申报》1928 年 8 月 10 日

2. 北福建路商联会—福建路商联会

北福建路位于美租界，北自海宁路，南至老闸桥，与福建路相接，福建路位于英租界，自老闸桥一直往南至郑家木桥，又名石路。1919 年 8 月 20 日，北福建路商联会在东归仁里大同学校召开成立大会，选举陈实德为会长，徐丽洲、袁理荣为副会长，并推选各科职员及评议、干事等人选。[①] 该会成立后，由于"各职员业务纷繁，未能兼顾，致会务停顿"，直到 1925 年重新改组，推选徐丽洲为会长，郭子良、马耀岩为副会长，会务才又迈上正轨。[②]由于与福建路相连，北福建路商联会在一些重要问题上常常与福建路商联会联合行动。

---

① 《北福建路工商联合会成立》，《申报》1919 年 8 月 22 日，第 10 版。
② 《北福建路商联会改选职员》，《申报》1925 年 10 月 19 日，第 12 版。

福建路商联会成立稍晚，但在抗捐斗争初起时就以石路商界联合会的名义参加组织动员和与工部局的交涉，并拒付房捐，正式筹组团体却颇经周折，"意见不一，几费讨论，今该路各商店已一致明悉联合互助之利益，敦促成立"，这时已是 1919 年 11 月中旬，福建路商联会终于在 11 月 13 日正式成立，共有会员及来宾 300 余人出席了在四川路青年会举行的成立大会，王宗藩当选为会长，胡屿鼎、邬志豪为副会长。① 初设会所于宁波路群玉坊，1921 年年初迁移至福建路陶朱里，1922 年再迁至三马路 331 号，1923 年再迁至南石路 145 号，会所不断扩大。

年度会员大会初选产生职员，全体职员会复选产生会长、副会长及各科办事职员，下设教育、文牍、商务、交际、调查、庶务、会计等科，职员常会每星期一次，在第一届职员任期内，福建路商联会共召集 56 次常会，常会所涉及之议题非常广泛，如办义务夜校、筹集会费、办理平粜、筹备火险、赈济灾荒、讨论时局、办理选务，等等，此外，还针对特别事项或重大事件随时召开临时紧急会，可见福建路商联会对会务及会员利益的重视。

表 2-10 福建路商联会 1920—1928 年职员更替表

选举日期	选举结果	资料来源
1920 年 11 月 25 日	初选邬志豪、王宗藩、陆洪勋、倪广洲、陈韵笙等 46 人为职员	《申报》1920 年 11 月 27 日
1920 年 12 月 21 日	会长：邬志豪；副会长：陈韵笙、邓元廷	《申报》1920 年 12 月 22 日
1922 年 5 月 6 日	邬志豪、王宗潘、徐鉴章、董瑞庭、陈韵笙等 26 人当选为会董	《民国日报》1922 年 5 月 8 日
1922 年 9 月 25 日	会长：邬志豪；副会长：陈韵笙	《民国日报》1922 年 9 月 26 日
1923 年 8 月 19 日	会长：邬志豪；副会长：陆鸿勋、吴润生	《申报》1923 年 8 月 21 日

---

① 《福建路商联会成立预志》，《申报》1919 年 11 月 13 日，第 10 版。《福建路商界联合会成立纪》，《申报》1919 年 11 月 14 日，第 10 版。

选举日期	选举结果	资料来源
1926 年 12 月 18 日	会长：邬志豪	《上海总商会组织史资料汇编》下册第 1048 页
1928 年 12 月 2 日	常务委员：王屏南，陈韵笙，张横海；执行委员：王靖东	《申报》1928 年 12 月 3 日

3. 唐家弄商联会——北山西路唐家弄两路商联会

有时简称北唐商联会。唐家弄位于美租界七浦路南，邻接北山西路北段，北山西路为南北走向，又分南、北两段，南段自唐家弄至汤盆弄桥，北段自界路至七浦路。唐家弄商联会成立大会于 1919 年 11 月 16 日在成大弄绍兴旅沪公学举行，到会者 200 余人，会议选举朱尧臣为会长，周瑞珍为副会长，孙友善为评议长，朱尧臣在就职演说中希望唐家弄商联会会员"提倡国货，联络商情，切勿利令智昏，贻五分之讥，致为外人轻视"①。此时北山西路尚未筹组商联会，于是该路黄长盛碾米厂、广慧中药号、张和泰米号等商号加入了唐家弄商联会。② 此后，唐家弄商联会改称北山西路唐家弄两路商联会。为了扩大会员规模，增强实力，该会章程规定，每年征求会员一次，1920 年 9 月，北唐商联会专门召开征求会员大会，选派 15 人，"分甲乙丙三队，队各五人，每会员以五分计算，每队以五百分为及格，分数最多者，由本会给与奖状，以资鼓励"，每队至少发展会员 100 名。③ 同时，该会明确了"扩充义务教育，提倡国货，和衷共济，固结团体，放大眼光为外交后盾"的工作方针。④ 经过几年的努力，到 1922 年年底，北唐商联会发展了 489 家商号会员⑤，已经成为各路商联会中会员规模较大的一个。1923 年，北唐商联会接受工界请求，吸收该路工人入会，改称"工商联合会"，加强与工界合作，商联会声势进一步壮大。⑥

---

① 《唐家弄商界联合会成立》，《申报》1919 年 11 月 17 日，第 10 版。
② 《唐家弄联合会之进行》，《民国日报》1919 年 11 月 27 日，第 11 版。
③ 《唐家弄联合会征求会纪》，《申报》1920 年 9 月 14 日，第 11 版。
④ 《唐家弄欢迎新职员联合会》，《民国日报》1920 年 11 月 7 日，第 11 版。
⑤ 《北唐商联会开会纪》，《民国日报》1922 年 12 月 2 日，第 11 版。
⑥ 《两路商联会将开交谊会》，《申报》1923 年 2 月 10 日，第 17 版。

表 2-11　北山西路唐家弄两路商联会职员更替表

选举日期	选举结果	资料来源
1920 年 11 月 3 日	会长：汪礼斋；副会长：周莲翘、杜鸿福；评议长：瞿瑞书；干事长：朱福昌；交际长：吕介勤	《申报》1920 年 11 月 4 日
1921 年	会长：朱尧臣	《申报》1921 年 10 月 1 日
1922 年 12 月 11 日	会长：周莲翘；副会长：丁祥麟、陈少廉	《民国日报》1922 年 12 月 13 日
1923 年 12 月 2 日	会长：陈少廉；副会长：丁祥麟、周鸿飞；评议长：朱尧臣；干事长：徐筱仟	《申报》1923 年 12 月 3 日
1924 年 12 月 7 日	初选陈少廉、朱尧臣、丁祥麟、汪礼斋、张振远、史珊才、邵韵轩等 40 余人为职员	《申报》1924 年 12 月 8 日
1925 年 12 月 21 日	会长：陈少廉；副会长：张振远、程雄甫	《申报》1925 年 12 月 22 日

4. 西华德路商联会

西华德路位于美租界，东西走向，从中虹桥至外摆渡桥，商业发达，"自白大桥起至提篮桥止，为外虹最盛之市街"①。"自五四运动以来，各商家即拟联合各业组织一大团体，以通声气"，经过几个月筹备，"全路四百数十家一致赞成"成立商联会。② 1919 年 11 月 23 日，西华德商联会在塘山路澄衷学校召开成立大会，到会者 400 余人，公推沈佩兰为正会长，庄鲁卿、陈曼君为副会长。③

1924 年 7 月，西华德路同昌祥、鸿昌、邱宝昌等部分商户因不满该路商联会工作，发起整顿会务会议，会议决定了迁移会所、更换书记、清查账目三项。④ 经过整顿，西华德路商联会有所改观，9 月，塘山路上的燮昌自来火厂加入西华德路商联会，带动了该路商号加入，年度会员大会选举产生了新

---

① 《西华德路将组联合会》，《民国日报》1919 年 11 月 17 日，第 10 版。
② 《西华德路商界议组联合会》，《申报》1919 年 11 月 15 日，第 10 版。
③ 《西华德路联合会成立》，《民国日报》1919 年 11 月 25 日，第 10 版。
④ 《西华德路商号整顿联会》，《民国日报》1924 年 7 月 14 日，第 11 版。

的商联会组成机构，下设会计、文牍、交际、评议、干事等科，分科办理，"全年收入及支出相抵外，结余银五百四十九两三钱另"。①

表 2-12　西华德路商联会职员更替表

选举日期	选举结果	资料来源
1920 年 11 月 28 日	会长：傅声茂；副会长：沈佩兰、庄鲁卿	《申报》1920 年 11 月 29 日
1921 年 1 月 1 日	会长：沈佩兰；副会长：严云卿	《申报》1921 年 1 月 4 日
1924 年 11 月 25 日	会长：傅声茂；副会长：王汉礼、吴松亭	《申报》1924 年 11 月 26 日
1925 年 12 月 19 日	会长：傅声茂；副会长：吴松亭、王汉礼	《申报》1925 年 12 月 21 日
1926 年 12 月 18 日	会长：傅声茂；副会长：吴松亭、陆文中	《申报》1926 年 12 月 19 日
1928 年 12 月 25 日	执行委员：傅声茂、邱嘉樑、吴松亭等 15 人；监察委员：江纯福、庄鲁卿、陆文中等 7 人	《申报》1928 年 12 月 26 日

5. 武昌路商联会

武昌路位于美租界，东自黄浦路，西至文监师路，商店不多。经过多时筹备，1919 年 12 月 1 日，武昌路商联会在该路三元宫正式成立，选举万国安为会长，郑良瑛为副会长，杨颂安为评议长。② 次年 3 月，副会长郑良瑛请辞，由冯梓才继任。为加强会务建设，该会规定每周一次的常会，职员必须到会，"倘三次不到会者，应解除职务"。③ 该路会员多为时间守约会会员，故会员大会、职员常会等到者颇众。1920 年，武昌路商联会带头挑起关于国民大会的争议，并借此抨击商总联会总董陈则民，埋下了商总联会分裂的因子。1921 年后，武昌路商联会陷入停顿状态，直到 1927 年 5 月，该路商店职员陈其芬、曾满生、林瑞棠等重新发起筹备。④ 1928 年 3 月，该会改行委员

---

① 《西华德路商联会五届选举会纪》，《申报》1924 年 11 月 26 日，第 14 版。
② 《武昌路商界联合会成立》，《民国日报》1919 年 12 月 3 日，第 10 版。
③ 《各路商界联合会开会汇纪》，《申报》1920 年 3 月 16 日，第 10 版。
④ 《武昌路商联会之发起》，《申报》1927 年 5 月 2 日，第 11 版。

制，选举卢华石、林瑞荣、曾满生、冯星南、关希文等19人为执行委员。①

6. 广西路商联会——广西贵州劳合三路商联会——广西、贵州、劳合、宁波、天津五路商联会

广西路位于英租界，北自芝罘路，南至北海路，到五四运动前夕，商号已达300余家。1919年11月29日，广西路数十家商号在报本堂集会，推举道信木器号陈厚载主持筹备工作，最初拟与牛庄路、芝罘路、厦门路三路商界同组一会。② 12月8日，广西路商联会正式成立，选举余民进、陈厚载为正、副会长。③ 随后几年，广西路商联会有名无实，没有开展实际活动。于是，1924年5月初，该路三裕公司谢惠廷、恒通贸易公司胡凤翔等再次发起筹备商联会，以"融洽感情，促进商务"，并征得56家商号的入会同意，5月14日，在民和总弄举行成立仪式，5月19日，举行第一届商联会职员选举，结果，谢惠廷为会长，胡凤翔为名誉会长，并选举产生了会计、调查、文牍、评议四股职员。④ 广西路新商联会在各路商联会中发起设立防盗委员会，产生了很大影响。随着贵州路、劳合路商店的加入，1925年年初广西路商联会改称广西贵州劳合三路商联会，设会所于广西路渭水坊257号。

邻近广西路的宁波、天津路商人也分别发起筹备商联会，1923年8月，宁波路联保水火公司刘石荪、屈臣氏汽水厂卢炜昌、仁昌棉纱号尤润生、华商银行连炎川等以新商总联会(江西路60号上海各路商界总联合会)为筹备处，发起筹备宁波路商界联合会。⑤ 几乎与此同时，天津、宁波两路商联会筹备处发起第一次筹备会议，修正通过章程草案，推定筹备职员，由张梯云、庄鸿皋任主任，乔丽泉任会计，童理璋任文牍，陶凤威等十余人为干事员。⑥ 1925年5月，天津路、江西路、宁波路商人陶雪生、庄鸿皋、潘诚轩等发起筹备三路商联会，在天津路大明眼镜公司举行第一次筹备会，推定庄鸿皋为

---

① 《各商联会消息》，《申报》1928年3月28日，第14版。
② 《广西路商界联合会之筹备》，《申报》1919年11月30日，第10版。
③ 上海市工商联业联合会、复旦大学历史系编：《上海总商会组织史资料》下册，第1050页。
④ 《广西路商联会选举会纪》，《申报》1924年5月20日，第15版。
⑤ 《宁波路商联会之发起》，《民国日报》1923年8月22日，第11版。
⑥ 《两路商联会筹备纪》，《民国日报》1923年8月23日，第11版。

筹备主任。6月15日，第二次筹备会通过了筹备费用、征求会员及成立宣言。① 但这些筹备活动均无果而终。1926年4月，宁波路商人鉴于各路商联会的成绩及五卅惨案损失调查和华人董事选举资格调查，决定发起筹备宁波路商联会，并通告全路商人："营商作贾，须谋结合团体，遇有不平事件，即可群策群力，互相肩助，所以沪埠各马路均有商联会之组织，努力进行，不遗余力，同人等因宁波路尚未成立商联会，甚为憾事，特修订章程，进行组织，务希诸君一致勖襄，众擎易举。"②4月25日，30余家商号在广西路报本堂召集商联会筹备会，谢惠廷主持会议并被推选为筹备主任，广西贵州劳合三路商联会调查主任程桂初亦列名筹备。③ 筹备处赶紧起草会章、征求会员、制订会费标准（分二元、一元、六角、三角四等），到5月中旬，已有170余家会员单位加入商联会。5月27日，宁波路商联会在广西路报本堂召开成立大会，选举会长谢惠廷，副会长汪星一、李翊镛，评议长毛春圃，副评议长倪国才和各科主任，通过了章程，并聘请徐翰臣、方伯琴为顾问。④ 与宁波路毗连的天津路商业繁盛，由于没有商联会，各商号也纷纷要求组织天津路商联会，谢惠廷主持该路商联会的筹备会议，并决定与宁波路商联会合并，会费、章程亦比照宁波路商联会办理。由于宁波路与广西路邻近，且会长同为谢惠廷，五路商联会常常一起开会、共同行动，1927年改组为广西、贵州、劳合、宁波、天津五路商联会，谢惠廷任会长。此后，广西、贵州、劳合、宁波、天津五路商联会成为一个较为活跃的商人团体。

7. 沪西九路商联会

沪西大沽路、重庆路、长浜路、南成都路、威海卫路、马霍路、孟德兰路一带位于公共租界，到20世纪20年代，沪西一带"始渐发达，商店林立，巍巍然成一大市场"⑤，沪西九路商联会就是由上述范围内的各马路华商商店

---

① 《三路商界筹备联合会》，《民国日报》1925年5月27日，第11版。《三路联合会筹备会记》，《民国日报》1925年6月16日，第11版。

② 《两商联会消息》，《申报》1926年4月23日，第13—14版。

③ 《宁波路商联会第一次筹备会》，《申报》1926年4月26日，第15版。

④ 《各商联会消息》，《申报》1926年5月28日，第15版。

⑤ 《沪西商业联合会开成立会》，《申报》1919年9月1日，第10版。

所组成的。起初称沪西商界联合会，为了区别于城内的沪西商业联合会，改称沪西七路商联会，随着淡水路、孟纳拉路商号的陆续加入，再改称沪西九路商联会。沪西九路商联会筹备于 1919 年 11 月，沪西七路数十家商店代表在重庆路某学校集议，讨论筹设商联会与各店盖印要求市政权事宜，决定联合成一会，分段进行。① 27 日，颜良济药号颜芹香、久大当吴醒初、大有号唐美甫、兴昌号金省三等数十人再开筹备会于大沽路励群公学，决定"再派干事十人分头敦劝各商号入会，且请各商号加盖书柬图记为要求市政权修改租界章程之预备"②。12 月 7 日，沪西九路商联会在大沽路福兰里会所正式成立，选举金省三为会长，颜芹香为副会长③，初设会所于马安里④，金氏不久辞会长职，由副会长颜芹香代理，次年 5 月 23 日，补选葛品生为会长。⑤ 会长制下，沪西九路商联会分文牍、会计、交际、庶务、调查五科办事。

1923 年，九路中的长浜路拟独立建立商联会，5 月，该路商界陈文炎、陈其熊等十余人于 13 日发起召集第一次筹备会，推定陈其熊赴新总会（江西路商总联会）接洽，并设筹备处于新民里 6 号，由驻会文牍朱苴英起草简章，并聘请张家镇、何世桢为名誉法律顾问⑥，但终因势单力薄，没有结果。1926 年，与英租界接壤的法租界西区商界与沪西九路商联会联系，提议共组一较大团体，定名为英法租界西区商界联合会，但沪西九路商联会不同意加上租界二字，认为"冠以某某租界字样，未免使各界訾议……法租界西段，亦系沪西，将来加入几路，再添路名，较为妥当"⑦。法租界西区商界遂单独组建商联会，此事不了了之。

---

① 《沪西各路商界筹备联合会》，《申报》1919 年 11 月 23 日，第 10 版。
② 《沪西商界之讨论会》，《申报》1919 年 11 月 29 日，第 10 版。
③ 《商界联合会开会并纪》，《申报》1919 年 12 月 9 日，第 10 版。
④ 《沪西九路商联会之迁移》，《申报》1924 年 8 月 25 日，第 15 版。
⑤ 《商界联合会开会汇志》，《申报》1920 年 3 月 2 日，第 10 版。《沪西商界联合会开会纪》，《申报》1920 年 5 月 25 日，第 11 版。
⑥ 《长浜路商联会之发起》，《民国日报》1923 年 5 月 14 日，第 11 版。《长浜路商联会筹备会纪》，《民国日报》1923 年 5 月 29 日，第 11 版。
⑦ 《各商联会消息》，《申报》1926 年 1 月 19 日，第 15 版。

表 2-13　沪西九路商联会职员更替表

选举日期	选举结果	资料来源
1920 年 12 月 12 日	会长：葛品生；副会长：颜芹香	《申报》1920 年 12 月 14 日
1921 年 10 月 31 日	会长：唐美甫；副会长：吴锡山	《申报》1921 年 11 月 1 日
1923 年 1 月 25 日	会长：颜芹香；副会长：吴锡山	《申报》1923 年 1 月 27 日
1924 年 12 月	会长：瞿振华	《申报》1924 年 12 月 23 日
1926 年 12 月 12 日	会长：颜芹香；副会长：黄鼎祚	《申报》1926 年 12 月 13 日

8. 爱克界三路商联会

爱克界是爱而近路、克能海路、界路的简称，三路均位于美租界，其中，爱而近路系东西走向，东自北河南路，西至北浙江路，克能海路系南北向，北自界路，南至七浦路，界路系东西向，自北河南路至北浙江路，三路相连，会名取三路名首字合称而成。该会"以爱而近路、克能海路、界路三路市民合组之"，"以联络感情，群谋公益，团结互助，发展实业为宗旨"，凡三路商店及里内居民有正当职业者，均得入会为会员，拥有选举与被选举为职员的权利，年纳保卫准备金一元，月捐量力认缴，会员"无故受人伤害，本会得全力辅助，并得保卫准备金协助之"①，会员应尽纳捐义务，分为三等，"甲、每年十二元，乙、每年八元，丙、每年四元，分四季缴纳之"②。设事务所于爱而近路春晖里，1926 年迁事务所于均益里 99 号，设会所于庆祥里 153 号。

爱克界三路商联会成立于 1919 年 12 月，不过，正式成立前，先是以爱而近路工商联合会的名义于 8 月 30 日致函申报馆，接着又于 9 月 21 日，以三路商联会的名义在爱而近路善庆里 194 号事务所举办交谊会，除会长张慕曾阐明开会宗旨外，交际主任杜椿荪、文牍主任苏履吉与来宾代表先后在交谊会上演说，虽是交谊会，但三路商联会的雏形已成。③ 12 月 26 日，爱克界三路商联会召集职员会，添举陆镜清、陈家宝为正、副理事长，王春泉、龚锡圭为正、副评议长，戎明昶、翁裕亭为正、副干事长，同时推举交际、庶

---

① 《爱克界商联会常会纪》，《民国日报》1922 年 2 月 27 日，第 11 版。

② 《两商联会消息》，《申报》1926 年 1 月 4 日，第 14 版。

③ 《爱克界三路工商联合会交谊会》，《申报》1919 年 9 月 22 日，第 11 版。

务、调查主任。① 至此，爱克界三路商联会完成了机构设置及人员推选。1926 年 4 月，爱克界三路商联会完成改组，仍然采用会长制，宋士骧任会长，费良衡、陈家宝任副会长，同时改理事部为董事会，谢之希任董事长，下设总务、会计、文牍、交际、调查、庶务等股。②

9. 汉璧礼路商联会—汉璧礼六路商联会

汉璧礼路位于美租界，东西走向，自里虹桥至吴淞路，汉璧礼路商联会成立于 1919 年应无疑义，但现有材料尚无法确定其具体日期。9 月 5 日，《申报》上已经出现了以汉璧礼路商联会的名义发布的通告，当年"双十节"的游行队伍中也有该路商联会的旗帜，会长黄慎康主持了 1920 年 1 月的临时大会，决定与各路商联会一致推动市民权运动。

1920 年 3 月，汉璧礼路商联会常会上已有会员提议"改汉璧礼路商界联合会为里虹口工商联合会，则凡属里虹口之马路，本会无不可以劝之，使入本会范围"，并派员与邻近的有恒路、兆丰路商界代表接洽。③ 1920 年 7 月 6 日，汉璧礼路商联会在竹行桥老三官堂举行一周年纪念会，有恒、兆丰两路商店加入，宣布成立里虹口工商联合会④，不过，对外仍沿用汉璧礼路商联会名称。而有恒、兆丰、塘山等路商人亦在筹备组建虹口三路商联会，1923 年 8 月，三路商联会筹备会通告各商铺，指出"国之日以弱者，系乎民之日以贫，民之日以贫者，系于民之于其所业各自为政不相为谋，合作之操行既无互助之竞争力，遂失势如散沙毫无团结之能力，卒致日促成民贫国弱"，有鉴于此，筹备会以"互相扶助，交换智识，联合情感"为宗旨，发起成立虹口三路商联会。⑤ 9 月 15 日，筹备会讨论推定筹备员九人，并推举林澄为临时文牍，印发入会志愿书，筹借临时事务所，报告总会注册。⑥ 但是，虹口三路商联会最终未能成立。

---

① 《爱克界三路联合会开会》，《民国日报》1919 年 12 月 27 日，第 10 版。
② 《各商联会消息》，《申报》1926 年 4 月 5 日，第 15 版。
③ 《汉璧礼路商界联合会开会纪》，《申报》1920 年 3 月 14 日，第 11 版。
④ 《里虹口联合会成立记》，《民国日报》1920 年 7 月 8 日，第 10 版。
⑤ 《虹口三路商联会之发起》，《民国日报》1923 年 8 月 9 日，第 11 版。
⑥ 《三路商联会筹备会记》，《民国日报》1923 年 9 月 16 日，第 11 版。

　　1925 年，汉璧礼路商联会推选胡石泉为会长、朱舜臣为副会长。① 同年年底，汉璧礼路商联会范围扩大至包括有恒路、兆丰路、塘山路、汉璧礼路在内的六路，同时改革商联会组织，周森若当选为正会长，胡冰一、朱舜臣当选为副会长，胡石泉、黄慎康等为名誉会董②，设评议部，韩崇钦、陈生尧分任正、副议长，下分总务、文牍、会计、交际、调查、庶务等科③，对外称汉璧礼六路商联会。1927 年 7 月，汉璧礼六路商联会范围进一步扩大至十一路，由会长制改行委员制，选举常务委员张贤芳、缪友良、吴梓荣、庄志丰四人，常务监察委员周森若、徐伯棠两人，下设总务、秘书、财政、交际、宣传、教育、卫生、调查八科。④ 除一般会务外，与其他商联会不同的是，汉璧礼路商联会还组织编发钱洋行情单，组织星期俱乐部，作为会员平时研究商务之处，受到会员好评。

　　10. 海宁路商联会

　　海宁路位于美租界，东自吴淞路，西至南川虹路，该路商联会成立于何时，没有明确记载，从有关材料看，在抗捐斗争中该路商界曾是十六路代表之一，参与与工部局的交涉，9 月 22 日，该路宋诚彰作为海宁路商联会代表出席了东北城商联会的成立暨选举会，说明此前该路商联会已经成立，12 月 8 日，该会补选王永昌为副会长。⑤ 1920 年 8 月 11 日，海宁路商联会举行成立一周年纪念会，据此可以推测，海宁路商联会应成立于 1919 年 8 月。

　　在周年纪念会上，海宁路商联会改选职员，虞洽卿当选为会长，曾作霖、虞兆芳为副会长，下设评议部、干事部，干事部由文牍、会计、交际、调查、庶务五股构成。⑥ 虞洽卿是上海著名商人，被选为会长后，函辞不就，虽未获准，但虞本人很少参加海宁路商联会的活动。次年 9 月 11 日，海宁路商联

---

① 《汉璧礼路商联会会议纪》，《申报》1925 年 5 月 8 日，第 14 版。
② 《各团体开会消息并志》，《申报》1925 年 11 月 17 日，第 15 版。
③ 《汉璧礼路六路工商联合会欢迎会》，《申报·本埠增刊》1925 年 11 月 25 日，第 1 版。
④ 《汉璧礼路十一路商联会推定新职员》，《申报》1927 年 7 月 18 日，第 13 版。
⑤ 《商界联合会开会并纪》，《申报》1919 年 12 月 9 日，第 10 版。
⑥ 《各路商业联合会汇记》，《民国日报》1920 年 8 月 12 日，第 10 版。

会改选职员，选举虞兆芳为会长，姚珊宝、徐维绘为副会长。① 新职员产生后，"锐意整顿会务"，如改义务学校为平民公学，维修会所，募集常年捐款，同时"劝告各职员淬厉精神"，"邀请学识深邃之热心者指示方针"，"设法商请本路热心商家补助经费"②，力图振兴会务，但困难重重。1923 年 3 月，会长虞兆芳、评议员兼出席商总联会董事余仰圣致函海宁路各商号，辞去所任职务，根本原因就是经费严重不足："会中经费，统计每年支出不下数百元之谱，竭力劝捐，仍然不足，历年垫出，总须一二百元，今因鉴于会务之不振，自知尸位之咎，理当立卸仔肩，不宜再思恋栈。"③次年 4 月，海宁路商联会改选，虞洽卿再次被选为会长，宋霞川、徐桢祥、余仰圣三人为副会长。④1927 年 11 月，海宁路商联会举办改行委员制后的选举，王锦堂、宋霞川、朱妥生、洪叹世、张茂生、余仰圣等 11 人当选为执行委员，何智祥、干兆澄、郑葆元为监察委员。⑤

　　11. 七浦路商联会——沪北六路商联会

　　七浦路位于美租界，东自北江西路，西至甘肃路，1919 年 7 月，七浦路"各商户因鉴于国事失败，危及商业，遂谋提倡国货，实行抵制办法，爰将纠集同志组织联合会"，于 7 月 14 日正式成立。⑥ 后陆续加入开封路、阿拉白司脱路、甘肃路、北西藏路、文极司脱路等，于 1920 年 2 月底更名为沪北六路商联会，设会所于七浦路 520 号，7 月 31 日，选举穆子兰为会长，成燮春、顾少岩为副会长⑦，下设两部五科，分别为会计、文牍、交际、庶务、调查，职员常会每月两次，分别于第一、第三周星期日晚间举行。

---

① 《海宁路选举新职员》，《民国日报》1921 年 9 月 13 日，第 11 版。
② 《海宁路商界联合会近讯》，《申报》1922 年 2 月 13 日，第 15 版。
③ 《海宁路商联会职员辞职》，《申报》1923 年 3 月 4 日，第 14 版。
④ 《海宁路商联会选举揭晓》，《申报》1924 年 4 月 15 日，第 15 版。
⑤ 《海宁路商联会选举会纪》，《申报》1927 年 12 月 19 日，第 15 版。
⑥ 《七浦路商家组织联合会》，《申报》1919 年 7 月 15 日，第 11 版。
⑦ 《七浦路商业联合会职员会纪》，《申报》1920 年 3 月 1 日，第 10 版。《沪北六路商界联合会选举纪》，《申报》1920 年 8 月 1 日，第 11 版。

表 2-14 七浦路商联会 1921—1928 年职员更替表

选举日期	选举结果	资料来源
1921 年 7 月 30 日	会长：杜椿苏；副会长：成燮春、顾少岩、徐鸿嘉	《申报》1921 年 8 月 1 日
1923 年 8 月 8 日	会长：成燮春；副会长：陆文韶、胡曼云；评议长：申梦世；副评议长：顾九如	《申报》1923 年 8 月 9 日
1924 年 12 月 29 日	会长：成燮春；副会长：陆文韶、胡国光；评议长：詹镜山；副评议长：顾九如	《申报》1924 年 12 月 31 日
1926 年 4 月 20 日	会长：成燮春；副会长：陆文韶、顾九如；议长：胡国光；副议长：朱鼎明	《申报》1926 年 4 月 22 日
1928 年 1 月 4 日	执行委员：成燮春、沈仲山、陆文韶、顾九如、汪体文等 11 人	《上海总商会组织史资料汇编》下册第 1053 页

12. 湖北九江两路商联会—湖北海口两路商联会—西藏九江两路商联会

湖北路、九江路均位于英租界，湖北路北自南京路，南至广东路，九江路为东西走向，从黄浦滩路至西藏路，两路毗邻。1920 年 7 月，九江路 113 号业主王梅溪鉴于各路商联会及商总联会纷纷成立，特向该路各商号发出函告，称"为本埠利益计，为诸公人格计，似宜亟应举办，俾免向隅"[1]，不过，此后数月间筹备毫无进展。1921 年 2 月初，先行成立的浙江路商联会认为"厦门路九江路湖北路南北苏州路等处，素称繁盛，均知联合会有益，因无人发起，尚未组织"，于是决定推派交际员许受陶前往组织发动。[2] 3 月，湖北、九江两路 30 余家商号假座悦宾楼举行商联会筹备会，会议明确了组建商联会的必要性和"今后商界联合会应取之态度"，并推举先施公司罗宗康、梁溪旅馆李秉钧等 13 人为筹备员，设筹备处于二马路、湖北路复兴昌洋货号。[3] 11 月，九江路殷实商人王静庄、张松谷等 60 余户再次联合发起九江路商界联合

---

① 《九江路联合会之动机》，《民国日报》1920 年 7 月 20 日，第 10 版。
② 《浙江路商界联合会年会纪事》，《申报》1921 年 2 月 3 日，第 11 版。
③ 《湖北九江两路筹备联合会》，《民国日报》1921 年 3 月 9 日，第 10—11 版。

会，并以大庆里沿马路某宅为事务所。①

　　然而，直到次年6月，湖北、九江两路商联会筹备工作"已有一载，嗣因办事乏人，迄今尚未正式成立"，7月6日，该会筹备处在一舞台悦宾楼第四号举行第二次会议，筹备成立大会事宜，推定王奠世为办事员，"劝导各商店自由入会"。② 为加快筹备进度，筹备处加推复兴昌陈彭书、容昌陈子庄、鸿源胡鸿兆、厚昌祥陈岳年四人为总征求员。③ 到11月，已有湖北、九江两路商店加入山东路商联会。1925年年底，山东路商联会发起与爱多亚路商联会的合并，并将范围扩大至交通路、湖北路、九江路，称东南五路商联会。④ 虽胎死腹中，但在筹备阶段仍以湖北九江两路商联会的名义对外发表通电通告。

　　湖北、九江两路合组商联会未能成功，于是，两路各自寻求与他路联合。1926年湖北、海口两路商人筹组商联会，3月15日，湖北海口两路商联会召开成立大会，选举王延松为会长，王子炎、张宝兴为副会长，并作为代表出席商总联会任议董，董事长孙志厚，设会所于三马路鼎丰里。职员分总务、会计、调查、交际四科任事，常会每月两次，在阴历每月初二、十六举行。⑤ 九江路则与西藏路联合，1926年年初，西藏路及九江路一带商人胡凤翔、德泰衣庄孙安法、源大衣庄邬培因、泰源昌煤号陈福康等，发起组织西藏九江两路商联会，设筹备处于西藏路平乐里91号，1月11日，发起人召集筹备会议，以胡凤翔为筹备主任，推派筹备员分赴两路各商号接洽，4月1日，在俞国珍的主持下，西藏九江两路商联会举行成立仪式，商总联会会长邬志豪到会致辞。⑥ 4月26日，选举产生郑缄三、俞国珍、胡凤翔、邬培因等二十余

---

①　《九江路商界发起联合会》，《民国日报》1921年11月16日，第11版。

②　《湖北九江路商联会筹备纪》，《民国日报》1922年7月7日，第11版。王奠世时为上海国民外交后援会活跃分子，政治上倾向于广州政府，1922年孙中山抵沪时，曾参与慰劳。参见《各团体慰劳总统盛况》，《民国日报》1922年8月22日，第10版。

③　《两路组织商联会之筹备》，《民国日报》1922年7月12日，第11版。

④　《各商联会消息》，《申报》1925年11月30日，第14版。

⑤　《各商联会消息》，《申报》1926年3月16日，第15版。《各商联会消息》，《申报》1926年3月23日，第15版。

⑥　《各商联会消息》，《申报》1926年1月12日，第11版。《各商联会消息》，《申报》1926年4月2日，第15版。

人，4 月 29 日，第一次议董会选举胡凤翔为会长，俞国珍、郑缄三为副会长。① 此时，王延松、王子炎、俞国珍、邬培因、邬志豪等均为国民党党员，可以说，湖北海口两路商联会、西藏九江两路商联会的成立是国民党在上海发动商民运动的产物。

13. 百老汇路商联会

百老汇路位于美租界，东自外虹桥，西至西华德路。1920 年 1 月 4 日，百老汇路商联会在澄衷学校召开成立会，包括 17 个马路商联会和其他 8 个社会团体的代表共 182 人参加了成立大会，大会通过"本互助之精神，求商业之发展"的宗旨，并选举会长、副会长及评议员，文牍、会计、交际、调查、庶务五科职员，结果，俞东焰当选会长，李泽源、周子庆当选副会长，郭庆恩为评议长，李干廷为总干事长。② 设会所于中虹桥首庄源大弄，1921 年 8 月迁会所于百禄坊 2 号，后迁移至蓬路靖安街。③

百老汇路商联会的最高议事机构为会员大会，与他路商联会不同，百老汇路商联会的会员大会每月举行一次，会中重大事项如职员任免、赈济灾荒、义务办学等均经会员大会讨论决定。在办会过程中，虽"本会职员任事颇热心，惟限于公务，往往心与愿违，以致会中各事，多有不能负责"，于是，百老汇路商联会决定招一人襄理，"夜则担任夜校教员，日则专理会务"，月薪由该会会长许廷佐补助。④ 百老汇路商联会为了丰富街区内商人的业余生活，加强商人间的联系，于 1922 年 4 月成立俱乐部，以"集合高尚同志，养成俭德主义，实行互助精神"为宗旨，设游艺、交谊两部，其中游艺部由讲演厅、藏书室、阅报室、弹子室、音乐室、棋台室、饮食室、拳术室等组成，交谊部由叙餐会、同乐会、恳亲会、新剧团、旅行团、参观团等构成。俱乐部实行会员制，名誉会员年缴费六元，特别会员年缴费四元，普通会员年缴费二

---

① 《各商联会消息》，《申报》1926 年 4 月 28 日，第 15 版。

② 《百老汇路联合会成立》，《民国日报》1920 年 1 月 5 日，第 10 版。《百老汇路联合会当选职员》，《民国日报》1920 年 1 月 6 日，第 10 版。《百老汇路商界联合会职员会纪》，《申报》1920 年 1 月 26 日，第 10 版。

③ 《百老汇路联合会会所迁移》，《民国日报》1921 年 8 月 6 日，第 11 版。

④ 《百老汇路商界联合会职员常会纪》，《民国日报》1920 年 11 月 22 日，第 11 版。

元，会员"须品行端正有恒心者"，或由商联会职员介绍，或由会员介绍。①

表 2-15　百老汇路商联会职员更替表

选举日期	选举结果	资料来源
1920 年 7 月 8 日	会长：许廷佐；副会长：李泽源、周子庆；评议长：郭庆思；副评议长：何宏梅；干事长：刘仲英	《申报》1920 年 7 月 9 日《申报》1920 年 8 月 3 日
1922 年 1 月 7 日	会长：许廷佐；副会长：陈公哲、唐九华	《申报》1922 年 1 月 9 日
1923 年 1 月 21 日	会长：陈伯男；副会长：张桂馥、费辅清	《申报》1923 年 1 月 22 日
1924 年	会长：邓志扬	《申报》1924 年 12 月 13 日
1927 年 1 月 7 日	会长：许佐廷；副会长：沈享斋、童耀德	《申报》1927 年 1 月 8 日

14. 山西路商联会

山西路位于英租界，北自盆汤弄，南至福州路。"当六五商界表示爱国牺牲时，即肇其端，惜彼此无暇联络，故内部组织迄未完全成立"，1919 年 11 月下旬，该路戴春林和记江贵蟾、许源昌许云辉、爱华士药房阮呈荪、凤祥裕记桂晋德、宏泰昌陈惠卿、周福记尚斌、润泰铝王少庵等发起组织商联会，并分段担任联络，分途筹备。11 月 27 日，筹备会通告该路商户，揭示组织团体的意义——"有事则不落人后，无事则集思广益，有赖于团体结合力者正复不少"，要求各商店派代表参加第二次筹备会，推举临时会长和各职员。② 山西路商联会正式成立于何时，现有史料并无记载，但 1920 年元月，即以山西路商联会的名义参加上海商界集会、国民大会等活动，许云辉为会长。1920 年 12 月 19 日，山西路商联会举行第二届职员选举，结果王少庵当选为正会长，许云辉、沈联芳当选为副会长，陆惠卿、阮呈荪、张沄海等人当选为职

---

① 《百老汇路俱乐部成立》，《民国日报》1922 年 4 月 4 日，第 11 版。
② 《山西路重组联合会》，《民国日报》1919 年 11 月 25 日，第 10 版。《山西路联合会将成立》，《民国日报》1919 年 11 月 27 日，第 11 版。

员。① 1921年事务所迁至盆汤弄北祥麟里。②

经费不足始终是山西路商联会发展的最大障碍，1921年收支相抵尚欠数十元，为此，山西路商联会决定募集基本金。1922年新年伊始，新任会长周伯尧即向全路商家发出通告，指出"团体之组织，合区域会员经济三者而成，三者缺一事，未可为，今本团体于此三者，论区域则山西路，论会员则山西路之商号，论经济则会员每月支出之捐助，但月捐有限，出入难抵，处于经济困难之地位，欲求事业之发展，是缘木而求鱼也"，因此，决定募集基本金，"以固永久，冀本会事业，渐著成效，而社会公益，借可发展"。③ 但应者寥寥，以至于该会暑期设置茶桶所需五十元经费亦无出处。

表 2-16　山西路商联会职员更替表

选举日期	选举结果	资料来源
1921年12月27日	会长：沈联芳；副会长：王少庵、周伯尧	《申报》1921年12月28日
1922年1月5日	会长：周伯尧；副会长：严蓉卿、许蓉初[1]	《申报》1922年1月6日
1923年12月20日	会长：周伯尧；副会长：王少庵、许云辉	《申报》1923年12月20日
1924年1月17日	会长：周伯尧；副会长：沈联芳、严蓉卿	《申报》1924年12月18日
1925年6月	会长：王吉甫；副会长：许云辉、严蓉卿	《申报》1925年6月23日

说明：(1)沈联芳、王少庵坚辞会长、副会长职，故重新推举。

15. 北京路商联会

北京路位于英租界，东自黄浦滩路，西至北泥城桥，与河南路、福建路毗邻。1920年年初，该路商人王兆丰、汪坤九等着手筹备商联会，以"力谋国民事业之发达，商界利益之进行"，1月31日，北京路商联会假四川路青年

---

① 《山西路联合会选举职员》，《民国日报》1920年12月21日，第11版。
② 《山西路联合会迁移地址》，《民国日报》1921年9月2日，第11版。
③ 《山西路商联会募集基金》，《申报》1922年1月18日，第11版。

会举行了成立大会，会长周豹元，副会长王肇丰、姚明生。[1] 五卅运动中，北京路商联会在会长沈田莘主持下召开临时大会，决定正式加入商总联会，并添举周渭石、顾子槃、徐慰萱等14人为会董。[2] 1928年4月，北京路商联会改组，实行委员制，选举周约元、沈田莘、孙烈昌为监察委员，陈楚湘、陆桂山、张桐僧、潘竹君、张枕绿等13人为执行委员，随后推举张一尘、陈楚湘、张枕绿三人为常务委员，下设财政、秘书、评断、组织、教育、宣传、调查、卫生八科。[3] 总体上看，北京路商联会并不活跃。

16. 沪东商联会

亦称杨树浦商联会。杨树浦位于沪东美租界，东自周家嘴，西至茂海路。1921年公共租界工部局颁布米店领照条例，引起了租界内华商的抗议，此时，正值华盛顿会议举行，国内掀起了要求取消"二十一条"的外交声援，杨树浦商界正是在这种背景下开始筹备成立商联会的。1921年12月7日，杨树浦商人丁朝奎等临时组织商联会，一百余家商店代表赞成加入示威游行，各店门前均悬白旗、贴白纸条，上书"太平洋会议力争主权""反对鲁案直接交涉"等字样。[4] 12月25日，沪东商联会举行成立会，会所设在杨树浦桥沪东公社[5]，会长为丁朝奎，副会长为徐芝泉、沈德祥，评议长为尤水泉，干事长为沈公布。[6] 1924年4月改选，以林仰之为会长，沈德祥、胡介眉为副会长。[7] 1926年7月，沪东商联会选举翁康甫为正会长，王开裕、胡介眉为副会长。[8] 1928年7月改行委员制，选举产生翁康甫、林仰之、徐芝泉等31人

---

① 《北京路商界联合会成立预纪》，《申报》1920年1月30日，第10版。《商业联合会开会并纪》，《申报》1920年8月10日，第11版。《各方面之筹赈声》，《申报》1920年10月25日，第10版。

② 《惨案交涉停顿后之所闻》，《申报》1925年6月20日，第14版。

③ 《北京路商联会昨改组成立会》，《申报》1928年4月27日，第14版。

④ 《鲁案及"二十一条"之民意表示（四）》，《申报》1921年12月8日，第14版。

⑤ 《沪东商界联合会成立》，《民国日报》1921年12月26日，第11版。《沪东商联会会址已定》，《民国日报》1922年2月17日，第11版。

⑥ 《杨树浦商联会之新职员》，《民国日报》1922年5月7日，第11版。

⑦ 《沪东商联会选举揭晓》，《申报》1924年4月15日，第15版。

⑧ 《各商联会消息》，《申报》1926年7月19日，第15版。

为委员。①

17. 沪西四路商联会

沪西四路商联会由公共租界内的麦根路、劳勃生路、宜昌路、小沙渡路四路联合设立，是在华盛顿会议期间的抵制日货运动中产生的，1923 年 3 月举行职员选举，按入会商店多少产生各路干事，并选举李联芳为会长，姚少甫为副会长。② 1926 年陈蔚文出任会长，设立联济会，从事慈善公益事业。

18. 静安寺九路商联会

静安寺位于沪西公共租界，附近有静安寺路、海格路、哈同路、安南路、赫德路、愚园路、大西路、极思非尔路等。1925 年端午节前后，静安寺路绅商张品山、王翰成、陈毓生、赵爱之等联合九路商界发起组织静安寺九路商联会，经过数月筹备，9 月 13 日举行成立大会，并选举张品山、王翰成、陈毓生等 17 人为会董，9 月 21 日，会董会投票选举张品山为会长，王翰成、李少亭生为副会长，同时产生评议员及评议、干事、交际、文牍四科正、副主任。③ 1926 年 4 月 19 日，静安寺九路商联会改选，王翰成当选为会长，芮庆荣、邵炳华当选为副会长。④

19. 中央九路商联会

中央九路商联会最早出现于 1922 年 5 月，曾与浙江路商联会干事部共同提出重要议案，但并不清楚该路商联会成立于何时，究竟包括哪九路。此后，中央九路商联会曾多次参加新商总联会的议董会。1926 年 1 月 7 日，中央九路商联会召集筹备会，从参与筹备的马路来看，西藏路、厦门路的商店代表 20 余人参加了筹备会，会议推举厦门路大昌当代表余鲁卿为筹备主任，设会所于清和坊。⑤ 清和坊亦是旧浙江路商联会的会所，该会干事长孙镜清，前会长蒋荣甫，会董叶汲三、甘新民等都曾主持中央九路商联会职员会，而此

---

① 《沪东商联会选举揭晓》，《申报》1928 年 7 月 24 日，第 16 版。

② 《沪西四路商联会之选举》，《民国日报》1923 年 3 月 3 日，第 11 版。《沪西四路商联会选举纪》，《民国日报》1923 年 3 月 5 日，第 11 版。

③ 《各路商联会开会详记》，《申报》1925 年 9 月 17 日，第 15 版。《各马路商联会开会并纪》，《申报》1925 年 9 月 22 日，第 15 版。

④ 《静安寺九路商联会选举会》，《申报》1926 年 4 月 20 日，第 15 版。

⑤ 《各商联会消息》，《申报》1926 年 1 月 8 日，第 15 版。

时正值浙江路商联会分裂为新、旧两会，"一路两会"局面形成时期，据此可以判断，中央九路商联会是旧浙江路商联会的转化。

20. 苏州路商联会

苏州路位于公共租界，"苏州路一带商界林立，营业繁盛，如煤业铁业为该路之集中营业"，但该路一直没有一个独立的商联会，1929 年 6 月，上海商总联会派祝志莼前往发起筹备，设筹备处于南京路 61 号三楼，得到百余家商店响应，会员入会费二元，月捐分甲、乙、丙三等，分别为三元、二元、一元。① 7 月 25 日，苏州路商联会举行成立大会，国民党上海市三区党部代表张一尘、商总联会代表胡凤翔以及部分商联代表见证了这个最晚成立的商联会的诞生。② 8 月 4 日，苏州路商联会召开选举大会，选举陈寿芝、顾文朝、祝雨亭、蔡继文、钱万盛为监察委员，郑世铭、顾鸿沼、浦澄熙、章均堂、蒋志甫等 15 人为执行委员，执委会推举郑世铭、顾鸿沼、浦澄熙、沈淹卿、刘玉书 5 人为常务委员，执行委员会每月开会两次，常务委员会每周开会一次，下设秘书、财政、调查、卫生、教育、宣传、调解、组织八科。③可惜，苏州路商联会尚未充分履行职责，就被淹没在商人团体改组的声浪中。

三、商联会中的"优等生"：南京路商联会

南京路位于英租界，东自黄浦滩路，西至泥城桥，素有"中华第一路"之称，富商云集，店铺众多。在上海马路商界联合会中，南京路商联会不是最早成立起来的，根据《申报》记载，北城、浙江路、民国路、文监师路、新闸九路、北河南路、北福建路、河南路、沪西、东北城、邑庙豫园等商联会均较南京路为早，但南京路商联会在各马路商联会中如同其商业地位一样颇为突出。南京路"为沪地商业最盛之区，巨肆林立，精华荟萃，振臂一呼，各路响应"④。故时人认为南京路商联会"执各路商联会之牛耳，而为海上独一无

---

① 《各商联会消息》，《申报》1929 年 6 月 21 日，第 14 版。

② 《各商联会消息》，《申报》1929 年 7 月 26 日，第 14 版。

③ 《苏州路商联会选举大会记》，《申报》1929 年 8 月 5 日，第 16 版。《苏州路商联会执监委员会》，《申报》1929 年 8 月 6 日，第 16 版。

④ 《五九纪念声中之对日运动》，《申报》1923 年 5 月 4 日，第 13 版。

二之纯粹商人团体，其办事人员亦皆一时之选"①，在租界市民权运动中占有重要地位。

(一)南京路商联会的成立

上海马路商联会的纷纷成立是租界华商争取市民权运动的产物。与其他马路商联会一样，南京路商联会也是基于维护街区内华商的共同权益而组织起来的。1919年4月9日，纳税西人年会通过增捐案，决议将房捐(即市政捐)捐率增加至千分之七，并另征特别房捐，即依估计房租计算的特别捐，按1%的捐率征收一年，一次付清，于1919年7月1日起实行。于是，7月初，"公共租界各商店发动着反对增捐的运动，辗转讨论的结果，决定以马路为单位，由每一马路的大小商店联合起来，组成一个小团体，写就反对的理由，经各商店加盖印章，分呈工部局领事团、特派交涉员及总商会，直接要求或间接交涉打消前议"②。然而，工部局只答应将一次性缴纳的1%的特别房捐，分作三期缴纳，并于8月2日在沪上各大报刊登布告，以法律相胁迫："凡明理晓事之人自应一律赞同，而本局望不再闻有华人反对缴捐者，盖捐银一项必须照缴，如果不缴，当绳以法律!"③

与此同时，上海总商会也商劝各商店照付加捐。总商会的态度，使各马路商界更加不满。本来，五四运动中，上海总商会曾因发出"佳电"，引起上海商人团体的震荡。"大多数商家因不满于原有之商会，亟谋组织一伟大商人团体，命名曰平民商会，以谋商家利益，业已议定章程暨发起宣言，赞同入会者已有2700余家。"④平民商会虽然胎死腹中，但显示中、下层商人已有另组团体，以有别于总商会的打算。这是促成马路商界联合会成立的直接原因。曾担任过南京路商联会第八届会长的余华龙回忆说，"1918年工部局要增加捐税，许多店主拒绝缴付，工部局为对付商人拒缴，强迫车货，如河南路交通路的裕昌呢绒号和广东路怡珍茶食店等号货物，都被车去，大家觉得有组

---

① 余颜庭：《本会之责任》，原载《上海南京路商界联合会会刊》，转引自上海市工商业联合会、复旦大学历史系编《上海总商会组织史资料汇编》下册，第997页。

② 蒯世勋：《上海公共租界华顾问的始终》，《上海通志馆期刊》第1卷第4期，1934年3月。

③ 《工部局布告为房捐事》，《申报》1919年8月2日，第9版。

④ 《组织平民商会之酝酿》，《申报》1919年6月24日，第10版。

织商联会必要。而且跑马厅、南京路外滩以及有其他一些公园与娱乐场所不准华人进去。马路商界感到纳税有份，权利享受不到"，"总之，中小商人成立商总联会的目的，是要取得与工部局对话的一席之地"。① 南京路商联会也不例外，五四运动中，"南京路商人迫于义愤，相率罢市"，但商人"以向无商店联络之机关，偶遭事故，难通声气，颇感不便，奔相探询，又无所适从，有拟订定集合之所而未能实行，盖此即组织本会之隐机也"。②

如前所述，南京路商联会的成立可谓一波三折，从密议到被认可，过程曲折，亲历其事的王廉方回忆，1919 年 7 月，工部局增加房捐，引起租界华商反对，南京路商人王才运、陈励青、余华龙等在法租界开会密议，结果被法租界探捕驱散，无果而终。但法租界当局的蛮横更加坚定了租界华商的团结，不数日，南京路商人联络外路潘冬林、金馥荪等十余名华商，在爱多亚路商业公团开会，由于"众议纷纭"，会议并未在采取何种具体办法上形成决议，而租界当局态度强硬，坚持增捐，决不展缓。最后，租界华商请交涉使杨小川，总商会会长朱葆三以及聂云台、沈敦和、闻兰亭等多位会董出面调解，结果，"均主张先付捐款，然后再与工部局讨论，增设华董，工部局并允许各马路组织联合机关"。③

种瓜得豆，租界华商反对工部局增捐的目的虽未达到，却取得了以马路为范围设立商人团体的权力，为租界华商参与市政、争取更多市民权奠定了组织基础，从某种意义上说，这种权力的被认可比单纯抗捐获取利益的作用更大，一时之间，各马路商界设立商联会的热情大涨。在其他马路商联会如雨后春笋般出现的时候，1919 年 9 月 21 日，南京路商联会在四川路青年会召开了成立大会，参加成立大会的商店代表有 183 人④，设事务所于南京路大

① 余华龙：《余华龙回忆》（1960 年 11 月 23 日），原件藏上海市工商业联合会档案史料室，转引自上海市工商业联合会、复旦大学历史系编《上海总商会组织史资料汇编》下册，第 933 页。

② 王廉方：《本会史略》，原载《上海南京路商界联合会会刊》（1930 年），转引自上海市工商业联合会、复旦大学历史系编《上海总商会组织史资料汇编》下册，第 994 页。

③ 王廉方：《本会史略》，原载《上海南京路商界联合会会刊》（1930 年），转引自上海市工商业联合会、复旦大学历史系编《上海总商会组织史资料汇编》下册，第 994—995 页。

④ 《南京路商界联合会成立纪》，《申报》1923 年 9 月 21 日，第 13 版。

庆里 116 号南洋兄弟烟草公司俱乐部。从此，南京路商联会成为十里洋场上最为活跃的马路商联会之一。

(二)南京路商联会的组织变迁

南京路商联会的成立，"虽较各路稍迟，然精神所贯彻，则在各马路之先"[1]。其精神主要体现在"团结团体，群策群力，维持公益，提倡国货"[2]的十六字宗旨上。为贯彻这一精神，从成立之日起，南京路商联会就非常重视制度建设，1919 年 11 月 3 日公布了《南京路商界联合会章程》《干事部章程》《评议部章程》及文牍科、会计科、交际科、调查科、庶务科办事细则等，1920 年 10 月 27 日南京路商联会修改会章，对商联会的组成及组织结构、权力来源及其制约、议事与办事规程、会费收支制度等做出了详细规定，组织建设逐步完善。

1. 构成及其运作机制

南京路商联会会员以南京路上的商店、商号为主，有条件地吸收其他街区商店加入，"凡本路各商店号皆得入本会，但有未经成立联合会之各路商店号由本路商店号二家以上之介绍，亦得加入"，入会商店以自愿为原则，但"本路各商店如有未经加入本会者，交际员应负联络劝导之责任"。商联会的权力来自全体会员的赋予，会员全体大会构成南京路商联会的最高权力机构，每年正月、七月举行，如遇特别事项，由会员商店 20 家以上联名提案，可以召集临时大会，凡加入商联会的各商店号均须派代表一人与会，按一店一权原则享有选举权、被选举权及表决权。代表可由经理兼任，也可另行指派，在 179 家会员商店中，由经理出任商联会代表的达 110 家，占会员总数的 61.45％，其余 38.55％，即 69 家会员商店则由指派代表担任[3]，这在一定程度上反映了商店、商号对商联会的重视。

---

[1] 《纪南京路联合会之周年纪念》，《申报》1920 年 10 月 4 日，第 13 版。

[2] 《上海南京路商界联合会章程(附办事细则)》，《申报》1919 年 11 月 3 日，第 11 版。为节省篇幅，本节资料凡引自该章程者，不再注明。

[3] 《南京路商联会会员录》，见上海市工商业联合会、复旦大学历史系编《上海总商会组织史资料汇编》下册，第 1009—1016 页。

图 2-1　1924 年 10 月，上海南京路商界联合会第六届职员合影，前排左五为余华龙，左六为徐乾麟，左七为王才运

会员大会选举各部、各科职员组成职员会，再由职员会互选正、副会长及评议长。职员会是一个常设性机构，每月召开四次会议，紧急事件发生时，也可召开临时会。商联会职员、会员对会务及公益事务负有共同责任，"本会职员、会员因会务或公益之事被累者，全体会员共负救护之责"，这一规定为商联会对外行动的一致性奠定了基础。会员大会闭会期间，各常设机构各尽其责，在行使权力时相互制约，如"未经评议员会议决事件，干事部不得执行"，"评议会以得议员过半数之出席为有效，以出席之过半数为表决，若人数相同时，由主席定之"，评议员"不得同时兼任会中他职"。这样，使评议会讨论并表决各提案更具民意基础。

1927 年之前，南京路商联会实行会长制，正、副会长统理商联会一切事务，1927 年改为委员制。会长制阶段，起初设会长 1 人、副会长 2 人，正、副评议长共 2 人，评议员 14 人，文牍、会计、交际、调查、庶务等干事共 25 人，各种办理会务的职员达 44 人。1920 年修改会章，裁并了部分机构，职员减至 33 人。除交际科职员"有因公远出者，得配给费用"外，其他均系名誉

图 2-2　上海南京路商界联合会第十一届执监委员合影
(1929 年 9 月 28 日)

职，"不支薪水及夫马费"，不过，1920 年后，总务、文书、会计、教育四科除科长、科员外，"得用雇员 2 人"，从此有了专职办事人员。① 委员制阶段，委员会起初由 43 名执行委员、8 名候补委员组成，1929 年又分为监察委员 7 人、常务委员 9 人、执行委员 13 人。所有职员均实行任期制，一年期满，连选可连任。1919—1929 年，南京路商联会经历了 11 次换届选举，正、副会长或常务主席均以得票多少确定，从主要经历或社会身份看，正、副会长均为南京路上拥有一定资产、热心街区公益的商人，其中不乏在上海商界资本雄厚、声誉卓著的大商人，如表 2-17 所示：

表 2-17　南京路商联会历届会长、副会长及其背景

届别	选举换届时间	会长	副会长/常务主席	主要职务或社会身份
第一届	1919 年 9 月	王才运	潘锡范、陈励青	王才运，荣昌祥呢绒西服号业主 潘锡范，太昌木器公司经理 陈励青，何裕丰洋货店经理

---

① 《马路联合会开会汇志》，《民国日报》1920 年 10 月 27 日，第 11 版。

续表

届别	选举换届时间	会长	副会长/常务主席	主要职务或社会身份
第二届	1920 年 10 月	邬挺生	孙紫临、余华龙	邬挺生，时任南洋兄弟烟草公司营业部经理、上海总商会会董等 孙紫临，不详 余华龙，中华皮鞋公司总经理
第三届	1921 年 10 月	方椒伯	余华龙、马玉山	方椒伯，北京东陆银行上海分行经理、上海总商会会董等
第四届	1923 年 1 月	方椒伯	余华龙、马玉山	马玉山，马玉山糖果公司经理
第五届(1)	1923 年 10 月	吴蕴斋[(1)]	徐乾麟、王才运	吴蕴斋，金城银行上海分行经理 徐乾麟，模范、游民两工厂创办人
第五届(2)	1923 年 11 月	徐乾麟	王才运、陈伯男	王廉方，裕昌祥洋货号经理 陈伯男，南洋公司高级职员，代表南洋公司
第六届	1924 年 9 月	徐乾麟	余华龙、王廉方	
第七届	1925 年 10 月	余华龙	王廉方、谭海秋	谭海秋，兴业烟草公司经理、上海总商会会董
第八届	1926 年 12 月	余华龙	王廉方、蒋梦芸	蒋梦芸，模范工厂高级职员
		常务主席（变会长制为委员制）		
第九届	1927 年 7 月	张子廉、孙雪泥、王廉方		张子廉，创办竞胜机器厂，后任三星经理
第十届	1928 年 8 月	张子廉、司徒尚燊、王廉方		孙雪泥，生生美术公司经理 司徒尚燊，新新公司高级职员
第十一届	1929 年	张子廉、司徒尚燊、王廉方		

　　资料来源：本表据《上海总商会组织史资料汇编》下册第 1004—1009 页、《五卅运动》（"上海档案史料丛编"）第 2 辑第 282 页、1919—1929 年《申报》资料等整理而成。

　　注：(1) 吴蕴斋当选会长后不久即辞职，由次多数徐乾麟于 1923 年 11 月 6 日继任会长（《申报》1923 年 10 月 31 日）。

　　在上表中，除孙紫临身份不详外，其他均为南京路上的殷实商人，其中第二届会长邬挺生，第三、第四届会长方椒伯，第五届前期会长吴蕴斋，第七、第八届会长余华龙等均是十里洋场上具有影响力的商人，这在一定程度上反映了中、下层商人希望借重于大商人增强商联会实力的愿望，事实上，南京路商联会能够成为上海各马路商联会中影响力最大的街区性商人团体，与此不无关联。

在机构建制上，南京路商联会经历了三次变更。1919年成立时设干事、评议两部，干事部下设文牍、会计、交际、调查、庶务五科。1920年修改会章，改设执行、评议、外务三部，执行部下置总务、文书、会计、教育四科，外务部下置外务科。1929年除监察委员会外，下设总务、秘书、财政、组织、教育、调查、卫生、评议、宣传九科。不久，商联会遵照南京国民政府命令改组，活动逐渐步入沉寂。因此，1929年之前的组织运行结构及其职能最能反映南京路商联会的制度特征，其具体情形见表2-18：

表2-18　南京路商联会的组织结构及其职能

	主要机构		主要职责	会议与办事制度
会员大会	干事部(1920年改为执行部)	文牍科(后改为文书科)	办理来往文件、会场记录及送登各报稿件(文书科负责公文、信件、缮写、编辑)	每月第一、第三星期日下午7时为常会期
		会计科	掌理收支账目，银钱出入及草拟经常特别预算、决算(调整为收支记账及会刊发行)	每月月底将用款账略报告油印清单发给全体会员
		交际科(后改为外务科)	联络劝导未入会商店、外界交涉(改外务科后改属外务部)	每月由主任定期开常会两次
		调查科(后并入总务科)	提倡国货、调查劣货(总务科负责庶务、交际、调查、印刷等)	每月由主任定期开常会一次
		庶务科(后并入总务科)	购置物品	应购物品须由会长核定、签字
		1920年增设教育科	义务夜校及宣讲等事务	
	评议部		议决本会进行事项及一切规约	每两星期开常会一次，以每月第一、第三星期日上午10时为会期
	外务部	外务科	出席商总联会并提出议案，传递总会事务	

资料来源：本表据《上海南京路商界联合会章程(附办事细则)》《申报》1919年11月3日，第11版)制作。

可见，南京路商联会组织较为合理、职责明确、议事与办事制度规范，从而为南京路上的商人参与街区公共事务提供了组织保障。

2. 会费制度

南京路上商铺林立，富裕商家不少，但为了吸引广大中、下层商人的积极参与，南京路商联会仅规定"各商店号会费每月五角至二元，均由各商店号自行缴认"①。据《南京路商联会会员录》记载，南京路商联会共有会员商家179家，月认捐额284.2元，其中2元以下（含2元）的月捐额为194.7元，占总月捐数的68.508％，2元以上的月捐额共89.5元，占总月捐数的31.492％。详情如表2-19。月捐2元以上均超出会章规定，属南京路上的大商家，如先

表 2-19　上海市南京路商联会会费认缴情形及比例

月捐分类		认捐情况		月度会费收入	
		认捐会员数（家）	占会员总数（%）	月捐额（元）	占月捐总额（%）
月捐二元以下	五角	26	14.52	13	4.574
	一元	82	45.81	82	28.853
	一元二角	1	0.56	1.2	0.422
	一元半	3	1.68	4.5	1.584
	二元	47	26.25	94	33.075
	小计	159	88.82	194.7	68.508
月捐二元以上	二元半	1	0.56	2.5	0.880
	三元	11	6.14	33	11.611
	四元	2	1.12	8	2.815
	五元	2	1.12	10	3.519
	六元	1	0.56	6	2.111
	八元	1	0.56	8	2.815
	十元	1	0.56	10	3.519
	十二元	1	0.56	12	4.222
	小计	20	11.18	89.5	31.492
总计		179	100	284.2	100

资料来源：据《上海总商会组织史资料汇编》下册第1009—1016页《南京路商联会会员录》制成。

---

① 《上海南京路商界联合会章程（附办事细则）》，《申报》1919年11月3日，第11版。

施公司 12 元、永安公司 10 元、新新公司 8 元。不过，南京路商联会 179 名会员中多达 159 户只能认缴 2 元及以下的月捐，占总会员数的 88.82%，按一店一权原则，南京路商联会仍是一个以中、下层商人为主体的商人团体。

3. 创办附属事业

南京路商联会为了增强团体吸引力，团结会员，增进商家利益，积极发展文化教育等附属事业。早在南京路商联会的成立大会上，就有会员建议重视附属事业建设，"最好为店员设一公共娱乐场，略备书报、音乐、台珠以挽嫖赌之恶习，而对于店员知识之增进尤为重要，如设立免费公共商业补习学校等事，而对于入会店主亦宜注意增彼之利益"①。为了提高商铺店伙的文化水平，南京路商联会于 1919 年冬设立夜校，"专收会员商店之职员学生教之读，俾提高商人之知识。承各会员多数赞同，纷纷捐输创办费用，达四千元之谱"②。额定学生人数 200 人，以国文、英文、算术为主要科目。"成立之始，求学者甚形踊跃。时校长为潘励绅先生，教务由余华龙先生主持，国文教员为裘越隽、李世戡、齐铁忱诸先生，英文、算术教员为朱华德、虞秉荣、虞从新、沈锡琪及陈叶王诸先生，皆各大学及专门学校毕业，学问经验均甚宏高。"③夜校隶属于教育科，1921—1923 年，曾由邬挺生、徐乾麟等亲自担任校长，夜校经费、招生、结业成为商联会的一项重要工作，为此专门设立一项基本金，筹募特捐，仅 1922 年 6 月，就发起募捐 1510 元。④ 每届结业时，商联会都要对优秀学员予以奖励，并由重要职员出席颁奖。

南京路商联会还创办了自己的刊物《商铎》周刊，该刊"以提倡国货，灌输商业学识，促进本会发达为宗旨"⑤，"由蒋梦芸主编，内容编制尚多可取处，

---

① 《南京路商界联合会成立纪》，《申报》1919 年 9 月 21 日，第 10 版。

② 王廉方：《本会史略》，原载《上海南京路商界联合会会刊》(1930 年)，转引自上海市工商业联合会、复旦大学历史系编《上海总商会组织史资料汇编》下册，第 995 页。

③ 李世戡：《夜校略史》，原载《上海南京路商界联合会会刊》，转引自上海市工商业联合会、复旦大学历史系《上海总商会组织史资料汇编》下册，第 1026 页。

④ 《南京路商联会会报重版讯》，《申报》1922 年 6 月 18 日，第 15 版。

⑤ 《南京路联合会常会纪》，《民国日报》1920 年 12 月 25 日，第 11 版。

嗣后赓续编印，每周出版一次，至十三年停版"①，主要登载市场动态、会员商店调查等。《商铎》出版后，"销数极多，华人力争以时，尤为出力"②。1921 年 2 月文书科蒋梦芸筹备设立商人俱乐部，"内部计分书报、球类游戏、棋类游戏、室内运动四部，连日各商店店友赴会游览者络绎不绝"③。1923 年创设会员储蓄部、职业介绍所及商事咨询部，并加聘外国律师为联合会公家律师，代办会员一切法律事项。④ 南京路商联会每年都组织街区商人参加节日庆典、国耻纪念等公共活动，如 1921 年元旦，南京路商联会在新世界北部举行庆祝大会，参加者一千余人，除邀请商界名流演讲外，会上有钢琴独奏、双簧、国技表演，并演出新剧《悲惨路与光明路》。⑤

由此可见，南京路商联会是由南京路上的商铺自发自愿结合而成的一个街区性商人团体，虽然部分资产实力较强的商人担任了商联会的会长、副会长，但普通商店在会员结构中的比例及在选举、议事中的一店一权原则，说明它是一个能够保障中、下层商人权益的新型地域性商人团体。

---

① 王廉方：《本会史略》，原载《上海南京路商界联合会会刊》(1930 年)，转引自上海市工商业联合会、复旦大学历史系编《上海总商会组织史资料汇编》下册，第 995 页。

② 《南京路商联会会报重版讯》，《申报》1921 年 6 月 18 日，第 15 版。

③ 《南京路联合会俱乐部开幕》，《申报》1921 年 2 月 13 日，第 11 版。

④ 《南京路商联会新职员就职纪》，《申报》1923 年 1 月 29 日，第 15 版。

⑤ 《各界预备庆贺元旦》，《申报》1921 年 1 月 1 日，第 10 版。《聂云台元旦日之演讲：主张办商人补习学校、商界俱乐部、商界图书馆、宴会公开》，《申报》1921 年 1 月 4 日，第 10 版。

第三章　多样化建构：各马路商联会的
创立与发展(下)

在公共租界马路商联会大规模出现的同时，法租界和上海城厢、闸北地区的华商也开始了筹备商联会的努力。虽然公共租界工部局增收房捐的决定与界外商人无关，但法租界和华界商人也同样面临着当局征收苛捐杂税的侵扰，在争权与维权斗争中，彼此之间需要相互声援和协调。因此，随着公共租界第一波商联会的创办以及商总联会的成立，法租界和华界中的各马路商人也掀起了创建商联会的高潮。

一、从法租界商联会到法租界商总联会

五四运动后，法租界内的商联会也建立起来了，报纸上最早出现法租界商联会这一名称的时间大约在 1919 年 7 月初。7 月 1 日，《申报》刊出一则以"上海法界商界联合会"的名义发至巴黎和会中国代表的电报，表达"山东问题，国民誓不承认签字，若签字，请勿回国"的坚定态度。① 据当事人回忆，法租界商联会是在五四运动的影响下产生的，"法租界多数商人感到国家兴亡，匹夫有责，想成立一个组织展开活动"。发起人主要有八仙桥新康烟店叶觇辰，恺自尔路湖丰昌棉布店汪醒斋，法租界小东门报关行江锦春，长滨路

---

① 《商界联合会致巴黎电》，《申报》1919 年 7 月 1 日，第 10 版。

颜同德药材店颜芹香，西新桥天福棠药材店王福棠，公馆马路盐店祝华封，公馆马路德壹祥棉布店贝铭忠，公馆马路物华银楼陈德彰，公馆马路天吉堂药材店李维良等。[①] 不过，报刊上并未出现有关法租界商联会活动的任何记载，直至 9 月 18 日，《申报》才又登载了《法租界商界重组联合会》的报道：

> 法租界商业联合会发起于各团体之先，嗣因多事涉讼，以致失败，而会员之热心者，仍不改其初衷，冀达恢复目的，昨日（十七号）在东新桥街四号筹备处开会讨论进行办法，公决述明宗旨，呈请主管官厅备案，想不日当可成立也。[②]

但是，法租界商联会的重建进程并非如此乐观，也许，"讼事受挫"的阴影仍笼罩在商人心头，商人入会的积极性显然受到打击，热心人士也低估了重建的难度，于是，又展开了新一轮的筹建动员。9 月 22 日，他们油印劝告书分送界内各商店，指出"今为救国计，并为我商人自己争人格计，奉劝我荣辱与共、休戚相关各商家，成事不说矣，失败即成功之基，恨我者听之，笑我者亦听之，从此再接再厉，全始全终，自古成大事立大功者，皆不外坚忍二字，国事茫茫，千钧一发，天下兴亡，匹夫有责，勉旃勿懈，国家幸甚，民生幸甚"[③]，这更像一份政治动员书。10 月 27 日，法租界商联会筹备会举行第一次会议，汪醒斋报告了筹备经过，大会通过了商联会章程及会员入会志愿书，并决定将法租界分为七段，推举产生了临时干事，负责联络各商家。[④] 11 月 4 日，筹备会举行第二次会议，包括临时干事在内的 30 余人出席了会议，为了扩大商联的影响力，会议决定函请界内素负声望的热心商家如贝润生、苏筠尚、陆伯鸿、陆崧侯、黄楚九、林宝琛、吴善卿、余东昇等

---

① 李维良：《李维良回忆》（1965 年 11 月 26 日），原件藏上海市工商业联合会档案史料室，转引自上海市工商业联合会、复旦大学历史系编《上海总商会组织史资料汇编》下册，第 1036 页。

② 《法租界商界重组联合会》，《申报》1919 年 9 月 18 日，第 10 版。《法租界商业联合会开会重组》，《民国日报》1919 年 9 月 18 日，第 10 版，该报称筹备处在东桥街 4 号。

③ 《法租界商业联合会复活》，《申报》1919 年 9 月 22 日，第 10 版。

④ 《法租界商业联合会开会纪》，《申报》1919 年 10 月 29 日，第 10 版。

"共同赞成，出为本会维持一切"，会后，临时干事各带章程、志愿书分途发动。① 11 月 7 日，第三次筹备会议要求"凡愿入本会为会员者，务希三日内将志愿书一律填送"②。截至 11 月 16 日，交到筹备处的入会志愿书虽超过了 300 份，但与界内商家数相比，仍不理想，第四次筹备会议认为"较前额相去殊甚，应请各路调查员重行征集人才，决议应再调查，务达普及而后已"。同时，筹备会议函请的各名誉董事也纷纷"谦让推辞，未蒙照允"，会议则决定再致函邀请，"务达许允而后已"。③12 月 1 日，法租界商联会假爱多亚路商业公团议事厅开成立大会，莅会者约数百人，临时主席叶赑辰报告商联会成立宗旨，并请来宾及会员多人演说，会议通过了宣言书，说明了法租界商联会的成立背景，并表达了成立之后的目标：

> 本会当仁不让，谨本发起最早之精神，誓与各界取一致行动。……商界为买卖之机关，日货之来及国人之所以购买日货者由吾商人为之媒介，故本会之天职乃以团体之结合抵制日货，振兴国货，作根本之强国计划，一面联合全国各界，本良心之主张，作积极之救国，所望各界亟力愤起，勿再观望，致放厥责，外患迭作，国是日非，本会不敏，谨竭棉薄，承诸公后，区区微忱，诸惟亮鉴。

来宾演说中，章太炎强调了商人"在商言商"的重要性，他说："方见法捕房派人来言，谓商人只可谈商务，不可干及政事，余（章君自称）谓此言甚是，并深望我纯洁不污之真商人须努力打破卖国之假商人。"④其他来宾演说则多以爱国、强国相勉励。

与其他商联会一样，法租界商联会实行会长制，正会长一名，副会长两名，会计长一名，评议员若干，先由会员提名候选人，再在候选人中进行复选。1920 年 3 月，法租界商联会举行第一次正式选举，结果，叶赑辰当选为正会长，汪醒斋及江锦春为副会长，周凤铨为会计长，同时，还分段选举产

---

① 《法租界商联会二次筹备会》，《申报》1919 年 11 月 4 日，第 10 版。
② 《法租界商业联合会开茶话会》，《申报》1919 年 11 月 8 日，第 10 版。
③ 《法租界商业联合会筹备会》，《申报》1919 年 11 月 18 日，第 10 版。
④ 《法租界商业联合会成立会记》，《申报》1919 年 12 月 2 日，第 10 版。

生了评议，沈子元、李子桢为第一段评议，陈韵松、钱士涌为第二段评议，王馥棠、方彝伦为第三段评议，周锦华、潘则言为第四段评议，袁银坤、王静言为第五段评议，林仁绍、刘赞襄、李寿山为第六段评议，傅锦云、刘永康为第七段评议，张锦园、孙琢璋、徐子彬为第八段评议，沈士诚、凌承志为第九段评议，戎承灏、黄湧为第十段评议。① 此外，法租界商联会还聘请赉美律师为法律顾问，会所最初设在法租界八仙桥西首安里三弄63号，后迁至李梅路福安里二衖10号，1920年年底再迁至法大马路西新桥德顺里二弄第12、13号。②

　　法租界商联会成立后，会长叶觊辰多次提出辞职，评议会、干事会一再挽留，勉力维持。1922年9月下旬，叶觊辰再次递交辞职书，评干联席会议一方面表示"应请勉为其难，暂再维持"，另一方面决定"照章筹备选举"。③10月下旬，法租界商联会公布了初选结果。④ 10月30日，法租界商联会举行正式选举，结果，叶觊辰得票最多，当选为会长，钱广甫当选为副会长，陈雪堂、袁银坤等人为评议员，江锦春、徐畏三等人为干事，干事部推定江锦春为干事长，汪醒斋、陈伯岐、翁兴元、顾少卿等人为交际员，潘则言、罗瀛洲为会计。⑤

　　法租界商联会成立后，不仅在办学、防火、防盗、卫生等街区公共事业建设上充分发挥了组织作用，而且积极参与租界内的政治事务，会员日益增多，"多数会员，金以本会地方辽阔，会务进行事宜，有鞭长莫及之势"，1925年8月，在法租界商联会换届改选之际，会员中出现了拟将商联会改设"总会"之议，原十一段改设为十一处分会。⑥ 8月底，经过初选与复选，新的法租界商联会领袖正式产生，卢星阶当选为会长，颜芹香、贝明忠二人当选

---

① 《商界联合会开会汇录》，《申报》1920年3月29日，第10版。
② 《法租界商业联合会紧急会议》，《申报》1919年12月19日，第10版。《商界联合会开会并纪》，《申报》1920年5月11日，第10版。《各路联合会开会汇纪》，《民国日报》1920年11月30日，第10版。
③ 《法租界商业联合会昨日开会》，《申报》1922年9月29日，第15版。
④ 《法租界商联会初选揭晓纪》，《申报》1922年10月24日，第15版。
⑤ 《法租界商业联合会选举职员会纪》，《申报》1922年10月31日，第14版。
⑥ 《法租界商联会将改设分会》，《申报》1925年8月10日，第15版。

为副会长，评议长为祝华封，干事长为江锦春。① 不过，当选会长卢星阶多次辞职，按规定，由次多数贝明忠接替会长，副会长则由瞿鹤鸣递补。新商联会领导层的社会背景见表 3-1：

表 3-1　法租界商联会领导层社会履历表

姓　名	职　务	社会履历
贝明忠	正会长	德盛祥、德丰祥号主，中华义勇团董事，振华堂董事
颜芹香	副会长	颜同德、颜良济药号主，前沪西各路商联会会长
瞿鹤鸣	副会长	长顺号号主，县商会会董，总商会会员
祝华封	评议长	大昌盐栈栈主
江锦春	干事长	益记报关行行主，沪南东区保卫团庶务长、商联会庶务，法商联会发起人

资料来源：《法租界商联会正副会长接洽就绪》，《申报》1925 年 9 月 9 日，第 16 版。

9 月 18 日，新旧会长及职员举行交接仪式，除常规交替外，与会新、旧职员简要回顾了法租界商联会的历史，揭示了团体建设的要义，对新任正、副会长寄予了厚望：

> 固结团体，首重精神，精神焕发，众志成城。我会设立，联络商情，汪江二公，辛苦经营。民五草创，以迄于今，为公为己，爱国爱群。社会称颂，地方更新，四届改选，今日告成。贝颜瞿公，商界铮铮，出膺肩钜，合境欢迎。宏猷硕划，与日俱增，发挥光大，无限前程，敢先预贺，我会昌明。②

但是，事与愿违，成立不久的法租界商联会不仅难以将各段改设为分会，自身也无法升格为总会，而且因内部纷争而陷入瘫痪。11 月初，报纸上传出贝明忠辞去会长职务的消息，法租界商联会召集临时会，在评议长祝华封的主持下，接受了他的辞职请求，并要求其提交书面辞职信，将商联会各种印

---

① 《法租界商联会复选揭晓》，《申报》1925 年 9 月 1 日，第 15 版。
② 《法租界商联会新职员会》，《申报》1925 年 9 月 19 日，第 15 版。

信送交祝华封保管。① 然而，贝明忠于11月12日登报声明，并未辞职。② 随后，法租界商联会在11月16日的常会上，无异议通过了贝明忠辞职案，并决定重新筹备选举。12月23日法租界商联会公布初选结果，叶觊辰、李维良、汪醒斋、江锦春、贝明忠等30人为初选当选人。1926年1月中旬，法租界商联会对初选当选人进行复选，结果，叶觊辰当选为会长，王馥棠、贝在荣当选为副会长，於子承当选为评议长，陈德新、潘如兴、朱福荃、李维良、徐畏三、宋松龄、祝华封等人为评议员，江锦春为干事长，郑积生、方长安、孙湧霖、林元章、樊景卿、潘治铭、洪一声为干事员。③

叶觊辰"回锅"担任会长后，为了进一步扩大影响力，提高法租界商联会的号召力，决定组建董事会，聘请钱广甫、黄楚九、雷滋蕃、郑言卿、冯厚馀、颜芹香、徐庆云等15人为会董。此时，法租界公董局卫生处提出了增加食物捐的议案，引起了法租界商联会与其他商联会的抗议，于是各商联会多次举行联席会议，并推派代表齐集法租界商联会，集体前往法租界公董局华董陆伯鸿处，要求取消食物捐。经陆伯鸿的斡旋沟通，法租界公董局决定从缓增捐。在斗争过程中，南阳桥、唐家湾、菜市街、爱多亚路、民国路等商联会痛感统一组织的必要性，认为"法租界商业，近来日趋发达，地方范围亦颇广大，组织总会，对内对外，均极便利"，而法租界现有商联会"不能承认任何一团体，即为总会"，因此，决定成立法租界商界总联合会，会员以团体为单位加入，设筹备处于南阳桥茄勒路义业里36号。④ 经数月筹备，7月13日，法租界商总联会举行选举会，选举张寅（啸林）为正会长，程祝苏、黄金荣为副会长，吴进之为评议长，徐子贤为副评议长，同时推定各科正、副主任如下：总务科尚慕姜、吴实君，文书科童理璋、吴公望，会计科张瑞琛、鲁庭建，交际科吴亮生、郑忠兴，调查科楼鸿钧、吴伯华，教育科方伯琴、孙瑞庭，卫生科石厥卿、龚静岩。⑤ 7月14日下午，法租界商总联会在爱多亚路安乐宫召开成立大会，出席成立大会的各界代表有300余人，会议通过

---

① 《各商联会消息》，《申报》1925年11月5日，第10版。

② 《法租界商联会会长问题之波澜》，《申报》1925年11月13日，第14版。

③ 《各商联会消息》，《申报》1926年1月19日，第15版。

④ 《法租界商总联会之筹备》，《申报》1926年4月22日，第14版。

⑤ 《各商联会消息》，《申报》1926年7月14日，第15版。

了成立宣言与章程，举行了职员就职典礼，成立宣言阐述了法租界商总联会的成立缘起、筹备经过及团体旨趣：

> 处此二十世纪商战时代，无强固之组织，不足以图生存，无团结之精神，不足以谋胜利，上海为中外商人所荟萃，华洋贸易之总枢，我商人尤有组织团体之必要，是故公共租界各路商界发起商界总联合会于先，南市闸北继起于后，年来我法租界商业日益发起，市面日臻繁盛，各路商界联合会，亦因潮流所趋，次第成立，对于各项公益办理颇著成效，惟无总联合会之组织，以主持统率，致各自为谋，遇有重大问题，临时召集联席会议，对内对外，均感不便，兹经法租界南阳桥、唐家湾、菜市街、民国路、爱多亚路等各路商界联合会，决定组织法租界商界总联合会，业已正式成立，惟兹事体大，一切进行，端赖群策群力，各项事业，庶几易于发展，尚望吾商界诸君，踊跃参加，积极赞助，俾对内有统一之组织，对外有强固之团结，为商业谋福利，为国家增光荣。①

但是，对于新成立的法租界商总联会，法租界商联会起初认为其设立不合"会例"："依普通会例，联合会之所以组织总会，恐各商联会遇事辗转联络，至误时机，乃设总会，以提絜之，以易专一，而冀便捷，其组织由各商联会推出代表，任作议董，由议董产生正副会长及各职员，而于界内商号，无征求会员征收会费之可能，系各商联会自动之集合而成，非可强拉而立。今贵会先具名称，然后至各商联会制合，削足求履。"②因此，法租界商联会对法租界商总联会，既不加入，亦不明显反对，并特别声明，"现无改组及加入该总联合会情事，所有在外行动，不担职责"③，明确划清了与法租界商总联会的界限。法租界商总联会对法租界商联会的态度相当不满，几次欲"加以警告"，不过，加入与否，全系自愿，法租界商总联会也无可奈何，两团体各自独立并存。

正当双方互不买账时，1926 年 9 月初，法租界公董局卫生处旧事重提，欲增加食物捐，但这次改变手法，主动邀请法租界商联会会长叶觐辰到公董

---

① 《法租界商总联合会成立会纪》，《申报》1926 年 7 月 15 日，第 15 版。
② 《各商联会消息》，《申报》1926 年 7 月 26 日，第 15 版。
③ 《两商联会消息》，《申报》1926 年 7 月 20 日，第 15 版。

局协商，并委托叶氏"邀集原具名各团体妥方答复"，为此，法租界商联会函请商界代表于 9 月 12 日到该会德顺里 4 号会所开会，"务望卫生食物各业各推代表准时莅临，千万弗误"。① 可以说，公董局这次给足了法租界商联会面子。然而，会议当日，天公不作美，"嗣因天雨被阻，所到代表无多，不及讨论"②。相比之下，各业代表并未给足法租界商联会面子。与此同时，法租界商总联会得此消息后积极行动，邀集各路代表前往公董局华董陆伯鸿处，磋商取消食物捐办法。9 月 27 日，陆伯鸿邀请各商联会代表潘选卿、楼孝瀚、张瑞琛、童理璋等集议，陆认为"法界各种捐都远逊英界，且此事已经工部局议会通过，我人为尊重议会起见，似宜互让，两面顾到，定一折衷办法，总使法界商民，不致负责过重"，"列席者佥表赞同"，可见沟通达到了目的。③法租界商联会也致函公董局另一华董陆崧侯，希望"照原捐每年二元之定额，酌增若干"，且应分别店铺等级，增加标准"由各业自定，俾免纷扰，若少量带售罐头食物之小店铺，增加之数，务请一律豁免"。④ 10 月 7 日，法租界公董局邀请各路商界代表吴进之、方伯琴、楼鸿钧、欧阳朝觐、叶瑞斋、杨廷钧、张瑞琛、童理璋等一起商议，经过充分讨论，公董局决定"照原拟增加之数，减去三分之二"，并且推至次年 1 月 1 日起征收，按影戏院、洗衣店、汽水食物店、牛羊肉店、面包店、鲜肉庄、水厂售冰店、水果店、罐头食物店、成衣店、牛奶棚、酒馆饭馆、银楼、古玩店十四类，分别制订增收标准。⑤有趣的是，上述各路代表同时也是法租界商总联会领导层，而法租界商联会反被置身事外，这再一次巩固了法租界商总联会在租界内的代表地位。牛羊肉业、银楼业等同业组织还主动函请法租界商总联会就食物捐征收标准与法租界公董局交涉。

此后，法租界商总联会更加注重会务机制建设，通过了办事细则、议事规则，征求特别会员，筹集会费，对外方面，通电要求废除中比条约，声援

---

① 《法租界商业联合会为邀请卫生食物各业集议启事》，《申报》1926 年 9 月 12 日，第 2 版。

② 《各商联会消息》，《申报》1926 年 9 月 13 日，第 15 版。

③ 《请免征法租界卫生捐之会议》，《申报》1926 年 9 月 28 日，第 10 版。

④ 《法租界商人请减食物捐》，《申报》1926 年 10 月 1 日，第 11 版。

⑤ 《法公董局昨日讨论食物捐》，《申报》1926 年 10 月 8 日，第 10 版。

万县惨案，影响力越来越大，权威性越来越高，被奉为"法租界商业团体之领袖"，相比之下，法租界商联会虽自视"为全法租界各商号所组织"，但影响力却越来越小，逐步降至一个普通的马路商联会。在法租界纳税华人会的筹组上，法租界商总联会彻底打消了法租界商联会争夺领袖地位的图谋。1927年年初，法租界公董局通过了增添华董的决定，法租界商联会为了更好地履行市民参政权，率先发起成立上海法租界纳税华人会，并通过了12人的筹备员名单，叶觊辰任筹备主任。① 1月12日，法租界商总联会亦召集临时紧急会议，决定组织法租界纳税华人会临时筹备委员会②，"由每一同业团体，教育机关，各联合会，以及每路每街每里未经加入任何团体之合格市民，皆得推举一人至三人为纳税人会筹备员，筹备即竣，即日选出理事会，再由理事会选出华董"③。法租界商总联会的倡议得到了各路商联会的赞成，1月17日，法租界商总联会召集第一次筹备会，民国路、爱多亚路、南阳桥、唐家湾、菜市街、法租界西区以及法租界商联会的代表出席了会议，并成立了包括法租界3名代表在内的22人组成的筹备处。④ 此举表明，法租界商联会承认了法租界商总联会的领袖地位。此后，法租界商总联会在纳税华人会的筹备中发挥了领导作用。

　　组织上的合并要到法租界商总联会举行换届改选时。1927年9月，法租界商总联会进行改选，法租界各路商联会推举代表参加选举，法租界商联会的叶觊辰当选为监察委员，成为三名监察委员之一，於子承、李维良、贝在荣、颜芹香等人当选为常务委员，占七分之四，成为各路商联会中的最大赢家，法租界商总联会下设秘书科、组织科、审查科、仲裁科、教育科、公益科等，各科委员均来自各路商联会，选举大会还邀请张啸林、黄金荣、杜月笙三人为名誉监察委员，后又补推李应生为名誉监察委员。⑤ 至此，法租界商联会才全面参与了商总联会的活动，虽然与法租界各路商联会相比，地位

①　《法租界商人拟组纳税华人会》，《申报》1927年1月11日，第9版。

②　《法租界商总会讨论纳税华人案》，《申报》1927年1月13日，第13版。

③　《法商总会进行纳税人会》，《申报》1927年1月17日，第10版。

④　《法租界纳税华人会筹备会纪》，《申报》1927年1月19日，第14版。

⑤　《法租界商总会改选职员》，《申报》1927年9月23日，第10版。《法租界商总会执监委员就职》，《申报》1927年11月28日，第11版。

较为突出，但终究只是法租界商总联会下的分会组织。

这种局面也只是暂时的，1928 年 8 月，法租界商总联会又举行第三届职员改选，并决定改行主席团制，选举结果是，杜月笙 27 票，程祝荪 26 票，尚慕姜 20 票，当选为主席团主席委员。常务委员共 9 人，由各分会推举代表担任，包括：法租界商联会叶贶辰、民国路商联会吴亮生、爱多亚路商联会童理璋、南阳桥商联会张瑞琛、唐家湾商联会龚静岩、菜市街商联会朱声茂、西区商联会金立人、徐家汇商联会唐敬熙、特别会员组董克昌。监察委员 5 人，张啸林 21 票，金廷荪 19 票，鲁廷建 13 票，李维良 12 票，贝在荣 11 票，当选为监察委员，吴凯声、徐子贤均 11 票，为候补监察委员。① 9 月初，法租界商总联会举行第一次常务会议，确定了各科职员，其中主任科员由各常务委员分任。

1929 年 9 月，商总联会进行第四届职员改选，结果，杜月笙连任主席，程祝荪、尚慕姜仍任副主席，叶贶辰为候补主席；黄金荣、张啸林、朱声茂、金立人、叶贶辰 5 人当选为监察委员，李维良、吴亮生、鲁廷建、徐秀廷、龚静岩、楼鸿钧、沈仲俊、唐敬熙、张耕珊 9 人当选为常务委员。②

其实，从领导层的社会背景来看，法租界商总联会之所以能够取得"总会"地位，取得与法租界公董局对话的代表资格，领导各路商联会，与其帮会背景密不可分，张啸林、黄金荣、杜月笙等上海滩上有名的帮会大佬，一呼百应，这是法租界商联会无法比拟的。

二、法租界各路商联会的创立与发展

上海法租界辟于 1849 年，初建时面积仅 986 亩，人口仅数百人。经过 1861 年、1900 年、1914 年的三次扩张，面积分别增至 1124 亩、2149 亩、15150 亩③，1865 年达到 55925 人，1910 年超过 10 万，达 115946 人，1920

---

① 《法租界商总会改选》，《申报》1928 年 8 月 22 日，第 16 版。
② 《各商联会消息》，《申报》1929 年 9 月 23 日，第 14 版。
③ 邹依仁：《旧上海人口变迁的研究》，第 92 页，表 3。

年增至 170229 人，1925 年接近 30 万，为 297072 人。① 面积扩张与人口增长带来了商业的发展。当然，与公共租界相比，法租界无论在面积、人口数量上，还是在商业发展程度上，都相对逊色。这也导致法租界内以马路为单位的商联会组织拥有不同于公共租界商联会的一些特点。

1. 民国路商联会

民国路位于法租界与华界交界处，一街跨两界。唯其如此，民国路商联会成立后，初期加入上海商总联会，法租界商总联会和南市商总联会成立后，又分别参加上述两总会的活动，这种现象在上海各路商联会中并不多见。

民国路商联会成立于 1919 年 8 月中旬，其发起宣言强调了商人的国民责任，揭示了民国路商人创办商联会的目的："本路同人同是国民一份子，应尽匹夫之责，于是有民国路商界联合会之组织，结立团体，共谋救国，以提倡国货，挽回利权为唯一宗旨，无党无偏，一心一德，本纯洁之良心，谋国家之福利。"②8 月 20 日，民国路商联会在爱多亚路二洋泾桥口商业公团召开正式成立大会，共 200 余人与会。会所设在永安街首福里事务所(后因该地狭小，改迁至华界民国路福佑门北首 92 号洋房)，初期入会商店约 89 家。商联会吸收会员的范围除民国路外，还有洋行街、永安街等邻近街区内的商店，因此，商联会曾一度讨论拟改名三路商界联合会。③

民国路商联会会员不分等级，年费标准为二元，上、下半年分别征收，但商店例外。在运行机制中，与其他马路商联会不同，除年度大会外，民国路商联会的常设机构为评、干联席会，负责讨论日常事务，1920 年 5 月中旬，民国路商联会举行改选，选举潘伯良为正会长，吴亮生、裘养志为副会长，会议同时选举产生了评议员、干事员若干人。④ 1922 年 7 月，民国路商联会举行第二届职员改选，采取复选制，初选采用通信选举法，吴亮生当选为正会长，陈乐山、崔奇峰当选为副会长，张雨田当选为干事长，周新初当选为评议长。⑤ 在 1923 年 8 月的换届改选中，民国路商联会曾推举方椒伯为正会

① 邹依仁：《旧上海人口变迁的研究》，第 90 页，表 1。
② 《民国路商业联合会宣言书》，《申报》1919 年 7 月 18 日，第 11 版。
③ 《民国路商业联合会将改名称》，《申报》1919 年 12 月 16 日，第 10 版。
④ 《商界联合会开会并纪》，《申报》1920 年 5 月 20 日，第 15 版。
⑤ 《民国路商联会复选记》，《申报》1922 年 7 月 10 日，第 15 版。

长，希冀借重他在商界的地位扩大该团体的影响，但是，方椒伯以"事繁不能兼顾"为由，"专函辞谢"，断然表示"倘续有劝留手续，恕不奉复"。① 无奈之下，1923年12月2日，民国路商联会又进行了重选，吴亮生连任正会长，副会长为周新初、崔奇峰，评议长为蔡志权，干事长为徐运新。② 此后，民国路商联会仍十分活跃，1929年曾带头发起召集各路商联会联席会议，反对国民党三中全会解散商联会的提案，但正常的职员换届改选已停滞。

2. 爱多亚路商联会

爱多亚路地处英、法租界交界处，与山东路、河南路相邻，原名洋泾浜路，系填浜而成，1916年成街，为纪念英皇爱德华七世加冕，命名为爱德华路，"爱多亚"系爱德华的不同汉译。该路商联会正式发起于1920年冬，不过，五四时期报刊上早已出现了以爱多亚路商联会的名义参加抵制日货、欢迎美国公使访沪等活动的记载。1920年11月，爱多亚路申泰昌号陈措卿联合该路24户商家(见表3-2)"鉴于时世潮流，非联络互助，不足以谋公益，又鉴于各路商界联合会成绩之优美，本路未便再迟，甘居人后"③，共同发起，拟设立爱多亚路商联会。

表3-2　爱多亚路商联会发起人简况表

商号及其代表	商号及其代表	商号及其代表	商号及其代表
申泰昌陈措卿	义和成林天德	德泰号余长明	怡昌祥章仁麟
光裕泰记孙正杨	鸿泰号洪文德	源泰昌张福铭	章裕号
德盛公吴士廉	丰泰记号陈福林	日森昌周瑞金	新泰永源记殷庚泰
润泰王兆棠	永丰号陈富林	祥泰周德辅	德兴源徐运棠
泰昌兴记	恒大吴荣铨	公和祥裕记沈如棠	泰顺韦雨卿
光明黄国良	陈源大陈子芳	物品交易所洪承祁	晋泰黄国良

资料来源：《民国日报》1920年11月26日，第10版；《申报》1920年11月26日，第11版。

12月22日，爱多亚路商联会召开第二次筹备会，会议通过了商联会征求

① 《方椒伯函辞民国路商联会长》，《申报》1923年9月30日，第15版。
② 《民国路商联会改选职员揭晓》，《申报》1923年12月4日，第15版。
③ 《爱多亚路开第三次筹备会》，《民国日报》1921年2月20日，第11版。

会员办法，规定该商联会"以谋商业常识，增进道德，联络感情，挽权利公共幸福为宗旨"，凡属于爱多亚路"英法租界之商店，每店得推举一人或二人为会员"，入会者须填具志愿书，所有会员均具有选举权与被选举权，会费由各商号自由认定，"计分每一开间门，每月应缴月捐五角，开间多寡，依次而论，有困难者，可酌量担任"。会议决定分五段征求会员，第一段从外洋泾桥至三洋泾桥，由林天德、吴士廉、刘志成、童理璋负责，第二段从三洋泾桥至打狗桥，由吴士廉、周瑞金、章仁麟、孙正扬负责，第三段自打狗桥至新桥，由沈永康、邵明耀、王廷相、楼弓甫、许诚负责，第四段自东新桥至西藏路，由杨文源、松寿、朱霍良、黄楚九负责，第五段自西藏路至长浜，由何星之、洪文德、陈子瀛、童理璋负责。① 到 1921 年 2 月，签名盖印加入爱多亚路商联会的商号共 80 余家。第一届职员投票选举日为三天，共选举 24 名职员，其中会长 1 人，副会长 2 人，文牍、会计各 3 人，调查、交际、庶务各 5 人，职员由全体会员选举，会长及各科职员由各职员互选，各科主任由科员互选，但本店不能选举本店会员为职员，否则为无效票，选举票数达三分之一以上者，当即开柜点票。② 6 月 2 日，爱多亚路商联会在大昌烟公司议事厅举行第一届选举会，结果周瑞金、洪文德、杨文源、蔡钦生等 24 人当选为职员。③ 复选选举穆抒斋为会长，洪永祁、鲁廷建为副会长，章仁麟为文牍主任，徐荣棠为会计主任，许诚为调查主任，张礼林为交际主任，朱霍良为庶务主任，黄楚九为干事主任，设事务所于老正和染坊。④ 8 月 10 日，爱多亚路商联会会员及各路代表 300 余人在民国路浸会堂召开正式成立大会。⑤ 与会者认为，"居此世界潮流之际，吾人所受之痛苦，非组织团体集众讨论，无从伸布，吾人所希望之目的，欲改中国商人，非普及教育，养成人才，团结团体不可"，对爱多亚路商联会的成立寄予了厚望，希望"团结坚持到底，和衷共济"⑥，设会所于老正和染坊。不过，该会历经近一年的筹备始

① 《爱多亚路联合会筹备纪》，《民国日报》1920 年 12 月 24 日，第 10 版。
② 《爱多亚路联合会之近讯》，《民国日报》1921 年 5 月 27 日，第 11 版。
③ 《爱多亚路联合会选举会》，《民国日报》1921 年 6 月 3 日，第 11 版。
④ 《爱多亚路商界复选职员》，《民国日报》1921 年 6 月 19 日，第 11 版。
⑤ 《爱多亚路成立会纪事》，《民国日报》1921 年 8 月 11 日，第 11 版。
⑥ 《爱多亚路联合会成立会纪》，《申报》1921 年 8 月 11 日，第 14 版。

告成立，可见其艰难，一是缺乏热心会务人士，二是会费难以筹集。据悉，爱多亚路商联会筹备过程中的所有费用均由发起人童理璋、副会长鲁廷建垫付，成立后的运行费用亦缺乏保障，"凡填具志愿书认定数目者先收，余则劝其先填志愿书"。

穆抒斋时任上海棉业交易所理事长，并当选为江苏省议会议员，1921 年10 月，他具书辞职，表示"万难兼任"。① 不过，爱多亚路商联会并未接受穆抒斋的辞职，然其亦未参加商联会活动，所有会务均由副会长代理。1922 年再次选举穆抒斋、穆藕初为会长，鲁廷建、蔡钦生、蒋君毅、吴屏如等为副会长，实行双会长制，但穆抒斋仍坚辞不就，穆藕初亦不视事，会务仍多由副会长鲁廷建主持。此后，爱多亚路商联会于 1923 年又选举顾馨一、穆藕初分任会长、副会长。穆抒斋、顾馨一、穆藕初均为上海有名商人，于此可见爱多亚路商联会欲借重大商人以抬高商联会地位的心态。1925 年，爱多亚路商联会与山东路商联会曾一度联合交通路、湖北路、九江路等商联会，组建东南五路商联会。② 山东路商联会钱龙章任东南五路商联会会长，爱多亚路商联会鲁廷建任副会长。但这只是一个松散型组织，各路商联会仍独立存在，倒是山东路、爱多亚路常常在防盗、抗捐与政治参与中一致行动，1927 年还曾联合组建两路商民协会。1925 年后，鲁廷建多次连任爱多亚路商联会会长，并发起征求新会员，取得了一定成绩，新开商店"如新中华，信馀、成业、松盛等号已有百数十家加入，异常踊跃"③。即使如此，爱多亚路商联会在发展过程中仍然面临着经费不足的严重困难，"因翻造房屋或有迁移他处者，或有新近开设者，故各商号时有变动，以致月捐收入，渐形减少，而新设商号，仍未加入，故本会经济，因此骤形竭蹶"④。

3. 南阳桥商联会

南阳桥位于法租界，其范围"南至辣斐德路，东至民国路，北至褚家桥，

① 《穆抒斋函辞联合会长》，《申报》1921 年 10 月 20 日，第 15 版。

② 《各商联会消息》，《申报》1925 年 11 月 30 日，第 14 版。

③ 《各商联会消息》，《申报》1926 年 6 月 8 日，第 15 版。

④ 《各商联会消息》，《申报》1926 年 11 月 3 日，第 15 版。

西至吕班路为止"①。随着商业的发展，南阳桥一带商人萌生了单独设立商联会的想法，经过数月筹备，1924 年 11 月 24 日，南阳桥商联会假法租界白尔路晏公寺开成立大会，会议通过了章程，聘请王开疆为律师，会长吴发林，副会长胡子钧、叶瑞斋②，拥有会员 150 余人。南阳桥商联会成立后，适逢次年五卅运动发生，该会积极动员会员声援罢工工人和罢课学生，并组织募捐活动。1925 年 10 月，南阳桥商联会举行了第二届职员改选，结果吴进之当选为会长，龙静岩、张瑞琛当选为副会长，叶瑞斋为评议长。③ 改选后的商联会进一步扩大会员征求范围，决定"征求未加入之商店一致加入，并推定林正棠、吴实君、张瑞琛等十五人征求委员"④。在征求委员的努力下，南阳桥商联会每年均有新会员加入。12 月底，南阳桥商联会议决加入上海各路商界总联合会，并推举张瑞琛为出席议董。⑤ 1926 年，南阳桥商联会迁入茄勒路义业里 36 号新会所办公，联合法租界其他商联会发起成立法租界商总联会。为进一步扩大南阳桥商联会的影响，4 月，南阳桥商联会敦请黄金荣、萧见宾、尚慕姜、冯赓亮等人为该会名誉会董，并决定"新开设之商界，请冯国基积极征求加入，关于本会之范围，亦应积极扩充"⑥。为了维护会员权益，南阳桥商联会聘吴凯声律师为永久法律顾问，聘金煜大律师为常年法律顾问。

　　1927 年后南阳桥商联会改会长制为委员会制，下设会计、文牍、调查、交际、庶务等办事机构，各科主任均由常务委员兼任，1929 年年初，选举监察委员张瑞琛、陈蝀仙、尚慕姜、彭巨庭、金荧祺，候补委员符信候、蔡如才，徐庆荣、龚静岩、叶瑞斋、徐松涛、黄志贤为常务委员并分任会计、文牍、调查、交际、庶务科主任。⑦

　　4. 唐家湾商联会——唐家湾九路商联会

　　唐家湾位于城西法租界新辟地界，与华界接壤，1924 年年底该地商家鸿

---

① 《各商联会消息并志》，《申报》1925 年 12 月 15 日，第 14 版。
② 《南阳桥商联会成立》，《申报》1924 年 11 月 25 日，第 11 版。
③ 《两商联会消息·南阳桥商联会》，《申报》1925 年 10 月 20 日，第 12 版。
④ 《各商联会消息并志》，《申报》1925 年 12 月 8 日，第 10 版。
⑤ 《各商联会消息》，《申报》1925 年 12 月 29 日，第 10 版。
⑥ 《各商联会消息》，《申报》1926 年 4 月 13 日，第 15 版。
⑦ 《南阳桥商联会选举揭晓》，《申报》1929 年 1 月 29 日，第 14 版。

裕布厂冯培芳、盈丰吴伯华、同昇昌朱仲祺、春和煤号方伯琴等 30 余家商户发起筹备商联会，并推举冯培芳为正会长，吴伯华为副会长，评议朱仲祺，经济方伯琴，理事徐子贤，交际许锦庭，文牍王书田。① 1925 年 4 月，筹备会讨论并通过了章程，征求会员，决议尽早举行成立大会。为加快成立进度，筹备会每周日下午 7—9 点为常会时间，并公推方伯琴、徐良钰、经煜明、施裕昌为干事员，蔡梅林、程祝苏、张松林、赵子华为交际员，沈肇源为文牍员，并决定吸纳康悌路及天文台路商家加入唐家湾商联会。② 经数月筹备，10 月 19 日举行了成立大会，正式选举方伯琴为正会长，徐良钰为副会长，会所设在沪西慈善团天佑坊（后迁至唐家湾平江里 18 号）。③ 10 月 26 日，在商联会正式成立后的第一次常会上讨论了会务发展问题，决定经费由各会员量力赞助，征求会员问题由全体会员分头接洽，并推举冯培芳为评议长，程祝苏、朱仲麒、胡芳圃、经煜明为评议员，吴伯华为干事长，赵子华、程锦祥、陈培元、王子炎为干事员。④ 11 月 22 日，商联会又决定加入商总联会，公推王子炎、经煜明为出席代表。⑤ 唐家湾商联会成立后，随着商业的发展，地域范围不断扩大，会员商店增至 200 余家，1925 年 11 月 30 日，商联会常会决定将名称改为唐家湾九路商联会，包括蓝维蔼路、平济利路、辣斐德路、天文台路、菜市路、贝勒路、康悌路、制造局路、徐家汇路九路。⑥ 12 月 7 日，唐家湾九路商联会增选赵子华、经煜明、郭桂林、孙玉书、程祝苏、郑宗兴、范臻渭、胡芳圃、陆和行、朱大章为评议员，并改选程祝苏为评议长，王子炎为副评议长。⑦ 12 月 26 日，易名备案的唐家湾九路商联会又假座西门公共体育场健身房举行了成立大会，聘请尹邨夫为名誉会长。⑧ 1926 年 7 月，与南阳桥等法租界其他商联会一道发起成立法租界商总联会。10 月 19 日，唐

---

① 《唐家湾商联会筹备会纪》，《申报》1924 年 12 月 30 日，第 11 版。
② 《唐家湾商联会筹备会纪》，《申报》1925 年 8 月 4 日，第 16 版。
③ 《两商联会消息》，《申报》1925 年 10 月 20 日，第 12 版。
④ 《各商联会消息》，《申报》1925 年 10 月 27 日，第 15 版。
⑤ 《各商联会消息并志》，《申报》1925 年 11 月 24 日，第 14 版。
⑥ 《各商联会消息》，《申报》1925 年 12 月 1 日，第 14 版。
⑦ 《各商联会消息并志》，《申报》1925 年 12 月 8 日，第 10 版。
⑧ 《各商联会消息并志》，《申报》1925 年 12 月 27 日，第 14 版。

家湾商联会举行第二届职员改选，方伯琴当选为正会长，程祝苏、徐子贤当选为副会长，郑宗兴为评议长，方俊杰为副评议长，此外，选举产生了各部正、副主任和 17 名评议员，9 名干事员，商联会下设总务部、干事部、会计部、调查部、交际部、文牍部。① 1928 年改行委员制，选举程祝苏、潘国柱、徐子贤、张松林、龚静岩等 24 人为委员。② 为维护会员权益，唐家湾九路商联会聘请吴凯声、冯步青为常年法律顾问。

5. 沪西六路商联会

1922 年 5 月，上海市面受到轻质铜元的冲击，各路商联会纷纷筹谋应对，在南京路商联会会所召开的商界拒用轻质铜元的联席大会上，沪西六路商联会是 32 个出席团体之一。③ 不过，直到五卅运动，该路商联会都未真正建立起来。1925 年 6 月，32 路商联会代表开会讨论是否开市，沪西六路亦是其中之一，会议结果是 18 票赞成结束罢市。④ 11 月初，沪西六路开始筹备建立商联会：

> 本埠法租界康悌路、维尔蒙路、菜市路、天文台路、徐家汇路、贝勒路等六路商界华达工厂陈本贤等数十人，鉴于该地一带，地方辽阔，商业日盛，而无对外代表机关，引为怅事，特于前日邀集同志多人，拟就该各路合组一沪西六路商界联合会，以弥其缺。⑤

不过，沪西六路商联会何时正式成立，现有史料没有明确记载，但该路商人经常以沪西六路商界代表的身份参加上海商界的有关活动，而六路中的菜市路、徐家汇路先后单独成立了各自的商联会组织。

6. 菜市街商联会

菜市街位于法租界。1925 年 7 月，该路瑞丰祥、丰昌、松泰、协丰祥、稻香村等各店号朱声茂、凌君湘、吴公望等人"鉴于五卅惨案发生月余，当局无力交涉，至迟延迄今，尚成悬搁，非但各界忍痛牺牲一切，将付东流，既

① 《各商联会消息》，《申报》1926 年 10 月 19 日，第 11 版。
② 《唐家湾商联会昨日改选》，《申报》1928 年 3 月 19 日，第 14 版。
③ 《拒用轻质铜元之决议》，《申报》1922 年 5 月 22 日，第 13 版。
④ 《开市声中关于沪惨案之消息》，《申报》1925 年 6 月 25 日，第 9 版。
⑤ 《各商联会消息》，《申报》1925 年 11 月 5 日，第 10 版。

因惨案罢工之数十万工人生活问题，势将无法接济，凡属同胞均应尽力救济，以期对外一致决心之持久，特发起菜市街商界联合会"，以"联络同志，团结精神，以资对外事宜之得有胜利之结果"为主要目的。① 7 月 22 日，菜市街商联会第一次筹备会推举吴公望、包安生、水祥桂、裴德琴、孔文宝、郑文治、李学书、吴澄海、楼鸿钧、陈渭棠、朱声茂、凌君湘共 12 人为筹备员，朱声茂、凌君湘为筹备主任，负责正式成立前的所有筹备工作。② 筹备工作进展顺利，至 7 月底，已征集到百余家商店入会，并拟定章程 25 条，确定了"联络商人感情，研究商业学识，维护商民利益，巩固商界团结"的团体宗旨。③

然而，筹备工作随后遇到了麻烦。第二次直奉战争爆发后，奉系军阀邢士廉率部进占上海，1925 年 6 月，张作霖任命他为上海戒严司令。邢士廉与租界当局交涉，"凡新近组织之团体，必须向邢氏司令部注册立案，始准成立"。菜市街商联会发起人等"以事关军阀遇阻民意行为，不悄(屑)与之周旋，注册立案之举，既未照行，而该会之进行，遂因之中止"。然而，转眼年底即至，盗案蜂起，菜市街在短短一个月内，接连发生两起劫案，界内商户纷纷要求再组商联会，协力开展冬防，"函请该会筹备处重行进行，共谋防盗"，"各商店均愿加入"，筹备工作又紧锣密鼓地开展起来。④ 此后，在抵制法租界增收卫生捐、抑制粮价飞涨、召开冬防联席会等商界活动中，菜市街商联会的团体名称屡屡出现。至 1926 年 4 月，自愿入会的会员商店已达到 470 余家，设会所于东新桥街 125 号。6 月 6 日下午，菜市街商联会成立大会在贰式堂举行，商总联会，五马路、南阳桥、唐家湾、中城等各商联会代表与菜市街商联会全体职员一起出席了大会，大会通过了章程，举行了职员就职典礼。⑤ 6 月 12 日，第一次职员常会选举朱声茂为正会长，吴公望、凌君湘为副会长⑥，并聘请杨春绿律师、张桐为法律顾问。刚刚成立的菜市街商联会

---

① 《菜市街商联会之发起》，《申报》1925 年 7 月 21 日，第 15 版。
② 《菜市街商界联合会之筹备》，《申报》1925 年 7 月 23 日，第 16 版。
③ 《菜市街商联会筹备消息》，《申报·本埠增刊》1925 年 7 月 28 日，第 1 版。
④ 《冬防声中之防讯》，《申报》1925 年 12 月 25 日，第 15 版。《各商联会消息》，《申报》1925 年 12 月 29 日，第 10 版。
⑤ 《各商联会消息》，《申报》1926 年 6 月 7 日，第 14 版。
⑥ 《各商联会消息》，《申报》1926 年 6 月 14 日，第 15 版。

便与南阳桥、唐家湾等法租界商联会一道发起筹备法租界商总联会，并以团体名义加入为团体会员，推选楼鸿钧、石厥卿、吴公望、庄湘楚、欧阳朝觐5人为出席议董。① 次年，菜市街商联会又加入公共租界商总联会，推举金奏庭为出席代表。② 1928年，商联会改行委员制，朱声茂、楼鸿钧、石厥卿、周琴甫、毛明华、金奏庭、凌君湘7人当选为常务委员，乐根兰、郑龄六、邱心如、马裕隆、符立贤、欧阳朝觐等14人当选为执行委员。③

7. 法租界西区商联会

法租界西区地域辽阔，商业繁盛，与英租界接壤，1926年前该地并无商联会组织。1926年年初，法租界西区拟与位于英租界内的沪西商界联合会"共组一较大团体，以厚实力"，初定名称为英法租界西区商界联合会，筹备处设在沪西会所，双方各推代表，筹备一切进行事项。④ 不过，此事并未得到英租界沪西商联会的响应，于是法租界西区"以八仙桥、坟山路、敏体尼荫路西段、恺自尔路、福煦路、蒲柏路、霞飞路、李梅路、维尔蒙路、嵩山路、望志路、贝勒路西段、萨波赛路、白来尼蒙马浪路、环龙路、华格臬路、贝禘鏖路、金神父路、圣母院路、白尔部路、巨籁达路、吕班路、杜美路、善钟路、庐家湾、徐家汇止，共二十六路皆为西区范围"⑤，重设筹备处于霞飞路鼎吉里8号，至7月，征求入会会员已达300余家。8月4日，法租界西区商联会筹备会举行职员初选，盛植人、金立人、杨廷钧、沈仲俊、郑青士、盛杏卿、杜景卿等21人当选为董事部董事⑥，以盛植人为会长，杨廷钧为副会长。8月18日上午，法租界西区商联会成立大会在霞飞路恩派亚影戏院隆重举行，各路商联会来宾及该会会员300余人出席了成立大会，会议通过了章程，举行了职员就职和法律顾问吴凯声就职典礼。⑦ 1927年改行委员制，10月16日，选举盛植人、金立人、顾芹香为正、副委员长，同时选举产生沈

---

① 《各商联会消息》，《申报》1926年7月5日，第15版。
② 《菜市街商联会职员会议》，《申报》1926年12月6日，第15版。
③ 《菜市街商联会改选纪》，《申报》1928年6月25日，第15版。
④ 《各商联会消息》，《申报》1926年1月17日，第14版。
⑤ 《上海法租界西区商界联合会紧要通告》，《申报》1926年8月29日，第3版。
⑥ 《各商联会消息》，《申报》1926年8月5日，第15版。
⑦ 《各商联会消息》，《申报》1926年8月19日，第16版。

仲俊、童理璋、周剑寒等 20 人为执行委员，每周六下午为执行委员会常会期。① 1929 年，法租界西区商联会对委员制结构进行了调整，委员会由主席委员 3 人、执行委员 12 人、监察委员 3 人构成，并选举张耕山、王木生、顾福祥 3 人为主席委员。②

此外，法租界还成立了徐家汇路商联会和新西区十二路商联会。徐家汇路地跨华界和法租界，位于华界的徐家汇路北自梵王渡路，东至斜桥，其东段位于法租界，西自西门外马路，东至八仙桥街。徐家汇路商联会发起较晚，1928 年 7 月 8 日在汇西小学校举行成立大会，国民党上海特别市党部代表王延康、九区党部代表潘其雄、九区一分部孙子浩、九区二分部丁瑞昌致辞，警备司令部政训部代表高蛮藻、公安局六区二分所所长周志先致辞，会议选举周呈祥、杨竞成、朱竹溪、赵天民、董学诗、杨秀清、唐须元等 21 人为执行委员。③ 法租界新西区十二路商联会是法租界成立最晚的一个商联会组织。1929 年 5 月，法租界金祖父路、圣母院路、巨籁达路、宝隆路、古拔路、拉都路、巨泼来斯路、徐家汇路、辣斐德路、薛华立路、霞飞路等十二路商户在金顺煤号张耕山等人的发起与筹备下，决定成立法租界新西区十二路商联会。5 月 6 日，在金祖父路地母殿内会所举行了成立大会，会议选举张耕山、王木生、顾福祥为主席委员，顾云山、江秋声、陈守愚等 12 人为执行委员，陶建华、周荣泉、虞汝品 3 人为监察委员。④ 上述两路商联会成立时，国民党政权加强了对商人团体的控制，加之存续时间很短，所以上述两会没有发挥什么作用。

与公共租界、华界相比，法租界商联会数量少、成立时间晚，这种现象的存在与早期法租界商联会的单一性有关。1926 年前，法租界商联会的会员结构中，已经包含了各段商人代表，虽然没有团体会员，但其代表性亦得到法租界商界的认可，在其前后成立的民国路、爱多亚路商联会作为法租界商

---

① 《西区商联会改组选举会纪》，《申报》1927 年 10 月 17 日，第 10 版。
② 《各团体开会并志》，《申报》1929 年 5 月 12 日，第 14 版。
③ 《徐家汇商联会昨日成立》，《申报》1928 年 7 月 9 日，第 16 版。
④ 《各商联会消息》，《申报》1929 年 5 月 6 日，第 14 版。《新西区十二路商联会昨日成立》，《申报》1929 年 5 月 7 日，第 14 版。《各团体开会并志》，《申报》1929 年 5 月 12 日，第 14 版。

界代言人的身份亦得到默认，且民国路、爱多亚路商联会均系跨界组织，作为团体会员加入上海商总联会并推派出席议董，还不足以挑战法租界商联会的权威性。此外，这种现象还受到法租界商业规模的影响，各个街区内商业势力的单薄也不足以设立数量众多的商联会组织。但是，随着法租界商业的发展，尤其是在街区内新开商店不断增加、公董局捐税负担不断加重的情况下，法租界内的商联会也相应增多，并在此基础上形成法租界商总联会。在帮会势力与商业势力的结合下，法租界内的商联会发展成为近代上海一个相对独立的板块。

三、华界各商联会与南市商总联会

华界地区的商联会主要集中在城厢和后来发展起来的闸北，商联会组织众多，主要包括沪西、东北城、邑庙豫园、沪北五区、北城、中城、大东门、沪南东区、沪南六路、曹家渡、南区、九亩地、闸北、南城、西城、闸北八路、闸北十一路等，此外，还有若干偶尔出现、其情不详的商联会组织。

(一)各路商联会的创建

1. 沪西商联会(城内)

据现有材料，沪西商联会(全称沪西商业联合会)是华界，也是上海最早发起成立的商联会，早在1919年6月22日，西门外从方浜桥至斜桥一带的店邻组织起来，在公共体育场举行了成立大会，当时入会的商店为270家，大会选举吕耀庭、吴钦之为临时正、副会长。① 1919年8月31日，沪西商联会假肇周路憩园举行正式成立会，到会代表200余人，会议选举吕耀庭为会长，穆蔚良、沈宗约为副会长。会议通过的沪西商业联合会章程规定，该会"以研究商业道德，联络各号感情，协力提倡国货，询谋公共利益为宗旨"，凡在沪西设有商号者皆得入会，入会时须填写志愿书，遵守该会一切章程规则，"戒暴动，严自治，重实际，慎始终"，"如有损及本会名义，妨碍公共利益者，一经调查真确，开会报告事实，登报宣布出会"。商联会开办费则由发起商号捐助，经常费由入会各商号量力缴纳，遇有特别事故时酌募临时费。

---

① 《沪西商店联合会成立》，《申报》1919年6月23日，第10版。

沪西商联会每年召集会员大会一次，总结一年经过情形，并选举会长、副会长及各科职员，每月召集一次评议会，遇有特别事故，由会长临时召集，会所设在老西门外中华路第三区救火会。①

2. 东北城商联会

东北城商联会早期以福佑路、张家路、旧教场、穿心街为范围，后又扩展至安平街、天主堂街、小东门内方浜路一带，是一个由多条马路商户组成的商人团体。1919 年 9 月 4 日，东北城商业联合会筹备会通过了宣言、章程，规定东北城商联会以"联络商界感情，借通彼此声气，谋商业之发达，尽国民之天职"为宗旨，设事务所于福佑路 137 号。东北城商联会会员分为四类，以福佑路、张家路、穿心街、旧教场四路商店为基本会员，除基本会员外，凡赞成该会章程并愿意入会者由基本会员介绍得为赞助会员，凡自愿捐助该会或为该会出力著有成效者，得公推为特别会员。发起阶段入会的基本会员商店达 203 家。所有会员不分类别，均享有选举权与被选举权，5 人以上有联名向评议部提议事项之权。章程规定："凡入会者如有冤抑而有不当之诬，于名誉财产上有关系者，则就本会能力所及，经职员调查确实，须由入会者全体负责以法律救济之。"对于违反章程或有损商联会名誉的会员，如"以本会名义在外招摇等事经职员调查确实，由会长宣布除名"。会员每月须缴纳会费小洋一角，自愿多缴者听其自便。东北城商联会对会费的管理非常严格，除会中正常开支外，"其余之数即缴入殷实庄号，至其用途，如积有整数或振兴实业或报效国家或用于地方，然非全体议决不得发生效力，其款项则无论何人不得私自支取"。商联会由会员大会选举会长 1 人，副会长 2 人，下设会计、文牍、交际、调查、干事等职员各若干，评议员 16 人。商联会每年开会员大会一次，每月开职员会一次，讨论会务及进行事宜，"如遇特别事故，得由会长召集全体大会公决之，评议会由评议长随事召集之"。② 9 月 22 日，东北城商联会正式举行职员选举，选出会长陆汇泉，副会长赵景忠、张瑞生，评议长张炳源，同时选举产生了评议、干事、会计、调查、交际、文牍、书记等各

---

① 《沪西商业联合会开成立会》，《申报》1919 年 9 月 1 日，第 10 版。《沪西商业联合会成立会》，《民国日报》1919 年 9 月 1 日，第 11 版。

② 《东北城商业联合会之组织》，《申报》1919 年 9 月 5 日，第 10 版。

科职员。① 10 月 10 日，东北城商联会在福佑路点春堂正式举行成立大会，据载，到会会员有 300 余人。② 东北城商联会办求是学社，本会职员、会员均可入社学习交流，加强了会员之间的联系，凡加入商联会的各商店行号，编订白底蓝字入会门牌，以资保护。为了正常开展会务活动，东北城商联会除收取会费外，还发起设立基本金，以保证其附属事业的发展。

表 3-3　东北城商联会主要职员更替情况

选举日期	选举结果	资料来源
1922 年 6 月 27 日	会长：冯秋心；副会长：陈天生、何伯勤；评议长：瞿廉卿	《上海总商会组织史资料汇编》下册第 1044 页
1923 年 9 月 30 日	会长：陈天生；副会长：赵景忠、方增新；评议长：程莲荪	《申报》1923 年 10 月 2 日
1924 年 11 月 9 日	会长：陈天生；副会长：程莲荪、方增新	《申报》1924 年 11 月 23 日
1925 年 10 月 9 日	会长：陈天生；副会长：冯秋心、程莲荪；评议长：王镜如	《申报》1925 年 10 月 11 日
1926 年 10 月 7 日	会长：石运乾；副会长：冯秋心、童广甫；评议长：吴凤翔	《申报》1926 年 10 月 9 日

3. 邑庙豫园商联会

邑庙豫园既是上海的城隍庙所在地，也是商业集聚之处，据载，到 20 世纪 20 年代，邑庙豫园内有肉庄公所、布业公所、钱业公所、糖业公所、豆业公所、石匠公所、帽业公所、酒馆公所、锡金铁业公所等，21 个行业的商人在此地设摊开店，是上海老城商业繁华之处。五四运动后，邑庙豫园各店摊东伙陈润生、蔡伯琴、徐子航等 50 余人发起组织邑庙豫园商业联合会，"以提倡国货，联络商情为宗旨"，获得 200 家商店响应，1919 年 7 月设立筹备处，推陈润生为临时总干事，蔡伯琴为会计，徐子航等三人为书记，叶锡昌等三人为干事，负责制订章程、起草宣言、发展会员。③ 8 月 30 日，邑庙豫园商联会假爱多亚路商业公团联合会开选举会，与会代表 200 余人，选举产

---

① 《东北城商业会选举记》，《民国日报》1919 年 9 月 23 日，第 10 版。
② 《东北城商业联合会成立》，《民国日报》1919 年 10 月 15 日，第 10 版。
③ 《组织邑庙豫园商业联合会》，《申报》1919 年 8 月 1 日，第 10 版。

生陈润生、王乙安、蔡伯琴等 24 人为评议员，蔡明振、卢良甫等 45 人为干事员。① 9 月 6 日，选举张士元为会长，苏醴泉为副会长，10 月 13 日，邑庙豫园商联会职员、会员共 225 人济济一堂，在点春堂大厅举行成立大会②，设会所于玉清宫楼上。

邑庙豫园商联会成立后，积极开展抵制日货行动，设立"限期日货清理会"，清理出日货摊子 62 处、商铺 10 家，要求在旧历年前售尽为止。③ 鉴于邑庙"湖池污秽，卫生不良，交通阻塞，妨碍商业"，邑庙豫园商联会呈请上海市公所切实整顿，并得到积极支持，为此，邑庙豫园商联会发起设立"整理邑庙豫园委员会"，委员会由 15 人构成，"在豫园二十一业各公所代表中，选七人，各商业中选八人为委员"，其职责为"办理邑庙豫园以内交通卫生一切行政事务"。④ 1925 年 8 月 30 日，该委员会正式成立，从"整顿交通、注重卫生、驱逐乞丐、严防抢劫"着手，继而将"湖池雇工捞挖，九曲桥重行改建，并将道路统铺水门汀"。⑤ 经过几年整理，到 1927 年年底，"一切整理手续已竣，焕然一新，商人等无不额手称庆"⑥。能取得这样的成绩，邑庙豫园商联会功不可没。此外，在管理机制上，邑庙豫园商联会与其他商联会不同，实行理事制。"以破除阶级起见，不设会长等名目"，1921 年 6 月，选举陆子文、潘德春等 24 人为理事，并以潘德春掌总务科、陆子文掌会计科、王荣堂掌审查科、陆子航掌交际科、蔡伯琴掌庶务科，分科办事。⑦ 1928 年改行委员制，选举潘德春、王守安、顾德昌、蔡元希、王荣堂等 11 人为执行委员，潘德春、王守安、徐蕙嘉 3 人为常务委员，张季华、王子刚、俞春山、张耀庭、靳士坤 5 人为监察委员，下设秘书、经济、组织、交际、宣传、教育、卫生、合作、租户、庶务十科。⑧

---

① 《邑庙商业联合会选举会》，《民国日报》1919 年 8 月 31 日，第 10 版。
② 《豫园商业联合会选举会长》，《民国日报》1919 年 9 月 7 日，第 10 版。《豫园商业联合会开成立会》，《申报》1919 年 10 月 14 日，第 10 版。
③ 《豫园限期日货清理会通告》，《申报》1919 年 12 月 30 日，第 10 版。
④ 《豫园商联会所拟委员会简章草案》，《申报》1925 年 8 月 8 日，第 15 版。
⑤ 《整理豫园委员会函请各业募捐》，《申报》1925 年 9 月 26 日，第 15 版。
⑥ 《邑庙商联会请取消公益捐》，《申报》1927 年 12 月 30 日，第 15 版。
⑦ 《豫园联合会推定职员》，《民国日报》1921 年 6 月 3 日，第 11 版。
⑧ 《邑庙豫园商业联合会改选纪》，《申报》1928 年 5 月 11 日，第 16 版。《豫园商联会执监会纪》，《申报》1928 年 5 月 14 日，第 16 版。

4. 沪北五区商联会

沪北五区商界联合会主要由北四川路、虬江路、宝山路一带华界商店所组织建立，因属淞沪警察厅五区管辖，故名之曰沪北五区商界联合会。1919年11月2日，假虬江路广舞台举行成立大会，到会会员达200余人，选举范鹏为会长，邓少屏、仲佩绅为副会长，下设五部，即评议部、干事部、调查部、会计部、文牍部①，各部"负完全责任，协力进行"。由于各部职员均系兼职，职员会常不足规定人数，鉴于此，沪北五区商联会将每周一次的职员常会改为两周一次，每四周举行一次交谊会②，以加强职员之间的联系与友谊。1920年8月22日，沪北五区商联会据章改选，戚顺友当选为会长，副会长为仲佩绅、邓少屏，评议长为史观涛，会计长为姚克仁，干事长为张文忠。③ 为了提高商联会的影响力，1925年沪北五区商联会决定增设会董会，并选举霍守华、冯少山、甘肃初、陈维翰、许亦甫、徐春荣、金式如七人为首届会董。④ 1927年，根据南京国民政府商人团体整理办法，沪北五区商联会改行委员制，下设九股，即秘书、财政、组织、调查、卫生、教育、宣传、指导、评断。

沪北五区商联会"重事实，不尚虚华，以联络商家熟悉商情为宗旨"⑤，商联会成立后，积极在昆山路、宝山路一带发展会员，并发起沪北五区自治筹备会，吸引了附近各路商店入会，1922年新入会者"颇为踊跃，不下百余人"⑥，宝兴路、胡家木桥等处商店加入甚多，由于该年"会员增加百八九十人，照章宜增加交际员十人，评议员十人"⑦。为了进一步加强会员之间的联谊，增强凝聚力，沪北五区商联会附设阅报室、阅书室、游艺室，除本埠报纸外，增添外埠京汉粤报纸，购置新书、台球、围棋等，"凡能活泼精神者，

---

① 《沪北商业联合会选举纪》，《申报》1919年11月2日，第10版。《沪北五区商业联合会成立》，《申报》1919年11月3日，第10版。

② 《商界联合会开会汇录》，《申报》1920年3月29日，第10版。

③ 《商界联合会开会汇纪》，《申报》1920年8月24日，第11版。

④ 《商联会纪事》，《申报》1925年10月13日，第11版。

⑤ 《沪北五区商联会开会纪》，《申报》1923年3月7日，第14版。

⑥ 《沪北五区商联会征求会员》，《民国日报》1922年2月11日，第11版。

⑦ 《沪北五区商界筹备改选》，《民国日报》1922年8月14日，第11版。

宜一一措置"，同时，每月举行聚餐会。①

表3-4　沪北五区商联会主要职员更替情况

选举日期	选举结果	资料来源
1922年9月17日	会长：范鹏；副会长：钟佩绅、周拯世；干事长：张文忠	《申报》1922年9月19日
1922年10月8日	周拯世辞职，按章投票公举陈翊庭继任	《申报》1922年10月9日
1923年9月	会长：范鹏；副会长：陈翊庭、忻惠生；评议长：蒋介民	《申报》1923年9月17日
1924年11月4日	会长：范鹏；副会长：陈翊庭、仲佩绅；名誉会长：霍守华；评议长：蒋介民	《申报》1924年11月6日
1925年10月12日	会长：范鹏；副会长：陈翊庭、仲佩绅；评议长：蒋介民；交际长：甘善庭；干事长：周月波	《申报》1925年10月13日
1927年8月8日	执行委员：蒋介民、陈翊庭、汪望农、范鹏、丁介民等27人	《申报》1927年8月10日
1927年8月12日	监察委员：陈翊庭、汪望农、范鹏、蒋介民、邢裕卿	《申报》1927年8月13日

5. 北城商联会

1919年7月，北城一带工商界俞季孙、施翔林、王淡如、张玉麈、顾惠民、朱仲斋等人发起组织北城工商联合会，7月4日，第一次筹备会议在老北门内萨珠弄召开，到会者七十余人，推定顾惠民为临时总干事，冯志卿、姜昌年为副干事，朱仲斋为会计员，陆家惠、陈惠泉为书记员，张盛祥、丁冠生等十二人为干事，成立筹备处。② 7月20日，筹备处通过了联合会草章，草章由宗旨、名称、职责、会员、职员、选举、会期、会费、会址以及附则共十个部分组成，章程规定北城商联会应"挽救国危、劝用国货、互相保卫，一切事宜专以和平为宗旨"，对入会会员负有保卫责任，"会员遇有争执者，竭力和解之，如有冤抑受诬因而损害名誉身体财产，就本会能力所及，经调查确实后，设法救济之"。除普通会员外，北城商联会还设赞助员和名誉会

---

① 《沪北五区商业联合会之扩充》，《申报》1921年9月20日，第15版。
② 《北城工商联合会之筹备》，《民国日报》1919年7月21日，第11版。

员，"凡在附近工商界执业而具有热心诸公均得入会"，赞助员无定额，"由同仁于其行业中推定本业领袖二人或四人为本会赞助员"，名誉会员必须是"品高望重者，热心爱国者"。北城商联会实行会长制，会长主持会务，两名副会长协助处理会务，由十二名评议员组成代议机关，"评决一切事宜"，此外，尚有会计、书记、交际、调查等若干人，所有职员均以复选法产生，以得票多者为当选，票数相同者，以抽签法决定，所有当选职员均属义务职。为保证会务的正常进行，"各部职员，若无故缺席至三次以上者，当予以名誉上之惩戒，登报宣布解其职务"。① 会员均享有选举权及被选举权，每月缴纳会费二角。全体会员参加的年度大会于每年5月9日举行，此外，还有每月9日召开的常会，由评议员每月组织一次的评议会，每星期六举行的职员会，以及遇特别事故时由会长临时召集的特别会，会所设在老北门内萨珠弄15号国货筹备处(后迁往广福寺桥南首)。② 8月24日，北城商联会举行职员选举会，恒昌祥号施翔林当选为正会长，宝昌祥号朱仲斋、永兴泰号顾惠民当选为副会长，屠幼涛等十二人为评议员，叶荣才等十二人为干事员，吴云坡为会计员，冯志卿等四人为交际员，任斌等五人为调查员，陈惠泉等五人为书记员。③ 施翔林"因公务繁冗，不能兼顾，屡次恳辞"，北城商联会又补选冯志卿为会长。④ 至此，筹备工作就绪。12月2日，北城商联会在萨珠弄会所举行了成立大会，三百余名会员见证了它的诞生，此外尚有各界团体、各路商联会来宾数十人与会，来宾演说多以"抵制劣货，少图私利，一致对外，共救危局"相勉励。⑤

1920年6月25日，北城商联会举行第二届改选，结果，冯志卿连任会长，朱仲斋、章晴荪为副会长，同时选举产生了顾竹君、陈梅芳、张秉鑫等十二名评议员，王复林、汪樑、陆家惠等三十名干事员。⑥ 7月17日，北城

---

① 《北城联合会评干会纪》，《民国日报》1920年7月10日，第11版。
② 《北城工商联合会之筹备》，《申报》1919年7月21日，第11版。
③ 《北城工商联合会选举会纪》，《申报》1919年8月25日，第10版。《北城工商会选举职员》，《民国日报》1919年8月25日，第11版。
④ 《北城工商联合会开会纪》，《申报》1919年11月19日，第10版。
⑤ 《北城工商联合会成立会纪》，《申报》1919年12月3日，第10版。
⑥ 《北城工商联合会选举纪》，《申报》1920年6月26日，第11版。

商联会召开全体会员大会，讨论更改团体名称问题，主张更名者认为，"今各工团成立者既居多数，且本会会员，均系商界份子，若仍用工字，则不免与各工团名义上有所冲突"，经过讨论，决定将北城工商联合会正式更名为北城商业联合会。① 8 月 17 日，北城商联会举行正、副议长选举，陈梅芳当选为正议长，张玉麐为副议长。② 为进一步扩大商联会的影响，北城商联会决定采取强力举措发展会员，成立征求会，下设十个分队，每队十余人，分别命名为颜渊队、闵骞队、伯牛队、仲弓队、宰我队、子贡队、子游队、子夏队、季路队、冉有队，选派热心会务的会员为队长。征求会员分为三类，即基本会员、特别会员、普通会员，发展上述三类会员各一名可依次得六分、三分、一分，满一百分者可得商联会特别奖励。③

经过数月的辛勤工作，北城商联会的发展会员工作取得了较大成效。1921 年的元旦庆祝会上，北城商联会欢迎新会员并奖励征求会员有功人员，其中宰我队童醉公、子游队朱少渔等人获得金奖。④ 据悉，北城商联会会员达 700 余人。⑤

表 3-5　北城商联会主要职员更替情况

选举日期	选举结果	资料来源
1921 年 5 月 23 日	会长：冯志卿；副会长：陈梅芳、章晴荪	《申报》1921 年 5 月 24 日
1922 年 6 月 19 日	会长：章晴荪；副会长：许少卿、张庆鸿	《申报》1922 年 6 月 20 日
1923 年 6 月 25 日	会长：许少卿；副会长：范仲麟、张庆鸿	《上海总商会组织史资料汇编》下册第 1041 页
1925 年 5 月 25 日	会长：张秉鑫；副会长：朱祥和、顾竹君	《申报》1925 年 5 月 26 日

① 《北城工商联合会议决改名》，《申报》1920 年 7 月 18 日，第 11 版。
② 《商界联合会开会汇纪》，《申报》1920 年 8 月 18 日，第 10 版。
③ 《北城商业联合会开会纪》，《申报》1920 年 10 月 13 日，第 11 版。
④ 《各界庆祝元旦之盛况》，《申报》1921 年 1 月 3 日，第 10 版。
⑤ 《北城联合会改选职员》，《民国日报》1921 年 5 月 20 日，第 10 版。

续表

选举日期	选举结果	资料来源
1926 年 6 月 24 日	会长：张秉鑫；副会长：顾竹君、朱祥和	《申报》1926 年 6 月 26 日
1928 年 11 月 4 日	执行委员：丁复林、王浩川、王友松等 11 人；监察委员：侯三阳、顾竹君、张秉鑫等 5 人	《申报》1928 年 11 月 5 日

虽然选举如常，但北城商联会的发展还是不尽如人意，以至于有会员认为"本会以近年以来，多数会员各专营业，不及分顾会务，以至会务颓败"，1925 年 4 月，职员会决定组织征求队，"征求新会员及商店入会"，"群策群力，振刷精神，整顿会务"。[①] 随着新会长、副会长到任，商联会面貌有所改观。

6. 中城商联会

中城商联会何时开始筹备，不得而知，但在正式成立前，中城商联会已作为商界团体列名多项公开活动。1919 年 12 月 21 日，中城商联会选举吴柏春为会长，汪存厚为副会长，赵秋心为评议长，郑殿英为干事长，评议部由 21 名评议员组成，干事部由 32 名干事员组成，其中交际 16 人、调查 16 人，下设书记、文牍、庶务、教育等科，12 月 23 日在尚文门内银河路也是园清远堂举行成立大会，到会者达 200 余人，吴柏春就任会长。[②] 次年 3 月，中城商联会设立体育部，教授拳术体操，同时，改组领导机构，由顾湜明任会长，汪存厚、吴柏春任副会长[③]，初设会所于三牌楼敦纪里，1925 年迁至小白栅，1926 年再迁往肇嘉路太平街。

但是，"被选后不负责任者，甚且不到会者，致开会时往往不足法定人数，阻碍会务进行"[④]，几乎导致中城商联会名存实亡，直到 1925 年五卅惨案发生，该会才又恢复活动，此时，会长吴伯春已经病逝，会务由干事长郑

---

① 《北城商业联合会职员会纪》，《申报》1925 年 4 月 15 日，第 15 版。

② 《中城商业联合会选举职员》，《申报》1919 年 12 月 23 日，第 10 版。《中城商业联合会成立会纪》，《申报》1919 年 12 月 24 日，第 10 版。

③ 《商界联合会开会并纪》，《申报》1920 年 3 月 8 日，第 10 版。

④ 《中城商业联合会开会纪》，《申报》1920 年 8 月 26 日，第 11 版。

殿英负责办理。为了重新振兴会务，中城商联会改革选举办法，由会员投票初选产生职员候选人，再由职员进行复选，在复选环节，分唱票、写票、检票、监票等程序，注重被选人的人格，同时，改革商联会构成，设两个平行的执行部和评议部，执行部由会长一人、副会长两人、干事长一人、干事员若干组成，下分会计、文书、调查、交际等科，评议部设议长一人、副议长二人、评议员若干。在 1925 年 12 月的年度选举中，李大源当选为会长，黄耕伯、郑五福为副会长，边桂生为干事长，叶振康为议长，童理璋、郑殿英为副议长，为了保障会务机构健全，中城商联会规定"当选职员，均不得辞职"。① 经过此次整顿，中城商联会面貌为之一新。1926 年 5 月，设立经济委员会负责筹划经费、编制预算，设立组织征求委员会，推举郑殿英等十二人为委员，负责发展会员。② 1927 年 12 月，中城商联会举行改组大会，决定改会长制为委员制，选举黄耕伯、叶振康、边桂生、郑殿英、李大原等十七人为执行委员。③

7. 大东门商联会—肇嘉路十五铺商联会—东南城商联会

1919 年年底，大东门外荷花池一带各商店组织商业联合会，设事务所于城东平安救火会内，1920 年 1 月 10 日，大东门商联会假也是园开成立大会，到会者 200 余人，选举凌伯华为会长，费汝明、凌仲侯为副会长，殷杰夫为评议长，张颂吉为干事长。④ 1920 年 8 月 20 日，大东门商联会举行第二次改选，凌伯华连选连任，俞子锡、凌仲侯当选为副会长，席筱云为评议长，郑民恤为干事长。⑤ 1922 年 5 月 16 日，大东门商联会举行第三次改选，凌伯华继续连任，凌仲侯、殷杰夫以相同票数当选为副会长，王伯恒为干事长。为了推动文化事业发展，大东门商联会于 1922 年组织书报社，每晚七时至十时开放，任人阅览。⑥ 1924 年的改选采取邮件投送方式，商联会将印好的会员

---

① 《各商联消息》，《申报》1925 年 12 月 18 日，第 14 版。
② 《各商联消息》，《申报》1926 年 5 月 7 日，第 15 版。
③ 《中城商联会改组会纪》，《申报》1927 年 12 月 29 日，第 14 版。
④ 《大东门外商联会今日成立》，《申报》1919 年 12 月 24 日，第 10 版。《大东门商界联合会纪事》，《申报》1920 年 1 月 16 日，第 10 版。
⑤ 《商界联合会开会汇纪》，《申报》1920 年 8 月 23 日，第 11 版。
⑥ 《大东门商界联合会消息》，《申报》1922 年 5 月 18 日，第 15 版。

录及选举票，"派员分送各会员，照章填明当选会员姓名"，在规定的日期前送交选举票柜，6 月 16 日，开票结果为，正会长凌伯华，副会长凌仲侯、汪宽也。① 随着范围的扩大，更名为肇嘉路十五铺商联会，有时又称大东门肇嘉路十五铺商联会。1926 年下半年，东南城各商号踊跃加入，"纷纷函请将会名改称东南城商业联合会"，唯因董事会"不满法定人数"而留待后议。② 终"因会员地点名称不符"，于 1928 年年底改组为东南城商联会，并选举朱辅臣、殷杰夫、方志臣、席筱云、吴兰生等十七人为执行委员，凌伯华、闵瑞芝、孔兰舫三人为监察委员。③

8. 闸北五路商联会——闸北商联会

1921 年冬，闸北地区恒丰、光复、长安、汉中、共和五路共同发起组织商联会，1922 年 6 月 11 日，闸北五路商联会在恒丰路浙宁水木公所召开成立大会，各路会员 100 余人出席了成立大会，设会所于恒丰路敬业里 37 号，会长陆端甫，副会长李广珍、王鸿机。④ 成立大会通过的宣言书指出：

> 闸北一隅，毗连租界，只隔吴淞一水，地广人稠，商旅辐辏，而尤为上宁二县交界之处，适当沪宁、淞沪两路之冲，商肆栉比，厂栈林立，然商界素乏团体之结合，更无机关以代表。自民国七年以来，有某某公会之组织，迹近商会，今有法定机关之性质，以致商号司员，不能加入，人心涣散，感情隔膜，于是商业商情，无由发达。丁兹时商战竞争时代，足以亡人之国者，莫不以金钱为利器，回念吾国之积习，都由于商业之寝衰，吾人欲挽回利权，图塞漏卮，不得不积极组织商界联合会，以求联络感情，促进自治，共谋国利民福为目的，必不致如往昔之处于孤立地位，不能发展而频遭失败也。惟希同人等各尽天职，始终不二，

---

① 《汇志各路商联会消息》，《申报》1924 年 6 月 10 日，第 14 版。《大东门商联会改选职员纪》，《申报》1924 年 6 月 18 日，第 15 版。

② 《各商联会消息》，《申报》1926 年 11 月 22 日，第 9 版。

③ 《东南城商联会选举揭晓》，《申报》1929 年 1 月 1 日，第 28 版。

④ 《闸北五路商联会今日成立》，《民国日报》1922 年 6 月 11 日，第 11 版。《闸北五路商联会成立大会》，《民国日报》1922 年 6 月 12 日，第 11 版。《闸北五路商联会设义学》，《民国日报》1922 年 8 月 15 日，第 11 版。

以垂永久。①

1923 年因五路之外尚有海昌路、恒通路、大统路、金陵路等二十余路商店纷纷要求加入，遂取消"五路"二字，改名为闸北商联会，扩大范围。② 1926年 6 月，闸北商联会举行第二届职员选举，结果陶子敢当选为会长，李文珍、韦伯成当选为副会长③，1927 年改行委员制，分科办事，下设六科，即常务、文书、调查、交际、调解、庶务。

9. 南车站黄家阙两路商联会—沪南六路商联会

南车站黄家阙两路商联会筹备于 1923 年 4 月初，正式成立于 5 月 30 日，商联会组织机构由干事部和评议部组成，干事部设会长、副会长各一人，选举周运忠为会长，戎宝璋为副会长，下设总务、文牍、会计、交际、调查五科，评议部设正、副议长各一人，选举马忠发为议长，庄秀章为副议长④，会所位于南车站路文安里 3 号。⑤ 据载，"时未半载，而两路商店加入者，已达二百余家"，以至于会所狭小，遂迁到文安里 4 号洋房办公，且"因路线扩充"，"议决今后改称沪南商界联合会"。⑥ 到 1924 年 6 月，会员范围进一步扩充到煤屑路、沪军营、高昌庙、陈家桥四路，加上旧有两路，商联会已涵盖六路范围，于是，商联会决定将"黄家阙南车站两路字样取消，改为沪南六路商联会"⑦，并决定改会董制为委员制，各科设主任一人、委员一人，评议部设评议长一人，随即推举总务主任王奎元，交际主任朱光汉，文牍主任陈富苏，调查主任朱企周，会计主任杨文虎，评议长乐树滋。⑧ 评议长实际主持会务运行，这在各路商联会中也是一种新机制。1928 年改行委员制，设纪律委员五人、执行委员十七人，选举周运忠、冯伯生、陆伯鸿等五人为纪律委

---

① 《闸北五路商联会成立会纪》，《申报》1922 年 6 月 12 日，第 14 版。
② 《闸北商联会开会纪》，《申报》1923 年 8 月 10 日，第 15 版。
③ 《各商联会消息》，《申报》1926 年 6 月 28 日，第 15 版。
④ 《南市两路商联会之成立会》，《申报》1923 年 5 月 26 日，第 18 版。
⑤ 《两商界联合会选举揭晓》，《民国日报》1923 年 6 月 4 日，第 11 版。
⑥ 《南市两路商联会迁新会所》，《申报》1923 年 12 月 1 日。《南市两路商联会更名》，《民国日报》1923 年 12 月 19 日，第 11 版。
⑦ 《沪南六路商联会开会纪》，《申报》1924 年 6 月 16 日，第 14 版。
⑧ 《沪南六路商联会推出委员》，《申报》1924 年 6 月 28 日，第 15 版。

员，王奎元、阙萍沚、方吉人、陈仕英、乐树滋等十七人为执行委员。①

10. 沪南东区商联会

沪南十六铺、里外马路、咸瓜街、董家渡直至沪军营一带，属华界范围，"地方辽阔，商业兴盛，铺户齐整，久为本埠通商华界之冠"②，1919 年"双十节"，沪南商联会是参与游行的 29 个马路商联会之一，但由于章程没有起草完成，未能于年内成立。1920 年年初拟定草章十则，并推举徐鹤龄、胡世贵、庄成道等九人为筹备员③，在各筹备员的热心奔走下，到 1 月下旬，沪南一带入会行号已达三百余家，但筹备处认为，"南市区域甚广"，还要继续动员，并推举临时干事八人，以吴臣笏为临时干事长。④ 到 3 月初，入会行号已发展到四百余家⑤，不过，"嗣因办事者不负责任，以致良好之地方自治机关，即成无形消灭"。1922 年年初，在上海恢复地方自治的背景下，十六铺、里马路、咸瓜街、董家渡一带永大烟号、陈聚丰号、宋存德药号、闻丰祥南货号、胡茂生茶号、义和祥烟号、闻新绸庄等商店重新发起组织商联会⑥，并揭示其缘起如下：

> 近今国是日非，外交日紧，救国救民，空言无补。自治问题，尤属切身关系，我等忝列商界，应从本身做起。我商人欲谋自身之安宁，商业之发达，社会之幸福，国家之富强，则不得不组织团体，以图进步。沪南商业既属繁盛，岂可久落人后，同人等爰发起斯会，以期达到改良之目的。所谓参与自治，整理市政，注意卫生，研究工商，联络感情，以及一切有关公众之事业，非我商人自兴自革，不足以言挽救，为特征

---

① 《沪南六路商联会选举揭晓》，《申报》1928 年 8 月 28 日，第 16 版。

② 《沪南商界联合会发起先声》，《民国日报》1922 年 1 月 21 日，第 10 版。沪南商联会发起时，将里马路、外马路、外咸瓜街、里咸瓜街、中华路、会馆弄、太平弄、盐码头、大码头、老白渡、茅家弄、新码头、竹行街、王家码头、董家渡、沪军营等皆列入征求会员范围。参见《沪南商联会之进行观》，《民国日报》1922 年 2 月 22 日，第 11 版。

③ 《沪南商业联合会将成立》，《民国日报》1920 年 1 月 3 日，第 11 版。

④ 《沪南商界筹备联合会》，《民国日报》1920 年 1 月 24 日，第 10—11 版。

⑤ 《筹备沪南商业联合会》，《民国日报》1920 年 3 月 6 日，第 10 版。

⑥ 《沪南商界联合会发起先声》，《民国日报》1922 年 1 月 21 日，第 10 版。

求各商行号等一律加入发起，互助进行，则我商业前途，真无限量。①

此次重组商联会，得到了业界的积极响应，据悉，"业经盖章加入者，已有一百五十余家，水果行帮中亦愿全体加入，木行帮中已有正裕、聚丰、正泰等加入，花行盐货行及外滩各公司等，均有人出面，要求一致进行"②，"煤炭行帮、中酒行、地货、杂粮、铁行、花行帮各工厂等，均先后加入，已有五六十家"③。另外，由于发起人陆琴舫系裕丰提庄主任，"系衣业中领袖"，故"各衣帮中皆踊跃加入"。④ 在各项筹备工作就绪后，沪南商联会筹备会于 1922 年 4 月 2 日在泉漳会馆召开筹备会议，讨论成立事宜，会议再次明确了设立沪南商联会的必要性，并推举童理璋起草章程等文件，推举陆琴舫为临时会计。⑤

在沪南商联会的筹备过程中，童理璋扮演了重要推手的角色，"集同志，发起沪南商联会"⑥。童理璋，时任工商友谊会会长，热心政治，拥护广州政府，他"因鉴于商界之无团结，即不能议地方之自治，故欲互助该处商业联合会之成功，冀可达到改良社会商人互助之目的"⑦，他在筹备会上深刻阐述了组织商联会的必要性，称"本会之发起，实为根本上真正自治之基础，将来整顿市政，兴办学校，提倡公众卫生，改良商业，联络感情外，倘有发生意外之事，均可提出讨论，现在地方自治已经公布，我人若不急起直追，恐冒自治招牌之人，将治我人矣"⑧，获得了广泛认同。但是，童理璋的政治背景也引起了商人的疑虑，沪南商联会犹如泥牛入海，杳无音讯。

1923 年 9 月，"咸瓜街、十六铺、董家渡一带各商家，组设沪南东区商业联合会，入会会员，极形踊跃"，9 月 21 日，选举高鉴清为会长，王祖德、曹龙田为副会长，同时选举产生评议员及文牍、会计、庶务、调查四科主任和

---

① 《沪南商联会之发起》，《申报》1922 年 2 月 3 日，第 15 版。
② 《沪南商联会加入之踊跃》，《民国日报》1922 年 2 月 14 日，第 10 版。
③ 《沪南商联会进行纪》，《申报》1922 年 2 月 17 日，第 15 版。
④ 《沪南商联会进行顺利》，《民国日报》1922 年 2 月 17 日，第 11 版。
⑤ 《沪南商联会筹备会纪》，《民国日报》1922 年 4 月 3 日，第 11 版。
⑥ 《沪南商联会之规复谈》，《申报》1922 年 2 月 12 日，第 15 版。
⑦ 《沪南商联会发起之先声》，《申报》1922 年 1 月 21 日，第 11 版。
⑧ 《沪南商联会筹备会纪》，《申报》1922 年 4 月 3 日，第 14 版。

职员，设会所于东姚家弄烟业公所。① 11 月 11 日，沪南东区商联会举行成立大会，发起人高鉴清宣布"本会纯为商人团体，绝无政治臭味，专以合谋公益，增进智识为宗旨"，这或许是对前次筹组商联会难产的一个注解。成立仪式结束后，沪南东区商联会举办了嘉年华式游艺会，"分两场表演，男女来宾，多至二千余人，计第一场有普益社、幼稚园唱歌、跳舞，曲艺部之京剧，普益社影戏，第二场有陈道中三弦拉戏，中华武术会武术，少年宣讲团化装演讲'英雄泪'"②。

相对而言，沪南东区商联会离政治较远，成立后的第二年，该商联会将创办义务学校、商余补习所、星期演讲室、商余俱乐部作为会务重点，其他如治安防盗、清洁街道、禁止堵摊、设立茶亭，则是商联会日常性的事务。

表 3-6　沪南东区商联会主要职员更替情况

选举日期	选举结果	资料来源
1925 年 5 月 20 日	会长：高鉴清；副会长：包荣堂、曹龙田	《申报》1925 年 5 月 21 日
1926 年 6 月 9 日	会长：高鉴清；副会长：闵子贤、高子云	《申报》1926 年 6 月 11 日

11. 曹家渡商联会

曹家渡地处沪西，"地滨黄浦，逼近租界"，到 20 世纪 20 年代初，"商铺林立，市面繁盛"，商业活动频繁。曹家渡商联会筹建于 1921 年 3 月，并以商联会的名义参加上海商界活动，但筹建进程缓慢，1924 年年初，曹家渡绅商姚榆关、朱蓉坪、蔡永润、黄道生、顾伯逢、刘炳祥等人重又发起筹备商联会，暂借救火会为筹备处，并推举朱伯东为筹备主任。③ 1924 年 5 月 4 日举行成立会，推举名誉会长余鲁卿，选举姚榆关为会长，俞紫标为副会长。④ 1926 年 4 月 27 日，曹家渡商联会举行改选，俞紫标当选为会长，金道穆、余

① 《沪南东区商联会新选职员》，《申报》1923 年 9 月 23 日，第 15 版。
② 《沪南东区商联会成立会纪》，《申报》1923 年 11 月 12 日，第 15 版。
③ 《曹家渡商界发起联合会》，《民国日报》1924 年 1 月 19 日，第 11 版。
④ 《团体消息》，《民国日报》1924 年 5 月 5 日，第 11 版。

玉卿当选为副会长。①

12. 南区商联会

位于浦东地区的烂泥渡于1921年年初发起筹建烂泥渡商联会，该处各商家假吉庆里汪薇舟住宅召开谈话会，决定筹备商联会，开办费由发起人承担，并推举陈泉声为筹办主任，汪薇舟为会计，汪墨溪为章程起草员，张耕耘为书记，开展筹备工作。② 但是，筹备工作毫无进展，烂泥渡商联会也没有成立起来。几年间，上海各路商联会如雨后春笋，陆续成立，"浦西之各马路商联会，自成立以来，进步之速，团结之固，久为各界人士所钦仰"，鉴于浦东地区"一则以市政不良，二则以交通不便，三则市价不一，四则租税日增，五则缺乏自治机关"，浦东地区商人希望"组织商联会，以互相联络，整顿一切，诚为根本改造之图"，设筹备处于浦东公所，王济川、傅佐衡任筹备主任。经过两月筹备，入会会员达400余人，5月25日，南区商联会在浦东公所举行成立大会，选举沈润挹为会长，傅佐衡为副会长，下设会计、庶务、调查、交际四科③，6月3日，南区商联会评议会选举顾霖周为议长，潘旭昇为副议长④。1926年6月，各职员任满两年改选，结果，沈润挹、傅佐卿连任，增补张效良为副会长。⑤ 为加强会务建设，商联会决定添设阅报室、国货商品陈列室、俱乐部及职员办公室，1928年由会长制改行委员制。

13. 九亩地商联会

1919年9月13日，九亩地进益学校校长张开济、捷进社陈志渭等倡导，邀请安息军服庄俞根才、万元兴酱园邱寅伯、生生南货号王伯生、志大庄李云翔等十余位商铺业主在进益学校举行谈话会，商议筹备九亩地商联会事宜，并推举张开济为临时干事长。⑥ 9月20日，举行第二次谈话会，到会商铺达

---

① 《各商联会消息》，《申报》1926年4月28日，第15版。

② 《烂泥渡商界谭话会》，《民国日报》1921年2月26日，第11版。

③ 《南区商联会将成立》，《申报·本埠增刊》1924年3月15日，第1版。《浦东发起商界联合会》，《民国日报》1924年4月7日，第11版。《南区商联会第八次筹备会纪》，《申报》1924年4月12日，第15版。《南区商联会成立会纪》，《申报》1924年5月26日，第16版。

④ 《南区商联会评议会纪》，《申报》1924年6月5日，第14版。

⑤ 《各商联会消息》，《申报》1926年6月9日，第15版。

⑥ 《九亩地工商联合会谈话会》，《民国日报》1919年9月15日，第10版。

"四、五十家"，通过了简章草案，并推定发起人，决定"除各团体代表及个人资格认为赞成员外，其余到会商号……概作发起份子"，包括鼎庆斋乐子祥、协顺昌李逸甫、公和泰王锦生、民鸣工艺社唐湘泉、生生号王伯生、万元兴酱园邱寅伯、志大庄李志春、锐祥号沈松严、物华号周君等。① 不过，直到1925年五卅运动前，九亩地商联会并未真正组织起来，1925年10月4日，荣昌木行、冠生园食品公司冼冠生、薛寿龄、舒领馀，徐辅记棉纱号徐辅臣，甘葆元药号甘栋之，利康饼干公司余永生，东方电料公司陆砚耕，李志大南货号李志春，美华社五洲电器公司赵鲁卿，万元兴酱园邱寅伯等人在小雅园举行第一次发起人会议，决定组建九亩地商界联合会，以小雅园为临时办事处，推定朱晓云、陈寄麈起草宣言，并函请山东路商界联合会童理璋指导进行，所有筹备费由发起人暂垫。② 10月14日，九亩地商联会发起人大会在小雅园举行，会议决定设立筹备处，推冼冠生为筹备主任，王昌祥、邱寅伯为副主任，通过了成立宣言和章程草案。③ 宣言指出：

> 上海一埠，商业团体，非常发达，良有以也。统计已经成立者有五十余所，即如城厢一带，本城中城、北城等，亦已次第成立，成绩卓著，信用大昭。故法律虽未规定，而官厅已乐与往返，引为臂助，诚盛举也。我九亩地地方辽阔，向系荒僻之区，自新舞台开市以后，商店逐渐增多，市面日形繁盛，论区段，论资格，论利益，均有设立商界联合会之必要，而迄今尚付缺如，未免可憾。同人等有鉴于斯，爰集同志，一再筹维，乃有发起九亩地商界联合会之提议。惟兹事体大，须合群力以赞襄，有志竟成，毋畏难而怯步，尚希我商界同仁，惠然肯来，共策进展，以底其成。④

九亩地商联会除发展商店会员外，凡有正当职业的个人经会员两人介绍，也可加入商联会。11月3日，九亩地商联会第五次筹备会讨论通过了会旗标

① 《九亩地工商联合会茶话会记》，《民国日报》1919年9月22日，第10版。
② 《各路商联会消息》，《申报》1925年10月6日，第15版。
③ 《九亩地商联会发起人大会纪》，《申报》1925年10月16日，第11版。
④ 《九亩地商联会发表宣言》，《申报》1925年10月18日，第12版。

识，以"白底红围内具九字，旁志会名"①。12月1日，九亩地商联会在中国国货维持会举行成立大会，会员二百余人暨各团体代表五十余人参加了成立大会。② 在随后的第一届职员选举中，包括冼冠生、王昌祥在内的四十二人当选，复选中，冼冠生当选为会长，王昌祥、郁葆青当选为副会长，设总务、会计、文牍、交际、教育、调查六科，会所设在露香园路。③ 1926年12月，九亩地商联会增设名誉会长和董事部，在第二届职员改选中，郁葆青当选为名誉会长，冼冠生为会长，副会长王昌祥、张庆发，评议长邱寅伯，副评议长秦绍莲、殷秉琰。④ 1927年4月，九亩地商联会设立菜摊部，对九亩地范围内的菜摊进行规范化管理：

> （一）函请市公所捐务处，自五月份起，菜摊照会，概由九亩地商界联合会代领，并以后直接向市公所捐领照会一概不准，如市公所增发，须得九亩地商联会菜摊部之同意。（二）调查摊户，以原有号头照会为目标，但租借与人，不得此限，空地照会，须以摆在一年以上者为最低。（三）至九亩地摆设菜摊者，须有市公所捐照，须一律加入九亩地商联会菜摊部。（四）入会会员，均发给铜牌，注明号码，以期整齐。（五）设摊地址，仍照向例，以大境路东至旧食街，西至关帝庙为止，其余横街马路弄内，一概不准摆设摊基，地位仍照原有，不容变更。（六）菜摊固定地位不得更换。（七）如有不良鱼肉蔬菜，绝对不准售卖。（八）营业时间，准照市公所章程，自晨至午十一时，一律收摊。⑤

九亩地商联会菜摊部的主要职责包括审核营业执照的发放资格、设摊范围、摊户须加入九亩地商联会为会员、营业规则与时间等，菜场不仅与市民的日常生活息息相关，而且涉及街区内的公共秩序与卫生，可见九亩地商联会对街区内自治事务的高度重视。

---

①　《各商联会开会消息并志》，《申报》1925年11月4日，第15版。

②　《各商联会消息》，《申报》1925年12月2日，第14版。

③　《各商联会消息》，《申报》1925年12月2日，第14版。《各商联会消息》，《申报》1925年12月3日，第13版。《各商联会消息并志》，《申报》1925年12月11日，第15版。

④　《九亩地商联会复选揭晓》，《申报》1926年12月29日，第10版。

⑤　《九亩地菜摊昨日开会记》，《申报》1927年4月30日，第15版。

14. 南城商联会

1925 年 7 月，南城商界奚庚虞、顾霖周、顾翕周等 27 人集会于小南门马家厅，开始筹备工作。7 月 31 日，南城商联会在小南门外钩玉弄开成立大会，随后选举产生职员，以奚庚虞为会长，顾霖周、朱燮臣为副会长。① 此时，正值上海市公所增收地方公益税，南城商联会甫一成立，即投入抗税斗争中，赢得了会员的信任，"会员沈南昌、马德记、钱荣福、郭良甫、凌福记、黄源隆等各商号，制'商民保障'、'排难解危'匾额二方，装置彩亭，道以军乐，恭送至会"②。1926 年商联会再次改选，正、副会长仍以高票当选。③ 1927 年后，南城商联会虽仍然存在，但既未改组，也很少独自开展活动。

15. 西城商联会

西城商联会发起于 1925 年 10 月，由商人马德年、汪雪琴等发起，设筹备处于中石皮弄仁善坊 1 号，筹备中的西城商联会正好碰上了上海市公所增收地方公益税的动议，这更增强了西城商人成立团体的动机，可以说，西城商联会就是在反对征收地方公益税的风潮中诞生的，其范围"南至小西门，北至小北门，东至石皮弄，西至斜桥"。一方面，地方公益税按十倍增收，商人难堪重负，另一方面，"华界市政向来腐败，我真正纳税之市民，毫无顾问之权，故吾人对此种税款应否出纳，实一问题，惟吾人既欲达参与市政之目的，非组织团体联合进行不可，商界联合会之性质，实为地方之真正市民团体"，正是在这种背景下，西城部分商人发起组织商联会，"以冀群策群力，谋地方之福利，固结团体，树立自治之基础"。④ 1926 年 3 月，发起人举行第一次筹备大会，推举马德年为筹备主任，沈淡阮、戎承灏为副主任。⑤ 经过几个月的组织发动，到 4 月中旬，"加入会员，已达百数十人，一切布置，均已次第完备，会务进行，颇有可观"，于是，决定 4 月 21—26 日为投票选举期，选

---

① 《南城商业联合会成立》，《申报》1925 年 7 月 7 日，第 16 版。《南城商业联合会开成立会纪》，《申报》1925 年 8 月 1 日，第 15 版。《各团体消息》，《申报》1925 年 8 月 19 日，第 14 版。

② 《各商联会消息》，《申报》1926 年 1 月 6 日，第 14 版。

③ 《各商联会消息》，《申报》1926 年 7 月 25 日，第 16 版。

④ 《西城商联会之发起》，《申报》1926 年 1 月 6 日，第 14 版。

⑤ 《各商联会消息》，《申报》1926 年 3 月 6 日，第 14 版。

出徐济美为会长，王洞明、马德年为副会长。从实际运行看，在不太长的存在时间里，西城商联会重视商人自卫，加强防盗，守望相助。

此外，报纸上还曾出现过一些商联会名称，但记载很少，如胡家桥商联会、虹镇商联会、物华天宝两路商联会、王家宅十路商联会、翔西三路商联会、引翔港华德路商联会、闸北八路商联会、沪北川宝商联会，等等，由于资料缺乏，仅将简要情况列为表3-7。

表 3-7 华界其他商联会简况表

名 称	最早出现时间	主要职员
胡家桥商联会	1921年2月	(1925)会长：张佩绅；副会长：陈似兰；评议长：金仲谦
闸北八路商联会[1]	1923年10月	(1925)会长：顾紫霞；副会长：朱恺侗、张梅轩；评议长：吴仲裔 (1927)常务委员：顾云翔、吴仲裔、谈公兴、金亦祥、王泽民
闸北十一路商联会	1923年11月	会长：余锡品；副会长：陆葆荪、徐幼棠 (1925)会长：余锡品；副会长：陆葆荪、徐幼棠；评议长：张秉鑫、徐静之
虹镇商联会	1923年8月	会长：袁秀全；副会长：朱忠林；评议长：尹星涛；干事长：沙铁 (1929)主席委员：袁士勋
七宝商联会	1924年4月	筹备主任：李启贤
引翔港华德路商联会	1924年7月	不详
闸北四区里正商联会	1925年5月	会长：赵冰谷；副会长：倪无我、邱良玉
物华天宝两路商联会	1925年6月	不详
王家宅十路商联会	1926年12月	(1926)会长：陆安民 (1927)常务委员：葛瑞卿、蔡文邦、甘义昌
翔西三路商联会	1927年12月	(1929)主席委员：方镇耀

续表

名　称	最早出现时间	主要职员
沪北川宝商联会	1928 年 10 月	常务委员：王成栋、俞振德、叶其昌、张一尘、张炳荣、汪望农、王竹林、顾文生、王瑞卿
闵行商联会	1929 年 3 月	常务委员：陈鹿、张伯良、诸尘青、吴镇深、张景龄

　　资料来源：本表据《申报》《民国日报》《上海总商会组织史资料汇编》(下册)等有关记载辑录而成。
　　注：(1)闸北八路是指共和新路、中兴路、永兴路、香山路、正园路、北大源路、晋善路、指江庙路八路。

　　综上所述，华界中的各商联会纯粹以马路命名者不多，大多由几条马路，甚至一区域内的所有马路联合组成，这一现象的存在与传统城市的建筑格局及其商业布局密切相关，公共租界中的马路既长又宽且直，一条马路可以汇集众多商家，但中国传统城市街道狭窄、依山就势、曲折短促、商住合一，商家力量有限，只有联合一个区域内多条马路上的商家，才能组成一个具有一定规模的商人团体。

(二)纯粹的抗税团体：南市商总联会的创立

　　南市商总联会是华界商联会因抗税而联合成立的一个区域性组织，地方公益税的征收是促成南市商总联会成立的直接因素，"南市商业各团体，为反对市公所于民国十五年一月一日实行增加地方公益税事，组织南市商业联合会，专事讨论此案"①。南市商总联会成立后，反对电话加价、反对上海县知事公署带征二成房捐以充保卫团经费，则是其重要任务。

　　1925 年前，华界已有若干商联会团体出现，但尚未独自成立商总联会，而是推派代表出席位于公共租界的上海各路商界总联合会的活动。1925 年 8 月，社会上出现了上海市公所将于 1926 年元旦起征收地方公益税的传闻，引起了华界各商联会的疑虑和反对。正在筹备中的南城商联会率先表达抗议，表示"加征地方公益税所加甚巨，值此商业凋蔽，实为无力负担此重税"，决定致函"请市议会提议撤销，以恤商艰"。② 紧接着，北城商联会也"致函当

---

　　① 《各团体反对增加公益税》，《申报》1925 年 11 月 6 日，第 10 版。
　　② 《各团体消息》，《申报》1925 年 8 月 19 日，第 14 版。

局，声明商业受时局之影响，喘息未定，何能再加捐负，请求暂行中止加增"①。东北城商联会不断有会员商店来会所探明询问，以"道路传闻，恐非事实"，要求商联会迅速致函上海市公所总董李平书，"以明真相而释群疑"。② 西城商联会尚在发起中，正式成立前决定"讨论对付办法，以便与各团体一致进行"。10月14日，中城商联会联席会议决定"对公益捐增加，积极反对"③。于是，北城商联会倡议举行各路商联会联席会议，筹备组织南市商总联会，10月28日，联席会议如期举行，会议认为"各团体应取一致态度，合力反对，但无统一机关，进行上诸多妨碍"，决定"由南市各团体，合组一上海南市商业总联合会，以谋地方之发展，而助自治之进行"。④ 于是，南市商业团体于10月31日集会于北城商联会，发起筹备南市商界总联合会，得到东北城、沪南东区、沪西、南城、肇嘉路十五铺、北城等八路商联会的赞同，会议还就否认地方公益税达成一致，推举冯秋心、刘映垣、俞阆曦赴市公所请愿，如公所仍一意孤行，"亦惟有筹备最后抵抗之方法，绝对否认加增"⑤。11月初，南市商总联会筹备会正式成立，由各路商联会缴洋五元作为开支费用，其成员包括各路商联会正、副会长三人，推举出席委员四人。⑥

与此同时，南市各商联会已经将地方公益税与市政参与权联系起来，自11月10日起，南市各商店"均于门首贴有反对增加公益税，及要求市政公开等字样，态度激昂"，要求改组市议会，重新选举议员，以求根本解决。⑦ 更多的商联会如沪南六路、九亩地、东南城、唐家湾、海宁路、汉璧礼路、民国路等像滚雪球似地卷入反对地方公益税的风潮中。11月20日，由沪南六路商联会召集东北城、中城、南城、北城等华界商联会以及执业在租界、居住在华界的唐家湾、民国路、海宁路、汉璧礼路等商联会举行联席会议，经过讨论，与会者一致认为"华界市民，应有一种组织，公决组织'上海市纳税人

---

① 《北城商联会开会记》，《申报》1925年9月24日，第16版。
② 《华界商民反对增加公益捐》，《申报》1925年9月29日，第15版。
③ 《两商联会消息》，《申报》1925年10月15日，第11版。
④ 《三团体反对增加公益税》，《申报》1925年10月29日，第10版。
⑤ 《南市商业团体反对公益税》，《申报》1925年11月1日，第11版。
⑥ 《各团体反对增加公益税》，《申报》1925年11月6日，第10版。
⑦ 《华界反对公益税范围扩大》，《申报》1925年11月11日，第10版。

会筹备处'"，并推举冯秋心、吴亮生、萧效仁、童理璋、杜春荪、乐树滋、侯伯康、张贤芳、方伯琴九人为临时筹备员，"声明市民有纳税之义务，应有参与市政之权。要求市政公开，方可纳付捐税"。①

12月12日，南市商总联会召开选举大会，冯秋心当选为正会长，朱莱生、顾竹君为副会长，张秉鑫、顾惠民当选为正议长，侯伯康、侯三阳为副议长，朱莱生坚辞，由陈志康担任，标志着南市商总联会机构组建的完成。②此后，南市商总联会反对地方公益税的态度更加坚定，声明如果市公所"与民意背驰而行，议决竭力反对，由本会代表通告，一致否认增加"③，同时，致函市公所，坚持纳税人的知情权和市政参与权，要求"公所先将经过收支大略，报告清楚，使各商业团体明悉，以符自治原则，对于增加公益税问题，暂缓从议，决不承认私自议决"④。

在各方压力下，上海市公所总董李平书于12月16日邀请上海县商会会董暨各业代表五六十人，举办了整理地方公益税情况说明会，但李平书的解释并未说服各业代表，会议不欢而散。⑤而原定征收时间转眼即至，各商联会继续施压，东北城商联会"刷印'公益税率，横暴苛增，违反众意，一致否认'等字样传单，分送本路各商号粘贴在大门之外，坚决表示，一致否认"⑥。沪南六路商联会严厉指责市公所的不作为，指出"华界各马路恶劣不堪，天雨则泥泞不能行，天晴则尘土飞扬，路灯之黑暗，垃圾之堆积，市公所不思改良，而反增加公益税"⑦。九亩地商联会致函市公所，提出了征收地方公益税必须满足的八个最低条件：

> (1)以前账略详细报告，并许市民有审查权。(2)此后一切市政，确有具体改革之计划。(3)用人权须取人才主义，以便克尽厥职。(4)裁去

① 《华界各团体讨论公益税记》，《申报》1925年11月21日，第14版。《上海市纳税人会筹备会纪》，《申报》1925年11月27日，第13版。
② 《各商联会消息并志》，《申报》1925年12月13日，第14版。
③ 《各商联会消息并志》，《申报》1925年12月15日，第14版。
④ 《南市商总会致市公所函》，《申报》1925年12月17日，第13版。
⑤ 《市公所昨开公益税会议》，《申报》1925年12月17日，第13版。
⑥ 《关于反对公益税消息》，《申报》1925年12月18日，第14版。
⑦ 《各商联会消息汇录》，《申报》1925年12月19日，第14版。

一切冗员，节省经费。(5)容纳市民之一切建议。(6)市民认为必要时，得参与贵公所一切会议。(7)整顿税则，须会同市民团体，共同办理。(8)增加公益税，须俟商店商业有转机时，从长计议，并事前先征得市民之同意。①

正在这时，报纸上出现了闸北议事会亦将开征地方公益税的传闻，"而所定税额，实较南市为巨"，引起了闸北商人的恐慌，"闸北全体市民，亦将继起与南市一致动作，共同反对"②，并筹备设立沪北纳税人会议，形成南北呼应之势。12月12日，上海市公所发布整理公益税通告，详细解释了征收公益税之苦衷、征收程序之合法、办法之变通，并公布了征收公益税办法简章九条。③此举虽博得了少数同情之声，但未能打消华界商联会的抗税意识。南市商总联会表示"倘市公所用高压手段，决计用最后牺牲办法"，"额外增加者，当依据公意暂应停止照给"。④此后，连续数日，市公所派员催收公益税，各商店均照原税额缴付。无奈之下，市公所决定征收地方公益税延后一年再议。

反对地方公益税风潮虽暂告平息，但电话局加价风声又起。1926年3月中旬，华界电话加价的消息不胫而走，再次引起了商界的恐惧。南市商总联会、沪南六路商联会、九亩地商联会、东北城商联会、肇嘉路十五铺商联会、中城商联会、沪南东区商联会、西城商联会等南市商人团体纷纷开会讨论应对办法，一致表示反对。3月19日，南市商总联会致函电话局局长，明之以情，晓之以理，希望电话局"收回成命，俟诸异日缓缓加增"⑤。此后，南市各商联会接二连三地致函电话局，中城商联会的警告意味颇浓——"窃恐一旦加价，华界各商界，势必一律停止装电"，因此，要求取消电话加价。⑥沪南东区商联会认为若电话加价，"用户必致减少"，不利于电话事业的发展，电

---

① 《各商联会消息》，《申报》1925年12月21日，第14版。
② 《华界市民反对增加公益税昨闻》，《申报》1925年12月19日，第13版。
③ 《上海市公所整理公益税通告》，1925年12月23日，第13版。
④ 《各商联会消息》，《申报》1926年1月13日，第15版。《各商联会消息》，《申报》1926年1月27日，第14版。
⑤ 《各商联会消息》，《申报》1926年3月20日，第15版。
⑥ 《中城商联会反对电话加价》，《申报》1926年3月21日，第14版。

话利益"于无形中让归外人"。① 南区商联会建议电话局"推广用户，局中收款，自必增加，暂勿加价，免致营业阻碍"②。但这些并未打动电话局，其仍坚持不取消电话加价。3 月 24 日，南市商总联会召集各路联席会议，东北城、南城、中城、西城、北城、九亩地、唐家湾等商联会代表三十余人与会，经过讨论，决定驳斥电话加价理由，派代表到电话公司请愿，征求电话用户对加价的意见③，请愿结果是，电话局"允许电请上峰核夺"，加价问题似有转机。27 日，商总联会再次集议，各路代表普遍表示"非得各当局容纳商民意旨，决不甘于让步"④。4 月 3 日，又致函电话局，指出"暂不加价，鼓励招徕，倘能用户加多，收入自裕，以比加价而使人裹足，孰得孰失，不待智者而辨矣"⑤。同属华界的闸北十一路商联会、虹宝商联会、闸北五路商联会等也纷纷致函电话局、北京政府交通部和江苏省省长，表达反对立场。华界的抗争也得到了上海商总联会的支持，4 月 5 日，上海商总联会致函电话局，"务请贵局体恤商艰，从缓加价，或酌量减少，以纾商困，而利交通"⑥。

但是，电话局加价的态度也很坚定，4 月 6 日，通告用户"凡不愿加价者，决即拆除"，同时派人向各用户催收电话费，不加价者，拆去话机。当晚八时，南市商总联会召集紧急会议，与会的华界东北城、九亩地、西城等 12 个商联会的代表 50 余人经过充分讨论，决定采取两手策略，一面请陆文中等人出面调解，一面预备对付办法。陆文中提出，调解期内暂停拆机，双方互相让步，但是，电话局却表示"无让步余地"。4 月 12 日，南市商总联会召集第三次各路联席会议讨论电话加价问题，结果"一致主张，该局既不让步，惟有拆卸，惟装费押费，须先缴还"，并将此决定函达电话局⑦，双方已接近破局。

4 月 20 日，南市商总联会召开第四次各路联席会议，讨论电话加价危局下的对内对外办法：对外方面，三管齐下，除继续由调人调解外，电请军界

① 《各商联会消息》，《申报》1926 年 3 月 22 日，第 14 版。
② 《各商联会消息》，《申报》1926 年 3 月 31 日，第 15 版。
③ 《南市商界反对电话加价》，《申报》1926 年 3 月 25 日，第 14 版。
④ 《各商联会消息》，《申报》1926 年 2 月 29 日，第 14 版。
⑤ 《南区商联会请免电话加价》，《申报》1926 年 4 月 4 日，第 13 版。
⑥ 《商界对华界电话加价之表示》，《申报》1926 年 4 月 6 日，第 13 版。
⑦ 《南北市商界一致反对电话加价》，《申报》1926 年 4 月 14 日，第 14 版。

孙传芳、谢鸿勋救济；对内方面，三措并举，"(甲)至必要时，如调解无结果，一致停用电话；(乙)凡用户所有电机，在押柜未发还以前，不复任其拆卸；(丙)通告各用户，所有电费，一律停止纳付"。① 4月26日，调人陆文中、张秉鑫设宴于晋隆西菜社，邀请双方面谈，一方苦诉商艰，一方陈述支绌，最后双方达成过渡办法，一面由南市商总联会缮具请愿文，由局长代呈交通部，一面仍由用户照原额交纳费用。② 然而，一个月过去了，交通部仍无答复，电话局则将部分"电话搁止不接"，造成用户损失。6月4日，南市商总联会组织各路代表赴淞沪商埠督办公署请愿，要求督办公署体恤商困，却被接待人员以"非商埠公署之范围，本署只能负监督改良之责"为由轻轻拒却。6月15日，南市商总联会致函电话局，提出按用户分类征收月租的建议，即商联会等公益团体和住家均按八折收费，每月四元，商号按九折收费，每月五元四角。电话局回复称，"所陈三项，并未不知善意，而实无权施行"，反过来要求南市商总联会劝告用户，按新增标准缴纳。6月，电话局派员收取费用，"多数用户，均照章缴费，惟商联会所属少数用户，间有拆卸话机者，加价案暂行一段落"。③

然而，一波未平，一波又起。在反对电话加价风潮呈胶着状时，又有上海县公署拟于5月加增房捐二成，以充保卫团经费之议。此举再次激起了华界各商联会的抵制。1926年5月13日，南市商总联会一面呈文上海县公署，要求裁撤保卫团，并"立予收回增加二成房捐之指令"④，一面加强反房捐宣传，"印刷传单一万份，上书'反对增加二成房捐，充南市保卫团经费'字样，由总会印刷、分发各会，转给各家各店，粘贴门首"⑤。同时，北城、南城、中城、九亩地等商联会亦纷纷表达相同愿望。商界群起反对之下，上海县公署变通方式，拟"另设保卫捐征收机关，并定于阳历七月一日起，实行开征"，此举变本加厉，既新辟税种，又新设征税机关，较之旧法有过之而无不及，

---

① 《南市商总联会继续反对电话加价》，《申报》1926年4月21日，第14版。

② 《陆文中调解电话加价之宴会》，《申报》1926年4月27日，第13版。

③ 《调停华界电话加价之建议》，《申报》1926年6月16日，第14版。《调停电话加价之函复》，《申报》1926年6月21日，第13版。

④ 《反对保卫团带征房捐》，《申报》1926年5月14日，第15版。

⑤ 《南市商总联会开会纪》，《申报》1926年5月19日，第14版。

引发了更大范围、更加激烈的反对。6月18日，南市商总联会召集紧急会议，沪南六路、东北城、北城、南城、九亩地、中城、唐家湾、东南城、沪南东区、沪西、西城等商联会代表五十余人出席会议，各代表主张"由各商界自行依法呈控当局，要求撤销保卫团征捐"，由商总联会致函南市保卫团质问，次日，中城、西城、东南城等商联会或召开临时紧急会议，或举行会员大会，或召集职员常会，"议决一致反对保卫捐"，"主张一致否认捐款"。① 同时，南市商总联会还积极建言，提出建设性意见，主张"由商民自由认捐，不能限制照房捐办法"②。在商界一致反对下，当局决定增捐延缓至8月1日执行。

南市商总联会希望彻底取消加增保卫捐，于7月初致函上海市议会，质问征收二成房捐"是否经贵会议决通过，该团欲强有力征收二成房捐，试问是否可能保民居与市民之安宁"③，7月底，又致函各商业团体，痛陈其危害性，称"如不能推翻，非但公益税要复活，还要发生种种苛税，那里(么)我商业团体，非但不能存在，抑何颜自立，为此痛泣贵会注意，知照各商号一律拒绝纳此增加二成房捐，庶乎团体人格，均可存在"④，将反对保卫捐的成功与否作为各商界团体能否存在的重要条件，表达了破釜沉舟的决心："任何压力，誓与周旋，决不畏任何强权。"在南市商总联会的坚持下，"南市各店均甚忿懑，昨日(即8月2日——笔者注)各家门首，多贴有'反对南市增加保卫捐'之字条"。⑤

南市各商联会形成抗争合力。8月7日，中城商联会致函上海市议会议长莫子经，提出六大疑问，如征收保卫捐是否须经议会通过，所招团员是否符合保卫团章程，商民有无权利监督保卫捐的使用，按章程应向富户募集特捐，为何取诸商民，等等，要求议会依法质问官厅，限日答复。⑥ 南区商联会认为"房捐上加征之二成，并未经县议会议决，即以江苏省地方保卫团条例而论，完全不符，有违县制第十八条，第三条，第四十八条一、二两款，理应尊重法治，呈请自动撤销，以杜流弊……查捐系乐输性质，非强制性质，凡

---

① 《南市商界一致反对保卫捐》，《申报》1926年6月20日，第15版。
② 《各商联会消息》，《申报》1926年6月22日，第14版。
③ 《各商联会消息》，《申报》1926年7月5日，第15版。
④ 《各商联会消息》，《申报》1926年7月29日，第15版。
⑤ 《南市保卫捐昨讯》，《申报》1926年8月5日，第15版。
⑥ 《商界对于保卫团之疑问》，《申报》1926年8月8日，第15版。

非法强制增加市民负担不付，不得谓为抗捐，一致否认"①。在南市商界的一致坚持下，加收二成房捐之议也因此搁浅。

南市商总联会捍卫商人利益的斗争，有成功，也有失败，可以说，维护商人利益是南市商总联会形成、存在的核心要因，据粗略统计，从其筹备到成立后的 1926 年 8 月，见诸《申报》记载的会议共 33 次，函电共 30 封，绝大部分或直接或间接与地方公益税、电话加价、保卫捐等有关，详情如表 3-8 所示：

表 3-8　1925 年 11 月至 1926 年 8 月南市商总联会抗捐税会议及函电通告简况

会议或函电主题	所涉主题数量(次)	所涉主题之函电及通告数(封)
反对地方公益税	6	4
反对电话加价	13	15
反对保卫捐	9	6
其他	5	5
总计	33	30

由表 3-8 可知，从 1925 年 11 月至 1926 年 8 月，南市商总联会会议所涉及主题共 33 个，其中反对地方公益税、反对电话加价和反对保卫捐占 85%，函电与通告所涉主题共 30 个，其中上述三类主题占 83%，其他主题也多与经济利益相关，包括反对票据贴用印花、宅地税、米价飞涨，可见，南市商总联会是一纯经济性团体。

此外，南市商总联会也是一个区域性团体，其成员局限于南市。南市商总联会曾函请闸北十一路商联会加入，而该路商联会认为，"南市与闸北根本不符，备函谢绝"，华法交界处的唐家湾商联会也收到同样的邀请，亦婉谢。最后，与公共租界商总联会和法租界商总联会相比，南市商总联会还是一个松散性团体，对华界各商联会没有约束力，在其筹备过程中，肇嘉路十五铺、沪南东区等南市商联会就不赞成建立南市商总联会，而是独树一帜，筹备设立上海纳税人会，有些商联会会员还曾质疑该会的合法性，认为"为反对增加地方公益税事，另组南市商业总联合会，与上海各路商界总联合会有抵触，

① 《各商联会消息》，《申报》1926 年 8 月 10 日，第 16 版。

本会虽未加入各路总会，但此种组织，似属不妥，且事前亦未经同意，当然不能承认"①。在这种情况下，南市商总联会多以联席会议、临时会或紧急会议形式开展活动，会议主席亦由各商联会轮流担任。

　　正因如此，南市商总联会在南市商界逐步建立起了一定的权威性和社会合法性，团体建设也得到了发展，1928 年 1 月 11 日，南市商总联会举行改选，南市十多个商联会参加了选举大会，闵子贤当选为正会长，黄耕伯、顾竹君当选为副会长，侯三阳当选为正议长，凌仲侯、方伯琴当选为副议长。②1928 年 11 月，南市商总联会改行委员制，委员推选范围进一步扩大，72 个候选委员名额按会员数量分配给 15 个商联会。③ 总之，南市商总联会的成立对华界，主要是上海城厢商人团体力量的集结产生了积极的推动作用。

四、上海马路商联会的多样化建构

　　作为一种商人团体，上海马路商联会并非正式制度安排的产物，完全是商人自发组成的民间社团，由于没有制度依据，也就没有统一的样态，因此，20 世纪 20 年代上海马路商联会的创立及其演变历程，体现出多样性以及差异性，虽然都以马路商联会命名，但并非完全同质，而是同中有异，样态多元，命运多舛。

　　首先，从各路商联会创办的年代看，体现出一定的历史关联度。20 世纪20 年代是一个波澜壮阔的历史时期，国内有五四运动、五卅运动、国民革命运动等影响历史走向的重大历史事件，国际上，有华盛顿会议等重新改变世界秩序的重要会议，身处其中的商人虽念念不忘"在商言商"，但终究难以脱身事外，从包括三个商总联会在内的 75 个马路商联会的创办时间看，1919—1929 年，每年均有商联会创办，详情见表 3-9：

---

　　① 《三团体反对增加公益税》，《申报》1925 年 10 月 29 日，第 10 版。

　　② 《南市商总联会选举揭晓》，《申报》1928 年 1 月 12 日，第 15 版。

　　③ 《南市商总联会改选预备会》，《申报》1928 年 11 月 15 日，第 16 版。

表 3-9　1919—1929 年上海马路商联会创立年份分布表

年份	1919	1920	1921	1922	1923	1924
家数	34	5	2	1	7	4
年份	1925	1926	1927	1928	1929	总计
家数	8	8	1	2	3	75

资料来源：据 1919—1929 年《申报》《民国日报》的相关记载统计而成。

虽然每年都有新的商联会诞生，但明显呈现出几个高潮，最少的年份仅 1 家，最多的年份达 34 家，这与历史事件的影响息息相关，如五四运动发生的当年，多达 34 家商联会先后成立，华盛顿会议举办期间的 1923 年、五卅运动发生的 1925 年、国民革命波及上海的 1926 年分别有 7 家或 8 家商联会成立，呈示其受历史事件影响的起伏性，如图 3-1 所示：

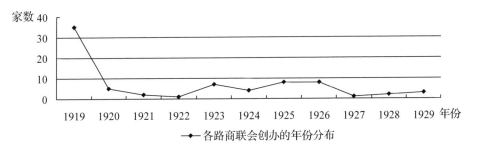

图 3-1　1919—1929 年上海马路商联会创立年份线性图

从单个马路商联会看，有些商联会具有更加明显的政治色彩，有些宣称"在商言商"，不过问政治，经济色彩更浓，有些则侧重街区公共事务，具有社区性。但不能因此将它们看作单一的政治、经济或社区组织，而是三者兼而有之，只不过侧重点不同罢了。

其次，从创立过程及其运行看，商联会的筹备和发展并非一帆风顺。有些商联会命途多舛，如九亩地商联会在筹备过程中，"有某庄某酱园等家，群力反对"，发起人"不禁感慨"，遂"将图章簿册当场销毁"，并"宣告九亩地既属多数反对，自无设立联合会之必要"①，以至于九亩地商联会迟至 1925 年

① 《九亩地联合会取消》，《民国日报》1919 年 10 月 12 日，第 10 版。

才成立。有些商联会虎头蛇尾，成立时热热闹闹，成立后偶露真容，甚至无影无声，如成立最早的沪西商联会(城内)，仅在重要宣言或函电中列一列名，壮壮声势，徒有其名。在商联会的运行机制上，由于缺乏统一的制度安排，出现了多种形式的管理机制，如董事会下的会长制、会长—干事长制、理事制、委员制，各商联会下设机构也是五花八门，各行其是。从隶属关系上看，虽然各路商联会绝大多数均加入所在地区的商总联会，如公共租界商联会多加入上海商总联会，法租界、华界商联会分别加入法租界商总联会或南市商总联会，也有同时加入上海商总联会的，但各路商联会并非商总联会当然的团体会员，商总联会仍是一个松散性的商人团体联合体。

再次，从商联会的存在状况看，各路商联会规模有大小，实力有强弱。商联会规模受限于各自街区商业繁华的程度，如果商业繁荣，商家众多，会员人数相应就多，能够收取的会费也相应递增，从而为商联会的附属事业，如办学、防疫、防盗等提供雄厚的经济支撑，会员也能够从团体中获得更多的福利，从而增强商联会的凝聚力和会员向心力，南京路商联会就是这样一个典型，因其位于公共租界最为发达的十里洋场，商铺众多，商人经济实力雄厚，会费充足，团体建设规范，从而成为各路商联会中的"优等生"。公共租界内经商或居家的华人众多，因此，从三大板块上看，公共租界商联会的整体实力较之法租界、华界商联会要更胜一筹。商业欠发达的街区更多采取多路联合的方式，抱团取暖，如早期的法租界商联会，华界内的东北城、沪南东区、南城、西城、北城、中城等商联会，闸北地区的闸北十一路、闸北八路等商联会，均是联合本区域内多条马路的商家同组一会。商联会创立起来后，在其发展过程中，也不断吸纳其他马路的商人加入，试图通过扩大规模来壮大经济实力。但是，不得不承认，由于商联会完全是自发组织的、商人自愿加入的民间社团，没有法律与行政的权力赋予，其权威性与社会合法性需要自我建构，因此，多数商联会长期处于惨淡经营的边缘，征求会员与征收会费是多数商联会职员的主要职责，正常的会务活动与附属事业经费短缺，不敷应用，有些甚至连会所房租都负担不起，如天潼福德两路商联会就与蔡氏旅沪同宗会合租一处，每月租金 34 元[1]，北海路商联会则与中国工会

---

[1] 《两路商界联合会开会纪》，《民国日报》1921 年 3 月 15 日，第 11 版。

合租汕头路西首洋房为会所①。海宁路商联会会长虞兆芳、评议余仰圣等人曾因会费问题辞职，该商联会"每年支出不下数百元，竭力劝捐，仍然不足，历年垫出总须一、二百元"②。这类因经费问题而辞职的商联会职员不在少数，极大地挫伤了会员的投入热情和商联会职员的积极性，形成恶性循环，导致会费难收，会务不畅，如中城商联会职员"有被选后不负责任者，甚且有不到会者，致开会时往往不足法定人数，阻碍会务进行"③，以至于商联会的职员常会常常由于不足法定人数而改开谈话会，而百老汇路商联会"每逢开会，各部职员多不能全体列席，有碍会务"④。商联会的组织更替也没有统一的安排，有些商联会一年一选，十分频繁，有些商联会两年一选，也很规范，但也有些商联会多年不选举，仅由少数商人操控会务，引起了会员的普遍不满，自发组织起来进行改革，如浙江路商联会便是一例。

最后，商联会的存续时间长短不一。一般来说，商联会的存在时间与其成立的早晚直接相关，成立越早，存在时间越长，存在时间最长的沪西商联会（城内）达十年零五个月，而存在十年以上的商联会团体有 26 个，反之，成立越晚，存续时间越短，存在不到一年的商联会有 3 个，其中时间最短的苏州路商联会仅存在四个月。当然，存在时间长短与其影响力不完全成正比，如前述及之华界沪西商联会，成立虽早但影响不大，商联会影响力的大小主要取决于团体建设与所在街区的商业发展程度，南京路商联会就是典型。如果不是南京国民政府出于统一商人团体的政治需要，也看不出商联会的"寿终正寝"。

---

① 《北海路联合会会所迁移》，《民国日报》1921 年 7 月 31 日，第 11 版。
② 《海宁路商联会职员辞职》，《民国日报》1923 年 3 月 4 日，第 11 版。
③ 《中城商界评议会纪》，《民国日报》1920 年 8 月 26 日，第 10 版。
④ 《马路联合会开会汇志》，《民国日报》1920 年 9 月 21 日，第 11 版。

第四章 组织衍变：商总联会的
形成、分立及重组

在 20 世纪 20 年代的上海历史舞台上，以各马路商联会为基础形成的商总联会是一个十分活跃，而且产生过重大影响的商人团体。一方面，它"要求修改洋泾浜章程，力争市民权，产生华人纳税会，选举华顾问，提倡义务教育，广设夜校，反对实施界内印花税，力办各种慈善事业，不为无功"①。另一方面，商总联会内部纷争不断，甚至闹到公开分裂、对峙的地步，在一定程度上在商人社会中造成了负面影响。学术界对此虽有过一些分析，但仍显不足，且分歧较大，还有进一步分析的余地。本章主要以《申报》《民国日报》等报刊文献的记载为主，结合其他相关材料，拟对 20 世纪 20 年代上海商总联会的形成、重组及各路性质加以分析。需要说明的是，作为近代中国存在时间最长、影响最大的报刊，《申报》曾在长达十余年的时间里将 20 世纪 20 年代上海商总联会及各路商联会的活动作为热点新闻，进行了大量跟踪报道，本章将以《申报》记载为主，并结合《民国日报》等报刊上的相关记载和当事人的有关回忆，仔细加以爬梳、解读，基本上能重新建构商总联会形成、重组的真实历史图景，并揭示商总联会的性质，从而进一步丰富近代商人团体史的研究。

---

① 《定期商议合并商总联会》，《申报》1922 年 9 月 12 日，第 15 版。

一、从分散到集结：抗捐与争权斗争中商总联会的形成

商总联会是在各马路商联会的基础上形成的。在商总联会正式成立之前，已经设立的马路商联会组织达 19 个。[①] 各路商联会的成立，基本上改变了各街区内中小商家的涣散局面，在维护各路商户利益的抗争中发挥了重要作用，但各路商联会仍自成一体、各自为政，不利于商人力量的进一步团结，增加了华商在与租界当局抗争中的组织与协调成本，尤其是随着租界市民权运动的开展，迫切需要各马路商联会形成一个统一的组织，"以对外不可无统率机关，对内不可无集权枢纽"[②]。因此，在商总联会成立之前，各马路商店代表频繁集会，以会议机制协调租界内华商抵制工部局增捐的行动。

工部局的增捐案，经 1919 年 4 月召开的纳税人年会讨论通过。该案决定对于在第一次世界大战中赴欧从戎的协约国国籍的雇员，以每人至多 8000 元为限，自其离职时起到 1918 年 12 月 31 日止，依照其离职时所领薪额，打对折补偿。此举导致 1919 年度的工部局预算难以平衡，于是决议将房捐（即市政捐）捐率增加至 7‰，并按 1‰ 的捐率另征特别房捐，一次付清，从 1919 年 7 月起实行。[③] 增捐之举立即引起了租界华商的强烈抵制。1919 年 7 月 12 日，南京路、福建路、北四川路、北京路、浙江路等马路代表赴总商会谒见会董沈仲礼、祝兰舫等，请求总商会与工部局交涉，恳求免加房捐。[④] 7 月 25 日上午，汉璧礼路、西华德路、浙江路、河南路、五马路、南京路等 16 条马路的代表同赴交涉公署"声述商艰，请为转致租界当道，免予加增房捐"[⑤]。次日，各路商店代表数十人齐赴总商会，商讨解决办法，决定由北海路、北四

[①] 彭南生：《五四运动与上海马路商界联合会的兴起》，《华中师范大学学报（人文社会科学版）》2009 年第 3 期，第 69—76 页。

[②] 《前上海各马路商界总联合会恢复宣言》，《申报》1926 年 6 月 25 日，第 2 版。

[③] 蒯世勋：《上海公共租界华顾问的始终》，《上海通志馆期刊》第 1 卷第 4 期，1934 年 3 月，第 927 页。

[④] 《商店吁恳免加房捐续志》，《申报》1919 年 7 月 13 日，第 10 版。《商店吁恳免加房捐四志》，《申报》1919 年 7 月 14 日，第 11 版。

[⑤] 《商界吁免加捐之昨讯》，《申报》1919 年 7 月 26 日，第 10 版。

川路、西藏路、南京路、浙江路、福建路等 24 路的代表共 24 人联名聘请佑尼干律师为总代表，采取统一行动。① 8 月 10 日，各马路商店代表为加捐问题召开特别会议，与会代表 27 人，陈则民、胡鉴人担任主席，经过讨论，各代表在否认加捐上达成了两点共识："一因商业凋敝，开支浩大，而纳税西人会议加捐时未就吾人负担能力一加考量，二因吾人既为市民，徒负纳捐义务，对于市政无可以发言之机会。"②他们借鉴西方"不出代议士不纳租税"的原则作为批判的武器，以其人之道还治其人之身。

各路商店代表会议既是华商抵制租界加捐的一种重要协调机制，也是商总联会的雏形。8 月 15 日，各马路代表 20 余人集议，陈则民担任临时主席，经过讨论，一致主张"新加之捐非得律师满意答复，不能缴付，议决由各代表归告各商店一致进行"③。从此，各马路商店对租界增捐的抗争进入新阶段，《字林西报》敏锐地觉察到这一变化，指出收捐人"遇一种新性质之反抗，大约此系各街联合会领袖之布置，当时游民多人随收捐人往来，对于收捐人之职务表示非常之注意，高声大呼，劝人勿缴，群众聚集渐多，颇呈扰攘之象，收捐人不得已多自退去，于是一日之职务遂为此般游荡无责任之徒所阻挠"④。次日，在总商会为加捐问题举行的茶话会上，各路代表 60 余人与会，会前举定陈则民、张汉杰、朱一笙、金馥生四人为发言人，英人代表费信惇、马师德企图说服马路商界代表先行缴捐，陈则民以"无确实可信之凭证"为由予以拒绝。随后各路代表齐集总商会议事厅开会，通过三条办法——"(1)展缓两礼拜，俾可以此期间内另举议董共商解决，(2)各路代表会同敝会请愿政府修正租界章程，(3)聂云台君提议会同各公团组织租界华人纳税会，推举代表与各领事交涉"，并以总商会的名义转致工部局。⑤

但是，工部局拒绝了华商展期征收的要求。此后，在加捐问题上，总商会与各路商店代表会议的分歧逐步加大，总商会主张妥协，先行纳捐，会长

　　① 《商店吁免房捐之会议》，《申报》1919 年 7 月 28 日，第 10 版。《商店公请代表吁免加捐》，《申报》1919 年 7 月 29 日，第 11 版。

　　② 《各马路商店代表开会纪》，《申报》1919 年 8 月 11 日，第 10 版。

　　③ 《关于工部局加捐之所闻》，《申报》1919 年 8 月 16 日，第 10 版。

　　④ 《字林报纪增收房捐事》，《申报》1919 年 8 月 17 日，第 10 版。

　　⑤ 《讨论加捐问题之茶话会》，《申报》1919 年 8 月 17 日，第 10 版。

朱葆三表示："今次暂为下台，俟下季纳捐时，苟华人仍不得市政权，则吾人大小商店居户新旧捐款一体拒纳。"各路代表要求总商会担保，陈则民表示："总商会朱会长及各会董既同此主张，吾人宜暂允劝告各路商人暂行照付，至下季纳捐时总商会定与吾人共同负责。"不过，总商会不愿出面担保，而是提议由总商会派代表五人、各路商界派代表四人一起往谒英总领事。① 英总领事对华人参与租界市政"极表赞助，并提倡先组织华人顾问部，为华人直接参与市政之过渡机关"，令各路代表满意而归。8 月 22 日，《申报》首次出现了以"各路商界联合会"署名的通告，要求各路商店"自下星期一（即 8 月 25 日——笔者注）起照付房捐"②。抗捐斗争暂告一段落。

各路商店代表会议遂将斗争重点转向争取租界华人市民权。9 月 2 日，各路代表以各路商界联合会总会的名义在爱而近路召开联席会议，会议讨论了华人顾问部的产生及其权限、租界章程的修改以及商总联会章程。③ 9 月 12 日，北城商联会鉴于"五四运动以来，城厢内外各处街道工商界组织联合会者次第成立，惜乎尚未一致联络"，于是函邀各路商联会于 9 月 20 日下午至该会事务所参加交谊会，"联络感情，互相提携，筹商一致进行方法"。④ 鉴于团体成立的迫切性，交谊会提前至 9 月 15 日下午举行，七浦路、四川路、海宁路等 14 个马路商联会的代表与会，会议一致认为有"统一之必要"，并决定择日举行上海全市各工商业联合会大会，"以便议决统一章程"。⑤ 9 月 17 日，各马路商联会代表 14 人在文监师路飞虹学校举行会议，会上，陈则民"提议筹设各路工商联合会总会事宜"，获得通过。⑥

10 月 9 日，各路商界联合会总会为庆祝"双十节"发出第三次通告，要求各路商店"一律悬挂灯旗，休业一天，共伸庆祝……表示我商界爱护共和之诚

---

① 《加捐问题之昨讯》，《申报》1919 年 8 月 20 日，第 10 版。
② 《各路商界联合会通告：为加捐与市民权事》，《申报》1919 年 8 月 22 日，第 10 版。商总联会的全称有几种不同说法，如各路商界联合会总会、各路商界联合总会、各路商界总联合会等。
③ 《各路商界联合会总会开会纪》，《申报》1919 年 9 月 4 日，第 10 版。
④ 《各路工商联合会之联络》，《申报》1919 年 9 月 12 日，第 10 版。
⑤ 《各工商团体交谊会纪事》，《申报》1919 年 9 月 16 日，第 10 版。
⑥ 《筹设各路工商联合会总会》，《申报》1919 年 9 月 18 日，第 10 版。

意"，号召各路商人前往公共体育场参加庆祝大会。商总联会虽未正式成立，但其权威性已得到各路商联会认可。10 月 10 日当天，租界及南北市各马路商店"一律休业悬旗挂灯，非常整齐，为开国八年来所未有，门前粘有各商界联合会印发国庆纪念休业一天之纸条，举目仰望，但见布满五色国旗而已"，参加庆祝大会及游行的马路商联会达 29 个。① 10 月 18 日，商总联会决定 10 月 26 日召开成立大会。10 月 25 日，商总联会举行职员选举会，共计 18 条马路 30 余名代表与会，选举结果是，陈则民 14 票当选为总董，金馥生 13 票、俞国珍 10 票当选为副总董，张慕曾 11 票、张鳢堂 9 票当选为会计董事②，至此，商总联会的组织架构已基本完备。

10 月 26 日，商总联会成立大会在上海总商会举行，出席会议的各马路代表均为各路商联会的领袖或活跃分子(详情见表 4-1)，此外尚有总商会、县商会、商业公团联合会、全国学联、上海学联等团体代表一千余人与会。会议发表的成立宣言，阐释了商总联会成立的必然性和必要性：

> 上海租界商人平时以不谙外情暨为旧章所束缚，不得受同等之待遇垂七十年。今幸天诱其衷，公理日昌，我各路商界外顺世界之潮流，内悟散沙之非议，结合团体先后组成商界联合会者有二十余路之多，又惧其各自为政，漫无统系也，于是有各路商界联合总会之组织。会议数十次，经营数阅月，始于今日宣告成立。参加市政，西董已允要求修改约章，草案亦经拟定，非合群策群力，断难相与有成，本互助之精神，谋自由之幸福。③

与会的各界知名人士如戴季陶、聂云台、黄炎培、穆藕初、邹静斋等纷纷发表演说，强调商界团结与统一的重要性，对商总联会的成立寄予了厚望。正如《申报》社评所云："有此总联合会成立，而上海一埠大小商家之总意思乃可于此机关中表现。譬诸代议制度，此联合总会者，乃直接普通选举所产出

---

①　《今年今日之国庆大典》，《申报》1919 年 10 月 10 日，第 10 版。《昨日国庆之盛况：为八年来所未有》，《申报》1919 年 10 月 11 日，第 10 版。

②　《商界联合总会选举职员纪》，《申报》1919 年 10 月 26 日，第 10 版。

③　《商界联合总会成立纪盛》，《申报》1919 年 10 月 27 日，第 10 版。

者也。际此商业竞争之时代，而国民自决主义已风靡于一世，前途之希望正未可限量。"①

表 4-1 出席商总联会成立大会的各路商联会及其代表

姓名	商号(店)名称	所属商联会	姓名	商号(店)名称	所属商联会
徐时隆	恒隆号	山东路	张慕曾	德润里	爱克界三路[2]
郑鹧鸪	新民书局		费良衡	天寿益	
宋诚彰	张茂成号	海宁路	潘冬林	德鑫里	文监师路
陆祺生	同兴		张进云	华昌	
王才运	荣昌祥	南京路	冯志卿	新北门福源	北城
陈则民	江荣昌号		张鳝堂	陆兴鸿号	四川崇明两路
余华龙	中华皮鞋公司		陆文中	联益公司	
金馥生	裕昌祥	河南路	林荪	大中华药房	天潼福德两路
金友生	同益泰		俞国珍	蔡仁茂号	
张炳臣	同庆盛	广东路	张汉傑	一三角药房	福州路
黄慎康	黄瑞泰米店	汉璧礼路	俞葆生	中英药房	
黄次俊			胡鉴人	不详	新闸路
周之璜	不详	嘉兴梧州两路	吕静斋	勒喊	汉口路
朱一笙	中央烟公司	浙江路	顾硕卿	元丰泰	
曹梅勋	不详	七浦路[1]	胡汝鼎	永新利	福建路
陈宝德	陈荣兴号	北福建路	毕庭祺	不详	

资料来源：《申报》1919 年 10 月 27 日，第 10 版。

注：(1)七浦路后联合北西藏路、甘肃路、开封路、阿拉白司脱路、文极司脱路，改为沪北六路商联会。(2)爱克界三路即爱而近路、克能海路、界路。表中所列出席代表均为商总联会董事。

商总联会会旗称"商旗"，"蓝底白星红字，系取青天白日，须用血心之意，五星有五角，舍表示五族共和而外，并使人不忘五九国耻、五四运动、

---

① 庸：《商界联合总会成立》，《申报》1919 年 10 月 27 日，第 11 版。

六五运动等纪念"①。商总联会实行董事会制，设总董一人，副董二人，下设会计、文牍、庶务、调查、交涉、顾问六部。为了扩大影响，商总联会还公开聘请了包括陈独秀、汪精卫、吴稚晖等政治名流在内的 16 人为名誉董事。② 每周一举行董事会，由总董主持，总董缺席时，由副总董暂代。商总联会成立后不久，委托美籍律师林百架致函工部局代理总巡，声明"本会宗旨光明正大，专为交际各界，联络感情而起见"，因此，"正式具函报告贵捕房查照备案"。③

商总联会是抗捐与争权的产物，其根本宗旨是维护华商的经济权益，正如时人所言："工部局加捐问题发生而促醒我们的觉悟，有各路商界联合会的结合，后来因为一路势力薄弱，遂有各路总会的组织，为代表全体商民的总机关。"④

图 4-1　1920 年元旦上海各马路商界总联合会交谊会合影

---

① 《商界联合总会成立纪盛》，《申报》1919 年 10 月 27 日，第 10 版。
② 商总联会聘请的顾问包括余日章、戴季陶、邹静斋、汤节之、朱赓石、包世杰、沈卓吾、张让三、蒋梦麟、黄任之等上海各界名流。(参见《商界总联合会迎送会记》，《申报》1920 年 1 月 4 日，第 10 版。)为了壮大声势，该会又于 1920 年 4 月聘请陈独秀、王正廷、汪精卫、吴稚晖、宋汉章、许建屏、张东荪、温宗尧、邵仲辉、瞿宣颖、包世杰、穆藕初、薛宝成、欧彬、郭乐等政、商、学界名人为名誉董事。(参见《各路商界总联合会开会纪》，《申报》1920 年 4 月 14 日，第 10 版。)
③ 《商界联合会函请捕房备案》，《申报》1919 年 11 月 17 日，第 10 版。
④ 童理璋：《敬告纳税华人书》，《申报》1920 年 6 月 25 日，第 11 版。

商总联会的成立，标志着上海商界最大团体的出现。从有关往返函电看，其所代表的商号当在三万家以上，如 1920 年 2 月上旬商总联会致吴佩孚、冯玉祥的电文中称其代表"三万四千家行号、公司、商店"①。福建路商联会的一份公函也认为商总联会"有五十余条马路，三万余千店号，百余万商民"②。截至 1920 年 7 月，加入商总联会的各路商联会组织已达 28 个，覆盖 57 条马路。③ 它的成立，加强了华商在对外斗争中的团结，增强了华商的力量。在争取华商权益、组织纳税华人会、反对"二十一条"的国民外交运动中，商总联会发挥了组织、动员作用。可惜，刚成立不久的商总联会由于对内政见上的分歧与政治派系上的纠葛而陷于分裂，在一定程度上削弱了商人的整体力量并造成了负面影响。④

二、一分为二：商总联会的分裂

商总联会的裂变肇始于吴佩孚倡导的国民大会。1920 年 6 月，吴佩孚通电全国，提出了召开国民大会解决时局的主张，8 月 1 日，拟定国民大会大纲八条，并以工、农、商、学各会作为国民大会会员选举的基本单位，"全国各县农工商学各会选一人为初选，所举之人不必以本会为限；如无工商等会，宁缺毋滥"。国民大会的宗旨是"取国民自决主义，凡统一善后及制定宪法与修订选举方法及一切重大问题，均由国民公决，他方不得籍口破坏"。⑤ 在吴佩孚的政治设计中，商会与工会、农会、学会等组织一道被作为基层选举单位，这在一定程度上迎合了商人参与政治的心理需求。吴佩孚集矛盾于一身，他虽是一个军阀，但又有一定的爱国情结，还在一定程度上受到五四运动中"德先生""赛先生"的影响，"他不同意孙中山的三民主义，而所拟国民大会八条大纲，除限期（三个月内开会）和临时性任务外（各省、县成立总事务所、事

① 《商界电请吴冯严拒直接交涉》，《申报》1920 年 2 月 9 日，第 10 版。
② 《福建路商界联合会之公函》，《申报》1920 年 8 月 9 日，第 10 版。
③ 《各路商界总联合会善后详情》，《申报》1920 年 8 月 11 日，第 10 版。
④ 有关商总联会分裂问题的探讨，参见彭南生：《政争、权争与派系之争：上海商总联会分裂原因初探》，《史学月刊》2014 年第 8 期，第 42—52 页。
⑤ 《吴佩孚对于国民大会之主张》，《东方杂志》第 17 卷第 17 号，1920 年 9 月，第 133 页。

务所），又同孙中山主张召开国民大会从形式上到精神上立意大致相同；他并非要真正依靠工农商学各界，但却强调国家政治和议会制度应由各界代表行使权力，以解决一党一派所操纵的专制制度"①。因此，吴佩孚的国民大会主张具有一定的蒙蔽性。吴氏通电一出，便在全国各界掀起了巨大波澜，赞成者有之，反对者亦不乏其声。其实吴氏有关国民大会的主张，虚中有实，真中有假，他从军人乱政的现状出发倡导国民大会的理由是客观存在的，他通过国民大会除掉皖系专权的动机也是不能否认的，但是如果寄希望于吴佩孚通过国民大会的召开真正实现"主权在民""国民自决"的价值理性，则不免过于天真。其实，早期共产党人也未识破吴佩孚的伎俩，李大钊就曾指出："吴子玉将军提倡的国民大会，不过是秉承我们民众的意思，不许这些在政治机关上的人干涉我们集会。我们应该赶快随时随处自由集合国民大会。"②"这次吴子玉将军主张的国民大会组织法，颇含职业的民主主义的原理，把这个精神扩而充之，很可以开一个新纪元。"③欣喜之情，溢于言表。8月21日，李大钊等13位北大教授甚至还在《北京大学日刊》上提出了临时国民大会提案七条，并逐条说明其提案理由，主张召集临时国民大会。

对于吴佩孚的国民大会主张，上海各界反应迅速。上海学生联合会致电吴佩孚，称赞其国民大会倡议"为征求民意之正当办法，民意皆趋之于此"④。沪北六路商联会称其"语语中肯，深合共和国之主旨。此皆人民心理中所欲言而未言者"⑤。上海商业公团联合会肯定国民大会主张，坚决反对恢复旧国会，认为："若旧国会，国人固承认其法律上正式机关，然其间多数分子，早已自外于国人，课其职责，欲举一有裨国家、有利民生之成绩而不可得。监督议员之人民，久已表示不满，虽以法统所系，不得不认为告朔饩羊。乃近者，国人饮恨安福，几有誓日偕亡之概。而旧议员多数分子，所与沆瀣一气，互为狼狈。事实昭著，中外讥笑。其他未与安福结合者，亦类多挑拨武人。

---

① 郭剑林：《吴佩孚传》上册，北京图书馆出版社2006年版，第296页。
② 中国李大钊研究会编注：《李大钊全集》第3卷，人民出版社2006年版，第210页。
③ 中国李大钊研究会编注：《李大钊全集》第3卷，第210—211页。
④ 《上海学生会致吴佩孚电》，《申报》1920年8月14日，第10版。
⑤ 《沪商赞成京学界主张》，《民国日报》1920年8月29日，第10版。

攘夺政柄。国内舆论，指为南方安福，举其罪恶，衹差卖国一间。综上以观，旧议员分子，既不自爱惜，见弃国人，则旧国会问题，自不容再有拘牵。"①不过，上海总商会对国民大会始终保持缄默，国民大会策进会成立后，曾先后三次致函总商会邀请其加入，总商会始则以"敝会向依商会法第十六条之规定，行使职务，对于贵会，爱莫能助"，继又以"赞成团体名义加入付诸表决，仅得三分之一，照章无效"为由②，拒绝了国民大会策进会的邀请。

作为五四运动后新成立的一个以中、小商人为主体的商人团体，如何对待吴佩孚召集国民大会的主张，不仅能全面反映上海商总联会的政治智慧，而且也是提高其政治代表性的重要机遇，当然，处理不好也足以削弱其存在的合法性与权威性。因此，国民大会问题对刚刚成立不久的上海商总联会是一个巨大考验。

1920年7月21日，商总联会召开董事会，出席会议的各路董事25人在陈则民总董的主持下，讨论了时局问题。28日，以商总联会暨五十七路商联会的名义发出关于时局的"俭电"，提出了解决国会问题的办法，主张先恢复旧国会，制定宪法，修改选举法，再依法产生新国会，不赞成吴佩孚召集国民大会的建议。为了便于分析，兹将该文照录如下：

> 自六年解散国会，扰攘迄今，不知此项问题，若不解决，国将不国，非法国会之亟应解散，无论已。正式国会，为民国法统所系，不能听其流离，动摇国本。前此段系军人，毁法乱纪，祸起萧墙，今者戎首挫败，孽障既除。诸公既标民治，首当尊重法纪，为全国先，应由政府取消前次解散命令，咨请议长开第三届常会，迅速制定宪法，修改选举法，令国民直接选举。一面即以明令筹备改选，免为无期之延期。议员不满人望，及能否代表民意，自有国民于下届选举决之，不容军人政客法外干涉，且会期至长不过半年，选举期毕，接替有人。如若召集省议会联合会，或国民大会等等，皆属毫无根据，违背约法，既授军人以利用之机，并为政客开劫持之具。盖约法尚在，不能于约法之外另觅溪径，苟乱丝

---

① 《商业公团对时局之紧要函电》，《申报》1920年7月29日，第10版。
② 《策进会与总商会往来函件》，《申报》1920年9月22日，第10版。

毫，既难统一，率循正轨，责在诸公。①

　　"俭电"成为商总联会内部政见分歧的起点。先是武昌路、浙江路商联会以未派代表与议，声明对恢复旧国会表示异议。商总联会"深恐有人误会袒护旧国会"，特再致吴佩孚一电，从法律上、事实上详细剖析了召集国民大会的不可行性，说明了旧国会在法统上的正当性，主张对"国会问题，宁可听其不能开会，不可有主张不许开会"。② 然而，这一番解释不仅没能消除各马路商联会的"误会"，反而加深了它们的疑虑，武昌路、浙江路、天潼路、福德路、爱而近路、克能海路、界路、吴淞路、沪北五区、百老汇路、四马路等以15路商联会的名义联名公开质疑，致书商总联会，驳斥了"恶法亦法"的"法律万能"说，指出民国约法"已百弊丛生，人民遭其恶法蹂躏，父老兄弟痛苦已九年矣，尚不思乘机破弃此恶法，而故袒护之"，况且南、北两国会争斗不已，"北方新国会并无退志，而南省旧国会又迁地开会，同室相争，后患未已"。段祺瑞操纵的北方安福国会固然应该解散，但希冀在此"恶法"下恢复旧国会，也是"故与为难"。在它们看来，召集国民大会乃是不二之选。③

　　商总联会当然不能同意这种指责，立即复函，反对"动辄意气用事"，认为商总联会"故与吴将军为难，不免冤人太甚"。言辞之间，讥讽武昌路等商联会缺乏法律常识，希望"国民方面，对于时局，有所主张，必须以科学的眼光，冷静之头脑，细密之观察，经多少人之考虑，多少时之研究，方可公之大众，既不可随人附和，有类应声，亦无须炫异标新，反乎常识"，并表示"对于国民大会，绝未反对"，只不过认为国民大会缺乏法理依据，难以名实相符，最后指出"目前解决时局之道，只有二途，一则承认革命，而开国民大

---

　　① 《各路商界对时局之主张》，《申报》1920年7月29日，第10版。《商界对国会意见互异》，《民国日报》1920年7月30日，第10版。
　　② 《商界总联会对旧国会之主张》，《申报》1920年8月2日，第10版。《商界再述对国会主张》，《民国日报》1920年8月2日，第10版。
　　③ 《与上海各路商界总联合会质疑书》，《申报》1920年8月4日，第11版。亦参见《商界推翻约法之奇论》，《民国日报》1920年8月4日，第10版。

会，一则不承认革命，仍依法解决，若徒敷衍粉饰，空言建设，无用也"。①武昌路等商联会则反唇相讥，指出：

> 吾人忝列商末，自问未尝充日本六个月速成法科，对于法律确无一知半解之见识，但不敢厚诬全体国民，以九年之艰难经验，尽无一科学眼光，无冷静头脑，无强国富民观察者耳。……然今日尚不图彻底的觉悟，犹思扶捣乱派，求约法国会制宪之规定，不几使吾国陷于永无宪法之国家耶！果约法有可根据之处，国民大会未必毫无抉择。②

双方你来我往，不仅政见对立，而且争执中夹杂着讽刺、挖苦乃至人身攻击，结果，不仅谁也未能说服对方，反而极大地伤害了双方关系，商总联会的代表性也遭到了怀疑："此次敝武昌浙江三路稍申意见，而表同情者，竟加至十五路，后此经研究而发挥公论者，尚不可知，而贵会竟不待众意，即使代表全五十七路，果否可以代表耶！抑可由贵联合会可以制造各路意见耶！"③稍后，武昌路等14路商界联合会在《民国日报》上发表赞成国民大会之电文，主张"新旧国会，同时解散，一面按照吴将军所拟办法，迅即电令各省区，先行召集国民大会，解决时局"④。

稍后，海宁路商联会致函吴佩孚，赞成召开国民大会，并致函商总联会，以该路"出席董事谓该电文未经董事会通过，殊不合理"为由，声明对7月28日的"俭电""不能负责"。⑤ 8月7日，报纸上出现了武昌路等商联会联名致商总联会总董陈则民的公开信，直言不讳地指出他反对国民大会的动机乃出于其为旧国会议员之背景：

---

　① 《商界总联合会覆武昌路等联合会书》，《申报》1920年8月5日，第11版。亦参见《商界表示对立法意见》，《民国日报》1920年8月5日，第10版。

　② 《武昌路商界联合会再与商界总联合会书》，《申报》1920年8月6日，第11版。

　③ 《武昌路商界联合会再与商界总联合会书》，《申报》1920年8月6日，第11版。

　④ 《赞成国民大会之电文》，《民国日报》1920年8月8日，第10版。

　⑤ 《海宁路商界联合会主张组国民大会》，《申报》1920年8月7日，第10版。《海宁路商界联合会致各路商界总联合会总董事函》，《申报》1920年8月7日，第11版。

先生乃旧国会议员，无怪嫉忌国民大会，而欲力保旧国会权力。然既为吾商界联合会领袖，当如何示忠爱于同人，而可稍具私见哉！先生致电子玉将军，乃用上海各路商界总联合会名义，直把各联合会包括在内。初时报载只有武昌、浙江两路有异议，今则二十四路已齐声不承认，且闻尚有他路将来继起者。先生为法律专家，何手续之不完备乃尔，诚所不取也。……先生既居联合会长，直知正己而正人，勿假公而存私心也。再如必欲非议国民大会，则个人名义非议之可也，何必要大众分谤，更何必挟制子玉将军，以承认革命之迫人语耶！①

至此，部分马路商联会已将商总联会总董陈则民与普通商人区隔开来，将矛头直指陈氏一人，反对他"借重吾商界联合会名义，不赞成开国民大会，而欲保旧国会权力"的行为。在公开信上署名的马路商联会包括武昌路、五马路、法租界、民国路、沪北六路、爱克界三路、唐家弄、天潼福德两路、吴淞路、百老汇路、沪北五区、南北浙江路、四马路等。② 沪西商联会则致函各路商联会，表示"俭电之假托全体名义，为总董个人之违法行为，个人违法，个人负责，与总机关毫无干涉"③。

8月8日，武昌路等41路商联会致函吴佩孚，对他"为国锄奸，为民除害"的义举表达"无任钦佩"，对国民大会的主张"甚表同情"，并澄清了"俭电"所造成的误会：

> 讵料上海各路商界总联合会中，有一二会董，偏于党派，明知国人所痛恶拒绝之旧国会，犹妄图恢复，假称五十七路代表通电反对吴将军之主张。商等事前并未与闻，事后即行质问，仍强词夺理，淆乱是非。商等誓不承认，甚愿从此永扫妖氛，无论新旧国会，同时取消，一面由国民自行召集大会，一面普选制宪，凡武人官僚政客吏师，概不得借

---

① 《武昌路等商界联合会致陈则民书》，《申报》1920年8月7日，第11版。
② 《武昌路等商界联合会致陈则民书》，《申报》1920年8月7日，第11版。
③ 《反对商界总会者之言》，《民国日报》1920年8月12日，第10版。

名参预。①

当晚九时，商总联会针对商界在国民大会问题上的分歧专门召开董事会，到会各路董事 35 人。总董陈则民希望会议围绕国民大会组织法集中讨论。致辞甫毕，赵南公"起立反对"，要求调查"俭电"违法行为，弹劾陈则民②，宣称"前电不根本推翻，此次无讨论之必要"。陈则民表示"既受弹劾请退席，听

---

① 《赞成国民大会之函电》，《申报》1920 年 8 月 8 日，第 10 版。该电文号称 41 路商联会联合署名，但能见到路名的仅武昌路、南浙江路、北浙江路、爱而近路、克能海路、界路、吴淞路、天潼路、福德路、民国路、四马路、五马路、东百老汇路、西百老汇路、沪北五区、唐家弄、北山西路、北西藏路、甘肃路、开封路、七浦路、阿拉白司脱路、文极司脱路、全法租界、邑庙豫园、大东门、北城、小东门、大街、穿心街、旧校场路、福佑路、天官牌坊路、安平街、沪西七路共 35 路，其中有数条马路合一商联会者，如南北浙江路系同一商联会，爱克界三路商联会包括爱而近路、克能海路、界路，天潼路、福德路组成天潼福德两路商联会，穿心街、福佑路、旧校场路等同属东北城商联会，百老汇路无东西之分，北西藏路、甘肃路、开封路、七浦路、阿拉白司脱路、文极司脱路组成沪北六路商联会。事后，民国路商联会还特地去函《申报》，表示民国路对该份电文"实未与闻，且事前亦未接有通知，碍难默认"（《民国路商业联合会来函》，《申报》1920 年 8 月 10 日，第 11 版）。爱克界三路商联会也致函商总联会，"表示此事本会始终并未与闻，不知何人假托，其中显系另有作用。万难承认，用特专函声明"（《商界否认发表意见》，《民国日报》1920 年 8 月 9 日，第 10 版），不过，稍后又致函《民国日报》否认此项声明，可见，即便同一商联会也并非政见一致。俞国珍系天潼福德两路商联会出席商总联会代表，他表示"四十一路中有本路列名，本席并不知道，本会会长亦未得知，且又未经本路开会提议，只能视为陈广海个人行动"，四马路商联会会长项松茂"亦谓本席列名弹劾书中，事前并不知晓"。（《商界总联合会开会记》，《民国日报》1920 年 8 月 12 日，第 10 版。）因此，所谓 41 路商联会，似有虚张声势之嫌。

② 该弹劾案指出："我商界联合会之发起，原从真正的民意产生，不料总联合会成立以来，不满人意，及不理人口之事，罄竹难书。尤为荒谬者，本月念一日晚开董事谈话会，其时于吴将军国民大会，并未表示主张，何以总联合会竟凭空以恢复旧国会，反对国民大会通电刊报。惟是夕出席者，是否有通电反对吴将军之议案？是否有五十七路之团体？如无此议案，无多数团体，径由少数董事，仅由谈话会妄行通电，显系违法。何赖有此代表，故今日本联席会议同人，认总联合会总董一人为违法，提出弹劾。"弹劾案共有 15 人联署，他们是李泽源、冯梓才、费良衡、张汉杰、赵南公、张振远、周莲翘、葛品生、唐美甫、孙镜湖、成蘡春、万国安、朱葭琯、黄慎康、黄次俊。（《商界总会剧战后所闻》，《民国日报》1920 年 8 月 10 日，第 10 版。）不过，联署者中后有若干人否认曾经署名，如"朱（葭琯）君本人始终并未与闻，不知何人假托"（《商界总联合会开会记》，《民国日报》1920 年 8 月 12 日，第 10 版）。

候委员会解决弹劾案后，再行讨论国民大会组织法，但今日之会，早已列入议事日程，必须先解决弹劾案，变更日程，亦应先行表决"。赵南公认为"连署在五人以上，弹劾案无不成立"。陈、赵针锋相对，以至于拥陈者与拥赵者"起剧烈之争执"，继由争执发展为武斗，"彼此误会，大声呼打，靠椅茶杯，均为武器，一时秩序大乱"，会议无果而散。① 8 月 10 日，商总联会召开第 35 次董事会议，到会各路出席董事 27 人，决议取消赵南公、陈广海、何杰三人的董事代表资格。② 对于商总联会表决取消董事资格，赵南公、陈广海十分愤怒，发表告全埠商界书并质问商总联会：

> 总会系公共团体，非私人机关。上海商人不是瞎子，不必说法律，但看当日报载情形即知。公等都是总董私人，视总董如严父，不敢一言扰及，对于弹劾总董者，视为不共戴天之仇，犹不敢明目张胆与之对抗，只好以阴谋手段诈骗，不能到会好泄一泄暗中愤气，此等会议还有甚价值、有甚效力。惟是会议也，均是三数政客记者之玩物，污辱我全埠商界名誉，莫此为甚，我全埠商人盍奋起而除之。③

赵、陈二人将对陈则民的不满扩大到以陈则民为总董的商总联会董事会，并进而发展到对商总联会的公开否定，矛盾进一步公开化。此后，双方投函报端，就商总联会董事会是否符合法定人数、总董是否违法、商界联席会是否秘密会议、谁应对 8 月 8 日商总联会上的起哄与打斗负责等问题相互辩白、攻讦，双方对峙进一步加剧。

平心而论，双方在国民大会问题上的分歧并非尖锐对立，支持国民大会的倡议与恢复旧国会的主张，两者之间并无高下之分，赞成也好，反对也罢，只是激进与稳健之别，在军阀争战的背景下，召集国民大会与恢复旧国会都只是与虎谋皮，最终只能是激者难进，稳者难求。争执的双方也并非没有沟通、协调的余地。1920 年 7 月，商总联会召集董事会时，直皖战争尚未结束，

---

① 《各路商界总联合会开会纪事》，《申报》1920 年 8 月 7 日，第 10 版。《商界总会之大剧战》，《民国日报》1920 年 8 月 9 日，第 10 版。

② 《各路商界总联合会开会纪》，《申报》1920 年 8 月 12 日，第 10 版。

③ 《赵南公陈广海质问总联合会并告全埠商界书》，《申报》1920 年 8 月 15 日，第 11 版。亦参见《相持不下之商界团体》，《民国日报》1920 年 8 月 15 日，第 10 版。

国民大会的具体主张尚未出笼，局势还不明朗，因此主张恢复旧国会，虽有陈则民身披旧国会议员身份的嫌疑，但其持论并非全无道理。他所在的南京路商联会也对国民大会的可行性表示怀疑，称"国民大会，本一种好事情。然现在国民的常识究竟如何，将来大会能否开成，更视国民自信力如何。今之哓哓以国民大会号召全国者，试问从何着手，若不轰轰用革命手段，造成一国民大会，徒号于众曰国民大会，为吴将军吴师长所提倡，一若非此不足以震动国人耳目者。是仍借武人旗帜，作民护身符，安望有自决之一日，此又稍有常识所应细心体察者"①，并且对国民大会策进会持消极态度。更何况，在武昌路、浙江路等商联会对"俭电"提出异议后，陈则民及商总联会亦有转圜之意，不仅召开董事会讨论国民大会组织法，还于 8 月 10 日致函《申报》，澄清反对国民大会之"误会"，指出"本会同人均属国民一分子，断无以国民而反对国民之理，根据国情事实之研究，指为反对，岂能承认"②。因此，当时的报刊舆论指出："此种只许我讲国民大会，不许人讲国民大会之奇观，是可知反对者并不在讨论主张。"③至于"俭电"是否符合由董事会法定人数表决通过的原则，联合通讯社的调查表明，当时商总联会董事会共有董事 57 人，当日出席董事会的有 25 人，符合会章关于"董事会须三分之一之出席，方可开会，过半数之赞同，方为议决"的规定。看来，在表层冲突原因之外，双方还存在着更为深层的分歧，"攻击此次会议，而反对陈则民个人，此则并非章程问题"。④

此后，赵南公、陈广海、冯梓才等人以 41 路联席会⑤的名义开展活动，

---

① 《纪南京路联合会之周年纪念》，《申报》1920 年 10 月 4 日，第 10—11 版。

② 《各路商界总联合会来函》，《申报》1920 年 8 月 11 日，第 11 版。

③ 《商界剧战后之互辨》，《民国日报》1920 年 8 月 11 日，第 10 版。

④ 《各路商界总联合会善后详情》，《申报》1920 年 8 月 11 日，第 10 版。

⑤ 41 路联席会中既有未加入商总联会的吴淞路、法租界、邑庙豫园、大东门、老北门、小东门、大街、穿心街、旧校场、福祐路、天官牌楼、平安街、沪北五区、北山西路等商联会，也有曾加入商总联会的武昌路、浙江路、爱克界三路、唐家弄、沪北六路、百老汇路、天潼福德两路、四马路、五马路、民国路等商联会，但其中爱克界三路、民国路、天潼福德两路、四马路、五马路商联会曾发表声明称并未加入 41 路联席会。参见《各路商界总联合会善后详情》，《申报》1920 年 8 月 11 日，第 10 版。亦参见《商界剧战后之互辨》，《民国日报》1920 年 8 月 11 日，第 10 版。

但在形式上仍然维持着商总联会的存在。1920 年 10 月间，商总联会董事李泽源、赵南公、张汉杰、孙镜湖、冯梓才等联名致函董事会，以董事任期一年届满，提出应修改会章，改选董事，被商总联会以正值纳税华人会选举为由加以拒绝。赵南公等人认为这是故意拖延，于是，再致函商总联会，表示"若现在总会主持诸公，意欲长此迁延，借词延宕开会，则本董事待至二十六号以后，即认现在之总会，已经依法不能存在，等于无形消灭"①。10 月 26 日，商总联会召开董事会，讨论修改会章及改选董事，因不合法定人数，延期表决。② 同日，41 路商联会举行联席会议，会议决定暂不脱离商总联会，但宣布成立改组筹备处，设在四马路大新街大行台 12 号。③ 11 月 7 日，筹备处在报纸上以"上海各路商界联合总会"的名义刊登启事，要求"各路各会未加入者请速加入，已加入者请按时到会发表意见，以利进行而收集思广益之效"。④ 11 月 15 日，筹备处再次公开登报否认商总联会的合法性，指出其"久已无形解体，嗣届期满又不改选，依法当然不能存在"⑤。不过，直至次年 9 月，各路商界联合总会仍未正式成立。

　　11 月 9 日，商总联会召开第 43 次董事会，来自 16 个马路商联会的 26 名董事出席，会议决定 11 月 15 日为董事改选日期，并以赵南公、张汉杰、孙镜湖、冯梓才等人自愿脱离总会，请各该路另推董事出席。⑥ 11 月 11 日，商总联会在报纸上刊登特别广告一则，除公告改选日期外，还郑重声明："对于所谓上海商界联合总会之广告绝对不能承认，且本会并未更改名称，所谓上海商界联合总会，尤属毫无根据。"⑦11 月 15 日，商总联会如期改选，出席选举会的 20 个商联会共 34 名代表参加投票，结果选举袁履登为总董，潘励绅、

---

①　《各路联合会催总会改选修章》，《申报》1920 年 10 月 21 日，第 10 版。

②　《商界总联合会谈话会纪》，《申报》1920 年 10 月 27 日，第 10 版。

③　《四十一路商界联合会开会纪》，《申报》1920 年 10 月 28 日，第 10 版。

④　《上海商界联合总会改组筹备处启事并求各路各会意见》，《申报》1920 年 11 月 7 日，第 3 版。

⑤　《上海各路商界联合会同人公鉴》，《民国日报》1920 年 11 月 15 日，第 1 版。

⑥　《各路商界总联合会开会纪》，《申报》1920 年 11 月 10 日，第 10 版。

⑦　《上海各路商界总联合会特别广告》，《申报》1920 年 11 月 11 日，第 1 版。

吕静斋为副总董，邬志豪、冯志卿当选为会计董事。① 后以袁履登因公赴汉，商总联会又补选陈则民为总董。② 此后半年，双方陷入不战不和的对峙僵局。

　　江苏省第三届省议会议员初选风波加深了僵局下的对峙双方之间的裂沟。在 1921 年江苏省议会初选上海选区中，公共租界选民除汉口路 104 人外，其余均未收到选举入场券，四马路商联会发函质问总商会会长，指出"本路居民应得有选民资格约在三百以上，乃于投票之前，除少数为贵会会员，由贵会直接送到外，其余大多数选民，无论国会选举、省会选举，均未收到，究竟贵会分发选举票，依据何种名册？送至何处？抑或贵会办理人分发之人，从中舞弊。今省会选举又过，但见选举机关，宣布某人得票若干，而真正选民仍一票未投"，要求总商会"即日明白答复，以释群情"。③ 7 月 14 日，各路商界联合总会十余人在赵南公主持下，讨论了省选舞弊问题，决定"租界方面质问总商会，内地方面质问选举监督"④。7 月 17 日，山西路商联会周伯尧致电江苏省省长、选举总监督，指责商总联会"将选民入场券全数代投，伪造民意，显又选举舞弊"，要求省长宣布"上海省会初选为无效"⑤，同时致函各路商联会，询问各路是否收到选举入场券，结果，浙江路、吴淞路、海宁路、四川路、北山西路唐家弄两路、沪北五区、四马路、汉璧礼路、五马路、山东路、武昌路、嘉兴梧州两路、大东门、胡家木桥 15 路商联会"均称未收到此项入场券"。⑥ 7 月 19 日，总商会复函四马路商联会，指称"省议会议员上海县初选区投票入场券，前由上海经董办事处送会，其封面注明送各路商界总联合会三包……均即查照分别转送，并经盖印回单，确实送到无误"⑦。7 月 22 日，赵南公在四马路商联会的职员会上提出省选舞弊问题，认为事实俱在，决定与各路商联会共同追究。⑧ 随后，四马路商联会致函商总联会，要

① 《各路商界总联合会改选揭晓》，《申报》1920 年 11 月 16 日，第 10 版。《上海各路商界总联合会通告》，《申报》1920 年 11 月 17 日，第 3 版。

② 《商界联合会补选总董：陈则民当选》，《申报》1921 年 3 月 20 日，第 11 版。

③ 《省选诉讼枝节丛生》，《民国日报》1921 年 7 月 13 日，第 10 版。

④ 《商界联会总会开会记》，《民国日报》1921 年 7 月 15 日，第 10 版。

⑤ 《周伯尧电呈陈省选舞弊》，《民国日报》1921 年 7 月 18 日，第 11 版。

⑥ 《租界选民彻查选票》，《民国日报》1921 年 7 月 20 日，第 10 版。

⑦ 《总商会答复四马路联合会》，《民国日报》1921 年 7 月 22 日，第 11 版。

⑧ 《四马路商界联合会职员会纪》，《申报》1921 年 7 月 23 日，第 14 版。

求说明"是项入场券，贵会收到后究竟如何分发？"①7月24日晚，由山西路发起，在广肇公所召开各路商界联席会议，到会的38条马路共23个商联会团体代表，"全体认为总联合会舞弊，主张彻查"，他们认为，"商界总联合会收受各路商界联合会应得之选举入场券，除汉口路一百零四张外，余均不按选民分配，及不分送于各路商界联合会使各转递选民，是为选举舞弊"。他们要求从四个方面予以追究：

> 总会除一百零四纸外，其余票数如何处置？从速搜查证据。登报申明不认所投之票。积极向办理选举各机关根本澈查。②

7月25日下午，各路联席会通过了由赵南公起草的关于省议会选举的声明，要求将"本届省会初选根本取消"，指责办理选举事务中的三项违法操作，其中商总联会应对编造调查名册、包办投票等舞弊行为负主要责任。③

26日晚，周伯尧、崔通约④、吕静斋等代表前往商总联会质问总董，调取公共租界选民底册。为应对各路商联会对选举舞弊的指责，7月29日，商总联会召开董事会议，出席会议的30余名董事，大多数承认省议会选举存在舞弊行为，调查结果认定吕静斋应负主要责任："(1)造假选举名册；(2)以副总董资格援引外人，向总会责问；(3)今日开会，有意规避。"经过讨论，决定取消吕静斋、张慕曾两人的出席董事资格，并登报声明。⑤ 8月1日，商总联会函告各路商联会撤销吕静斋董事资格之事，通告指出："吕静斋串同董事张慕曾，私造选民名册，假本总联合会名义，向总商会朦领选举入场券，假公济私，情同包办，兹因本总联合会澈查属实，根据简章第十三条，经第二届二十一次董事会议，董事二十二人之出席，大多数之通过，自即日起，撤销

---

① 《追究省选入场证事之函件》，《民国日报》1921年7月24日，第11版。

② 《商界澈查省选入场券之会议》，《申报》1921年7月26日，第14版。

③ 《各路商界联席会委员会纪：选定代表，发出通电》，《申报》1921年7月27日，第14版。

④ 崔通约，又名崔沧海，曾参加兴中会策动的反清起义，失败后流亡海外，在南北对峙中，是孙中山的坚定支持者。崔通约以武昌路商联会代表的身份在1920—1921年热衷于参与上海马路商联会的活动。参见宋钻友：《南北对峙与上海广东社会内的政见纷扰(1917—1927)》，《史林》2007年第5期，第34—49、67页。

⑤ 《争执省选入场券之两面观》，《申报》1921年8月1日，第14版。

其董事资格，以昭惩警。"①从组织程序上说，这一惩处决议符合会章规定。

但是，商总联会的处理结果激怒了汉口路商联会，该路抢在通告发表之前召集职员紧急会议，否定商总联会的指责，对其将吕静斋等人作为省选舞弊替罪羊的做法愤愤不平，会上出现了索还月捐、脱离商总联会、加入联席会议的声音："今总会非总会也，是私人之私会也，应共起声讨。莠草不除，嘉禾不生，如果取消本路出席……我汉口路即行与总会脱离"，"总会徇一二人之私，置汉口路于何地，应加入联席会议，提起诉讼"。② 稍后吕静斋以个人名义刊登启事，声明"省会选举并不与闻，且不屑与闻"③。商总联会虽欲以惩处吕静斋、张慕曾的结果澄清省选舞弊的责任，但适得其反，此举不仅未能洗刷部分马路商联会对陈则民省选舞弊的指责，而且将吕静斋及其所在的汉口路商联会推向了对立阵营。

商总联会的通告也在相当程度上加深了与各路商联会之间的对立。8 月 3 日，五马路商联会召开紧急会议，"以与总联合会脱离关系付表决，全体通过"④。山西路等 13 路商联会具状上海地方检察厅，以商总联会总董陈则民侵吞省议会初选入场券为由，要求将陈则民"所犯刑律第三百九十二条之侵占罪，迅予实施侦察提起公诉"⑤。山西路、四马路等商联会再次提出改组商总联会的意见，矛头直指陈则民，急欲去之而后快：

> 总联合会之总长陈君则民，亦因省会选举波及刑事，对于执行会务，自当回避。然总联合会为各路联合会之联合会机关，决不能因噎废食，若执行无人，于会务前途，大有妨碍。敝路等拟选举临时总董（续前总董之任期为限）以主会务，特此具函征求贵路意见，如表同情，请即示复，如以临时总董为非完全之策，则请将妥善办法，详细示明，以便公决进行。⑥

---

① 《总联合会撤销吕静斋董事》，《申报》1921 年 8 月 2 日，第 15 版。
② 《争执省选入场券之两面观》，《申报》1921 年 8 月 1 日，第 14 版。
③ 《吕静斋启事》，《申报》1921 年 8 月 9 日，第 15 版。
④ 《五马路商界联合会开会纪》，《申报》1921 年 8 月 4 日，第 14 版。
⑤ 《山西路等控诉省选证案之状词》，《民国日报》1921 年 8 月 5 日，第 11 版。
⑥ 《征求改组商界总联合会意见》，《申报》1921 年 8 月 10 日，第 14 版。

8月14日，武昌路商联会等38个团体的代表在悦宾楼举行聚餐会，议决三项办法："(1)定期选补总联合会总董。(2)再具状检厅催请集讯。(3)每星期开会讨论一次。"①8月18日，各路商界代表举行第三次联席会，会议拒绝沪北六路商联会副会长成燮春的调和，决定敦请袁履登复任商总联会总董一职②，但遭袁拒绝，请柬送到，"袁以事繁辞职不能就，当将原柬璧还"③。

8月24日，各路商界联席会在《申报》刊登商总联会总董预选的通告，宣称在山西路商联会内，设选举筹备事务所，"定日举行预选"，"再定日举行决选"。④次日，商总联会致函《申报》，声称并无此事，表示将"召集全体董事会议讨论根究"⑤。9月4日，各路商界联席会在山西路商联会事务所举行商总联会总董选举，结果，汤节之当选为总董，汪醒斋、赵南公当选为副总董。⑥汤节之得知其当选总董后，立即致书该联席会，退还当选证书，希望"另选贤能，当此重任"⑦。副总董汪醒斋亦以"担任各团体及社会事业太繁，万难兼顾"为由，辞去副总董。⑧实际上，赵南公主导了新成立的联合总会。9月25日，各路商界联席会举行联合议会正、副议长选举，出席选举会的代表为来自20个商联会的议董，共66人。结果杨春禄当选为正议长，周伯尧、霍守华当选为副议长。⑨商界联合总会由立法、执行、裁断三部构成，其中议会执掌立法，正、副总董负责执行，裁断处则由各路会长共同组成，推举宋汉章为总裁。⑩至此，商总联会分裂为以陈则民为总董的各路商界总联合会和以赵南公为首的各路商界联合总会，为了下文叙述的便利，笔者将各路

① 《各路商界在悦宾楼聚餐记》，《申报》1921年8月15日，第14版。
② 《各路联席会第三次会议纪》，《申报》1921年8月19日，第14版。
③ 《袁履登不就总联合会总董》，《申报》1921年8月20日，第15版。
④ 《筹备选举商界联合会总董》，《申报》1921年8月24日，第15版。
⑤ 《各路商界总联合会来函》，《申报》1921年8月25日，第15版。
⑥ 《各路联席会选举总董揭晓》，《申报》1921年9月5日，第14版。
⑦ 《汤节之致各路商界联席会函》，《申报》1921年9月6日，第15版。
⑧ 《汪醒斋辞联席会副董事》，《民国日报》1921年9月18日，第11版。
⑨ 《商界联合议会成立会纪》，《申报》1921年9月26日。出席各路商界联合议会的20个马路商联会是：四马路、北海路、吴淞路、爱克界三路、崇明路、沪北五区、天潼路、东北城、浙江路、山西路、汉口路、武昌路、唐家弄、嘉兴梧州两路、百老汇路、五马路、汉璧礼路、西华德路、邑庙豫园、法租界。
⑩ 《商界总会设裁断处》，《民国日报》1921年10月12日，第11版。

商界总联合会称为旧总会，将各路商界联合总会称为新总会。①

商总联会的分裂肇始于国民大会，加深于江苏省议会议员选举风波。为什么在这两个问题上商总联会内部形成如此尖锐的对立，以至于最后闹到公开决裂的程度？笔者认为，政见的分歧是双方对立的基本原因，权力争夺是彼此角力的关键因素，商界内部的派系矛盾则是新、旧两总会摊牌的重要推手。

吴佩孚的国民大会主张，使一部分商人看到了"国民自决"的希望，一时之间，吴佩孚成了他们心目中的英雄、中华民族的救星。海宁路商联会致电吴佩孚，称赞他"此次讨逆义师，的系为国为民，毫无自私自利，所揭大纲八条，至为钦仰，本会公同讨论，对于大体，均极赞同"②。武昌路等41路商界联合会也对吴佩孚的国民大会主张"甚表同情"，认为"吴师长更进一步，思与民更始，汲汲开国民大会，以图根本解决，主张由商学农工具体组织办法"，此等行为"大义凛然，为国锄奸，为民除害，宜乎薄海歌颂矣"。③福建路商联会则表示："吴将军义旗突起，扫除妖氛，主张国民大会，采取真正民意，以解决时局，此诚为吾中华民国造福非浅，其谁曰不宜？"④虽然事态的发展表明，对吴佩孚的希望只是部分商人的一厢情愿，但商人对履行国民权利的期盼却是真诚无瑕的：

> 吾人思国民大会之精神，完全为国民之自动，其召集之手续，组织之规定，与其职权之限度，当然付之国民之自决。庶国民全体之意思，得自由表现，不为一阶级或一部分主张所羁束。我纯粹之国民，应用何法使之实现，此为今日最大责任。⑤

20世纪初年以来，以责任、权利和义务为核心的商人的国民意识日渐增

---

① 两总会会址经常迁移。新总会会址起初设在浙江路，1922年年初迁移至贵州路逢吉里，10月再迁至四马路福祥里，1923年3月再迁至江西路60号。旧总会会址原位于劳合路，1922年9月迁至牯岭路，1923年1月迁到山东路美隆街美伦里。

② 《海宁路商界主张组国民大会》，《申报》1920年8月7日，第10版。

③ 《赞成国民大会之函电》，《申报》1920年8月8日，第10版。

④ 《福建路商界联合会之公函》，《申报》1920年8月9日，第10版。

⑤ 《国民大会策进会成立会纪》，《申报》1920年8月22日，第10版。

强。五四运动中，上海商人积极参加罢市斗争，努力维护社会秩序，成功地履行了商人的国家责任与社会责任，商人的国民身份认同感进一步增强，为上海马路商联会的兴起准备了思想条件。五四运动后，各路商联会通过各种方式强化商人的国民角色，开展国民责任自省，国民意识更为巩固，成为中小商人参与政治的行动基础。国民大会的倡议若能实现，无疑是商人行使国民权利、履行国民责任的一种重要体现。因此，部分商人看到吴佩孚关于国民大会的通电赋予商人团体参与权后，他们为得到国民平等待遇的心理满足、即将参与国家政治的激动、对民族和国家前途的美好预期，便全都化作了对吴佩孚的感激，称颂之言、赞美之辞，似乎也就在情理之中了。

但是，以南京路为代表的部分商联会则认为吴佩孚的国民大会主张，设计虽然美好，无奈国民程度太低，操作难度太大，根本无实现的可能，因此对国民大会持消极态度。虽然在一面倒的舆论下，部分商联会反对国民大会的声音有所减小，但双方政见的分歧并未因此消解。其实，在赞成与反对的背后，双方均未能认识到所谓国民大会不过是军阀之间争斗的工具。

政治是残酷的，也是现实的，国民人会终因种种因素无果而终，部分商人履行国民权利的渴望变成了空中楼阁，不谙政治的商人自然不解其中奥妙，他们便将注意力转移到地方自治上。然而，接下来的江苏省议会议员初选中选票入场券发放的失误，刺痛了部分商人尚未愈合的伤口，被看作对商人履行国民权利的一次严重践踏。因此，要求追究责任的呼声不绝于耳，各路商界联席会认为商总联会剥夺了商人的选举权：

> 选举为国家大典，行使选举权，为国民应有之权利，其间不容有丝毫假借，良以议员为国民代表，选举手续，一有不合，即非真正民意，而国家社会，必因之发生不良之反响也，过去十年，可为殷鉴。乃不谓本届省选，其作伪尤加甚者。查此次省选，其根本违法之点有三：一、调查，初选监督，并不依法委任调查员，到公共租界按户调查，乃以调查之权，委之上海总商会，再由总商会付之各路商界总联合会，此其手续不合，造成舞弊之因者一。二、各路商界总联合会，受间接之委托，以为市民可欺，乃不经调查之手续，徒依据纳税华人会调查名册，添注涂改，私行编造呈报，此甚愚弄各方，造成舞弊之因者一。三、各路商

界总联合会收得各路真假选民应得之投票入场券，除汉口路得有一百零四张外，其余均由张全、即张茂增又名慕曾，自行雇用轿夫，轮流投递，此其包办投票，造成舞弊之因者一。以上三种非法行为，由本联席会议之二十三路选民，各以其选举资格为人劫夺，又以其劫夺选民之机关，为各路商界联合会所组成之各路商界总联合会三五私人所包办，乃迁怒于各路商界总联合会。①

商总联会并不否认江苏省议会议员初选中的舞弊事实，但认为责任在副总董吕静斋、董事张慕曾等人，吕静斋所在的汉口路商联会则认为咎在商总联会，并"呈控其吞没选券，剥脱选权之罪"②。双方争执的焦点依然集中在商人的选举权上。单从选举操作上看，吕静斋"假造选举名册"的事实清楚，他的个人代表、出席商总联会的邱步卿也承认"众议员选户名册，系吕静斋与张慕曾同在张慕曾家所造"③。作为总董的陈则民当然也负有不可推卸的责任，他"对于此次办理省议会选举，本不赞成"，也就是持消极抵制态度，于是在收到总商会送来的选举入场券后，"即询上次众院如何办法，后知系由原造报人取去，上次众院，均由吕静斋、张慕曾两人所办。名册亦在吕静斋处，本会无可稽查。故省选亦即照前办理"④。一方面，商总联会亟须撇清选举舞弊之责，以保全总会名誉；另一方面，吕静斋认为个人名誉事大，"对故意捏诬罪名之人起诉法庭，控诉名誉损失"⑤。吕静斋、张慕曾对江苏省议会初选舞弊负有直接责任，而陈则民则负有领导责任。

其实，争执的双方都承认商人应有的国民权利、责任与义务，只是在如何表达上存在着不同的看法，陈则民等人对国民大会的不同意见已被新总会看作对国民权利的挑战，江苏省议会初选中入场券发放的失误，更被看作商人选举权的被剥夺，加剧了分歧双方的对立。其实，如果从维护商总联会团

①　《各路商界联席会委员会纪：选定代表，发出通电》，《申报》1921 年 7 月 27 日，第 14 版。

②　《争执省选入场券之两面观》，《申报》1921 年 8 月 1 日，第 14 版。

③　《商界对省选证之争论》，《民国日报》1921 年 8 月 1 日，第 10 版。

④　《商界对省选证之争论》，《民国日报》1921 年 8 月 1 日，第 10 版。

⑤　《吕静斋启事》，《申报》1921 年 8 月 9 日，第 15 版。

结大局的角度出发，双方是有可能找到两全其美的化解方法的。

从国民大会风潮到省议会初选风波，以赵南公为代表的新总会始终将解决分歧的关键放在总董陈则民的罢免或以陈则民为首的商总联会董事会的改组上，实质则是争执双方对商总联会领导权的争夺。旧总会始终不愿放弃对商总联会董事会的控制，即便到了按会章规定应举行一年一度的改选时，也一拖再拖，最后虽然改选了董事会，却因袁履登无法履行总董职务而再次补选陈则民为总董。省议会初选风波中，负有直接责任的副总董吕静斋被董事会罢免了董事资格，而负有领导责任的陈则民却不愿意辞去总董一职，此举既加深了旧总会与吕静斋个人之间的恩怨，也增强了一直觊觎商总联会领导权的新总会夺取权力的力量和与旧总会分庭抗礼的实力。要而言之，商总联会的分裂是争执双方控制与夺取领导权的斗争。

当然，不能否认政治、地缘背景在商总联会分裂时的推波助澜。表面上看，新、旧两派的头面人物分别为赵南公和陈则民，实则其背后有着庞大的政治背景与地缘因素。陈则民(1881—1951，一说卒于1953年)，字惠农，江苏吴县人，毕业于日本法政大学，律师出身，旧国会议员，曾任上海律师公会第一任会长、苏州电气厂总办，1917年南下任护法国会众议院议员，善于辞令，政治色彩颇浓。据时人回忆，陈则民是荣昌祥西服店的老主顾，并因此与该店老板王才运关系密切。王才运，浙江宁波人，南京路商联会的主要创会人，也是该会首任会长，在筹备旧总会时，欲借重陈则民的国会议员、律师身份，组织市民权运动，于是设法请他代表广西路的江和昌西服店，取得商人身份，并顺利当选为旧总会的首任总董。① 陈则民在市民权运动中，确实发挥了领导才干，但他的政治色彩十分敏感，其商人身份不为新总会一派所认同，对国民大会持不同意见的"俭电"，被对手看作陈则民谋取旧国会议员所特有的政治私利的工具，因而成为他遭受攻击的把柄。事实上，"俭电"不仅反映了陈则民本人对待国民大会的态度，也代表了南京路商联会在此事上的立场，在国民大会策进会风潮席卷上海商界时，南京路等商联会仍然无动于

---

① 余华龙：《余华龙回忆》(1965年9月10日)、严谔声：《严谔声回忆》(1960年11月25日)，原件均藏上海市工商业联合会档案史料室，转引自上海市工商业联合会、复旦大学历史系编《上海总商会组织史资料汇编》下册，第933—934页。

衰，"此次策进会成立，非但无代表与会，甚且南京路一带商店无一悬旗以表示赞同者"①。

赵南公是新总会的重要推手。赵南公（1882—1938），河北曲阳人，早年曾加入同盟会，上海泰东图书局②总经理，马路商界联合会系统内的活跃分子，曾任上海四马路商联会会长，思想较激进，但在经营上却不是一个成功的商人。③ 他与属于广东帮的霍守华、冯少山、汤节之都出自政学系④，在政治上比较接近广东政府，在上海商界结成一派，与属于宁波帮的王才运、陈则民等人对抗。吴佩孚的国民大会主张出笼后，冯少山、霍守华所在的广肇公所便是积极赞同者，领衔发起国民大会策进会，并将策进会的事务所设在广肇公所内，冯、霍等人均高票当选该会干事。⑤ 广肇公所赞同国民大会，还另有动机，即借助吴氏的国民大会倡议，达到阻止孙中山讨伐桂军、统一两广以备北伐的目的，其"积极回应吴佩孚召集国民大会的倡议，拒绝为孙中山讨伐桂军的军事行动筹饷"⑥。因此，对新总会而言，赞同国民大会可谓一箭双雕，既夹杂着与宁波帮的对抗，也拒绝了为孙中山讨桂筹饷的要求。

商总联会组织的松散性也是其分裂的重要因素。商总联会建立在各路商联会的基础上，各路商联会是自发的商人团体，既缺乏严密的组织系统，也没有严格的纪律约束，各路商联会是否加入商总联会完全听其自愿，街区内的各个商人是否加入商联会也由其所愿，会费则听其自愿捐助。按章程规定，

① 《商务书林致南京路联合会函》，《申报》1920 年 8 月 26 日，第 11 版。

② 泰东图书局是政学系在 1914 年成立的一家出版机构，在赵南公的主持下，泰东图书局出版了一些具有进步社会思想的书籍，曾对新文化运动产生了很大影响。

③ 沈松泉：《泰东图书局经理赵南公》，见宋原放主编《中国出版史料（现代部分）》第 1 卷上册，山东教育出版社 2001 年版，第 329—335 页。

④ 霍守华、冯少山、汤节之均属广东旅沪商人中的激进派，1918 年广肇公所改革的积极推进者，在改革后的广肇公所中掌握了领导权，霍守华曾三次以最高票当选董事，汤节之则于 1921 年、1922 年先后出任董事会副主席，冯少山为广肇公所董事、义学监学。参见郭绪印：《老上海的同乡团体》，第 432—476 页。

⑤ 《国民大会策进会选举干事纪》，《申报》1920 年 8 月 27 日，第 10 版。《广肇公所赞成国民大会》，《申报》1920 年 8 月 14 日，第 10 版。国民大会策进会成立后，旧总会主张以各马路商联会的名义参加，但南京路、河南路、九亩地、沪西、广西路、海宁路等马路商联会并未列名发起，并未参加成立大会，颇有与新总会互别苗头之意。

⑥ 宋钻友：《广东人在上海（1843—1949 年）》，上海人民出版社 2007 年版，第 363 页。

每周一次的董事会需三分之一以上董事出席方为有效，即使如此，也常因出席董事达不到法定人数而改为谈话会。以商联会或商总联会名义形成的决议，多被讥讽为少数人的意志，因此，在重大政治活动中出现政见分歧，也就见怪不怪了。福建路商联会曾对商总联会的分裂原因进行过深刻的反思：

> 上海各路商界联合会，所以有今日衰败之气象，众口一词，莫不谓为因人问题。然组织分子之所以良莠不齐，实由于各路组织不良所致。各路商界联合会，本为各路商人自动组织之平民团体。乃自各路发生联合会后，往往有三数私人，乘机起而利用此名义，不征求公意，不令人过问，独断独行。无会员，无选举，亦无合宜手续，即以会长自居，以私室为会所。遇事则招摇撞骗，假公济私，俨然以全路商人代表自居。实则所谓代表者，仅代表其一人而已。真实商人之所以不置一词者，实因商人以营业为重，不屑计及于此耳！此种人卑行劣迹，无复人格，实为害群之马。不论任何社会或团体，一有此种人之足迹，无有不败者，此证诸历来陈迹，及总联合会之分裂情形可知。①

在福建路商联会看来，商总联会的分裂主要是作为商总联会基础的各路商联会"组织不良"所致，一些商联会是"无会员，无选举，亦无合宜手续"的"三无"组织，商联会领袖也并非全部出自"真实商人"，在政治利益上当然也不能真正代表各路商人。证诸史实，在五四精神的激励下，各马路商联会纷纷设立，确实存在着一哄而起的乱象，因此，由各路商联会组合而成的商总联会成立不久即出现分裂也并非历史偶然。

总之，商总联会的分裂是由多种复杂因素造成的，政见分歧是分裂的基本原因，权力争夺是彼此角力的关键因素，商界内部的派系矛盾则是新、旧两总会摊牌的重要推手，在政争、权争与派系之争的背后，既掺杂着宁波帮与非宁波帮之间复杂的对立情结，也存在着内部制度设计不合理、商总联会成员社会成分复杂等组织缺陷。商总联会的分裂表明新总会否定了旧总会的权威性和代表性，但新总会也无法取代旧总会的地位，两者分立标志着代表非宁波帮的新总会与代表宁波帮的旧总会在组织上的分庭抗礼，也反映了商

---

① 《福建路商联会主张审查分会》，《申报》1922 年 9 月 11 日，第 14 版。

人政治参与中激进与稳健两种势力的分野，从此，新、旧两总会各树异帜，各自抱团，不利于商人力量的集中与统一，对租界华人争取市民权运动造成了危害。

三、从分立到合并：商总联会的重新统一

从 1921 年 9 月商总联会正式分裂，到 1923 年 10 月两总会重新统一，商总联会处于分裂状态，形成了以陈则民为总董的上海马路商界总联合会（即商总联会、旧总会）和以赵南公为首的上海各路商界联合总会（即商联总会、新总会）。新、旧两总会处于分立状态。分立时期的两总会，在维护国权的对外斗争中立场一致，在内政问题上，虽各有活动侧重点，但并无拆台之举，如华盛顿会议前后，两总会均反对鲁案直接交涉，在诸如废督裁兵、反对北京政府借款等内政问题和"五九"国耻纪念等政治活动中，两总会也大多保持着一致。

不过，两总会虽在主要政治问题上保持着同调，但在具体实施上常常存在着重叠、错位，造成政治活动中的资源浪费或力量的分散与真空。为了扩大各自的势力，两总会还展开了争夺各路商联会的斗争，使得各路商联会无所适从，如浙江路、山西路、河南路、福建路、民国路等商联会，时而参加新总会的活动，时而参加旧总会的活动，或同时派出代表分别出席两总会的会议，南京路商联会还曾一度退出旧总会。新、旧两总会的相互争夺，在一定程度上损害了它们的代表性与领导力，也分散了商人在对外斗争中的力量。因此，在一些重大政治行动中，各路商联会深感总会分裂后领导的不力，常常发起临时性的联合组织，如在反对鲁案直接交涉的国民外交运动中，新闸路、山西路、文监师路、沪北六路等商联会在"以外交问题非有实力以为后盾，难期胜利，而欲以实力为后盾，则非有团结之团体不可"的共识基础上，于 1921 年 12 月 5 日发起召开联席会议。① 次年 1 月 6 日，新闸路、文监师

① 《鲁案及"二十一条"之民意表示（二）》，《申报》1921 年 12 月 6 日，第 14 版。《各路商界二次联席会议先声》，《申报》1921 年 12 月 14 日，第 14 版。

路、西华德路等十余个商联会还"曾经一度集议，以北京政府诈欺手段，殊属可恨，国民非有重大表示，难期胜利，因此一致主张组织二次示威大运动，分途接洽进行"①。又如，在应对轻质铜元案中，南京路商联会于1922年5月发起召开讨论轻质铜元联席大会，联合沪东、四马路等19路商联会拒用轻质铜元，在其中充当了领袖角色。②

政治表达上的一致性与组织活动中的分散性，是分立时期两总会关系的基本态势。前者使两总会的统一具备了可能性，后者为两总会合并提供了必要性。因此，两总会分裂不久，就开始了寻求合并的努力。

1921年12月19日，沪北六路、文监师路、新闸路、山西路四路商联会发起召开各路商联会联席会议，共14个马路商联会的25名代表出席了会议，促使新、旧两总会合并是其重要议题之一。会上，文监师路商联会代表潘冬林提议，"现在上海一块，尚有两处各马路商界总联合会，如何能言对外，应先即行设法统一之，然后商量对外事"，表决结果，"全体起立通过"，并由发起会议的四路商联会"向两方接洽"。③ 26日，在南京路商联会事务所再次举行联席会议，与会的马路商联会增至19个，确认促使两总会合并的提案，并推举潘冬林、王肇成、王廉方、史观涛、杜椿苏五人为委员，"担任进行事宜"。④ 但是，两总会在合并程序上存在着分歧，统一事宜不得不暂时搁置，第一次合并如昙花一现，无果而终。

为加快合并步伐，旧总会改董事制为理事制，1922年8月3日，由南京路、河南路等19路商联会的48名代表选举余华龙为理事长，钱龙章为副理事长，陆费逵为评议长⑤，为部分商联会所诟病的陈则民离开了商总联会领导层。改组后的旧总会对此前的活动方针进行了检讨，表示要回归商人本位，"改正以前偏向的发展，重商人本身利害问题，而远政治"，并将促成与新总会的合并作为主要目标，欲"牺牲私人利权与虚名，协力谋两商界总联合会

①　《对于鲁案之二次示威大运动》，《申报》1922年1月8日，第10版。
②　《拒用轻质铜元之决议》，《申报》1922年5月22日，第13版。
③　《各路商界联合会联席会议记》，《申报》1921年12月20日，第14版。
④　《商界联合会联席会议纪》，《申报》1921年12月27日，第10版。
⑤　《商界总联合会选定新职员》，《申报》1922年8月4日，第15版。

之合并"。①

8月底，北山西路唐家弄两路商联会致函各路商联会，认为当初造成总会分裂的人事问题已不复存在，再次倡议新、旧两总会合并：

> 今商界而有二总会，试问我商人之言行，又将孰从耶？敝会目击现状，深抱杞忧。曩昔虽一再疏解，无如水火已成，不易融洽。今则当局所指为把持会务者已一一去位，对人已无问题，其他所谓章程、经济，苟能开诚布公，不难迎刃而解。敝会认两会合并，为吾商界团结精神唯一之急图，各会同志，如不以为鄙谬，敢请一致主张，务冀早达目的。②

为促成两总会早日合并，北山西路唐家弄两路商联会还就经济、章程、会址、组成合并委员会等方面提出商榷书，征求各路商联会的意见，强调回归商人本位的重要性："吾商人组织商总会，其性质为商，凡有讨论，宜不涉政治，在必要时，认为与商人本身有关系，可偶一开议，如政府发行公债，或苟增税项等等。"③

合并倡议得到了社会舆论的肯定，《申报》发表评论，希望两总会以商人整体利益为重，捐弃前嫌："欲图事业上之进步，增加团体之力量，似宜合两力而为一，泯立异之形迹，联各业之精神，感情既洽，发展自速，故今日两联会合并之议，不可谓非当务之急矣，愿双方各以以前种种譬如昨日死，而以以后种种譬如今日生，则归并前途，庶乎有望欤！"④倡议发出后，南京路、山西路商联会率先表示赞同，四马路、五马路、河南路、东北城等商联会随即跟进，并就合并手续积极建言。⑤浙江路商联会希望北山西路唐家弄两路商联会"召集各路同人，迅开全体大会，筹议进行"，并致函新、旧两总会领袖，希望他们以大局为重，一并辞职为两总会合并让路："偿蒙四会长俯察舆情，早日宣告辞职，一面召集全体大会重筹选举事宜，以示至公。是否可行，

① 《各路商界总联合会开会纪》，《申报》1922年8月8日，第16版。
② 《合并商总联会之动机》，《新闻报》1922年8月31日，第9版。
③ 《两商总联会合并方法之商榷》，《申报》1922年9月1日，第14版。
④ 《商联会之合并》，《申报》1922年9月1日，第14版。
⑤ 《合并商总联合会之响应》，《申报》1922年9月2日，第13版。《提议两商总联会合并之响应》，《申报》1922年9月5日，第13版。

静候钧裁。"①9月5日晚，旧总会举行理事聚餐会，邀请新总会赵南公、周伯尧、张振远等人列席，"席间互谈各会期望合并之切"，双方均表示"无论何项权利与虚名，随时均可牺牲"，会谈气氛融洽。② 稍晚复函赞成两总会合并的商联会还有西华德路、沪北五区、邑庙豫园、沪北六路、山东路、崇明路、文监师路、四川路、百老汇路、天潼福德两路、汉口路等③，构成了一股强大的、自下而上的要求统一两总会的合力。新、旧两总会也表态积极支持合并，旧总会"本始终诚意于合并……尽力向各方疏通，使早日成为事实"④，新总会也"早俱诚意，决不发生意见，以免两歧"⑤。

9月16日，倡议合并的北山西路唐家弄两路商联会在南京路东亚酒楼开茶话会，"讨论之下，对于合并总会表示赞成"⑥。10月2日晚，旧总会举行特别会议，推举钱龙章、成燮春、张鳢堂、王肇成、蒋梦芸五人为接洽合并委员，余华龙、潘冬林为接洽款项委员。⑦ 次日，旧总会余华龙、蒋梦芸、陈伯男、王廉方等人为促成两总会早日合并，一起辞去理事长、常务理事及评议职务。⑧ 10月10日，新总会推定周伯尧、赵南公、张振远、孙镜湖、陈国樑五人为委员⑨，22日，新、旧两总会推举的合并委员会举行第一次正式会议，十名委员全体与会，就开会地点及时间达到一致，会议希望"一星期内，将一切手续办妥，实行统一"⑩。10月28日，合并委员会继续开会，对合并后商总联会的组织架构进行了讨论，并推举蒋梦芸、赵南公、成燮春、

---

① 《赞成商界两总会合并之继起》，《申报》1922年9月6日，第14版。
② 《合并商界两总联会渐形妥洽》，《申报》1922年9月7日，第14版。
③ 《合并商界两总联会渐形妥洽》，《申报》1922年9月7日，第14版。《合并商界两总联会之酝酿》，《申报》1922年9月8日，第14版。《两商会合并渐趋事实》，《申报》1922年9月10日，第13版。
④ 《商总联会常会纪》，《申报》1922年9月22日，第13版。
⑤ 《商总联会讨论合并手续》，《申报》1922年10月3日，第15版。
⑥ 《商榷合并商总联会之茶会：全体表决赞成合并》，《申报》1922年9月17日，第14版。
⑦ 《商总联会特别会纪》，《申报》1922年10月4日，第14版。
⑧ 《商总联会合并消息》，《申报》1922年10月4日，第15版。
⑨ 《合并两总会推定委员》，《申报》1922年10月12日，第14版。
⑩ 《两商总会合并委员会会议纪》，《申报》1922年10月24日，第15版。

周伯尧四人为会章起草员。① 合并一事似乎水到渠成。

　　然而，就在各方对两总会合并乐观其成时，福建路商联会致函旧总会，力主慎重，主张在合并之前先进行组织审查：

> 　　现时各会竞主合并，事固极佳，然星星之火，可以燎原，苟不慎重于始，殊难保无隐患于后，与其草率从事，贻患将来，不如多费心力，树永固之基础，免蹈覆辙。是以敝会拟请本总会于合并之前，先就入会各分会中审查其会员名册，及各项会章，是否合法，然后依法进行，至于审查应用何种手续及标准，则应请召集大会公决之。②

表面上，福建路商联会是要清理各路商联会组织，实际上是要清除新总会中的赵南公等人，还商总联会以"平民团体"的原貌。这本是为合并后的商总联会的纯洁性着想，无可厚非。但是，形势急转直下，出乎意料的是，12 月 19 日，新总会召开紧急会议，经过长时间讨论，"多数不赞成合并"③，给两总会统一增添了变数。次日，旧总会仍按期举行合并预备大会，出席会议的共 20 个商联会团体，对于新总会不赞成合并的态度，主张"直接交涉"④，并在报刊上发表声明，否认新总会的决议，对此，新总会副董赵南公十分不满，指出："登报否认，实属无谓，亦即为合并前途多一打击。"⑤此后，旧总会仍未放弃努力，表示"仍设法根本谋合并成功"⑥。然而，谋求合并的行动实际上已经停止，两总会仍各自分立，第二次合并胎死腹中。

　　北京政变的发生为两总会的合并提供了重要契机。1923 年 6 月，曹锟发动北京政变，两总会均表示反对，但主张各异。有鉴于此，五马路商联会联合古玩公会、义德堂面粉公所等团体集议，一致认为"两总会均系本埠商界之领袖团体，何堪任其各树异帜，对于迩来外患内乱，日形危殆，商民为自救

---

① 《商总联会合并委员会纪》，《申报》1922 年 10 月 30 日，第 13 版。
② 《福建路商联会主张审查分会》，《申报》1922 年 9 月 11 日，第 14 版。
③ 《两商总联会之合并难》，《申报》1922 年 12 月 20 日，第 14 版。
④ 《合并声中之商总联会开会纪》，《申报》1922 年 12 月 22 日，第 14 版。
⑤ 《商联会讨论合并问题》，《申报》1922 年 12 月 25 日，第 16 版。
⑥ 《商总联会议事纪》，《申报》1923 年 1 月 27 日，第 14 版。

救国起见，更不容两总会之重启纠纷，公决至函两商总联会，请即日提议合并办法"①。随后，五马路商联会与各路商联会接洽，绝大多数愿意合并。南京路商联会代表俞希稷与新总会冯少山商洽，冯少山表示"极愿早日无条件合并，以免长此分裂"②。其时，冯正与虞洽卿在总商会内组织民治委员会，为了扩大民治运动的组织基础，遂"趁机活动，极力想扩大势力。利用总商会内部广肇帮与宁绍帮之间的长期矛盾，提出了商总联会合并的主张"③。

极力主张合并的南京路商联会为了排除阻碍，寻求共识，在 7 月初向各路商联会发出公函，呼吁以大多数商人意志为重，早日统一两总会：

> 上海各路商界总联合会分裂迄今，已有多时，虽经调停多次，然因少数人意见难以融洽，迄今未能成功，殊堪浩叹。惟念总联合会系各路商界联合会所组织，各路商联合会，又系各路商店所组织，统一与否，权在各路商界之自身，决非少数人所能把持或利用。凡我各路商人，应乘此时机，自动起而联合统一，其有故意阻碍者，则与众共弃之，即有私欲意见未除，亦应以公为重，化除成见，敝会向抱合并之宏愿，兹经职员会议决，仍行按照历来主张，合力促成两总会，早日统一。④

6 月 23 日，为了应对北京政变后的政局，上海总商会设立民治委员会，各路商联会"多数表示赞同意见"，两总会态度亦趋向一致，7 月 4 日，民治委员会举行成立仪式，两总会希望各商联会成为民治运动的组织基础，号召各分会悬旗庆祝。同一天，旧总会在《申报》等上海各大报上刊登合并宣言，支持民治运动：

> 总商会民治委员之设，即为上海商民表现其拟身任事之决心。我马路联合会，占上海市民之大部分，人人负有民治运动之责，转瞬委员会

---

① 《两商总联会又有合并声》，《申报》1923 年 6 月 20 日，第 14 版。
② 《两商总联会合并将成事实》，《申报》1923 年 6 月 21 日，第 14 版。
③ 《虞仲咸、曹志功回忆》(1965 年 6 月 7 日)，原件均藏上海市工商业联合会档案史料室，转引自上海市工商业联合会、复旦大学历史系编《上海总商会组织史资料汇编》下册，第 970 页。
④ 《希望商总联会合并之公函》，《申报》1923 年 7 月 2 日，第 14 版。

成立，即应各本良心，出其实力，以为委员会后盾。国家存亡，系于此举。值此大难当前，而我总联合会尚未捐弃前嫌，一致动作，上海市民之威权，必因之扫地，而其害即失却民治运动之关键。岂我马路联合会同人所忍言耶？今幸矣，两方误会，既涣然冰释，自今以往，两总联会仍合为一。无分疆域，无间彼此，散之则偏于全部，合之则集于一堂，如身使臂，臂使指，同向此民治目标，并力前进。我神圣之总联合会乎，誓必完成此中华民国，实现其平民政治而后而已。①

8月14日，两总会代表钱龙章、陈伯男、余华龙、成爕春、陈翊庭、赵南公、冯秋心、冯少山在四马路岭南楼为两总会合并举行第二次聚餐会，据悉，代表们"商榷一切，意见极为融洽"，"会议结果，均得圆满解决"，并推举赵南公、钱龙章两人负责起草修改章程草案。② 8月26日，两总会暨35路商联会和来宾共240人在新闸路南园举行游园会，宣告两总会合并成功，并通过章程草案，决议"自成立日起，美伦里及江西路两总会即日取消"，推举临时委员11人负责各项事务，暂假百老汇路商联会事务所为办公地点。③ 委员会随即举行第一次会议，推举陈伯男为委员长，暂设会计、文牍、庶务三部具体负责，并确定职务分工，成爕春、钱龙章、俞希稷、赵南公为文牍，冯少山、邬志豪、陈伯男为会计，余华龙、陈翊庭、冯秋心为庶务。④ 10月28日，商总联会召开选举大会，选举陈伯男为会长，钱龙章、陈翊庭为副会长，冯少山为正议长，吕静斋为副议长。⑤ 新、旧两总会历时二年余，由分而合，最终走向了统一。

① 《两商总联会合并之酝酿：美伦里商总联会之宣言》，《申报》1923年7月2日，第14版。

② 《商总联会合并将实现》，《申报》1923年8月15日，第14版。

③ 《各路商界游园会纪》，《申报》1923年8月27日，第13版。

④ 《商总联会合并后之委员会》，《申报》1923年8月28日，第14版。

⑤ 《各路商总联会选举大会纪》，《申报》1923年10月29日，第13版。《商总联会选举议长纪》，《申报》1923年11月3日，第14版。

图 4-2　1926 年元旦上海各路商界总联合会正副会长
暨各科主任及议董就职礼成与来宾摄影纪念

这次成功合并虽由五马路商联会发起，但实际上却是各马路商联会自下而上多次联合推动的结果，正如为两总会统一做出过贡献的陈伯男所言："迩来国事日非，大局危急，同人等目击时艰，几度为合并运动，今日乃始告成功，夫事虽成于最后一举，要非前几次之合并运动，断无如是之易，是皆诸公热忱毅力，有以致之也。"①此话虽属实情，但陈伯男所扮演的角色不可低估，他是一个各方都能接受的适当人选。陈伯男于 1921 年 10 月被南京路商联会推举为出席商总联会董事，南京路可谓沪埠富商巨贾云集之地，经济实力雄厚。据时人回忆，陈是广东人，南洋公司高级职员，与劳敬修同乡，劳是南洋兄弟烟草公司的董事，南洋兄弟烟草公司的老板简照南是分立时期旧总会的资助者，并曾于 1923 年 1 月出任南京路商联会会董，简从南洋香烟推销的角度考虑，认为两总会合并有利于国产卷烟的销售，于是支持陈伯男出面调解，而陈与霍守华、赵南公、冯少山等人的关系也很密切。② 因此，两总会的合并虽是水到渠成的结果，但陈伯男的临门一脚功不可没。当然，这

————————

① 《各路商界游园会纪》，《申报》1923 年 8 月 27 日，第 13 版；《申报》1923 年 8 月 28 日，第 14 版。

② 余华龙：《余华龙回忆》(1965 年 5 月 30 日)、严谔声：《严谔声回忆》(1965 年 3 月)，原件均藏上海市工商业联合会档案史料室，转引自上海市工商业联合会、复旦大学历史系编《上海总商会组织史资料汇编》下册，第 971、956 页。

也反映了地缘因素、利益选择在商总联会合并重组中的重要影响。

四、政治色彩浓厚的非法人中小商人团体

商总联会是在与公共租界当局的斗争中自发形成的，斗争的目标起初只是反对工部局的增捐，继则发展到争取租界华人市民权运动，前者直接涉及华商的经济利益，后者关系到租界内的华人平等参与租界市政管理的权利，因此，争权是商总联会兴起的一个基本因素。精明的商人认识到，这是中国人与租界当局的集体斗争，斗争的结果，胜则不仅可以取消增捐，减轻租界内华商的经济负担，而且可以将自己的代言人——华董送入工部局董事会，从机制上更好地维护华商平等的、合法的经济利益，败则只能使租界华人继续处于不平等地位。为了使巨大的预期收益变成现实，华商认识到需要付出必要的组织成本，租界内的各路华商率先集结起来，组成商联会，并在此基础上成立商总联会，以往对外斗争中一盘散沙的状况得到了改变。商总联会的成立，使上海中小商人拥有了自己的独立团体，反映了他们在以大商人为核心的上海总商会之外寻求独树一帜的强烈愿望。

1923 年 9 月通过的商总联会章程共 7 章 41 条①，规定了其宗旨、构成、职责、权限、会费等内容，商总联会由各路商界联合会共同组织，其宗旨为"联络情谊，交换智识，发展自治，提倡国货"，"以议董会、会董会、评断处行使职权"，其章程的主要内容如下：

（1）关于各路商联会的责任与义务：各路商联会可各自制定会章，但不得与商总联会章程相抵触。其会员均为总会会员，一律平等，得被选为总会职员，有直接、间接纳税总会之义务。各路商联会会员满五十家至百家，选派议董一人，多则递加，但必须为"商号之经理或重要职员"，且经总会审查认可。各路会员有向总会议董会建议之权，有关于商事争执陈诉于总会评断处之权，但须分别经各该路议董署名介绍和各该路商联会具函转请。章程还特别规定，各路办理教育、卫生等自治事项，得自由主张，但应提交总会议决，用总会名义，以示一致，"所有对内、对外种种问题，于提交本会（指总

---

① 《两商总会合并之草章》，《申报》1923 年 9 月 3 日，第 13 版。

会——笔者注)未经议决前，不得对外单独发表，以免意见纷歧"。对新设立的商联会，章程规定"应由该路发起人署名，报告本会，依据本会章程组织，经本会承认为会员，否则不得用某路商界会名义"。

(2)关于商总联会的权力机构及其职责：商总联会的权力机构主要由议董会、会董会及评断处构成。议董会为商总联会的最高权力机构，由各路商联会选派议董组成，任期一年，"连举得连任"，议董会产生正、副议长各一人，执行议董会事务。议董会每月第一个星期日开常会一次，以出席议董满九人为法定人数，其职责范围涵盖九个方面：

> (1)议决本会预算决案。(2)议决办理教育、卫生等自治事业。(3)议决募集本会经费，及公共事业之捐款。(4)议决本会对内对外重大事件。(5)议决各路会员建议事件。(6)决议议董提议事件。(7)决议会董会咨询交议事件。(8)议决惩戒本会职员会员违法事件。(9)选举会长，及各科主任会董。

对职员、会员违法事件的惩戒，须议董九人以上署名提议，过半数出席之多数通过，方为有效。会董会为商总联会的日常执行机构，从议董中选举产生，由正、副会长各一人，会董十五人组成，以多数当选，任期一年，"连举得连任"。会董一经产生，"所有议董职权，即行解除"。会长对外代表总会，总揽一切事务，对议董会负责，副会长辅佐会长办理会务，下设总务、文书、会计、调查、教育、卫生等科，分科办事，各科均设主任、副主任各一人，同时"得依其繁简，酌设办事员，均由会长委任之"。正副会长及主任会董，"经议董会之弹劾，即行解职"。评断处是非常设性机构，当会员有商事争执诉至总会时，临时召集议董、会董联席会议，"选举委员九人组织之，由评断委员互选评断长一人为主席"，评断处管理总会会员间关于商事争执之事件，由各该路商界联合会函请总会裁决之，所有裁决必须公开、独立进行，"不受议董会或会董会之牵制"，裁决结果必须经评断长、评断员共同署名，"任何一造，不服评断处裁决时，仍得自行向官厅起诉"。

(3)关于会费：商总联会会费，"由各路商界联合会依其会员实数，以每议董一人，纳费三元为标准，按月向各该路收取"，教育、卫生、自治等公益事业所需经费，"经议董会之议决，临时得募特捐"，上述会费或特捐，"均以本会会长及会计会董共同签名之收条收取"。

从上述内容看，商总联会不仅代表了中小商人的整体利益，体现了一定的草根民主性，而且贯彻了相互制衡原则，从其组织或参与的实际活动看，也代表了广大中小商人的利益诉求。

首先，商总联会在抗捐、抗税斗争中发挥了积极的组织作用。本来，商总联会就是为了抵抗工部局增捐而由各路商联会自发组织起来的，可以说，维护租界华商的经济利益既是各路商联会及商总联会成立时的初衷，同时又是商总联会存在的一个重要基础，争取租界华人市民权则是维护其初衷的一种制度保障①，离开这一点谈商总联会的性质，进而得出商总联会并不代表中小商人的经济利益是不符合历史事实的。商总联会的重要职能就是"办理包括下列各项之地方事宜：（一）地方事业，如注意道路之整洁，及夏季施茶，遇有疫疠，施送药品之类；（二）关于与附近各该路有特殊关系之事项，向工部局提出意见；（三）调停邻居之争议；（四）设立教育店徒之学校"②。即使是在商总联会分裂的日子里，新、旧两总会仍站在各自角度努力维护中小商人的利益，如20世纪20年代初北京政府颁布《租界内华人实行贴用印花办法》后，商总联会联合各路商联会，以负担过重、"华洋不能一律"为理据，拒贴印花税票，达到了抵制印花税的目的，同时，也迫使北京政府在华界增收印花税的目的落空。这些都有力地维护了商人的整体利益。

其次，商总联会为维护正常的市场秩序进行了持续不懈的努力。20世纪初年，上海发生了严重的铜元危机，为了维护正常的商业秩序，商总联会开展了一系列自救行动，如禁止使用轻质铜元，呼吁并配合政府的禁铸、禁运措施。这些自救行为虽然无法彻底消除铜元危机，但在一定程度上维护了市场秩序，保护了商人尤其是本小利微的中小商人的利益。③又如，1924年江浙战争爆发，造成了上海社会秩序的严重失序和商业上的巨大损失。战前，

---

①　详细论述请参见彭南生、何亚丽：《抗捐与争权：市民权运动与上海马路商界联合会的兴起》，《江汉论坛》2009年第5期，第74—84页。

②　《费唐法官研究上海公共租界情形报告书》，见熊月之主编《稀见上海史志资料丛书》第9册，第501页。

③　详细论述请参见彭南生：《20世纪20年代初期的上海铜元危机及其应对——以马路商界联合会为讨论中心》，见张宪文主编《民国研究》总第15辑，第80—96页。

以马路商界联合会为代表的上海中、下层商人通过函电、集会等方式反对战争，力图避免战争爆发。战争期间，商联会采取武装自卫、救济难民、调节民食等多种手段，努力维护战争背景下的城市秩序。战后，商联会积极从事善后救济，并介入各方势力之间，扮演重要的交涉调解角色，以防战事再起。商联会在战争前后的言行，不仅充分反映了商人团体的社会责任意识、慈善公益理念与合作精神，而且也在一定程度上维护了中小商人的合法利益。①

最后，更为重要的是，商总联会以各路商联会为团体会员，各路商联会则以各自街区内的商铺店户为会员，虽有少数大商人掺杂其中，但其主体仍然是中小商人。上海总商会由于高昂的会费，成为大商人的俱乐部，一般中小商人无缘加入这个组织，因此，分散在各商业街区内的中小商人一直希望成立属于自己的"平民俱乐部"。这一点从作为商总联会团体会员的各路商联会对会员的规定即可见一斑。商联会的会员或以同一街道的商号为对象，如南京路商联会"以上海南京路各商号组织之"，"凡加入本会之各商号须派代表一人与会"②，山东路商联会"由本路华人开设之商店组织而成"③；或以同一街道的商号为主体，同时吸收未设商联会的马路上之商店为会员，如汉口路商联会"以上海汉口路各店号组织之"，但"未组织商界联合会之各路店号经本会之许可亦得加入"④；或同时由几条马路联合设立商联会，如东北城商联会"为福佑路、张家路、穿心街、旧教场等商店组织而成"，并以"四路商店为基本会员"⑤。这些商店大多规模小、资金少，因此，各路商联会没有对会员的经营规模或资产数额做出规定，也不要求会员缴纳高额会费。

但是，实力不济的中小商人终究底气不足，为了壮大声势，在各路商联会与商总联会的筹备阶段，中小商人不仅有意识地拉拢大商人及政治名流为商总联会背书，而且延揽失意政客(如陈则民等人)充当市民权运动的领袖和代言人，而政治上的失意者也乐意在商界为其政治活动造势，使商人"在商言

---

① 详细论述请参见彭南生、何亚丽：《江浙战争前后的上海马路商界联合会——兼论近代民间商人组织的自我建构》，《江西社会科学》2014 年第 12 期，第 119—127 页。

② 《上海南京路商界联合会章程(附办事细则)》，《申报》1919 年 11 月 3 日，第 11 版。

③ 《上海山东路商界联合会章程》，《申报》1919 年 11 月 28 日，第 11 版。

④ 《上海汉口路商界联合会章程》，《申报》1919 年 11 月 11 日，第 10 版。

⑤ 《东北城商业联合会之组织》，《申报》1919 年 9 月 5 日，第 10 版。

商"的传统受到了极大的挑战。就积极方面言之，此举提高了与租界当局斗争的政治水平和组织程度，商总联会不断强调租界内"华人"的民族身份，以 20世纪初年以来日益高涨的民族意识作为动员和集结中下层商人的工具理性，从西方所谓民主制度那里搬来了"不出代议士不纳租税"的武器，赋予市民权运动以充分的合法性，从而在一定程度上节约了商总联会的组织成本。从消极方面言之，大商人总是力图将中小商人的政治参与控制在现有体制内，因而导致总商会与商总联会的摩擦，两者之间若即若离，而那些政治名流的加入，一方面使商人的利益诉求政治化，另一方面在商人的政治参与中夹带上了个人的政治动机。商总联会浓厚的政治色彩，在英人费唐法官于 20 世纪 30年代初的调查中也得到认同，他说："该总联合会则为含有半政治性质之团体。虽究其原始，本非政治组织，但对于政治问题，曾时常参预。"①也正因为如此，商总联会具有浓厚的政治色彩，其成立夹杂着政治与民族主义诉求，其分裂亦缘于政治观点的分歧。

　　这个在抗捐斗争中建立起来的华商团体，很快便受到国内政局的挑战。当吴佩孚提出召开国民大会解决国内政治纷乱局面时，商总联会内部产生了不同的意见。反对者有之，其间虽夹杂着某些政治私利，但也蕴含着一定的理性，他们希望在现有体制内解决政治纷争，恢复民国"法统"。赞成者更有之，他们天真地以为行使国民权利的时代到来了，力争另起炉灶，在体制外解决民国政治乱象，因此，任何对国民大会的不同意见，理所当然地招致强烈反对。虽然历史事实表明，吴佩孚的国民大会不过是军阀斗争的一种政治操弄，但两派之间已经埋下了嫌隙。江苏省议会初选风波，进一步加深了两派之间的矛盾，甚至被认为是对商人选举权的一次粗暴践踏，两派终于分道扬镳。在国民大会与江苏省议会初选问题上的对立，固然反映了五四时期上海商人的国民权利意识的进一步增强和商人在如何行使国民权利问题上的分歧，但更为重要的是宁绍帮和广东帮在商总联会领导权上的较量，地域性的商帮派系间的利益纠葛使本可调解的政见分歧尖锐化，并以政治上的对立形态呈现出来，新、旧两总会的分立标志着两派势力的暂时平衡，这种暂时平

---

　　① 《费唐法官研究上海公共租界情形报告书》，见熊月之主编《稀见上海史志资料丛书》第 9 册，第 501 页。

衡也是商总联会领导权力争夺上的相持不下。①

在政治斗争中，同一阵营的两派间的势力平衡意味着力量分散，严重者甚至导致两败俱伤。分立时期的两总会，虽然在大多数问题上保持着同调，但也存在着不协调之处，导致政治活动中某些领域的力量重叠和某些领域的力量弱化，增加了商人的政治参与成本，削弱了中下层商人团体的整体力量，组织上无所适从的各路商联会自下而上地寻求两总会的合并，经过三轮努力，分裂两年的商总联会，终于重归统一。

商总联会形成、分立与合并的历史表明，随着民族主权意识的觉醒，上海中下层商人在反对帝国主义的对外斗争中更能展现"华商"的整体力量，一致对外，并能在分裂后重新整合，正如胡绳所说："正是在这种'合力救国'思想的推动下，在五四运动中建立、1920 年分裂为二的各路商界总联合会于1923 年 11 月重又合并。"②但在国内政治参与上，中下层商人受到多种因素如表达国民权利的急迫性、传统地域商帮性、领袖个人的政治私利等的交叉影响，常常陷入派系对立，反映了中下层商人政治上的激进性与不成熟性。中国共产党早期领导人邓中夏对此有着深刻的认识："手工工业家和小商人因竞争而致企业之崩坏，生活之不安，往往造成其浪漫的革命心理，比大资产级为猛进为坚决，如上海马路商界联合会比总商会激进，便是一例。可惜他们终因资本微小，而且组织亦甚为歧纷，不能集中其势力，是其大病。"③也许，正是由于其自身经济力量薄弱，在商联会和商总联会的形成与发展过程中，中小商人才无法避免对大商人的借重和对政治名流的延揽并赋予其领导权，以提高商联会和商总联会的政治地位，造成了其浓厚的政治色彩，这一招对商总联会的形成做出了重要贡献，但是，大商人与政治名流过分热衷于政治，其政治意愿常常脱离中小商人的初衷，对商总联会的发展造成了一定的负面影响。

---

① 彭南生：《政争、权争与派系之争：上海商总联会分裂原因初探》，《史学月刊》2014 年第 8 期，第 42—52 页。

② "从五四运动到人民共和国成立"课题组：《胡绳论"从五四运动到人民共和国成立"》，社会科学文献出版社 2001 年版，第 239 页。

③ 邓中夏：《我们的力量》，《中国工人》第 2 期，1924 年 11 月，第 28 页。

第五章　草根性社团：上海马路
商联会的组织形态

　　20 世纪 20 年代的上海马路商界联合会是一个以商业街区内的中下层商人为基本会员的街邻性商人团体。在团体内部关系上，体现了会员入会的自愿性、权利的平等性，最大限度地动员了商人参与团体活动的热情。在生存形态上，体现出集不同行业、不同籍贯的商人于一体的块状性，同一马路、街道构成一个相对独立的组织，与中华文化中重视以邻为伴、与邻相恤的传统一脉相承。在外部关系上，与业缘性的同业公会、乡缘性的同乡会等形成"合纵连横"的互补关系，增强了商人的整体力量。因此，在 20 世纪 20 年代的上海历史舞台上，马路商界联合会能够成为与上海总商会相比肩的商人团体。组织形态是一个团体内部与外部关系的总和，既包括领袖与成员之间、成员与成员之间的各种关系，也涵盖该团体与其他社会团体、权力机构的关系，规范这种关系有赖于各种制度的构建与运行，任何团体都是依靠制度运行的，团体本身也可视为一种制度。从这个意义上说，组织形态其实也是一种有关组织的制度框架，包括制度的设计、实施，以及制度设计与实施之间的吻合度。其中一年一度的换届选举是商联会的一项重要组织活动，反映了 20 世纪 20 年代上海商业街区的基层选举面貌，它所设计的一整套制度规范，基本上体现了选举的公开性、社会合法性与其成员间的平等性。商联会设计的多样化投票方式，便利了组织成员的参与，有利于唤起商人对街区公共事务的关注，对陶冶中小商人的民主素养也产生了积极作用，加强了中小商人对城市基层社区的认同。虽然在选举活动中还或多或少地存在着一些疵瑕，但从总体上看，商联会的选举机制彰显了其较强的自组织力，保障了它的生存与发展。本章拟从组织形态入手，比较商联会与同业公会、同乡会之间的差异，分析它们之间的关系及与上海总商会的关系。

一、商联会的组织特点

在团体存在形态上，商联会与同业公会、同乡会最大的差异就在于它体现了会员入会的自愿性、权利的平等性。马路商联会是一种跨行业的、以现代商业街区为主要活动范围的新型地域性商人团体。它的兴起与五四运动的影响、租界市民权运动的开展息息相关，是在街区商铺自愿签名盖章的基础上组成的。在地域上连为一体的同一条街道上的商铺、商号、商店，无论规模大小，均可成为马路商联会的会员，如南京路商联会"以上海南京路各商号组织之"，"凡加入本会之各商号须派代表一人与会"①，代表既可以是业主、经理，也可以是店员，山东路商联会即"由本路华人开设之商店组织而成"②。也有的商联会以同一街道的商号为主体，同时吸收未设商联会的马路上之商店为会员，如汉口路商联会"以上海汉口路各店号组织之"，但"未组织商界联合会之各路店号经本会之许可亦得加入"③。或同时由几条马路联合设立商联会；如天潼路、福德路组成天潼福德两路商联会，嘉兴路、梧州路组成嘉兴梧州两路商联会，四川路、崇明路组成四川崇明两路商联会，东北城商业联合会则"为福佑路、张家路、穿心街、旧教场等商店组织而成"，并以"四路商店为基本会员"④。又如，七浦路商联会 1920 年 2 月因加入开封路、阿拉白司脱路、甘肃路、北西藏路、文极司脱路五路，便更名为沪北六路商联会；黄家阙南车站两路商联会，1924 年 6 月加入煤屑路、沪军营、高昌庙、陈家桥四路，便更名为沪南六路商联会。⑤ 可见，商联会虽冠以马路之名，但实际

① 《上海南京路商界联合会章程(附办事细则)》，《申报》1919 年 11 月 3 日，第 11 版。
② 《上海山东路商界联合会章程》，《申报》1919 年 11 月 28 日，第 11 版。
③ 《上海汉口路商界联合会章程》，《申报》1919 年 11 月 11 日，第 11 版。
④ 《东北城商业联合会之组织》，《申报》1919 年 9 月 5 日，第 10 版。
⑤ 《沪南六路商联会开会纪》，《申报》1924 年 6 月 16 日，第 14 版。

上其范围已超出了地理意义上的马路，而是现代经济意义上的商业街区。

大多数商联会实行低会费制度，或由会员自愿缴纳会费。例如，沪西商业联合会规定该会开办费"由发起商号慨助支用，经常费用由入会各商号量力补助，惟遇特别事故得酌募临时费"①，在会费上并无硬性规定。山东路商联会规定"会费按照每一开间门面每月须缴纳会费洋五角，开间多寡纳费依此类推"，"但力不从心者可以量予酌减"②，东北城商联会规定"凡入会者每月须缴纳会费小洋一角"③，虽有交纳标准，但也在中、小商人力所能及的范围之内。即便是位于上海最为富庶的商业街区内的南京路商联会，也仅规定"各商店号会费每月五角至二元，均由各商店号自行缴认"④。南京路商联会共有会员单位 179 家，月认捐额 284.2 元，其中 2 元以下（含 2 元）的月捐额为 194.7 元，占总月捐数的 68.51％，2 元以上的月捐额共 89.5 元，占总月捐数的 31.49％。南京路上的绝大多数商家尚且只能认缴 2 元以下的月捐，其他马路商联会会员缴纳会费的情形亦可想而知。⑤

商联会会员享有平等的权利。例如，在选举安排上，东北城商联会规定"凡入会者享一律平等之权，凡入会者均有选举权及被选举权"⑥。商联会的所有职员均由直接选举产生，"入会各商店号均有一选举权、被选举权及表决权"，大多设会长一人，副会长一至二人，正、副会长由职员会选举，会长之下设干事、评议两部办理会务。干事部下设若干科，如文牍、会计、交际、调查、庶务等，各科制定相应的办事细则，人员因事务繁简而多少不一。评议部由评议员若干人组成，为商联会之议决机关，"所有联合会一切事务均须得本部之同意方生效力"，如预算决算、兴革事件及公款处理办法、会议规则及各部细则均须由评议部议决通过才能付诸实施。评议员由会员大会直接选举产生，人数在 10 人至 20 人之间，有些马路商联会为了更好地体现会员意

---

① 《沪西商业联合会开成立会》，《申报》1919 年 9 月 1 日，第 10 版。

② 《上海山东路商界联合会章程》，《申报》1919 年 11 月 28 日，第 11 版。

③ 《东北城商业联合会之组织》，《申报》1919 年 9 月 5 日，第 10 版。

④ 《上海南京路商界联合会章程（附办事细则）》，《申报》1919 年 11 月 3 日，第 11 版。

⑤ 彭南生：《20 世纪 20 年代的上海南京路商界联合会》，《近代史研究》2009 年第 3 期，第 95—114 页。

⑥ 《东北城商业联合会之组织》，《申报》1919 年 9 月 5 日，第 10 版。

志，规定"凡入会各店号代表除被选为职员外，皆为评议员"①。此外，评议部还须"负纠举之责任"②。

行会是一种对外具有高度垄断性、内部等级分明的业缘性组织，商人或手工业者只有加入行会才能顺利开业，师傅、伙计、徒弟界限森严，民国以来，行会继续存在下来并开始向同业公会转化，1917 年至 1918 年，北京政府相继出台了《修正工商同业公会法》《工商同业公会试办章程》《工商同业公会规则》及《工商同业公会规则施行办法》等多项法规，1923 年又对《工商同业公会规则》加以修正，上述法规对工商同业公会的宗旨、建立条件、活动方式等做了具体规定。作为一种自上而下的制度安排，工商同业公会法为同业公会的存在及其活动提供了法律依据。同业公会的设立须"同业中三人以上之资望素孚者发起，并妥订规章"，一般而言，凡属同行均须加入同业公会，南京国民政府还确立了同业入会的强制性原则，如"同业之公司行号，均得为同业公会之会员，推派代表，出席于公会"，国民党甚至将加入同业公会作为其民众训练的一项重要内容，如 1927 年 6 月，国民党中央执行委员会民众训练部专门制定了《不加入同业公会及不缴纳会费之公司行号制裁办法》，规定："各业商店均应依法加入本业同业公会"，"未加入同业公会之商店，由各该同业公会限期若干日正式加入，逾期仍不遵办者即予警告，自警告之日起 15 日内仍不接受即报由商会转呈主管官署依据行政执行法罚办，罚办后仍不入会者，呈请勒令停业"。③

与商联会不同的是，同业公会章程规定只有同业中的业主或正副经理才有资格成为同业公会会员。例如，上海震巽木业公会以在"震巽公所注册同业之经理人为基本会员，凡在上海同业之总协理愿入本会者，由会员二人介绍，按照……规定缴纳入会费，经董事会议决，认为会员"④，上海市机器染织工业同业公会会员代表"以工厂之主体人、经理人或代表厂主行使业务上、人事上管理权之职员充任之"⑤。

---

① 《上海汉口路商界联合会章程》，《申报》1919 年 11 月 11 日，第 11 版。
② 《上海南京路商界联合会章程(附办事细则)》，《申报》1919 年 11 月 3 日，第 11 版。
③ 《上海市木材商业同业公会章程》，上海市档案馆藏档案，档案号：S145-1-14。
④ 《上海震巽木业公会章程》，上海市档案馆藏档案，档案号：S145-1-7。
⑤ 《上海市机器染织工业同业公会章程》，上海市档案馆藏档案，档案号：S33-1-7。

不仅如此，作为资本家阶级的同业组织，主要反映大业主的意志和愿望，存在于某些同业公会中的会员等级制，是对这一点的最好注解。例如，上海市机器染织工业同业公会将会员分为七个不同等级，根据缴纳会费的多少进行划分，会费基数大者可以派出多名代表，如"甲，会费基数为60元者，不得超过7人；乙，会费基数为40元者，不得超过6人；丙，会费基数为24元者，不得超过5人；丁，会费基数为16元者，不得超过4人；戊，会费基数为10元者，不得超过3人；己，会费基数为6元者，不得超过2人；庚，会费基数为4元者1人"，会费基数的多少反映了业主经济实力的差别。[1]　会员代表人数的多少则直接与选举权、议事表决权挂钩，如上海市书业同业公会将入会费及月捐均定为六级，并与选举权数结合起来，如表5-1所示：

表5-1　上海市书业同业公会入会费、月捐费与选举权数分配表

等级	入会费(元)	月捐费(元)	选举票数(权)
特等	200	30	6
超等	150	20	5
甲等	100	10	4
乙等	50	5	3
丙等	30	3	2
丁等	10	1	1

资料来源：《上海书业公所现行章程》(1923年重订)，上海市档案馆藏档案，档案号：S313-1-1。

同乡团体主要指会馆、公所、同乡会，是一种异地同籍人士的联乡情、答神麻的地缘性组织，近代上海的会馆、公所"一律是商业性的。同乡会也是以工商业为基础，以商号、厂商为主体组成的"[2]。其中广东、浙江等地的同乡会势力强大，内部组织复杂，等级结构严密，能够成为同乡会会员的，都是实力雄厚的大商人，在同乡会中享有崇高地位，并且进入领导层，一般的中、小商人即便愿意加入同乡会，也会被拒之门外。学界对此已有较多研究，

———————————

[1]　《上海市机器染织工业同业公会章程》，上海市档案馆藏档案，档案号：S33-1-7。

[2]　郭绪印：《老上海的同乡团体》，"前言"第1页。

在此不赘。①

由此可见，在团体形态上，马路商联会是一种块状组织，旨在将同一商业街区内的不同行业、不同籍贯的商人团结起来，维护街区内商人的公共利益，同业公会、同乡会属于典型的条状组织，前者旨在将分布在不同街区的同业商人组织起来，维护行业的共同利益，后者则旨在将不同行业、不同街区的同一籍贯地的商人联结起来，保护同籍商人的利益，不过较大的同乡会往往发展成为条、块交错的综合性团体。在 20 世纪 20 年代的上海商界，三类商人团体条块分立，但不对立，形成错位并存的格局。在错位并存格局下，商联会的活力得益于其以自愿性、平等性为基础的团体构建与运行机制，在此基础上，商联会成为一种开放性商人组织，相比之下，同业公会和同乡会在入会原则上均具有一定的强制性，强制同业加入，或限制同乡加入，如同业公会须由同行中七家以上同业依法共同发起，一般而言，业主或厂店经理才有资格，也必须加入同业公会为会员，并依其在业界的资历及实力成为公会领袖，会员之间的等级非常明显。

二、商联会的基层选举

(一)商联会选举的制度安排

商联会的领导体制分为会长制与委员制，早期主要采取会长制，会长总揽一切事务，对外代表商联会，南京国民政府成立后，对商人团体加以整理，改会长制为委员制，分设常务、执行、监察等委员各若干人，在常务委员中产生常务主席二至三人，实行集体领导。无论在哪种领导体制下，商联会的最高权力机构均为全体会员大会，会员大会选举产生商联会各职员，审议年度工作报告，讨论重大事项，通过章程的起草和修改。章程是对商联会活动的整体规范，其中，选举的制度安排是马路商联会章程的重要内容之一。一般来说，章程对选举的安排主要包括选举权与被选举权的赋予、选制规定、投票方式、任职期限等内容。

在选举权与被选举权的赋予上，商联会对所有入会会员一视同仁，所有

---

① 　郭绪印：《老上海的同乡团体》，"前言"第 1 页。

会员均享有同等的选举权与被选举权。例如，东北城商联会章程规定"凡入会者享一律平等之权，凡入会者均有选举权及被选举权"①。南京路商联会章程规定"凡加入本会的各商店号须派代表一人与会"，"入会各商店号均有一选举权、被选举权及表决权"。② 在该会179家会员商店中，由经理出任商联会代表的达110家，占会员总数的61.45％，其余38.55％，即69家则由指派代表担任③，这在一定程度上反映了商店、商号对商联会的重视。汉口路商联会也规定"凡加入本会各店号须派代表一人与会"，"凡入会各店号代表有选举及被选举权"。④ 山东路商联会规定，"凡在本路商店服务之职员，每商号推举一人或二人为本会会员"，"会员有选举权及被选举权"。⑤ 在选举权与被选举权的实施上，商联会打破了行业性团体按会费多少享有相应投票权的等级性限制，实行一店一权或一人一票的平等原则，南京路、汉口路等商联会是按照一店一权原则行使选举权与被选举权的，山东路商联会等则采取入会会员一人一票制，由于入会商号可推选一至二人为该会会员，因此，在行使选举权时存在着"一店二权"现象。

在选制安排上，商联会或采取单一选制，或采取复选制。例如，东北城商联会采取单一选制，即由会员大会直接选举正副会长及各科主任，章程规定"由全体入会者公举正会长一人，副会长二人，会计一人，书记二人，文牍一人，交际四人，调查二人，评议长一人，评议员十六人"⑥。汉口路商联会也实行单一选制，"干事部职员由入会店号用无记名投票法选举之"⑦。更多的商联会则采取了复选制，由会员大会选举各路职员，再开职员会选举正副会长及各科职员，如南京路商联会章程规定"选举职员由大会行之"，"正副会

---

① 《东北城商业联合会之组织》，《申报》1919年9月5日，第10版。
② 《上海南京路商界联合会章程(附办事细则)》，《申报》1919年11月3日，第11版。
③ 《南京路商联会会员录》，见上海市工商业联合会、复旦大学历史系编《上海总商会组织史资料汇编》下册，第1009—1016页。
④ 《上海汉口路商界联合会章程》，《申报》1919年11月11、12日，第11版。
⑤ 《上海山东路商界联合会章程》，《申报》1919年11月28日，第11版。
⑥ 《东北城商业联合会之组织》，《申报》1919年9月5日，第10版。
⑦ 《上海汉口路商界联合会章程》，《申报》1919年11月11、12日，第11版。

长及评议长由职员会互选之"①，山东路商联会评议部"议员由会员选举，议长由议员选举"②。经选举产生的各职员，均实行任期制，一般是一年为一个任期，但可连选连任。投票则采取两种方式，一是通信投票，在选举截止期内，会员将选票通过邮局寄回选举筹备委员会，二是集中投票，即在年度会员大会上统一分发选票，集中投入票柜箱，并当场开票，如北城商联会规定"本会选举法用记名复选法于开大会时举行之"③，沪西商联会"每年五月九日开选举大会一次"，选举产生商联会职员④。

以各马路商联会为基础形成的各路商界总联合会，初期采行总董制，设总董一人、副董二人，下设董事，后改行会长—议长制，以各路商联会会员为基本会员，"各路商界联合会会员，均得为本会会员，一律平等，得被选为本会职员"，下设议董会、会董会、评断处行使职权。各路商联会选派议董构成商总联会议董会，以"满五十家至百人，选举议董一人为准则，多则递加"，议董任期以一年为限，可连选连任，"议董会选出议长一人，副议长一人，执行议董会事务，以多数为当选"。会董会设正副会长各一人，会董十五人，由议董会选举产生，以多数为当选，会董当选后，其议董资格随即免除。⑤上海南市商总联会是在南市各路商联会基础上产生的一个区域性团体，成立于1925年，其有关选举的条文如下："议董由各团体自行推举，出席总联合会，正副会长及正副议长，由议董用记名选举法互相选举，以票数最多者当选为正会长，次多数者副之，正副议长亦依此法，同者以抽签决之，以次升推。任期、以一年为限，连选者得连任。"⑥

由此可见，各马路商联会的选举制度安排基本上是可行的，体现了民主、平等原则，有利于调动基层选举中选民的积极性，有助于陶冶商人的选民意识和关心街区事务的公共意识。不过，在当选标准上，各商联会均实行简单多数制，在全体会员中进行海选，"当选以得票多数为准，如票数相同，抽签

---

①　《上海南京路商界联合会章程(附办事细则)》，《申报》1919年11月3日，第11版。

②　《上海山东路商界联合会章程》，《申报》1919年11月28日，第11版。

③　《北城工商联合会之筹备》，《申报》1919年7月21日，第11版。

④　《沪西商业联合会开成立会》，《申报》1919年9月1日，第10版。

⑤　《两商总会合并后之草章》，《申报》1923年9月3日，第13版。

⑥　《南市商联会之缘起与章程》，《申报》1925年11月15日，第15版。

定之"①。这有可能使当选人缺乏足够的代表性，进而影响商联会在街区事务上的公信力。

(二)商联会的选举活动

一种有效的制度安排能否产生其应有的效应，关键在执行。商联会一年一度的选举活动，不仅能反映这类基层商人组织的执行力，而且透过筹备、投票、开票、唱票、当选人等选务细节，可以进行多方面的观察，如会员对街区选政的关注度，制度层面与操作层面是否存在着落差，作为选民的中、小商人对街区公共事务的参与度和政治素质的高低，等等。下面拟透过一些具体个案，进一步描述马路商联会的选举实践。

先以 1925 年法租界商联会的选举为例，观察商业街区基层选举的全过程。1925 年系法租界商联会第四届职员改选，在该会选举史上可称为选举年。8 月 2 日，法租界商联会专门召开选举筹备会，按惯例将全路分为十一段，分段调查选举资格，并推举各段临时负责人。② 8 月 9 日常会推举祝华封为临时筹备主任，颜芹香为副主任，8 月 16 日，召开第三次选举筹备会，"议决 8 月 17 日、18 日、19 日为发票之期，8 月 20 日、21 日、22 日为收票之期，8 月 23 日(星期日)为开会之期，8 月 24 日下午一时开柜"③。同时，为了确保改选顺利进行，法租界商联会向选民发放了选举须知："(甲)被选人须明白事理热心任事本人所素知者。(乙)本届选举，代表公决，采用十中选一制，譬如本段有会员四十六人，应选五人，余照此推算。(丙)选举人照本会本段名单，依额填写，务于初二日(即 8 月 20 日——笔者注)送到本会选举筹备会，定初六日(即 8 月 24 日——笔者注)开柜检票，当选者另函通知。"④8 月23 日，即开柜前一日，筹备会召开预备会议，用抽签法指定监察、检票、验票、唱票、计票、整票、管票、纠仪等选务负责人，24 日下午一时按时开柜，至四时半计票结束，各段初选代表如表 5-2 所示：

---

① 《北城工商联合会之筹备》，《申报》1919 年 7 月 21 日，第 11 版。
② 《法租界商联会开筹办选举会》，《申报》1925 年 8 月 3 日，第 15 版。
③ 《各团体消息》，《申报》1925 年 8 月 18 日，第 14 版。
④ 《法租界商联会筹备改选》，《申报》1925 年 8 月 21 日，第 15 版。

表5-2 1925年法租界商联会改选基本情况

段别	初选当选人及其得票数	各段会员人数（人）
第一段	陆达天 27 票，颜芹香 25 票，朱福基 17 票，方长安 16 票，瞿振华 15 票，沈子允 14 票，黄益三 14 票，张祥昇 14 票	70
第二段	汪醒斋 20 票，余东昇 16 票，陈省三 15 票，陈韵松 14 票	43
第三段	王馥棠 14 票，潘如兴 14 票，赵晋泉 8 票	28
第四段	郑晋卿 18 票，杨廉堂 18 票，徐钦云 17 票，於子承 15 票，叶星阶 13 票	39
第五段	张伯宗 7 票，曹锦荣 6 票，郑晋卿 5 票，陈旭良 5 票	28
第六段	贝明忠 40 票，李维良 31 票，祝华封 29 票，江锦春 23 票，孙湧霖 17 票，汪俊臣 16 票，金玉书 15 票	70
第七段	卢星阶 32 票，沈觐舜 19 票，樊景卿 17 票，沈元楷 16 票，傅景云 16 票，黄子斌 15 票，刘永康 15 票	78
第八段	朱松龄 17 票，孙琢璋 12 票，瞿福鸣 12 票	37
第九段	舒康华 4 票，戎宝庆 3 票，叶德银 3 票	14
第十段	朱声茂 8 票，戎承灏 7 票，水祥桂 5 票	29
第十一段	放弃投票(特别段)	16
共计	46 位当选人	452

资料来源：《法租界商联会筹备改选》，《申报》1925 年 8 月 21 日，第 15 版；《法租界商联会初选揭晓》，《申报》1925 年 8 月 25 日，第 15 版。

选举结果有如下几点颇值得关注。(1)简单多数制。所有初选当选人中，只有第六段的贝明忠得票超过半数，这说明，要么这次选举的投票率较低，部分会员放弃了投票权，要么票数较分散，缺乏大多数选民认同的候选人。(2)当选人的重复性。由于限制只选本段会员，在第四段、第五段拥有当铺的郑晋卿同时在两段当选。(3)放弃投票现象的存在。第十一段整体弃权，个中蹊跷，颇值得深究。(4)当选人与应选比例不符。如按十中选一制，第一段应选 7 人，当选 8 人，第四段应选 4 人，当选 5 人，第五段应选 3 人，当选 4 人，第七段应选 8 人，当选 7 人，第八段应选 4 人，当选 3 人，第九段应选 1 人，当选 3 人。为什么会产生当选者超过应选者，或当选人少于应选人数的现象，原因不明，但由此引发的不满随即爆发。该会原会长叶觊辰发表声明，称"是届筹备重选，至九号后另有主持其事，十七日起，鄙人宣告完全不负责任，并愿弃选举及被选权"①。这无异于以一纸放弃选举权与被选举权的声明表达了对此次选举的抵制。

选举筹备处致函各初选当选人，邀请全体初选代表于 8 月 27 日下午一时参加复选，选举正副会长暨评议部、干事部职员。不过"第二段初选代表'余生沅号'余东昇，第四段'晋大当'郑晋卿，第五段'新大当'郑晋卿，第七段'达生南货号'沈元楷，'雷允上药号'雷滋蕃，第十段'乾坤号'谢伯英等"先后致函该会辞职，筹备处按得票数多少依次递补叶觊辰、冯莲生、梁瑞初、席煜屏、叶星年、陈旭良等人为初选当选人②，并将复选会推迟至 8 月 31 日。是日下午，初选代表应到 46 人，参加投票 42 人，结果卢星阶得 19 票，当选为正会长，颜芹香、贝明忠各得 22 票，当选为副会长。③ 卢星阶多次声明辞职，无奈之下，公推贝明忠为正会长，其所遗副会长一职由瞿鹤鸣递补。一切预备妥当之后，筹备处发表选举结果通告，并介绍了主要当选人的职业："正会长，贝明忠，德盛祥德丰祥号主，中华义勇团董事，振华堂董事。副会长，颜芹香，颜同德、颜良济药号主，前沪西各路商联会会长。副会长，瞿鹤鸣，长顺号主，县商会会董，总商会会员。"④9 月 18 日，法租界商联会举行新职员就职大会，在一片喜庆气氛中，筹备主任祝华封以四言句式表达了对新职员的祝贺及对商联会未来的期待："贝颜瞿公，商界铮铮，出膺肩钜，阖境欢迎，宏猷硕划，与日俱增，发挥光大，无限前程，敢先预贺，我会昌明。"⑤

但是，荡漾在人们心中的喜庆气氛尚未完全散尽，新的商联会就已经遭到了杯葛。次日，商联会便察觉到了会议出席者不足法定人数的危机，并提

---

① 《法租界商联初选揭晓》，《申报》1925 年 8 月 25 日，第 15 版。

② 《法租界商联会复选消息》，《申报》1925 年 8 月 31 日，第 15 版。有意思的是，辞职者中有二人不在当选人之列：第七段"雷允上药号"雷滋蕃、第十段"乾坤号"谢伯英。个中蹊跷何在，不得而知。

③ 《法租界商联会复选揭晓》，《申报》1925 年 9 月 1 日，第 15 版。

④ 《法租界商联会正副会长接洽就绪》，《申报》1925 年 9 月 9 日，第 16 版。

⑤ 《法租界商联会新职员会》，《申报》1925 年 9 月 19 日，第 15 版。

出两条补救办法，即"五长公决会"和"补助委员会"，前者由正、副会长三人加评议长、干事长共五人"依约自动互相磋商会务，经三人议决为议决成立限度"，补助委员会"择热心办事、才具优长者聘任之，评干两部开会不足法定人数时，补助委员会加入补充"。① 11 月 4 日，商联会因会长贝明忠口头辞职而召开临时会议，决定照章由副会长颜芹香、瞿鹤鸣暂行代理职务，并函告贝明忠提交书面辞呈。11 月 12 日，贝明忠登报申明并未辞职，颜芹香、瞿鹤鸣两副会长"通告驳诘"。② 15 日的商联会常会确认了贝明忠辞职案，随后，两副会长连带辞职，会务陷入危机。③ 18 日晚，商联会召开紧急会议，由原会长叶觊辰主持，讨论正副会长连带辞职后的继任人选，决定重新选举，并成立新的筹备处，推举瞿鹤鸣、黄克明等 20 人为筹备委员。④ 26 日，筹备处向各筹备委员发出重新选举通告，称"本届职员就职后，被人挑拨攻讦，始则攻讦正会长，继又副会长相继辞职，纠纷顿呈，前经开会议决，重行选举"，希望各委员履行职责，"俾早日产生职员而利进行"。⑤ 29 日晚，法租界商联会选举筹备委员会正式成立，公推叶觊辰为委员长。⑥ 12 月 4 日晚，叶觊辰召集筹备委员会会议，决定采用"普通选举法，名单以商号为本位，笔划为排列前后之区别，每票选举五人，以九月份缴月捐者发给选举票"，确定初选代表 30 名，再在 30 人中复选正副会长及评议部、干事部各职员。⑦ 12 月 7 日，筹备委员会确定选举日期，16 日分发选举票，22 日举行初选(后提前至 20 日)，随即举行复选。⑧ 与上次选举不同，重新选举将选区划分为十段，但被选举人不以本段为限。21 日晚，商联会常会确定了各选务人员名单，并决定

① 《法租界商联会开会之补救办法》，《申报》1925 年 9 月 20 日，第 15 版。

② 《法租界商联会会长问题之波澜》，《申报》1925 年 11 月 13 日，第 14 版。

③ 有关法租界商联会危机产生的原因，该会曾在一份通告中指出："教员张梅庵、书记邵冰渊，强与会务，致会长不能安于其位，突起绝大风潮。"(《各商联会消息并志》，《申报》1925 年 12 月 13 日，第 14 版。)

④ 《各商联会消息》，《申报》1925 年 11 月 22 日，第 14 版。

⑤ 《各商联会消息》，《申报》1925 年 11 月 27 日，第 13 版。

⑥ 《各商联会消息》，《申报》1925 年 11 月 30 日，第 14 版。

⑦ 《法租界商联会近讯》，《申报》1925 年 12 月 5 日，第 15 版。

⑧ 《各商联会消息并志》，《申报》1925 年 12 月 8 日，第 10 版。

在初选开票当日"通告全体会员到场监视，以昭信实"①。应参加投票的会员共计497人，比第一次多出45名会员②，选举结果如下：

> 叶觇辰得57票，李维良48票，汪醒斋41票，江锦春39票，贝明忠37票，王馥棠34票，於子承26票，祝华封24票，余东昇22票，卢星阶21票，孙湧霖、徐庆云、宋松龄各19票，惟鹤鸣15票，潘如兴15票，孙琢璋、杨廉堂各14票，贝在荣13票，汪俊臣12票，徐畏三、陈省三各11票，陈德璋、郑晋卿、席煜屏、朱景□、颜芹香、黄子斌、胡春生、谢伯英各9票，董星年8票。③

25日，筹备处向各初选当选人寄出当选通知，希望各当选人"俯从众意，共维会务"，并要求在"当选字上注明勉予或力维字样"，在三日内寄回，以重选政。④ 不过，各初选当选人的反映并不如预期那样热烈，两周过去后，"初选当选人复函尚未到齐"，原定的复选日期不得不一再推迟，1926年1月10日召开复选会时，"所到初选代表尚未过半数"，不足法定人数，于是决定再推展至17日，各当选人"如再不到，认为自愿（放弃）选举权"。⑤ 17日晚，复选会如期召开，到会初选代表30人，结果，"叶觇辰得12票，当选为正会长，王馥棠得7票，贝在荣得6票，当选为副会长，继即选举评干两部各职员，计於子承当选为评议长，陈德新、潘如兴、朱福荃、李维良、徐畏三、宋松龄、祝华封等为评议员，江锦春为干事长，郑积生、方长安、孙湧霖、林元章、樊景卿、潘治铭、洪一声为干事员"⑥。1月24日下午，法租界商联会新职员举行就职大会，标志着1925年的换届选举风波正式结束。

从1925年法租界商联会选举的全过程中，可以归纳出其他商联会选举共有的几个特点：

首先，商联会对选举的筹备是较为充分的。法租界商联会一年内的前后

①　《各商联会消息》，《申报》1925年12月22日，第10版。
②　《各商联会消息》，《申报》1925年12月21日，第14版。
③　《各商联会消息并志》，《申报》1925年12月24日，第10版。
④　《各商联会消息》，《申报》1925年12月26日，第14版。
⑤　《各商联会消息》，《申报》1926年1月11日，第14版。
⑥　《各商联会消息》，《申报》1926年1月19日，第15版。

两次选举都做了较充分的准备，仅在技术环节上就做了若干改进，如初选当选人由 46 人减少至 30 人，被选人不以本段为限，避免了重复当选。从选举筹备委员会的设立到选举规则的制定，从选票的印制、发放到投票、开票、唱票、监票等细节的规定，体现了商联会对街区基层选举的重视程度。其他商联会莫不如此，每届任期即将届满的时候，都要召开专门会议，讨论下届选举事宜，并成立选委会，决定选举日期。爱多亚路商联会筹备成立时，曾专门召开选务会议，制定出详细的选举办法：

> (1)选举正会长一人，副会长二人，文牍三人，会计三人，调查五人，交际五人，庶务五人，共二十四人为职员。(2)职员由全体会员选举，会长及各科职员由各职员互选，各科主任由各科职员互选之。(3)本路有商店二百余家，应举出席总会董事四人，代表本会。出席董事本会职员会员均有选举权及被选举权，惟须有三分之一以上之票数当选之。(4)本店人不能选举本店会员为职员，如有发现，作为无效。(5)本会选举票有三分之一以上来投者，当即开柜，定期开成立大会。(6)本会选举投票处在金隆街美伦里山东路联合会。(7)本会选举投票日期以五月二十九日为限，到期不投者，则认为自甘放弃。①

开票日当天，五十余名代表亲临现场，推定朱霍良、陈龙章二人唱票，周瑞金、孙正扬、章仁麟、邵明耀四人检票，由检票员当场启封票柜，共检得 1198 票，按得票数多少选出黄磋玖、穆抒斋、洪承祁、鲁廷建四人为出席商总联会董事，周瑞金、洪文德等二十四人为商联会职员。②

又如，1921 年 5 月北城商联会举行第二届职员选举会，到会的会员达 200 余人，在听取过去一年的会务及账务收支报告后，会员们详细讨论了选举办法的完善：

> 次为讨论章程，冯志卿对于第十三条职员以一年为任期及连选得连任，太嫌浮泛，主张修改，朱仲斋主张任期改为三年一任，或连任不得过三次。张玉鏖谓，若限制职员不得连任，是简直剥夺其一部分之被举

---

① 《爱多亚路商界联合会将成立》，《申报》1921 年 5 月 27 日，第 11 版。
② 《爱多亚路联合会选举会纪》，《申报》1921 年 6 月 3 日，第 11 版。

权，殊不合理，主张维持原案，不必修改。主席以张说付表决，通过。童鼎华提议，此次选举，有一人被选三种职务，究应就何职，应预先规定，否则于就职时发生困难，是否以多数为标准，请众讨论。萧效仁主张从多数，张玉鏖附议，冯志卿主张以职务重要者为标准，主席以从多数付表决，通过。……并推定开柜监视员、检票员、唱票员、记票员，选举结果，正会长冯志卿，副会长陈梅芳、章晴系，评议员十六人，干事员五十人。①

再如，商总联会选举职员时，将选举规则榜列于现场，如"(1)本路不得选举本路职员会员。(2)一路不得有二人当选。(3)涂改票作废票。(4)同票者复选"②。由于规则明确、过程公开，因此，从总体上看，商联会历年选举规范，换届顺畅。

其次，商联会选举采取简单多数当选原则。例如，河南路商联会成立时，各商号代表200余人参加投票选举，金馥生得73票，陆费逵得57票，分别当选为正、副会长。③嘉兴梧州两路商联会举行成立选举，参加投票的各商店代表100余人，正会长周之传得票仅37票，副会长金锦源55票、周维新23票。④五马路商联会成立时，仅与会的会员就达150余人，但投票结果，当选为正会长的朱霞琯得21票，所得票数不足与会代表数的四分之一，副会长周崧生、孙承甫分别为19票、15票，得票率更低。⑤1921年南京路商联会举行第三届职员选举会，该会会员达180余人，结果，共选出30名职员，得票最多的王才运64票，最少的仅10余票。⑥简单多数当选原则，在一定程度上有损商联会的代表性。即便是商总联会，也按照简单多数当选原则，如第一届职员选举会，各路出席议董30人，投票结果是，陈则民得14票，当

---

① 《北城商业联合会选举会记》，《申报》1921年5月24日，第11版。
② 《商界联合总会选举职员纪》，《申报》1919年10月26日，第10版。
③ 《河南路商界联合会成立》，《申报》1919年8月23日，第10版。
④ 《嘉兴路商界联合会成立纪》，《申报》1919年10月13日，第10版。《商界联合会选举续纪》，《申报》1919年10月16日，第10版。
⑤ 《五马路商界联合会成立纪》，《申报》1919年10月23日，第10版。
⑥ 《南京路商界联合会初选揭晓》，《申报》1921年9月27日，第15版。

选为总董，金馥生得 13 票、俞国珍得 10 票，当选为副总董。① 当然，在简单多数当选原则下，也有超半数的例外，如汉口路商联会第一届职员选举时，参加投票的商店代表有 70 人，结果，宋汉章以 55 票当选为会长，吕静斋、顾硕卿分别以 42 票、37 票当选为副会长。②

最后，会员的选举热情较高。作为一个新兴的街区性商人团体，商联会对一般中小商店业主有一定的吸引力，会员投票的积极性较高，特别是在商联会成立的初期。例如，北福建路商联会成立时，参加选举大会的商店代表达 300 余人，选举陈宝德、徐丽洲为正、副会长。③ 南京路商联会成立时，到会的各商店代表达 183 人，几乎全数到齐。天潼福德两路商联会成立时，250 余名会员参与选举，当场选出蔡仁初为正会长，何觐林、欧阳星南为副会长。④ 东北城商联会的正式选举会，"场内布置极为整备"，按章程规定的单一选制选出陆汇泉为正会长，赵景忠、张瑞生为副会长，出席正式成立大会的会员达 300 余人。⑤ 当然，随着时间的推移，会员参与选举的热情也有渐渐退化的趋势。

各路商联会不仅重视本路选政，对其他各级选举也十分重视，如 20 世纪 20 年代的国民代表选举、省议会议员选举、租界纳税华人会理事选举，等等。限于篇幅，此处仅以纳税华人会理事选举为例，略加分析。公共租界纳税华人会是产生华顾问的一个重要民意机构，是租界华人参与市政的一项基本内容，由 27 名理事构成，每年改选其中三分之一。马路商联会认为纳税华人会理事的选举与租界华商的切身利益相关，"公共租界纳税华人会，系各马路商界联合会公共发起组织，为界内华市民惟一公共市政机关，成功艰难，关系重大，凡我界内华市民，无有密切利害关系……敬请各纳税人注意选政"⑥，因此，各路商联会非常重视纳税华人会理事的选举。

---

① 《商界联合总会选举职员纪》，《申报》1919 年 10 月 26 日，第 10 版。
② 《汉口路商界联合会成立会》，《申报》1919 年 11 月 1 日，第 10 版。
③ 《北福建路工商联合会成立》，《申报》1919 年 8 月 22 日，第 10 版。
④ 《天潼路商界联合会成立》，《申报》1919 年 10 月 12 日，第 10 版。
⑤ 《东北城商业联合会之选举会》，《申报》1919 年 9 月 23 日，第 11 版。《东北城商业联合会成立会》，《申报》1919 年 10 月 15 日，第 10 版。
⑥ 《南京路商联会致纳税人公函》，《申报》1925 年 4 月 17 日，第 13 版。

在租界纳税华人会理事选举中，各路商联会做了大量调查、组织、宣传工作。例如，南京路曾联合福建路等 41 路商联会发表宣言，呼吁重视选政，选取真才，提出纳税华人会理事当选四条件，即"(1)非熟悉外交，中外敬仰者，不能充任华顾问，上届顾问诸君，声望俱孚，如能继续当选，尤易收驾轻就熟之益。(2)理事长常务理事对内对外，关系重要，非德高望重者，难孚众望，并祈注意。(3)理事为市民之公仆，纯系义务职，不得兼任会中有给职，以示清高，而重公款。(4)理事为市民所公选，其有不顾市民公权，违反市民公意者，市民有否认其资格之权。本届选举华顾问等，如果发生不合众意之结果，吾华市民，当先行召集市民大会，取决公意，投票重选，以免贻笑外人"①，从而确保纳税华人会与工部局的交涉更具有民意基础。汉口路商联会为慎重选政，选前曾专门发布通告，告诫本路商民，"务宜慎重将事，幸无为不肖、无业与非纳税者假借冒充，致真正纳税资格而反落选，鱼目混珠，再蹈省会选举之覆辙，又兴讼端，为外族齿冷"②。

1922 年租界纳税华人会举行第二届理事选举，按章程规定改选三分之一的理事。南京路商联会路仔细调查了本路商店，"有选举资格者 140 人，有被选举资格者 122 人"，由于"纳税会选举期太促，全路里巷之字号居民不及调查，预拟之各项表册，亦不及印行，特致函纳税会，要求延期选举，以免手续不周而重选政"。③ 山东路、爱多亚路商联会也多次致函纳税华人会要求选举延期。纳税华人会采纳上述马路商联会的意见，将该会理事改选日期推迟至 4 月 24 日纳税人年会时决定，以便各路商联会的筹备工作更加充分。

特别值得关注的是，南京路商联会还积极倡导租界纳税华人会理事的公开选举。为了保证理事能真正履行租界华人代言权，南京路商联会于 4 月中旬公开提出完善选举办法，主张参选者"公开运动"，仿照欧美各国总统及议长公开竞选，称"此种公开运动，手续正当，使选举人择善而选，既无贿买滥充之弊，更可多得具有真才之士，法良意美，极宜仿行"，先从南京路开始：

此次纳税会改选理事，请即由本会首创公开运动之法，由职员会公

① 《商界注重华顾问人选之宣言》，《申报》1924 年 7 月 30 日，第 13 版。
② 《纳税华人会之选举观》，《申报》1922 年 4 月 5 日，第 13 版。
③ 《华人纳税大会延期讯》，《申报》1922 年 4 月 12 日，第 13 版。

决，就全租界纳税华人中，提出声望并著，具有理事资格者若干人，作为候选理事，揭示各人之历史，并详注其足以被选之资格，使选举人有所适从。①

并且，南京路商联会提出宋汉章、虞洽卿、许建屏、方椒伯、秦润卿、朱成章、简照南、田树霖、王才运、费芸孙、乐俊葆、孙梅堂、刘锡基、陈炳谦、霍守华共15名候选人，同时函请各路商联会等赞同公开竞选："纳税会改选举在即，敬请一致起行，刷新旧日选举之积弊，则全体市民幸甚。"②据悉，"自南京路商界联合会鼓吹选举公开运动之后，各路多表同情"③。汉口路商联会推出周茂兰、张秉鑫、钱新之、史量才、俞少卿、冯抑舜、汪汉溪、沈承甫、姚廷樑、马鹤年、宋汉章11人参与角逐；海宁路商联会则推选出宋汉章、虞洽卿、陆文忠、周渭石、方椒伯、简照南、王才运、陈炳谦、霍守华、乐俊葆10人；山东路、爱多亚路、江西路、湖北路、九江路五路商联会共同推选穆抒斋、袁履登、李次山、许建屏、陆文中、钱龙章、马倬云、方椒伯、张一鸣9名候选人，并将9名候选人的简历刊登在《申报》上；西华德路商联会推举宋汉章、王正廷(王儒堂)、秦润卿、邬志豪、方椒伯、傅声茂、沈佩兰、庄瑞年；四马路、汉口路、福建路、山西路、天潼路、福德路、吴淞路等商联会联合提出宋汉章、项松茂、赵南公、周伯尧、田时霖、袁履登、霍守华、吕静斋、汤节之等人为候选理事。④ 从上述名单可以看出，宋汉章、方椒伯、王才运、霍守华、虞洽卿、秦润卿、简照南等人由多个马路商联会同时推荐，表明各马路商联会在纳税华人会理事选举上已经超越了马路范围的限制，理性色彩更浓。

选举之前，南京路商联会还专门制作广告，从4月20日起，游街宣传，促请市民积极参与投票：

① 《纳税华人会候选理事之提议》，《申报》1922年4月15日，第13版。
② 《纳税会选举公开之运动》，《申报》1922年4月18日，第13版。
③ 《纳税华人会理事之人选》，《申报》1922年4月22日，第14版。
④ 《汉口路商联会之选举理事谈》，《申报》1922年4月17日，第13版。《纳税华人会理事之人选》，《申报》1922年4月22日，第14版。《五路市民之选举理事运动》，《申报》1922年4月23日，第13版。《纳税华人之公开运动》，《申报》1922年4月24日，第13版。

南京路以纳税华人会选举期已到，深恐全埠纳税人，尚有未知详情，放弃选举权利，因而难达最初之目的，遂于二十日起，特制就三尺长二尺阔高脚广告木牌一方，用朱笔书就浅细简明之通告，劝纳税人万勿放弃权利，务必选举公正合格之人，充当理事，并将该会公意提出之候选理事十五人姓名，一一揭明，白底朱字，清晰醒目，雇人负之，周行各马路，极惹人注意，该会又以今日为纳税人会正式举行选举之期，恐有人发生不规则之举动，特组织监视团，分班在会场四周，暗中监视，万一遇有上项动作，则详记其姓名证据等，预备事后正式交涉，务除净向日之积弊。①

4月24日，纳税人年会如期举行，会议决定4月25日为选举日期，同时推举了监票员、检票员各八人。次日，"自晨至夕，市民纷纷至青年会客堂投选举理事票，人数甚众，票数因之极多"②。开票结果为，"宋汉章380票，许建屏222票，王正廷206票，张慕曾179票，余日章173票，袁礼敦140票，王才运140票，秦润卿123票，聂云台118票，方椒伯101票，谢永森95票，虞洽卿95票，张一鸣92票，田树霖87票，简照南87票，陆文中83票，张秉鑫66票，吴蕴斋58票，穆藕初55票，汤节之51票，吕静斋47票，赵南公46票，穆抒斋44票"。其中，余日章、聂云台、谢永森三人为现任理事，属重复选举，按得票数多少，理事当选人为宋汉章、许建屏、王正廷、张慕曾、袁礼敦、王才运、秦润卿、方椒伯、虞洽卿九人。③不久，张慕曾病逝，由次多数张一鸣递补。

次年4月初，纳税华人会理事改选再次临近，余仰圣代表海宁路商联会对选举的技术性环节提出了四点建议："(1)选票须有号码，由邮局直接寄与选民，倘有人面领，须持有房票方可，然一人亦不准领取数纸。(2)先由各团体分发调查表，表上另立选民住址，如某路某里某号门牌，俟表于限日收齐后，按名由邮局寄选举票。(3)选票上书明某日起至某日止，选民须亲往某地投票，邮寄概无效，而一人亦不准投二票，以防弊窦等文字。(4)调查表及选

---

① 《纳税华人之选举公开运动》，《申报》1922年4月24日，第13版。
② 《纳税华人会投选举票纪》，《申报》1922年4月26日，第13版。
③ 《纳税华人会新理事揭晓》，《申报》1922年4月27日，第13版。

票未发之先，须通告各马路开过成立会之商界联合会，公举人员监视之。"①
5月下旬，成燮春、余仰圣二人作为旧总会的代表赴纳税华人会"磋商防
弊办法"。②

由于南京路商联会倡导的纳税华人会理事选举"公开运动"取得了良好成
效，"经南京路商联会发起公开运动之法后，各路均继起仿效，结果颇佳"，
1923年5月中旬，海宁路商联会提出了第三届改选理事候选人九人，分别为
张菊生、王仙华、朱赓石、冯少山、赵晋卿、徐乾龄、穆藕初、余日章、聂
云台。③ 6月初，南京路商联会又提出简照南、吴蕴斋、聂云台、余日章、陈
光甫、穆藕初、费芸孙、徐乾麟、乐松荣等人为第三届纳税华人会改选理事
候选人④，并且要求"本路各商店，届时亲莅该会投票选举，切勿放弃权
利"⑤。浙江路商联会则在6月10日的《申报》上公开刊登该路具有被选人资格
的人员名单，"以公选政"。⑥ 该年具有选举资格者1389人，具有被选资格者
571人。⑦ 6月11日上午九时接受投票，十二时截止，共收到选票579张，废
票8张，简照南、徐乾麟、余日章、聂云台、吴蕴斋、罗芹三、谢伯殳、朱
赓石、袁舞初九人当选为新理事。⑧

此后，每年改选纳税华人会理事，都由各路商联会提出候选人名单，登
报公告。1924年，爱克界三路商联会还专门致函纳税华人会，"特推派宋士
骧、费良衡、陈家宝三君为观选代表，监视办选人员，以重选政"⑨。商总联
会亦推出赵南公、陈翊庭、邬志豪、李泽源四人，"逐日监视选举办法，借杜
流弊，而蹈覆辙"⑩。新成立不久的广西路商联会也"以本届调查选民，实较
上年增多，若非严密审查，不足以杜流弊，特行公推陈其麟、谢惠廷、程桂

---

① 《纳税华人会改选之杜弊建议》，《申报》1923年4月1日，第14版。
② 《商总联会常会纪》，《申报》1923年5月22日，第13版。
③ 《海宁路提出之纳税会理事单》，《申报》1923年5月18日，第14版。
④ 《南京路商联会职员会纪》，《申报》1923年6月8日，第14版。
⑤ 《纳税会今日举行常年大会》，《申报》1923年6月10日，第13版。
⑥ 《纳税会今日举行常年大会》，《申报》1923年6月10日，第13版。
⑦ 《纳税会今日举行常年大会》，《申报》1923年6月10日，第13版。
⑧ 《纳税华人会选举开票纪》，《申报》1923年6月12日，第13版。
⑨ 《商界注意纳税华人会改选》，《申报》1924年6月2日，第13版。
⑩ 《商总联会议董会纪》，《申报》1924年6月6日，第13版。

初三君趋前监视办选，以尽市民天职而昭慎重"①。浙江路商联会表示"拟投票之期，公推顾宪诚、张让之、高耀庭、胡伯陶、甘善五君趋前相助"，文监师路商联会则"公推潘冬林陈震源二君至该会审查选民资格"。② 对于各路商联会指派监选人员，纳税华人会表示"无任欢迎，一俟选举名册编造完竣，即当函请贵代表到会，逐一审查，以昭审慎，而示公开"③。6 月 11 日，纳税华人会专门致函上述各路商联会，邀请各路监选代表于 6 月 16 日下午一时至该会审查选举与被选举资格，对同名同姓选民、僧人选举权问题、资产、居住年限等逐一做出规定，经审定，932 人符合选举资格，有被选举资格者 603人。④ 6 月 28 日，纳税华人会改选理事正式投票，整个投票过程无懈可击：

> 其先已送交该会之选举票，由监察人推出吕静斋、周伯尧二人，检查无讹，始投入票柜，钥匙则交由徐可陞、李华堃两君保管，各团体代表，由该会备具午餐款待，餐时，由监察人轮流监视，下午一时，由许交涉员委派秘书陈新周到会验封，一面由纳税人陆续投票，直至下午五时为止，闻今日投票时间，自九时起至十二时止，下午一时开票，仍请许交涉员监视，至所封票柜，则由监察员陈翊庭（各路商总联会）、徐可陞、李华堃（总商会）、吕静斋（汉口路商联会）、周伯尧（山西路商联会）、张振远（北山西路商联会）、许廷佐（百老汇路商联会）、蒋梦芸（南京路商联会）等轮流监察。⑤

开票结果，共收到 658 张选票，其中超过规定时间的选举票 8 张，按规定作为废票，"盛竹书 260（银行公会会长）、吕静斋 233（勒威药房）、赵南公212（泰东书局）、周伯尧 209（周昌记）、项松茂 204（五洲药房）、林炎夫 168（温州同乡会）、史量才（申报馆）、宋士骧 145（律师）、马玉山 128（马玉山糖

①　《广西路商联会致纳税会函》，《申报》1924 年 6 月 9 日，第 14 版。
②　《汇志各路商联会消息》，《申报》1924 年 6 月 10 日，第 14 版。
③　《纳税会复爱克界路商联会函》，《申报》1924 年 6 月 6 日，第 14 版。《纳税会复浙江路商联会函》，《申报》1924 年 6 月 11 日，第 14 版。
④　《第四届纳税华人会年会详志（续）》，《申报》1924 年 6 月 30 日，第 14 版。
⑤　《第四届纳税华人会年会详志》，《申报》1924 年 6 月 29 日，第 13 版。

果公司)"，当选为理事。①

经过几年的实践，各路商人的选民意识明显增强，参与选举的积极性也有所提高，在 1924 年的纳税华人会理事改选中，四马路商联会调查选举资格，其中"有被选举资格三十五户，有选举资格者四十四户，闻该路较之上年投选者，踊跃十分之三"②。但是，因五卅运动的发生，华顾问退出工部局董事会，不仅使 1925 年的纳税华人会理事改选推迟至年底，而且各路商联会筹备选举的积极性也颇受影响，该年具有选举资格者共 1237 人③，仅收到有效投票 402 张，投票率仅为 32.5％。④

三、合纵连横：商联会与同业公会、同乡会的交叉和互补

马路商联会与同时期活跃在历史舞台上的同业公会、同乡会等商人团体关系较为密切，在应对涉及商人整体权益如争取租界华商生存权、抗捐抗税等经济利益的斗争中，常常采取一致立场，互相声援，体现出较大的互补性，整体上增强了商人的抗争力量。

其实，商联会与同业公会、同乡会在基本会员上具有一定的交叉性，同一街区中的商人，从事着某一特定行业，来自某一特定地区，在加入商联会的同时，也可能参与了同业公会、同乡会等商人团体的活动，甚至也是同业公会、同乡会的成员，形成你中有我、我中有你的交叉局面。不仅如此，一些在同业公会、同乡会中担任重要职务的领袖人物也同时出任商联会的领袖，发挥着关键作用，他们往往利用自己在各类商人团体中的重要影响力，将商人力量联合起来，为共同利益而抗争。表 5-3 是依据《申报》资料整理而成的上海马路商界联合会若干重要领袖人物的社会背景，从中可以看出几类商人团体之间的密切联系。

---

① 《纳税华人会选出新理事》，《申报》1924 年 6 月 30 日，第 13 版。
② 《调查纳税华人资格消息》，《申报》1924 年 6 月 9 日，第 14 版。
③ 《纳税华人会选举大会纪》，《申报》1925 年 12 月 6 日，第 13 版。
④ 《纳税华人会选出新理事》，《申报》1925 年 12 月 7 日，第 13 版。

表5-3　上海马路商界联合会若干重要领袖兼任其他商人团体职务示例

姓名	曾担任马路商联会之职	社会背景
叶惠钧	上海商总联会议长	华商杂粮公会会长、上海总商会会董
费芸荪	南京路商联会评议长	上海南北市银楼公所董事
方椒伯	南京路商联会会长	宁波同乡会会长、银行公会会董、公共租界纳税华人会首任副理事长
虞洽卿	海宁路商联会会长	宁波同乡会会长、上海商业公团联合会主任干事
冯少山	江西路商联会会长	上海纸业公会会长、广肇公所董事
霍守华	上海各路商界联合总会副议长、沪北五区商联会名誉会长	广肇公所董事
宋汉章	汉口路商联会会长	上海银行公会会长
穆藕初	上海各路商界总联合会名誉董事	华商纱厂联合会植棉委员会长
陆文中	四川路商联会副会长、商总联会评议会副议长	上海联益善会主任
汤节之	上海商界总联合会总董	上海商业公团联合会副主任干事、广肇公所董事
赵南公	四马路商联会干事长、会长	广肇公所董事
李微五	四马路商联会副会长	宁波同乡会首任会长
王宗藩	福建路商联会首任会长	兴安公所(又称兴安会馆)主要负责人
陈广海	天潼福德两路商联会会长	牛羊肉业同业公会董事

资料来源：本表主要据1920—1924年《申报》整理辑录而成。

这种密切关系在反对租界当局的民族抗争中、在抵抗赋税的经济斗争中、在维护市场秩序的公共行为中表现得尤为明显，在涉及商人整体权益时，它们往往联合起来，相互声援，体现出商人行动的一致性。

1921年的"乔杨案"就是其中的一个典型，该案反映了商联会与同乡会、同业公会之间的相互协调、一致对外的立场。该年6月5日，北四川路发生英属锡兰人开枪击毙店伙乔学歧、杨镜泉案(详细的分析见本书第六章)①。案发当日，四川路商联会立即召开紧急会议，"一面请总联合会开临时董事会议，一面发出通告二百八十余封，遍请各公共团体共同讨论对付方法"。几乎与此同时，广东旅沪同乡团体——广肇公所也召开紧急会议，"结果决定公推汤节之、卢炜昌二君，一面延聘律师，一面与被害人家属接洽，与各团体一致行动"。案发所在地的四川路商联会与案件受害人籍贯地之一的广肇公所可以称为受害人的当事方，它们在案发后立即行动起来，迅速成为抗争的核心。6月9日，广肇公所，宁波同乡会，绍兴同乡会，各路商总联会，南京路、山东路、四川路、法租界、四马路、崇明路、文监师路、邑庙豫园、唐家弄、海宁路、天潼福德两路、汉璧礼路、爱克界三路、吴淞路、武昌路、北城等商界联合会及国货维持会，浦东公所，振华堂洋布公所，金银工业会，工商友谊会，首饰工业会，时间守约会，广帮华洋杂货商会共 28 个团体的代表在广肇公所召开联席会议，统一抗争行动。6月10日下午，浦东公所为同乡乔学歧等被毙案召开紧急会议，推举张伯初等三人为与各团体委员会接洽之代表，并围绕抚恤、送殡、交涉、聘请律师、惩办凶手、惩治纵凶者、奖励捕凶者、取缔租界外人携带武器等议题进行了讨论，"众议与各团体一致进行"。此外，川沙县商会、大埔同乡会等团体也纷纷召开会议，或通电予以声援。同乡组织之间还加强联系，采取一致立场，浦东公所推选倪菊裳、潘振声为代表参加广肇公所有关"乔杨案"的专门会议。至此，受害人籍贯地之一的另一同乡组织——浦东公所也加入抗争的行列。6月12日，上海 64 个团体约千余名代表为乔、杨举殡，执绋送行，给租界当局造成了极大的压力。7月5日，该案在英按察使署开审，宣判"处该锡兰人彼得士死刑"②，并于8月3日执行绞刑。③

在抗争行动中，同街、同乡始终是商界团体联合的共同精神元素，从参与抗争的主要团体看，不是马路商联会，就是同乡会或同业公所，而且案发

① 据载，乔学歧系浦东川沙十一墩人，年 23 岁，为致远号总司账；杨镜泉系广东香山人，年 24 岁，时任致远号总当手。

② 《致远店伙被害案之讯结：凶犯彼得判处死刑》，《申报》1921 年 7 月 6 日，第 14 版。当时此报道标题中凶手姓名写作"彼得"，文中则写作"彼得士"，实指同一人。

③ 《致远号命案凶犯执行绞刑纪》，《申报》1921 年 8 月 4 日，第 14 版。

所在地的街区组织——四川路商联会和受害人籍贯地的同乡组织——广肇公所与浦东公所，成为抗争的发起者与组织核心。然后，从同街、同乡到街邻、乡邻，逐步扩展到其他街区、客商组织，参与抗争的范围、人数如同滚雪球般迅速扩大，并从团体的归属性上获得了支持。正如笔者在已有研究中所言："在乔扬案的抗争中，'同乡'、'同街'的概念进一步放大，内涵进一步扩充，并被赋予了鲜明的、基于共同命运的民族意识，成功地使得抗争行动超越同街、同乡范围。"①各类商人团体的一致抗争，最终迫使租界当局做出了较为公正的判决。

在抵抗捐税的经济斗争中，商联会更是借助同业公会、同乡会的力量，誓死抵制。1920年北京政府拟在商界推行印花税并创行所得税等，此令一出，各马路商联会纷纷反对，12月24日，大东门、民国路、东北城、邑庙豫园、北城等商联会暨漆商公所、南北货业、衣庄公所、肉业香雪堂、学商公会、南货公所、珠玉业韫怀公所、烟业公所、沪浙饭业公所、义善堂茶食公所、敦义堂药业认税公所、江苏陶业公会、药业饮片公所、上海银楼公所等46个商人团体举行联席会议，要求政府收回成命，并以46个团体的名义致电北京政府财政部，表示"政府未遵约法，下令颁行，商等万难承认。况际此百物昂贵之时，生计困难，达于极点，加以商业凋敝，金融恐慌，若再增加负担，商人等惟有束手待毙而已，用是异口同声，环求钧院大部，仍请收回成命，否则众情愤激，恐生意外之变"②。不料商人的要求遭到拒绝，1921年3月7日，46个团体仍在县商会召开联席会议，反对所得税及加贴印花税票，一致决议共同抵制。③ 但政府不愿让步，并决定于5月进行印花税检查，于是，各商人团体再次函告同业、同乡、同街商户，号召一致抵制，务达目的。参业公所、药业公所、花衣业公所、仁谷公所、华界典商公会、敦义堂醃腊公所、洋广货公会、徽宁漆商公所、青蓝染业公所、民国路商联会、东北城商联会等除"联合南市各团体一致进行坚持到底外"，还号召"各商号始终认定

① 彭南生：《1921年上海公共租界乔杨案抗争的多重驱动——兼论近代上海马路商界联合会与同乡会的关系》，《浙江社会科学》2010年第3期，第101页。

② 《各团体反对苛税之公电》，《申报》1920年12月27日，第10版。

③ 《各团体昨假县商会会议纪：印花税仍贴二分》，《申报》1921年3月8日，第10版。

商会联合会之议决案为有效"。① 在各团体的一致坚持下，政府终于妥协，暂缓加贴印花税票。②

在20世纪20年代初的铜元危机中，马路商联会与同业公会、同乡会等团体积极合作，努力化解危机给中小商人带来的影响。1921年年初，沪市铜元开始跌价，海宁路商联会呼吁各团体"公同设法抵制轻质铜元，以利小本营生"③。文监师路、沪西、山东路、爱克界三路、法租界等商联会纷纷响应，采取自救措施，在这一过程中，钱业公会、米行公会等也采取措施，或限制劣质铜元的流通，或抵制米价上涨。1922年5月21日，在南京路商联会的倡导下，商界讨论轻质铜元联席大会在南京路商联会会所如期举行，到会的商界团体除了南京路、福建路、山东路、新闸路等22路商联会外，还有银行公会、钱业公会、广肇公所等10个同业、同乡团体，共130余名代表。会上出现了拒用、折价通用、禁止进口三种主张，经过充分讨论，最后将拒用、折价通用两种议案付诸表决，结果，"全体赞成一律拒用"，并决定自次日起实行。同时，以讨论轻质铜元联席大会的名义一面登报公告，一面散发传单五万余张，并致函官厅，望"随时加意保护"。④ 南京路商联会还提议由官厅和总商会"出面设法消灭此项被拒剩余之轻质铜元"⑤，但是官方对商界的建议反应消极。商联会、同业公会、同乡会等商人团体的自救行动虽产生了一定的效果，但铜元跌价的根本因素并未消除(详见本书第七章的分析)。平心而论，完全依靠民间组织化解需要国家权力才能解决的问题，的确有些勉为其难，因此，无论商人团体怎样团结一致，最后总难以如愿。虽然如此，各类商人团体在应对铜元危机时的合作态度则十分明显，商联会时而与同业公会、同乡会形成纵向上的互补，时而形成横向上的联合，在一定程度上增强了商人维护金融秩序的整体力量。

---

① 《否认加贴印花税之通告》，《申报》1921年5月13日，第10版。

② 《印花准予暂缓加贴照旧检查：本月二十八日起大检查》，《申报》1921年5月19日，第10版。

③ 《商界联合会消息汇纪》，《申报》1921年2月18日，第11版。《海宁路联合会关于钱米函电》，《申报》1921年2月20日，第11版。

④ 《拒用轻质铜元之决议》，《申报》1922年5月22日，第13版。

⑤ 《南京路提出铜元善后意见》，《申报》1922年5月27日，第13版。

综而论之，马路商联会之所以能够在 20 世纪 20 年代的上海历史舞台上独步一时，是与其特定的组织形态分不开的：以自愿性、平等性为基础的存在形态为其注入了勃勃生机，最大限度地动员了街区内商人积极参与的热情；立足于中、下层商人的块状组织为其与以条状为特征的业缘性、乡缘性商人团体的错位并存提供了空间，也使其与主要代表上层商人利益的总商会区别开来，以街区为范围的块状组织所具有的街邻性，符合中国以邻为伴、与邻相恤的文化传统；最后，与同业公会、同乡会等业缘性、乡缘性商人团体间的"合纵连横"，使商联会在外部生存环境中形成互补性，增强了中国商人的整体力量。

透过各路商联会开展的多层次的选举活动，我们发现，五四运动后兴起的马路商联会，是一个自下而上组织起来的新型地缘性民间商人团体。它所设计的一整套制度规范，基本上体现了选举的公开性、社会合法性与其成员间的平等性，一年一度的公开选举与平稳换届，保证了商联会的正常运行。商联会在选举活动中采取的单选法、复选法、通信选举法、双记名式等多样化投票方式，不仅便利了组织成员的参与，有利于唤起商人对街区公共事务的关注，而且是对基层选举活动的宝贵探索，对陶冶中小商人的民主素养也产生了积极作用。由于马路商联会打破了行业性、乡缘性壁垒，将来自不同行业、不同地区的中小商人联结起来，使其在同一个街区内平等地发挥作用，关注身边的事，因此，它的选举活动加强了中小商人对城市基层社区的认同。虽然在选举活动中还或多或少地存在着一些疵瑕，但从总体上看，商联会的选举机制彰显了其较强的自组织力，保障了它的生存与发展。

四、若即若离：上海商人组织网络的复杂关系

在与上海总商会的关系上，商联会与总商会关系比较疏远，有时甚至站在总商会的对立面，对其大加挞伐；同业公会、同乡会与总商会关系时好时坏，视乎总商会对政府的态度而转变，当总商会代表了商界的立场与利益时，两者关系较为密切，常常互相声援，否则，同业公会、同乡会亦不惜与总商会公开决裂。

商会是由政府主导成立的、具有准官方色彩的商人团体，与政府保持着

若即若离的复杂关系，有时甚至行使部分政府职能，因此，这一角色使得总商会与马路商联会迥然不同，"总商会一切仰军阀鼻息，而各马路商界总联合会则颇能代表民意，同情革命"①。商联会出现在20世纪20年代的上海商界，很大程度上就是由于受到五四运动熏陶的中小商人对总商会在运动中的表现感到不满，总商会的"佳电"风波催生了马路商联会的产生。早在"佳电"出笼之前，上海一般中小商人已对总商会颇有微词，随着近代工商业的发展，大商人与广大中、小商人的分化和分野日益明显，大商人不仅经济力量雄厚、社会地位高，而且租界当局也对其另眼相看。"佳电"的出笼更加引起了上海商界对总商会的怀疑与否认，导致总商会在一段时间内处于瘫痪状态。在某种意义上，马路商界总联合会就是作为一个与总商会相对立的组织而成立的，是"平民商会"的代表，正如《申报》评论所言："总商会虽为上海全埠商界之法定机关，然其所组织之分子，以入会资格限制之严竣，不能普及于大多数商界，故祇可谓贵族的商人团体，实不足以代表全埠小商家之意思。自有此总联合会成立，而上海一埠大小商家之总意思即可于此机关中表现。"②

同业公会、同乡会则不同，它们不仅在中国传统社会中具有更深的历史根基，而且很多商会就是在会馆、公所的组织下创办起来的，因此，在多数情况下，商会能够代表商界的经济利益。常态下的上海总商会与同业公会、同乡会联系较为密切，互动较为频繁，主要体现在以下几个方面：

第一，总商会的成立主要是会馆、公所运作的结果。从上海总商会的前身上海商业会议公所的创立看，四明公所、广肇公所等同乡会组织和丝业会馆、茶业会馆、木商会馆、钱业公所、洋布公所等同业团体起了关键性作用。五四运动之前，上海总商会与同业公会、同乡会等团体的关系密切，同业公会、同乡会等团体还在商情调查、纠纷调解等方面分担了商会的某些职能，正如总商会会长朱葆三所言："上海总商会系各业公会、公所组合而成，其会员皆各业公举之领袖，个人入会者却在少数。譬如钱业仅举入会会员三人，

---

① 《遵照中央意旨统一商运继续收回租界反帝工作》，《申报》1929年10月24日，第13版。其实，将总商会说成是"一切仰军阀鼻息"，则未免太过，在经济政策、赋税等涉及商人利益的问题上，总商会还是不惜与北京政府进行抗争的。

② 《商界联合总会成立》，《申报》1919年10月27日，第10版。

而钱业公会以下之庄号皆概括焉；九业公会，以五金洋货等九业合组而成，亦仅举入会会员三人，而九业公会以下之店号皆概括焉。其他各业类是。"①

　　第二，实力较为雄厚的同业公会、同乡会，作为商会的合帮会员，在组织上具有隶属性，而且同业公会、同乡会的一些代表同时也是商会领袖。例如，1911年上海商务总会会员48人中，公所会馆被举为行业董事的有30人，代表大企业、银行、面粉公司、保险公司、药房、书业、造纸业和个别代表银行买办的共18人，从48名会员中选出的总理、协理、议董共21人，其中行业董事当选者13人，企业代表当选者8人，可见，合帮会员在总商会会员及领导层的构成中占据主导地位。② 辛亥革命后，上海总商会于1912年2月正式成立，放宽了对合帮会员数量的限制，如"向例仅举业董一、二人代表入会为会员，现拟普通选举，即于各业团体中按营业之大小、会费之多寡，酌定推举代表之人数"，并将原定各帮推举代表3人扩大到10人，"各业团体出会费至100两以上者，得举会员1人，以多至10人为止"。③ 结果，该年上海总商会会员中，合帮会员98名，不合帮会员87名，首届35名议董中，合帮议董达17人，出任协理的贝润生、王一亭分别代表洋货商业公会、华商火险公会。1914年第二届议董由30人组成，其中合帮议董18人，不合帮议董12人，1916年的总商会会员中，合帮会员107人，不合帮会员108人，35名议董中，合帮议董达21人，不合帮议董14人。此后，随着民族资本主义的发展、民族企业规模的扩大，分帮会员数量才逐步增多，但合帮会员在总商会领导层中仍占据重要地位，如1918年总商会合帮会员88人，分帮会员172人，35名会董中，合帮董事达23人，分帮董事12人。进入20世纪20年代，分帮会员增加的趋势更为明显，如1920年上海总商会有合帮会员122人、分帮256人，1922年合帮会员126人、分帮299人，1924年合帮会员121人、分帮会员394人，1926年合帮会员118人、分帮会员427人，在32

---

① 《朱葆三最后辞职之措词》，《申报》1919年7月1日，第10版。
② 上海市工商业联合会、复旦大学历史系编：《上海总商会组织史资料汇编》上册，第99页。
③ 上海市工商业联合会、复旦大学历史系编：《上海总商会组织史资料汇编》上册，第135页。

名会董中，合帮会董仅 6 人，势力逐步减弱。①

　　第三，同业公会、同乡会等团体会员为总商会的运转提供了主要的经费支持。1907 年的上海商务总会试办章程规定，团体会员年纳会费须在 300 两以上，普通会友只需缴纳会费 12 两以上，团体会员会费成为总商会经费的主要来源，曾担任总商会会长的朱葆三也认为，"总商会经费系各业公会、公所担任者居大多数，各业之商店及经理人皆投资于公会、公所而举其领袖为会员，较之个人入会者不同"②。也正因如此，上海同业公会曾不无自豪地宣称："上海市商会系我上海市各业商人之代表机关，我各业公会实据于该会之主人地位。"③

　　但是，这种密切关系在五四运动前后，一度有所松弛，甚至闹到了公开决裂的地步。1919 年 3 月 3 日，上海 44 个商业团体在宁波旅沪同乡会召开大会，会议认为，"商人受欧战影响，痛苦已达极点，今和议停顿，商业将不堪设想，公议结合公共团体积极救济，保我商人利益，定名为上海商业公团联合会，以联合上海商业各团体，促进商业，协力保持商界利益为宗旨"④，参加联合会大会的商业团体分为旅沪同乡商人团体如广肇公所、潮惠会馆、肇庆同乡会、宁波旅沪同乡会、江淮旅沪同乡会、温州旅沪同乡会、嘉应五属旅沪同乡会等 16 个，同业商人团体如呢绒公会、出口公会、洋货商业公会、五金公会等 19 个，跨区域、跨业商人联合团体如中华商帮协会、上海商帮协会、中国烟酒联合会、中华国货维持会等 9 个。该会由入会团体各举代表 5 人为联合会评议员，并在各团体所派到会之代表中公推 20 人为干事，执行会务，在 3 月 19 日的紧急会议上公举虞洽卿、邹静斋等 20 人为干事，并于次日的干事会议上推举虞洽卿为正主任干事，邹静斋、汤节之为副主任干事，张让三为常驻会中之干事，项如松、陆维镛、黄伯平、朱伯为为管理银钱干

　　①　上海市工商业联合会、复旦大学历史系编：《上海总商会组织史资料汇编》上册，第 140—141、148—154、157—158、169—176、245—246、252—262、287—288、290—303、354—369、386—403 页。

　　②　《朱葆三最后辞职之措词》，《申报》1919 年 7 月 1 日，第 10 版。

　　③　《上海商会问题重要宣言》，上海市档案馆藏档案，档案号：S174-1-27。

　　④　《上海商业团体开联合大会》，《申报》1919 年 3 月 4 日，第 10 版。

事，分季轮流管理。① 因此从组织、宗旨上看，上海商业公团联合会是一个同业、同乡商人团体的联合组织，"毫无政治党派意味"②。上海商业公团联合会的成立是长期以来上海工商界对上海总商会不满的反映，是同业公会、同乡会等团体会员疏离上海总商会的信号。

"佳电"出笼后，上海商业公团联合会与上海总商会的关系进一步恶化。商业公团联合会率先责难总商会，质问"何以贵总会佳电违反民意，适如该国（指日本——笔者注）之愿"，同时致电北京政府，对"上海总商会佳电主张青岛与日本直接交涉，本公团极端否认"。③ 5月13日，商业公团联合会因"佳电"风波召开临时谈话会，总商会议董周金箴、王一亭、朱五楼、秦润卿、虞洽卿等19人与会，会议认为，"佳电""未经商会议董通过，由会径自发递，则商会会长实已违背规则"，矛头直指总商会会长，并决定应"由会长辞职，一面登报声明佳电错误之原因，一方面挽留"，同时"致电政府取消佳电"。④ 次日，总商会在致北京政府的"元电"中表示"取消佳电，一致对外，以免纷歧误会"⑤。揆诸情理，商业公团联合会与总商会间的矛盾似乎应淡化。不过，"元电""竟置取消密约于不顾，违反商民公意"，引起了商业公团联合会的不满，而其致巴黎和会专使电，"仅以不能稍让四字为主张，含混粉饰，离奇尤甚"，因此，商业公团联合会特声明"公团对于此事电文事前并未一致"⑥，以与总商会划清界限。

5月21日，商业公团联合会干事邹静斋、黄伯平、陆维镛联名发表《改革上海总商会组织议》，发出了全面改组总商会的呼声，认为"上海总商会所以往往有极悖谬之行为者，其责任固在正副会长及会董，而根本原因实由组织法不良有以致之，故欲总商会成为一有益之公共机关，不再发生悖谬举动，

---

① 《商业公团联合会开紧急会议》，《申报》1919年3月20日，第10版。商业公团联合会的20位干事分别为虞洽卿、邹静斋、张让三、朱伯为、黄伯平、钱达三、项如松、吕耀庭、陆维镛、陈炳谦、田时霖、陈良玉、叶惠钧、方树伯、汤节之、沈卓吾、刘万青、劳敬修、冯少山、徐春荣。

② 《商业公团联合会致代表函》，《申报》1919年3月6日，第10版。

③ 《商人对总商会之责难》，《申报》1919年5月11日，第10版。

④ 《商业公团昨日开会纪》，《申报》1919年5月14日，第10版。

⑤ 《总商会对于青岛问题之元电》，《申报》1919年5月14日，第10版。

⑥ 《反对总商会元电之声浪》，《申报》1919年5月15日，第10版。

非根本改组不可"。该文还就总商会的缺陷提出了看法，指出上海总商会不能尽职、非上海工商界之公共团体、与教育界学问界隔绝不通三大弊端，他们认为商会责任在于"以具体的组织、照法定的程序，致力于工商业之经济的、政治的、法律的调查，研究搜集工商业之参考资料，扶助或纠正政府之工商政策，境植工商业人才以谋工商业之发达"，然而，"上海总商会对于此项经济上、政治上之职务，绝未有丝毫贡献，就平日总商会所办之事观之，不过为农商部作一收发文件代理处而已"。该文还提出了五条改革办法，其中核心内容为减少会费(减为 30 两)、取消商人入会限制(于商会法第六条第七条之规定不宜另有非定的限制)，目的在于使广大中小商人也能成为总商会会员，从而改变"上海总商会纯为一种贵族的组织，其会员仅有极少数之人，且不予多数之工商业者以入会之机会"的状况。① 7 月 25 日，商业公团联合会评议员江确生提出改良总商会意见，指责"历年来总商会之于商界一事不办，一味与官僚派接洽，与吾商界真如秦之视越，暮气太深，官派太重，麻目不仁非一日矣"②。但是，总商会不承认商业公团联合会的上述指责，并且针锋相对地予以否定，两者的争执如表 5-4 所示：

表 5-4 上海商业公团联合会与上海总商会关于上海总商会组织弊端的分歧

分歧点	上海商业公团联合会	上海总商会
关于会员人数	上海总商会不过三百会员之机关，财政上之负担亦限于三百会员，各处县商会之会员每至数百人或千余人者，独上海总商会会员仅三百人	上海总商会系各业公会公所组合而成，其会员皆各业公举之领袖，以人数之多寡论，则一公会之下含有若干会员皆可按册而稽
关于会费	总商会会员每年会费 65 两，会费之重，全国商会无与伦比，则资力不丰之商店及经理人当然不能投此巨资	总商会会费系各业公会公所所担任者，居大多数，各业商店及经理人皆投资于公会公所而举其领袖为会员，较之个人入会不同

① 《改革上海总商会组织议》，《申报》1919 年 5 月 21 日，第 12 版。《改革上海总商会组织议(续)》，《申报》1919 年 5 月 22 日，第 12 版。《改革上海总商会组织议(再续)》，《申报》1919 年 5 月 24 日，第 12 版。

② 《江确生之改良总商会意见》，《申报》1919 年 7 月 25 日，第 10 版。

续表

分歧点	上海商业公团联合会	上海总商会
关于入会手续	入会手续繁重，须有会员二人以上介绍而又须会董多数同意，于是合于第六条之资格者及无第七条所指之事实者亦难加入	介绍手续，大凡各种普通社会所应有，非总商会独创，况团体会员无须经过以上手续，唯个人入会不能不如此慎重
关于经济职能	吾人欲顺应大势，使中国在世界经济圈中占一位置，金融商品货币关税投资交易劳动处分等项重要问题之调查研究进行，实工商界绝大任务	此乃商会应尽之职务。然自民国以来，历年筹议建设商品陈列所、商会议事厅、工商业调查部、商业补习学校皆有案可稽
关于商会书记长	书记长必须延揽政治法律经济商业诸学识者，方足以当斯任	现书记长严君自民国四年以来已五次辞职，此五年间访一与严君相似者竟不可得。欲求行端表正而富于经验明于事理者甚不多观

尽管总商会的解释并非完全无理，但在商业公团联合会及各行业商人团体舆论的强大压力下，总商会正副会长朱葆三、沈联芳最终还是被迫辞职。1920 年 8 月，上海总商会进行了换届选举，一批具有革新意识的商界领袖进入总商会领导层，同业公会、同乡会与总商会的关系又得到加强。到 20 世纪 30 年代初，两者间的关系进一步密切。据上海市商会第一届各业会员代表大会举行时的统计，共有 142 个公会的 346 名代表到会，商店会员代表仅 18 名，显示同业公会与商会的联系比较密切。1934 年年底，上海市商会共有同业公会会员 197 个，代表 357 人，商店会员 41 个，代表 51 人。[1] 这些都表明，同业公会与商会的关系又得到了加强，而此时的上海马路商联会，在国民党政府整理商人团体的大背景下，活动逐步式微，乃至淡出历史舞台。

---

[1] 魏文享：《中间组织——近代工商同业公会研究(1918—1949)》，华中师范大学出版社 2007 年版，第 174 页。

第六章　争权和维权：商联会与租界当局的斗争

　　商总联会和各路商联会从其成立的那一天起，就扮演着双重角色。一方面，它们搭建起了市民与租界当局沟通的桥梁，如添派巡捕、维修路灯、清扫街道等，事无巨细，凡属街区内的公共事务，牵涉面广的由商总联会致函工部局，本路范围内的由各路商联会向巡捕房及时反映。另一方面，也更为重要的是，它们充当着与工部局斗争的平台。在不平等条约的安排下，租界成为"国中之国"，租界华人承担了纳税义务，在租界税收中占绝大部分，却没有享受相应的权利，甚至连最基本的生存权也得不到尊重。在抵制租界增捐的活动中，各路华商先后自发地成立商联会，并在此基础上组成商总联会。商总联会和各路商联会成立后，又进一步推动了市民权运动的深入发展。本章在重点讨论商总联会和各路商联会争取以华人参政为目的的市民权运动的同时，剖析两个具体案例——1921年公共租界"乔杨案"和1926年的"陈阿堂案"，讨论商总联会和各路商联会究竟发挥了什么作用，又是如何与其他团体联手维护华人平等权益的。两案发生后，坊间迅速流传开来，在马路商联会和会馆、同乡会等商人团体的发动与组织下，华商进行了理性抗争，对租界当局形成了强大的舆论压力。在这些维护华人权益的理性抗争中，民族意识与街缘、乡缘等地缘意识集结在一起，构成了抗争中的多重驱动力量，参与抗争的范围逐步扩大，参加抗争的人数逐渐增多，基于街缘性的马路商联会与基于乡缘性的同乡会在抗争中构建起了相互协调、一致行动的新型互动关系，同街、同乡等地缘意识也在一定程度上成功地转化为民族意识。

一、商联会与市民权运动的深入发展

公共租界工部局的增捐导致了华商的抗捐斗争，并在斗争中自发地形成了以街区为活动范围的马路商联会，在各马路商联会的基础上，组成了商总联会。商总联会和各路商联会成立后，又进一步推动了市民权运动的深入发展，促成了从华人顾问到五华董的产生。

（一）"不出代议士不纳租税"：抗捐斗争的扩大

房捐风潮虽然以工部局承诺增设华顾问而暂时得以平息，但平息中酝酿着更大的抗争，正如《大陆报》社论所言："此时局所由发生之根本争点现仍存在，尚须有以应付之。"①其实，就在各路商联会劝告租界华商缴纳房捐的同时，《字林西报》发表了"纳捐华人者"的署名文章，历数公共租界内华商所遭遇的种种不平等待遇，如"工部局于音乐一项，每年费银五万两，试问有一华人得许入听此著名音乐否乎？"又如，"虹口公园、极司非尔路公园、黄浦滩公园、汇山公园以及跑马场……试问有一华人得许观赏其中否乎？"负担工部局全部捐款百分之七十的华人"应有权利以监视捐款之用途与享受工部局所办各公共场落之利益，此亦不过公允事耳"。② 在租界华商看来，纳税人参与决定并监督税款的用途是再正当不过的事情，争取华商市民权的斗争并未停止过。

1919 年 8 月 29 日，各路商界联合会收到林百克律师关于华董问题的意见书，意见书提出了两点建议：（1）商联会应请求以顾问资格加入工部局；（2）商联会应与华人及其他各团体一致提携进行，以修改地产章程并措辞坚决之正式请愿书请工部局于下届纳捐人会议提出修改地产章程之议案。③ 9 月 2 日下午，各路代表举行联席会议，推举陈则民为临时主席，讨论华人市民权及租界章程修改事宜。会议主张"凡涉于华人之权利者拟设顾问三人"，分别由各路商界联合会总会、总商会及租界地产主产生，顾问的权限应包括"（1）对于工部局增加华人负担，顾问部须有同意权；（2）对于工部局内顾问部须有提

---

① 《大陆报论加捐问题之善后》，《申报》1919 年 8 月 27 日，第 10 版。
② 《西报所载华人市政权问题》，《申报》1919 年 8 月 22 日，第 10 版。
③ 《租界华董问题之律师意见》，《申报》1919 年 8 月 30 日，第 10 版。

案权；(3)对于工部局会议顾问部须有出席权"；同时认为现有租界章程"较之现势大有不相符合之处，亟应加以修正"，并拟就租界界线、华人地产权、警察权、选举权、工程问题五个方面提出修改意见，其中关键者为选举权，指出"现在租界选举华人无预，亟应修改，凡住居租界之华洋人均应依照纳税额之多寡订定选权"。① 同日，交涉公署致函领袖领事团，表明中方态度："欲联中外感情，去尽办事障碍，非设华董五六人入局办事不可。"②9月3日，交涉公署接到驻沪领袖总领事来函，称"居住租界纳税华人选入代表于工部局一节，各领事均表同意"，但同时指出，"现在无庸五六华董选入"。③

经过一段时间的酝酿，各路商界代表拟定的租界章程修改草案已经完成。9月22日，各路商界联合会开会讨论修改租界章程，但临时被王揖唐迎拒问题所取代，未及讨论④，同时将草案呈送给总商会，请求支持。在10月4日召开的总商会第二十期常会曾将商总联会拟请修改租界章程作为专门议案加以讨论，公决"将来联合会呈送时应有吁请书，请将呈稿抄送再议"，对各路商联会提出请求协助经费，决定"除王斯德律师费已由会付款外，所有费信惇律师应付银三百两，议再由会勉为担任，尽力协助"。⑤ 与此同时，华商参与租界市政管理的要求得到美国商会的支持，10月15日上海美国商会执委会讨论租界华人参政权问题，"当场全体一致赞成华人应当在租界工部局内参预治理地方之权"⑥。

10月26日，各路商界联合会总会正式成立。从此，租界华商争取市民权的斗争有了公开、合法的组织。在成立宣言中，争取租界华人市民权成为最重要的目标："参加市政，西董已允要求修改约章，草案亦经拟定，惟兹事体大，非合群策群力，断难相与有成。"⑦11月10日，租界华商便乘英国驻华公

---

① 《各路商业联合会总会开会纪》，《申报》1919年9月4日，第10版。

② 《租界华董问题之往复公文》，《申报》1919年9月5日，第10版。

③ 《租界华董问题之往复公文》，《申报》1919年9月5日，第10版。

④ 《各路商界联合会纪事》，《申报》1919年9月23日，第10版。

⑤ 上海市工商业联合会编：《上海总商会议事录》(三)，上海古籍出版社2006年版，第1225页。

⑥ 《美商赞成租界华人参政权》，《申报》1919年10月16日，第10版。

⑦ 《商界联合总会成立纪盛》，《申报》1919年10月27日，第10版。

使朱尔典来沪之机，致函该使表达华人争取租界市民权的愿望及努力经过，称"联合会爰集界内全体纳税华人开会讨论，会议数十次，历时三阅月，始将修改租界章程草案逐条表决，总商会亦一致通过……事关全体纳税商民之公意，根据正谊之要求，不达目的不止"，表明租界华商在争取市民权问题上的一致立场和决心，希望英使"对于修改旧章予以充分之援助，使界内华人获享同等之权利，以世界之眼光，应潮流之趋势"。① 11 月 15 日，商总联会将租界章程修改草案一千本函送上海总商会，征求该会会员及各业团体盖章，总商会决定"先将是项草案备函分送入会各会员及各业团体分投（途）察阅，再由各路商界总联合会分投（途）请各行号于所制定之格式纸上盖用图章，会齐投送"②。该草案共 26 款，焦点集中在第 5 款市会董事选举上，草案规定市会由 15 名董事构成，"住居租界华人或外人具左列资格之一者有被选举为董事之权：（甲）每年所付房地各捐照市会估算满五十两者；（乙）赁住房屋每年租金照市会估算满一千二百两者"。无论华人或外人，满足下列条件之一者均享有选举权和议事权："（甲）所执不动产价满五百两以上者；（乙）每年所付房地捐项照市会估算满十两以上者，但各执照费不在内；（丙）赁住房屋照市会估算每年租金在五百两以上者而付捐者。"③此外，租界章程的修改必须得到中国官厅的批准才能生效，第 25 款规定"此项章程将来如有更改增添或所载语言所给权柄等项有可疑惑之处，即由各领事或中国官厅会同商拟，必俟各国公使及中国政府批准方可定规"④。11 月 20 日，商总联会开始就所拟修改租界章程意见书在北京路、天津路、二马路、广西路、云南路、贵州路、劳合路、中旺弄、西藏路征求盖章。截至 11 月 26 日，已有北福建路、南京路、西华德路、汉口路、汉璧礼路等 37 条商业马路盖印赞成，湖北同乡会、面粉公所等 12 个同乡和同业商人团体也相继盖章，福州路、浙江路、吴淞路、爱多亚路、百老汇路、湖北路等路商铺仍在继续征求签名。⑤ 在商总联会的努力下，

① 《上海商界致朱英使函》，《申报》1919 年 11 月 10 日，第 10 版。
② 《总商会函送拟请修改租界章程草案》，《申报》1919 年 11 月 17 日，第 10 版。亦参见上海市工商业联合会编：《上海总商会议事录》（三），第 1234 页。
③ 《拟请修正上海洋泾浜北首租界章程草案（续）》，《申报》1919 年 11 月 19 日，第 11 版。
④ 《拟请修正上海洋泾浜北首租界章程草案（续）》，《申报》1919 年 11 月 21 日，第 11 版。
⑤ 《拟请修改租界章程之近讯》，《申报》1919 年 11 月 26 日，第 10 版。

到 11 月 28 日晚，"全埠商店及各业团体已一律盖有图记，随文送缴"，当晚召开的商总联会紧急会议决定 12 月 1 日将盖有图记的请愿书送交交涉公署。①

12 月 1 日，各路商界总联合会董事会将盖有全体华商图记的请愿书送呈交涉公署提交各领事团，据记载，"公共租界各马路西至静安寺路、东至杨树浦路，沿路各华人工厂商店门前均悬有白布黑字，'华人要求市民权修改洋泾浜章程'飘扬空际，满目皆是，且有门窗内粘贴要求市民权等字者"，全体董事暨会员代表共 44 人分乘 16 辆汽车至公署，由总董陈则民"将华商要求市民权全体图记四册及呈文亲交杨交涉员接收后，乃详述租界全体华商公道之要求及其不达目的不止之志愿"，当时舆论称此"实上海开埠以来未有之举，而为租界历史上开一新纪元"。② 当晚，商总联会分别致电北京政府外交、农商部及江苏督军省长等，以"拥护领土主权，争回市民人格"为诉求，希望得到政府支持，并再次表达了商人"万众一心，不达目的不止"的决心。③

12 月 7 日，交涉公署将华商签盖图记的租界章程修改草案提交领事团，据悉，"领团对于此次提议并无反对论调"，商总联会对此"均甚满意"。④ 此时的商联会和商总联会以为目标即将实现，对市民权运动的艰巨性还缺乏足够的认识。果然，草案提交三星期后，领事团方面尚无任何动静，商总联会对此颇有微词，在 12 月 24 日的紧急会议上，已有代表提出抵制春季捐动议：

> 各代表以此项交涉为时已越三星期，领团方面迄无切实之答复，深不满意。继又讨论山东、天潼、福德、南京、西华德、爱克界、海宁等各路分会来函提议，春季捐款转瞬即届，议董改选之期为时亦在即，若至民国九年工部局仍无华董列席者，本会不特无以对我商界同胞，且半年来奔走呼号所为者何事，各路商界公议于修改租界章程未得圆满解决以前，所有春季新旧各捐一律暂停缴纳，并将各路议决案函知交涉公署，

---

① 《各路商界总联合会消息》，《申报》1919 年 11 月 28 日，第 10 版。
② 《华商要求市民权纪》，《申报》1919 年 12 月 2 日，第 10 版。
③ 《商界要求市民权续志》，《申报》1919 年 12 月 3 日，第 10 版。
④ 《商界联合会开会并纪》，《申报》1919 年 12 月 8 日，第 10 版。

公众对此该案全体赞成。①

次日，商总联会致函交涉公署，指出"利权相因而生，有应尽之义务，即有应享之利权。世界文明各国，断无有不获权利而专尽义务者。今同人所要求之各项权利均未达到目的，欲再尽纳税之义务，不特于势有难能，抑且于理亦有不合。……揆之不出代议士不纳租税之公例，势难再强已有觉悟之商人纳此无名之捐税"，同时致函总商会，说明停纳春季捐的决议"与前次贵会会长劝告暂时付捐之意相同"，希望"转致各业公团一律办理，庶几一德一心，共达挽回之目的"。② 对租界华商的争权行动，英总领事颇为愤怒，致函告诫总商会说："以租界章程，中政府正与公使团交涉，须得各国同意，租界华人不能操切叫嚣，徒滋误会。"总商会明确拒绝了英总领事的指责，认为各路商界联合会"办理尚属文明，并未闻有操切叫嚣情事"③。12 月 30 日，总商会复函商总联会，表示已"加函催请交涉署切询领团，对于修正章程作何办理，请其即日详确表示圆满办法，以慰众情"④。

1920 年的元旦前后，商总联会忙于元旦庆典活动及抵制北京政府在租界华商中推行印花税的斗争，市民权运动沉寂了数日。1 月 5 日上午，商总联会开始与英总领事哲美逊面对面地交涉。华商代表有各路商界总联合会总董、副董陈则民、俞国珍、金馥生及顾问余日章，总商会代表宋汉章、聂云台，商业公团代表汤节之等。礼节性寒暄过后，双方开始相互诘问，英总领事责怪华商未按双方协商步骤进行，谓"上年五六月间曾知照华人开一名单，在名单上拣选二人为工部局顾问，作为第一步之进行，何以华人方面延不办此手续"，指责商总联会"公然登载不纳捐之广告，殊不公道"。商总联会代表答称，"本联合会已有正式答复，谓吾人所要求者乃董事而非顾问"，并依据领袖领事复函，"先行修改租界章程，本会于数月内之进行，按照此复函行事，并非虚掷光阴"，至于不纳捐之广告，"是各路分会的意思"，各分会提出不纳捐动议的责任在工部局，自 12 月 1 日提出修改租界章程以来，"经三星期之

---

① 《商界总联合会开会纪事》，《申报》1919 年 12 月 25 日，第 10 版。
② 《各路商界总联合会之要函》，《申报》1919 年 12 月 27 日，第 10 版。
③ 上海市工商业联合会编：《上海总商会议事录》（三），第 1238 页。
④ 《商会对催促修改章程之同意》，《申报》1919 年 12 月 31 日，第 10 版。

久仍无答复，各路决议纷纷来函质问"，故有不纳捐之广告。驳复之下，双方均不承认责在己方。最后，英总领事允诺"华董问题未解决以前，由华人方面选举顾问董事二人作为财政一部分之顾问，次为双方推出同等人数组织修改章程委员会，惟仅限于选举各条，其余不能更改"，华商代表允诺讨论后给予答复。①

午后，华商代表在商总联会会所开会讨论英总领事的提议。起初，各代表"均以中外意见距离太远，颇多不满"。但是商人阶级的软弱性格使他们既不敢据理力争，也难以最终与其决裂。商总联会经过长时间讨论，决定附加若干条件以委曲求全。华人顾问三条件为"(人数)由二人增至六人，(权限)凡关于华人事件须取得六顾问之同意，(名义)系全体工部局董事之顾问，不仅限于财政一方面"；在租界章程委员会组成上，中外人数相等，华人委员由三团体(总商会、商业公团联合会、各路商界总联合会)推出，外人委员由工部局推出，分别由交涉使及领袖团加以委任，章程修改时间以两个月为限，修改后的章程须得各国公使及中国政府批准施行。

带着这一意见，次日上午，各代表再访英总领事，在华人顾问权限上，"英总领事允许凡关华人事件由六顾问与工部局商酌"。"商酌"虽然顾全了华商的面子，但能否采纳则是问题的关键。而在华董及顾问选举上，双方交涉良久，没有达成一致。最后，英总领事提出四条件：

> (甲)由华人调查选举名单；(乙)选举资格须得中外之同意，或可作为选举华董之机关，暂时亦可由彼推出顾问；(丙)如选举华董条例及华人选举名单由纳捐西人大会多数之接纳，即可提出租界选举章程之修正案，交由各国政府批准；(丁)以后如有华人被选为工部局董事时，所有租界章程应行修改之处，可由华董提出建议案。

1月7日，华商代表继续开会，经过近七个小时的讨论，会议决定将华顾问的产生与租界章程委员会分开，同时将华人顾问的产生改由两团体(总商会、商总联会)推举，章程修改期限改为三个月，在原有基础上进一步退却，

---

① 《要求市民权近闻》，《申报》1920年1月7日，第10版。《要求市民权问题》，《申报》1920年1月8日，第10版。

并以总商会会长朱葆三和商总联会总董陈则民的名义致函工部局：

> 余等代表总商会、各路商界总联合会（代表四十路一万余家商店）提出一种暂行办法，以上二团体举出代表六人作为华人委员会，请贵局董事予以同意……至委员会之职务，租界内各项事务及与华人权利有关者与贵局商酌办理，惟须取得纳税华人有力量及优胜之赞助，则华顾问之意见，贵局董事须尊重之。余辈甚望此项提议能得贵局满足之同意及赞助，且望此顾问委员能早就职，并于同一期间研究根本的解决方法，使一方面尽纳税人之义务，一方面即应享代议之权利。

工部局收到来函后，当日即由工部局秘书李台尔复函，针对华人顾问的产生，提出以下附加条件：每年由华人公举五人组成，领事团可以拒绝被选者，被选者须在公共租界居住满五年，此五年内每年不少于 1200 两租价且须缴付工部局常捐，被选者不得接受中国政府委任公职，其职权不超出 1915 年"推广租界草案"第四条所规定的范围。[①] 但复函同时拒绝了工部局加入华董的提议，称"华人加入议董之要求，始于取消治外法权、租界让与地与势力范围之谋"，外国获得这些权利"或依条约得之，或因自卫自保之目的，或因中国绝无能力自己执行此项权利以福利其国民与在华外人之故，不得不取而执行之"，"经工部局在职与退职议董开会集议讨论既毕，一致投票反对根据任何考虑加入华人为议董之议"。很显然，外人担心租界华商一旦取得议董资格，将有可能用民主手段取消租界及治外法权等特权。

此后几天，双方交涉没有取得任何进展。而此时，《大陆报》上已经出现了工部局打算"停止供给电气与自来水，并撤销巡捕之保护"，各路委员会"则拟以油灯代电灯，并招人取水黄浦，滤净之后供给各户及在各街组织团练队，分任保卫居民之责"的报道。[②] 对于日趋激烈的抗争行动，总商会也有所顾

---

① 该合同规定："各该指定之人员，领事团有否认之权。顾问部之职权，专限于依工部局就询之专涉界内华人事件，而尽其献替之职，并就专涉界内华人事件而提出其意见于工部局。顾问员有所献替或提出意见时，应合该部全体人员而为之，不得单独行事。"［蒯世勋等编著：《上海公共租界史稿》（"上海史资料丛刊"），上海人民出版社 1980 年版，第490 页。］

② 《要求市民权问题》，《申报》1920 年 1 月 8 日，第 10 版。

忌，1月10日的第一期常会决定"函邀各路商界联合会正副会长陈惠农、俞国珍、金馥生三君一同来会面商，以期和平解决，免致激起风潮"①。面商结果，决定以商总联会总董陈则民、总商会会长朱葆三的名义再次致函工部局，表示接受五人顾问委员会，但强调被选者"不能因领事团之反对而更动"，其"职权不限于1915年推广条约第四条"之规定，任期直至正式华董选出后为止②，双方主张的差异仍十分明显。对于华商来说，限制顾问委员会权力范围、领事团有否决被选委员之权力已逼近不可退让的底线，否则，所谓市民权运动也就失去了其最初的意义。

在双方尚未达成一致时，工部局决定从1月9日开始强行征收春季捐。华商的抗捐态度起初是比较坚决的，据《字林西报》记载，1月8日夜公共租界内出现了商联会的抗捐传单，紧急通告各号"修改租界章程之要求尚未得满意解决，无代表权决不付捐，若工部局派人来收，可告以此意"，要求"吾人必须一致行动，不可两歧，以免招辱"。③ 1月9日，工部局派人至河南路、福建路收捐，"费两小时之久，仅收得十家捐款，余都不付"。次日，公共租界会审公堂对福建路鸿运楼等9家商号、河南路科学图书局等10家商号一并"以不付捕捐刑事起诉"。各路商联会召开紧急会议，并于下午二时赴交涉公署，交涉员杨小川"多方解说慰藉者再，历时甚久，力劝转告各路谨守秩序，静候待该署回音"。④

12日上午，会审公堂对19家不纳捐商号提起刑事诉讼，由林百架律师代表商号出庭，请求将此案展缓十天，并认为"不纳捐不为犯罪，在英国如是，在美国亦如是"，因此"不解此案为刑事案，被告果犯何罪乎？"但其请求为主审的英副领事卓乃乐所拒，无奈之下，林百架辞去了被告辩护律师一职，公

---

① 上海市工商业联合会编：《上海总商会议事录》(三)，第1344页。
② 《要求市民权之昨讯》，《申报》1920年1月11日，第10版。1915年"推广租界草案"第四条规定："上节所称之华人顾问部，系以宁波会馆与广肇公所各举二人，又上海交涉使或上海中国最高级当道举出一人合组之，领事团对于举出人物，有不同意之权。此顾问部之职务以顾问部工部局提交与全租界华人利益有关之事件，及关于提交事件向工部局陈述意见为限，顾问部于讨论事件陈述意见时，须以全体为之，不得单独行动。"(《字林西报要求市民权问题》，《申报》1920年1月13日，第10版。)
③ 《要求市民权之昨讯》，《申报》1920年1月11日，第10版。
④ 《要求市民权之昨讯》，《申报》1920年1月11日，第10版。

廨便对该案进行了缺席宣判，"以被告等临讯不到，判令照章缴付，并缴堂费"。下午，工部局中西印巡捕至各路强行收捐，在河南路，"该西捕等自行入店，开银箱自取银洋，其银箱中无洋之店家，彼被取呢绒钟表等货物而去"，在福建路志成桂园店，"西人等遂自开钱柜拿取无着，遂登楼开房门，用自带之锁匙，开启铁箱，取洋 40 元"。工部局的强制行为激起了华商的强烈愤慨，"河南路、广东路、爱多亚路、山东路、山西路、浙江路、湖北路、汉口路、南京路、云南路、新闸路等各商号，相继闭市"。

但是，在斗争的关键时刻，总商会、商总联会态度开始软化，他们不敢将闭市转化为有组织的罢市，相反，连夜召开会议，"力劝各代表须静待磋商，切勿罢市"，并由会长"请各代表知照各该路商店，明晨照常营业"。1 月13 日，《申报》头版同时刊登了上海总商会、商总联会分别发出的紧要通告，商总联会表示工部局强行征捐"已由本会转请杨交涉使向领团交涉，望各商店号照常营业"，总商会则"劝告本埠各华商务望照常营业，切勿稍有意外举动"。① 1 月 13 日，总商会致函工部局，请求"自今日起，停收商铺季捐三日，敝会在此三日内，愿竭力劝令各铺照缴捐款"，但是，就连这样一份请求也遭到工部局的断然拒绝，次日，工部局复函表示"本季捐款，今已进行征收，敝局未能如来函所请，停止收捐"。② 商总联会则主张"将春捐如数缴至交署，工部局取去之货物银钱，应即行发还，并赔偿损失"，同时"劝商店照常营业"。③ 当天，商总联会将河南、福建两路 19 家商店应缴春季捐款，缮具清单，送交涉公署转领事团交公堂暂存，交涉公署立即"将河南路、福建路被控之 19 家商店捐款，连同堂费，共洋 1400 余元，于午后二时，备函专差，送会审公廨查收"④。1 月 14 日，上海商总联会全体职员在总商会召开紧急会议，与会各路职员达一千余人，交涉公署交涉员杨小川及总商会宋汉章、沈联芳也参加了会议，商总联会总董陈则民详细报告了此次争取市民权运动的经过，杨小川报告了外交努力的进展"及驻沪十四国领事赞成之意见"，恰至

① 《上海各路商界总联合会紧要通告》《上海总商会紧要通告》，《申报》1920 年 1 月 13 日，第 1 版。
② 《要求市民权问题告一段落》，《申报》1920 年 1 月 15 日，第 10 版。
③ 《要求市民权之昨日波澜》，《申报》1920 年 1 月 13 日，第 10 版。
④ 《要求市民权之昨闻》，《申报》1920 年 1 月 14 日，第 10 版。

此时，会议收到了领袖董事薛福德复交涉公署函，表示已将选举工部局华董一案"通告领事团，并已转报驻京外交团"。经过讨论，会议决定针对工部局捐务处捣毁商店问题"向公堂提起诉讼"，将市民权与纳捐分开办理，一面积极争取华董及顾问委员会，一面"再退让一次，以纳付春季捐期间，为外交承认我有华董一事完毕其手续期间"①，同时发出紧急通告，登载在 1 月 15 日《申报》的头版头条上：

> 此次要求市民权，已得一层之进步，前次议决不得满意之答复缓付春季捕捐，本为督促进行，今既有此答复，所有春季捕捐，议决暂行照付，至武装巡捕之行动，已向主管官厅提起交涉。②

各路商界联合会也纷纷贯彻商总联会的指示，散发油印传单，称"吾人要求市民权，及修改洋泾浜章程之目的，已得领事团承认磋商修改之答复矣，特请各号照付春季捐"③。1 月 15 日，收捐人便"纷出收捐，各店多即照付"④。

商总联会和各路商联会成立后，在商人向租界当局争取市民权的斗争中进行统一的组织领导，并与总商会密切配合，取得了一定的进展，虽然斗争中表现出妥协性，其阶段性目标也未完全达到，但为市民权运动向前推进迈出了一大步。事实上，商总联会和各路商联会在市民权运动的道路上也并未停止脚步。

(二)华顾问的产生：市民权运动阶段性目标的实现

转眼又到了 1920 年第二季征捐期，3 月 17 日，上海报纸上已经出现了租界内纳税西人会将于 4 月 7 日召开年会的消息，次日，商总联会致函交涉公署特派交涉员杨小川，在陈述此前争取市民权方面所取得的成绩后指出："转瞬春季届满，究竟此项租界章程，其修改进行已至如何程度，商民等亟望好音，早释疑虑。"⑤函件发出后，迟迟没有收到回复，3 月 30 日，交涉公署终于复函转述了领袖领事的意旨："查阅领袖领事来函，是顾问一层已有表示。

---

① 《要求市民权问题告一段落》，《申报》1920 年 1 月 15 日，第 10 版。
② 《上海各路商界总联合会广告》，《申报》1920 年 1 月 15 日，第 1 版。
③ 《两路商界联合会开会并纪》，《申报》1920 年 1 月 16 日，第 10 版。
④ 《商界议决照缴春捐后之外报》，《申报》1920 年 1 月 16 日，第 10 版。
⑤ 《市民权问题近讯》，《申报》1920 年 3 月 19 日，第 10 版。

惟应如何组织及选派人数，事关重要，尚须从长计议。至所云领事有否认之权，此节拟商请领团取消，以一事权，刻下正在考量之中，一俟议定办法，再请领团转饬工部局于纳税人会议时，提出讨论，共同承诺，一面便可着手进行。"①应该说，公使团方面的官方表态并未提及华董进入工部局的要求，即便是华顾问，也未超出1915年工部局"推广租界草案"的规定。然而，4月1日，报纸上出现了关于纳税西人年会议案的消息，其中"创立华人顾问董事会"列为第八项，该项建议案要求"工部局行必要方法，以修改地产章程，俾工部局议董人数，得由九人增至十二人，新增议董三人，皆以缴捐华人具有与外人议董同样资格者充之，其选举法，俟后决定"②。这使得在市民权问题上进退两难的商总联会看到了希望，总董陈则民认为形势发生了极大变化，"大多数亦主张赞成中国人之提议，字林西报，为当初误会吾人意思最剧烈者，今亦著论赞成有华董加入，各国领事，亦皆大多数赞成"③。次日，商总联会便遍发通告，称"公共租界市民权问题，刻接交署来函及各报载，工部局已容纳我人主张，在本届纳税西人会议提出议案，外人方面有此好意之表示，所有各路商店应缴之夏季捐自应一律照付。至修改洋泾浜章程，本会仍旧进行"④。这份通告不仅对市民权问题的解决表示乐观，而且"投桃报李"，要求所有华人商店照缴夏季捐。

带着这份乐观，商总联会便开始为华人董事议案在纳税西人年会上的顺利通过而准备材料了。先是由商总联会法律顾问林百架律师"备就为华人请求禀帖，将送交租界纳税会人，以备在四月七号开春季纳税会中提议"，接着在4月3日，各路出席商总联会董事在林百架律师事务所集议，总董陈则民委托林百架致函"创立华人顾问董事会"的提案人李德立、联署人爱资拉，请其在4月7日的纳税西人年会上作为商总联会的代表人发言，并"备就八千余华商具名之禀帖"，4月5日，商总联会召集紧急会议，主张"提出请愿书于此届纳税

① 《关于华董问题之两消息》，《申报》1920年3月31日，第10版。
② 《纳捐人年会之议案》，《申报》1920年4月1日，第10版。
③ 《商界总联合会董事会纪》，《申报》1920年4月6日，第10版。
④ 《上海各路商界总联合会通告》，《民国日报》1920年4月2日，第1版。

西人会议要求加入华董"。①请愿书从"事实上""公理上"论述了公共租界工部局董事会应该加入华董，并展望了华人加入董事会后的三大"利"："工部局如有华董加入，凡百措施，彼此均可谅解，既不至发生误会，更可便于推行，其利一"；华人"希望租界发达、市政改良之心，不但不亚于外人，且恐较外人尤切，工部局若将华董加入，成效必更可观，其利二"；华董加入后，中西人民感情"且可益增浓厚，将来商业上所得之利益，何可胜道，其利三"。②商总联会的请愿书晓之以理、诱之以利，其主张工部局加入华董的理由不可谓不充分。

然而，4月7日的纳税西人年会不啻给商总联会当头一棒。由于出席董事不足法定人数，当天的纳税西人年会由特别大会改为常年大会，在即将讨论第八项议案时，会议主持人提出设立华人顾问委员会为工部局权力范围内力所能及之事，而设立华人董事，"非工部局所能为之，此乃宜交北京由列强与中政府办理之事"，随后，工部局总董丕尔斯说明了设立华顾问之理由，"众皆赞成，仅有极少数，不表同意，第八条华人顾问委员会一案，遂告成立"③，华人顾问委员会的设置办法如下：

> (1)集议地点须在工部局办公。(2)每年由华人公举五人组合之。(3)被选者领事团可拒绝之。(4)被选者须甫在选举以前曾寓居公共租界五年。(5)被选者须曾于此五年内依照规定每年不下1200两之租价付过工部局常捐。(6)被选者于被选时或在职时不得受有中政府若何正式之任命。(7)职权不得逾出1915年推广租界草合同第四条所规定之范围。④

增设华人董事的提案人李德立也做了长篇发言，"洋洋千言，词极光明正大，将反对者所持之论据，驳斥无遗"，"然其主张，因会场三分之二之反对，

---

① 《关于华董问题之两消息》，《申报》1920年3月31日，第10版。《纳税华人会中之华人代表》，《申报》1920年4月7日，第10版。《商界总联合会董事会纪》，《申报》1920年4月6日，第10版。

② 《租界纳税华人之意见》，《申报》1920年4月7日，第10版。

③ 《公共租界纳捐人年会纪事》，《申报》1920年4月8日，第10版。

④ 《公共租界纳捐人年会续纪》，《申报》1920年4月9日，第10版。

未见采纳"。①

纳税西人会否决华董案的消息传出，商总联会立即召开紧急会议，"各代表论调均极不满意"，认为"吾人此种公道之主张，竟不获一部分之外人予以同情之援助，不但使热心提议者大失所望，且令上海全埠市民志一甚深之感想、情意上受一莫大打击，殊为不幸"，但也无可奈何，并"决定继续再开大会，慎重讨论此事之进行办法"。② 4 月 10 日，商总联会通告公共租界纳税华人：

> 工部局设立华顾问部议案已经此次纳税西人会通过，本会最初要求虽未达到目的，但吾人在工部局既得有发言之第一步，所言关于吾人切身利害之处，未尝不可暂以顾问部为代表公共意思之机关，且此为第一次之试验，事关国际名誉、民族人格，凡界内合有选举及被选权者，幸勿放弃……③

很显然，商总联会已经开始部署华人顾问选举事宜了，并提出可能担任华人顾问的人员名单如温宗尧、聂云台、陈则民、余日章、宋汉章、王正廷、汤节之等。不过，除温宗尧、宋汉章外，其余五人均以不同理由表态无意参选。④ 4 月 17 日，工部局致函总商会，要求其"召集本租界中代表各部份华人之会馆与联合会，选出认为宜于当选顾问委员而且有工部局总董致领袖领事函中所开各项资格之华人，至少五人，俾将名单呈请领事团同意"⑤，将商总联会丢在一边，总商会也据此致函商总联会称："商会系商业团体，只能在商言商，就入会之各商业团体推举堪胜顾问之员，以供采择，其他各团体于商业无关者，未便召集。"⑥这就是说，只有加入总商会的同业公会等团体会员才有资格推举华顾问，而商总联会及各路商联会属于"与商业无关"的团体，

① 《公共租界纳捐人年会续纪》，《申报》1920 年 4 月 9 日，第 10 版。

② 《商界总会紧要会议》，《民国日报》1920 年 4 月 8 日，第 10 版。

③ 《上海各路商界总联合会敬告，公共租界纳税华人公鉴》，《民国日报》1920 年 4 月 10 日，第 1 版。

④ 《五人辞谢工部局顾问之外讯》，《申报》1920 年 4 月 11 日，第 11 版。

⑤ 《工部局请选华顾问函》，《申报》1920 年 4 月 22 日，第 14 版。

⑥ 《总商会与华顾问》，《申报》1920 年 6 月 6 日，第 10 版。

无权组织华顾问的选举活动。

商总联会对此十分不满。一方面，商总联会积极为华顾问选举做好筹备工作，4 月 21 日，商总联会致函各路分会，催促开展选民资格调查，"预备选举，如何举出人才，亟应积极进行，免致延宕……选出真正第一流人才，然后实足为全体华人代表公意，增进福利"，"为此敬请贵会将调查一事，积极进行，早日完竣"。① 不过，此时各路商联会正在忙于抵制北京政府关于租界华商贴用印花税票的抗争活动，对选举华顾问一事，并未展现出争取华人参政运动初期的那份热情。4 月 30 日，商总联会再致函各路商联会，催促各路送交调查表册，"未送到者，尚有多路，而应办事件，又多不可缓，兹再函请贵会执事诸君，从速调查，填就送会，以便着手"②。另一方面，商总联会痛斥"希图包办"华顾问选举的总商会，质疑其代表性，称其"不但不能代表其他各界，即欲在商言商，各路商界联合会中四千余家商店，均不能承认贵总商会可以代表商人"，指责总商会意欲包办华顾问选举的"贵族商会"心态：

> 竟自居于贵族商会之资格，毅然决议，仅就入贵会之贵族商人推举顾问，并敢公然谓其他各团体，于商业无关者，未便召集，抑何无耻乃尔，再所谓其他各团体，与商业无关者，未知何指，他固勿论，即以五十七路四千余家商店所组织之各路商界联合会，是否亦与商业无关，推绎原函意旨，大约此次平民商店，不能取得贵族资格，应在摈弃之列，俟贵总商会顾问举出后，凡不入贵总商会者，无论商店居民，捕捐当不可缴，盖贵总商会既不以纳税人看待，此项月捐，当然由贵总商会负责代缴，权利既被剥夺，义务自可免除。③

与此同时，广肇公所、宁波同乡会等旅沪团体也对总商会包办华顾问选举的做法颇有微词，广肇公所致函总商会，表明广肇公所"不应冒滥全体市民之权利，致受人垄断之讥"，"本公所虽为广肇两属十余万人之公共团体，但究属市民之一部分，未便单独推选，应会合各团体共同进行"，认为"应定公

---

① 《各路商界总会致各分会函，催填纳税资格调查表》，《申报》1920 年 4 月 21 日，第 10 版。

② 《筹备华人顾问之通函》，《申报》1920 年 4 月 30 日，第 14 版。

③ 《总商会与华顾问》，《申报》1920 年 6 月 6 日，第 10 版。

开之划一手续，与全体纳税市民共同办理，方为适当"①，明确表达了不合作态度。各路商联会也纷纷开会或致函，反对总商会的做法，山西路商联会"不能承认该总商会私图包办议案，此等重大事件，应取公开手续，与全体市民共同办理，决不能因该总商会少数自私自利者之决议而默不一声，自弃人格"，四川崇明两路商联会更加愤愤不平，指出，"以我各路商界数十万商民市民，牺牲许多精神，向工部局争得而来之华顾问，关于我商人市民全体利益，何等重大，总商会于事前膜不相关，现在欲坐收渔人之利，竟欲以少数人包办选举"，"纵不自惭形秽，宁不顾全体市民之唾骂耶"，致函警告总商会"勿得私自包揽"，"愿贵会好自为之，毋令中外人齿冷"，同时，呼吁商总联会"召集本埠全体纳税华人，积极办理"。②

　　总商会对此做了解释，指出"此次选举华顾问，请各业团体分投办理，并非在会员三百人中推举，似不得指为屏弃市民，希图包办"，马路商店也并未被排除在选举之外，"即就马路商店而言，各行各业，皆有会馆公所，其对于各本业之会馆公所，皆有选举权"。③

　　6月12日，商总联会第30次董事会决定"邀集公团组织纳税人会，公开选举"④。6月20日，函邀沪埠各团体派代表于22日在中国青年会"征求各团体意见，讨论组织方法，再行选举"⑤。22日下午，上海各团体代表132人出席了联席会议，会议决定组织纳税华人会筹备会，并推举潘励绅、汤节之、王正廷、陈则民、邹志豪等二十人为筹备员，另推王正廷等五人为纳税华人会章程起草员，设筹备处于商总联会。⑥ 6月30日，纳税华人会筹备会决定分三步走，"'第一步'请有选举及被选举之资格者，限定日期报名到会，'第二步'召集组织纳税人会，'第三步'选举顾问"，并推举王正廷为筹备会委员

　　① 《广肇公所董事会纪，讨论选举工部局华顾问事》，《申报》1920年6月7日，第10版。

　　② 《商业联合会开会汇纪》，《民国日报》1920年6月8日，第11版。《两路商界责备总商会》，《民国日报》1920年6月10日，第10版。

　　③ 《总商会对推举华顾问之解释》，《申报》1920年6月7日，第10版。

　　④ 《各路商界总联合会开会纪》，《申报》1920年6月13日，第10版。

　　⑤ 《上海各路商界总联合会为组织纳税华人会启事》，《民国日报》1920年6月20日，第1版。

　　⑥ 《各路商界联席大会议，组织华人纳税筹备会》，《申报》1920年6月23日，第10版。

长，陈则民为副委员长，负责筹备工作，所有筹备费用均由各团体自愿捐助。①

　　然而，就在华人顾问选举筹备工作顺利进行时，商总联会与商联总会在旧国会存废与国民大会召集问题上产生了激烈争执，并因此分裂为二(详见本书第四章)，此举直接影响了华顾问的选举进度。直到9月，筹备会才讨论公布公共租界纳税华人会章程草案。该草案共九条，规定了纳税华人会的名称、宗旨、会员、理事条件及选举程序、职责等，其宗旨"为发达界内之自治，及公共之利益"，由27位符合条件的理事组成理事部，"凡界内华人，关于切身利益之事，及对于界内之自治行政，有所建议，或请愿等事，皆须经理事部审定后，分别办理之"。② 10月14日，公共租界纳税华人会在青年会举行成立大会，会员及来宾千余人见证了成立仪式，陈则民介绍了华人顾问产生的经过，会议讨论通过了纳税华人会章程。纳税华人会的正式成立标志着市民权运动进入了一个新阶段，"公共租界各商店，多高悬国旗志庆"③。10月21日，纳税华人会投票选举理事，次日开票，王正廷等27人当选，邬挺生等15人候补。④ 11月9日，纳税华人会理事部按章程选举宋汉章、谢永森、穆藕初、余日章、陈光甫五人为出席工部局的华顾问代表。⑤

　　但是，华顾问的就职却一波三折。总商会将华人顾问选举结果及五顾问简历函达工部局，工部局却迟迟没有回音，商联总会和部分商联会分别致函工部局和总商会，催促华顾问早日就职。1921年1月13日，工部局复函表示所选华顾问中有不合条件者，且据以产生华顾问的纳税华人会章程第六条与租界章程有冲突之处，因此，态度十分蛮横，宣称"纳税华人会章程第六条，无论加以如何之解释，然工部局仅能顾及此条实际上命意，此非意思问题，但为事实问题，纳税华人会任何会议所发之任何宣言，胥不能改变工部局对于该条章程之反对。一俟该条章程注销后，工部局方可将贵会去年十一月二

---

① 《商总联会两会纪事》，《申报》1920年7月1日，第10版。
② 《纳税华人会筹备处开会纪，讨论章程草案》，《申报》1920年9月1日，第10版。
③ 《租界纳税华人会成立会纪》，《申报》1920年10月15日，第10版。
④ 《纳税华人会选举理事揭晓》，《申报》1920年10月23日，第10版。
⑤ 《关于华顾问问题之往来函件》，《申报》1920年12月3日，第10版。

十四日来函附送之五顾问名单转致领团"①。

对工部局的强硬，各路商联会中出现了两种声音。四马路、百老汇路等商联会认为"其咎在纳税华人会主持之人"，并乘机对纳税华人会章程、理事选举中存在的问题进行了揭露，要求"另组华人纳税大会，以期早日选出顾问，务使即日就职"。② 原来，在纳税华人会成立大会上，四马路商联会赵南公在讨论章程草案时，曾主张以普选制选举华人顾问，"谓市民平等，断不能限于工部局来函规定资格，虽小车夫等纳一二角捐者，亦有选举权，方合符世界潮流"，但未被大会采纳，他愤而离场。③ 福建路、海宁路、西华德路、河南路等商联会则不以为然，联名致函商总联会，称四马路、百老汇路的"异议"，"阅之令人发指，夫中国之弱与乱，其源本于人心，彼卖国贼亦人耳，缘其私心未遂，铤而走险，致国家于不顾，只求自快一时，此等人尚有人格耶"，"彼等既志在破坏全体市民之公意，若不声明除绝，则在在足为前途之障碍，为此特行提议，务请召集各路董事开会，讨论对付方法"，南京路商联会召集紧急会议，与会人士"对于此事，均极激昂"，决定"先行分头调查真相，再继续开会，筹议对付之法"。④ 2月23日，商总联会召开紧急会议，对四马路、百老汇路商联会的意见及理由进行了驳斥，主张"致函纳税会，声明一切"⑤。以个人身份对四马路、百老汇路商联会口诛笔伐者亦纷至沓来。

4月4日，纳税华人会临时大会专门讨论章程第六条的存废问题，五顾问之一的余日章陈述了取消与不取消第六条的利弊，赞成与反对取消第六条的会员进行了激烈辩论，最后付诸表决，结果赞成取消者470人，反对取消者42人，临时大会以三分之二的多数通过了取消章程第六条⑥，为华顾问的就职铺平了道路。

纳税华人会于次日将表决结果函告工部局，工部局遂于4月12日将五名华顾问名单送交领事团，5月11日，华顾问赴工部局与董事会诸董事会晤，

---

① 《工部局为华顾问事覆商会函》，《申报》1921年2月26日，第10版。
② 《关于顾问问题之异议》，《民国日报》1921年2月21日，第10版。
③ 《顾问问题异议不平声》，《民国日报》1921年2月24日，第10版。
④ 《商界辟顾问问题异议》，《民国日报》1921年2月23日，第10版。
⑤ 《商界总会紧急会议》，《民国日报》1921年2月24日，第10版。
⑥ 《纳税华人临时大会纪》，《申报》1921年4月5日，第10版。

正式就职，下午二时，商总联会与各路商联会暨广肇公所、宁波同乡会等团体代表四百余人在上海总商会议事厅举行欢送大会，商总联会总董陈则民作为主持人致辞时说，"今之欢迎，并非对于市民权为满意。惟五顾问之才学道德，将来必有以慰吾人之望者"，民国路商联会、南京路商联会、海宁路商联会等团体代表在致欢送词时也提出了希望："全体市民今以公意举诸君，诸君不当以吾侪之欢送为私交，此诸君之所知也。受命于民，扶持正道，此又诸君之责也，坚以立志，忍以济困，勇以赴义，明以察物，凡此四点，皆全体市民所期望于诸君者。"①欢送会后，五顾问乘车赴工部局，与董事会诸董事见面。② 至此，以华人参政为目标的市民权运动取得了阶段性成绩。

平心而论，在争取公共租界华人参政的市民权运动中，商总联会发挥了组织、动员作用，其以"不出代议士不纳租税"为批判的武器，以抗捐抗税为手段，号召商店以罢市相抗争，终于使得华顾问成为现实。虽然商总联会在无可奈何中"暂示满意"，在斗争中表现出一定的妥协性，但这一结果毕竟离华董入工部局董事会这一目标又近了一步。从这个意义上说，商总联会对市民权运动的发展功不可没。

(三)从三华董到五华董：市民权运动的发展

纳税华人会的成立及五顾问的产生使租界华商欢欣鼓舞，各团体莫不希望华顾问早日就职，"诸公抛弃一己之权利事务尚小，有负吾数十万之市民之希望甚大，诸公名高望重，素为同人等所钦仰者，应请俯念市民前途之利害与夫是案之通过不易，不避艰难，从速正式就职，以慰众望而顾舆情"，对华顾问在工部局保护租界华人权益寄予了厚望，"公共租界纳税华人会之成立也，数十万之市民，莫不欣然有喜色，及诸公当选为华顾问，又莫不欢然庆

---

① 《欢送五顾问就职大会纪》，《申报》1921 年 5 月 12 日，第 10 版。

② 在见面会上，工部局总董宣读了华人顾问委员会进行条例共四款：第一款，推举主席一人；第二款，工部局提请委员会注意之各项事宜，望能由该会予以忠告及协助，但无论何时，委员会委员对于所提出之意见，须视为机密，在经董事会最后决定以前，不得将所讨论之任何事件，通知报馆或公布；第三款，顾问委员会得与工部局总办商洽后，择定互相便利之时间与日期开会，以讨论所有必须委员会忠告之各项事宜，遇需要时，得有正式译员一人列席；第四款，所讨论之事宜暨委员会对于各该事宜之正式意见，须有记录，于相当时期内转达工部局。参见《费唐法官研究上海公共租界情形报告书》，见熊月之主编《稀见上海史志资料丛书》第 8 册，第 169 页。

得人，皆以为今而后诸凡应兴应革之事，得诸公之筹划，吾租界市民，必可坐享其福焉"。① 在欢送五顾问赴任的大会上，宁波同乡会甚至口不择言地喊出了"恭祝上海租界工部局暨我五代表万岁！"华顾问也表示将不负厚望："吾人之职务在于与公共租界内中国居民最好利益有关之各种事件上，向市政会陈述意见。……而因此使华人方面享有市政上更充分之权利与义务。"②

然而，华顾问参政的结果不免令人大失所望。华顾问甫一上任，就遇到了上海米价疯涨的情况，工部局将米市动荡的原因归咎为米市管理不善，"工部局认上海租界民食供给一事，依照最良新法，实有认真管理之必要"③，并于5月26日发布米业领照条例，规定自7月1日起，"凡租界之米店，无论趸卖或零售，皆须先向工部局领取执照，每半年缴执照费一元"，条例共七条，关键在第五、第六两条规定，即"领执照者须备帐簿，载明存米之确数，随时由捕房查阅之"，"领执照者，须遵守工部局随时在华字报所披露关于禁止囤米垄断之条例"。④ 此令一出，立即引起了租界华商尤其是米商的惶恐，商总联会认为"禁止囤米垄断，意思甚是，而手续错误"⑤，机器碾米公所集议表示"决不承认"，闸北米粮公会驳斥工部局颁布米业领照条例的理由及举措，指出"沪上为通商大埠，人口浩繁，日食何止万石，若以英国工部局现定规则施行，米店既只可备少数存货，厂栈谅亦不许有大宗储积，苟遇大雨兼旬，冰冻累月之时，其将以何为炊乎"，要求总商会"据情迅向英工部局请求取消是议"⑥。南帮米商公所、驻沪常熟米商公所也集议反对米业领照，要求上海县商会"据情转恳交涉公署，照会领事团迅饬工部局取消新章，以重主权而恤商艰"⑦。各路商联会也加入抗争行列中，海宁路商联会致函交涉公署，指出：

---

① 《再催华顾问就职》，《申报》1921年1月6日，第10版。

② 《五顾问就职纪：工部局之欢迎词与五顾问之答词》，《申报》1921年5月12日，第10版。

③ 《工部局发表关于食米之函件》，《申报》1921年6月21日，第10版。

④ 《工部局发表米店执照条例：七月一日实行》，《申报》1921年5月26日，第10版。

⑤ 《各路商界总联合会开会纪》，《申报》1921年5月28日，第10版。

⑥ 《碾米业特别大会纪：讨论米店领照事》，《申报》1921年6月5日，第10版。《闸北米粮公会致总商会函：反对米店领照》，《申报》1921年6月6日，第11版。

⑦ 《关于米店领照之种种》，《申报》1921年6月8日，第10版。

领照一层，既足病商，又反向例，米价遂因而腾涨，小民生计日益见绌，况工部局执照章程，卫生处捐务处人员，得自由入内稽查，而流弊尤多，际此盗贼叠出时，市民不安，应请贵交涉使毅力向工部局交涉，请取消前议，以保商业，事关重大，敝会用敢代为呼吁，仰祈贵使据理力争，毋使工部局得寸进寸，致碍华商营业也。①

在各团体呼吁下，总商会一面由会长亲赴工部局，向董事会说明米业抗议领照的理由，一面将西文说帖"转交华人顾问委员会，居中接洽"。② 工部局答复华顾问，称米业领照条例"目的不在预防法外高价，而在管理米斤之买卖"，对此，总商会又将补充理由函致华顾问，指工部局"决不能仅以管理米店买卖六字，将市民要求，轻轻拒却"③，要求华顾问据理力争。6 月 15 日，华顾问将总商会有关取消米业领照条例的函件递交工部局董事会讨论，但董事们却不屑一顾，反而指责华顾问越权："严格地说，对任何问题，在董事会未向该委员会(即华人顾问委员会——笔者注)咨询，并认为切实可行将予以照办以前，他们是无权提出建议的。"④言下之意是，华顾问只有在工部局需要咨询时才能提供看法，无权主动发言，这样，有关取消米业领照的建议也被置于一旁了。

6 月 20 日下午一时，米业仁谷公所、嘉谷堂、碾米公所、南帮公所、常昭公所、米粮公会六团体代表四百余人齐聚仁谷堂举行联席大会，"议决务达取消领照而后已"，紧接着，嘉谷堂于下午三时召集米店业全体大会，决定"延请法律顾问一二人，向工部局抗议取消领照事"。⑤ 商总联会致函工部局，要求"立即撤消前定条例，转危为安，否则险象环生，危难立见，贵局当负其责"⑥。工部局认为米业方面的抗议"显有因误会而生之恐慌"，"工部局之意，

---

① 《海宁路联合会代米商呼吁》，《申报》1921 年 6 月 10 日，第 10 版。
② 《米业反对领照之坚决》，《民国日报》1921 年 6 月 8 日，第 10 版。
③ 《总商会致华顾问函》，《申报》1921 年 6 月 18 日，第 10 版。
④ 上海市档案馆编：《工部局董事会会议录》第 21 册，上海古籍出版社 2001 年版，第 666 页。
⑤ 《米业会议米店领照事》，《申报》1921 年 6 月 21 日，第 10 版。
⑥ 《米店领照问题之昨讯》，《申报》1921 年 6 月 30 日，第 11 版。

无非为租界人民谋充量食米之供给，因此即不得不发给执照，俾随时能查知上海存米总数"。① 6月29日，工部局董事会再次讨论米业领照问题，华顾问未被邀请与会，结果，会议决定坚持条例规定的办法，但不采取强制措施，当英总领事询问有关华人顾问委员会对米业反对领照的态度时，总董答以"华人顾问委员们看来很同情闹事者"，并且抱怨说，"该委员会的一份建议书在送达董事会之前，竟先送到了总商会"②，英总领事也颇为不悦。次日，工部局召开特别会议，决定立即发布通告，"凡在界内开设米铺，自七月一号起，均须领取执照"③。

米业态度也十分坚定。嘉谷堂米业公所邀集米业同行三百余家召开会议，决定"于七月一日起，一体休业，如三日无法解决，再与华界各店取同一行动"④。果然，7月1日，公共租界"各碾米厂米行米店，遵照日前议定消极抵抗办法，全体一律休业"⑤。7月3日，法租界米店开始休业，店门粘贴字条，或书写"英界领照，同业关系，各货卖尽，自愿休业"，或直书"暂停营业，与英界米店取一致行动"。⑥ 7月5日，华界米店加入罢市，全市米店无一家开业。商总联会致函质问五位华顾问："在外人不知利害，本不足责，我华顾问居于斯，食于斯，利害相关，不当随声附和，果如所云，岂华顾问亦在通过之列，此当提出质问者也。"⑦其实，在米业领照问题上，华顾问不仅没有表决权，甚至连发表不同意见的权利也被剥夺了。当公共租界休业至第四日，即7月4日，工部局董事会还召开了两次特别会议，但均未邀请华顾问参会，会议认为："任何形式的退却都将被认为是软弱的表现。"⑧尽管如此，华顾问还是做了一些力所能及的事，"除向工部局以口头反对外，更于六月十四号提出抗议书，在顾问已尽应尽之职"⑨。僵局最后以双方妥协而收场，工部局虽

① 《关于米店领照事之消息》，《申报》1921年6月24日，第10版。
② 上海市档案馆编：《工部局董事会会议录》第21册，第671页。
③ 《今日之米店执照问题》，《民国日报》1921年7月1日，第10版。
④ 《米店领照问题之昨讯》，《申报》1921年6月29日，第14版。
⑤ 《米业反对领照举动之实行》，《申报》1921年7月2日，第14版。
⑥ 《米业反对领照举动之实行（三）》，《申报》1921年7月4日，第14版。
⑦ 《米业反对领照举动之实行（六）》，《申报》1921年7月7日，第14版。
⑧ 上海市档案馆编：《工部局董事会会议录》第21册，第675页。
⑨ 《谢永森君复商界总联合会函：为米业领照事》，《申报》1921年7月14日，第14版。

未直接取消米业领照条例，但英总领事"以领袖领事名义，保证工部局除欲确知存米实数外，捕房及卫生处决不加以干涉"①，米业也在交涉公署、总商会的"劝告"下于 7 月 8 日先行开业，米业领照风潮告一段落。

米业领照关系到公共租界内数百家米厂、米铺、米店等华商的切身利益，但工部局在发布米业领照条例前不仅没有备询华顾问的意见，而且在风潮发生后，先是听不进华顾问的不同意见和建议，继而根本不邀请华顾问参与相关的董事会或特别会议，有意贬低华顾问的作用，仍然沿袭原有的危机处理方式，由工部局与总商会、领事团与交涉公署反复辩释，函件往返，最终达成妥协性和解。这是华顾问制度下的首次危机处理，但处理结果完全置华顾问于不顾，五顾问也只能以"已尽应尽之职"而聊以自慰。

华顾问形同鸡肋，但这仅仅只是开始，随着时间的推移，华顾问换了一批又一批，与租界华人切身利益相关的事件发生了一件又一件，如取缔印刷附律、加征码头捐、电话加价、房东提租、交易所注册案等，但没有一件真正重视过华顾问的意见。限于篇幅，这里就不再赘述了。

时间到了 1925 年，五卅惨案发生后，时任华顾问的许建屏等人向工部局提出严重抗议，但工部局置若罔闻，时越六日仍无明确表态，五顾问忍无可忍，于 6 月 6 日全体提出辞职，这一次工部局反应迅速，于 6 月 8 日复函五顾问"准许君等辞职"②。至此，历时四年的华顾问制度就这样暗淡地退出了历史舞台。辞职事件显然不是五顾问的个人之举，而是租界华人的集体行为，纳税华人会在年度大会上总结此事时说："五卅惨剧发生后，华顾问鉴于已往之事实，及当时所处之地位，特向本会声明辞职，经开理事会决定，佥以与其徒存虚名，无宁自行脱离，爰认辞职之举为适当。"③英人费唐亦认为华人顾问委员会"并未占有甚为重要之地位，似间隔时期颇久以后，始行集会，所经确实提交该会之案，为数甚少"④。华顾问制度的落幕标志着租界华商力争华董进入工部局斗争的开始，这是市民权运动进入新阶段的重要目标。

---

① 《米业领照问题告一段落》，《申报》1921 年 7 月 9 日，第 14 版。

② 《华顾问辞职已准》，《民国日报》1925 年 6 月 9 日，第 1 版。

③ 《纳税华人会选举大会纪》，《申报》1925 年 12 月 6 日，第 13 版。

④ 《费唐法官研究上海公共租界情形报告书》，见熊月之主编《稀见上海史志资料丛书》第 8 册，第 169 页。

1925 年 6 月 6 日，即华顾问提出集体辞职的同一天，四马路商联会发出通告，除要求工部局道歉、惩凶外，还率先提出华董问题："工部局董事会，由华人共同组织，其华董资格及额数，依照西人纳税之规定。"①还是这一天，由中国总工会、上海学联、中国学联、上海商总联会共同组成的"工商学联合会"提出五卅惨案正式交涉条件十三条（以下简称"十三条"），其中第十一条为"工部局投票案"，该案的具体内容为：

> 租界应遵守条约，满期收回，在未收回以前，租界上之市政权应有下列两项之规定：（甲）工部局董事会及纳税人代表会，由华人共同组织，其华董及纳税人代表额数，以纳税多寡比例为定额，其纳税人年会出席投票权，与各关系国西人一律平等。（乙）公共租界外人之纳税资格，须查明其产业为已有的或代理的二层，已有的方有投票权，代理的则系华人产业，不得有投票权，其投票权应归产业所有人。②

经五卅事件特别委员会讨论、修改后，6 月 13 日，总商会将交涉条件提交交涉公署，同日，交涉公署立即送交领袖领事，连同华董问题在内的"十三条"进入外交谈判阶段。中方代表由蔡廷干、郑谦、曾宗鉴、许秋骢组成，外方代表来自英、美、法、日、意、比六国。16 日，双方代表开始交涉，但一开始就陷入尖锐对立，中方代表声明，"非将此十三项完全达到，不能视为本案已告解决"③，六国代表则认为"十三条"中只有第一至第五条可以磋商，并声称"使团命令中所给予之权限，为中国外交部所提出之四项先决条件，舍此以外，别无可以接受讨论之权"④，其中焦点集中在第六、第九两条上，即"第六条收回公共公廨，与第九条之华人在公共租界内得参与行政权两项……六参赞则始终借口权限关系，只认磋议一至五条，六九两条置之不问"⑤，僵持至 19 日，双方交涉停顿。消息传来，商总联会和各路商联会与总商会、工商学联合会共同组织、发动了大规模的经济绝交，并纷纷致函北京政府，表示

①　《公共租界罢市之第五》，《申报》1925 年 6 月 6 日，第 11 版。
②　《公共租界罢市后之严重形势（六）》，《民国日报》1925 年 6 月 8 日，第 1 版。
③　《五卅案开始交涉之形势（一）》，《民国日报》1925 年 6 月 17 日，第 1 版。
④　《上海谈判完全破裂》，《民国日报》1925 年 6 月 19 日，第 1 版。
⑤　《中外委员之表示》，《民国日报》1925 年 6 月 20 日，第 1 版。

愿为外交后盾。

五卅惨案移京交涉后，进展并不顺利。上海商界忙于"五卅"善后及抵制外货，市民权运动一度沉寂下来。直到年末纳税华人会理事改选，华董问题作为大会重要议案再度被提出，上海商界在 12 月 5 日致北京政府外交部的"歌电"中再次敦促北京政府解决华董问题："此次沪案交涉，应照我国政府提案，华董人数，照纳税额高下，分配多寡，从速解决，以符市民公意。"①外交部虽以交涉尚在进行作答，但又于 1926 年 1 月 12 日电令交涉公署将"十三条"交涉条件缩减为八条，其中工部局改组问题归北京办理。爱克界三路、沪北五区、汉口路、浙江路、广西三路等商联会致函北京政府外交部、交涉公署，要求按照"十三条"据理力争，商总联会推举俞国珍、蒋梦芸为商界代表赴京请愿，"督促政府，力向公使团据理抗议，贯彻十七条之主张，以期解决沪案，及收回公廨主权，产生华董，改组工部局，要求赔偿罢市期内商店之损失"②。2 月 20 日，据国闻社消息，"关于工部局改组添设华董问题，日来已有接洽，前日曾有一私人谈话，各方大都表示容纳，美人之表示，尤为恳切，但据公正者之意见，以为最好以市民数为比例产生董事，各小国亦得参加，此事现仍在交换意见"③。2 月 24 日，工部局董事会讨论吸纳华董问题，表示"董事会并不反对华人代表权问题"④，3 月 10 日，工部局董事会又"一致同意在下届年会上提出接纳华董正式议案的建议"⑤，其实也就是"接受一九二〇年(民国九年)李德立与爱资拉所提之建议"⑥，即董事会由九席增至十二席，所增三席由华人充任。3 月 31 日，工部局董事会确定华董问题草案作为第六议案将提交纳税西人会讨论，"会议认为，华人居民参与公共租界的行政管理是必要的，为此工部局得到授权和指令，在有关权力机构立即选出代表，以

---

① 《纳税华人会选举大会纪》，《申报》1925 年 12 月 6 日，第 13 版。
② 《各商联会消息》，《申报》1926 年 1 月 20 日，第 14 版。
③ 《工部局改组问题》，《民国日报》1926 年 2 月 20 日，第 1 版。
④ 上海市档案馆编：《工部局董事会会议录》第 23 册，上海古籍出版社 2001 年版，第 626 页。
⑤ 上海市档案馆编：《工部局董事会会议录》第 23 册，第 628 页。
⑥ 蒯世勋等编著：《上海公共租界史稿》，第 549 页。

便早日保证增加 3 名华董"①。这一消息迅速在上海各大报纸上登出，立即吸引了上海商界的注意力。

4 月 3 日，商总联会议董会讨论了华董问题，决定以"各马路商界总联合会发表主张应注重于纳税人会之根本组织，使中外纳税人得享平等待遇"②。纳税人会是租界最高权力机关，工部局董事会则是由纳税人会选举产生的一个常设性机构，商总联会主张注重纳税人会可谓触及了华董问题的根本。上海各团联合会认为商总联会的主张"诚足以启聋振聩，慑强邻之胆，闻悉之余，不胜钦佩……譬为后盾"③。4 月 7 日，湖北海口两路商联会会长、汉口路商联会副会长王延松就华董问题致函各公团：

> 各团体十余年来，据理力争之代价，仅得参加三人之提案，且能否通过，尚属疑问，姑不论其通过与否，吾人始终认为不能满意，望吾全体纳税同胞起而抗争，即日召集全体纳税人大会，组织强有力之纳税人会，誓达义务权利平等之目的，享受西人同等之待遇，热心国权，谁不如我，尚祈一致主张。④

中华民国各团体联合会、上海学生联合会、上海总商会等团体纷纷就华董问题发表宣言或意见，虽略有差异，但在以纳税额为标准分配董事人数这一点上基本相同，总商会表示"关于工部局之华人代议权及参预市政管理权，我全体华人尤严重反对外人对于华董议席之任意支配，故坚决主张代议权之范围应以所纳税额实数之多寡为比例"⑤。4 月 14 日的纳税西人年会对此进行了辩论，并将增设华董三人和"参酌本租界内华人所纳税款举出工部局华议董"分别付予表决，结果，一致通过增设华董三人。⑥ 至此，租界华商争取市民权运动终于以华董进入工部局而取得了实质性进展。

但是，上海商界、学界、公共租界纳税华人会、国民党上海特别市党部，

---

① 上海市档案馆编：《工部局董事会会议录》第 23 册，第 630 页，标点略有改动。
② 《各路商联会消息》，《民国日报》1926 年 4 月 5 日，第 1 版。
③ 《力争工部局华董》，《民国日报》1926 年 4 月 8 日，第 1 版。
④ 《力争工部局华董》，《民国日报》1926 年 4 月 8 日，第 1 版。
⑤ 《华人对五卅惨案各大问题之宣言》，《民国日报》1926 年 4 月 13 日，第 1 版。
⑥ 《昨日公共租界纳税外人年会纪》，《申报》1926 年 4 月 15 日，第 13 版。

尤其是商总联会和各路商联会对纳税西人年会通过增设华董三人的决议普遍不满，商总联会议董胡凤翔致函总商会，主张"须以纳税之多寡为标准，不达目的不止，断不能由西人主张，限以三人也"，唐家湾商联会致函总商会，发起"大规模之纪念运动，表示不屈，华代表名额，如不达圆满目的，希即召集各团体作具体之商榷，为坚绝之对付，毋稍迁就"。① 广西贵州劳合三路、湖北海口两路、南北浙江路、四马路、中央九路、沪南六路、虹口六路、南京路、山西路等商联会先后以函电、通告、宣言、会议等方式纷纷表达相同诉求，并主张采取坚定态度，反对到底。商总联会认为，"西人所以有此，实因有洋泾浜章程为其护符……讨论修改纳税华人会章程，暨洋泾浜章程，借为根本之图"②。4月17日，商总联会召开议董会，经过充分讨论，出席会议的议董在改组纳税华人会、修改洋泾浜章程上达成一致，并决定组织委员会，推举邬志豪、严谔声、张振远、蒋梦芸、成燮春、张文中、余仰圣、王汉良、虞仲咸九人为委员，"研究纳税会章程，与洋泾浜章程，并研究界内纳税人资格之调查方法，以期尽善"，以作为华董问题根本解决之根据。③ 委员会自4月20日起，每晚举行会议，"限期修改完竣，提交议董会审查"④。

值得一提的是，上海总商会反对纳税西人会仅通过华董三人入工部局的态度也十分鲜明，会长虞洽卿于4月15日以接受国闻社采访的形式声明该案与总商会初衷大相径庭，并表示"代议权之取得及参预市政管理之权，应以纳税之多寡为准则，而尤以纳税人平等参预纳税人会为根本之图，不能任意支配"⑤。商总联会鉴于总商会已有公开表态，也于4月25日赶在公使团正式公布之前发表关于华董的宣言：

> 工部局华董问题，曾经本会一再讨论，正式议决，应本国际平等之原则，自纳税人会根本组织上加以改良进行，使中西人民同在一区域内担负同等之纳税义务者，应享受同行之纳税权利，以绝对公正平允之方

---

① 《各界对华董案之不满》，《申报》1926年4月16日，第13版。
② 《商总联会函征洋泾浜章程原本》，《申报》1926年4月23日，第13版。
③ 《商总联会昨晚开议董会》，《申报》1926年4月18日，第13版。
④ 《商总联会修改洋泾浜章程委员会成立》，《申报》1926年4月19日，第13版。
⑤ 《修改洋泾浜章程之动议》，《民国日报》1926年4月16日，第1版。

法，组织纳税人会及工部局董事会……乃此项主张，未能得友邦一部份人士之谅解，致仍有增加华董三人之议案通过。本会代表上海全体商民，良觉愧惜，并深信此项主张终为友邦人士所同，终有实现之一日。本会当以十分诚意，全副精神，努力以求早日成功。①

此后，商总联会议董虞仲咸、邬志豪，爱克界三路商联会副会长陈家宝以及著名律师冯炳南，海上闻人姚公鹤等以个人名义发表修改纳税华人会章程意见，或致信工部局总董，阐明关于华董产生、华董人数等方面的意见和建议，纳税华人会章程、洋泾浜章程的修改也在紧锣密鼓地进行中，与此同时，纳税华人会理事改选工作也在积极筹备。为此，商总联会致函纳税华人会，希望召集会员大会，讨论修改章程并局部改组纳税华人会，但遭拒绝。随后，在纳税华人会理事改选的被选举人与选举人资格审查上双方发生激烈争执，商总联会指责纳税华人会"对于选举人之资格是否审查，有无疑义，并未提及，以致外界议论纷纷"，并要求"将此次有选举资格者详列各项，按照贵会原调查单，另行刊印多份，分发上海市民，俾得互相审查……并限请三日答复"②，纳税华人会颇不以为然，针锋相对地指斥商总联会"对于敝会执行会务，事事诘责，处处干涉，不知贵会究自居何等地位，是否无上最高机关"，且"限请三日内答复，敝会与贵会并非敌国，此种哀的美敦书式，亦未敢闻命"③，双方陷入笔战。7 月 10 日，纳税华人会会员大会如期举行，除改选三分之一理事外，大会还通过了"将来华董，须由纳税华人直接产生，华董人数，须以纳税额之多寡为标准"的决议。④ 不过，商总联会与纳税华人会之间嫌隙未消，会前商总联会拟提议的修改纳税华人会章程并未列入大会议程。双方按各自节奏力争华董在中西平等的条件下加入工部局。

上海商界在华董问题上的不妥协态度与坚定目标通过函电转化为北京政府交涉的后盾与压力。但是，官方并未利用民间力量，抑或弱国无外交，8 月上旬，报纸上已出现北京政府外交部同意暂定华董三人的消息，商总联会

---

① 《商总会对华董案宣言》，《民国日报》1926 年 4 月 26 日，第 1 版
② 《公开审查纳税会选举资格》，《民国日报》1926 年 6 月 21 日，第 1 版。
③ 《纳税华人会选举中之波澜》，《民国日报》1926 年 6 月 23 日，第 1 版。
④ 《纳税华人会昨日年会纪》，《申报》1926 年 7 月 11 日，第 13 版。

致电询问，并要求外交部"向使团力争，并电饬许交涉使查照"，同时致函五省联军司令孙传芳、淞沪督办丁文江、交涉员许秋骢以及江苏省省长等，"请其群起力争"。① 8月23日，商总联会再就力争华董人数及不分中外共组纳税人会的理由致电外交部：

> 查选举原则，其权利义务，理当绝对平等，今工部局董事，既以选举而产生，则中西董事名额户支配，自当以中西纳税人之多寡为标准，查公共租界纳税人数，华人占十之七，西人占十之三，即华董名额，应多于西董，此固不得不加以注意者。又西董九人，华董三人，名额相差，既若此悬殊，表决方法，究将何属，若以多数为表决，则华董之权，直等于零，抑又何异于顾问也。若须经中外双方之同意，始可表决，其于普通议案，且置不谈，遇中外利害出入之议案，则双方意见，必因地位之不同而歧异，欲免纠纷，忧乎其难，至中西纳税人，既处同一区域，故纳税人会，理宜合组，否则障碍迭起，实予市政上以不便。②

1927年1月初，交涉公署就华董三人案"呈请外交部核示，奉中央政府及省政府核准，暂予承受，令饬查照办理"，同时致函公共租界纳税华人会、上海总商会，要求"华董如何产生，亟应规定办法，以便选出相当人员为出席工部局之预备"。③ 1927年1月4日，公共租界纳税华人会召开理事会，推举吕静斋、林炎夫等五人为代表就华董三人案的拒纳征询"征询上海纳税市民之意见，其办法：（一）在各报登载封面广告；（二）分函全体选民，请限期答复，以定拒纳"④。此后，纳税华人会、总商会、交涉公署就华董产生、权限等问题相互磋商并与领事团交涉，商总联会被搁置一边。对此，商总联会可谓五味杂陈，声明如下：

> 本总联合会为联合各马路商店，力争市民权而发起，自成立迄今，

---

① 《商联会力争华董名额》，《民国日报》1926年8月9日，第1版。
② 《商总会力争市政权》，《申报》1926年8月24日，第13版。
③ 蒯世勋等编著：《上海公共租界史稿》，第561页。
④ 《纳税华人会讨论华董问题》，《申报》1927年1月6日，第10版。《纳税华人会对华董问题之进行》，《申报》1927年1月9日，第13版。

已历九年，其间维护国权，发展商业，凡百施为，昭昭在人耳目。今公廨收回，华董问题，亦将解决，本会对于市民一切，可告无罪。其向抱宗旨，除关于商业切身利害者外，其他各个言论，概不与闻。①

上述声明以"不居功"的姿态表明了商总联会在力争华董问题上的功劳，上无愧于国家，下"无罪"于市民，以反对华董三人案的态度，撇清了与接受华董三人案的任何关系，字里行间暗含着商总联会的愤怒，此后，商总联会在华董如何产生、华董人数等问题上更加独树一帜。

紧接着，纳税华人会、总商会、交涉公署就华董选举相互征询、磋商，并于1月20日以纳税华人会的名义发表紧急启事，一方面声明"此次加入华董事三人实系权宜办法"，另一方面公告选举日期，即1月29日投票，次日中午十二时截止，下午一时开票揭晓。② 但是，消息一出，虹口六路商联会率先表示反对，海宁路、虹口六路、四川路、汉璧礼路、山东路、爱多亚路、白克路等商联会则纷纷致函商总联会，以时间仓促要求展缓。1月23日，商总联会明确予以否定，认为华董三人案"未经决定是否之前，似不应率尔选举华董"，即便纳税华人会的决议"足代表多数市民之意旨"，也应该首先审查纳税人资格，"试问在此短时期内能否办到？"③作为总商会团体会员的银行公会、钱业公会也同样反对。见此情势，纳税华人会决定延期三周，至2月29日投票选举。④

国内局势的变化之快出乎上海商界意料，北伐战争顺利推进、汉口英租界收回，对上海公共租界产生了影响，"英之提案，对于租界问题，已有所表示"，鉴于此，纳税华人会决定暂停选举，另组临时委员会，"与工部局董事作对等之磋商，以期解决租界内之一切市政等事件"。⑤ 其实，英人不仅不会主动交还租界，反而采取了更加严厉的"保护租界"的举措，实施戒严令。不仅如此，纳税西人会还于4月14日通过了增收房捐二成的决议，拟于7月1

---

① 《商总联会声明态度》，《申报》1927年1月16日，第13版。
② 《公共租界纳税华人会紧要启事》，《申报》1927年1月20日，第1版。
③ 《华董选举势将展期》，《申报》1927年1月24日，第9版。
④ 《纳税华人会缓选华董之所闻》，《申报》1927年1月27日，第9版。
⑤ 《纳税会讨论华董问题之结果》，《申报》1927年2月9日，第13版。

日起开始征收。在对付租界增捐问题上，华商再次团结起来，纳税华人会、总商会、商总联会等团体纷纷表示反对①，6 月 23 日，总商会、商总联会、纳税华人会联合发起召集市民代表大会，来自总商会、商民协会、商总联会、各路商联会等商人团体的代表 500 余人参加了会议，大会决定扩大纳税华人会组织，改称"上海租界纳税华人会"，不限于公共租界，设由 21 人组成的临时执行委员会，并发表对外宣言：

> 一致议决三项办法：（一）如不增加，照原额缴纳；（二）如须增征，连原额亦不付；（三）如用压迫手段，采用必要表示，凡我华市民应坚决遵守，以维主权，而保权利。②

6 月 27 日，各路商联会代表在上海总商会举行联席会议，会议号召各路商联会坚持到底，决不退让，并采取一致行动：

> （一）拒绝增加巡捕捐，坚持到底；（二）各路应召集会员大会，一致表示；（三）各路应致函工部局反对非法增捐；（四）各路应自行选出纠察员数人，稽察有无偷付捐税及外人有无强制执行情事，随时报告到会；（五）各路商号如受损失蹂躏，由本会负责起诉，担负赔偿；（六）各路发贴标语，由本会印就，分送转发各商店。③

随后，商总联会分发印有"凡遇强迫增加收捐，若有野蛮举动者，一致休业，另有相当办法"的标语至各路商联会，要求各路商店张贴。此时，国民革命军已经控制上海，政治气象为之一新，商总联会也提出了更为远大的目标："第一为达到取消工部局非法加捐之目的，第二为达到收回租界之目的，第三为达到取消不平等条约之目的，第四为达到中国自由平等之目的，海枯石烂，此志不渝。"④7 月 5 日，工部局开始强行收捐，各业华商拒绝缴付，不惜以停

① 《纳税华人会请抗议加征房捐》，《申报》1927 年 5 月 18 日，第 11 版。《总商会反对工部局加征房捐》，《申报》1927 年 5 月 22 日，第 13 版。《商总联会紧急会议》，《申报》1927 年 5 月 23 日，第 9 版。

② 《公共租界市民代表大会纪》，《申报》1927 年 6 月 24 日，第 13 版。

③ 《反对增加巡捕捐积极进行》，《申报》1927 年 6 月 29 日，第 14 版。

④ 《今日举行反对增捐大会》，《申报》1927 年 7 月 3 日，第 13 版。

业相抗争。僵持至 7 月下旬，虞洽卿出面调解，双方各退一步，工部局"对于收捐，将不复加以压迫，亦不再派巡捕"，租界华商方面，"暂取冷静态度"。① 8 月 24 日，双方达成协议，二厘增捐"在抗议之下交付"，华董问题"至迟须在本年终之前，筹划双方兼顾，公正无偏之解决办法"，下一年工部局若增加预算，"须与纳税华人代表磋商，方可决定"。②

　　然而，1927 年转瞬即逝，华董问题尚无眉目，华商方面仍由虞洽卿与工部局接洽，但进展并不顺利，12 月 31 日，纳税华人会发表一通宣言，仍主张华董席数按"捐税之比例，且其权限，须中外一律"，推定贝淞孙、李馥荪、秦润卿、袁履登、徐庆云、何德奎、黄明道七人审查工部局 1928 年预算。③工部局仅接受七人以"顾问委员会"名义襄助办理该局 1928 年预算事宜，且对华人孜孜以求之华董额数，仍表示"无异于一年之前，即犹愿以三席供给华纳税人，而无扩充之意"。④ 闻讯之下，商总联会立即致函纳税华人会，直陈"今仅得顾问委员会加入，则以前五顾问之辞职为多事，去年及前年往年之运动，均为无谓之牺牲，而本会以争市民权为中心思想者，亦蔽不白之冤，将何以对本会四十万会员之责问"，同时，要求纳税华人会"在工部局未将顾问委员会名义改正之前，将七委员即行撤回，二厘增捐，即日通告纳税人一律不予交付"。⑤ 1928 年 2 月 6 日，纳税华人会执行委员会讨论应对办法，会议经过四个小时的激烈辩论，商总联会代表"质问尤为切实"，最后决定"对于公共租界内本年春季二厘巡捕，在抗议下缴付"，以"表示诚意合作"，换得华董问题的解决，同时致函工部局，要求将顾问委员会名称更正为"工部局经济审查委员会"。⑥ 2 月 26 日，纳税华人会在坚持华董席数以纳税比例为原则确定的条件下，亦表示"努力进行在未完全达到目的之前所有暂时过渡办法"⑦。

---

① 《反抗加捐之两面观》，《申报》1927 年 7 月 30 日，第 13 版。

② 《反对工部局增捐案解决》，《申报》1927 年 8 月 24 日，第 13 版。

③ 《纳税华人会发表重要宣言》，《申报》1927 年 12 月 31 日，第 13 版。

④ 《华董问题之工部局态度》，《申报》1928 年 1 月 13 日，第 13 版。

⑤ 《各路商联会致纳税会之要函》，《申报》1928 年 2 月 4 日，第 13 版。

⑥ 《公共租界春季二厘增捐问题》，《申报》1928 年 2 月 8 日，第 13 版。《纳税会致工部局之两要函》，《申报》1928 年 2 月 18 日，第 13 版。

⑦ 《纳税会讨论加入华董委员案》，《申报》1928 年 2 月 28 日，第 13 版。

商总联会反对纳税华人会的委曲求全，3 月 16 日，该会一致决议"除交涉增加华董外，巡捕捐定须照一四缴付"，"如不能达到华董增加之目的，即实行收回租界"。① 3 月 26 日，纳税华人会致函工部局总董费信惇，关于华董问题，表态如下：

> 华董席数，须以捐税比例为原则。但于现状之下，为表示本会诚意合作起见，按照历次双方所议过渡办法，除原有华董三席外，各委员会应加入华委六席，连华董共为九席，即日实行，上述为暂之办法，须于最短可能期间实行增加华董席数六席，至其六华委员之职权与待遇，自应与其他委员一律。②

同日，工部局复函费信惇，对工部局各委员会加入六华委的提议表示认可："原有华董三席，愿即加入，并于三华董之外，再行推选六人，加入各委员会为委员，亦已满意，委员之职权与待遇，协商之际，曾经说明与其他委员同等。"③4 月 3 日，纳税华人会第二次代表大会通过了上述过渡办法。余下的程序就是选举华董、华委员了。商总联会认为"为负三十余万会员之付托，与力争市民权之职责，自应妥慎人选，主张一华董二委员由本会产生"，并推举袁履登为董事，钱龙章、邬志豪为华委员。④ 邬志豪"不愿在租界未收回之前，执行市政之职务"，声明放弃候选人资格。⑤ 4 月 10 日，纳税华人会举行选举，结果，贝淞荪、袁履登、赵晋卿当选为董事，林康侯、李馥荪、秦润卿、黄明道、陈霆锐、钱龙章当选为华委员，黄道明随即放弃，补选徐新六充任。⑥ 4 月 19 日，三董事就职，次日六委员到任，市民权运动又向前迈进了一步。

1929 年 2 月，商总联会率先提出按纳税比例增加华董六人，随后，百老汇路、西华德路、北京路、沪北川宝、武昌路等商联会以不同方式要求增加

---

① 《商总联会会员大会纪》，《申报》1928 年 3 月 17 日，第 13 版。
② 《公共租界华董问题之结果》，《申报》1928 年 4 月 4 日，第 13 版。
③ 《公共租界华董问题之结果》，《申报》1928 年 4 月 4 日，第 13 版。
④ 《纳税会选举华董前之形势》，《民国日报》1928 年 4 月 8 日，第 1 版。
⑤ 《选举华董声中邬志豪放弃候选》，《民国日报》1928 年 4 月 9 日，第 3 版。
⑥ 《昨日选出华董委员》，《申报》1928 年 4 月 11 日，第 13 版。

华董六人，在各方压力下，纳税华人会致函工部局，希望在既有基础上与现行制度框架内增加华董三人，但工部局并不买账，总董费信惇"不但不将该提案提交纳税人会议讨论，并于董事会席上，亦不附议"①，以至于4月17日的纳税西人年会只字未提增加华董席数问题。为此，商总联会致函工部局，提出"将抗议之下缴付之款发还纳税人，由纳税人捐助充作界内华人教育经费，并除于二厘额外捐，即行停征外，将总捐再减二厘，以示贵局之非掊克聚敛"②。西华德路、五马路商联会也以相同诉求致函交涉公署。同一时期，纳税华人会仍在向工部局、交涉公署、南京国民政府外交部等积极争取，但商总联会、各路商联会此时正处于存留改组的争论中，再无多暇顾及争取增加华董名额的斗争。

几经周折，1930年1月的工部局董事会终于通过了"在下次纳税人年会上提出增加董事会华董席位为5个的决定案"③，于是，4月16日，纳税华人会代表大会选举袁履登、虞洽卿、徐新六、贝淞荪、刘鸿生五人出任工部局华董，林康侯、秦润卿、陈霆锐、李馥孙、钱龙章、吴蕴斋六人出任华委员。不料，同日的纳税西人年会因英人麦克唐纳的坚决反对而否决了工部局增加华董的提案。④ 消息传开，纳税华人会立即召集临时紧急会议，决定："（一）登报宣言，华税西人会无权措置华人会华董问题。（二）驳斥麦克唐纳的言论，由大会秘书起草，由大会主席会同华董委员修正发言。（三）电请外交部严重交涉，并推定王晓籁、虞洽卿、胡孟嘉向外部请愿。"⑤接下来的几天里，纳税华人会逐项开展工作，国民党上海市党部、上海学联、商总联会等组织纷纷发表宣言谴责纳税西人会的行为，给工部局施加了巨大压力。于是，工部局拟召集纳税西人会特别会议加以补救，5月2日，特别会议经过激烈辩论，终于通过了华董由三人增至五人的提案。至此，租界华人争取市民权运动虽未达到最终目的，但取得了实质性进展。

---

① 《纳税华人会两要函》，《申报》1930年1月11日，第13版。

② 《商总会函请工部局减捐》，《申报》1929年4月25日，第14版。

③ 上海市档案馆编：《工部局董事会会议录》第24册，上海古籍出版社2001年版，第590页。

④ 《公共租界纳税西人年会》，《申报》1930年4月17日，第15版。

⑤ 《工部局华董问题僵局》，《申报》1930年4月18日，第13版。

综上所述，可以看出，商总联会和各路商联会始终是市民权运动的中坚力量，其斗争目标之坚定、抗税手段之坚决，为参与市民权运动的其他商人团体所不及。1926 年 6 月前，商总联会在市民权运动中发挥了领导作用。其后，随着纳税华人会的成立，商总联会退居其次，但仍以会议、宣言、函电等方式加以督促，形成后援。其实，公共租界纳税华人会也是由各路商联会组成的，"公共租界纳税华人会，系各马路商界联合会公共发起组织，为界内华市民惟一公共市政机关，成功艰难，关系重大"①，时人虞洽卿在总结这段历史时，毫不吝惜地指出，五四运动后，租界华商"一面喊出'要求市民权'，'不出代议士不纳税'之口号，一面组织华人会，其奔走最力之团体，为各路商界联合会"②。

商总联会和各路商联会因抵抗工部局增捐而产生，继而以抗捐为手段发起以华人参政为目的的市民权运动，并与这个运动相始终，当华人三董事进入工部局这一阶段性目标实现后，仍主张继续斗争，但就在此时，商总联会和各路商联会奉令改组，令人遗憾地"消失"了。亲历其事的邬志豪对市民权运动过程的一段描述，或许就是最好的评价：

> 争回公共租界市政权之始，在民国八年。当时为工部局加捐问题，界内市民，主张不出代议(士)不纳税，主持最力者，如王才运、陈则民、宋汉章、王屏南、俞国珍、金馥荪、余化龙、赵南公、陆祺生、朱耕石、包世傑、聂云台、邵仲辉、王儒堂等。外人为图缓和市民之反抗，经数次交涉，主张加入华顾问五人……凡关于华人利害之事，均先征五顾问同意。至此，华市民乃组织纳税华人会……夫纳税会之后援，以商总会为基础，而商总会之力量，乃在各路会员之团结。……五卅惨案发生……当时民众忍无可忍，商总会乃合工学两界，一致议决罢市二十七天之久，提出十三条件，此国民外交之开始也。我商总会会员，所受损失数千万，而交涉不能完全胜利……全体市民，则主张收回租界……乃此次交涉之结果，委曲求全。③

① 《南京路商联会致纳税人公函》，《申报》1925 年 4 月 17 日，第 13 版。
② 《公共租界华董问题之结果》，《申报》1928 年 4 月 4 日，第 13 版。
③ 《选举华董声中邬志豪放弃候选》，《民国日报》1928 年 4 月 9 日，第 3 版。

二、"乔杨案"：商联会与同乡组织的合力应对

在近代中外不平等条约的束缚下，居住、生活、工作在租界里的华人不仅受到歧视，而且时常发生被殴、被杀等恶性案件，如1926年浦东人陈阿堂被日兵殴毙案（详见本章下节分析）、1927年宁波人詹林来在沪被外国巡捕开枪杀害案①、1930年宁波同乡忻丁香在沪被法国兵击毙案，等等，不胜枚举。1921年上海公共租界四川路致远呢绒杂货号伙计乔学歧、杨镜泉被英属锡兰人彼得斯②枪击毙命（以下简称"乔杨案"），是众多华人被毙案中的一个。从法律角度看，"乔杨案"只是一起刑事案件。但该案发生后，沪埠坊间民情"甚为愤激""莫名惊骇"，纷纷要求杀人者偿命，报纸也做了追踪报道，为什么一起普通的刑事案件引起了如此大的反响？代表西方舆论的《字林西报》曾发表社评，认为华人对"乔杨案"的反应完全系少数"鼓噪家"所为："一华人店伙，为一外人所杀，则大出丧也，开追悼会也，但一可怜印捕，于保卫华人之时，为一中国凶徒所杀，则马路联合会会员或学生或其他平素叫号之人，未有致一言以悼惜之者也。"③事实果真如此吗？民众愤激的背后究竟蕴含着怎样的情绪？五四运动后活跃的商界团体又是如何应对的呢？尤其是以商业街区为活动范围的、以中小商人为主体的数十个马路商联会，和以乡缘为纽带、以联络乡情为诉求的旅沪同乡会，它们是如何对待"乔杨案"的呢？

（一）"乔杨案"的发生与华商团体的初步反应

"乔杨案"发生于1921年6月5日。该案发生后的第二天，上海《申报》第10版就以《换香水开枪击毙两命之重案：凶手为外人》为题报道了这起突发命案，详情如下：

> 本月（六月）三日午后一时，有外人在北四川路蓬路左近之致远号（闻

---

① 《商总联会开会纪》，《申报》1927年12月18日，第14版。

② 关于案犯的姓名有不同称呼，或称彼得、比德，或称彼得斯、彼得士。除原文照引外，本书统一称作彼得斯。

③ 《米店领照问题之昨讯·字林报之论调》，《申报》1921年6月29日，第14版。

系北四川路商界联合会副会长刘子荣所开)购香水一瓶，计价一元。购去后，已将瓶塞开过，于前日(即四日)复往致远号调换。该号伙乔学歧云，既已开瓶，不能再调。该外人云，汝究竟调与否？乔云，实不能调。该外人即将香水瓶放下，并云，明日(五日)再来。至五日(即昨日)十二时二十分，该外人又至该号，向乔君再调，该号伙杨镜泉出与理论云，汝此瓶香水之塞已经开过，譬如汝买鞋子一只，已经着过，是否能够退换，今香水已经开过，万不能调。该外人云，究竟能调不能调？杨伙严词拒之。该外人即出手枪向乔喉部施放，向杨脑部轰击，二人即行倒仆，该外人第三枪，再打该号刘伙裕华，刘伙迅即避开。该外人遂乘黄包车而逃，为对面茂生利伙友所见，当即与余姓一同追捕，追过五间门面，在华兴木器店门口，与蓬路相近，该外人又由车内取出手枪来击刘，刘即紧据该外人之手，该外人又以手枪向刘击来。正在互扭之间，有印捕三百十三号前来，将刘推开，即将该外人手中之手枪拿下。该外人下车，刘即回店，而余姓复往追，捉住凶手，其时有九百七十九号华捕走来，余姓乃与凶手同赴虹口闵行路捕房，三百十三号印捕及九百七十九号华捕亦均随往该捕房。①

证之以案犯彼得斯的供词②，除在要求调换香水过程中店伙指责彼得斯为"恶汉"未做记载外，该案发生的时间、地点、缘由等情节属实。该案中的乔学歧系浦东川沙十一墩人，年23岁，15岁时至致远号充当学徒，能操英、俄语，

---

① 《换香水开枪击毙两命之重案：凶手为外人》，《申报》1921年6月6日，第10版。
② 彼得斯在供词中称："星期五晨即六月三日在北四川路某店内，以一元三角购得香水一瓶……次晨，取原瓶持还该店嘱令调换，因其味臭而无用也。该店不允调换，余一再嘱其更换，店内一大伙计曰，去休，恶汉，吾不换也。余闻此言，乃将该瓶掷入店内，仅取包瓶之纸而去……五日午前十一时半，在鸭绿路某饭店略进食物，藏手枪于袋中，雇人力车赴该店，既入，遂向能操英语之大店伙曰，昨日汝骂我恶汉，今日汝将何为？该伙令余出外，且不调换香水(当四日该伙骂余为恶汉时，曾有外人在旁闻之)，余乃取出手枪向之开放，店内尚有一人，拟阻余行，余亦轰击之，余又向店内第三人开枪，但未命中。至是，余奔出店门，跨入人力车，闻警笛声，追车至蓬路与北四川路转角处，余下车行，该处有一外人，呼余将枪交与一印捕，并嘱其送其到捕房，盖余若为华人捉住，余将再杀数人，余由印捕送入虹口捕房，余缮此供，完全出于己意，余欲使此事真相为人共知也。"(《致远店伙被害案之讯结：凶犯彼得判处死刑》，《申报》1921年7月6日，第14版。)

时年已升任总司账。杨镜泉系广东香山人，年 24 岁，时任致远号总当手一职，能操英、日语，是四川路商联会发起人之一。① 北四川路 284 号致远呢绒杂货号业主刘子荣时任四川路商联会董事（该报道误认为刘子荣为副会长），并兼任四川路出席商总联合会董事。案犯系英属锡兰人彼得斯，时年 32 岁，曾任工部局救火会员役，案发前的 6 月 1 日辞职，案发时尚无正式职业。②

　　针对这样一起突如其来的敏感案件，案发当日，四川路商联会立即召开紧急会议，"一面请总联合会开临时董事会议，一面发出通告二百八十余封，遍请各公共团体共同讨论对付方法"，几乎与此同时，广东旅沪同乡团体——广肇公所也召开紧急会议，"结果决定公推汤节之、卢炜昌二君，一面延聘律师，一面与被害人家属接洽，与各团体一致行动"。③ 汤节之系广东高要人，时任广肇公所董事、上海《商报》总经理，1921 年 9 月当选为上海各路商界总联合会总董，卢炜昌亦系广肇公所董事，时任中华工界协进会会长。案发所在地的四川路商联会与案件受害人籍贯地之一的广肇公所可以称为受害人的当事方，它们在案发后立即行动起来，迅速成为抗争的核心，可见，街缘性与乡缘性是支撑两团体起而抗争的主要因素。

　　6 月 7 日，四川路商联会召开第二次会议，出席会议者 30 余人，会议通报了各马路商联会的声援来函，决定由"致远号刘子荣延毕士华大律师办理此案，以期伸雪"，并征集该案目击者自愿做见证人，"于开审时为见证"，还推定代表出席各马路商联会为"乔杨案"召开的专门会议。④ 6 月 8 日晚，四川路商联会为"乔杨案"举行了第三次会议，提出善后办法三种——"（1）为杨乔二伙开追悼会。（2）二伙家境萧条，先由本路急筹体恤，推及各路。（3）出殡时本路各职员执绋相送"，并通告本路全体商店，"每店派出一人执绋敬送，准于是日十二时半聚集一处（聚集地址北四川路元济堂），务望踊跃同进，以昭公愤，千勿观望不前，贻笑中外"。⑤ 广肇公所还联合四川路、南京路商联会

　　① 《五志换香水开枪击毙两命案》，《申报》1921 年 6 月 10 日，第 10 版。

　　② 《致远店伙被害案之讯结：凶手彼得判处死刑》，《申报》1921 年 7 月 6 日，第 14 版。

　　③ 《换香水开枪击毙两命案续志》，《申报》1921 年 6 月 7 日，第 10 版。

　　④ 《换香水开枪击毙两命案三志：各团体均开紧急会议》，《申报》1921 年 6 月 8 日，第 10 版。

　　⑤ 《五志换香水开枪击毙两命案》，《申报》1921 年 6 月 10 日，第 10 版。

等发起组织各团体联席会委员会，专门应对"乔杨案"。

6月10日下午，浦东公所为同乡乔学歧等被毙案召开紧急会议，到者数百人，会议进行了两小时，推举张伯初等三人为与各团体委员会接洽之代表，并围绕抚恤、送殡、交涉、聘请律师、惩办凶手、惩治纵凶者、奖励捕凶者、取缔租界外人携带武器等议题进行了讨论，"众议与各团体一致进行"①，同时致函交涉员许秋骠，恳请"迅予转达领袖领事，即行照办"②。此外，川沙县商会、大埔同乡会等团体也纷纷召开会议，或通电予以声援。同乡组织之间还加强联系，采取一致立场，浦东公所推选倪菊裳、潘振声为代表参加广肇公所有关"乔杨案"的专门会议。至此，受害人籍贯地之一的另一同乡组织——浦东公所也加入了抗争的行列。

(二)商联会与同乡团体的协力声援

在四川路商联会、广肇公所、浦东公所等团体的呼吁下，为"乔杨案"抗争的范围在不断扩大，一些非街缘性的马路商联会、非乡缘性的同乡会纷纷加入进来。6月6日下午二、三、四、五时天潼福德两路、汉口路、山东路、爱克界三路等商联会分别召开了紧急会议，均要求商总联会召开专门会议，讨论应对办法，天潼福德两路商联会对"乔杨案"的处理提出了三点要求：

> （甲）租界外人，自由置手枪，遂酿成自由枪毙华人之惨案，嗣后请外人当局，一律取缔。（乙）印度律，谋杀人可以抵命，故杀与谋杀同，请援照该国法律，要求抵偿。（丙）此案当凶手乘黄包车逃遁之时，店伙刘裕华追扭该凶手，而三百十三号印捕反将刘裕华摔推开，且有掌颊情事，我商民之所以纳税，原以得巡捕之保护，今适其相反，祈请将该印捕革除，并予以相当之惩词。③

天潼福德两路商联会表明了租界"华人"与"外人"的区别，从某种意义上说，与受害人相同的"华人"身份及其不平等待遇是他们起来抗争的重要因素，而惩治主凶与革除帮凶，则是抗争的直接诉求。山东路商联会在致商总联会的

---

① 《六志换香水开枪击毙两命案》，《申报》1921年6月11日，第10版。
② 《八志换香水开枪击毙两命案》，《申报》1921年6月13日，第10版。
③ 《换香水开枪击毙两命案续志》，《申报》1921年6月7日，第10版。

函中提出了联合华人团体的重要性：

> （一）须尽法惩治凶手，以慰死者冤魂。（二）设当局对于某外人或有他方窒碍，不能行使职权，吾辈须群起力争至达目的为止。（三）函告总联合会，咨请华人纳税会致华顾问及沪上各公团，加以援助。（四）由本路群起追悼，请各路赞同。（五）如果死者身后萧条，所遗家属，不能自给，除本路酌贴恤金外，再由各路代表等筹募恤金，以免生者之苦。①

"吾辈"是不同于外人的华商，"群起"强调了华人在抗争中的一致性。在各商联会的请求下，各路商界总联合会于 6 月 6 日晚召集各路出席董事开临时紧急会议，到会者 50 余人，会议通报了"乔杨案"的详细经过情形，据载，"群情颇为激昂，讨论再三，结果再征集各路分会意见"②。

6 月 7 日，南京路商联会召开紧急会议，决定函促总商会开会讨论，并推举蒋梦芸赴广肇公所、宁波同乡会发起召开各路商界联席会议，同时推举倪念先、余华龙、陈则民、卓乐生四人为代表出席商总联会讨论办法。河南路商联会适值职员常会之期，"乔杨案"自然成为会议的中心议题，讨论之下，最后决定："以严惩凶手为第一义，应请总会函请许交涉员严重交涉，咨请该管领事尽法惩治，务达杀人偿命之目的，不得以解回本国治罪之语笼统了事。"③当天开会声援的还有汉璧礼路、海宁路、文监师路、沪北五区等各路商联会及宁波同乡、绍兴同乡会等。宁波同乡会提议"召集各团体代表组织一会，专办此案"，绍兴同乡会则专门致函上海总商会，请求召开会议，讨论对付方法：

> 贵会代表商界，未闻有何种表示，非特商人解体，转虑外人窃笑，用特请愿贵会，提出交涉，务达严惩凶犯，杀人偿命及惩办该管巡捕之

---

① 《换香水开枪击毙两命案三志：各团体均开紧急会议》，《申报》1921 年 6 月 8 日，第 10 版。

② 《换香水开枪击毙两命案续志》，《申报》1921 年 6 月 7 日，第 10 版。

③ 《换香水开枪击毙两命案三志：各团体均开紧急会议》，《申报》1921 年 6 月 8 日，第 10 版。

目的，人命重大，国体攸关，幸贵会注意及之，无任激切待命。①

绍兴同乡会是上海总商会的团体会员，对总商会在"乔杨案"发生后的消极态度颇为不满，并上升到"国体"的高度，希望引起总商会的关注。

6月8日，英领署公堂对"乔杨案"进行了初审，被告彼得斯对乔、杨因遭枪击而毙命的指控供认不讳，并决定次日午后二时半再审。当天为"乔杨案"召开会议的马路商联会有崇明路、福建路、五马路、东北城、西华德路、沪北六路、北海路、北山西路唐家弄两路、嘉兴梧州两路、沪西、法租界、新闸九路、百老汇路、民国路、北城等，各路商联会或致函商总联会，希望其"联络各团体，一致力争，必达到目的而后已"，或致函交涉使，希望其"与英领严重交涉，不能敷衍了事"。至此，不仅公共租界中的马路商联会，法租界、华界中的马路商界团体也积极行动起来，加入共同抗争的行列。例如，闸北商业公会就表示"本会虽在华界，自当一致进行，务求将该凶犯尽法惩治，并要求工部局抚恤死者家属，不达目的不止"。东北城商联会也指出："此事发生，虽在租界，而同属华人，有休戚与共之谊，理应一致援助，以期伸雪。"②在各路商联会的共同要求下，商总联会终于致函交涉公署，除详述"乔杨案"经过情形外，还表达了商界的愤怒和忧虑，称"商民闻悉之下，愤慨异常，人命重要，视同儿戏，若不严行交涉，从重办理，将租界数十里，无华人安居乐业之地"，并希望交涉公署"从严交涉，详细究问，该外人所持凶器来源，以重人命而慰众情，不胜迫切待命之至"。交涉公署复函表示，将"立即函致领袖领事，严惩凶犯，以慰冤魂，并饬工部局彻究凶器来源，迅筹取缔外人带枪办法，以防后患，并查明纵凶印捕，严予究处，以重捕务，而保公安"③，随后，又表示会"派员届时前往观审，以昭慎重"④。

6月9日午后，英领署公堂续审"乔杨案"，主犯事实清楚，无从辩驳，遂将焦点集中到印捕纵凶情节上，检察官认为"当华人愤集之时，印捕或有驱众清道之必要。当时渠不知此为何事也，警察见旁观者，意欲干涉拘人事，则

---

①　《四志换香水开枪击毙两命案》，《申报》1921年6月9日，第10版。

②　《四志换香水开枪击毙两命案》，《申报》1921年6月9日，第10版。

③　《五志换香水开枪击毙两命案》，《申报》1921年6月10日，第10版。

④　《八志换香水开枪击毙两命案》，《申报》1921年6月13日，第10版。

推去之，此乃在所不免之事"①，否认了对印捕纵凶的指控。是日晚七时，广肇公所，宁波同乡会，绍兴同乡会，各路商总联会，南京路、山东路、四川路、法租界、四马路、崇明路、文监师路、邑庙豫园、唐家弄、海宁路、天潼福德两路、汉璧礼路、爱克界三路、吴淞路、武昌路、北城等商界联合会及国货维持会，浦东公所，振华堂洋布公所，金银工业会，工商友谊会，首饰工业会，时间守约会，广帮华洋杂货商会共 28 个团体的代表在广肇公所召开联席会议。会议通过了南京路商联会代表蒋梦芸提出的"对于死者身后之办法、注意处置凶手之办法、共谋以后关于租界华人之安宁"三条应对办法，并推定商总联会郑鹧鸪、绍兴同乡会曹慕管、宁波同乡会任矜蘋、广肇公所汤节之、四川路商联会陆文中、南京路商联会蒋梦芸、法租界商联会江锦春七人组成各团体联席会委员会，统一抗争行动。② 七人委员会中，除商总联会外，还有代表同乡团体的广肇公所、宁波同乡会、绍兴同乡会等组织，和代表公共租界的南京路、四川路商联会以及代表法租界的商联会，它们成为"乔杨案"抗争行动临时机构的核心。

6 月 11 日，各团体联席会委员会举行第一次会议，讨论了"乔杨案"的善后事宜，会议决定向加入联席会的各团体筹募经费，聘请律师，抚恤死者家属。③ 6 月 12 日，上海马路商联会、同乡会、同业公会等 64 个商界团体约千余名代表为乔、杨举殡，执绋送行，截至下午一时止，收到各界致送的吊礼、挽联、祭轴、花圈等共三百四五十件，下午二时起，"由广肇医院出发，经北四川路至北苏州路，向西过河南路桥，向南直至福州路转西，经西藏路往北，至新闸路，西行过新闸桥，经大统路直达广肇山庄"，"所过之处，多有万人空巷之势"④，给租界当局造成了极大的压力。

7 月 5 日，该案在英按察使署开审，许秋骢交涉员代表中国政府到堂观审，据载，"观审者甚众，多系华人"，从上午九时开始，至下午六时，经过

---

① 《五志换香水开枪击毙两命案》，《申报》1921 年 6 月 10 日，第 10 版。
② 《五志换香水开枪击毙两命案》，《申报》1921 年 6 月 10 日，第 10 版。
③ 《九志换香水开枪击毙两命案》，《申报》1921 年 6 月 14 日，第 10 版。
④ 《八志换香水开枪击毙两命案》，《申报》1921 年 6 月 13 日，第 10 版。

近九小时的审判，宣判"处该锡兰人彼得士死刑"①，并于 8 月 3 日执行绞刑。② 对死者家属的抚恤，致远号店主刘文荣"以重金抚恤霜嫠，购田以葬死者，每月仍支原薪，以养家口"，各团体联席会委员会"亦代乔杨二君家属募集恤金，以维善后"③，共募得捐款 444 元，乔、杨家属各自分得半数。④ 至此，"乔杨案"的抗争与善后行动基本结束。

(三)"乔杨案"抗争中的多重驱动

其实，"乔杨案"的发生多少有些偶然，但放到租界制度下不平等的华洋关系背景下，却是华人的生命安全有无保障的生存权问题，这是最基本的市民权。五四运动后，上海商人的国权、商权与人权意识均大大提高，租界华商掀起了声势浩大的市民权运动，要求租界里的华人享受与外人平等的权利。从某种意义上看，市民权运动孕育并催生了马路商联会，马路商联会的兴起又推动了市民权运动的深入发展。因此，作为一个刑事案件的"乔杨案"看似普通，且多少有些偶然，但放在市民权运动这一大背景下，随案而起的抗争就是一种必然，并且构成范围广泛的市民权运动的一项重要内容。

当然，在"乔杨案"的抗争中，现代街区意识与传统乡缘意识始终是商界团体联合的共同精神元素。从参与抗争的主要团体看，不是马路商联会，就是同乡会，而且案发所在地的街区组织——四川路商联会和受害人籍贯地的同乡组织——广肇公所与浦东公所，成为抗争的发起者与组织核心。如前所述，各马路商联会是以商业街区为活动范围、以中小商人为主要会员的民间组织，作为市民权运动的副产品，维护同一街区内华商的共同利益是其基本目标，商联会的宗旨在一定程度上反映了广大中小商人谋求新型互动关系的诉求，如沪西商联会"以研究商业道德，联络各号感情，协力提倡国货，询谋公共利益为宗旨"⑤，东北城商联会以"联络商界感情，借通彼此声气，谋商业之发达，尽国民之天职"⑥相号召，山东路商联会"以研究商业常识，增进

---

① 《致远店伙被害案之讯结：凶手彼得判处死刑》，《申报》1921 年 7 月 6 日，第 14 版。
② 《致远号命案凶犯执行绞刑纪》，《申报》1921 年 8 月 4 日，第 14 版。
③ 《乔学歧父之谢函》，《申报》1921 年 7 月 5 日，第 14 版。
④ 《致远号伙抚恤事宜之会议》，《申报》1921 年 8 月 10 日，第 14 版。
⑤ 《沪西商业联合会开成立会》，《申报》1919 年 9 月 1 日，第 10 版。
⑥ 《东北城商业联合会之组织》，《申报》1919 年 9 月 5 日，第 10 版。

商人道德，敦睦本路感情，协力提倡国货，合谋公共幸福为宗旨"①。这些都反映了经营临街商铺的中小商人对商业街区这一随着城市化发展而出现的新型社区的认同。从其实际职能看，商联会将为广大商人排忧解难放在极其重要的位置。例如，北城商联会负有保卫北城一带会员的责任，会员中"如有冤抑受诬，因而损害名誉、身体、财产，就本会能力所及，经调查确实后，设法救济之"②。东北城商联会亦有同样的规定："如有冤抑而受不当之诬，于名誉财产上有关系者，则就本会能力所及，经职员调查确实，须由入会者全体负责，以法律救济之。"③商联会联结商人互助，甚至在必要时实施法律援助的行为，对于社会地位相对低下、有时孤立无援的中小商人来说，具有较强的吸引力。

近代上海的同乡会是客籍商人在传统乡缘意识基础上形成的同乡组织，据初步统计，民国时期上海的同乡团体多达150余个，"各处之旅沪者，皆立会馆以通声气，宁波人最多，所立者为四明公所。粤人次之，所立者为广肇山庄、潮惠会馆。他若湖南、楚北、泉、漳、浙绍、锡金、徽宁、江宁、江西等处，各有会馆，此外未设会馆之处，每月有开同乡会者，亦联络乡情之意也"④。同乡团体通过乡贤、乡亲、乡情、乡音等乡缘因素，维系异地同籍商人的团结，为客商营造"家"的氛围，成为客商维护同乡利益、融入当地社会的重要纽带。正如绍兴同乡会会歌所写："沪滨集乡贤，话桑麻，乐也融融，谋公益，弭偏灾，畅叙幽情一堂中，仗义执言，自助助人互助风，乐育菁莪，生聚教训贯始终，绍萧诸余上新嵊合一家。"⑤在同乡商人权益受损时，同乡会往往代为申诉、交涉，伸张正义，成为同乡商人异地经商的强有力后盾，如光绪年间的广肇公所规条曾规定"公所遇有同乡向系安分之人，被人欺侮，或被牵累，公同具禀保释"⑥，浦东同乡会章程也有"扶助善良昭雪抑冤"

① 《上海山东路商界联合会章程》，《申报》1919年11月28日，第11版。
② 《北城工商联合会之筹备》，《申报》1919年7月21日，第11版。
③ 《东北城商业联合会之组织》，《申报》1919年9月5日，第10版。
④ 李维清：《上海乡土志》第29页《会馆》，转引自王日根《乡土之链：明清会馆与社会变迁》，天津人民出版社1996年版，第318页。
⑤ 郭绪印：《老上海的同乡团体》，第596—597页，附录1。
⑥ 彭泽益主编：《中国工商行会史料集》下册，第879页。

之类的规定，绍兴同乡会则将"救济旅沪乡人之损害（如冤抑受诬因而损害身体名誉财产者，得依法律以救济之）"①作为主要功能之一。随着外国经济势力的侵入，同乡团体在抵御外侮、维护同籍商人利益方面发挥着重要作用。例如，四明公所在 1874 年、1898 年两次反对租界当局强买义冢地的冲突中，成功地凝聚宁波同乡力量，在与法租界公董局的斗争中体现出空前的一致性与坚定性，并取得了胜利。

当街缘、乡缘因素交织在一起时，相关的马路商联会、同乡会就会联合起来抗争，与"乔杨案"中的乔学歧、杨镜泉的同街、同乡关系是四川路商联会、广肇公所、浦东公所迅速联合起来的重要原因，然后，从同街、同乡到街邻、乡邻，逐步扩展到其他街区、客商组织，参与抗争的范围、人数如同滚雪球般迅速扩大，并在团体的归属性上获得了支持。商联会与同乡会都是具有地缘性的民间团体，但两者又有明显的差异，商联会会员来自同一街区内经商营工的中小商人，他们的籍贯不一定相同，经营的行业也有差异，但强调街缘性，同乡会会员虽不一定来自同一商业街区，从事的职业也多种多样，但必须是籍贯相同的客商，强调的是乡缘性。如果说商联会是随着城市化发展而出现的新型社区性团体，那么同乡会就是以传统乡缘为纽带的客商组织。但是，如果不突破地域局限，抗争的范围便难以进一步扩大，抗争的力度也受到限制。我们看到，在"乔杨案"的抗争中，"同乡""同街"的概念被进一步放大，内涵进一步扩充，并被赋予了鲜明的、基于共同命运的民族意识，成功地使得抗争行动超越同街、同乡范围。例如，山东路商人郑鹨鹄在支持抗争行动中指出："为一区区香水，而外人竟以手枪相向，似此行为，其视我华商当何等看待。吾人若不群起援助，势必祸及己身。此事发生，虽属四川路，吾人应当做本路一体看待。"②可见，在与乔、杨没有街缘、乡缘关系的山东路商人看来，被害人虽系广东人、浦东人，虽工作在四川路上，但都同属"华商"，不应局限于四川路商联会的抗争，也不只是广肇公所、浦东公所的单打独斗，需要群起声援。这种民族意识成为"乔杨案"抗争中驱动华人参与声援的群体意识，如崇明路商联会认为"该行凶外人，目无法纪之处，

实属有意轻视吾同胞生命，莫不愤激异常"①。南京路商联会陈则民曾表示此次"外人因调换香水细故，竟枪杀店伙两人，殊属不法已极，非严厉对付，并谋善后办法，则此后我中国商人，何能立足"②，这表明抗争行动是要为中国商人争生存权。在外侮面前，华人更需要相互帮扶，"我们居处租界，来日方长，若对此漠然视之，不加援手，将来设有不幸之事，临诸己身，则人必以今日我之如何待人者而待我也"③。

总之，"乔杨案"发生后能够迅速展开审判程序，并且使凶犯受到应有的法律制裁，与华人强有力的理性抗争是分不开的。这场抗争并非"鼓噪家"刻意鼓动的结果，也不是狭隘的民族主义行为，而是多重力量驱动的集体行动。在这场理性抗争中，街缘、乡缘是积聚华人力量的基本因素，由同街、同乡扩大到街邻、乡邻，并转化为民族意识，带有悲情色彩的民族意识才是动员华人抗争的根本原因，马路商联会、同乡会在抗争中发挥了组织作用，并在同街、同乡关系交集时，构建起了民族意识基础上的以相互协调、一致行动为目标的新型互动关系。当然，"乔杨案"的审判终究是由租界当局主导进行的，虽然抗争取得了胜利，但改变不了治外法权的性质，也改变不了租界制度安排下中外不平等的现状，这是时代的局限性，更是近代中国的悲剧。

三、"陈阿堂案"④：商贩之死后的抗争

1926年8月4日，浦东商贩陈阿堂惨死在停泊于浦东码头的日本"万里丸"轮上。消息传开，上海舆论哗然，各界展开了重构"陈阿堂案"的努力，并纷纷通电，要求惩凶、道歉、赔偿。然而，在领事裁判权的庇护下，日本驻

---

① 《四志换香水开枪击毙两命案》，《申报》1921年6月9日，第10版。

② 《换香水开枪击毙两命案三志：各团体均开紧急会议》，《申报》1921年6月8日，第10版。

③ 《换香水开枪击毙两命案三志：各团体均开紧急会议》，《申报》1921年6月8日，第10版。

④ 陈阿堂，又作陈阿唐，上海浦东人，时年49岁，住在上海菜市街137号，1926年8月4日被殴死于日轮"万里丸"。该案初起时，《申报》标以"陈阿唐案"，后改称陈阿堂，故本书统一称陈阿堂，但文献中出现陈阿唐之名时，仍保持原貌。

沪领事馆于 8 月 23 日将凶犯解送长崎，按日本法律审判。12 月 2 日，该案在长崎地方裁判所正式"开庭公判"。中国驻长崎领事郭则济"代延之律师出庭，为陈阿堂辩护，要求惩凶"①。12 月 7 日，一审终结，凶犯藤间房太郎、城户库二分别被判处四年、二年徒刑。② 同时，日本驻沪领事馆也判决民事赔偿三千元。在不平等外交的束缚下，国民的大规模抗争也只能暂告一段落。从该案始发至一审终结，《申报》进行了追踪报道，不仅留下了大量完整的一手材料，也反映了上海各界对此案的广泛关注。本书的旨趣不在"陈阿堂案"的法律层面，而是希望透过这起在当时引起轩然大波的命案，分析其背后社会各界的反应与应对，及由此透视出来的近代中日关系的复杂性。

（一）各方对"陈阿堂案"的重构

"陈阿堂案"最初的记载见于《申报》1926 年 8 月 7 日第 15 版"本埠新闻"栏内，共 430 余字，以一普通新闻事件出现在一个不太显眼的位置，为分析便利，兹照录如下：

> 日轮万里丸，于本月四日停泊浦东华栈码头时，有浦东人陈阿唐，忽至该轮，旋即毙命于煤舱间内。经威妥码头水巡捕房庞捕头查悉，派探孙阿桂前往查询，据称陈阿唐，系惯行窃盗，时在各轮船窃取物件，该轮是日适失窃时表一只，当由水手目培生在陈身畔搜出，正拟拘捕，陈畏罪往外图逃，不料举步仓惶，撞在船边铁器上，致将头颅碰伤致死等语。该捕当即回禀庞捕头，旋率医生等登轮，检验得死者陈阿唐太阳穴上头颅破碎，惟脑膜尚未受重大损伤，左右肋亦有伤痕。当以浦中主权，属于华官，遂将尸身异至救生局，报经地检厅，越日奉孙检察长委派沈检察官等莅验，确系因伤身死，遂填明尸格，由堂收殓。昨日沈检察官交傅原办包探孙阿桂到厅，讯问当时经过详情良久。惟尸亲方面，昨据尸妻陈宋氏具状投厅，略谓住在浦东十八间地方，伊夫陈阿唐，今年四十九岁，系至该轮贩售食物，遭轮内人员诬窃殴毙，要求申雪，并

---

① 《陈阿堂案定期在日公判》，《申报》1926 年 11 月 28 日，第 15 版。
② 《陈阿堂案在日审判之结果》，《申报》1926 年 12 月 14 日，第 9 版。

请领棺等情。当奉谕着静候示下办理。又据水巡捕房消息，谓该轮自肇
衅后，业经日警署将轮内与此案有关系之日人五名逮解日领事署讯办。①

　　这则最初的记载表明，陈阿堂于8月4日死于停泊在浦东华栈码头的日
轮"万里丸"上。关于其身份及死亡的原因，有两种解释：一是威妥水巡捕房
包探孙阿桂的查询，据称陈阿堂系一小偷，惯行窃盗，当天行窃被发现后畏
罪逃跑时"碰伤致死"，如此说来，陈阿堂的死是罪有应得，至少与"万里丸"
上的日轮官兵无关；二是死者之妻具状投诉，称陈阿堂是一商贩，事发当天
至该轮贩售食物，被"轮内人员诬窃殴毙"。陈阿堂究竟是小偷还是商贩，是
"碰伤致死"还是被"殴毙而亡"？两种解释尖锐对立，既构成"陈阿堂案"的关
键，也决定该案的性质截然不同。平心而论，两种解释均不足信。孙阿桂的
查询对象虽是亲历此案全过程的日轮官兵，但涉案者开脱责任的心态，使他
们偏向于将"陈阿堂案"描述为一起普通的死亡事件，并有可能将陈阿堂妖魔
化，以洗脱其应该承担的责任。死者亲属的陈诉，出于人之常情，尽可能推
翻对死者的诬陷，还其一个正当商人的原貌，并要求申雪。问题在于，"陈阿
堂案"亲属并非亲历者，诉述中关于陈阿堂系被"轮内人员诬窃殴毙"的说法究
竟从何而来？如果其说法来自日轮上的亲历者，或能够获得亲历者的证实，
那么，陈阿堂被日人殴毙的指控就应该接近于该案的真相。

　　这起看似普通的新闻事件，很快唤起了人们对1925年五卅运动中的"顾
正红案"的记忆。陈阿堂在日轮上的离奇死亡迅速在上海坊间传开，并引起了
上海各团体的广泛关注。围绕着陈阿堂的死因，上海各方展开了重构该案的
努力。与陈阿堂生前过从甚密的商店祥茂昌报告菜市街商界联合会，补充了
该案的一些细节：

　　　　有友人陈阿唐，在浦东华栈码头当小工，暇时并贩卖洋酒点心为业，
　　于本月三日下午二时，在日船万里丸上，因索取欠资争执，被日水手凶

① 《陈阿唐在日轮受伤身死之相验》，《申报》1926年8月7日，第15版。上海地检厅
的检验报告直到8月25日该厅致许交涉员的公函中才披露，《申报》随即加以跟踪报道："已
死者太阳穴左有伤一处，斜围一寸五分，颧右亦有伤一处，伤痕参差不一，胁肋亦有擦伤
一处，断续不齐。"（《陈阿堂案昨日消息》，《申报》1926年8月25日，第13版。）

殴毒打致毙。日水手肇祸后，希图移尸灭迹，经人报告水巡捕房，派员前往搜查发觉，业经地检厅验明，请主持公道，予以援助。①

不过，在该案发生的时间上，祥茂昌店认为事发于 8 月 3 日下午，与最初的报道略有出入。死者所在地的同乡组织——浦东同人会则认为"陈阿堂案"发生于 8 月 6 日，并于 8 月 9 日召开紧急会，推派韩尚德、黄福堂至浦东华栈码头，实地调查真相：

> 查陈阿唐于本月六日，赴日轮万里丸贩售食物，因索欠资，竟被日人逞凶毒殴而毙，草菅人命，殊令发指，本会谊属同乡，理应出为援助。②

可见，"陈阿堂案"发生后的数日，坊间流传的关于陈阿堂的死亡时间仍说法不一，却一致认为陈阿堂系"因索欠资"而被日人"殴毙"，且情节极其残忍。四马路商联会对该案件的重构中夹杂着强烈的义愤：

> 日轮万里丸水手将小贩陈阿堂殴毙，装入麻袋，拟抛诸海中，希图灭迹，此种行为，残酷已极。小贩至该船售物，将本求利，并无不是，索所欠之资，亦由事所应然，该水手非但不偿所欠，反敢殴辱至于毙命，复思抛尸灭迹，事既败露，又诬称行窃，蛮横无道，不法已极。③

工商友谊会在致交涉公署许交涉员的函电中也提到了用麻袋毁尸灭迹这一细节：

> 八月三日日轮万里丸水手，竟以极惨酷之手段，对待我劳苦谋生之小贩，甚将已死之尸体，及麻袋细缚，移藏煤堆，希冀灭迹，此种惨无人道之举动，实为近世所罕见。④

---

① 《陈阿唐案将提起交涉》，《申报》1926 年 8 月 8 日，第 13 版。
② 《各团体一致注意陈阿唐案》，《申报》1926 年 8 月 9 日，第 13 版。上海马路商界总联合会也认为该案发生于 8 月 6 日。
③ 《陈阿堂案之昨闻》，《申报》1926 年 8 月 10 日，第 13 版。
④ 《陈阿堂案之昨闻》，《申报》1926 年 8 月 10 日，第 13 版。

尽管上述团体或出于业缘，或出于乡情，对陈阿堂的死表示了极大的同情和义愤，但也毋庸讳言，这些见诸文字的案件描述大多系流传于坊间的传闻，以至于在死亡的时间上也出现了不同版本。不过，越来越具体的细节补充，也使得该案的真实过程越来越清晰地展现在人们的面前。随着该案被关注的程度越来越深，民愤越来越大，上海一些民间团体开展了大量调查取证工作，该案的目击者也纷纷出面予以证实。8月10日，陈阿堂老母陈姚氏具状地方检察厅，详述该案经过情形：

> 窃死者陈阿堂，系氏之亲生子，现年49岁，因家计寒微，专在各轮船上贩卖洋酒点心各物，以资糊口，祸缘三月阴历二十六日（即阳历8月4日——笔者注），氏子前往该被告船上，贩卖食物，并向被告索取所欠酒资，乃该日人倚势凌人，遽将氏子关闭船上空房，施用残忍手段，先将氏子之口鼻强暴塞满，使其不能喊叫，随用种种酷辣手段，任意毒打。按该船上仅有中国人两名，余均日人，当毒打时，为烧火之中国人，见而不忍，代报水警搭救，最后幸为抄查军火之探捕，于煤堆下发现尸足，本案用自发觉。非然者，该日凶手行将于开船后，带至三夹水，弃尸灭迹，乃不料该凶手，于案发后，犹希图推诿，并诬蔑氏子窃取伊之金表等，谰言侮辱藐视，以氏之生命为儿戏，已可见一斑。伏思氏年逾七十，儿媳孙女，一家人之生计，此后倚靠何人，为此迫不得已，具状泣求厅长钧鉴，俯赐饬提该凶手到案法办，并附带追偿抚恤，以儆不法，而伸奇冤。①

死者的母亲在诉状中再一次指控日人殴毙陈阿堂，并希图"弃尸灭迹"，更重要的是，殴打陈阿堂的过程为日轮上的中国伙夫亲眼所见，其真实可靠性当毋庸置疑。8月11日，浦东公所又公布了朱少沂、王芹伯二人对"陈阿堂案"的调查结果：

---

① 《关于陈案之昨讯》，《申报》1926年8月11日，第13版。陈阿堂母亲的诉状应为他人代写，但诉状中的情节从何而来？据上海地检厅侦讯，"尸属方面所诉，亦仅据谓有老三者，及该轮华役二人传言，亦不能证明当时实在情形"（《陈阿堂案昨日形势》，《申报》1926年8月13日，第13版）。

陈阿堂住浦东十八间地方，母姚氏，妻宋氏，女 15 岁，前充进出口轮舶夫役，略知各国方言，欧战以还，即告歇业，挈其妻女，迁居上海菜市街宝兴里 137 号，以贩洋酒糖果各食品度日，向进口各轮舶兜揽生意，凡习熟者，并有欠帐往来。此次肇祸起因，系向日水手讨前班所欠食物款项，始于船面，被五人殴打，继被日水手将伊口鼻耳目扎没，两手反缚，两脚向后捆缚，屈闭于大菜间内，而船下出煤扛煤小工，犹以为相知打趣，不甚留心，既晚，扛煤毕事，小工等陈阿堂上岸，报告看栈房巡捕，始以为谎报，小工等催逼巡捕，如果确实而有性命之虞，肯负责否？巡捕答称，当然负责。至不得已时，由岸巡颜士国报告水巡，由水巡派划子二只，一守于万里丸之头，一守于万里丸之尾，一夜毫无动静，至晨仍由水巡报告海关，派水务司协同关员，以查军火为由，到万里丸上查抄，其时丸上之煤，只剩十余吨，自上至下，查抄不见，乃用侦察方法，于煤舱内将陈阿堂查出，扎缚如故，即将万里丸出口旗送请海关扣留，不许万里丸出口，故现仍泊于华栈码头。由海关咨照交涉公署，由交涉公署用电话通知地检厅相验，系属谋毙，情节显然。①

陈阿堂的家庭状况、住址、职业、案发经过等，在浦东公所的调查中一目了然，案发经过系该轮"出煤扛煤小工"所亲见，并经颜士国报告水巡始告破。8月 12 日，浦东同人会在呈送给交涉公署的公函中披露了相同的调查所得：

同乡陈阿堂专做码头小贩，八月四日下午二时，在浦东招商局华栈码头日本万里丸轮船向水手索欠，致遭凶殴毙命，幸有工头颜士国留心视察，未见阿堂下轮，报告水巡捕码头，官等先后上轮查问，该轮均以

① 《陈阿唐案之昨闻》，《申报》1926 年 8 月 12 日，第 13 版。吴凯声律师进行了大量的调查取证，编制《陈阿堂案报告书》，以备司法诉讼，该报告书内容包括："(1)陈阿堂及其亲生女秀琳之小影；(2)陈之妻陈宋氏及寄子鸿年之小影；(3)陈阿堂生母陈姚氏之小影；(4)陈惨死后之小影；(5)陈批货时之发票；(6)陈之信件：(甲)事实概略；(乙)经过情形；(丙)证据调查：陈阿堂之生母陈姚氏及妻陈宋氏之供述、证人颜士国之供述、上海地方检察厅检验书、侦查笔录、上海地方检察厅查验后致交涉署之报告。"(《陈阿堂案之积极进行》，《申报》1926 年 9 月 24 日。)11 月中旬，吴凯声律师又致函中国驻长崎领事郭则济，"并附陈阿堂平日营业账折一个，请其即日提出日本法庭，此物足证前时向日船索账，并未偷窃"(《吴凯声为陈案致鲍振青函》，《申报》1926 年 11 月 16 日，第 14 版)。

早经登岸为辞，及至翌晨，海关派员验货，方在煤舱查获尸身，已扎成包裹，预备抛弃水中，毁灭痕迹。①

在受害人家属、社会各团体积极调查、复原"陈阿堂案"的同时，各路商界总联合会、法租界商总联会法律顾问吴凯声开始了取证工作，他于8月15日参加"陈案"委员会会议时，"当众向证人面询一切，并笔之于书"②。证人为颜字国，系浦东小工头，其证言于8月25日发表于《申报》上：

> 吾向在浦东各码头为小工头，阴历六月二十五日，吾照常在日本轮船万里丸上，偕同工人作工，是日下午二时左右，见小贩陈阿堂到船，售卖杂食，吾与陈阿堂向系认识，彼乃专在各轮船售卖杂食者，故相见之后，即行各事其事。嗣于二时半模样，我与三老班（华人）见陈阿堂与一日本水手口角，该日人即挟陈阿堂入大副房向隔壁之室内，并将门锁闭，时船上群人小工，闻声麇集，日人驱逐，不准观看。我等乃于窗外玻璃窗洞向内窥探，不见动静。约三点钟左右，又见该日人将陈阿堂从原房间内拖出，推至下层火炉间内，时陈阿堂头上被日人以帆布裹扎，五官不见，四肢被缚，蜷曲如猪，至下午六时，吾等工作已毕，但未见陈阿堂出外，且闻陈阿堂被推入火炉间内，日人以煤块堆压其身。吾以是日天气极热，火炉间内，其热尤甚，被缚陈阿堂关闭在内，即不毁打，亦将热毙，吾乃情急，向前充跑码头现在浦东开小酒店之张老三报告，恳其设法营救，因张老三略知英语，与码头鬼（即管理码头之英人）均极熟悉，张老三闻言，因系外人欺侮同胞，当即至码头上，向码头鬼说明一切，码头鬼即至万里丸上询问，当据日人答称，陈阿堂已于一时释放出外矣，码头鬼据此以告张老三，张亦以此转告吾，与吾询之同伴，咸谓未见放出，再知船上向生火华人探问消息（一年四十余岁有胡须，一年三十余岁，均北方人），据答，陈阿堂何尝被放出外，现尚在火炉间煤堆内，头上被日人包裹帆布，须要帮忙，请快些。迟恐不及，惟吾因在船上作事，系吃日本人的饭，故不敢讲话，因说出后，与自己性命，恐亦

---

① 《陈阿堂案昨日形势》，《申报》1926年8月13日，第13版。

② 《陈阿堂案昨讯》，《申报》1926年8月17日，第14版。

有危险也，时为七点左右，吾得此消息，遂至该码头巡警处报告，当时巡长谓，巡官现不在此，而此案关系重大，我不敢作主。至八时许，再往巡捕房报告，是时值班包探，为沈阿桂，与吾相识，吾将万里丸日本水手殴毙华人陈阿堂情形，并请彼顾念同胞之情，为陈雪冤，沈阿桂犹豫不决，不敢贸然从事。继蒙允派舢板二艘，彻夜在该轮附近游巡，盖防其于深夜，将尸抛入浦江，以为毁尸灭迹之计。以上情形为吾亲眼所见，及往各处报告之经过，毫无虚言，并敢绝对负责。至次日早晨七时，吾再至码头工作时，同伴告吾，谓于清晨六时左右，水巡捕房包探沈阿桂，带同西捕数人，至万里丸上，以搜查军火为名，上船侦查，日人情虚，自行告发，谓陈阿堂遗尸，尚在该轮火炉间内，即由四日人将尸搬出，移至一小轮上，先至水巡捕房，嗣往海关理船厅后，至南辅元堂，由地方检察厅验尸，以上情形，吾之同伴所看见及告我者。①

颜字国当与浦东公所、浦东同人会的调查报告中出现的颜士国系同一证人，在上述证言中还提到了前述所有记载与"陈阿堂案"家属诉状中出现的其他亲历者，可以说是迄今为止各种调查中最详细、最完整的案情复原记录。从其证言看，案发经过系颜字国"亲眼所见"，且"毫无虚言，并敢绝对负责"，颜字国将案情报告水巡，对破案起了关键作用。至此，"陈阿堂案"真相大白，日人对陈阿堂的死亡难辞其咎。但是，"陈阿堂案"发生后，日方对此案可谓竭力掩饰，极力开脱，日本驻沪总领事矢田于8月9日对《申报》记者首次表明了日方对"陈阿堂案"的看法，将陈阿堂描述为一个盗窃惯犯，但不得不承认日轮水手殴打陈阿堂的事实：

据敝处初次侦查，悉死者陈阿堂，系积窃，因摸窃万里丸船员某之时计一枚，被获奔逃，失足下跌，遂致身死。惟据今日（即8月9日——笔者注）敝处警吏继续侦查所得，陈阿堂窃表被获后，闻有被殴情事，敝署警吏今日即将万里丸全体船员传案侦询，其中二人有行凶重大嫌疑，业已拘禁领事署监狱中，余则询系无干，均即省释，被禁之二人，一俟

① 《陈阿堂案昨日消息》，《申报》1926年8月25日，第13版。

侦询完毕，如确有行凶行为，即当申解领署公堂，依法惩办。①

日驻沪领事署的侦询结果是，日人藤间房太郎、城户库二确有重大行凶嫌疑，根据领事裁判权的规定，判处一年以上徒刑，须移送案犯至本土审讯。于是，8 月 24 日，日方不顾中方舆论的一致反对，将"陈阿堂案"主犯解送日本长崎。日方以此摆脱中国民间舆论的监督，逃避中国法律的审判，却还美其名曰此举乃尊重国际法，依据领事裁判权限行事。果然，长崎地方裁判所接手该案后，便认定"陈阿堂曾屡犯窃盗在案，此次亦系因窃被殴，与寻常无故被殴情形不同，依法加害者所负刑事上责任，亦不无轻重之别"②，其重罪轻判的态度已不言自明。12 月 7 日，长崎地方裁判所在最终判决书中仅以日本刑法中的"不法监禁"和"伤害致死"行为，分别判处藤间房太郎、城户库二有期徒刑四年和二年而结案。令人称奇的是，长崎地方裁判所完全偏听日方证言，置中方证据于不顾，在复原案情过程中将陈阿堂极力抹黑为盗窃犯，赋予日人的犯罪行为以正当性与合理性：

> 被告人俱为神户市海岸通二丁目株式会社，滨松商店所汽船万里丸之乘组员，库二为一等运转士，房太郎为小水夫长，此船于大正十五年八月三日，在上海招商局浦东市码头碇泊中，被告人房太郎，发见为盗窃犯之中国人陈阿堂，潜入其自己舱房内，窃取其时表一个，遂追踪至舱内之走廊下而逮捕之，并与其他船员数人，共加以殴打，被告人库二闻声驱至，以为将陈立即释放，恐陈必纠合本国人作复仇之举。被告人等遂共商酌，谓不如暂时监禁船内，俟船出帆之际再释放之。因此被告人库二遂命茶房古垣正道，以麻绳背缚陈之两手，被告人房太郎缚其两

---

① 《陈阿堂案之昨闻》，《申报》1926 年 8 月 10 日，第 13 版。日总领事所谓初次侦查，显系日轮"万里丸"船主的一面之词，该船主亦对水巡捕房做了同样的描述："万里丸船主报告，声称于午后五时，水手头目房中挂表一只，是时房内无人，有一华人，闯入该房，窃得此表后，正拟遁开，适水手头目返，岂知表被盗，遂追逐该华人，渠经过引擎间时，将引擎放去，奔向对面之煤间内大意失足堕落，致受伤甚重等语。"（《陈阿堂案昨日消息》，《申报》1926 年 8 月 25 日，第 13 版。）又据载，日轮两嫌犯，一为该轮大副城户库二，一为水手藤间房太郎。（《陈阿堂案昨日形势》，《申报》1926 年 8 月 13 日，第 13 版。）

② 《陈阿堂案移日后情形》，《申报》1926 年 9 月 13 日，第 14 版。

足，被告人库二复以陈所持之类似手帕之布类一方，施以□头而禁闭之于该船一等舱房内，加以锁钥，又虑其将舱房污损，午后五时半许，更有水夫元贝忠六外二人，将陈移入同船之石炭库内，被告人库二于此，为欲防陈之喧骚，后将船内药局所有之约长三尺之纱布而包以脱脂棉之物，欲之塞陈口，因陈口苦不开，遂以石炭块逼之使开，仍不复开，因此被告人房太郎以船具中称为スパィキ之捧，强将陈之口撬开，被告人库二即将前记之包有脱脂棉布以縶其口，并在头部缠络二次紧缚之，使下颚直达咽喉部，且将缚脚之麻绳之一端，缚置之于舱库之铁柱上，至同日午后六时许，陈遂为上所记之縶头窒息而死。①

可见，在治外法权的庇护下，长崎地方裁判所全然不顾中方证人、证言、证物，完全采信日方证词，重罪轻判。消息传到上海，各界对此判决均表不满，认为"日人有意殴毙华人，竟以惩役四年了事，未免轻视华人性命"②。但是，在不平等外交的束缚下，国民抗争终究未能改变日方判决，中国商贩之死终成一历史悬案。如果说"陈阿堂案"移送长崎地方裁判所是对中国法律的践踏，

---

① 《陈阿堂案在长崎判决全文》，《申报》1926 年 12 月 26 日，第 10 版。长崎地方裁判所的最终判决不承认陈阿堂是小贩商人，反将其说成是窃贼，所以凶手不以杀人罪论，而以伤害致死及不法监禁定刑。该案凶手最终重罪轻判，除日本享有治外法权外，中国法制落后亦是重要因素，时人在总结"陈阿堂案"时曾说："其所以失败的理由：（1）上海地方检察厅的验尸单（鉴定书），（甲）说是已死无名男子一名；（乙）'验得该尸系生前跌伤身死'，如此验尸单，何能提出于日本法庭。盖陈氏若系生前跌伤身死，则与日人何尤，何必费各公团力争，所以这单终究不能提交日本法庭，但是因为没有鉴定书的缘故，所以由他武断的说，是由窒息而死，所以无法医鉴定书，是此案失败原因之一。（2）上海地检厅的报告，对证人颜子清之质问说'你知道他（指陈）以前为偷表时，本厅办过他的罪么？'，又据水上署的刑事孙氏的陈述说'陈阿堂乃前科二三犯，常在船做窃贼的，我也难捉住过他两回。'若如此，则中国官厅只能证明陈是窃贼，而不能证明他是一个正当做小生意的商人，所以日本法庭只承认陈是窃贼，被告律师有云'在上海那样无警察状态的地方，拘禁与殴打陈氏，是有责任者所应为的'，所以不证明他是小贩商人，而反证明他是窃贼。亦为此案失败原因之一。此外如交涉使许沅（即许秋骉）致长崎领事公文，说陈姚氏为陈阿堂之发妻，而交署之又一公文（第 115 号），则述陈姚氏 69 岁，乃陈阿堂之母，而吴凯声律师之报告，则谓陈姚氏 71 岁，乃陈阿堂之母。此种报告，不知谁是谁非，令人无从稽考。"（《陈阿堂家属致谢会纪》，《申报》1926 年 12 月 27 日，第 10 版。）

② 《各界对陈阿堂案判决不满》，《申报》1926 年 12 月 15 日，第 10 版。

那么对"陈阿堂案"主犯的重罪轻判则是对人类生命权的藐视。这样的结果或许早在上海民间舆论的预料之中，因此，"陈阿堂案"发生后，上海各界、各团体掀起了声势浩大的声援和抗争，它们并不认为这是一起普通的刑事案件，而是一场捍卫国权、人权、人道和公理的斗争，在这场斗争中民间的声音不可缺少。

（二）声讨与声援：上海商界对"陈阿堂案"的应对

的确，"陈阿堂案"一经报刊披露，即在上海坊间流传开来。其实，民间对"顾正红案"及五卅运动的集体记忆犹新，"陈阿堂案"的发生放大了民众对日人的恶感，人们无不对同胞的离奇死亡寄予无限同情，对加害于同胞的日犯无比愤怒。上海商界率先发出愤怒的呼声，菜市街商联会认为："日人凶横成性，无法无天，当在我国境内，逞凶横行，今该万里丸水手，不特不偿欠资，反敢凶殴毒打，移尸灭迹，实属灭绝理性，蔑视人道，若不严重交涉，则死者含冤莫白，生者人人自危，敝会以为此事，关系于公理、人道、国体、主权至重且大。"①山东路商联会也认为该案"关系国体主权、公理人道，至重且大，若不严重交涉，则此例一开，日人益将为所欲为，无所顾忌，长此以往，吾民宁有噍类"②。商总联会痛斥："日本口谈亲善，心实叵测，貌为和平，志在侵略，伺隙尝试，野心未戢，又复残忍其性，嗜杀成癖，虽野蛮民族，亦无若彼之甚。吾华人之横被惨杀者，盖已屡见不鲜，而日人怡然安之，视为固然，苟稍知人道，何忍出此？"③

商界组织纷纷通电声讨日犯，希望以此保持对日强大的舆论压力，并成立"陈案"委员会，聘请法律顾问，以作为政府后盾，将最终解决"陈阿堂案"的希望寄托在政府身上。菜市街商联会率先致函许交涉员，希望以外交方式解决，"敬恳贵交涉员，迅向驻沪日本领事提出严重抗议，务令严办凶手，优恤尸属，向中国官厅道歉，并担保以后不发生同样事件，以保民命，而维国权"④。爱多亚路商联会亦致函许交涉员，要求他"负折冲樽俎之任，尚乞据

① 《陈阿唐案将提起交涉》，《申报》1926年8月8日，第13版。
② 《陈阿堂案之昨闻》，《申报》1926年8月10日，第13版。
③ 《陈阿堂案昨日消息》，《申报》1926年8月16日，第14版。
④ 《陈阿唐案将提起交涉》，《申报》1926年8月8日，第13版。

理力争，严重交涉，以雪沉冤，而重民命"①。马路商界总联合会则推举王延松、程祝荪、陆文韶、邬培因、王汉良五人为"专责办理是案委员"，于 8 月 9 日晋谒淞沪督办公署总办丁文江、江苏驻沪交涉使许沅，面递公函，希望政府"据理力争，设法将凶犯归案办理，以平公愤"，并表示，"此事欲得公平解决，最先须将万里丸扣留，并将凶手向日领事引渡归中国法庭按律惩治，至日政府向中国道歉，并抚恤等乃第二步，望交涉使严重向日领交涉第一点"。② 同时，其致函上海总商会、律师公会、浦东同人会，表示对该案"自非合力对付，将无以为死者雪沉冤而为生者求安全"，希望上述团体"迅即派员公同办理，以厚实力，而资进行"。③ 上海各路商界总联合会组织"陈案"委员会后，多次召开会议商讨反抗方法，并聘请张一鹏、陈霆锐、吴凯声、蒋保釐、何世桢为法律顾问，"以研究法律上之手续"。④

与此同时，商总联会还积极开展国民外交，表明中国人民对"陈阿堂案"的态度，争取道义支持。8 月 13 日，商总联会致函日本驻沪总领事矢田，要求"将凶手提案，按照法律，处以杀人之罪，并将万里丸扣留，以维人道，而惩不法"⑤。8 月 14 日，商总联会向在沪外国侨民发出公函，郑重表明："为我国国体计，故不得不争，为世界人道计，尤不得不争，敝会膺市民付托之重，实难缄默，爰组织'陈案'委员会，以进行交涉之工具，职责所在，义无反顾，惟事关蹂躏人权，不论何种民族，休戚与共，一致主张，惩彼凶顽，保我人权，庶几全球民族，均蒙其利。更有一言，不得不为友邦人士郑重声明，吾华人此次反抗行动，完全以藐视人道之日本为目标，与其他友邦，仍抱亲仁睦邻之主张，而无所变更，尚望友邦人士，加以谅解，勿予误会。"⑥声明将列国与日本区分开来，争取道义上的支持。8 月 20 日，商总联会又以相同内容致函工部局加以声明。

稍晚，法租界商界总联合会也成立了"陈案委员会"，推举楼鸿钧、沈仲

---

① 《各团体一致注意陈阿堂案》，《申报》1926 年 8 月 9 日，第 13 版。
② 《陈阿堂案之昨闻》，《申报》1926 年 8 月 10 日，第 13 版。
③ 《各团体一致注意陈阿堂案》，《申报》1926 年 8 月 9 日，第 13 版。
④ 《陈阿堂案昨日形势》，《申报》1926 年 8 月 13 日，第 13 版。
⑤ 《陈阿堂案昨日消息》，《申报》1926 年 8 月 14 日，第 13 版。
⑥ 《陈阿堂案昨日消息》，《申报》1926 年 8 月 16 日，第 14 版。

俊等十一人为委员①，调查"陈阿堂案"真相，主张组织特别法庭严惩凶犯，并在案犯解往长崎后，致电北京政府外交部，希望政府"速电驻日公使及驻长崎领事，选聘公正日本律师，出庭控诉，并通告旅日华侨，前往观审，务治该凶犯等以应得之罪，借保国体，而平民愤"②。南市商总联会也于8月22日发表宣言，呼吁"沪上各公团，一致团结，继续奋斗，务使严鞫凶犯，按律论抵，尸属予以抚恤，并保证以后无此行为"③。

与此同时，广西、贵州、劳合、宁波、天津五路商联会，湖北海口两路商联会，九亩地商联会等纷纷致函许交涉员，敦促其"严重交涉，以副国人喁喁之望"④，河南路商联会召开临时紧急会议，决定与各团体采取一致行动，务须"达到惩凶、赔偿、道歉目的，并保以后无此种事件之发生"，并以力争国家主权独立为最终诉求，"努力进行，撤销领事裁判权运动，以保独立国家之主权"⑤。各街区市民纷纷举行追悼大会，对政府形成了强大的舆论压力。

"陈阿堂案"主犯解送日本长崎后，鉴于社会对该案的疏懈，法租界摊贩联合会提出"陈阿堂为吾辈同行，理应援助到底"，"议决对日经济绝交，为援助'陈案'之根本办法"⑥。驳船公会致函中国驻长崎领事，希望他"根据事实法律，力予抗争，严惩监视，务使凶徒尽法惩治，死者家属，得获相当之抚恤，勿任避重就轻，狡展得逞"⑦。

以地方绅商为主的浦东同人会和浦东公所是"陈阿堂案"中两个重要的同乡团体。浦东同人会对同乡陈阿堂遇害十分重视，8月9日下午七时，召开紧急会议，决定致电交涉公署、督办公署、孙传芳等，请求向日方提出严重交涉，要求"（甲）严惩凶手；（乙）抚恤死者家属；（丙）向中国官厅道歉，并担保以后不再发生此不幸事"，并希望中国政府"将该万里丸扣留，不准出口，以

①　《陈阿堂案昨日形势》，《申报》1926年8月13日，第13版。
②　《陈阿堂案昨日消息》，《申报》1926年8月27日，第13版。
③　《陈阿堂案昨日消息》，《申报》1926年8月22日，第14版。
④　《关于陈案之昨讯》，《申报》1926年8月11日，第13版。
⑤　《陈阿堂案昨讯》，《申报》1926年8月24日，第14版。
⑥　《抗争陈案之进行》，《申报》1926年9月10日，第14版。
⑦　《各界抗争陈案》，《申报》1926年9月12日，第14版。

俟解决"。① 浦东公所则派出朱少沂、王芹伯二人对该案进行了翔实调查，并根据调查情况致函许交涉员，希望其"迅予向日领事力争引渡，否则力争派员陪审，早日开庭……依据国际条件，对于惩凶、抚恤、道歉三者，并予力争达到"②。同时商人团体还积极为陈氏家属捐款，其中商总联会捐款二百元，南京路商联会捐款一百元，其他商联会或数十元，或十元不等，给处于悲愤与困境中的陈氏家属坚持抗争到底以极大支持。

与上述商人团体相比，在上海商界举足轻重的总商会在"陈阿堂案"发生后，却一直保持沉默，8月18日，商总联会致函总商会，对"贵会为沪上重要团体，尚未有所表示"的观望态度表示不满，促其尽快表态。③ 上海学生联合会对总商会的消极表现亦表示失望，称"贵会为上海商界之中心，且为社会有力之团体，而对此有关国体之重大案件，从未见贵会有任何主张，亦未见有任何表示"，希望"贵会不忍国体之蒙羞，同胞之惨毙，起而相抗"。④ 然而，总商会并未响应上海民间团体的呼吁，始终未对"陈阿堂案"发表只言片语。这种消极态度，使上海商界的抗争大为逊色，且呈式微之势，商界的应对除通电声讨、隔空喊话外，没有采取更为有效的抗议行动，其目标也未超出法律诉讼层面。

(三)同盟罢工：上海工界的抗议行动

"陈阿堂案"的发生立即引起了工界对"顾正红案"的痛苦回忆，8月10日，上海总工会函告各团体，指出"陈阿堂一案，其案情之惨酷，直与去岁顾正红案，不相上下，消息传布，莫不愤慨，敝会同人尤深哀痛"，希望"联合各界一致抗争"。⑤ 各业工会或致电政府，敦促对日本提出严重抗议，或发表宣言，提出解决"陈阿堂案"的要求。8月12日，上海印刷总工会致函许交涉员，希望其"顾念民意，知中国民族之存亡，从速向日领提出抗议，以顺舆情"⑥。次日，商务印书馆工会郑重宣告"与世界争公理，为国家雪耻辱，与阿堂伸冤

---

① 《陈阿堂案之昨闻》，《申报》1926年8月10日，第13版。
② 《陈阿堂案之昨讯》，《申报》1926年8月15日，第14版。
③ 《陈阿堂案昨日消息》，《申报》1926年8月19日，第14版。
④ 《陈阿堂案昨讯》，《申报》1926年8月24日，第14版。
⑤ 《关于陈案之昨讯》，《申报》1926年8月11日，第13版。
⑥ 《陈阿堂案昨日形势》，《申报》1926年8月13日，第13版。

抑，誓与各界取一致之反抗"，引翔港各工会则召集紧急会议，决定"发表宣言，印发传单，派代表至各团体一致进行"。① 上海各手工业工会也于 8 月 14 日通告各界，"敢率所属工友，追随各界同胞之后，与之反抗"，同日，上海码头总工会还在宣言中提出三条要求："凶手抵命，取消领事裁判权，规定码头工人小贩之保护法，望我全国同胞，誓与力争。"② 海员工会主张"①'陈案'归中国官厅裁判，②惩办凶手及处罚万里丸船，③要日人担保日船上中国水手小工以后生命之安全，④根本取消一切不平等条约"③。可见，上海工界的态度更为坚定，不仅希望在解决"陈阿堂案"的过程中彰显中国主权，由中国法庭、按中国法律审判，而且提出了包括取消治外法权和不平等条约等要求在内的更高的政治诉求，很显然，工界的立场得到了其他政治势力的支持。8月 16 日，总工会与国民党上海特别市党部、上海学生会、中国济难会等团体联合发起，由 137 个各界团体共同组成"陈案"后援会④，有力地统一了各界的声援行动。

8 月 20 日后，工界的抗争进入新阶段，在沪日厂的中国工人走在抗争的前列。8 月 18 日，在沪各日厂工会对外宣告："日厂全体工人，誓为'陈阿堂案'后盾，兹经一致决定，先以文明手段，相与周旋，自本日起，愿予日厂主以三日之考虑，须于此限期内，联名要求日领引渡'陈案'凶犯，诚意解决工潮。"⑤8 月 20 日，引翔港各工会再开紧急会议，对于"陈阿堂案"，决定"①派代表要求各团体一致援助；②实行抵制；③要求日领引渡凶手；④不得已时

---

① 《陈阿堂案昨日消息》，《申报》1926 年 8 月 14 日，第 13 版。

② 《陈阿堂案之昨讯》，《申报》1926 年 8 月 15 日，第 14 版。发表宣言的各手工业工会包括金银业工会、洋服工会、地毯工会、皮件工会、茶箱工会、飞星黄包车夫工会、信封工人联合会、精益牛皮工会、固本肥皂工会等。

③ 《陈阿堂案昨日消息》，《申报》1926 年 8 月 16 日，第 14 版。

④ 《陈阿堂案昨讯》，《申报》1926 年 8 月 17 日，第 14 版。

⑤ 《陈阿堂案昨日消息》，《申报》1926 年 8 月 19 日，第 14 版。联名发表宣言的在沪日厂工会包括日商内外棉第三、第四东、第五西、第五、第七、第八、第九、第十二、第十三、第十四、第十五厂工会，上海纺织公司一厂工会、二厂工会、三厂工会，浦东日华纱厂工会、浦西日华纱厂工会、小沙渡同兴纱厂工会、引翔港同兴纱厂工会、东华纱厂工会、大康纱厂工会、丰田纱厂工会、裕丰纱厂工会等。

实行总罢工"①。"陈阿堂案"发生前，在沪日厂中已有日华、内外棉第九厂等为恢复被开除工人的工作、提高待遇而举行的罢工。"陈阿堂案"的发生，更加激起了中国工人对日人的愤恨，"陈阿堂不幸而为中国人，更不幸而为中国工人，至含冤迄今，未获昭雪，我工人应力为后援"②。为陈阿堂申雪，即为中国工人争权，8月13日，小沙渡内外棉各厂工人集会"讨论日水手殴毙陈阿堂一案"③，8月18日，浦东日华纱厂工人"为日水手殴毙陈阿堂事件，在吴家厅开会追悼"，不料，被巡警逮捕二人，此举激起工人更大的愤怒④。8月20日，《申报》据日报《每日新闻》记载，传出"沪西各日纱厂工人，因日轮万里丸水手殴毙陈阿堂一案，将于今晨九时同盟罢工"的消息。⑤果然，小沙渡日纱厂工人于20日午后二时一致罢工，"小沙渡内外棉东西五、七、八、十二、十五，甲、乙两班工人，为追悼陈阿堂及日厂开除工人等事，于昨日（即8月20日——笔者注）午后二时，齐集闸北潭子口开会，议决一致罢工"⑥。罢工工人致函官厅说明罢工真相，指出"去年五卅国耻，即导源于日厂惨杀工人顾正红，致激起全国国民之愤慨，争持数月，至今沉冤未白。乃日人毫不悔悟，又于八月三日，打杀我同胞陈阿堂，全埠市民奋起抗争。日领仍无惩凶之意，稍具爱国心，莫不引为奇耻"⑦，同时函告各界团体，希望各界同情工人反抗日厂压迫的罢工行动：

> 自陈阿堂案发生后，各界均起而援助，我工人不得不追随于各界同胞之后，采取罢工手段，以促日人之觉悟，工人等希望要求日厂主以后对于工人勿再有此种非人待遇，并力争陈阿堂之案完满解决。⑧

小沙渡内外棉第十三、第十四厂于8月25日上午十一时一律罢工，次

①《陈阿堂案昨日消息》，《申报》1926年8月21日，第13版。
②《工界愿为陈案后援》，《申报》1926年11月10日，第13版。
③《工潮与工会消息》，《申报》1926年8月14日，第13版。
④《工潮消息汇志》，《申报》1926年8月20日，第13版。
⑤《日报纪日纱厂工人今日总罢工》，《申报》1926年8月20日，第13版。
⑥《小沙渡日纱厂昨日罢工》，《申报》1926年8月21日，第13版。
⑦《小沙渡工潮续闻》，《申报》1926年8月22日，第13版。
⑧《小沙渡日纱厂罢工昨讯》，《申报》1926年8月23日，第13版。

日，第九厂作为同盟罢工，27 日，同兴纱厂参与罢工。与此同时，上海总工会鉴于日人"毫无诚意"，决定将罢工规模扩大，"为惨死同胞伸冤计，为工友本身生存计，即令我上海各日厂、各日轮、各日本码头，各日本企业全体工友迅速作对日总罢工之准备"。① 8 月 28 日、29 日，工会协同上海各界联合会组织演讲队赴各街头"报告日人惨杀陈阿堂事件及日本纱厂罢工之目的，请各行人速本爱国之心，共起奋斗，以期达到打倒帝国主义之目的"②。

工界的同盟罢工行动并非完全因"陈阿堂案"而起，但适逢其时的"陈阿堂案"却使得工人的行动更具正当性，反抗日商纱厂对工人的残酷压迫，与要求严惩"陈阿堂案"凶犯、赔偿、道歉等合理要求，具有高度同一性，从而使得工人的罢工更易博得社会各阶层的广泛同情。就在罢工后不久，罢工工人曾派代表赴各界说明真相，请求声援，"据赴各马路商界联合会、各界妇女联合会、上海学生联合会、国民党特别市党部、江苏省党部等团体接洽结果，甚为圆满，该各团体均谓对此次日厂工人为爱国而罢工，颇表同情，愿极力予以援助"③，从而使其他各界为"陈阿堂案"进行的抗争与工人罢工相互声援，正如"陈案"后援会所言："援助日厂罢工，即所以抗争'陈案'而迅速解决，故'陈案'与工潮，事虽两起，对象则一。"④但是，在日方特权的庇护下，随着"陈阿堂案"凶犯解送长崎，各方抗争渐趋沉寂，日厂工人罢工也接近尾声，9 月 16 日，罢工结束，"小沙渡日商内外棉三、四、东五、西五、七、八、十二、十三、十四、十五……已于昨日（即 9 月 16 日——笔者注）六时一律开工，到有男女工人约五千余人，其余为夜班工人，亦于昨晚六时上工"⑤。此后，工界的抗争趋向缓和，11 月 10 日，各工团联席会议决议"(1)将'陈案'发生原因经过情形，请吴氏译成英法文字，提交日内瓦国际联盟会议及海牙万国公判所，请渠等公正解决。(2)请外交部积极进行废约，俾嗣后日人不能再借领事裁判权为符护。(3)如日人毫无悔祸诚意，决计联合上海各公团提倡不

---

① 《小沙渡日纱厂工潮扩大》，《申报》1926 年 8 月 27 日，第 13 版。
② 《工学界昨仍在雷雨声中演讲》，《申报》1926 年 8 月 30 日，第 14 版。
③ 《小沙渡日厂工潮续闻》，《申报》1926 年 8 月 22 日，第 13 版。
④ 《小沙渡日纱厂罢工昨讯》，《申报》1926 年 8 月 24 日，第 14 版。
⑤ 《工潮消息汇志》，《申报》1926 年 9 月 17 日，第 10 版。

合作主义"①。

在沪日厂工人长达 26 天的罢工，显示了中国工人维护自身权益的决心，增强了国民抗争的力量。与商界的声援行动比较起来，工界带有更为强烈的政治意识与利益诉求，斗争也更加坚决，虽然未能完全达到目的，但罢工本身充分表明了中国人民维护国权、人权与人道的伟大力量，不仅在舆论上为政府的外交行动提供了强有力的支持，而且在行动上对日方处理"陈阿堂案"施加了一定的压力。

(四)"依约"与"废约"：朝野政界处理"陈阿堂案"的态度

相比之下，官方认为"陈阿堂案"只是一起普通的刑事案件，并强调依约解决。8 月 11 日，上海地方审判厅厅长孙绍康对《申报》记者表示："此案事出于日本之轮船上，在国际公法，一国之船只，行驶至任何区域，其在船上所发生之案件，其原被两造不论为何国人民，按律由管辖该船国之法庭审判，且日本在中国之领事裁判权尚未取消，故该案之应归日本法庭处理，无庸疑异。"②次日，孙绍康又对其态度做了补充说明，称该案"依国际法，船舶为国家领土漂泊部分，船舶上发生刑事案件，应由船舶所有国，定其管辖，于现在中日国际关系上，日本于中国有领事裁判权之关系，依中日条约与国际法，均应归日本司法官裁判"③。

该案发生后的第 9 天，代表政府处理上海对外事务的交涉公署尚未对日本驻沪领事馆提出抗议。这种软弱姿态已经引起了民间团体的强烈不满，上海印刷总工会曾致函许秋骠交涉员，对"贵司对于此案与日领既无口头之交涉，又无书面之抗议"④的行为表示愤慨。直到 8 月 12 日，许交涉员才"备文函送日领事署，并要求派员观审"⑤，8 月 21 日，许秋骠交涉员在与吴凯声律师的谈话中表示"希望民众作合法之要求，免外人蔑视"⑥。当凶犯移送长崎

---

① 《工界为陈案开会之议决案》，《申报》1926 年 11 月 11 日，第 13 版。
② 《陈阿唐案之昨闻》，《申报》1926 年 8 月 12 日，第 13 版。
③ 《陈阿堂案昨日形势》，《申报》1926 年 8 月 13 日，第 13 版。姚公鹤发表了处理"陈阿堂案"的司法手续意见，参见《陈阿堂案之昨讯》，《申报》1926 年 8 月 15 日，第 14 版。
④ 《陈阿堂案昨日形势》，《申报》1926 年 8 月 13 日，第 13 版。
⑤ 《陈阿堂案昨日消息》，《申报》1926 年 8 月 14 日，第 13 版。
⑥ 《陈阿堂案昨日消息》，《申报》1926 年 8 月 22 日，第 14 版。

地方裁判所后，许秋骢遂"电请外交部，电知长崎领事，于该案开审时，祈即莅庭观审，仍将审讯情形电示"①。

然而，与对日软弱截然不同的是，官方对民间的声援行动却极力压制，认为民间的举动有碍官厅的交涉。由五省联军总司令孙传芳授意设立的淞沪商埠督办公署竟指责民间抗议和声援系"一部分人，殆欲利用此事以引起轩然大波，不知于实际无补，且或妨碍进行"，并于 8 月 27 日发出布告：

> 此种案件，本系普通刑事性质，条约法律，均有常轨，既经官厅负责交涉，凡我国人，应持镇静态度，听候解决，勿逞一时浮嚣之气，至贻缺乏常识之讥。自布告之日起，倘有借端滋事，扰乱秩序者，定当从严究惩。②

在官方看来，高涨的民气乃"一时浮嚣之气"，民间的抗议乃"借端滋事，扰乱秩序"，只会妨碍政府依约解决"陈阿堂案"，因此，政府不仅不考虑如何利用民气在交涉中占据有利地位，而且要求民众"持镇静态度"。9 月 3 日，上海各地方机关针对工界的罢工，"在某署秘密集议，金以迅予劝导各界，欲谋抵制，自有办法，无须如是之激烈，反致官厅办理之棘手"③。北京政府外交部仅在"陈阿堂案"二主犯解送长崎后，训令中国驻长崎领事馆"赴法庭接洽，并出庭观审"④。

其实，就法律层面而言，如何解决"陈阿堂案"至少有四种可能："(1)日

---

①　《陈阿堂案昨日消息》，《申报》1926 年 8 月 25 日，第 13 版。特派江苏驻沪交涉公署许秋骢(即许沉)电呈孙传芳办理"陈阿堂案"经过时说："由沉迳向日领署提出交涉，查明凶手，依法论罪，并请通知开审日期，以便挈约派员观审。前日闻日领署有将此案移送长崎裁判所公判之说，沉复亲往领署询问现在办理情形，告以此案犯事地点既在上海，如应行调查证据等项，亦以在沪就近审理为宜，日本领事借以该船城户库二及藤间房太郎，预审所得，确有殴打陈阿堂及将其关闭舱房情形，犯有嫌疑，案情既属重大，非领事裁判权范围以内所能判决，只因能判决一年以内之罪名，长崎裁判所为司法高级官厅，移送长崎，亦认为案情重要所致，自无不合，且从前历历有案等语。……本月 24 日，该日轮水手两人，已解往长崎，当即电请外交部，迅饬驻长崎中国领事，照约前往观察，一面抄案，函知驻长崎领事，以资接洽。"(《陈阿堂案昨日消息》，《申报》1926 年 9 月 3 日，第 14 版。)
②　《陈阿堂案昨日消息》，《申报》1926 年 8 月 28 日，第 13 版。
③　《陈阿堂案昨日消息》，《申报》1926 年 9 月 4 日，第 14 版。
④　《陈阿堂案移日后情形》，《申报》1926 年 9 月 13 日，第 14 版。

本既尚未取消领事裁判权，日领有审判此案之可能；(2)引渡罪犯，由中国官厅自行审理；(3)日领主张解往长崎；(4)反对解往长崎。"①但是，北京政府未做出任何引渡罪犯、反对解送的努力，完全顺从日方主张，这种软弱态度与日本政府依仗强权、特权对"陈阿堂案"主犯百般开脱、庇护形成鲜明对照。"陈阿堂案"发生后，日本驻沪总领事矢田对此案轻描淡写，并先发制人，断然拒绝将该案凶手引渡给中国法办，《申报》记者问："此事法权管辖问题，或有研究，盖被害者，为敝国人民，而浦江非贵国法外法权所及，恐未便由贵领署单独办理也。"矢田回答说：

> 不然，此事发生于敝国轮船之中，其办理之权当然属诸敝国，此乃按国际法而言，即照中日条约，如贵国人民为原告，而敝国人民为被告之案件，其办理之权，亦属诸敝国领署，毫无疑义……今此陈阿堂案件，完全为一种私人刑事案件，无关国际。……又须郑重言明者，此案纯为私人刑事案件，无关国际。②

不久，矢田又援引日本刑法第205条，认为"陈阿堂案"的凶手"当处以二年以上之有期徒刑"——这与中国法律的量刑无疑是天壤之别③，且需移交日本长崎法庭审讯。8月31日，矢田代表日本政府在《泰晤士报》上发表通告，认定"陈阿堂为一窃贼，其上船之目的为行窃老大房间壁上之时表"，并将案主死因归咎于陈阿堂"拒捕格斗，误落煤仓，撞伤前额及太阳穴，以致毙命"。矢田将陈阿堂上船"索欠"说成行窃，将"殴伤毙命"说成"撞伤毙命"，其未审先判、混淆国际视听、为案犯开脱之意不言自明，长崎地方裁判所的判决书对"陈阿堂案"的"复原"与矢田的通告如出一辙。

对日犯的凶残、对日本政府的蛮横霸道，正处于北伐前夕的中国国民党表达了强烈的义愤和抗议，并推缘其故，认为要防止此类案件的发生，必须

---

① 《陈阿堂案昨日消息》，《申报》1926年8月22日，第14版。

② 《陈阿堂案之昨闻》，《申报》1926年8月10日，第13版。

③ 《陈阿堂案昨日消息》，《申报》1926年8月19日，第14版。法租界商总联会法律顾问、法学博士吴凯声律师认为"按照中国暂行新刑律331条，杀人者处死刑、无期徒刑或一等有期徒刑，此案犯罪者，证据确凿，情节重大，处以死刑，犹不为过"（《陈阿堂案昨日消息》，《申报》1926年8月19日，第14版）。

彻底废除日本在华领事裁判权和一切不平等条约，于是"废约"成为国民党声援"陈阿堂案"的最大政治诉求。国民党江苏省党部于 8 月 10 日郑重发表声明：

> 报载日水手欠债不还，反将我小工陈阿堂毒打致死，且希图弃尸灭迹，惨哉陈阿堂死状，毒哉日水手心肠，同胞对于此案，莫谓死者不过一小工，应知此非一人一地事，直全国全民族事也。是吾人欲求根本之解决，非仅惩凶、抚恤、道歉等末节已也，而必撤销其在华之领事裁判权，苟徒注意于枝节，而不推原其根本，则吾人性命危险之程度，固未尝稍减也。①

8 月 14 日，国民党上海特别市党部致函许交涉员，要求其"速向日领事提出严重抗议，务达惩办凶手、优恤家属之目的"②。8 月 16 日，国民党上海特别市党部组织召集了有上海学生会、总工会、邮务公会和中国济难会参加的各团体联合会委员会，决定与对日外交市民大会、商总联会两团体合组"陈案"后援会。③ 在国民党的组织下，上海国民党商人党员也于 8 月 29 日发表宣言，宣布"自即日起，与日人经济绝交，不售日货，并以经济援助我勇敢之同胞，务必达到引渡凶手，为陈阿堂复仇，取消领事裁判权"之目的。④

对于日本政府在《泰晤士报》上发表颠倒黑白的通告，国民党上海特别市党部致函日本驻沪总领事矢田予以严厉驳斥，指出矢田"于凶手解往长崎之后，始发出类似辩护之通告，既不承认为索欠殴毙，又谓其无家，是以不特凶手未犯杀人罪，且已拒绝控告起诉之举，是贵国领事之意，殆将因此而将开释凶手矣"，并希望他"鉴顾正红案之足以激起五卅严重之反抗，幡然悔悟，善处其后"。⑤ 国民党江苏省党部也发表内容相同的通告予以反制，"务望全

---

① 《陈阿堂案之昨闻》，《申报》1926 年 8 月 10 日，第 13 版。

② 《陈阿堂案之昨讯》，《申报》1926 年 8 月 15 日，第 14 版。

③ 《陈阿堂案昨讯》，《申报》1926 年 8 月 17 日，第 14 版。截至 8 月 18 日召开第二次委员会议时，该后援会已有 137 个团体加入。（参见《陈阿堂案昨日消息》，《申报》1926 年 8 月 19 日，第 14 版。）

④ 《陈阿堂案昨日消息》，《申报》1926 年 8 月 29 日，第 15 版。

⑤ 《陈阿堂案昨日消息》，《申报》1926 年 9 月 4 日，第 14 版。

国同胞为正义人道计，为国权民命计，一致抗争，务达惩凶、抚恤、道歉等目的，并务期达废除领事裁判权"①。国民党基层组织更为激进，发出了更高的政治引申，上海第四区党部在 8 月 16 日的宣言中号召全国民众"应鉴于陈阿堂之惨死，而惊悟本身未来之大难，急起努力，作打倒帝国主义、打倒军阀的革命工作"②。

"陈阿堂案"主犯解往长崎后，中国国民党长崎支部联合华侨俱乐部联合会、理发联合会、中华长生会、洋服业联合会、福州青年会等团体迅速组织了留日长崎"陈案"后援会，会同中国驻长崎领事对日本法庭施加压力，希望能得到公正判决。③"陈阿堂案"凶手重罪轻判后，留日长崎"陈案"后援会指出，"在上海发生的事件，何以必移到日本去裁判，此为领事裁判权及不平等条约之遗害"，因此，"陈阿堂案"再次表明必须"（一）取消不平等条约及收回领事裁判权，应有大规模之运动；（二）倘不幸而有同类事件发生，必用法医云解剖尸体，方为妥当"④，再次表明了国民党在"陈阿堂案"上始终如一的"废约"态度。

发生在 1926 年的"陈阿堂案"看似偶然，但在近代中日关系的格局中却是历史的必然，它是近代中日不平等关系的产物。类似的中国平民死亡事件，在近代中日关系史上屡见不鲜，在中国与其他列强的关系史上亦非绝无仅有。"陈阿堂案"发生后中国各界不同的抗争形态及其诉求，表达了各自对近代中日不平等外交的认知与姿态。北京政府"依约"听任日本政府处置"陈阿堂案"，压制民间抗争，反映了其国际地位的低下及其与民间的紧张关系。商界或基于同乡之谊，或基于同胞之情，采取了符合自身性格的声讨与声援行动，为复原"陈阿堂案"真相、谋求法律惩凶做出了努力。在这一抗争过程中，商总联会和各路商联会再次站在抗争前列，影响和带动了其他团体对该案的关注，并相互呼应，形成合力。工界站在抗争行动的前列，毅然发起了同盟罢工，将自身利益诉求与为同胞申雪、取消日本治外法权结合起来，演出了一曲反

---

① 《陈阿堂案昨日消息》，《申报》1926 年 9 月 6 日，第 15 版。
② 《陈阿堂案昨讯》，《申报》1926 年 8 月 17 日，第 14 版。
③ 《陈阿堂家属致谢会纪》，《申报》1926 年 12 月 27 日，第 10 版。
④ 《陈阿堂家属致谢会纪》，《申报》1926 年 12 月 27 日，第 10 版。

抗日本压迫的生动活剧。处于北伐前夕的中国国民党在抗争中积极联合并引导工界和学界，在相当程度上代表了当时进步的政治力量，其不同于北京政府的"废约"要求，不仅将自身与军阀势力鲜明地区别开来，而且确立了以推翻军阀统治为目标的国民革命的正当性，展现了国民党积极争取国际平等的政治诉求。中国各界的抗争虽然未能改变日本对"陈阿堂案"主犯重罪轻判的结局，也未能达到"废约"目标，但抗争行动显示了蕴含在民众心中的深厚的反抗外国列强压迫、实现民族独立和国际平等的愿望，反映了中国人民维护公理、人权和人道的决心。

第七章 在商言商：商联会与中小商人的经济利益

在商言商是商人团体的传统和共性，商联会虽然具有浓厚的政治色彩，但在这一点上也毫不逊色。在维护中小商人的经济利益上，商联会可谓不遗余力，这不仅体现在商联会的宗旨与职责等制度层面上，而且体现在经济活动中，当市场经济因素波动影响到中小商人的经营活动时，商联会毫不犹豫地联手其他团体，有时甚至独自出手"救市"，当政府经济政策可能危及中小商人利益时，商联会总是站在反对者的前列，迫使政府取消或让步，当其他利益主体的经营行为损害会员利益或与会员利益相冲突时，商联会积极应对，竭力捍卫会员利益。中小商人在十里洋场的上海，面临着激烈的竞争和挑战，经不起剧烈波动和强烈冲击，常常成为市场的受害者，其正当利益得不到保障。因此，代表中小商人利益的商联会履行了更多的经济职能。本章选取 20 世纪 20 年代几个重大经济事件，即租界华商贴用印花税票、铜元危机、电话加价、房客运动等，考察商联会维护中小商人利益的态度、方式及其效果。

一、上海铜元危机与商联会的应对

20 世纪 20 年代初，上海钱市发生了因轻质铜元引起的、以铜元贬值为主要特征的铜元危机。这场危机主要表现为铜元贬值，在银元与铜元的比价上，银价上升，铜价下跌，进而引起物价疯涨。铜元危机对以零售为主、以铜元为主要交换媒介的中小商铺产生了强烈冲击，对市民日常生活也造成了巨大影响。"大本商号出入，向照规元计算，毫无损失，惟小本商贾惯用铜元，一时不能增价，受此影响，实难维持"，因此，代表大商人的商会与代表中小商人的各路商联会在对待铜元危机的态度上并不一致，"大商小贾，利害各殊"。① 以中、小商人为主体的马路商联会，在这场持久的铜元危机中采取了哪些对策？这些对策产生了什么作用？本节拟透过对上述两个问题的实证分析，透视马路商联会这类街区性的商人团体在维护市场秩序中的角色扮演。

(一)铜元危机的发生及其影响

近代中国实行银铜辅币制，国家赋税的缴纳和大宗物品的批购均以银币为结算单位，零售商业及日常物品的购买则主要使用铜元。由于铜元面值并不等同于其实值，因此容易引发"银贵钱贱"或"钱贵银贱"现象，进而导致银铜比价的波动。鸦片战争前后，由于白银大量外流，出现了"银贵钱贱"现象，从此，银贵钱贱成为长期困扰中国金融运行的症结。但是，晚清时期，银币与铜元的比价长期在 1 银元兑换 1200 文左右波动。铜元的进一步贬值是随着民国年间的大量鼓铸而出现的，据日人调查，民初一文、二文、五文、十文、二十文、五十文、一百文、二百文等面值的铜元合计，1913 年的流通额（折合当十铜元）为 29193684378 枚，1917 年增至 34217767791 枚，1923 年更增至 47493363948 枚。② 而在 1923 年，各造币厂铸造的铜元数目（折合当十铜元）达到了 28 亿枚。③ 铜元数量的增长伴随着铜元铸造质量的下降，被时人称为轻质铜元。

上海是近代工商业最为繁华的都市，也成了轻质铜元的主要输入地。皖、湘、鄂、津等地铸造的铜元有相当一部分流入上海，据 1921 年 5 月的调查，"近来运入上海分量轻薄铸造恶劣之铜元，数达一千六百万枚，系由芜湖运来，执有验照，由某某中国钱庄售于市上。铜元情势之严重，由此可见，此

---

① 《南车站两路商联会评议会纪》，《申报》1924 年 6 月 9 日，第 14 版。

② ［日］久重福三郎：《铜元问题》，《"支那"研究》第 10 号别刊，大正十五年五月，第 12—13 页，转引自戴建兵《近代银元和铜元铸造数量的一个简略估计》，《中国钱币》2006 年第 1 期，第 17 页。

③ 《财政月刊》第 11 卷第 132 号，1942 年 12 月，转引自戴建兵《近代银元和铜元铸造数量的一个简略估计》，《中国钱币》2006 年第 1 期，第 18 页。

项铜元，其全数或至少一大部分，似由日本以铜坯形式，装至中国，售价甚廉，售者潦草模印，而发行于市场"[1]。铜元的大量输入，使其价格急剧下跌，1921 年 2 月中旬，阴历年关前，上海钱市上铜元开始贬值，每银元可兑换 1400 余文。至 4 月下旬，铜元已跌至 1500—1600 文兑一银元。此后，铜元贬值进一步加剧，1922 年 5 月中旬，每银元可兑换 1700 文，9 月中旬，铜元再跌至每银元兑 1750 余文，9 月下旬，"每银元一枚，竟易铜元至一千八百之谱"[2]。从 1921 年 5 月至 1922 年 5 月的一年间，全国各大都市铜元纷纷跌价，据调查，汉口当十铜元跌幅最大，达 24.97％，上海 18.62％，略高于天津，详情见表 7-1：

表 7-1　1921 年 5 月至 1922 年 5 月国内大中商埠铜元跌价状况简表

	1921 年 5 月	1922 年 5 月	增加(％)
厦门	145.99	167.02	21.03
宁波	145.73	169.40	23.67
上海	149.52	168.14	18.62
苏州	148.87	168.62	19.75
镇江	149.54	171.04	22.50
南京	150.25	171.60	21.35
杭州	146.92	168.00	21.08
汉口　（当十）	155.40	180.37	24.97
（当二十）	163.79	184.64	20.85
天津	153.40	171.68	18.28
烟台	147.15	167.60	20.45

资料来源：《西报论铜元跌价之害》，《申报》1922 年 7 月 1 日，第 13 版。

一些偶然因素的出现，也会促使钱市出现戏剧性的变化，甚至使得低位徘徊的铜元止跌回升。例如，1922 年 11 月初，汕头、厦门两地因风灾筹集赈款，"皆以铜元为接济"，香港等地也进口大量铜元，终于使得跌落的铜元开

---

[1]　《西报纪拒收轻质铜元问题》，《申报》1921 年 5 月 10 日，第 10 版。

[2]　《烟兑业众和社常会纪》，《申报》1922 年 9 月 24 日，第 15 版。

始掉头上升，如 11 月 3 日钱市开盘后，"晨市每洋一元，可换一百六十九枚，至午刻，只兑一百六十六枚，下午四时后，只一百六十四枚，晚间九时许，则只可况兑一百六十枚，各钱铺尚不欲大宗兑出"。① 次日晚，每银元兑换铜元仅 1400 文，中小商铺欣喜不已，"各烟兑店及小钱铺，俱有乘间高抬市价者，法租界各小钱铺及烟纸店有拒绝不兑者"②。在钱市的涨跌拉锯中，如果投机商人操纵囤积，就更容易出现暴涨暴落现象，如 1923 年年初的一波铜元涨价，显然系商人投机所致。1923 年 1 月 21 日晨间，银钱比价上出现铜元上涨，钱行大盘已由每银百两 238 千文涨至 230 千文，"外间各烟铺门兑价上午每洋一元尚有一百六十五枚可兑，而午后竟涨至一百六十枚，尚不欲多数兑出"③。次日钱市便呈纷乱之象，"南京路石路一带，均挂铜元无市等字样，北浙江路兑一千四百文，泥城桥兑一千三百八十文，法大马路兑一千五百二十文，中华路兑一千五百七十文，十六铺大码头多不标明兑价，午后跌风仍不见回，一日之间，铜元兑价，竟相去二百文左右，如此暴跌，实为沪上罕见"④。此后几天，钱市仍在高价位徘徊，形成一波暴涨风潮。如此涨落显系有人操作，"据调查所得，谓其暴涨，即暴跌之作用，盖一般私运私贩者，每于大批铜元进口之初，必先将铜元洋价做小，于是各钱店及与铜元有关系之公司，不免发生恐慌，相率囤积居奇，惟其不肯现吃现吐，而市面益现纷扰"⑤。物价也并未因投机所带来的铜元升值而回落，"凡百货物，并不随价减轻，以致人心惶惶，大有不可终日之势"⑥。

　　人为操纵的结果，不仅使得钱市更加混乱，而且短暂的投机风潮过后，终将使银钱比价更为剧烈，到 1924 年 3 月，每银元兑换铜元已涨至 1860 余文⑦，5 月上中旬，每银元可兑铜元 1920 文，6 月更涨至每银元兑 2000 文⑧。

---

① 《铜元价骤涨之原因》，《申报》1922 年 11 月 4 日，第 13 版。
② 《铜元价骤涨续记》，《申报》1922 年 11 月 5 日，第 13 版。
③ 《铜元价昨又骤涨》，《申报》1923 年 1 月 22 日，第 13 版。
④ 《铜元价骤涨洋价骤跌续志》，《申报》1923 年 1 月 23 日，第 13 版。
⑤ 《铜元风潮昨讯》，《申报》1923 年 1 月 24 日，第 13 版。
⑥ 《铜元价昨已回贱》，《申报》1922 年 11 月 7 日，第 13 版。
⑦ 《法租界商联会再致总商会函》，《申报》1924 年 3 月 30 日，第 13 版。
⑧ 《电请取缔滥铸双毫铜元》，《申报》1924 年 5 月 12 日，第 13 版。《南车站两路商联会评议会纪》，《申报》1924 年 6 月 9 日，第 14 版。

1925 年 3 月，银币一元可兑换铜元 2303 文①，形成 20 世纪 20 年代初期的一个峰值。

铜元危机的真正受害者是广大以零售为主的中小商铺、商贩，下层市民和工人。由于中小商铺往往需要从大商人那里批进大宗货物，以银元为结算货币，但其零售却只能收进铜元，这就意味着，卖得越多亏得越大，因此，铜元贬值攸关广大中小商人的切身利益，他们常常是铜元危机中最敏锐的感知者。

不过，从事零售的中小商铺在感知到铜元危机后，往往尽其所能转移铜元贬值所造成的损失，最迅速有效的手段莫过于抬高物价。因此，自 1921 年 5 月以来，上海主要日常生活品价格均不同程度地上涨，如表 7-2 所示：

表 7-2　1921—1922 年上海主要日常生活品价格比较表

名称	1922 年	1921 年
油	每元四斤十两	每元七斤
盐	每角二斤半	每角三斤
糖	每斤一角	每斤七分
开水	每勺二文	每勺一文
肉	每元二斤半	每元五斤
鱼	每斤三角半至五角	每斤一角半至二角
鸡蛋	每枚二十五文	每枚十五文

资料来源：《西报论铜元跌价之害》，《申报》1922 年 7 月 1 日，第 13 版。

1922 年 5 月 13 日，《申报》报道了轻质铜元对沪市物价的影响，称：

> 近来轻质铜元充斥，洋价飞涨，每元约换铜元一百七十枚，物价昂贵，为向来所未有，卖主又乘机增价，中等以下社会，痛苦难言，兹将目下货价，略举数种如下：猪油，每斤大洋三角，折合铜元五十枚；鸡蛋每枚二十五文至三十文；食盐，起码十文，重仅一两零，较前加倍半；汤团每枚十二文，从前每枚仅五文，豆腐干每块十文，油豆腐同，较前

---

① 《铜元日多洋价日跌》，《申报》1925 年 3 月 25 日，第 13 版。

加倍；豆腐浆每碗三十文。按猪油鸡蛋，亦平民岁时伏腊所需，似不得与烟酒茶糖，一律指为奢侈品，豆浆野鸡团，沪人向目为粗点心，豪富所不屑食，亦如此珍贵，可骇之至。①

水炉业四百余家商铺也于 5 月 16 日讨论补救轻质铜元办法，决定提价："现在门市售水，一杓取价一文，但一杓热水，计重十四两，嗣后每杓改为二十两，取价二文。"②经县公署批准，每杓改为二十一两，售价二文，自 7 月 24 日起实行。③ 10 月中旬，又出现了纸烟涨价声音，沪南商联会提议"从市面最通行之大英牌等入手，公决大英牌定每盒八十五文，仙女牌每盒七十五文"④。无独有偶，上海各米行斛司也要求改发银元，"斛力每石实收大洋一分"⑤。在 1924 年 6 月新一轮铜元跌价浪潮中，物价进一步上涨，"昔售十五文一碗之粥，今增至二十文，面馆店之汤包，每客向售六十文，今售七十文，询其故，则咸以受铜元影响"⑥。

物价上涨的直接受害者是广大市民和工薪阶层。在物价高涨的情况下，"各饭店又将饭菜之价增加，如阳春每碗需钱三十五文，一餐之费，最少非一百二三十文不可，若食量大者尚不得饱，各包饭作前因米价高昂，已迭次加价，乃日来又有续加者。中下等社会中人，处此境地，实有劳动终日，犹难糊口之叹。而茶馆店在一个月之前，本已将茶费每碗加钱十文，近以铜元兑价继长增高，受亏不浅，故于今日起，每碗再加十文，其他物品加价者，不胜枚举"⑦。

罢市和罢工是在铜元危机中遭受损失的中小商人、商贩和工人的另一应对方式。1922 年 5 月鱼贩的罢市便是其中一例。因铜元贬值，鱼贩受亏甚巨，5 月 13 日，全市鱼贩集议，以"鱼行决定洋价进出，每元作一千五百文算，小洋作一百二十文算，与市价相距有二百文之多，每人每日以十元计，小贩方

---

① 《铜元低落后之物价一斑》，《申报》1922 年 5 月 13 日，第 14 版。
② 《水炉业议决加价》，《申报》1922 年 5 月 17 日，第 13 版。
③ 《水炉业实行涨价》，《申报》1922 年 7 月 25 日，第 15 版。
④ 《沪南烟兑业众和社常会纪》，《申报》1922 年 10 月 15 日，第 16 版。
⑤ 《米行斛司要求斛力改洋码》，《申报》1922 年 10 月 23 日，第 13 版。
⑥ 《铜元充斥物价步涨》，《申报》1924 年 6 月 16 日，第 14 版。
⑦ 《铜元充斥后之各货涨价》，《申报》1922 年 5 月 29 日，第 13 版。

面，每人须吃亏二千文之巨，小本经营，何堪有此重累，鱼行既不肯让步，则鱼贩亦只有全体罢市"，于是决定自次日起全体罢市。① 鱼贩罢市风潮，对市民的生活秩序造成了极大冲击，"罢市之间，菜市上因无鲜鱼购买，只有猪肉咸鱼应市，价值较平日涨一倍，一般住户恐无菜购买，争相购办，至九时后已无菜可买"②。"此项罢市，不但鱼贩居户菜馆受影响，即外埠运鱼来沪之鱼行，间接亦受绝大损失，并闻虹口各大西餐馆，已于昨日向预定包送之鱼贩，提出严重交涉，若不早日了结，恐尚须引起别种纠葛。"③

鱼贩罢市很快波及蔬菜小贩。因向来使用钱码交易的茭白，突然改收洋码，"若不急图挽救，则蔬菜等项，势必亦将改用洋码"，菜贩营业艰难，因此菜贩强烈反对茭白使用洋码买卖，该业遍发传单，称"倘若货行方面，不肯让步，惟有以抵制手段对付"。④ 几经交涉，货行毫不让步，于是，公共租界各菜场的茭白摊贩自5月20日起一律罢市。⑤

总之，铜元危机的危害正如时论所评："币制为国家大法，岂容任意紊乱，铸币之利本厚，犹以为未足而复克扣铜量，铸此恶劣之铜元以扰害市面。……复以此恶劣之铜元增益币制之紊乱，祸社会、误金融而直接受其害者尤在此小本经纪之商民。"⑥可见，轻质铜元已涉及市民的日常生活，时论将其称为"铜元病"："铜元之病，病矣，影响之所及，凡使用铜元之中外男女老少，无不感其痛苦，而小商细民为尤甚。以其经济程度较低与辅币铜元之关系较密，关系愈密，影响愈大，此自然之理也。然小商细民受影响，而富绅巨贾，自不能视为无关系，如纷争、如罢工、举牵动地面之治安，不亟为谋，害将不可胜数。"⑦

(二)铜元危机初期商联会的态度及其行动

现有研究表明，马路商联会是以商业街区为活动范围的、以中小商人为

① 《全埠鱼贩罢市消息》，《申报》1922年5月14日，第15版。
② 《鱼贩罢市之菜市影响》，《申报》1922年5月18日，第15版。
③ 《鱼贩罢市再志》，《申报》1922年5月15日，第13版。
④ 《蔬菜负贩反对茭白改收洋码》，《申报》1922年5月15日，第13版。
⑤ 《茭白贩又罢市矣》，《申报》1922年5月22日，第14版。
⑥ 《杂评：铜元问题》，《申报》1921年5月6日，第11版。
⑦ 《再论铜元病》，《申报》1922年5月15日，第14版。

主体的商人团体，在邻里空间上与中小商铺、居民最为接近。由于中小商人没有资格加入如同上海总商会那样的综合性商人组织，马路商联会便成为他们利益的代言人。因此，从危机发生的那一刻开始，商联会便关注它的走向，企图化解危机给中小商人带来的风险。

早在1921年2月中旬，已有商联会注意到铜元跌价现象。2月16日晚海宁路商联会开职员会，会上有职员提出铜元跌价问题，议决致电省长，"恳求省长转饬所属各制造厂，不得再铸轻质铜元，其有私铸者，按律科罪，重惩不贷"，并函请各团体一致行动，"公同设法抵制轻质铜元，以利小本营生"。① 很显然，这是希望官、商联手采取取缔和抵制行动，共同应对铜元危机。不过，如何取缔、怎样抵制，海宁路商联会一时也拿不出出奇制胜的锦囊妙计。

海宁路商联会的呼吁首先得到了文监师路商联会的回应，该会"拟一致声援，以为后盾"②。西华德路、新闸路、唐家弄等商联会也先后开会研究了轻质铜元问题，决心与各路协调立场，步调一致。位于劳合路上的各路商界总联合会于2月23日下午召开紧急会议，除研究租界华顾问案外，还讨论了福建路、海宁路商联会提出的轻质铜元案，决定一面函请总商会一致进行，一面呈请省长及江海关监督禁止进口。随后，商总联会致函省长，"请令饬江海关监督，查禁此项铜元进口，以杜来源，而维市面"，并希望总商会"一致办理，合力禁止"。③

此时的总商会、县商会正在开展抵制政府以赈灾为名征收附加税的斗争，无暇他顾。省政府在收到商总联会的函电后，很快做出了积极反应。3月4日，江苏省省长训令江海关监督，"如有外省铜元私运入境，以及贩运轻质铜元或私铸情事，一体查获，照章严罚拘办外，合亟令仰该监督转饬所属关卡，一体遵照，查明严禁外省铜元私运入境"④。然而，令虽行，禁难止，钱市上

① 《商界联合会消息汇纪》，《申报》1921年2月18日，第11版。《海宁路联合会关于钱米函电》，《申报》1921年2月20日，第11版。

② 《文监师路联合会之职员会》，《申报》1921年2月23日，第11版。

③ 《各路商界总联合会紧急会纪》，《申报》1921年2月24日，第10版。《总联合会请禁轻质铜元电》，《申报》1921年2月26日，第10版。

④ 《整顿圜法之省令》，《申报》1921年3月6日，第10版。

轻质铜元仍未减少，据调查，"此项铜元，并非鼓铸而成，实系某国人在湘鄂等省，以生铜片轧就，故上刊省份字样，以湘鄂等省为多，专售于一般牟利之徒，贩运来沪，其贩运方法，异常诡秘，故海关殊不易破获"①。如何取缔各地铸造及私售、私贩行为，的确成为摆在官方面前的一道难题。

但是，听任铜元跌落，便只有承受亏耗，直至血本无归。在涉及中小商人切身利益的问题上，商联会继续为解决铜元危机献计献策。4 月 18 日，福建路商联会举行职员会，通过了限制铜元的提议，并请商总联会致函省长。② 4 月 22 日，海宁路商联会提出了"新铸统一铜币，旧币折价收买"的具体建议，主张"从统一入手，若能将旧有铜元，折半作价，照银价一元可换二百枚，照价格论，亦不为过，俟新铸统一铜币通行时，即以旧有者改铸半分，于事实则无妨大局，于手续则不觉繁琐，庶官铸者无虑其滥出，而私铸者不禁而自戢，诚一举两得"，要求商总联会通函各路分会一致行动。③ 4 月 24 日，商总联会召开董事常会，各路代表深入讨论了轻质铜元案，除海宁路商联会提出铸币、折价主张外，还有代表提出禁铸、禁用、禁运等办法。④ 4 月 25 日，沪西商联会召开职员会，颜芹香主张采用治标之法——"惟有各店铺仿照电车办法，将轻质铜元，一律停用"，得到与会者的一致同意。⑤ 4 月 27 日，"经总联合会议决，自即日起，分函各分会，转知各商店，将此次新铸轻质铜元，一概禁用"⑥。

商总联会的禁用决议得到了部分落实，至 5 月 3 日，"沪地全埠各店，概不收用，间有存余，亦均剔除，各店并于门首，贴出字条，上书'本店不用轻质铜元'字样，以免被累"。次日，华商电气公司、上海电气公司、法商电气公司联袂行动，拒收新铸铜元。⑦ 5 月 5 日，爱克界三路商联会也一致决议，

① 《调查轻质铜元之来历》，《申报》1921 年 3 月 27 日，第 10 版。
② 《福建路联合会开会纪》，《申报》1921 年 4 月 19 日，第 11 版。
③ 《沪商救济铜元充斥之建议》，《申报》1921 年 4 月 23 日，第 10 版。
④ 《各路商界总联合会开会纪》，《申报》1921 年 4 月 26 日，第 10 版。
⑤ 《沪西联会讨论三大问题》，《申报》1922 年 4 月 26 日，第 15 版。
⑥ 《商界共同禁用轻质铜元》，《申报》1921 年 4 月 27 日，第 11 版。
⑦ 《沪市不用轻质铜元》，《申报》1921 年 5 月 4 日，第 10 版。

"一律拒用轻质铜元，即日实行"①。5月7日，山东路商联会专门召开了烟纸店会议，决定自即日起各烟纸店一概禁用铜元。同一天，商总联会召开董事会议，决定区别对待，"新铸轻质铜元仍始终拒绝禁用，至旧用铜元，不论式样，一律通行，一面函致钱业公会，自即日起，旧铜元照常开市"②。5月12日，商总联会又致函钱业公会，请将"新铸轻质铜元不开行市，永远禁止流通，其余铜元仍应照常开市，以维金融"③。

禁止通用铜元虽付诸实施，但善后却困扰着商界。如何处置积压在人们手中的现有铜元，是制约禁用能否持久进行、能否取得预期效果的一个关键因素。否则，禁者虽禁，但仍须承受滞留在手头的铜元的损失。在这一点上，一个纯粹的民间团体是无能为力的，需要国家的强力行动，因此，部分商联会主张"函请海关设法禁止入口，一面由政府将此项轻质铜元收回，不再发出使用"④，要求政府为轻质铜元埋单。还有些商联会则主张采取更为可行的自救措施，减轻铜元危机的冲击，如法租界商联会主张从统一香烟售价、整顿银钱兑价入手，由商联会逐日照市价核定，分发传单，并采取以下几条具体对策：

（1）角坯兑价，一律取消不挂。（2）调查员议定四人，须在同业外者。（3）分送传单，分作十段，每段举定四家，轮流担任，逐日至联合会领取传单。（4）传单二十九号开始分发，即是日起价格务须一律整齐。（5）此次议决后，如有不照传单办理，首次罚洋十元，余则加倍。⑤

官方反对商总联会的行动。5月5日，上海县公署一面要求商会和电车公司设法维持，一面发出布告，要求"各项商业，仍照常收用，不得稍有误会疑

---

① 《轻质铜元问题之昨讯：官商议决止遏来源照常行用》，《申报》1921年5月6日，第10版。

② 《各路商界总联合会开会纪》，《申报》1921年5月9日，第10版。

③ 《商界总联合会致钱业公会函：请拒收新铸轻质铜元，民国旧铜元仍须通用》，《申报》1921年5月13日，第10版。

④ 《汇纪各商界联合会消息》，《申报》1921年5月4日，第11版。

⑤ 《法租界烟纸店整齐兑价》，《申报》1921年4月28日，第10版。

虑，自相惊扰，仰各商店知照"①。5月6日，又召集两商会会长、华商电车公司经理，以及交涉公署代表杨小堂等人到县公署开会集议，议定办法三条："(1)禁止铜元进口(由官厅电请省长，分电中央及海关监督铁路局查禁)。(2)限制铜元价值(由商会邀集钱业，议定每银元一元，兑换铜元，至多以一百五十枚为限，不得再涨)。(3)三路电车，铜元一律通用。"②会后，上海总商会致函淞沪护军使何丰林，"请通饬自即日起，无论本省外省铜元，一律停止进口，如有仍前贩运者，一经破获，即予没收入官，以资惩儆"③，并通过交涉公署函请领事团饬令英法电车公司照常收用。与此同时，江苏省议员黄守孚提出停铸铜元提案，5月5日，江苏省议会通过该提案，咨请省长"转咨币制局，迅令南京造币厂设法添铸银币，将铜元即日停铸，并不许再代他省铸造，一面仍严令各处所禁止外省铜元输入"④，得到省政府的积极回应。5月上旬，江苏省财政厅奉督军、省长令发出训令，要求"所有起运铜元，仍由省署核准给照，方可起运，以示限制，至制币材料，运至到达地点，应即照办"⑤。5月12日，币制局应江苏省政府要求电令南京、安徽、武昌、湖南等各造币厂先行停铸。⑥ 然而，各省不过将币制局电令视同具文，"皖鄂两省迄未奉行，而湘省并名义上亦非币制局所能过问"⑦。引起铜元危机的根本问题并未解决。

虽然如此，上海县公署的布告还是起到了维护钱市的作用，"市面为之一定"，秩序一天好过一天，"前日(指5月6日——笔者注)，一般兑换之家，悬牌价格，高低不一，尚有新老铜元之别，昨日(指5月7日——笔者注)，此牌大半已不悬挂，华商电车，本未实行拒收，英法两电车公司各电车上，昨日除实系新铸轻质铜元仍拒收外，已不若前日选剔，公共租界内各商号，

---

① 《轻质铜元问题之昨讯：官商议决止遏来源照常行用》，《申报》1921年5月6日，第10版。

② 《轻质铜元问题之昨讯》，《申报》1921年5月7日，第10版。

③ 《轻质铜元问题之昨讯》，《申报》1921年5月7日，第10版。

④ 《省议会请停铸铜元之咨文》，《申报》1921年5月11日，第10版。

⑤ 《起运铜元须由省署给照》，《申报》1921年5月10日，第10版。

⑥ 《京闻拾零》，《申报》1921年5月13日，第7版。

⑦ 《总商会复法租界商联会函》，《申报》1924年7月5日，第13版。

亦渐渐通融，似此风潮可以平定矣"。① "华商店铺，以及贩夫走卒，则已不分国旗与龙纹，一律流通。"②拒用铜元风潮在一定程度上得到缓解。

（三）危机加深与商联会自救行动升级

但是，好景不长。1922 年年初，先是米价飞涨，接着银元价格跟涨，至 3 月中旬，"米价涨至每石十二元，洋价昨盘兑换至一千六百余文"③。虽然米行公会采取了限价措施，规定"市上顶高北帮厂机白粳，每石至十二元五角为度，不得超过限价"④，但此举并未改变米、银价格双增长的局面。至 5 月中旬，米价"仍售每石洋十二元左右，尚未见跌，而铜元一层，非惟不能缩短，反而步步加长，由每元易钱一千三四百文起，今已至一千七百余文"⑤。至此，铜元危机进一步加深，普通市民的处境更是雪上加霜。

3 月 19 日，海宁路商联会召开了专门会议，讨论米价飞涨及轻质铜元问题，议决筹备各团体会议，共议对付之法，并致函总商会：

> 本埠近来米价腾贵，一般升斗小民，大有岌岌不能终日之势，设不急谋补救，恐慌不难立现。而轻质铜元，充斥市场，虽经官厅查禁，仍不见减少。年来民生凋敝，金融紧迫，今复劣币，影响商业前途，受害颇巨。本会有鉴于此，怒焉忧之。难保不仍有奸商囤积居奇，私运出口，及私铸劣币遜境之事，应请贵会登高唤呼，设法维持，地方幸甚，社会幸甚。⑥

3 月 25 日，南京路商联会召开职员会，决定采取四条应对轻质铜元的措施：

> 甲、致书总商会，请其协力维持；乙、呈请北京币制局，行文各地造币厂，划一成分，严禁偷减；丙、请省县各行政署重颁禁令，严杜私

---

① 《铜元问题之昨讯：市上已可通用，风潮渐趋平静》，《申报》1921 年 5 月 8 日，第 10 版。

② 《铜元问题之昨讯》，《申报》1921 年 5 月 9 日，第 10 版。

③ 《两团体对于米价之呼吁》，《申报》1922 年 3 月 15 日，第 15 版。

④ 《米业议决限价之通告》，《申报》1922 年 3 月 17 日，第 15 版。

⑤ 《水果业为铜元米价再呼吁》，《申报》1922 年 5 月 17 日，第 13 版。

⑥ 《讨论贵米轻币之对付法》，《申报》1922 年 3 月 20 日，第 15 版。

铸及潜运港口；丁、本路实行拒收。①

这四条对策中，请求政府施救与商界自救各占一半。3 月 27 日，法租界商联会号召会员自救，"一方通告各店铺用户，相戒弗用，一方面由会派员暗中察访，如有贪利之徒，再将轻劣银角铜元私相混用，一经察获，决以严厉方法惩儆"②。4 月 13 日，嘉兴梧州两路商联会第六次常会也对此进行了专门讨论，结果，决定"条陈总联合会，请电告本省长官，并使署海关禁止入口，断其来源"③。福建路商联会也认为，抵制轻质铜元，须全埠一致行动，于是致函总商会，指出：

> 际此生活维艰之时，而又蒙铜元低价之患，负贩小民，首受其苦，何以度日，素念贵会以救世为怀，务祈立即召集各路联合会，切实讨论根本办法，庶几铜元价平，而小民得被其福矣。④

不过，各路商联会的一再呼吁并未引起总商会的足够重视，总商会既未采取切实措施维持市场，也未筹备召开商界会议，商讨对策，仅在 3 月 25 日为轻质铜元发表通电，请求各省总商会采取一致立场，并请海关扣留皖省轻质铜元⑤，再次将商人的希望完全寄托在政府身上。但是，饱受铜元危机之苦的各路商联会并不认同总商会的做法，南京路商联会认为，依靠政府救市，无异于缘木求鱼，"行文官厅，申请维持，遑论官厅之漠不关心，即能顾全民命，亦系空言搪塞，徒费笔墨，无裨实际……应由商人自身谋拯救，不宜求救于今日之官厅"，于是再致函总商会，主张驱逐轻质铜元，发挥商界救市作用，"严禁进口，限止兑用，皆为商人自身权力所能及，应由商人自动的起而设法拯救，然后乃有复苏之望"⑥。在南京路商联会看来，与其请求政府施救，不如商界起而自救。因此，海宁路商联会提出由商界自行铸币的建议：

---

① 《南京路联合会职员会开会纪》，《申报》1922 年 3 月 26 日，第 15 版。
② 《法租界商联会取缔轻劣辅币》，《申报》1925 年 3 月 17 日，第 13 版。
③ 《嘉兴梧州路商联会会议纪》，《申报》1922 年 4 月 14 日，第 15 版。
④ 《福建路商联会大会纪》，《申报》1922 年 4 月 15 日，第 15 版。
⑤ 《总商会救济铜元充斥之通电》，《申报》1922 年 3 月 24 日，第 14 版。
⑥ 《召集商团体议驱轻质铜元说》，《申报》1922 年 4 月 26 日，第 14 版。

> 为今之计，除由吾商自行招股开办，另铸新币以抵制之，别无他法，
> 新出铜元，每枚值洋一分，百枚值洋一元，以归划一，待新铜元铸出，
> 其旧有之恶劣铜元，完全取消，开工时由商会联合双方派员监造，以杜
> 弊窦，至招股一层，敝会同人亦能担任帮同代招，请勿为虑，倘荷赞同，
> 还祈指示一切，俾便着手进行。①

铸币是国家权力范围内的事，没有国家许可，自行铸币就只能是私铸，况且
铸币本身需要巨额资本与铸造技术，这些恐怕都不是作为商业街区基层组织
的商联会所能办到的。因此，这种极端的主张反映了马路商联会在面对轻质
铜元问题时的焦虑与无奈。总商会则表述得更加直白，它在复函南京路商联
会时说："如何能督促政府，依法办理，如何能监督币局，使不致有违反条例
之行为，揆诸目前局势，似未易筹有妥善办法。"②商界陷入了轻质铜元的两
难困局，正如《申报》评论所言："吾民要求官厅严缔，诚为当然之程序，第彼
麻木性成之官吏，果能如响斯应，因人民之呼求而实力严缔与否，犹在不可
必之数无已，其由商民妥谋自卫之道欤？"③

在他救与自救的两难中，铜元进一步贬值，商人"妥谋自卫之道"的愿望
更趋强烈。5月15日，南京路商联会登报邀请各商业团体于5月16日下午至
该会会所召开联席会议，"会商取缔补救方法"④，是日下午，联席会议如期
举行，各路代表对于如何抵制轻质铜元，意见分歧，于是决定在5月21日召
开讨论轻质铜元联席大会，进行表决。南京路商联会的倡议得到了商总联会
的支持，商总联会通告各路分会，务必派代表与会，共度时艰。

大会召开的前一天，即5月20日，四马路、北山西路唐家弄两路等商联
会联合讨论，主张拒用，并提出六条有关补救与善后的具体措施：

> （1）由各商业团体联席大会讨论后，决定于某日起，无论各界对于此
> 项轻质铜元，一律拒绝不用。（2）自实行拒绝通用之日后，如各界尚有此
> 项铜元剩余者，由联席大会组织一收兑机关，将剩余铜元议定一最低折

---

① 《海宁路商联会之自铸铜元谈》，《申报》1922年4月25日，第15版。
② 《议拒轻质铜元续讯》，《申报》1922年4月29日，第14版。
③ 无用：《讼轻质铜元》，《申报》1922年4月26日，第14版。
④ 《南京路召集各商业团体会议讨论铜元案》，《申报》1922年5月16日，第14版。

扣，实行取回镕化，以杜将来。（3）收兑时所需代价，请有力团体暂垫，所需办事人手，由各团体派充帮忙。（4）收兑所设交通便利处，东南西北中五区收兑期限，亦由联席大会议决。（5）收兑后，将所有轻质铜元，实行镕化提取净货，分别标卖，所得代价，除去垫款外，有不敷时，向江苏财政厅要求赔偿。（6）将议决案通告各行政机关，及租界当局，协助办理，至市上此项铜元，绝迹为止。①

拒用之计曾在前一年的铜元危机中采用过，不过，一方面由于官方反对，另一方面由于缺乏善后之策，并未产生预期效果。此时，部分商联会继续主张拒用，不同的是，提出了以折价收兑剩余铜元的建议，理论上更趋完善。5月21日下午二时，商界讨论轻质铜元联席大会在南京路商联会会所如期举行，到会的商界团体除了南京路、福建路、山东路、新闸路等22路商联会外，还有银行公会、广肇公所等10个行业团体，共130余名代表。会上出现了拒用、折价通用、禁止进口三种主张，经过充分讨论，最后将拒用、折价通用两种议案付诸表决，结果，"全体赞成一律拒用"，并决定自次日起实行。同时，以讨论轻质铜元联席大会的名义一面登报公告，一面散发传单五万余张，并致函官厅，望"随时加意保护"。② 南京路商联会还提议由官厅和总商会"出面设法消灭此项被拒剩余之轻质铜元"，并派代表赴本埠交涉使、护军使署、县知事署及工部局等建言严禁私铸。③

在拒用与否的问题上，官商再次陷入对立。上海县公署致函总商会，认为"以平时所通用之铜元，一旦拒却，势必激成事端，应请贵商会会同县商会邀集钱业公会妥筹办法，劝导各商通用，以维治安。至根本问题，自以停铸停运为入手办法"④。四马路、北山西路唐家弄两路等商联会强烈反对县公署公开提倡使用轻质铜元，指出拒用实为不得已之策，与其"养痈殆患，他日足致吾人于死命者，则不若乘其一息尚存之际，霍然奏刀，或尚足以挽其生命于垂危"，至于停铸停运，"言固动听，奈吾侪商民，无此权力何？轻质铜元

① 《商界拒用轻质铜元之意见》，《申报》1922 年 5 月 21 日，第 13 版。
② 《拒用轻质铜元之决议》，《申报》1922 年 5 月 22 日，第 13 版。
③ 《南京路提出铜元善后意见》，《申报》1922 年 5 月 27 日，第 13 版。
④ 《县署请两商会解决轻质铜元事》，《申报》1922 年 5 月 24 日，第 13 版。

之为害，为期已逾半载，商民呼吁呈请，亦已再三再四，官厅果有维持治安之责，则半载以来，何尚未见有此次铜元入口之日多耶，今果由先生提议劝导各界一律通用，是先生不但无禁止停运停铸之决心，而反成任运任铸之诱导"。①

拒与用对立中的砝码渐渐有利于官方。沪北五区商联会并不赞成一律拒用，认为"主持此计者，是但取快一时，非长久之道……如欲实行拒用轻质铜元，必先筹消纳之法，否则于事无济"②。在虹口六路，"自南京路商联会发起拒用以来，本路人民，互相纷扰"，于是该路商联会在5月24日、25日两次召开会议，"暂议今且通用，待南北总商会、钱业公会、及各联合会、银行公会等议定后，再行实行"③。百老汇路商联会提出"一方面新旧铜元仍一律照常通用，惟兑价抬高，使私铸者无利可图，一方面应请海关及车站严厉检查私运进口，及请官厅禁绝各造币厂鼓铸，庶免病国病民"④。此外，汉口路、法租界、东北城、沪北六路等商联会也不赞成一律拒用，纷纷致函总商会、县商会，希望它们召集各团体妥筹办法。

5月27日，上海县公署召集总商会、县商会、银行公会、钱业公会四团体举行联席会议，专门讨论轻质铜元事，法租界商联会、沪西商联会派代表列席会议，与会各团体代表对于官厅的不作为表达了强烈不满，但仍在不满中寄予了期盼，最后通过了三项决议："(1)要官厅在火车轮船上严厉检查；(2)请县长亲赴南京向省长陈述利害；(3)致电财政部，饬令各省造币厂实行停铸铜元。"⑤次日，两商会、银行公会、钱业公会四团体联名致电北京政府财政部、交通部、税务处币制局，江苏省军民两长，上海护军使等，要求实施三项措施：(1)禁止紫铜及铜坯，即日通电各处海关布告实行，如查有私运，一律充公；(2)轮船火车夹带私运，如何切实稽查，应通令各税关路局，各抒所见，定一严厉而有效之办法；(3)过剩之铜元，应由政府依照国币条例，无限收受，凡人民以新旧铜元，向县公署税所完漕纳税，不论数目多少，

① 《拒用轻质铜元问题之昨讯》，《申报》1922年5月25日，第13版。
② 《拒用轻质铜元问题之昨讯》，《申报》1922年5月25日，第13版。
③ 《讨论轻质铜元问题种种》，《申报》1922年5月26日，第13版。
④ 《百老汇路商界开会纪》，《申报》1922年5月29日，第13版。
⑤ 《拒用轻质铜元之昨讯》，《申报》1922年5月28日，第13版。

许照通行市价，一律上兑，县署税所以及财政厅，均不得有丝毫抑勒挑剔。①
6月3日，上海县公署奉江苏省督军、省长令发出布告，规定毗连邻省各县，
一律定为限制铜元入境区域，入境铜元，每人携带不得过一千枚，超出此数
者，没收充公。② 对四团体的补救措施，江苏省军民两长于6月4日回复称：
"禁止紫铜及铜胚入口，业经转咨中央，尚未答复，候出咨催迅予实行，至轮
船火车私运，应如何稽查，候令行各关并函津浦沪宁两路局，拟具严厉办法，
采择施行。"③

　　然而，四个月过去了，江苏省政府的禁令并未达到预期效果。商联会总
是在对官方的期待中失望。9月25日，沪西商联会致函淞沪护军使，一方面
敦请其设法禁止私贩私造，另一方面敦促严惩私铸铜元犯赵登鳌。④ 10月1
日，北山西路唐家弄两路商联会开会讨论如何抵制轻质铜元，"决议联络各公
团，开一大会解决"⑤。10月4日，上海总商会再次致电督军、省长，敦促其
"迅赐令行各关并各路局严厉查禁，以杜来源，俾资补救而恤民艰"⑥。10月
17日，督军、省长联名批复总商会"候通令严厉查禁"⑦。

　　11月初，一些偶然的因素使得铜元价格逐渐复原，且出现了涨价趋势。
在这种形势下，各商联会仍冷静以对，继续呼吁官府限制外地铜元乘机输入。
法租界商联会致函总商会，说"申地兑价虽低，而他埠较申为昂者，恐奸侩又
将私贩输入，难免不仍复提高，万一至此，非但物价不能平减，而小本经营
及敝业，且大受困累，为特据情详达，务乞转请省长，迅令海关主各该局，
重申查禁，俾杜私入，以维市面，而安商业"⑧。爱克界三路商联会则拟发起
预防贩运铜元会，防止"奸商乘机装运大批铜元来沪"⑨。与此同时，作为省

① 《四公团之铜元重要条件》，《申报》1922年5月31日，第13版。
② 《禁止贩运铜元之布告》，《申报》1922年6月4日，第15版。
③ 《总商会救济铜元跌价之要电》，《申报》1922年10月5日，第13版。
④ 《沪西商联会请禁轻质铜元》，《申报》1922年9月30日，第15版。
⑤ 《两路联会常会纪》，《申报》1922年10月1日，第15版。
⑥ 《总商会救济铜元跌价之要电》，《申报》1922年10月5日，第13版。
⑦ 《呈请补救铜元跌价之省批》，《申报》1922年10月18日，第14版。
⑧ 《法租界商联会致总商会函：请转省长查禁铜元输入》《两路联会常会纪》，《申报》
1922年10月4日，第13版。
⑨ 《预防贩运铜元之集会》，《申报》1922年11月5日，第3版。

一级民意机构的江苏省议会也针对铜元暴落暴涨现象进行过专案讨论。1922年11月下旬，省议员鲍友恪紧急动议，提出三策：第一，筹资60万元鼓铸资本，铸造二进五进新铜元；第二，责成沿江沿海并省界常关税所，检查输运铜元质量，以定禁驰，则轻质劣质自不再入，而固有之重质不再输出；第三，市面上之流行铜元，允许人民分别等级，自行开价。① 12月28日，省议会通过该议案，并依据省议会暂行法，咨请省长查照施行。②

20世纪20年代初期的铜元危机清楚地表明，各地鼓铸滥造是轻质铜元充斥市场的罪魁祸首，北京政府的权威下降与权力式微则是铜元危机产生的根本原因。在铜元危机中，政府虽应商界之请，屡次下令禁铸、禁运，表面上官样公文往返如常，但从中央到地方，令不行、禁不止，各地阳奉阴违，视禁令为具文，铸者自铸，运者自运，铸运的背后浸透着各地方集团的巨大利益，各界面对铜元危机一筹莫展。政府救市无方，不但消磨了商界的耐心，也再度在商界与市民中消费了其权威与诚信。平心而论，在这样一种政治环境中，企求政府施救，只会是一厢情愿；而缺乏政府支持的自救行为，也只能是心有余而力不足。正因如此，虽然铜元危机间歇性地持续到1925年，但作为中小商人利益代言人的商联会在1922年之后，多半采取听之任之的态度，既对请求政府施救缺乏信心，也对商界自救缺乏激情。正如总商会在回复法租界商联会要求取缔轻质铜元的电文中所言：

> 敝会直接电商该数省，与狐谋皮，其效力与币制局之电文等耳。至于不以沪埠为尾闾一层，皖省铜元局前次复商敝会云云，何尝不自辩为行销口外，非销沪埠，以此为请，彼尽多推诿之余地。闽省双毫，敝会于民国十一年间，曾函陈护军使，声明拒用。粤省双毫，经敝会几度之辩难，始有税务处禁止入口之电令，如欲敝会再请该两省勿以沪为尾闾，彼将以税务处早有禁令反唇相讥，虽明知其中必有私行运销情事，然既未当场得其佐证，彼亦讵肯承认，是此说之无效与前说等。饬关照扣铜坯，敝会自见停铸之议，未能实行后，即于民国十年间，约同各省商会，向币制局及税务处连电力争，卒以内局关系，迄今亦未实行。总之贵会

---

① 《补救铜元充斥办法之提议》，《申报》1922年11月25日，第13版。
② 《补救铜元充斥之议决案》，《申报》1923年1月8日，第13版。

现时所筹议者，皆为敝会三四年来所百计图维之事，此等案牍，高可盈寸，敝会以空言无补，未愿尽情宣示，故局外人有所不尽知也。①

总商会自有总商会的苦处，案牍盈尺，效果渺渺！总商会的苦衷何尝不是各路商联会的苦衷呢？本来，各路商联会希望将政府施救与商界自救结合起来，标本兼治，彻底整顿钱市秩序。无奈政府施救无力，商联会便只有在各自街区范围内采取拒用、折价二法。这虽然在一定程度上维护了中小商人的利益，但拒用之后剩余的铜元如何处置？折价之后如何弥补无辜受损的消费者？作为铜元危机中的利益攸关者，商联会自然难以站在全局角度考量，作为街区性的基层商人团体，其权力与能力也不足以善后，虽然它们为善后制定了一套完整的方案。因此，拒用、折价使用的结果，只是以新的混乱取代了旧的混乱。

当然，对商联会在铜元危机中所扮演的角色也应实事求是地予以评价。平心而论，商联会在铜元危机初期，从维护中小商人自身利益出发，曾经满怀希望地积极应对，以维护市场的秩序，不论是对政府，还是对自身，也都充满了信心。但是，它们对市场的复杂性缺乏应有的认识，以为单凭自身力量就能使钱市恢复到正常水平，对政府的权威性与执行力也缺乏正确的判断，以为依靠函电往返、隔空喊话，就能达到禁铸禁运的效果。它们所设想的官商合作解决铜元危机的目标没能实现，在对政府的希望中累积起了更多的失望，这更加坚定了中小商人在 20 世纪 20 年代的政治转向。当自救与他救的种种措施难以奏效后，商联会也不得不放弃最初的努力。但是，透过铜元危机初期商联会的自救行动，我们看到了基层商人团体在如何扮演一个勉为其难的市场维护者角色。

二、商联会与租界华商拒贴印花税票

北京政府为实现租界内华人贴用印花税票，与西方列强进行了长时间的交涉，有抗争，亦有妥协，最终于 1919 年年底达成了《租界内华人实行贴用

---

① 《总商会复法租界商联会函》，《申报》1924 年 7 月 5 日，第 13 版。

印花办法》，并拟于 1920 年 1 月 1 日起施行。但是，有令难行，北京政府拟于租界华商中开征印花税之举遭到了强烈抵制，租界华商在上海总商会和马路商界联合会的组织下，以负担过重、"华洋不能一律"为理据，拒贴印花税票，并借助工部局的力量，达到了抵制印花税的目的。在北京政府、西方列强与租界华商的三方博弈中，西方列强是真正的赢家，北京政府和租界华商都是弱者，只有借助西方列强的力量才有可能开征印花税或拒绝印花税。最后，租界华商取得了阶段性的胜利，北京政府没有实现开征印花税的目的，其权威再次受到挑战，工部局则成功地维护了租界管治权。

　　学术界有关近代印花税的征收与抗征的研究成果并不多见，李金铮、吴志国的《清末官方与民间社会互动之一瞥——以 1908～1911 年天津商会反对印花税为中心》以 1908—1911 年天津商会反对开征印花税为例，展现了官方与民间社会的利益冲突及双方的表达，旨在通过历史的重建更好地理解官民的互动关系。李向东的《抗争的变曲：〈租界内华人实行贴用印花办法〉评析》详尽梳理了北京政府为征收租界内华人之印花税而与西方列强进行的艰难抗争。[①] 实际上，要在租界内实现华人贴用印花税票，不仅由于租界治权掌握在各西方列强手中，需要与西方列强进行交涉，并取得租界当局的认可，而且需要征税对象即租界华商的积极配合，因此，租界华商贴用印花税票是一个非常复杂的问题。在北京政府、西方列强与租界华商三方的互动过程中，既有北京政府对西方列强的抗争与妥协，又有租界华商对北京政府的抵抗，还有租界华商与租界当局之间的联动，在三方博弈中，甚至还夹杂着租界当局与领事团、外交使团之间的分歧，上海马路商界总联合会与上海总商会之间的裂痕。本节以 1920 年上海租界华商贴用印花税票为例，透视五四运动后的北京政府、西方列强与租界华商三方之间微妙的互动关系。

（一）交涉与妥协：租界内华人贴用印花税票之缘起

　　开辟新的税源是北京政府应对千疮百孔的财政困局的当务之急。北京政府时期的财政总体状况是收不抵支、入不敷出，"几乎自始至终不能自拔于恐

---

　　① 李金铮、吴志国：《清末官方与民间社会互动之一瞥——以 1908～1911 年天津商会反对印花税为中心》，《江海学刊》2006 年第 6 期，第 154—158 页。李向东：《抗争的变曲：〈租界内华人实行贴用印花办法〉评析》，《历史教学》2013 年第 10 期，第 16—21 页。

慌处境"①，"经常性的有保障的财政收入只能占财政支出的 60%～40% 左右"②。到了 20 世纪 20 年代初期，财政困难已经影响到北京政府中央机构的正常运转，"财政支绌，库藏如洗，又无外省之接济，周转极见不灵，凡直辖各机关，均受欠薪苦痛，其中以无收入机关为最，据调查所得，参谋部蒙藏院等，多欠一年或数月者，其少收入机关，如农商、内务部等，亦在数月之列，即如交通部、财政部、外交部等，素以按期发薪著称，然财部至今日已成为纯粹支出之机关，交部则为安福搜刮一空，近复受到期内外债本息偿还之影响，已有沧桑之感，故亦欠薪至二月以上"③。因此，增加税收实为北京政府解决财政困局的头等急务。

在此背景下，开征租界华人印花税便提上议事日程。为此，北京政府与西方列强进行了长时期的艰难交涉，终于在一再妥协与让步的情况下达成了《租界内华人实行贴用印花办法》。

中国政府与西方列强就租界内外国侨民和华人贴用印花税票的交涉，由来已久。早在清朝末年，有关在租界征收印花税的议题就已经启动，但由于不平等条约下租界制度的阻碍，直至清朝灭亡，仍毫无进展。中华民国成立后，北京政府希望能在租界征收印花税问题上取得突破，外交部不断与公使团进行交涉。④ 1919 年 1 月，外交部在致驻京外交团领衔公使朱尔典的照会中，除了再次提出外国商民应依照中国印花税法贴用印花税票外，重点就租界内华商贴用印花税票一事提出说明，大意谓印花税在中国内地已完全实行，不能听任租界华商不依法遵贴，但由于"租界内警察、裁判权不我属，无从强制执行"，希望各公使"转饬租界领事实行协助"，并特别表明，此事仅及于租界内之华人，与外国侨民无关，"谅各国公使素敦睦谊，当必乐于推诚相助"。不过，这只是北京政府的一厢情愿，当外交部于 4 月 26 日致函催答时，外交团仍只是非正式地表态称，由于日本公使反对，尚需再议。日本公使何以反

---

① 杨荫溥：《民国财政史》，中国财政经济出版社 1985 年版，第 2 页。

② 钟思远、刘基荣：《民国私营银行史(1911—1949 年)》，四川大学出版社 1999 年版，第 42 页。

③ 《无办法之北京财政》，《申报》1921 年 3 月 24 日，第 7 版。

④ 北京政府与外国公使团交涉的详细过程，可参见李向东：《抗争的变曲：〈租界内华人实行贴用印花办法〉评析》，《历史教学》2013 年第 10 期，第 16—21 页，此处不赘。

对？当然是担心在租界开征印花税会危及列强特权，所以提出不能由印花税处派驻稽查员，反对未贴印花税票及票面未销之书类失去证据效力。日本的反对迫使北京政府大幅让步，财政部"将日本政府所拟条款之意见全行加入"，形成了新的租界内华人贴用印花税票办法。① 然而，新的办法仍未获得列强的满意，驻京外交团领衔公使又提出了新的修改意见，主要内容包括：各租界开征印花税的日期应一致，并应预先将开征日期告知各国大臣；"委托租界内工部局警察执行"应改为"该管外国警察官"执行；外国警察检查两次之规定应予删除，该警察官办理此事之责任，应限于平时检查不贴印花税票之契据；罚金分配应由中国政府向工部局以"情愿捐助之形式进行之"；将来若在租界有设立印花税分局之必要，"则不但应预告告知各国领事，更应先得彼等完全许可"；若租界内外国行政机关或居民有因印花税征收而损失权利或大感不便之处，则此办法必须再加修改，且如有取消认可之必要时，亦必取消之。②

修改意见除个别属事务性质外，多无视北京政府的存在，肆意践踏中国主权，但财政上已千疮百孔的北京政府为开征租界内华人印花税，已置尊严与主权于九霄，委曲求全，全盘接受了修改意见，由财政部推出了《租界内华

---

① 华中师范大学2008届李向东博士对此有专门研究，参见李向东：《印花税在中国的移植与初步发展（1903—1927年）》，博士学位论文，华中师范大学，2008年，第133—136页。新修改的印花税办法仍为四条。其一，凡居住租界内之华人应依照《印花税法》所载各项契约、簿据及人事证凭贴用中华民国印花税票。其二，检查租界内华人应贴印花税票之契约、簿据及证凭委托租界内工部局警察执行。检查方法为：①工部局警察每年6月及12月就租界内华人铺户住房检查一次；②除检查外，工部局警察平时发现华人不贴用印花税票可以举发；③检查或举发的违章问题由工部局警察首领处罚，处罚时应报由该管领事查核；④罚金充赏及归公分配办法另定。其三，租界内华人契约、簿据及证凭不贴印花税票或所贴印花税票未盖章画押加以注销，遇诉讼时本不能认为合法之证据。兹为维持对手人利益起见，由法庭但将出立契约、簿据及证凭之华人处以罚金，并令依法补贴印花税票及盖章画押，而原立之契约、簿据及证凭仍认为有效。其四，租界内发卖印花税票，委托中华邮务局在租界内办理，专任销售印花税票，不涉及他项之任务。其发卖处所之设置闭歇及变更地点均随时报明领事团立案。

② 《领衔公使朱尔典照会外交部：租界贴用印花税事请查照由》（1919年10月17日），"中央研究院"近代史研究所档案馆藏档案，档案号：03-19-021-01-021，转引自李向东《印花税在中国的移植与初步发展（1903—1927年）》，博士学位论文，华中师范大学，2008年，第136页。

人实行贴用印花办法》，并决定于1920年1月1日起施行。该办法规定：

第一，居住租界内之华人，应依照《印花税法》及《关于人事证凭贴用印花条例》所载各种契约、簿据及证凭，贴用中华民国印花税票。第二，印花税检查"委托该管外国警察官执行"，发现不贴印花税票之契约、簿据及证凭，依照税法条例处罚，罚金由该管领事代收，其中一半以中国政府名义捐助工部局经费，一半交由交涉公署解归国库。第三，租界内华人契约、簿据及证凭不贴印花税票或未盖章画押注销，遇诉讼时本不能认为合法之证据，为维持对手人利益起见，由会审公堂或地方官衙门或审判厅，将出立契约、簿据及证凭之华人处以罚金，并令依法补贴印花税票及盖章画押，而原立之契约、簿据及证凭仍认为有效。第四，租界内发行印花税票，由中华邮务局在租界内办理，专任销售印花税票，不涉及他项任务，如将来须在租界内添设发行印花税票之邮务分局或特别机关，先与各国领事接洽后再行照办。①

由于该办法已完全接受了列强的条件，代表西方列强的公使团最终还是同意了北京政府在租界内实行华人贴用印花税票的要求。除了一些苛刻限定外，应该说，在租界华人贴用印花税票问题上双方基本上采取了合作态度。此时的西方列强既试图通过整顿北京政府的税收制度以达到控制中国财政的目的，又不能一味拒绝租界内外的中国公民在税赋面前应一律平等的原则，公共租界工部局总办与英国驻华公使艾斯敦和英使馆汉务参赞巴尔敦的会谈记录对此做出了很好的诠释：

> 外交使团是把重点放在整顿中国的税制，以此作为全面整顿这个国家的一种方法。为此目的，外交使团支持了印花税，这是世界其他国家所实行的税收中最为简单的方式。并表示，在外国控制地区的华人应与纯粹由中国控制地区的华人同样缴纳印花税，因为他们都在中国法律管辖下。②

对北京政府而言，自清末开始的租界华人贴用印花税票的交涉终于有了

---

① 中国第二历史档案馆编：《中华民国史档案资料汇编》第3辑"财政"，江苏古籍出版社1991年版，第1517—1520页。

② 上海市档案馆编：《工部局董事会会议录》第21册，第577页。

一个结果，收回了租界内的部分税权，即向租界内华人征收印花税的权力，但征税权的恢复却是以丧失另一部分主权为代价的：一是向租界内的外国侨民征收印花税的权力；二是贴用印花税的检查权、不贴用时的处罚权；三是增设印花税办理机构的自主权。其中关键是一、二两项，在侵害中国政府主权时，也违反了税负公平原则，这种以放弃主权换回部分税权的做法，虽是弱国抗争时的一种无奈之举，但也确实为抗税者留下了充分的理由，注定将使得租界华人贴用印花税票的过程困难重重。

（二）拒贴印花税票：租界华商的一致抗争

在租界华人缴纳印花税的问题上，包括上海各马路商界联合会和各马路商界总联合会在内的上海商界与北京政府进行了长时间的拉锯战。

1919 年 11 月中旬，上海各大报纸上已经出现了北京政府拟于 1920 年 1 月 1 日在租界内委托工部局征收印花税的消息，11 月 17 日，《申报》刊载了《租界施行印花之办法》，11 月 21 日，沪海道尹公署转发江苏省长公署训令，该令据财政部第 5613 号咨文"定于民国九年一月一日所有各处租界均按照本部此次订定办法一律施行"①。

此前，上海总商会已于 11 月 15 日收到北京政府农商部关于"租界内华人贴用印花税办法于九年一号为始"的训令，总商会于当日举行第 23 期常会，遂将该议题列为临时提议案，讨论之下，决定"列举不能遵照之理由，电部力争"②，并于次日向北京政府发出"咸电"，列举了三条理由，要求"收回成命，另订妥善办法"：

> 租界内华商无一业不与洋商交接，华洋不能一律，窒碍滋多，此不能遵照者一。上海各路商界联合会方拟修改租界章程，争回主权，政府以区区印花之收入，授检察权于外人，且由领事馆代用中国政府名义，以所收罚金半助工部局之经费，半归国库，与民意适相违反。若经宣布，必起风潮，此不能遵照者二。查各国现行法令，凡关于捐税之收纳，无论本国与外国商民，皆一体办理，断无如大部现订印花办法之偏苦者，

---

① 《租界华人贴印花之实行期》，《申报》1919 年 11 月 21 日，第 10 版。
② 上海市工商业联合会编：《上海总商会议事录》（三），第 1234 页。

穷其弊之所极，势不至尽驱华商而皆为洋商不止。此不能遵照者三。①

此时的上海总商会经历"佳电"风波不久，在商人中的威信扫地，亟须重建信誉和权威，因此颇有代表华商利益之胆气，一时之间，"咸电"得到了各马路商联会和商总联会的积极呼应。成立不久的各马路商联会和商总联会立刻以主权丧失与税负过重为由公开反对。11月23日，南京路商联会召开紧急会议，专门讨论了印花税案，会议认为"印花税为国家一种正当税则，商人虽托外人宇下，亦知以爱国为职志，不愿依外界为护符，立于反抗之地位。惟现在南北尚未统一，国民对于财政用途多未明了，目前自未便承认，转资纠葛。再此项印花税将来如须实行时须要求政府将各种苛税取消，方可照办"，并决定致书商总联会，统一应对。② 11月24日，商总联会致电北京政府，表示"政府为增加区区收入，不惜断送国权，本埠全体商民议决，万难承认"③。12月3日，刚刚成立不久的法租界商联会亦召集会议，对印花税的传闻"不甘承认，应请立电政府收回成命，万勿太阿倒持，授人以柄"④。12月17日，法租界商联会再次召开紧急会议，认为"当此商业凋敝之时，若再加税，力何能逮，应请政府收回成命，以拯民艰"⑤，同时致电北京政府财政部、农商部：

> 北京国务院财农两部鉴，明年一月一日在租界征收印花税，委托工部局检察，授权外人，租界已纳工部局苛捐，力难两顾，本界商民誓不承认。⑥

此时，各路商联会正在轰轰烈烈地开展抵制工部局增加房捐的斗争，北京政府急不择时地开征印花税，既使得捐税本已过重的华商雪上加霜，亦无异于给抗捐斗争中情绪愤激的租界华商火上浇油，因此，商界反应速度之迅速、反对态度之坚决，为北京政府所始料不及。为了缓解租界华商的反对，

---

① 上海市工商业联合会编：《上海总商会议事录》(三)，第1234页。
② 《南京路商界联合会提议案》，《申报》1919年11月24日，第10版。
③ 《上海各路商界总联会消息》，《申报》1919年11月26日，第10版。
④ 《法租界商业联合会开会纪》，《申报》1919年12月4日，第10版。
⑤ 《法租界商业联合会紧急会议》，《申报》1919年12月19日，第10版。
⑥ 《法租界商业联合会紧急会议》，《申报》1919年12月19日，第10版。

打消商人的疑虑，12 月 20 日，国务院会议讨论了租界内华人贴用印花税票检查办法，决定"俟筹备妥贴，取消检查"①。12 月 24 日，江苏印花税分处致函上海县公署，转发财政部令，已将租界华人贴用印花税票办法"修改为特别区域印花税施行办法"，并指示该处"遴派驻沪专员办理，务劝各商共体时艰，照章贴用"。② 12 月 26 日，北京政府财政部复电上海总商会并转商总联会、法租界商联会，对商界电争的三条理由进行了驳复，称"民有纳税义务，究与洋商有别。检查之权系委托性质，与主权无关。印花税本极轻征，断无因此而改归洋籍，冒挂洋牌"，并表示可以取消原定的检查办法，"凡有商事公断处者，即归公断处执行，其无公断处者，由商民自行组合执行机关，互相检查"。③ 这一答复虽在检查环节上稍有让步，但在征收原则上毫不妥协，这种软中带硬的态度令上海商界大失所望，商总联会立即致电总商会，表示"拟停营业，合力电争"④，上海总商会于次日举行的第 26 期常会上再次对租界推行印花税问题进行了讨论，决定电复部院"请先将委托外人检察一节即日取消"，并致函交涉公署、工部局，表明"九年一月一日起检查印花办法，万难实行"，另抄录与护军使署之间的往来函电，"知照各路商界联合会"。⑤ 法租界商联会致电南京军民两长，表达法租界华商"誓不承认"印花税的决心，请求"转电中央，设法取消"。⑥ 商总联会则致电北京政府农商部、财政部，表示不惜以停业相抗争，"若不速行取消，公决全市停业，免被探捕骚扰"⑦，同时，将电稿原文抄送上海总商会，"务祈合力电争，速予取消"⑧。于是，上海总商会"特提出紧急动议，急电农财两部，请为暂缓实行，一面商订妥善办法，从长计议，以恤商艰而免意外"⑨。12 月 31 日下午，法租界商联会提

　　① 《阁议决定租界内华人完纳印花税检查办法》，《申报》1919 年 12 月 21 日，第 3 版。《法租界商业联合会开会纪》，《申报》1919 年 12 月 23 日，第 10 版。

　　② 《租界施行印花税办法之改定》，《申报》1919 年 12 月 25 日，第 10 版。

　　③ 《租界施行印花税事之函电》，《申报》1919 年 12 月 30 日，第 10 版。

　　④ 上海市工商业联合会编：《上海总商会议事录》(三)，第 1340 页。

　　⑤ 上海市工商业联合会编：《上海总商会议事录》(三)，第 1240 页。

　　⑥ 《反对租界施行印花税之昨讯》，《申报》1919 年 12 月 28 日，第 10 版。

　　⑦ 《商界总联合会开会纪事》，《申报》1919 年 12 月 25 日，第 10 版。

　　⑧ 《各路商界总联合会之要函》，《申报》1919 年 12 月 27 日，第 10 版。

　　⑨ 《反对租界施行印花税之昨讯》，《申报》1919 年 12 月 28 日，第 10 版。

出紧急动议，"以政府轻视民意国权，毋任愤激，租界商民对于贴用印花，非但多所障碍，而且完纳租界捐款，正在无力支持，何堪再加担负"，决定再致电政府，不达取消目的，"惟有一体休业"。① 商总联会则警告北京政府财政部，表示如果"政府不尊重民意国权，定期强迫实行，将来引起风潮，大部应负其责"②，同时，在各大报刊上连续刊登通告，表示"政府如不尊重民意，仍照原定日期强迫施行，本会全体商民誓不承认！"③

租界华商反对贴用印花税票的态度如此，"其表面理由，虽借口第二条规定之失当，实则根本上不愿负担此税"④。公共租界工部局对租界华商抵制印花税的目的也十分清楚，他们"注意到大部分华人社团所反对的以及要胁总罢工的目标并不是反对税收本身，而是反对由工部局实施征税。可是看来这可能只是一个幌子，因为在租界内只有工部局可实施征税，如反对由工部局来实施，则这部分华人社团就可以回避交税"⑤。

其时，上海总商会除致电北京政府表达抗议外，还致函公共租界工部局，"声称中国商人不愿付税……同时要求工部局注意总商会的意见，并采取一致行动"⑥，实际上就是希望工部局拒绝北京政府在租界征收华人印花税的决定。公共租界工部局在 1919 年 12 月下旬已经得知外交使团致领袖领事关于租界华人贴用印花税票的函件的内容，外交使团"已同意在外国租界内实施中国政府印花税的做法……将借助于工部局捕房在租界内推行"。工部局董事会认为"如果工部局同意在租界内征收印花税，则将开创一个先例，毫无疑问地使中国政府进一步试图把其他税收强加到租界上，其结果是值得严肃思考的"，因此，在收到上海总商会的来函后，决定将"函件转给领事团，并表示工部局所持的观点与强烈抗议"。⑦ 可见，上海总商会的要求得到了租界当局

---

① 《法租界商业联合会开会记》，《申报》1920 年 1 月 3 日，第 10 版。《法租界商业联合会开会记》，《申报》1919 年 12 月 30 日，第 10 版。

② 《商界警告财政当局》，《民国日报》1920 年 1 月 1 日，第 10 版。

③ 《上海各路商界总联合会通告》，《民国日报·纪念增刊》1920 年 1 月 5 日，第 1 版。

④ 《租界印花税问题》，《申报》1920 年 1 月 17 日，第 11 版。

⑤ 上海市档案馆编：《工部局董事会会议录》第 20 册，上海古籍出版社 2001 年版，第 803 页。

⑥ 上海市档案馆编：《工部局董事会会议录》第 20 册，第 803 页。

⑦ 上海市档案馆编：《工部局董事会会议录》第 20 册，第 803 页。

的积极"响应"。1920 年 1 月 2 日，公共租界工部局复函上海总商会，表示"在租界征收者及工部局征收各项捐税，以供租界行政经费者外，任何税项皆不许实施于租界范围之内……凡有在租界中征收他种捐税者，一经查知，即当取缔之"，印花税也不例外，"今既有征收印花税之说，工部局为预防计，已向领事团提出反对此事之抗议"，"反对中政府在租界中征收印花税之谋"。① 1 月 3 日，工部局致函领事团，"断然抗议在公共租界征收中国政府印花税，指出此事违反经常记录在案并实施的协议，即在公共租界境内免征厘金与其他中国税捐"②，同时，对领事团的做法极其不满，表示"为了领事团、外交使团与工部局之间的共同利益，凡与中国当局签订有关协议之前，或表达其明确观点之前，影响公共租界各项问题的各董事的意见理应为各方所了解。因为如果这些问题没有得到工部局的同意，则有关各方在面对这些问题时将不可避免地陷于不协调的，令人为难的处境"③，工部局"董事们对领事团经常漠视董事会去信谈到的一些重要问题感到愤慨"④。对此，上海总商会复函工部局，"对工部局在这个问题上所持态度表示赞赏"⑤。1 月 6—9 日，商总联会在《申报》等上海大报头版连续四天刊发通告，指出：

> 租界行使印花税一事，本会已会同总商会三次电京力争，即日取消，如政府不尊重民意，仍照原定日期强迫施行，本会全体商民誓不承认。⑥

商联会要求取消印花税的呼声虽然遭到北京政府的断然拒绝，但在租界当局的强力反对下，1 月 1 日开征印花税的行动也无法实施。此后，北京政府虽仍按计划加紧推行，但在上海商界却碰了软钉子，1 月 7 日，江苏印花税分处处长李湛田同时致函上海总商会、县商会，重申 1 月 1 日实施租界华人贴用印花税票的决定。⑦ 1 月 17 日，李湛田到沪后，南、北两商会以"近日会务

① 《关于租界施行印花税之两函》，《申报》1920 年 1 月 8 日，第 10 版。
② 上海市档案馆编：《工部局董事会会议录》第 21 册，第 567 页。
③ 上海市档案馆编：《工部局董事会会议录》第 21 册，第 548 页。
④ 上海市档案馆编：《工部局董事会会议录》第 21 册，第 567 页。
⑤ 上海市档案馆编：《工部局董事会会议录》第 21 册，第 538 页。
⑥ 《上海各路商界总联合会通告》，《申报》1920 年 1 月 6 日，第 1 版。
⑦ 《关于租界施行印花税之两函》，《申报》1920 年 1 月 8 日，第 10 版。

忙碌，对于推行印花税一事，尚不能一时提议，且阴历年关，正商界结束账款之际，恐无暇议及"为由，拒绝商洽，北京政府拟于 1920 年 1 月 1 日在租界开征印花税的决定无果而终。①

（三）征税与抗税：租界华商与北京政府的博弈

贴用印花税票之声再起始于 1920 年 4 月初。"商界反对于前，工部局拒绝于后，北京敛财者大失所望，乃四出设法，联络商界某巨公，许以交换之利益，某始允为力助，暗中疏通。"②结果，4 月 3 日，报纸上又出现了 5 月 1 日开征印花税的消息。4 月 8 日，江苏税务分处致函上海总商会，称"现奉财政部电，准领衔公使照会，展至五月一日实行，并声明决无再行改期等语，已由部复照办"③。4 月 17 日，总商会决定通告各业，查照实行。④ 4 月 12 日、13 日，商总联会、法租界商联会先后集议印花税问题，决定恳请杨交涉使"电恳国务院饬部从缓征收，以纾商困"⑤。4 月 15 日，李湛田再次为开征印花税赴沪，积极劝导两商会配合，并将汉口检查印花税办法交与商会修改，由商会暂设一评议会，"执行租界内华人贴用印花检查议罚一切事实，其评议员，即以商会会董兼充"，罚款的"一半留会作为检查等事办公之用"，企图以利益诱导商会站在政府的立场上支持在租界内对华商征收印花税。⑥

得此消息，各路商联会更加愤怒，纷纷要求商总联会"召集各路董事会议，一致反对"⑦。4 月 18 日，商总联会召集各路董事会议，除重申前述反对理由，又进行了新的补充，谓"华洋不能一律，将来大商家可挂洋旗，小商店独受苛累。将来此项印花税，一经承认，必致抵押与外人。此种万恶政府，吾人实无纳税之必要，况租界向无印花税，岂能贸然承认"，同时，对上海总商会态度的转变提出尖锐批评，称"此次旧案重提，由总商会通告各业，定期

---

①　《租界施行印花税暂缓进行》，《申报》1920 年 1 月 17 日，第 10 版。

②　《租界发售印花税疑云》，《民国日报》1920 年 4 月 22 日，第 10—11 版。

③　《总商会常会记》，《申报》1920 年 4 月 19 日，第 10 版。

④　上海市工商业联合会编：《上海总商会议事录》(三)，第 1352 页。

⑤　《商界集议租界印花税》，《民国日报》1920 年 4 月 12 日，第 10 版。《法界商业联合会常会》，《民国日报》1920 年 4 月 13 日，第 10 版。

⑥　《租界贴用印花办法之商改》，《申报》1920 年 4 月 17 日，第 11 版。

⑦　《商界联合会开会汇纪》，《申报》1920 年 4 月 16 日，第 10 版。

实行，可见总商会与北政府狼狈为奸"。① 海宁路商联会认为"总商会的系代表政府，实非代表商民"②。商总联会决定推派代表携带书函前往总商会质问：

> 报载贵会致各业公函，有租界行使印花税，已定期五月一日实行，分函各业查照一则。查租界行使印花税，发生于上年冬间，节经敝会以主权商困关系，三次电京抗争，当时贵会亦曾函电京沪，当时一致反对，今时隔数月，北政府又旧案重提，且定期实行，贵会接到部文，何不根据前案，为全体商民请命，遽以通告各业代表承认？此种出尔反尔之表示，实非商界领袖所应出此。敝会昨为此事开董事会议，全体激昂，佥谓万恶政府，不以民意为念，犹可说也，贵会既居商人代表地位，不应视同秦越，以商人血汗之脂膏，为少数人献媚取荣之梯径。决议公推代表俞国珍、陆祺生、郑鹏鹄、吕静斋、邬志豪五会董，携带公函，前赴贵会质问，并祈拨冗接待，以口头及书面明白答复，务期得有圆满之解决，否则敝会全体商民，不能为公等恕也。③

4月20日下午，俞国珍等五代表来到总商会面呈公函，得知来意，总商会会长朱葆三表示："总商会对于政府之意旨，处于不能反对之地位，此中困难，不足为外人道。"代表又问："贵会发出通告是否劝各业承认？"得到的答复是，"此商会所发各业通告，不过知会而已"。总商会向凤楼还表示"若各业反对，商会何能独异，余亦商人一份子，贵会既公决反对，余当随诸君之后，据情答复当局"。一番答问之后，总商会又以书面形式回复了商总联会的质问：

> 我华商对于租界贴用印花税，因有种种窒碍，故一致反对，商会始终坚持，亦本此意。商会为各业代表，一方面通告各业，仍系征集各业意见，为手续上应有之事，一方面另派译员至工部局作口头之谈论，俟得正式文牍，亦必通告各业，互相切磋，既承见询，谨以奉复，愿勿加

①　《商界总联合会董事会》，《民国日报》1920年4月19日，第10版。
②　《各路商界联合会会议》，《民国日报》1920年4月23日，第11版。
③　《商界总联合会董事会》，《民国日报》1920年4月19日，第10版。

以猜疑之词，实为两幸。①

与此同时，河南路、新闸路、浙江路、百老汇路、法租界、四马路等商联会纷纷召开会议，或表达"如果实行，誓不承认"的决心，或要求商总联会勿"徒托空言"，"勿效总商会之出尔反尔，必须反对到底，贯彻初志"②，四马路商联会在讨论印花税时，曾有会员指出，"印花税内地已通行，租界反对亦不能持久，必须筹有行使的妥善方法"，不过，多数会员仍主张坚持抵抗到底③。虽然5月1日征收期限临近，但"自各路商界总联合会严厉反对后，总商会亦见风转舵，表示并未赞成，使北方财政当道及印花税委员等等，受一意外之打击。而允代担任疏通者，亦匿迹销声，故历数日迄无动作。总联合会自发出反对之电后，从未接有关于印花税事或取消或缓办之文电，总之梦想五月一日租界施行印花税，尚难实行"④。

但是，北京政府并未放弃在租界华商中开征印花税的初衷，由公开命令改为暗中运作，欲"于华界设一检查机关，延聘夙为商界信仰者为主任……商贴商查，转环之法，莫善于此"⑤。对此，商联会提高了反对的声调，海宁路商联会明确提出了否认北京政府的倾向：

> 北方政府当此民穷财尽之秋，不能体恤民困，反欲增加担负，而种种背反民意，残民虐民，丧权辱国，违法之事，层出不已，内乱数年，毫无悔悟，此种政府，国民如再资以金钱税项，徒足增加扰乱，故在国内和平未曾恢复，政府不能尊重民意以前，决不愿再出一钱，再加一税。⑥

4月下旬，工部局也收到了领袖领事来函，"希望工部局采取必要步骤在公共租界实施印花税"，为了取得工部局的同意，领袖领事承诺"由于否定外交使团与中国政府之间的官方协议是没有什么问题的，因此，如在实施时极

---

① 《总商会复各路总联合会函·对于质问租界行使印花税之答覆》，《申报》1920年4月21日，第10版。

② 《各马路重要会议》，《民国日报》1920年4月21日，第10版。

③ 《商界联合会开会汇纪》，《申报》1920年4月22日，第14版。

④ 《租界印花税消息沉寂》，《民国日报》1920年5月1日，第10版。

⑤ 《印花税仍暗中进行》，《民国日报》1920年5月9日，第10版。

⑥ 《租界华商拒绝印花税理由》，《申报》1920年5月6日，第14版。

为不便，外交使团可予以撤销。工部局尽可放心"。① 但是，工部局董事会"鉴于征税（如果准许的话）势将动摇公共租界内外国行政管理权的根基"，"鉴于目前公共租界的动荡不安，征收捐税不可避免地导致骚动和暴乱，甚至可能引起更为严重的纠纷"②，因此，对北京政府征收印花税的决定和领事团的支持态度，"全体董事都将坚持强硬态度，拒绝同意对公共租界本地居民征收印花税"③，工部局总董史密斯声称，"工部局对有关在公共租界征税一事应持坚定态度，除非经纳税人批准，工部局不应从这一态度后退。因为一旦同意在公共租界征收印花税，其他税捐如厘金等势将随之而来"，因此，即便外交使团同意北京政府关于租界内华人贴用印花税票的决定，租界当局也"暂不执行"。④

在公共租界的强烈反对下，北京政府变换策略，决定先从法租界开始推行印花税，报纸上出现了 6 月 15 日法租界开征印花税的通告："凡住居租界之华人，自登报日起，应一律遵照中华民国公布之印花税法，实行贴用，违则科罚不贷。"⑤为何此时突然改变所有租界同时开征印花税的决定？据史料记载，原英国驻华公使朱尔典交卸回国后，领袖公使由法国驻华公使接任，"领袖公使系法公使，故北政府一再向法使要求，法公使因顾念邦交，允自法租界首先实行，致有此举"⑥。关于检查办法，规定："设有交涉员之处，由交涉员办理，其有违章等情，则由公廨执行检举，盖以会审官为交涉员管辖，以此可不失主权。"⑦

通告发出后，法租界商联会于 6 月 16 日晚召开紧急会议，"一时众情愤激，秩序几乱，由主席一再劝慰，付表决全体否认"⑧。20 日晚，法租界商联会再次集会，专门讨论印花税问题，最后决定"一面具函驻沪法领署，一面电达驻京法公使，要求宽免"，同时，推举代表晋谒法租界公董局西董，不料，

① 上海市档案馆编：《工部局董事会会议录》第 21 册，第 569 页。
② 上海市档案馆编：《工部局董事会会议录》第 21 册，第 569 页。
③ 上海市档案馆编：《工部局董事会会议录》第 21 册，第 577 页。
④ 上海市档案馆编：《工部局董事会会议录》第 21 册，第 577 页。
⑤ 《五马路联合会开会纪》，《民国日报》1920 年 6 月 22 日，第 10 版。
⑥ 《法租界商界讨论印税》，《民国日报》1920 年 6 月 22 日，第 10 版。
⑦ 《法租界已实行贴用印花税》，《申报》1920 年 6 月 16 日，第 10 版。
⑧ 《法租界商界拒印花税》，《民国日报》1920 年 6 月 18 日，第 10 版。

对于法租界征收印花税一事，"公董局事前并不知悉"，于是，又推举公董局华董陆伯鸿赴法总领事处"请求取消前此通谕"。① 上海总商会也派出代表团进一步交涉，"请求法国总领事撤销由法租界会审公堂发布的向法租界华人居民实施印花税条例的公告"，但遭到法总领事的拒绝，他表示"这事早由外交使团解决，他无法同意代表们的请求"。② 27 日晚，法租界商联会举行例行常会讨论印花税问题前夕，接公董局陆华董③函称，"法领事已允暂缓办理"④，"事实上法国当局对实施印花税将不采取行动，因此这一公告实际上可认为是一纸空文"⑤。

法租界商联会抵制贴用印花税票的斗争得到了其他马路商联会的声援，沪西商联会呼吁总商会"体恤商艰，与总联合会一致力争，以期免此繁征，借轻负担，而纾商困"⑥。为此，总商会会长朱葆三专门会晤法总领事，按法总领事解释，"法界所出之印花税告示，系因该事曾经公使团通过，故出示一层乃系官样文章"⑦。五马路、福建路商联会致函商总联会，要求开会讨论对付办法。6 月 30 日下午，商总联会召开专门会议讨论法租界开征印花税事宜，会议重申了租界华人反对印花税的理由：

> (1)华洋不能一律贴用。(2)不能尽无权利之义务。(3)租界内担负太重，目前市面，又在(在)困难，似不能再加担负。(4)俟国家统一而国民有正式监督国家财政之机关，租界市民之政府亦有相等权利，方能承认。⑧

---

① 《租界华商贴用印花税之近讯》，《申报》1920 年 6 月 22 日，第 10 版。《法租界商界讨论印税》，《民国日报》1920 年 6 月 22 日，第 10 版。

② 上海市档案馆编：《工部局董事会会议录》第 21 册，第 581 页。

③ 法租界工部局有两华董——陆伯鸿、陆崧侯，此处"陆华董"指陆伯鸿，参见《要求市民权问题》，《申报》1920 年 1 月 10 日，第 10 版；《法租界商业联合会开会纪律》，《申报》1920 年 1 月 20 日，第 10 版。

④ 《法租界商界重要会议》，《民国日报》1920 年 6 月 29 日，第 10 版。

⑤ 上海市档案馆编：《工部局董事会会议录》第 21 册，第 581 页。

⑥ 《沪西商界联合会致总商会函》，《申报》1920 年 6 月 26 日，第 11 版。

⑦ 《商界总会联席会议纪》，《民国日报》1920 年 7 月 1 日，第 10 版。

⑧ 《商总联会两会纪事·反对印花税之联席会议》，《申报》1920 年 7 月 1 日，第 10 版。

同时，商总联会领衔包括同乡会、同业公会等在内的 118 个商人团体致电北京政府，要求"迅将上海租界行施印花税一案，立予取消，待国家财政国民得有正式监督之机关，租界市民获受法律之保障，斯时再议推行，亦尚未晚"①。四川崇明两路商联会号召本路商人，若北京政府征收印花税"再欲施行租界，请大家坚持到底，誓不承认"②。

7 月 27 日，商总联会接到北京政府财政部来电，劝告各商家照章贴用。其时，商总联会内部在吴佩孚的国民大会倡议问题上出现了裂痕，两派争执不下，"竟置不作复，致政府认为默许"③。8 月中旬，公共租界会审公廨发出通告，"凡租界内一切诉讼各件字样，自通告日起，倘不遵照章程，粘贴印花，即不认为有效"④。山东路商联会致函商总联会，就"如何对待，即请开会讨论"⑤，山西路、民国路、广东路等商联会亦相继提议，但是，因国民大会问题引起的"总董弹劾案、董事违法案，皆未解决，故对于此次重大问题，搁置未理"⑥。各路商联会在印花税问题上也出现了两种不同的声音，一部分商联会认为该通告与商界无关，如法租界商联会认为此通告"专指诉讼各件而言，吾侪商民，可不反对"⑦，浙江路、唐家弄、汉口路等大多数商联会则认为该通告损害了商界利益，"于是商界大为注目，连日各路联合会纷纷函请总会，公举代表，预备分向交涉公署暨领事团请求收回成命"⑧。不过，通告发表后，会审公廨虽未收回成命，但"凡诉讼人之投函公廨呈递之诉讼文事，仍未粘贴印花者，亦照常受理"⑨。其实，公共租界工部局也针对此会审公廨公告致函领事团，指出"该规定不完全适用，有别于在法庭上作证据的文件。因此类文件早已根据领事团规定的收费标准缴纳费用，因此强行征收中国政府

---

① 《商界团体请缓行租界印花税》，《申报》1920 年 7 月 3 日，第 10 版。
② 《两路联合会开会纪》，《申报》1920 年 7 月 14 日，第 11 版。
③ 《反对印花税联席会议》《法租界商界开会记》，《民国日报》1920 年 8 月 24 日，第 10 版。
④ 《租界印花税之实行与讨论》，《申报》1920 年 8 月 14 日，第 10 版。
⑤ 《商界提议续拒印花税》，《民国日报》1920 年 8 月 14 日，第 10 版。
⑥ 《商界反对印花税之进行》，《民国日报》1920 年 8 月 18 日，第 10 版。
⑦ 《各路商界联合会开会并纪》，《申报》1920 年 8 月 17 日，第 11 版。
⑧ 《租界推行印花税之昨讯》，《申报》1920 年 8 月 23 日，第 10 版。
⑨ 《租界印花税有展缓说》，《民国日报》1920 年 8 月 23 日，第 10 版。

印花税等于额外收费"①。不久，工部局收到领事团的回复，"同意对已付过法庭费的'法庭'文件不必严格执行印花税条例"②。

为了彻底打消北京政府在租界开征印花税的企图，商总联会联合各商人团体致电北京政府财政部，一方面表示坚决拒绝，另一方面又"循循善诱"：

> 小商店应粘簿据等，为数无多，为大部计，何苦以有限之收入，为小本商人积无穷之怨府，且目前米珠薪桂，困苦已达极点，万难负担，务恳迅予取消，以纾商困，而顺舆情，无任企盼。③

正在国民大会问题上对商总联会持批评态度的部分商联会，在印花税问题上立场高度一致。8月26日，41路联席会"一致反对"，并决定"电政府请其收回成命，以纾商困"。④ 沪北六路商联会致电财政部，要求"收回发行租界印花税之成命"，等到条件成熟时再适时推出，"如租界市政权，商办就绪，华洋无偏，华人自理不失国权，及国库出纳，预算昭然，自当踊跃输纳，以尽纳税天职"。⑤ 与此同时，各马路商联会如浙江路、唐家弄、沪西、法租界、福建路等纷纷集会表示将一致否认印花税。

政府方面似乎并未因商联会的一再陈请而有所松动，9月3日，江苏税务分处处长再次来沪，"遍劝贴用"，其结果是，"吾商以先令奇缩，在在所受损失，势将破产，政府既不为救济，而反增重担负，故一致否认，彼未获效果而返"。⑥ 9月8日，财政部在复沪北六路商联会的"庚电"中驳斥了商联会税负过重、检查权旁落等抗税理由，指出"印花国税，凡属人民，本有遵行义务，税率轻微，于商业上尤不生何种影响。至检查一层，商会如自行议订检查议罚规则，呈部核定，原定第二条办法，未尝不可通融"，严厉斥责"各商民等不于根本上研求，只屡借词冒渎，于税务进行不无妨碍。此案与外交团几经磋议，事在必行。前据各团体迭电陈请，均经明白解释，并电请转饬沪

---

① 上海市档案馆编：《工部局董事会会议录》第21册，第597页。
② 上海市档案馆编：《工部局董事会会议录》第21册，第601页。
③ 《商界再电反对租界印花税》，《申报》1920年8月25日，第10版。
④ 《分立之商界联席会议》，《民国日报》1920年8月27日，第11版。
⑤ 《拒绝租界印花税函电》，《民国日报》1920年9月2日，第10版。
⑥ 《商界积极反对印花税》，《民国日报》1920年9月16日，第10版。

道尹，切实劝导，已不惜为再三之忠告，各商民如再任意延宕，本部惟有按照协定四条办法，实行检查，以符原案"，要求江苏省加紧在租界推行印花税。① 9月12日，《时事新报》刊载江苏省省长训令，要求"沪海道尹等切实劝导，毋任晓渎，致失外交信用，最后办法，唯有查照原案，执行检查，毋谓言之不预"②。可见，北京政府在租界华人贴用印花税票问题上态度强硬。

(四)商界力量大联合：抗税的阶段性胜利

就在租界华商与北京政府僵持不下时，上海总商会于1920年8月完成了领导层的改组，一批第一次世界大战期间和战后成长起来的工业资本家、船运业资本家、银行家充实到总商会内部，并有不少人进入领导层，由近代企业家组成的新阵容取代了原有的绅商领导体制，面貌为之一新。③ 新的总商会也希望通过努力，重塑商会在商人中的权威与信誉。各路商联会对改组后的总商会更是寄予莫大希望，法租界商联会致函总商会，希望其在抵制印花税问题上积极作为：

> 今者贵会长履新伊始，凡百更新，举凡不利于商者，尚须锐意刷新，力矫积弊，况此华洋不平等有义务无权利之印花税，应请设法维持，根本打消，不使再受巨细之朘削，则新猷卓著，吾商民所馨香祷祝，以希冀新会长之第一功也。④

在反对贴用印花税票问题上，总商会一改此前摇摆不定的态度，立即致函上海县公署，表示"敝会为格外慎重起见，正与各方审查，从详讨论，但非二三星期不能竣事，应俟办有端激(绪)，再行奉达"⑤。同时，上海商总联会致函江苏省省长、沪海道，逐一驳复了财政部在租界推行印花税的理由，对财政部动辄以外交协助、外交信誉为名相要挟的作风，商总联会指出，"财部之所以不恤靦颜借助外人，其意为收入多耳。亦知商业大权操之外人，大宗生意，俱在洋商，假令得外交协助，能使华洋一律，商民虽困，苦至极点，

---

① 《实行租界印花税官电》，《民国日报》1920年9月25日，第10版。
② 《租界商人拒绝印花税》，《民国日报》1920年9月21日，第10版。
③ 徐鼎新、钱小明：《上海总商会史(1902—1929)》，第245页。
④ 《商界积极反对印花税》，《民国日报》1920年9月16日，第10版。
⑤ 《租界商人拒绝印花税》，《民国日报》1920年9月21日，第10版。

亦无反对余地。然试问外交协助之分际，能达此目的乎？况沪上巨商，类皆假商名义，托庇外人，更用何术以行其检查，其最后办法，不过借外人以重扰吾小本营业之商民"，请求省长"速即电达政府，立予取消原案。俾纾民困而释众愤"。① 总商会与商总联会再度联手，与北京政府展开斗争。

9月底，江苏省长公署发布第 4203 号训令，令沪道尹"遵照办理，毋违"。10月初，江苏省省长训令沪埠警察厅道尹各署依照财政部第 4410 号咨文，"认真办理""一体遵照"。② 得此消息，"法租界商民，闻悉之余，奔走骇告，毋任惶恐"，除重申原有反对理由外，还提出了新的诉求，即要求裁撤厘金："今厘金仍在，强欲加税，不思商民财力有限，何能担此叠床架屋之重负耶！"③同时，总商会公布了汤节之、方椒伯两会董对于在租界推行印花税的意见，焦点集中在两个方面，一是"印花税可否施行于租界"，二是"租界施行印花税之稽查法"，他们认为，印花税能否在租界施行，"应以华洋平等为先决问题"，若"仅由华商负担，于此若取于买主，则买者固多一重负担，适为洋商或挂洋商牌号者招来主顾。若取于商店，则华商负担独重，商业竞争，必招失败，国家制定租税，对于内国人民，且不能背平均之原则，况其在国际市场，设有偏重，必致一国商业失其经济上之存立，此为今日政府不可不注意之点"，若租界施行印花税，则无稽查之必要。④ 汤、方两会董的意见由总商会分别致函北京政府财政部、沪海道道尹公署、特派江苏驻沪交涉公署、上海县知事公署、江苏印花税分处驻沪办事处。

总商会态度的转变得到各路商联会的大力支持，沪西商联会表示"若使华洋一律，凡我商民，当然乐于贴用，自无反对之理，惟外人检查，不特商民受累非浅，抑且政府大失主权，若果实行，誓不承认"⑤。百老汇路商联会也指出"若华洋不一律，誓不承认"⑥。

① 《实行租界印花税官电》，《民国日报》1920 年 9 月 25 日，第 10 版。《租界商人拒绝印花税》，《民国日报》1920 年 9 月 21 日，第 10 版。

② 《认真办理印花税之省令》，《申报》1920 年 10 月 1 日，第 11 版。

③ 《反对租界印花税公函》，《申报》1920 年 9 月 26 日，第 10 版。

④ 《总商会议事纪》，《申报》1920 年 10 月 3 日，第 10 版。

⑤ 《各路商界联合会消息》，《申报》1920 年 10 月 15 日，第 10 版。

⑥ 《百老汇路联合会全体大会纪》，《申报》1920 年 10 月 9 日，第 11 版。

反对者按自身逻辑坚决反对，推行者仍坚持既定方向继续推行。为推广租界印花税，北京政府财政部于 10 月上旬添派汪锦孙为江苏印花税分处会办，"专办推广租界印花事宜"。① 与此同时，财政部逐条答复了总商会的意见，要求江苏印花税分处"与商会接洽办理"：

> （一）外交团表示必须华人一律实行而后推及洋商，如华人均能照贴，将来与外交团交涉自易著手。（二）所称对于契约、簿据等均已贴用印花情形如何，由该分处查照声复。（三）所称印花为各国公认良税等语，应由商会本此意旨劝导各商。（四）各项簿据在一元以上者即须贴用印花，因人民生活程度甚低，普通交易多数在一元以上，应俟将来国会开会提出修正。②

僵持中，租界华商间又出现了北京政府拟于 1921 年 1 月 1 日起施行租界华人贴用印花税票的传闻，"窃以税务厅长，前有展至十年一月一日起，凡住居租界华人，仍须一律贴用"，法租界商联会深恐死灰复燃，当即致函总商会，"乞坚持到底，务达取消此举，以顺众情"。③ 不过，此种传言只是租界华商对印花税的一种恐惧，北京政府虽未明言取消印花税，但也未见在上海租界华商中开征印花税，历时一年的征税之举不了了之。

北京政府在租界华商中开征印花税之举无果而终，财政部遂于 10 月下旬出台了将于 1921 年 1 月 1 日起在华界增收印花税的政策，此举立即引起了华界商人的强烈反弹，北城商联会率先表达了反对意见：

> 租界印花税，宣传耳鼓，迄今未曾实行，内地人民，满拟振兴市面，挽回利权，倘再增加，是为丛驱雀之举，于内地商市前途，大有妨碍，且商税每年所入不鲜，未知政府作何用途，人民毫无监察之权，除如现在人民主张之废督也，裁兵也，自治也，均置之不问，且反将苛税加诸国民，此吾民所不能承认也。④

① 《推广租界印花税加添会办》，《申报》1920 年 10 月 11 日，第 10 版。
② 上海市工商业联合会编：《上海总商会议事录》（三），第 1397 页。
③ 《商界拒绝租界印花税活动》，《民国日报》1920 年 12 月 23 日，第 11 版。
④ 《各路联合会开会汇纪》，《申报》1920 年 10 月 27 日，第 11 版。

11月22日，大东门、北城、民国路、东北城等商联会在北城商联会会所举行联席会议，专门讨论增收印花税问题，并决定"征集全体商界意见，请求县知事南北商会及市经董等，将商民痛苦，转达政府，并请愿省议会"①，会议通过了致上海总商会、县商会的请愿书：

> 言及印花税，北市租界尚不承认，独我南市，反欲加增，况我南市商业，近来日见衰落，而又视同鱼肉，取求无厌，势必致渊鱼丛雀，陷南市于无可支持之境。同一商民，而担负之畸轻畸重，何不平若此，短百计搜罗，尚如未足。……恳求贵商会转达下情，吁请国务院，俯顺舆情，乞将印花税免予增加。②

北京政府财政部对北城商联会的请求明确予以拒绝。③ 民国路、北城、大东门、东北城、邑庙豫园等商联会推派代表凌仲侯、顾竹君、吴亮生、潘德春等五人赴县商会面询，新任会长姚紫若称"据驻沪印花税分处郭坐办云，可以缓行"④。显然，商联会对于商会的答复充满了疑虑，12月22日，民国路、大东门、东北城、邑庙豫园、北城等商联会联名向商界发出通告，号召各商联会"于阳历十二月二十四日即阴历十一月十五日，准下午二时，假沪南外毛家弄县商会内，开各团体联席会议，以便讨论一切进行方法"⑤。

12月24日，五团体联合中华国货维持会在县商会如期举行联席会议，并就印花税问题达成三点共识："一各团体盖章，公函沪上南北商会，请求转函省议会，否认加增苛税。二公函省议会，请求转致各省省议会，一致进行。三电请政府，取消前令。"⑥致北京政府农商部、财政部的函电从法律与事实两个层面申述了反对增收印花税的理由，强烈要求政府收回成命：

---

① 《商界反对新增税项之联席会》，《申报》1920年11月23日，第10版。
② 《六团体致县商会函·为免加印花税及反对所得税事》，《申报》1920年12月1日，第10版。
③ 《北政府拒绝商界请求》，《民国日报》1920年12月9日，第10版。
④ 《五团体反对两新税之迫切》，《申报》1920年12月14日，第10版。
⑤ 《五团体通告会议反对两新税》，《申报》1920年12月23日，第10版。
⑥ 《五团体反对苛税会议纪》，《申报》1920年12月25日，第10版。

各项税则，应由正式国会通过，方可发生效力，此为世界共和国之通例，今政府未遵约法，下令颁行，商等万难承认。况际此百物昂贵之时，生计困难，达于极点，加以商业凋敝，金融恐慌，若再增加负担，商人等惟有束手待毙而已，用是异口同声，环求钧院大部，仍请收回成命，否则众情愤激，恐生意外之变，爰再历陈下情，务恳俯顺舆情，迅为照准，无任感纫。①

在电文上盖章的团体除上述 5 个商联会外，还有漆商公所、衣庄公所、银楼公所等，共 46 个商人团体。同时，它们以快邮代电形式向上海总商会、县商会及省议会发出了大意相同的请愿书，要求商会"从速通电各省，一致反抗，自救既所以救国，万勿稍事顾忌，届时政府如欲勒令施行，上海商民，当辍业以待毙"②。全国商会联合会亦于 12 月 18 日的大会上"议决遵照元年十月政府公布之法律案贴用，凡未经法律手续，用命令一再增修者，应尊重约法，概予否认"，并将该决议函致上海总商会、县商会，"乞即查照办理为要"。③自此，上海租界、华界商联会反对开征或增收印花税的两股力量联合起来了。

在租界华商对北京政府近一年的抗争与僵持中，1921 年已悄然来临。商界仍十分着急，纷纷赴商会打探消息。1 月 12 日，上海县商会终于接到江苏印花税分处公函，称"所有支票贴用印花办法，应即暂缓施行，至凭折账簿，每册每年，改贴印花一角，似无过重之嫌，惟因推行伊始，关系旧历年关，应准展缓一月，即于十年二月十五日起，一律实行"④。可见，政府于退让中有坚守，商界要求完全取消增收印花税的目标仍未实现。上海县商会召集各业代表会议，提出由商家包认若干，并免去每年两次的检查，有条件地接受了增收印花税的命令，同时致函各业代表，并随函附送若干印花税票，指出："贴用印花，已为当前一种应尽之义务，驻沪办事处随时委托，亦应量予担承，以资互动，为此奉布，随附劝销税票×分×枚，八五计实银×元×角，

---

① 《各团体反对苛税之公电》，《申报》1920 年 12 月 25 日，第 10 版。
② 《各团体反对苛税之公电》，《申报》1920 年 12 月 27 日，第 10 版。
③ 《尊重约法拒增印花税》，《民国日报》1920 年 12 月 30 日，第 10 版。
④ 《加贴印花分别展缓之公函》，《申报》1921 年 1 月 13 日，第 10 版。

即希查照转知各商号，并将来票分别摊派。"①

华界内的各路商联会仍不接受上海县商会的劝解，北城商联会专门"印就本号遵全国商会联合会之议决，一切税项，凡未经合法国会通过，概不完纳字样之小印章，分发各商店，将该章贴于账簿面印花税左右，借以表示商人拥护法律提倡法治之精神"②。北城、东北城、民国路、大东门、邑庙豫园等商联会决定召开联席会议，"讨论最后对付办法"，3月7日，五路商联会联席会议一致决定印花税"仍贴二分"，"要求取消加贴令"③，但财政部"以事关通案，沪上未便独异，所请各节，势难通融"④。4月25日，临近印花税检查之期，五团体再次召开联席会议，"函请县商会转达印花税驻沪办事处转详财政部，要求俯念商情困苦，恳请免加，以恤商艰"⑤。5月3日，上海各大报刊刊登了印花税行将进行大检查的消息，民国路商联会通告本路商号，务必仍照联席会议决议案，"仍照旧章粘贴二分，幸勿疏漏干咎"⑥，东北城商联会亦通告本区各商号"始终坚持，仍依旧法贴用二分，切勿疏漏"⑦，北城商联会则继续向上海县商会施压，希望其"体念商情，设法维持"，否则，"检查之际，政商两界，竟起纠葛，应由贵会负其责任"⑧。各行业组织如华界商典公会、敦义堂醮醋公所、广货业公所、徽宁漆商公所、上宝京绍青蓝染业公所、沪南肉业公所、上海铜锡业公会、参业公所、药业公所、花衣业公所、仁谷业公所等纷纷函请县商会，称应"先期函请厅县官署，俯顺商情，幸勿操之过急，以维商业而扩元气"⑨。在商界的一致反对下，淞沪警察厅、上海县知事

① 《县商会劝销印花税票》，《申报》1921年1月26日，第11版。
② 《北城商业联合会开会纪》，《申报》1921年2月13日，第11版。
③ 《各团体昨假县商会会议纪：印花税仍贴二分》，《申报》1921年3月8日，第10版。
④ 《沪商严拒加贴印花税》，《民国日报》1921年3月31日，第10版。
⑤ 《五团体联合会议反对加税》，《申报》1921年4月27日，第10版。
⑥ 《否认加贴印花税之通告》，《申报》1921年5月13日，第10版。
⑦ 《又一否认加贴印花税之通告》，《申报》1921年5月14日，第10版。
⑧ 《县商会又接反对加贴印花函》，《申报》1921年5月16日，第10版。
⑨ 《各业继起拒增印花税》，《民国日报》1921年5月14日，第10版。《拒增印花税之继起者》，《民国日报》1921年5月15日，第10版。《拒增印花税之坚决》，《民国日报》1921年5月16日，第10版。《又有两业拒增印花税》，《民国日报》1921年5月18日，第10版。《加贴印花之反响》，《申报》1921年5月10日，第10版。

商之于江苏印花税分处，决定"本届检查，暂拟仍照旧章办理，其加贴一节，且俟劝商妥洽，再为实行"①。

至此，1920年年初上海租界华商、华界商人反对北京政府在上海租界华商中开征印花税、在华界增收印花税的努力取得了阶段性的胜利。

(五)一点思考：谁是真正的赢家？

在20世纪20年代初的印花税之争中，北京政府无疑是一个失败者。经过与西方列强的长期交涉，北京政府在受尽屈辱、妥协退让后，终于得以颁布《租界内华人实行贴用印花办法》，该法力图体现税赋均等原则，具有一定的合理性，正如《申报》时评所言："租税之负担，当以平均为原则，吾人一方面固认现行之税制，繁苛扰累，亟须修改。一方面亦主张凡属中国商民，亟须平均负担，盖租界方面，外人有条约上关系，华洋一律，未易骤言。然未便以印花税不能施诸外人，遂并华商而亦常在免贴之列。同为中国人民，以住居区域之不同，而负担常失于偏枯，其为不平孰甚？就事实上研究，财政部所订办法，第一步先统一租界内地商民，使之平均担负，而属于条约规定者，再徐筹补救方法，亦未始不可为相对的赞成也。"②但有令难行，租界内华商以主权、治权的丧失为理据，断然拒绝了北京政府开征印花税之举。北京政府为了达到开征印花税的目的，部分满足了租界华商的要求，修改了检查办法、实行商人自查自征，但租界华商又提出北京政府征税的合法性问题，甚至拒绝承认北京政府。北京政府虽一再延期开征，但终究未能如愿。情急之下，北京政府又欲增收华界印花税，同样以失败告终。

平心而论，北京政府拟订的租界华人贴用印花税票办法，是在不平等条约束缚下的无奈之举，虽有丧权之嫌，但也争回了部分权力。一方面，"华洋不能一律"，在中国领土上不能对外国人征税，是不能行使主权的表现；另一方面，在中国领土上对中国商人征税，又是政府体现主权的一种象征。因此，《租界内华人实行贴用印花办法》实际上是一个矛盾的聚合体，在行使部分权力的同时，暂时放弃另一部分权力，这就给了租界华商以抗税的理据。租界华商在抵制印花税的斗争中，屡屡抨击北京政府借助外人势力在租界华人中

---

① 《印花准予暂缓加贴照旧检查，本月二十八日起大检查》，《申报》1921年5月19日，第10版。

② 《租界华人贴用印花税》，《申报》1919年11月21日，第11版。

开征印花税是断送"国权"，以华洋不能同等纳税为理由，拒贴印花税票。据之以抗税的理由不可谓不正当，不可谓不充分，但在维护主权的背后，现实利益的考量才是其拒税的真正理由。为了抵制印花税，租界华商甚至不惜借助工部局的势力以抵制北京政府。这就形成了一个悖论：一方面，租界华商反对北京政府授权租界当局开征印花税，认为它是"断送国权"之举；另一方面，在仅凭自身力量无法抗拒北京政府的征税之举时，租界华商又借助工部局的力量，共同抵制印花税的开征。工部局是代表西方列强对租界进行管治的机构，借助租界当局的力量来达到维护自身利益的目的，租界华商也自觉不自觉地陷入了"丧权"的泥潭中。租界华商与租界当局的动机虽不同，却在一定程度上实现了抵制印花税的共同目标。

在这场印花税之争中，北京政府与租界华商都是弱者，一个是希望借助西方列强力量开征印花税，一个是希望利用租界当局势力反对开征，它们都需要借助外在力量来达到自己的目的。西方列强才是真正的赢家，为了维护其在华利益，一方面，外交使团、领袖公使先是设置种种障碍阻止北京政府在租界华商中开征印花税，继而在"权自我操"的前提下，附加条件承认北京政府在租界华商中开征印花税的权力，赢得了国际道义上的主动；另一方面，租界当局又无视中国主权，以不平等条约为手段，以维护工部局治权为目的，百般抵制北京政府在租界行使征税的权力，以此维护不平等条约所赋予的治权，同时防范征税之举逐渐波及外商，最后使得北京政府开征印花税之举不了了之。

三、反对电话加价和声援房客运动

电话是城市近代化的产物，上海得风气之先，19世纪80年代初电话进入租界，"上海之有电话，自公共租界始，其时间为逊清光绪八年"①，即1882年。作为一种现代化的通信方式，电话得到了快速推广，经过几十年的发展，到1910年，仅华洋德律风公司②在租界的电话用户就已经突破万户，到1924

---

① 陈炎林：《上海地产大全》，上海地产研究所1933年版，第254页。
② 上海华洋德律风公司成立于1898年，由荷兰爱立信公司与英商、华商联合经营，1924年开始安装爱立信自动电话机。

年，"已达一万五六千户"①。随着电话机的增多，话费的增加和收费方式的调整必然牵涉众多用户的经济利益。

1924 年 11 月，华洋德律风公司因改装自动电话机，决定于 1925 年 1 月 1 日起实行电话加价："(一)居家电话，每年自 45 两增至 52 两。(二)商家电话，每年自 65 两增至 78 两，七五线电话开关，每年增至 100 两，一百线电话开关，每年增至 150 两。(三)凡酒馆菜馆总会旅馆及菜馆等(包括公共场所)按接线次数收费，每次收洋 5 分(每元作 120 分算)，每日每线至少以 10 次计算，每月总计在 300 次以上者，则每次租费减至 2 分半，外来电话不收费，他人借打电话，准用户收费每次 5 分，此项新章，用户每具须另出押柜银 10 两，其余收费办法，应仍照旧。"②此举立即引起电话用户的强烈抗议，尤其是各路中小商户受累最重，作为会员，他们纷纷致函商联会诉述电话加价将带来的痛苦，"认为逾量征费"，要求商联会"主张公道"。③作为以中小商人为主的团体，商联会在反对租界电话加价中积极发声，并与电话用户团体合作，迫使华洋德律风公司做出了一定程度的让步。

华洋德律风公司的加价通告发布后，山西路商联会率先举起了反对大旗，认为电话乃公益事业之一，不应任由私人集资经营，并致函商总联会，以商联会"为商店之联合，是当为会员而呼吁，为特依章提请贵会，请即提交议董会讨论善策，以苏商艰"，商总联会收到函件后，立即决定致函工部局和华洋德律风公司质问。④法租界商联会认为，华洋德律风公司加价引起用户的反对，原因是多方面的：

> 此次加价，既骤且巨，是以电话用户，发生不平之反响，于营业上更受无限之窒碍，且我华人装电话之本意，与西人微有不同，其一因体面关系，其二因沿习关系，其三因比较关系(如旅菜茶酒等业)，其中各业既有大小之不同，即同等用户，亦有繁简之分别，彼旅沪西商，不明华人之习性，骤然加价，未免过于操切。⑤

---

① 《法租界商联会反对电话加价昨讯》，《申报》1924 年 12 月 22 日，第 13 版。
② 《旅菜酒茶同业会致德律风公司书》，《申报》1924 年 12 月 15 日，第 14 版。
③ 《商界反对电话加价》，《申报》1924 年 11 月 30 日，第 14 版。
④ 《商总联会议董会纪》《商界反对电话加价》，《申报》1924 年 11 月 30 日，第 14 版。
⑤ 《法租界商联会对电话加价之会议》，《申报》1924 年 12 月 4 日，第 9 版。

随后，法租界商联会还提出了三种折中办法以图解决电话加价风波。① 12月4日，广西路、山东路、爱多亚路、河南路、长滨路、四川路、宁波路各商联会的代表召开联席会议，讨论对付办法，与此同时，沪西九路商联会也开会反对电话加价，决定"如华洋德律风公司坚持前议，毫无转圜之余地，则各用户惟有暂取消极主义"，即拒用电话。② 12月7日，南阳桥商联会认为华洋德律风公司"不恤商艰，提出加价，实非所宜，且最窒碍难行者，尤为按次计价，不特损害极大，亦且手续浩繁"，通告各界"一致反对，共同抗争"，浙江路商联会致函商总联会，代表该路各业会员"对于电话加价一事，一致反对"。③ 五马路商联会收到旅茶酒菜联合会来函后，复函"表示一致反对，并愿加入进行"④。12月9日，广西路、山西路、爱多亚路、河南路、长滨路、四川路、宁波路、天津路等商联会再致函上海总商会，呼吁"筹商救济，转请工部局俯念商艰，酌予取消"⑤。四马路商联会致函上海总商会和商总联会，指责华洋德律风公司"以私人之资格，营公共之事业"，认为电话加价，不仅"有背公共企业之初心"，而且"于人于己于市政，均无可取"，希望总商会、商总联会"俯顺舆情，据理力争，不使此妨碍交通之办法实现"。⑥ 共有28个马路商联会先后致函商总联会表达反对电话加价的立场和理由。

商总联会整理各路商联会的意见后，致函工部局总办鲁和，"恳请体察商

---

① 法租界商联会提出了三种办法企图化解电话加价风波："(甲)'分等法'：(1)居家电话，分为二等，一等，此次加足之价52两，二等仍照前价45两，店家电话，亦为二等，一等，加78两，二等仍旧65两；(三)旅菜茶酒等业之电话，分为三等，假定每次作洋3分，一等每日作30次算，二等作20次算，三等作10次算，多打电话，每次照加3分，食宿客借打电话，亦照章收费。(乙)'分次法'：否认商店居户及旅菜茶酒等馆，每月扯算，以若干次为限，每次作价若干，多打照加。(丙)'分年递加法'：除规定一等等级，按等缴费外，以后限定每三年加价一次，每次加价，不复过百分之五(即每十两加银五钱)。"(《反对电话加价消息汇志》，《申报》1924年12月10日，第14版。)

② 《反对电话加价之继起》，《民国日报》1924年12月5日，第10版。

③ 《反对电话加价之昨讯》，《申报》1924年12月8日，第14版。

④ 《各马路商联会开会汇纪》，《申报》1924年12月9日，第14版。

⑤ 《反对电话加价消息汇志》，《申报》1924年12月10日，第14版。

⑥ 《四马路商联会电段讨论时局》，《申报》1924年12月7日，第13版。《抗议电话加价之函牍》，《申报》1924年12月14日，第13版。

艰，准予打消加价原议。以免争执，而全市政"，并且提出了反对电话加价的具体理由：

> （1）电话为公共企业之一种，其性质上应受行政法之制裁，当然以安宁秩序，便利交通为宗旨，如果取费过重，迹近垄断，显然违反市政之原则，普及交通，殊多窒碍。（2）现值盗匪逢起，全借电话之灵便，互相响应，如果实行加价，结果，交通阻碍，势必于治安大受影响。（3）旅馆菜馆等，如果以次数计算，则商市必酿成纠纷现象，往往一次电话，而电话中断二三次，结果，势必引起无限争执。（4）上海电话，其取费原不轻微，该公司即有改良之拟议，亦何至骤增如此巨费，其为借端假词，毫无疑义。（5）比年以来，地方元气，断丧殆尽，商业凋敝，金融恐慌，至今已极。一旦增此巨价，于经济上颇感困难。①

与此同时，受电话加价直接影响的有关行业组成上海旅菜酒茶浴各同业联合会，分别致函华洋德律风公司和工部局总董、总办，陈述反对电话加价的理由，宣布各同业"对于此项改章加价，一致不能承认"，同时希望工部局"迅速会商该公司，取消原议"。② 同为纳税华人会理事，时任山西路商联会会长的周伯尧和时任四马路商联会会长的赵南公以及林炎夫等人联名向工部局请愿，请愿书长达两千余言，逐条说明了华洋德律风公司的电话加价及按次收费"均无施行之可能"，要求工部局"将该公司请求批准之更订章程撤销批准，全部废止，仍予维持原定价目，以全公共利益"。③ 12月下旬，距电话加价之期越来越近，法租界商联会进一步汇集电话用户意见，提出六条反对理由，致函法租界公董局，希望公董局要求华洋德律风公司"允从众意，取缓加、少加、渐加之法"④。周伯尧以主席身份主持了有旅菜酒茶浴各同业代表

---

① 《商总联会反对电话加价之理由》，《申报》1924 年 12 月 14 日，第 13 版。

② 《旅菜酒茶同业会致德律风公司书》，《申报》1924 年 12 月 15 日，第 14 版。《旅菜酒茶同业会致工部局函》，《申报》1924 年 12 月 16 日，第 14 版。

③ 《纳税会理事反对电话加价》，《申报》1924 年 12 月 20 日，第 14 版。《纳税会理事反对电话加价（续昨）》，《申报》1924 年 12 月 21 日，第 14 版。

④ 《法租界商联会反对电话加价昨讯·汇报各用户反对之意见》，《申报》1924 年 12 月 22 日，第 13 版。

参加的紧急会议，会议认为，华洋德律风公司的电话加价案"尚未经工部局董事会通过，故尚有抗争余地"，推举周伯尧、严蓉卿(时任山西路商联会副会长)为代表赴工部局面呈反对理由书，并决定"由全体同业用户，联名登报，通告各界，自一月一日起，请停止来电"。①公共租界工部局收到各方反对意见后，据称"已将各界反对加价函件，一并录送德律风公司查照，公司方面，正在考虑，正式协约，尚未经董事会通过，工部局须参酌华商意见，决不接受公司片面理由，率尔核准，故尽有商量余地"②。但法租界商联会未得到法租界公董局的函复，于是，12月28日开会集议，"当场推举叶觇辰、颜芹香、陈松韵、张梅庵等四人为代表，并携带各用户反对加价之意见书及报章所载之各公团公意一束，即日与法公董局磋商取消加价各种办法"③。此外，各同业组织如菜馆公会、南北报关同业公会、华洋杂货同益会等也纷纷召集会议，反对华洋德律风公司的电话加价行为。

但是，华洋德律风公司态度强硬，毫不退让，强硬地表示"于一月一日起，有反对改章加价者，准即日拆去电话，并不允发还装费10两"④。1925年1月1日，公司派员到福州路、福建路等街区拆除电话机，顷刻间被拆数百家。对此，南京路商联会致函工部局，"请即召集董事会议，将该公司新章打消，并将办法公布"⑤。各路商联会纷纷指责华洋德律风公司将电话提价，表达反对电话加价的理由，详情如表7-3所示：

表7-3　各路商联会反对电话加价所持理据一览

马路商联会名称	反对理由
河南路商联会	突然发生加价问题，而对于电话使用并无改良办法，贸然加价，实属违反公司条例
法租界商联会	改良整顿，系公司应有之责任
商总联会	取费过重，几近垄断；实行加价，结果交通阻碍，势于治安必大受影响

①　《旅菜酒茶同业会紧急会议》，《申报》1924年12月24日，第14版。
②　《反对电话加价之昨讯》，《申报》1924年12月25日，第14版。
③　《反对电话加价消息汇志》，《申报》1924年12月29日，第14版。
④　《旅菜酒茶各同业昨开紧急会议》，《申报》1925年1月1日，第14版。
⑤　《反对电话加价之昨讯》，《申报》1925年1月3日，第15版。

续表

马路商联会名称	反对理由
云南北海两路商联会	对于电话一事，作未发明以前之看待
四马路商联会	苛章繁征，不顾众意，次数计算标准，既不易定，纠葛之事，必至层出不穷
曹家渡商联会	电话所以灵通消息，为公共企业之一，不可认为完全商性之利益事业
山东路爱多亚路商联会	电话为公共企业之一，不可任意增加
南北浙江路商联会	电话应谋公共之便利
天津宁波两路商联会	公司并不亏本何得实行加价
南阳桥商联会	提出加价，实非所宜
山西路商联会	电话为公共企业，任私人集资经营，已不能尽合时宜，凡地方之公益，专利者尤当特殊负担

资料来源：《商界反对电话加价再志》，《民国日报》1925年1月5日，第11版。

　　1月7日，商总联会召集新年后的第一次议董会，决定"请华顾问出席工部局，依据洋泾浜章程旧定合同，与该局总董面商解决办法，务必取消新章，公允办理，如德律风公司无诚意答复，蔑视华人用户之公意，则界内各马路商店用户，当一致拒用电话，由各马路商界联合会为华顾问之后盾"[1]。1月9日，商总联会领衔34个商人团体（其中26个为各路商联会）致函纳税华人会，希望该组织代表租界华商向工部局"要求将电话收回，改为市有营业，以维公共利益"，同时，致函工部局总办鲁和、总董费惇信，要求工部局撤销华洋德律风公司的专利权，"收回改为市办，与电灯相等，以符公共企业之旨，免被垄断妨害市政"[2] 四川路、西华德路商联会也加入了抗争行列。

　　1月11日，工部局、华洋德律风公司、华人代表、山西路商联会会长周伯尧在工部局召开非正式会议，讨论电话加价问题，未达成谅解，工部局总董费信惇仅表示"此项新章，现定试办一年，若于一年内发生窒碍，可于三个

---

① 《商总联会议董会纪·讨论电话加价案》，《申报》1925年1月9日，第14版。
② 《商界反对电话加价之昨讯》，《申报》1925年1月9日，第15版。

月前提出意见，再行修改"①。农历新年后，反对电话加价再掀高潮，应商总联会请求，纳税华人会于 2 月 1 日召集市民大会，专门讨论电话加价问题，商总联会主张"如将按次计费办法取消，则加价可以商酌，否则一致反对"②，市民大会最后通过的决议案为："此次电话交涉之任何解决，并嗣后电话公司对于华人用户有关之任何章程，以及将来界内市政关系华人公共利害者，先征求华顾问同意。"③会后，山西路商联会会长周伯尧接着主持召开了华人电话用户联席大会，二千余人出席了大会，会议讨论了反对加价新章办法的多项议案，最后，周伯尧提议"如果交涉不达目的，德律风公司不允修正章程，则华人用户应如何对付"，"全体表示愿不用"。④ 大会还推举了由十五人组成的执行委员会，具体负责抗争事宜，执行委员会决定分四个步骤反对电话加价："第一，依据二月一日大会议决案，由委员会进行反对电话加价，及改章之手续；第二，函请华顾问据理向工部局力争；第三，由各业各用户联合盖章，直接向工部局作最后之交涉；第四，交涉无效，则一致拆除不用，并以法律手续交涉。"⑤

2 月 3 日，五马路商联会召开大会，议决"由本会通函各会员陈述利害，请一致拆机停用，以资对付"，四川路商联会也一致反对电话加价，表示"如果将来委员会力有所不及，德律风公司不肯让步，本会当以全力协助之，本路会员凡装有电话者应一律拆卸"。⑥ 与此同时，纳税华人会召开理事会，通过了商总联会的主张，决定"请华顾问致函工部局，转令德律风公司，将新章修正，取消按次计费办法，再行商酌价格"⑦。2 月 21 日，虹口六路商联会召开紧急会议，讨论诉诸法律解决电话加价问题的进展，已有二百多个电话用户"自动联名加盖图章，以为向工部局请愿地步"⑧。3 月 10 日，商总联会致

① 《旅菜酒茶联合会开会记》，《申报》1925 年 1 月 31 日，第 15 版。
② 《商总联会临时会纪》，《民国日报》1925 年 2 月 1 日，第 10 版。
③ 《纳税华人会临时大会纪》，《申报》1925 年 2 月 2 日，第 14 版。
④ 《华人电话用户联席大会纪》，《申报》1925 年 2 月 2 日，第 14 版。
⑤ 《反对电话加价案之近状》，《申报》1925 年 2 月 20 日，第 14 版。
⑥ 《两路联合会开会记》，《民国日报》1925 年 2 月 4 日，第 11 版。
⑦ 《反对电话加价之昨讯》，《民国日报》1925 年 2 月 7 日，第 11 版。
⑧ 《虹口六路商联会纪》，《民国日报》1925 年 2 月 23 日，第 11 版。

函华洋德律风公司，表示不承认加价新章："所谓按照贵公司新章付费，实难照办，现将旧章电费十六两二钱，存贮敝会会计处，请即派员前来收取，否则照章拆除可也。"①商总联会反对电话加价的坚定态度于此可见一斑。

华洋德律风公司仍坚持改章加价，商总联会和各路商联会则坚决予以拒绝，双方僵持了三四个月，电话用户中出现了不同意见，"各用户以大多数宗旨游移，因之拒绝与缴纳亦不能一致"，法租界商联会为此致函纳税华人会、上海总商会、商总联会及临时组成的电话用户团体，催促尽快解决，表示"如有积极办法，商会自当通告各用户一致加入"。② 华洋德律风公司在按次收费项目上也略有松动，公司总理柯尔承诺"该公司愿取消第四项章程（即按次收费），但价格须较商店增加十两，共计每年八十八两"，其具体让步方法为"甲种年纳百两，每月七百次，乙种八十八两，每月五百次，丙种七十八两，每月三百次"，旅菜酒茶浴各业表示愿意接受。③ 3 月 22 日、25 日，华人电话用户联合会、商总联会分别举行会议，催促袁履登等代表"向德律风公司磋商，早日将按次计费办法实行取消"，因各路电话用户线路被剪断者，为数极多，"以致各路联合会受会员责备"，因此，希望"向德律风公司催促从速通过，并正式公布，以便通知各路用户，按照新章程付费，并签订新合同"。④

然而，菜馆业虽对取消按次收费表示欢迎，但不接受限定电话次数，因为"表面观之，公司让步，而实际则反较按次五分为贵"，于是于 4 月 4 日开会集议，认为"以通电次数以定纳费之多寡者，此种办法，实与按次收费无异。吾同业应继续反对到底"，决定"反对电话限制次数"。⑤ 4 月 15 日，华洋德律风公司公布修正案，在加价幅度上做了让步，但仍坚持限制次数，"凡旅馆、茶馆、餐馆、公会等用户，每月打电话，不在 300 次以外者，每年价银

①　《商总联会自请拆除电话·不承认加价新章》，《申报》1925 年 3 月 11 日，第 15 版。

②　《法租界商联会为电话加价事通告》，《申报》1925 年 3 月 2 日，第 14 版。

③　《旅菜酒茶同业会记·讨论电话加价事》，《申报》1925 年 3 月 21 日，第 14 版。《电话加价交涉之用户联合会消息》，《申报》1925 年 4 月 6 日，第 14 版。

④　《电话用户联合大会开会纪》，《申报》1925 年 3 月 23 日，第 14 版。《商总联会催促公布电话新章》，《申报》1925 年 3 月 27 日，第 14 版。

⑤　《电话加价交涉之用户联合会消息》，《申报》1925 年 4 月 6 日，第 14 版。《菜馆同业会议纪》，《申报》1925 年 4 月 5 日，第 14 版。

78 两；不在 500 次以外者 88 两；700 次以上者 100 两，每次另加洋五分"，从 6 月开始实行。① 对这一结果，电话用户基本表示赞同，历时半年之久的反对电话加价行动以双方各让一步而结束。

在反对电话加价的行动中，商总联会和各路商联会发挥了重要作用，始终参与调解的袁履登既是纳税华人会理事，同时又是商总联会会长，主持上海旅菜酒茶浴各同业联合会抗议活动的周伯尧、严蓉卿分别是山西路商联会正、副会长，在他们的组织下，临时成立了华人电话用户联合会，执行委员中的陆文中、蒋梦芸、童理璋等人均为马路商联会中的活跃分子。华人电话用户基本上也是各路商联会的会员，从这个意义上说，商总联会和各路商联会反对电话加价，其实就是在维护广大会员的切身利益。

商总联会和各路商联会维护会员的经济利益还体现在声援房客运动中，即反对房东加租、声援房客减租。"房客"是指房屋租赁者，近代上海移民众多，1915 年，外来人口突破 200 万，这些外来人口到上海谋生活，绝大多数只能靠租房居住或赁屋做点小生意。上海的街道、里弄里布满了经营各种小生意的小商户，"这些普通的小商店出售谷物、煤炭、棉布、杂货、热水、调味品、点心、水果、酒、肉和蔬菜以及其他一些商品。另外有一些店铺则提供诸如裁缝、理发、日用品修理、货币兑换等服务，这里也有洗衣店、茶馆、公共浴室等等"②。近代上海的租赁房屋中有多少用于经商，没有确切统计，也难以确切统计，因为一楼经商、二楼住家的现象非常普遍，但商总联会三万余户商店会员中的绝大部分当属赁屋经营应无疑义。这些房屋租赁者托起了一个庞大的房地产业，拥有这些房屋的业主有外国人，也有中国人，据研究，1869—1933 年，排名前三位的房产大王都是外国人，他们拥有的南京路一带的产业占比从 36% 上升到 60%，到 20 世纪 40 年代末期，在上海被称为"房地产大业主"的中国人约 3000 多名，他们每人在市区至少拥有 1000 平方米的房产，其中约有 160 人拥有的房产面积超过 10000 平方米。③ 由于房屋的

---

① 《电话加价修正案发表》，《民国日报》1925 年 5 月 29 日，第 11 版。

② ［美］卢汉超：《霓虹灯外——20 世纪初日常生活中的上海》，段炼、吴敏、子羽译，上海古籍出版社 2004 年版，第 225 页。

③ ［美］卢汉超：《霓虹灯外——20 世纪初日常生活中的上海》，第 134 页。

建设满足不了人口的增长，因此房租随着房荒现象的加剧而不断上涨，随之而来的便是房客的讨价还价。

但是，减租何时成为运动的呢？有学者认为，上海的房客运动"首先受到香港减低房租的刺激而产生"①。1921年7月，港英政府实施减租令，消息传到上海，部分商民和组织也向工部局提出减租要求。随后出现了房客团体，最早发起筹备的房客团体为上海房客联合会，9月4日，《申报》上刊登了由许冀公、陈邃鸿提出的筹备宣言书，并于翌日公布了《上海房客联合会简章》，规定其宗旨在于"维持公道及地方治安，调和房东房客双方之利益，期使房租日益平稳"。② 但最早组织起来的房客团体却是新闸路新康里房客联合会，9月19日，新康里全体住户一致决定组成联合会，并推举代表与屋主交涉取消加租。③ 此后，德润里、昼锦里盆汤弄、虹江路鼎元里、南京路民康里、西华德路永吉里、北山西路泰永里、闸北南林里、法租界磨坊街新康里、哈同路民厚里等纷纷成立房客团体，一时间，上海掀起了一股组织房客联合会的高潮。10月9日，由虹江路鼎元里等13个房客联合会召开的联席会议经过反复讨论，决定筹备房客联合会总会，10月23日，该会正式成立，选举交涉公署交涉使杨小川为会长，杨坚辞不就，房客联合会总会遂改选沈佩兰为会长，随后发表宣言，阐述房客联合会总会成立之必要，揭示其唯一目的是"商恳房主免予加租，要求官厅免予勒迁发土封"，采取的主要手段是"请愿、交涉"。④ 从此，房客联合会总会和各房客联合会成为房客运动的一支重要力量。

上海房客团体的兴起比马路商联会稍晚，在减租成为运动之前，各路商户在遭遇业主加租时往往求助于各马路商联会。例如，1920年9月，西华德路老小菜场1307号及1421号因房东新瑞和洋行加租，致函西华德路商联会，

---

① 张生：《上海居，大不易——近代上海房荒研究》，上海辞书出版社2009年版，第178页。

② 《上海房客联合会宣言书》，《申报》1921年9月4日，第15版。《上海房客联合会简章》，《申报》1921年9月5日，第15版。

③ 《新康里住户组织联合会》，《申报》1921年9月21日，第14版。

④ 《房客联合会联席会议记》，《申报》1921年10月12日，第14版。《房客联合会总会消息》，《申报》1921年10月25日，第14版。《上海各路房客联合会总会宣言书》，《申报》1921年11月1日，第14版。

请其"派员至新瑞和洋行，恳请免加房租"，收到函件后，西华德路商联会决定"去函新瑞和洋行，恳其免加或缓加，以舒商困而安商民"。① 1921 年 5 月，五马路商联会收到冯泰和、利生昌等 14 家商号的公函，报告房东拟于五月初一日加租，为此，五马路商联会召开紧急会议，决定"由本会函致老沙逊房东，述明现时商业困难情形，恳予酌减，此为着手办法，如五日内无答复，再作第二步办法，惟推派代表前与情商"②。8 月，山东路商联会、汉口路商联会收到本路商户或住户的请求，请商联会"向房东婉商，缓加房租"③。8 月 28 日，汉口路商联会再次举行房租问题专题会，与会商店代表 72 人，"无非请求主席，向房东婉商缓加房租，别无他言，遂议决再致函房主"④。

各房客联合会和房客联合会总会成立后，马路商联会也没有置房客加租纠纷于不顾，一方面，因为这些房客大多数亦为各路商联会会员，关注他们的减租诉求，也是商联会应尽的责任，另一方面，马路商联会与房客联合会具有一定的重合性，甚至一人同时兼任两会领袖的情况也不鲜见，两者二位一体，你中有我，我中有你。例如，西华德路商联会会长沈佩兰同时也是房客联合会总会会长，因此，西华德路商联会就曾专门召集过房客大会，这是1921 年 12 月的一次会议情形：

> 西华德路商界联合会，接到本路东街、各商号及仁德里、成顺里各住户等联名报告，房东连年加租事。谓近今市面衰颓，居民敝疲，奈何担负得如此迭年加租重肩，矧非止加一元，现实欲加四元、两元不等，一再至本会呼吁，嘱努力维持。本会原有维持天职，何可辞费，故昨夜特为各商号及仁德里、成顺里等开房客大会，计到会者共一百余人，要求免加。本会主席沈佩兰君，谓房东太不体恤商艰，重怜民瘠，一味贪欲无厌，实有激励公愤。况今上至中外吏长、下至各界团体，俱早宣布明文，在后不得暴加房租，致碍市面，今房东步垄断房主之后尘，实属违背公意，拂逆舆情。本会自应备函与各房东，说明苦衷，再商解决，

---

① 《西华德路商界联合会谈话会纪》，《申报》1920 年 9 月 11 日，第 11 版。
② 《五马路联合会开会纪》，《申报》1921 年 5 月 14 日，第 11 版。
③ 《请求免加房租之集议》，《申报》1921 年 8 月 26 日，第 15 版。
④ 《汉口路联合会集议房租问题》，《申报》1921 年 8 月 29 日，第 14 版。

众大鼓掌，散会。①

可见，西华德路商联会既将维护房客利益视为"天职"，又与房客联合会持同一立场，斥责房东的"贪欲无厌"。类似这样的商联会还有很多，1923年11月，山东路商联会接到房客投诉房屋加租，被投诉的房东为该会职员，山东路商联会开会讨论时，明显偏向房客，说"金隆街加租二成，各房客时来力争，闻房东姓记公司柳松源，愿减半加租，查柳为本会职员，应如何取决，金谓不论职员房客，须持公道，虽一面加租，一面让半，仍属房客加重负担，以后凡欲加租者，取法于此，终可达明让暗加之目的，而房客受累何穷，应予否认"②，态度十分鲜明。房客团体成立后，房客遇有纠纷时，到各路商联会报告或由房客联合会向商联会反映的现象仍十分普遍，下表列举了一些诉至商联会的因房东加租引起纠纷、请求声援的典型事例：

表 7-4 各路商联会声援房客减租情况示例

商联会名称	房客诉求详情及资料来源	处理方式
法租界商联会	杨子里房客反映房屋加租事（《申报》1921年12月27日）	派代表与房主代表邀百克大律师一同商榷，已得双方让步，全体解决
沪西商联会	该处房客联合会来函称，长浜路公升南北东西四里房屋，今春三月间，加租一次，七月间，又加租一次，至九月间，又欲加租，每幢五六七元，较之邻近马立司同样房屋，租金高过一倍等情（《申报》1922年1月17日）	推代表，与房主及经租账房老沙逊洋行调处办理，免致双方涉讼，有伤感情
汉口路商联会	汉口路各商户反映，去年润记经租账房，曾经向各住户每幢加租洋五元，事未一年，今又接通告每幢按月又须加租六元，以三月一日起实行（《申报》1922年3月6日）	以公函向润记经租账房说情，再将现在市面之困难，向房东情恳

① 《西华德路商联会反对加租》，《申报》1921年12月23日，第14版。
② 《山东路商联会之职员会》，《申报》1923年11月7日，第18版。

续表

商联会名称	房客诉求详情及资料来源	处理方式
西华德路商联会	虹口有恒路鸿顺里房客反映，房东假大加修葺之名，每户计收小租 70 余元，不料其收完小租，继拟大加房租，现月租共收 161 元，如此横加过度，各住户万难担负（《申报》1922 年 3 月 16 日）	为两造调停
爱多亚路商联会	东新桥房客反映房东加租，请求援助（《申报》1922 年 4 月 11 日）	经与房东代表磋商，始得圆满结果，各房客皆称道不已
法租界商联会	霞飞路居安里一带房客协顺祥等各号来函，因房主加租问题，请函房主，要求从缓（《申报》1922 年 12 月 26 日）	决定致函房东，商议和平办法
南车站黄家阙两路商联会	南车站后门转角房客来函，报告房主加租事（《申报》1923 年 7 月 23 日）	由商联会致函房东及马巡长说项
闸北十一路商联会	闸北新民里房东飞星公司以翻造为由勒迁房客（《申报》1924 年 4 月 23 日）	请示各级官厅设法取缔
闸北商联会	共和路原祥里房客联合会来函，请援助（《申报》1924 年 5 月 2 日）	致函裕祥公司账房，请其让步
闸北十一路商联会	新民路裕寿里房客报告该里本无后门，平素进口诸多不便，万一遇有火警，攸关生命，又道路不平，殊碍卫生（《申报》1924 年 8 月 5 日）	函请警厅卫生科及北工巡捕局严惩取缔，并先函知房东同善堂要求改良
南阳桥商联会	白尔路八十四号庄万兴房屋纠葛事，房客请求调停（《申报》1925 年 10 月 6 日）	加租办法不得变更，如房东任意苛迫，由本会备函法庭请求取缔
闸北十一路商联会	飞星里房客联合会会员等三十七户函称房东加租，请求斡旋，主持公道（《申报》1925 年 11 月 19 日）	致函飞星里房东，准于市房加二元，弄内加一元，非待市面恢复五年后，不能再行增加
闸北十一路商联会	中华新路安乐坊房客，要求减租，请为调停（《申报》1925 年 11 月 28 日）	派员调查并向房东接洽，已有端倪，先付清欠租，再议减租办法

续表

商联会名称	房客诉求详情及资料来源	处理方式
南阳桥商联会	敏体尼荫路、白尔路、敦让里等处房屋加租，房客请求援助（《申报》1926 年 1 月 26 日、28 日）	由本会函致该房东免加，并另行召集各该房客会议详细讨论
沪南六路商联会	该路泰昌、义大等商店房客称房东同仁辅元堂通告，每间房租，自阴历元月起，增加二元五角（《申报》1926 年 3 月 8 日、4 月 4 日）	由会备函，向同仁辅元堂要求体谅商艰，按月每间减少一元半
商总联会	存厚里房客联合会同人来函，房东钱江会馆今春忽有阴历二月份起加租通告，且加每幢四元（《申报》1926 年 3 月 13 日）	致函钱江会馆，务祈体恤住户，俾得如何商量之机会，以减商困
汉璧礼路商联会	永祥里房客联合会，以该处房租加价迭请援助（《申报》1926 年 6 月 22 日）	请予从缓，用恤商艰
爱多亚路商联会	该路带钩桥一带会员店屋发生纠葛，房东翻造房屋，要求房客迁移（《申报》1926 年 7 月 3 日）	致函该处房东泰和洋行经租账房，请勿翻造改建
法租界商联会	菜市街中华、美华两里违法加租四成，请求援助（《申报》1927 年 1 月 8 日）	函请吴凯声律师为代表，依法办理
四川路商联会	仁智里房东加租，房客请求援助（《申报》1927 年 9 月 13 日）	公推代表二人持函向房东请求免加
广西、贵州、劳合、宁波、天津五路商联会	劳合路源泰兴铜床号来函称，房东德和洋行加房租二成，恳请设法维持（《申报》1928 年 7 月 23 日）	备函与德和洋行接洽，该行与房客和平解决，暂加一成
四马路商联会	四马路东段福致里一带会员声称，房东出租土地翻造房屋，限五月十五日前完成迁让（《民国日报》1928 年 4 月 26 日）	致函商总联会、房客联合会总会，赐予援助，以维正当营商

由上表可知，房租纠纷诉求主体有房客、房客联合会，也有商联会会员，一般情形是房客与房东产生加租纠纷后，一面向房客联合会反映，一面向各路商联会反映，或径直向该路商联会报告，再由商联会函知房客联合会，或只向房客联合会反映，然后由房客联合会报告给该路商联会，这种现象也在一定程度上可以解释为房客同为商联会、房客联合会会员，也反映了两个团

体之间的密切关系。

20 世纪 20 年代中期，随着房屋需求量的增加和交易所的兴盛，上海出现了"挖屋"现象，即新租户愿出更高的价格，俗称"挖费"租房，于是，房主以各种名义收回自用，否则要求原租户加租，或勒令迁移，造成房东与房客之间的矛盾冲突，危害很大，"由是为屋主者对于房客方面，莫不视此项例外供给为正当收入，稍不遂意，动肆压迫，受其害者商店最甚，往往因此而一店歇业，东伙流离失所……失业无依，或不幸为生活所迫，堕落其人格，致今日租界有此不宁之现象"①。1926 年沪南东区商联会接到一个典型的房客请求声援的"挖屋"纠纷事例：

> 兹据十六铺裕泰、协和、祥丰、陈锡记、德生昌等三十一家商号函称，邻居阜生烟纸店，承租培玉学校方氏公产，已历五六十年之久，租金迭有增加，向无拖欠，本年九月间，经租者嘱令退租，并拒收九月份租金，现又称要翻造房屋，限令下月搬迁，据闻该屋确系有人出巨金挖去，业经成约，故房东不惜将数十年之房客，驱令出屋，倘欲继续租住，非纳出同等之挖费不可，在小本经营之店何堪受此敲剥，前本街发合水果行亦被人挖租，嗣调解打消，兹不幸又有阜生之事发生，惟念十六铺一带，商务素称安稳，若但凭金钱势力，到处谋挖，则租屋营业者，人人自危，市面被其扰害，商业前途，贻患无穷。②

针对房屋租赁业中存在的"挖屋"现象，文监师路、海宁路、北山西路唐家弄两路、崇明路、虹口六路、汉璧礼路、福建路等各路商联会联名致函商总联会，要求共谋对付，提出三项解决办法：第一，"凡有房主贪收挖费，假托收回自用，勒令房客迁让者，应请官厅体恤商艰，设法禁止，或赔偿相当损失"；第二，"加租一层，公堂虽许由公正人估值，但地产按时估价则可，而房产须按照所造时代价值公估，不应照现时造价估计"；第三，"近年房主有伪称翻造朦领大修执照，强行筑笆，逼令房客迁让者，嗣后如有以上情事，可先请工部局察其有无大修必要，若果应修，其修理事由房客自理，倘房客

---

① 《商界提议禁止挖屋》，《申报》1924 年 8 月 17 日，第 15 版。
② 《各商联会消息》，《申报》1926 年 1 月 27 日，第 14 版。

不顾居住，方可由房主收回修理另租".①

改用阳历缴付房租一直是房客孜孜以求的目标。随着北伐战争的推进，上海的商民运动得到发展，房客减租运动蓬勃兴起，改用阳历缴租是减租的方式之一。其实，这个问题早在 1920 年年初就由海宁路商联会提出，其中理由之一就是维护房客的经济利益："查房客租赁房屋，如遇闰月之年，须多出租金一月，而房东得格外之利，房客受暗中之亏，且房东尽是富人，房客多为贫者，富人尤加获益，贫者反受其亏，此为世间最不平之事"，因此，"若实行通用阳历，则房主房客，双方均不受亏".② 海宁路商联会的这个建议夹杂在提倡阳历的理由之中，并未引起太多关注。1927 年国民党建立南京国民政府后，改用阳历缴租的呼声更加强烈。4 月 30 日，山东路、爱多亚路两路商联会联席大会通过"照房租例，改为阳历计算，各商号每月不能照付"的决定。③ 9 月 4 日，商总联会提出改用阳历缴租的提案，全部委员一体通过"各商店以后须一律用阳历计算，而房租更宜改用阳历照付"的决议，稍后，商总联会常务委员会决定"请国民政府、江苏省政府通令执行".④ 法租界商总联会也通过阳历付租案，决议"通函法公董局，请即实行".⑤ 与此同时，百老汇路、闸北八路等商联会也提出了相同的主张。

在各方的努力呼吁下，上海市政府颁布第 38 号训令，规定自 1928 年元旦起，"本市区域内及租界上华人、所有产业收付房租，一体改用阳历计算"，其中，"十六年底阴历十二月份房租房客，只须付至十二月初八日为止，自初九日起，即归入阳历十七年一月份计算".⑥ 西城、汉口路、南阳桥、五马路等商联会开展宣传，加强落实，通告本路商户一律按阳历付租。1 月 11 日，商总联会决定登报通告，并致函美国驻沪总领事克银汉，"请贵领袖总领事转

---

① 《商界提议禁止挖屋》，《申报》1924 年 8 月 17 日，第 15 版。
② 《海宁路商界联合会提倡施行通用阳历之建议》，《申报》1920 年 1 月 29 日，第 11 版。
③ 《两路商联会联席会纪》，《申报》1927 年 5 月 1 日，第 15 版。
④ 《商总联会常会纪》，《申报》1927 年 9 月 5 日，第 11 版。《各路商总联会开会记》，《申报》1927 年 9 月 27 日，第 11 版。
⑤ 《法租界商联会常务会议》，《申报》1923 年 12 月 23 日，第 15—16 版。
⑥ 《商总会实行阳历付租通告》，《申报》1928 年 1 月 13 日，第 13 版。

行通告侨沪洋商，对于已不适用之中国旧历，勿再沿用，一律改照通用历收租"。① 法租界商总联会也致函法租界公董局总巡，"祈贵总巡颁布改用阳历取租之文告，以示大同"②。2月1日，在未得到法租界公董局答复的情况下，法租界商总联会通告各分会，自3月1日起，洋人房主自动实行按阳历收租，"倘华人房主仍照阴历收取租金者，各商号可据情报告就近各商联会，转陈本总联合会，自当切实保障"。③ 随之，法租界业主公会议决，"遵照阳历付租"④。

尽管白纸黑字的通告遍布街巷里弄，但汉口路上的少数房主仍有令不行，扬言抵制阳历收租命令，为此，汉口路商联会专门召开会员大会，宣布"倘有房东跋扈，否认国府议决案者，请函报本会，以便由法律顾问，依法交涉，据理力争"⑤。武昌路也出现了类似事件，武昌路商联会决定"先去函房东接洽，如仍不允，再函房客联合会办理"⑥。湖北路公平洋行经租房屋，"非但阳奉阴违"，不按阳历收租，还分发通告，宣布"每幢加租六元，否则限期迁让"，房客立即报告湖北海口两路商联会，商联会函告商总联会，要求"总会据理力争，务希达到保障商人之目的，铲除前恶剥削贫民之地主，以彰公道，而息众愤"。⑦ 为此，商总联会再发通告，告诫"如有以遵守法令国历付租，而被非法待遇者，请指明报告本会，以便呈请政府科以违抗法令应得之处分"⑧。总体上看，按阳历付租已势不可当。

房客减租运动受到了阳历付租案成功实施的鼓励，同时也得到了国民党上海特别市党部和上海市政府的支持。1927年3月，全沪房租减半委员会发表宣言，号召房客团结起来，"把高贵的房价减去一半，使我们大家可以得到

---

① 《要求租界实行阳历付租两函》《商总会第一次执监会议纪》，《申报》1928年1月12日，第13、15版。

② 《法商总会请颁布阳历付租》，《申报》1928年1月14日，第13版。

③ 《法商总会通告阳历付租，请各商界首先实行》，《申报》1928年2月6日，第13版。

④ 《法租界阳历付租》，《民国日报》1928年2月11日，第1版。

⑤ 《各商联会消息》，《申报》1928年3月24日，第15版。

⑥ 《各商联会消息》，《申报》1928年4月4日，第15版。

⑦ 《请抗争房东加租》，《民国日报》1928年2月26日，第2版。

⑧ 《上海各路商界总联合会遵守法令实行国历付租通告》，《民国日报》1928年3月20日，第1版。

最低程序的安全生活"，随即刊登通告，宣布"于本月起，所有房租，均各照原额付房东以半数，如房东不允，即将房租停止付给，报告本会，以凭对付"。① 这种宣言和通告只是煽起了房客与房东对立的情绪，要真正使减租落到实处，还需要艰苦的组织动员工作。4 月初，全沪房租减半委员会与淞沪房客总联合会共同发起房客减租运动大会，并于 4 月 3 日正式成立上海房租减半运动总联合会，不久更名为上海房客联合会总会。② 其时，名称五花八门的房客团体纷纷成立，令人眼花缭乱，如上海房客减租总联合会、上海房客总联合会、上海城厢各区房客联合会等，以马路、里弄命名的房客联合会更是多如牛毛，不一而足，仅闸北一处，就有多达 90 余个各里房客委员会。③ 要之，这些房客团体的出现，标志着房客减租运动的到来，而运动的形成还需要一个统一团体的出现。4 月底，在国民党上海特别市党部的推动下，由上海五大房客团体，即上海特别市房客总联合会、法租界房客总联合会、上海房客联合会总会、闸北房客联合会总会、上海房客总联合会各推代表三人，成立了"上宝房客联合会统一组织临时委员会"。④

房客减租运动得到了商总联会和各路商联会的有力声援，各路商联会纷纷选派委员加入房客减租联合会，如福建路商联会推举六委员出席该会，山东路爱多亚路商联会"组织两路房客联合会加入总会，共同合作，运动减租"⑤。也有直接组织运动领导机构的，如商总联会除推派汪维英、张贤芳、胡凤翔、余仰圣等人出席上海房客联合会总会外，还设立以赵南公、邬志豪、张贤芳、余仰圣、俞铭巽、邱嘉良、杨诵润、钱龙章、汪维英、王汉良、余华龙 11 人为委员的商总联会减租委员会⑥，同时，致函各路分会，要求组织减租委员会，"如尚未组织，请即从速兴起，其已经组织者请将组织办法，迅

① 《全沪房租减半联合会宣言》，《申报》1927 年 3 月 28 日，第 12 版。《房租减半联合会之通告》，《申报》1927 年 3 月 29 日，第 11 版。

② 《昨日房客减租运动大会纪》，《申报》1927 年 4 月 4 日，第 14 版。《上海房租减半运动总联合会改名为上海房客联合会启事》，《申报》1927 年 4 月 30 日，第 2 版。

③ 《上海闸北房客联合会总会启事》，《申报》1927 年 4 月 7 日，第 1 版。

④ 《全体房客昨开代表大会》，《申报》1927 年 5 月 1 日，第 14 版。

⑤ 《两路商联会联席会纪》，《申报》1927 年 5 月 1 日，第 15 版。

⑥ 《商总会昨开常会》，《民国日报》1927 年 4 月 4 日，第 2 版。

即详细示知，以利进行，而资统一"。① 法租界房客联合会减租运动会就是由该租界内的几个商联会组成的，该会通告指出："本会系法租界商业联合会、民国路商业联合会、爱多亚路商业联合会、南阳桥商界联合会、唐家弄商界联合会、菜市街商界联合会、西区商界联合会等正式商界，得原有数万会员之公意，组织法租界房客联合会减租运动会，成立最早，鼓吹最力，各种手续，大都完备。"②

但是，房客减租运动雷声大、雨点小，随着减租运动的推进，社会对立进一步加剧。为了对抗房客的减租要求，房屋业主相继成立了南北市地产业主联合会、上海业主公会、闸北房产联合会、产权联合会等组织，并定期开会。③ 对于目下轰轰烈烈的减租运动，业主组织斥责其狂热过头：

> 业主与房客本立于对等地位，固无劳资阶级之可分，房客拥有厚资，置有田产者颇多，而为以劳工起家又兼营造业者亦多，关系之密切，感情之合洽，由来久矣。……主张减租，仅可开诚布公，彼此仲裁或法律解决之，均有商量余地，何必破口大骂军阀、走狗、帝国主义的奴隶，几如灌夫骂座，仿佛业主者，社会之罪人，应受房客之宰割。……诸君聚众号召，举国若狂，公然练丁请械，欲武装减租。④

减租运动开展起来后，房主的加租行为虽有所收敛，但决不接受房客的减租诉求及因此引起的拒付房租行为。为了减少房客与房东的对抗，防止事态继续恶化，公共租界、法租界和国民党上海市政当局紧急为如火如荼的减租运动降温。1927 年 4 月 14 日，工部局"为维持界内法律及秩序起见"，布告双方，"令各房主目下勿加房租，以本年三月一日所收之数为准，务须设法注意，勿使增加"，"令各房客将应付之租，亦按本年三月一日所行之租率缴付，如房客对于房租有所不满，则应按法和平终止租借，切勿拒付房租"。⑤ 4 月 22 日，法租界巡捕房以"维护本租界公安及各界感情起见"，发布了与公共租

---

① 《房客减租运动之进行》，《民国日报》1927 年 4 月 12 日，第 4 版。
② 《房客减租运动昨讯》，《申报》1927 年 4 月 14 日，第 15 版。
③ 《法房总会致上海业主公会之一函》，《申报》1928 年 2 月 6 日，第 13 版。
④ 《产权联合会宣言》，《申报》1927 年 4 月 12 日，第 6 版。
⑤ 《房租问题之工部局布告》，《申报》1927 年 4 月 16 日，第 14 版。

界内容相同的布告，劝告双方"万一房客方面对于房租有所争执，务须各遵法律手段，和平办理"。① 5月4日，淞沪警察厅刊发的布告，充满了东方"智慧"的奥妙：

> 兹为息事宁人起见，订定房租价额，悉以去年六月为标准，其小租恶习立即革除，各房客亦不得借立会之名，自取纠纷，致兹扰乱。本厅长有维持治安之责，自此次布告之后，所有房客房东，均应遵照，如有故违，立予究办。②

妙就妙在官方订定房租价格以"息事宁人"，标准退到了上一年六月，房租自然是减了，小租恶习也不合法了，房客减租的要求在形式上得到了一定的满足，但要知趣，别再"自取纠纷，致兹扰乱"，言下之意是，此后房客联合会的活动就不合法了。布告看似针对双方，实则重在告诫房客。三通告的相继发布，使得减租运动的声浪暂告平息，但房客与房东产生纠纷的根本问题并未彻底解决，矛盾冲突也就在所难免。7月，国民革命军占领上海，蒋介石为筹集军饷，除在上海商界发行二五库券外，还致电虞洽卿，促其发起房租助饷活动，得到了淞沪房产总联合会的响应。该会所属房主愿意以七、八两月房租捐作军饷，并致电蒋介石，提出条件是"房客应不再请减租，房主亦不得增租"，蒋转交财政部，财政部复电表示，"房客前以生活问题，屡经议请减租，迄未解决。现在房主自愿捐输七、八两月房租助饷，尚属体念时艰，深明大义，房客自未便再议减租，房主亦不得借此增租，务使双方早日解决，以免相持，至生纠纷"。③ 随后，蒋介石依据财政部复电内容，以国民革命军总司令的名义签发了一则布告：

> 上海华洋杂处，商务繁盛，具有特别情形，国民爱护国家更为热烈。淞沪房产总联合会首先承认，自七月一日起至八月底止，两个月房租捐助饷需，由客东按月缴纳，具见急公好义，当仁不让，深堪嘉尚。……今房主既已将房租助饷，房客应出房租。除闸北灾区另行规定外，不论

---

①　《法捕房布告房客照常付租》，《申报》1927年4月25日，第10版。
②　《房租问题之警厅布告》，《申报》1927年5月4日，第14版。
③　戴渭清编：《国民政府公文程式新编》，民治书店1928年版，第124页。

何地何月，即当一律照付，倘有短少，应照法律追缴。但房主亦不准借
此增租，以期两得其平。如有借口减租，别起纠纷，无论个人或团体均
应从严取缔。抑更有言者，爱国之心人人同具。房租济饷出自有产之家，
当为全体所赞成，必不托词以趋避。①

代表房主的淞沪房产总联合会捐助两月房租，并非"急公好义"，其真正目的
是希望蒋介石平息减租运动，蒋深明此意，也就投桃报李，警告房客联合会，
如再"借口减租，别起纠纷"，就"应从严取缔"。

减租运动如一阵秋风，旋起旋落，虽未达到最终目的，但广大房客因房
主不断加租而积累的怨愤得到了充分的释放，房主加租的冲动也得到了一定
的抑制，在这一过程中，商总联会和各路商联会或直接设立减租委员会，或
参与房客减租委员会的活动，壮大了减租运动的声威。如果说房主代表了中
上层商人的利益的话，那么赁屋经商的店主基本上属于中小商人，他们多为
各路商联会会员，商联会也竭力支持他们的正当要求，这从另一个侧面诠释
了商联会代表了中小商人的利益。

在一些重大的房租纠纷案例中，商联会与房客联合会之间由单边声援向
多边声援方向发展，轰动一时的"宜乐里案"和"五马路房租纠纷案"就是这样
的典型。

"宜乐里案"发生在1923年。宜乐里位于宝山县治内北四川路、虹江路之
间，业主郑伯昭，经租人为泰利洋行买办陶长卿②。1923年冬，郑伯昭因翻
造房屋，改建戏馆，要求房客于一个月内搬迁，牵涉房客78人，房客诉诸司
法。诉讼期间，宝山县公署颁发第7号布告并将之勒牌告示，悬挂在宜乐里
门首，内容为"维持法权，卫护良民，禁止房东方面在诉讼未曾解决以前，不
得恃强工作胁逼迁移"。房客在诉诸法律的同时，向社会各团体寻求援助。
1924年1月1日，沪北五区商联会公推甘善庭、袁永铭、蒋介民三人为代表，
面谒业主郑伯昭，与之讨论磋商。③ 不料，郑伯昭于1月20日伙同洋人白兰

---

① 上海市档案馆编：《一九二七年的上海商业联合会》（"上海档案史料丛编"），上海
人民出版社1983年版，第124页。

② 在《申报》其他记载中，郑伯昭又作郑伯照，陶长卿又作陶让卿。

③ 《沪北五区商联会常会纪》，《申报》1924年1月3日，第14版。

特、经租人陶长卿拆去县公署布告，据目睹者证实，郑氏三人摘下布告后，"用手杖将布告竖起，向北四川路一带游行一周，耀武扬威，汹汹而去"①，使事态进一步升级。沪北五区商联会遂将郑氏所作所为提交给 1 月 26 日商总联会第一次年度议董会讨论，结果"议决由会董会致函官厅，从严交涉撕毁告示等，并函诘房主，不应恃强压迫，否则当严厉对待"②。2 月 24 日，商总联会应沪北五区商联会请求，"推邬志豪、陈翊庭，分向上宝两县，面请从速交涉"③。五马路及沪北五区两商联会派代表四处征求声援"宜乐里案"的社会团体，2 月 20 日，五马路、沪北五区两商联会领衔联名 40 个工、农、商、学、教团体以及 24 个房客联合会共 64 个社会团体"公呈院部省署，请求严重查办"，其中参与联名的商联会团体达 17 个。不过，呈文内容主要是说，一是由于改建戏馆有伤地方治安风化，二是因为业主藐视国法，有辱国体，因此，要求"立饬沪北工巡捐局速将此次朦领执照吊销，以清根本而免借口，并于抢毁县示，严向领事署交涉，以卫国体而维主权"。④ 4 月 14 日，宜乐里房客代表冯明权向刚成立的闸北国土维持会请求支援，该会遂"推陈广海、吕静斋、倪无我、陈钟柔、杜春荪、谢惠庭、杨德昭、陈家宝等八委员，为援救此案负责代表，务使据理力争"，并决定"先向北工巡捐局及警厅声请速行撤回限迁布告，以便该里房东房客，静候地方厅法律解决"，同时登报警告郑伯昭。⑤ 随后，八委员陆续至该管警区二分所、淞沪警察厅、护军使署请愿。

闸北国土维持会由闸北地区 43 个公团联合组建，旨在反对租界扩张，其中闸北各路商联会发挥了核心作用。"宜乐里案"暴露了公共租界当局的扩张野心，"工部局闻悉此事，觉此为放宽该路直至江湾为止之一机会，遂将同泰洋行造有房屋之该地皮一狭区收买，以便拆屋后即放作马路"，此举直接促成了闸北国土维持会的成立，以鼓吹租界特权而闻名的《字林西报》称，"此讯传出后，该处附近各区商界联合会，即纷纷开会，发表许多不智而煽惑之言论，一时中国主权之说大盛，并通过决议案，劝闸北人民起而反对，如必要时，

---

① 《六十四公团请愿严办房东抢毁县示》，《民国日报》1924 年 2 月 20 日，第 10 版。
② 《商总联会议董会纪》，《申报》1924 年 1 月 27 日，第 14 版。
③ 《商总联会会董纪》，《申报》1924 年 2 月 15 日，第 13 版。
④ 《六十四公团请愿严办房东抢毁县示》，《民国日报》1924 年 2 月 20 日，第 10 版。
⑤ 《闸北国土维持会昨日之集会》，《申报》1924 年 4 月 15 日，第 13 版。

并为强硬的反对"。① 恰在此时，报纸上出现了"北京使团曾向我国外交局提出以推放本埠闸北租界，为收回会审公廨之交换条件"的传闻，更加激怒了闸北商界，于是，"各推代表，组织是会，定名为国土维持会"。② 闸北国土维持会专责处理"宜乐里案"的八委员中，有五人曾在或正在各路商联会中任职，吕静斋时任汉口路商联会会长，陈广海时任天潼福德两路商联会会长，杜椿苏曾任沪北六路商联会副会长，谢惠庭时任广西贵州劳合三路商联会会长，陈家宝时任爱克界三路商联会副会长，这也说明了商联会在"宜乐里案"中所发挥的重要作用。

但是，郑伯昭非但没有收敛，反而雇工强行拆屋。4 月 26 日为郑伯昭单方面所定拆屋期满之日，宜乐里房客联合会为阻止房东强拆，于 25 日晚召集全体房客大会，讨论应对办法，次日，"众房客分持旗帜，及泣求保护等小旗，齐集里内，专待动工"，工头见势不妙，不敢贸然强拆。③ 沪北五区商联会以该里商铺均属会员，遭此强拆迫迁，十分愤慨，于 27 日临时召集会员大会，"各会员愿本互相维持之会纲，谨听议决"。④ 随后几日，几经调解，但双方各不退让，已成剑拔弩张之势。

5 月 1 日，郑伯昭雇工 80 余人在西探、印捕、马队等 40 余人的武装护卫下，强行筑笆、拆屋、断水，并殴伤房客。⑤ 房屋既已开拆，房客便于次日上午集会，调查被拆商户与住户损失，"综计在三万金以上"，汉口路、山东路、天潼福德两路、五马路等商联会纷纷集会，要求商总联会召开紧急会议，以谋对付，沪北五区商联会"以此次会员受法外之损失，已提出意见书于总联合会，请代设法救济"。⑥ 但是，郑伯昭在强势下更加有恃无恐，得寸进尺，5 月 3 日，宜乐里房客联合会代表之一、闸北国土维持会发起人、沪北公学校长冯明权被郑伯昭控以房客欠租，"追偿各房客六个月租金之损失，计一万六

---

① 《宜乐里拆屋风潮之扩大》，《民国日报》1924 年 5 月 3 日，第 11 版。
② 《宜乐里房屋交涉昨讯》，《申报》1924 年 4 月 29 日，第 14 版。
③ 《宜乐里案昨日情形》，《申报》1924 年 4 月 27 日，第 16 版。
④ 《宜乐里案昨日形势》，《申报》1924 年 4 月 28 日，第 14 版。
⑤ 《宜乐里昨日实行拆屋》，《申报》1924 年 5 月 2 日，第 13 版。
⑥ 《宜乐里案昨讯》，《申报》1924 年 5 月 3 日，第 13 版。

千余元"的罪名被巡捕房拘捕。① 同日，闸北十一路商联会举行谈话会，提出和平解决两方案，即"(1)被伤房客及受损商号，与房东进行法律解决。(2)房屋如实行拆造，其让出之道路，由沪北工巡捐局建筑，此后该路商号亦由沪北工巡捐局编订门牌"，函请交涉使查照办理，并认为案发于华界，主张由中国法庭审判。四川路商联会也主张以外交方式解决，希望交涉使"鼎力维持，依法处理，保主权，慰众望"。② 浙江路商联会致函交涉使，提出四条具体要求："(1)地属华界，应由中国官厅秉公处分；(2)华界路牌，应由工巡捐局负责增立；(3)损失确数，应由公正绅商核算赔偿；(4)建造新屋，应由旧住房客尽先认租。"五马路商联会则希望交涉使"咨请释放房客代表，以争法权，并慰热心份子；房客之受伤者，按情抚恤"③。海宁路商联会主张在主权上，应"死力抗争"，在房东、房客拆屋纠纷上，"亦应分别调查确实，以期一致对外，进行迅速，免为任何私人利用团体，以遂其私"。④ 总体上看，各路商联会的态度开始出现软化。

房客抗争的重点转向如何营救冯明权，5 月 4 日，已经迁出的宜乐里房客聚会于来安里房客联合会，决议"(一)聘请著名律师到堂辩护，堂费由房客公集之。(二)推余星北代表进省请愿，遇必要时再行进京请愿。(三)各房客静候公廨公正判断，切勿慌乱暴动。(四)聘请魏炯、张思灏、王开疆、俞钝骆律师向地检厅据法进行。(五)分呈各官署泣诉经过，请主公道"⑤。在各界努力下，冯明权以现金 300 元保释候审。但是，商联会的态度则不同，闸北十一路、浙江路等商联会要求由中国法庭审判该案的呼声很高，5 月 20 日和 6 月 1 日，商总联会两次致函上海地方审判厅，认为"此案地属华界，而刑事问题之发生，又在虬江路，依法衡情，应归我国依法处分"，希望上海地方审判

---

① 《宜乐里案昨闻汇报》，《申报》1924 年 5 月 4 日，第 13 版。该案庭审时，原告起诉的理由是："各租户受被告等三人唆使，分发传单，聚众霸屋不迁……查被告等三人，向全体房客私收房租有一万元之巨，该款并不交与原告，现原告除以刑事起诉外，尚将另以民事控迫房租。"(《宜乐里案之昨讯》，《申报》1924 年 5 月 6 日，第 13 版。)

② 《宜乐里案昨闻汇报》，《申报》1924 年 5 月 4 日，第 13 版。《宜乐里案之昨讯》，《申报》1924 年 5 月 8 日，第 14 版。

③ 《宜乐里案之昨讯》，《申报》1924 年 5 月 6 日，第 13 版。

④ 《宜乐里案之昨讯》，《申报》1924 年 5 月 8 日，第 14 版。

⑤ 《宜乐里案之昨讯》，《申报》1924 年 5 月 5 日，第 13 版。

厅转请交涉公署，"据约力争，以保主权，而彰国法"。① 此后，虽然房客和商联会仍催促开审，但既未见会审公廨公开庭审，也未见将案件移交中国法庭，该案不了了之。从"宜乐里案"的声援中，我们看到了商联会力所能及的态度与尽力而为的行动，但其结果也表明了商联会的力不从心。

"五马路房租纠纷案"是商联会联合声援房客的又一案例。1927年10月，五马路房东王大吉"翻造新屋，苛增房租，超过原价四五倍，较之该屋左近新房价格，亦贵数倍"，既是房客，亦是商联会会员的福成、马润记、麟章等商号致函五马路商联会，希望得到支持。五马路商联会收到函件，立即分函上海各机关各团体，"恳求一致主张公道，民众团体共起声援，地方官厅，鼎力扶植，一致向法院要求秉公判决，务使正义得伸，公理不泯"。② 截至11月4日，五马路商联会已收到32份声援函电。③ 10月21日，商总联会致函临时法院，认定五马路加租风波"事同资产压迫"，敦促临时法院"依法解决，得伸公理"。④ 同日，闸北十一路商联会致函上海特别市农工商局，指出"王大吉之行为实属悖谬已极，社会之愤激同深"，要求农工商局"呈请市政府转咨交涉公署，令饬临时法院，秉公判决，不得稍徇情面，以平众愤而申公理"。⑤ 商总联会会同五马路商联会派出专人进行调查，结果发现王大吉"公然勒索小租，且多至一千三百两"，另外，王大吉翻造费用、地租费用合计约四万两，"按照向房客所索之价计算，每月约值七八百两，再加按月收取房客租金，两项合计，有二千余两，以四万元之资本，每月享二千余两之厚利，再加每幢小费一千三百两"，调查结果令人愤慨，商总联会决定"要求完全取消小费，每月租金按照原议每幢八十两，不达目的，誓不让步"。⑥ 在诉诸法律的同时，法租界商总联会名誉会长杜月笙，上海总商会方椒伯，法租界纳税华人

---

① 《商总联会致审检两厅函》，《申报》1924年5月21日，第14版。《商总联会致地检厅函》，《申报》1924年6月2日，第14版。

② 《五马路商联会为房客呼吁》，《申报》1927年10月9日，第14版。

③ 《五马路商联会紧急会记》，《申报》1927年11月5日，第15版。

④ 《商总联会援助五马路房客》，《申报》1927年10月21日，第11版。

⑤ 《十一路商联会援助五马路房客》，《申报》1927年10月22日，第15版。

⑥ 《商总联会开会纪》，《申报》1927年10月25日，第10版。《五马路商联会紧急会记》，《申报》1927年11月5日，第15版。

会理事、公董局华人董事张啸林等人出面调解。1928 年 1 月 7 日和 11 日，五马路房客马润记、房客联合会委员承秋声等人分别设筵邀请房东房客代表及商总联会王汉良、五马路商联会张梅庵、房客总联合会杜春荪、法租界房客总联合会童理璋、国民党上海特别市党部胡凤翔等人假座金陵春，举行调解会，房东代表"允予接受调解"，双方朝和解迈出了重要一步。① 房客的最终目的是否达到虽不得而知，但商联会与房客联合会互相协助，维护房客利益的立场与努力仍受到了房客的肯定。

　　房客团体与马路商联会有一定的重合度。一方面，许多房客本身就是各商联会的会员，甚至可能同时在两边团体中担任要职。严谔声是房客联合会总会委员、章程起草人，同时还在新闸新康里房客联合会担任理事，每日上午到房客联合会会所办公②，又以新闸路商联会代表的身份进入商总联会担任议董。房客联合会总会会长沈佩兰，同时亦担任西华德路商联会会长。另一方面，有些房客联合会就是由商联会筹备组织的，如浙江路商联会讨论决定，"不必因有加租问题始行组织，当即议决即日筹备，并加入房客总联合会"③。该会还租赁浙江路 521 号楼作为淞沪房客交谊会会所，旨在加强房客之间的联系，欢迎房客"入会联欢，讲求公益，登楼阅报，交换新知"④。天潼福德两路商联会则由于一起具体的加租纠纷而发起组织房客团体"天潼、福德、吴淞三路业广房客联合会"，"以资临时应付，经费一项，由房客所纳房租数每元五厘，作办事之用，俟结束时有余发还"，具体负责与业广公司交涉，促其取消加租。⑤ 1927 年天潼福德两路商联会又因"天潼路联安里房东加租，由该里房客组织房客联合会，进行拒绝"⑥。许多商联会与房客联合会是二位一体的关系，如 1927 年法租界唐家湾房客联合会集会要求减租时，被法租界捕房取缔并开罚，唐家湾商联会将此事报告给法租界商总联会，法租界

---

① 《五马路房屋纠纷》，《民国日报》1928 年 1 月 8 日，第 2 版。《五马路房租纠纷调解讯》，《申报》1928 年 1 月 12 日，第 15 版。
② 《反对加租之热潮》，《申报》1921 年 10 月 5 日，第 14 版。
③ 《商界联合会开会汇录》，《申报》1921 年 10 月 24 日，第 15 版。
④ 《房客集会一斑》，《申报》1921 年 11 月 23 日，第 14 版。
⑤ 《天潼福德吴淞三路房客会议》，《申报》1926 年 6 月 22 日，第 15 版。
⑥ 《天潼福德两路商联会开会纪》，《申报》1927 年 3 月 8 日，第 11 版。

商总联会开会讨论，认为"房客会组织应由本会互助进行"，并"决定先向当局备案，一面并通告各房客须照总会所订章程进行"。① 也有房客联合会成立在先，马路商联会随后成立的，如蓬路、伯顿、北江西三路商联会就是在房客联合会的基础上成立起来的，该会于 1928 年 10 月 1 日在五里房客联合会举行成立大会，会址也设在该会会所，甚至没有专门聘请雇员，"请五里房客联会书记高君帮助"。②

　　商联会和房客联合会都以"路"或"里"为组织单元，以街区、社区为活动范围，同一范围内赁屋开店的商户既是商联会会员，同时也加入房客联合会，两团体因此而交织，利益重叠，形成密切联系；不仅如此，房客联合会会员除商户外，还有大量住户，这些住户构成各类不同商店的顾客群，商户和住户之间彼此相互依赖，构成一个个城市生活共同体。因此，商联会声援房客联合会的反加租斗争、支持房客减租运动，同时也是在履行维护会员利益的职责。

---

① 《法租界商总联会开会纪》，《申报》1927 年 4 月 24 日，第 15 版。
② 《各商联会消息》，《申报》1928 年 10 月 4 日，第 16 版。

第八章 隔空喊话：商联会的政治态度与政治表达

商联会既有商人团体的共性，即"在商言商"，又有不同于其他商人团体的特性，即不囿于"在商言商"。作为一个政治色彩较为浓厚的商人团体，上海马路商联会在 20 世纪 20 年代的政治舞台上表现得十分活跃，其中以华盛顿会议前后商联会开展的废除"二十一条"的抗争、1923 年曹锟贿选丑闻中的反贿选斗争、江浙战争危机中的反战态度及其行动，以及 1925 年五卅运动中商联会组织的商人罢市最为典型。同时，商联会比较活跃的时期亦是中国南北政治对峙时期，北方的北京政府与南方的广州政府并存，政治局势十分复杂。因此，商联会与南北政权的关系，亦是商联会政治态度的一个重要体现。本章将对上述问题进行梳理和分析。

一、华盛顿会议前后商联会的抗争

华盛顿会议召开前，以马路商界联合会为代表的上海中、下层商人对会议充满了期盼与希望，力主中国与会，乘势一举实现收复国权、废除"二十一条"的目的，会议期间则以函电、游行等方式对中国代表进行有力声援，会后协力开展筹款赎路与抵货运动，表达了中下层商人以和平示威为手段、以经济绝交为策略维护国权的理性诉求。但中、小商人的力量有限，国民外交终究难以解决国家外交层面上所应解决的问题。

(一)商联会对华盛顿会议的期盼

1921年11月11日至1922年2月6日，在美国华盛顿召开了由中、美、英、法、日、意、荷、比、葡参加的九国会议，史称华盛顿会议，亦称太平洋会议，北京政府派出由施肇基、顾维钧、王宠惠、伍朝枢等人组成的代表团。中国能否在华盛顿会议上收回被日本侵占的德国在中国山东的权益并废除"二十一条"，成为中国民间关注的焦点，并被寄予莫大希望，余日章、蒋梦麟作为国民代表专程赴华盛顿参与会外活动。

上海商界早就关注华盛顿会议召开的消息，1921年7月22日，四马路商联会职员会专门讨论了华盛顿会议问题，认为此次会议，"实为我国生死问题"，但政府和资本家不足恃，"官僚阶级，只知争权，资产阶级，只顾谋利，对此生死问题，反漠然无动于中"，因此，商联会必须承担起"警告之责，以促国人之注意"。[1] 四马路商联会会长赵南公发起组织太平洋会议中国国民外交后援会。7月29日下午，商总联会曾开会讨论华盛顿会议问题，力主中国参加此次会议；随后，致电美国驻华公使，称中国"为太平洋中一独立国，对于此种大会，自有参加之必要，以共企远东和平之幸福"，并希望"贵国大总统及贵公使，永永赞助中华民国，得为中华民国之好友，以增进中美邦交之敦睦"。[2]

1921年8月30日，商总联会与上海总商会、上海县商会、上海银行公会、上海钱业公会、华商纱厂联合会、江苏省教育会、上海县教育会等团体共同组织太平洋会议协会，由各团体各推举五名代表组成，该会"以对于太平洋会议尽国民之责任，巩固国权为宗旨"[3]，"对于太平洋会议之吾国提案，筹备一种国民的主张，本会应各任研究之责"[4]，随后致电吴佩孚、赵炎午，呼吁湘、鄂息战，共同御外，并分电北京、广州政府，请速推代表参加华盛顿会议：

> 欧战以来，屡以内争失外交之机会，今太平洋会议之期日迫，而代

---

[1] 《四马路商界联合会职员会纪》，《申报》1921年7月23日，第14版。
[2] 《各路商界总联合会最近电函》，《申报》1921年8月4日，第14版。
[3] 《太平洋会议协会之组织大纲》，《申报》1921年8月30日，第14版。
[4] 《太平洋会议协会开会纪事》，《申报》1921年8月31日，第14版。

表人选问题，尚未解决，设对外不能一致，即不免自暴其丑，为野心国所借口，又失良好之事机，古称兄弟阋墙，外御其侮，今方御侮之不暇，宁忍再事阋墙，谓宜立释前嫌，及时携手，根据民意，速定代表，如颜惠庆、伍廷芳、唐绍仪、顾维钧、王正廷、施肇基、王笼惠辈，资望才学，均一时之选，应由南北当局同意任命，俾得迅赴机宜，勿蹈凡尔塞和会覆辙，则对内虽有政见之不同，对外可期国权之无损。①

9月初，太平洋会议协会致电国内各团体征求对于华盛顿会议提案的意见，"博采众意，以期确实表见国民之主张"②。9月21日，沪北六路商联会分电敦促广州、北京政府，对"太平洋会议代表，只问人之当不当，不可有南北之见存"，批评广州政府"欲以一偏理想，破坏出死入生太平洋会议，不啻自处危舟，不求苟活，并欲推波助澜，置全舟生命于不顾"，希望北京政府"息内争，谋建设，处处采纳民意，共谋国是"。③ 9月30日，四川路、山东路、沪北五区、四马路、邑庙豫园、山西路、五马路、东北城、沪西、法租界、北山西路唐家弄两路、河南路、爱多亚路等商联会联合工、学界团体一道，致电日本驻华公使小幡和徐世昌、颜惠庆，反对山东问题直接交涉，敦促北京政府派遣华盛顿会议代表。④

1921年11月11日，正值华盛顿会议开幕，商总联会与太平洋外交商榷会共同发起在法租界尚贤堂举行市民庆祝暨游行大会，纪念第一次世界大战结束，"希望武力永远消灭，世界永远和平"，与会八千余人在会后举行游行示威，"以表示国民注意外交之精神"：

> 游行者各执白旗小布，上书"外交胜利"、"世界和平"、"打破强权"等字样，沿路欢呼"世界和平万岁"、"中华民国万岁"，声如雷动，而路人亦为之鼓掌不绝，沪北六路商界联合会并沿途分发传单，标题"太平洋

①　《九团体之两要电：请湘鄂停战，请南北统一》，《申报》1921年8月31日，第14版。
②　《太平洋会议协会征求意见：关于国内提案办法》，《申报》1921年9月9日，第14版。
③　《沪北六路商界联合会之近电：对于太平洋会议之意见》，《申报》1921年9月22日，第14版。
④　《工商学界各团体之时局电》，《申报》1921年10月1日，第14版。

会议国民注意"，文曰："人皆说做牛马最苦，我说做亡国民更苦，试问君要做牛马乎？抑做亡国民乎？如不愿做，赶快大家起来，努力奋斗为外交之后援，则我国方可不亡"。迫行至方浜桥，复排齐队伍，三呼"中国万岁"而散。①

会议还决定致电美国总统，在祝贺华盛顿会议召开的同时，表达了中国民众对会议的期盼，希望列强维护中国领土主权完整，不干涉中国内政，并特别强调"日本强占胶澳及山东一切权利得益，与上述各条，绝对抵触，应令无条件交还中国"。②

紧接着，商总联会又于次日在华界横浜桥精武体育操场再次召开庆祝大会，"特选华界开会，不愿在租界，是要使政府和世界各国，明白我们此后决不要假托在外国势力保护之下来谋国事"，"因为要救中国，必得中国人自己解决"，因此，致电华盛顿会议各国代表，再次敦促列强保持中国主权独立：

> 当中国改革期间，使列强相约于不干涉我内政，承谅一时之纠纷骚扰为自然应有之现象，而对于吾人所努力者，表示同情，则亚细亚之和平，可以永保，不然，使中国不能自立，而竟为强邻所吞噬，则太平洋中，将见各国民族之斑斑血色，与大西洋之在今日无异，吾人所希望华盛顿限制军备会议，能高瞻远瞩，承认辅助中国之重要，使中国得保持其独立，而发展为一有力之国家，世界前途幸福，实利赖焉。③

商界的期盼与北京政府的期许存在着一定的落差。北京政府会前训令代表团，在提案中"最注意者厥有四端：(1)取消英日续盟，(2)取消特殊地位，(3)订立公断条约，(4)关税自由"④。交还山东及废除"二十一条"不是中国代表团提案的重点，但是，对会前包括商联会在内的民间的期盼及会议期间的隔洋声援与抗争，北京政府不得不做出回应。

---

① 《市民庆祝游行大会纪盛》，《申报》1921年11月12日，第14版。
② 《市民庆祝游行大会纪盛》，《申报》1921年11月12日，第14版。
③ 《市民庆祝太会开幕大会纪盛》，《申报》1921年11月13日，第14版。
④ 金光耀、王建朗主编：《北洋时期的中国外交》，复旦大学出版社2006年版，第62页。

(二)商联会隔洋声援与抗争

1921 年 11 月 12 日，华盛顿会议正式开幕。中国代表施肇基于 11 月 15 日向大会提出十项原则及八项特别事项，其中第七、第八项即为交还山东、取消"二十一条"。但是，中国代表团并未提出正式提案。12 月 1 日，会议开始讨论山东问题，但遭到日本强烈反对，"经英美两国调停，决议另组委员会谈判，在会外解决，英美两国各派代表二人与议"①。

消息传来，位于劳合路的商总联会立即致电余日章、蒋梦麟两代表转施肇基、顾维钧、王宠惠三使，称"山东问题无论何时何地，均不得与日本直接交涉，为我国民唯一之主张，近闻三使有受英美调停，在会外与日解决说，全国国民决不承认"②。同时，包括商总联会在内的太平洋会议协会也致电北京政府外交部及中国代表团施、顾、王三代表，敦促迅速提出提案：

> 鲁案及"二十一条"，系全国民意决定在太会必提之条件，今闻太会将于耶稣诞前闭会，而政府所派代表，尚迁延观望，未敢提出，势将坐失良机，舆论愤慨，谓由政府受日钳制，暗中受意，显系违反民意，若不速摧施顾王代表立即提出，国民将有严重表示，特此警告。③

在此前后，上海商总联会及各马路商联会纷纷致电北京政府、中国代表团及会议组织者美国人休士等，内容多为反对中日直接交涉，敦促中国代表迅速提出交还山东及废除"二十一条"提案，希望会议维持公理，详情见表 8-1：

表 8-1　华盛顿会议期间上海各马路商联会主要函电一览

函电团体名称	时间	函电对象	主要内容
商总联会	12 月 3 日	余日章、蒋梦麟两代表转施、顾、王三使	不承认与日本直接交涉山东问题

---

① 王芸生编著：《六十年来中国与日本》第 8 卷，生活·读书·新知三联书店 2005 年版，第 40—41 页。

② 《商总联会反对鲁案直交》，《申报》1921 年 12 月 4 日，第 14 版。

③ 《鲁案及"二十一条"之民意表示》，《申报》1921 年 12 月 5 日，第 14 版。

续表

函电团体名称	时间	函电对象	主要内容
商总联会、总商会等	12月4日	①北京政府外交部 ②施、顾、王三代表	速提鲁案及"二十一条"问题
南京路商联会	12月4日	华盛顿会议国民代表余蒋二君	促政府代表速提鲁案及"二十一条"
南京路商联会	12月4日	华盛顿会议休士君	请据理提议公判，以维公理
商总联会	12月4日	华盛顿中国使馆，转施、顾、王三使	鲁案直接交涉，违反民意，三使回国，当以血忱相见
沪北六路、海宁路、文监师路、新闸九路商联会	12月5日	华盛顿中国使馆转华盛顿会议主席休士，及施、顾、王三使	废除"二十一条"，无条件交还青岛，否则任何国调停，决不承认
百老汇路商联会	12月6日	①太会休士君 ②顾、施、王、余、蒋诸君	①日本所提条件，誓不承认；②不提出鲁案及"二十一条"，不与诸君相见
北海路商联会	12月6日	北京徐世昌总统	即日电饬顾、施、王诸使，提交鲁案及"二十一条"
东北城商联会	12月7日	华盛顿中国使馆，施、顾、王三代表	誓不承认会外交涉山东问题及"二十一条"
北城商联会	12月7日	华盛顿中国使馆转施、顾、王	与日直接交涉，国民誓不承认
北山西路唐家弄两路商联会	12月7日	华盛顿中国使馆转余、蒋两代表	请代表勿与日本直接交涉
汉口路商联会	12月8日	北京徐世昌总统	迅予电饬诸使，本真正民意，据理力争，勿以变相之直接交涉
商总联会	12月16日	华盛顿会议余、蒋两国民代表	不达目的，宁不签约
商总联会	12月28日	华盛顿中国使馆转施、顾、王三使	速提"二十一条"及鲁案

资料来源：见《申报》1921年各有关日期的记载。

　　另外，商联会决定以游行示威表达民意。南京路商联会于12月3日召开紧急会议，"一致议决，悬挂旗帜，以表示国民之真意，一面拍电华会，力争主权，一面通电全国各公团体，起而为同样之行动"，在致国民代表余日章、蒋梦麟的函电中表示，"鲁案及'二十一条'，请促政府代表速提，誓死勿屈，国民当为后援，否则羞与相见"，同时呼吁全国各团体"请一致鼓吹，示威运动，誓死力争，以表民意，而为代表后援"①，并提出五项办法：

> (1)各商店悬挂白旗，上书请愿字样；(2)揭贴反对鲁案及"二十一条"直接交涉之纸贴；(3)开会宣讲华会与我国之关系，促社会一般人士之注意；(4)募集国民代表经费，此项经费，先存本埠东陆银行，转解总商会，侯集有成数，并汇太会国民代表，俾资活动；(5)发起全埠公民游行大会。②

紧接着，南京路商联会与新闸路商联会发起召开商界联席会议，决定与学界一道发起游行示威，与此同时，山西路、文监师路、北山西路唐家弄两路、沪北六路、法租界、北海路、大东门、民国路等商界联合会纷纷召开紧急会议，决定一致行动，12月8日下午，包括南京路商联会在内的28路商联会同其他团体在沪南、沪军营两大操场举行集会，据载"到者不下四五万人，实为空前未有之大会，会场几不能容，沿途观者人山人海，不计其数"，会后举行游行，"自会场向里马路、直达十六铺，转弯经小东门，沿民国路，经福佑门、老北门、新北门、小北门等，直达西门，分队各散，沿途大呼'国民快起争外交'、'山东将为日本人夺去了'等语"。南京路商联会成员热情更高：

> 南京路商界联合会自发起游行示威后，连日各职员，分送配置旗帜，早已准备妥当，昨日加入游行者，计职员及本路各公司，暨各商店代表等一百六十余人，义务夜校教职员学生等一百数十人，队前导以会旗，次为数尺长之白布横匾一，上有"力争主权"四大字，沿途分队高呼"争公理、争主权、同胞"等警语，至民国路而散。③

国内舆论的高涨及声势浩大的示威行动为中国代表团提供了强大的后盾。中国代表声明山东问题"已在大会提及，总之，山东问题为中国存亡关系，中

---

① 《鲁案及"二十一条"之民意表示》，《申报》1921年12月5日，第14版。
② 《鲁案及"二十一条"之民意表示(二)》，《申报》1921年12月6日，第14版。
③ 《国民大会之游行示威大运动》，《申报》1921年12月9日，第14版。

国国民均希望有公平圆满结果"①。1921年12月14日，北京政府外交部致电华盛顿会议中国代表团，转达国内舆论对解决山东问题及废除"二十一条"的期盼："国内舆论对于鲁案及'二十一条'，均极盼提出。鲁案经英、美居间，业经开议。'二十一条'提出大会，成效固难逆睹，如竟不提出，国民方面恐生反动。"②至此，北京政府也明确指示中国代表向大会提出交还山东及废除"二十一条"提案。

但是，鲁案提出后，交涉迟迟无法取得进展。上海商界非常愤慨，1922年1月7日，新闸路、文监师路、西华德路等十余路商界联合会召集联席会议，"一致主张组织二次示威大运动"③。1月8日，沪北六路商联会召开紧急会议，对待山东问题，主张"不达到无条件收回山东、废除'二十一条'密约之目的，情愿退席，作为悬案"④。1月10日，五马路商联会为筹募赎路款，决定组织救国助金团，"先从本路着手进行，为各团体倡"⑤。

就在此时，各大报刊上出现了梁士诒内阁欲借日款赎路的消息，"政府允许驻京日使小幡借款赎路之声，宣传中外，国人因此一致反对梁士诒内阁"⑥。1月7日，商总联会与上海总商会等团体一道通电全国，坚决反对借日款赎路，称"胶济路借款共管，于全国民意力主收回之目的，既完全抛弃，反使日人脱卸其强占之恶名，坐享契约上之实利"⑦。1月8日，沪北六路商联会召开紧急会议，致电徐世昌，要求"立解梁某总揆一职，一面仍令外部迅电华会代表，坚持原案，凡我军民，均作后援"⑧。11日，南京路商联会亦召开紧急会议，致电驻京各国公使，"声明不承认梁士诒内阁及其一切荒谬举动"，并通告全国国民，"一致反对，共灭害马"。同日，百老汇路商联会致电徐世昌，除表达商界愤怒外，"恳速罢黜梁等，并宣布对外方针，否则誓以相

① 王芸生编著：《六十年来中国与日本》第8卷，第42页。
② 黄纪莲编：《中日"二十一条"交涉史料全编(1915—1923)》，安徽大学出版社2001年版，第620页。
③ 《对于鲁案之二次示威大运动》，《申报》1922年1月8日，第10版。
④ 《商学界电争鲁案与借款》，《申报》1922年1月9日，第10版。
⑤ 《五马路商联会议筹赎路款》，《申报》1922年1月11日，第14版。
⑥ 王芸生编著：《六十年来中国与日本》第8卷，第45页。
⑦ 《国民对于现政府之反对声》，《申报》1922年1月8日，第10版。
⑧ 《商学界电争鲁案与借款》，《申报》1922年1月9日，第10版。

当手段对付"。新闸九路商联会"望速罢免，以顺舆情"，同时希望施、顾、王三代表"坚持到底，勿受乱命"，通电各省历数梁氏赦安福、用曹陆、图私利、出卖国权四大罪状，"愿奋全力，锄此巨奸"，希望国民"共负救国之责，共起直追"。① 1 月 13 日，商总联会亦致函徐世昌，"望速毅断，罢免梁氏，永不起用，以彰公意而救危亡"②。西华德路商联会则痛斥梁士诒内阁，"全体皆怒目切齿，沥血赞成"，一致要求梁氏下台。③ 同时，东北城商联会致电徐世昌，称"梁氏竟不顾国本，擅自为之，凡属国民，罔不愤慨，若不立即罢斥，则五四之事，必再见于今日，为此恳请先生，俯顺舆情，另简贤能，以固国本，而平民愤"④。北海路商联会要求徐世昌"即日另选贤能，速组新阁，似不必为梁氏一人，陷中国大局决裂于不可收拾之境"⑤。1 月 16 日，爱多亚路商联会通电全国，主张以停止纳税逼退梁阁：

> 若政府听从少数卖国贼之非法行动，违背全国之民意，当以停纳租税为后盾，本会为国家免灭亡计，为子孙免作奴隶计，保我五千年神圣华胄计，共伸义愤，愿我同胞速起图之。⑥

民间倒梁运动有力地打击了借日款赎路的主张，中国代表团也坚决拒绝了日本借款赎路的要求。在全国各界的一致声讨下，梁士诒虽多次辩白，但仍不得不辞职而去。⑦

(三)协力开展筹款赎路与抵制日货运动

1922 年 2 月 6 日，华盛顿会议闭幕。从外交角度看，中国成败参半，中国有条件地收回胶济铁路，但废除"二十一条"的愿望仍未实现。会后，商联会迅速发起筹款赎路和抵制日货运动，进一步展现国民外交的力量。

---

① 《南京路商界之反对梁阁》《百老汇路商联会电攻梁阁》《新闸路商界一致声讨梁士诒》，《申报》1922 年 1 月 12 日，第 14 版。

② 《各团体之斥梁电》，《申报》1922 年 1 月 13 日，第 14 版。

③ 《西华德路商联会之时局论》，《申报》1922 年 1 月 15 日，第 10 版。

④ 《各团体斥梁之再接再厉》，《申报》1923 年 1 月 14 日，第 14 版。

⑤ 《北海路工商联合会请另组新阁》，《申报》1922 年 1 月 16 日，第 10 版。

⑥ 《爱多亚路商联会之时局宣言》，《申报》1922 年 1 月 17 日，第 10 版。

⑦ 《梁内阁对鲁案之辩白》，《申报》1922 年 1 月 13 日，第 10 版。

　　商界有关筹款赎路的主张早在会议期间即见诸函电，1922年1月30日，位于浙江路的商总联会就收到全国商会联合会自北京发出的"救国赎路集金会"简章一份，并迅速"交由议事会共同研究，期于迅速集事"①，又于2月4日在《申报》上公开刊发复电，表示沪埠"拟集民股为赎路基金"，并推举出席华盛顿会议的国民代表余日章为集股主任。② 余日章则在沪北六路商联会召开的交谊大会上发表演说，主张"该路非由金钱赎回不可"，并希望国人"幸勿再事空谈"。③ 5月8日，南京路商联会副会长王才运呼吁"本路同人加以赞助，尽力提倡，俾聚沙可以成塔，集腋可以成裘，尽国民一份子之义务，保国家数百里之主权"④。王的呼吁得到了南京路商联会的响应，5月12日该路商联会举行职员会，决定以编印通俗印刷品、举行游艺会等方式，广泛宣传筹款赎路的意义。⑤ 5月23日晚，该路商联会在西藏路宁波同乡会举行筹款赎路游艺大会，与会者1800余人，会场四周贴满了"赶快救国贮金赎路"的标语，参加储金者"非常踊跃"。⑥ 6月1日，王才运提出储金的具体办法："凡伙友中月俸在十元以上者，月出储金一元，二十元以上者，月出储金二元，每月发俸时，由管帐员按名扣除，汇存指定银行，存款折由本人自行保管，如月俸在十元以下者，多少听其自便。"⑦

　　在南京路商联会的倡导下，各路商联会相继行动起来，山东路、爱多亚路、湖北九路等商界联合会借"五九"国耻纪念之机提出"筹款赎路，为实在之雪耻纪念"主张，将是日营业之所得捐作赎路储金。⑧ 法租界商联会推举劝募员李维良、江锦春、陈伯岐、颜芹香、刘屏仙、高庆寿、王复堂、沈维亚、

　　① 《商界之集金赎路热》，《申报》1922年1月31日，第14版。

　　② 《商联会筹款赎路之要电》，《申报》1922年2月4日，第14版。上海筹赎胶济铁路委员会，由上海总商会、上海银行公会、江苏省教育会三团体组织，委员有秦润卿、穆藕初、钱新之、盛竹书、宋汉章、陈光甫、黄任之、沈信卿、贾季英、史量才、劳敬修、徐敬仁、姚紫若等。参见《发起赎路总机关之建议》，《申报》1922年4月14日，第13版。

　　③ 《纪沪北六路商联会之交谊大会》，《申报》1922年1月31日，第16版。

　　④ 《南京路集款赎路之提议》，《申报》1922年5月9日，第13版。

　　⑤ 《南京路筹款赎路之办法》，《申报》1922年5月14日，第13版。

　　⑥ 《贮金赎路汇闻》，《申报》1922年5月25日，第13版。

　　⑦ 《赎路储金汇报》，《申报》1922年6月2日，第13版。

　　⑧ 《各界之国耻纪念声》，《申报》1922年5月9日，第13版。

汪醒斋、贝明忠十人分段劝募①，并专门发出通告："凡在本租界内各商业，归各业领袖劝募……务于此项赎路储金，鼎力吹嘘，早集巨款，共襄盛举"。② 5 月 23 日，民国路商联会在《申报》上刊登启事，希望国人"慷慨解囊，踊跃输将"，集款收回胶济铁路，如此"既可挽主权之已失，又可得友邦之信任"。③ 沪北六路商联会认为储金赎路"乃吾国争主权保人格紧要关头"，号召会员积极参与。④ 百老汇路商联会推定许廷佐、唐叶九二人为储金征募队长，同时举定名誉队长十二人，于 6 月 27 日分队向各商号征求储金。⑤ 为了配合征募活动，6 月 27 日下午，该路特召开赎路储金征求大会，与会的各团体来宾及会员达 300 余人，"此次赎路储金为表示我国民爱国之良好机会，我国四万万同胞，使人人给负一分责任，则此三千万之代价，直指顾间事"⑥。

据有关记载，上海商界于 1922 年 4 月 19 日开始接收赎路储金，5 月 22 日，筹款赎路活动正式开展，第一星期共收到 2233 户的 13696.76 元，此项活动一起持续到 1923 年 6 月，达一年之久。银行定期在《申报》上公布储户或储金数，据不完全统计，上海商界赎路储金总计达 106021.31 元，"此次储户，均为普通社会，故存款者俱系零星小款"⑦。详情见表 8-2：

表 8-2 上海民间为赎回胶济铁路的储金数额一览表

报告日期	储户及储金	报告日期	储户及储金
1922 年 5 月 27 日	2233 户，13696.76 元	1922 年 10 月 14 日	69 户，6900 元
1922 年 6 月 3 日	7283 元	1922 年 10 月 22 日	124 户，722.9 元
1922 年 6 月 10 日	2034 户，8800.43 元	1922 年 10 月 28 日	115 户，2613 元
1922 年 6 月 17 日	7954.59 元	1922 年 11 月 4 日	198 户，813.02 元

① 《法租界商业联合会开会纪》，《申报》1922 年 5 月 23 日，第 13 版。
② 《法租界商联会函劝储金赎路》，《申报》1922 年 7 月 4 日，第 13 版。
③ 《民国路商联会赎路储金启》，《申报》1922 年 5 月 23 日，第 14 版。
④ 《沪北六路联合会开会纪》，《申报》1922 年 5 月 31 日，第 13 版。
⑤ 《赎路储金汇报》，《申报》1922 年 6 月 12 日，第 13 版。《百老汇路商联会开两会》，《申报》1922 年 6 月 19 日，第 15 版。
⑥ 《百老汇路商界之赎路储金热》，《申报》1922 年 6 月 28 日，第 14 版。
⑦ 《赎路贮金第一星期报告》，《申报》1922 年 5 月 27 日，第 13 版。

续表

报告日期	储户及储金	报告日期	储户及储金
1922 年 6 月 24 日	8804.07 元	1922 年 11 月 11 日	136 户，714.47 元
1922 年 7 月 1 日	4268.75 元	1922 年 11 月 18 日	194 户，1161.20 元
1922 年 7 月 8 日	456 户，4043 元	1922 年 11 月 25 日	207 户，363.50 元
1922 年 7 月 15 日	5279.34 元	1922 年 12 月 2 日	153 户，666 元
1922 年 7 月 22 日	5200.94 元	1922 年 12 月 10 日	80 户，273 元
1922 年 7 月 29 日	745.07 元	1922 年 12 月 16 日	45 户，570 元
1922 年 8 月 12 日	1707.31	1922 年 12 月 30 日	78 户，209.66
1922 年 8 月 26 日	101 户，340 元	1923 年 1 月 13 日	324 户，14912.22 元
1922 年 9 月 2 日	1053 元	1923 年 2 月 26 日	77 户、458.90 元
1922 年 9 月 9 日	71 户，371 元	1923 年 3 月 10 日	270 户，1301.910 元
1922 年 9 月 16 日	1753.48 元	1923 年 4 月 2 日	68 户，455.921 元
1922 年 9 月 23 日	930 余元	1923 年 4 月 25 日	68 户，112.45 元
1922 年 9 月 30 日	882.25 元	1923 年 6 月 16 日	289 户，744 元
1922 年 10 月 7 日	122.87 元	总计	106021.31 元

资料来源：据各有关日期的《申报》记载辑录而成。

　　日本拒绝取消"二十一条"再次激起了中国民众的愤慨，北京政府也并未放弃废除"二十一条"的外交努力。1923 年 3 月 10 日，中国政府再次向日本发出外交牒文，要求废除"二十一条"，但遭到日方拒绝[①]，北山西路唐家弄两路商联会于 3 月 12 日率先致函各界，呼吁"团结一致，组织团体，外以表示

　　[①]　3 月 10 日，北京政府外交部照会日本外务省、北京日本公使馆，声明废除"二十一条"，并接洽收回租期届满之旅顺、大连两租借地。3 月 14 日，日本复牒拒绝。参见王芸生编著：《六十年来中国与日本》第 8 卷，第 66 页。又见《各团体对日运动之昨讯》载："本年国会开会，已将'二十一条'及其附件中一切条文，均经否决，未予承认，我政府遵照国会议决，备文照会日本政府，谓该条约未经批准，当然根本废弃等语，乃日本竟未予容纳，将照会驳回，且对于租期已满之旅大，亦抗不交还，似此强暴侮辱，我国民实忍无可忍。"（《各团体对日运动之昨讯》，《申报》1923 年 4 月 11 日，第 13 版。）

真正民意，内以督促政府"①。紧接着，文监师路、山东路等商联会致函马路商界总联合会，认为"商界对此问题，当秉天下兴亡，匹夫有责之义，协助政府，一致力争"，力促商总联会迅速召开紧急会议。② 1923 年 3 月 14 日，蒋梦芸代表南京路商联会提议召集商界总联合会临时大会，讨论对日经济绝交问题：

> 为自救计，惟有即日宣告经济绝交，全国不用日货，国货不运日境，何日撤废密约，即何日恢复旧状，此举殊较空言有力，五九运动，已见其端，本会为上海各路商界结合之总团体，一经创议，不难全国呼应，且观斯时之得失，究属何人，敬特提案求正，并请即日召集临时大会，讨论实行。③

民国路、沪北六路等商联会响应经济绝交主张："使知我国政府虽弱，民意犹雄，如停市游行等群众运动，皆为必须举行之事，如日政府仍一意孤行，不稍顾忌，则断绝买卖，足以制其生命。"④3 月 17 日下午，商总联会召开外交紧急会议，讨论南京路商联会等提出的经济绝交办法，通过决议五项：

> (1)电请政府驳回拒绝，申请该国复议。(2)通告各国公使，表示全国不承认"二十一条约"，请其顾全世界公德，并予相当之助力。(3)警告日本政府，并促日本人民觉悟。(4)联合全国各公团筹商国民示威运动办法，并进行经济绝交之准备事项。(5)组织委员会，专责办理，每日集会二小时。⑤

会议选举钱龙章、蒋梦芸等 14 人为外交委员会委员，具体开展对日经济绝交活动。18 日晚，商总联会宣布"各马路商界定期群众表示不承认'二十一条约'，并力争收回旅大，其办法分为两种，(1)一律悬挂白旗(长三尺五寸，由

① 《商界敦促取消"二十一条"》，《申报》1923 年 3 月 13 日，第 13 版。
② 《工商界力争"二十一条"之消息》，《申报》1923 年 3 月 14 日，第 13 版。《商界对"二十一条"之关切》，《申报》1923 年 3 月 15 日，第 13 版。
③ 《商界对"二十一条"之关切》，《申报》1923 年 3 月 15 日，第 13 版。
④ 《商界对于"二十一条"之愤慨》，《申报》1923 年 3 月 17 日，第 13 版。
⑤ 《商总联会外交紧急会议纪》，《申报》1923 年 3 月 19 日，第 13 版。

各路自办）；(2)张贴招纸"①。山东路商联会则拟定具体办法如下："(一)对日经济绝交方法：(甲)通告本路各商店，一致勿卖买日货；(乙)凡中国原料及各种货物，亦禁止运销日本；(丙)请米业团体勿再将食米运往日本；(丁)劝告国民立志不用日货。(二)加入群众示威运动：(甲)是日请各商店多派会员参与；(乙)请各商店悬挂白旗，上书'不承认"二十一条约"收回旅顺大连主权'。"②此后，东北城、虹口六路、五马路、江西路、海宁路、闸北五路、百老汇路、民国路、爱多亚路、北城、西华德路、新闸路、福建路、山西路、法租界等商联会纷纷通告会员，实行抵制日货，参与国民大游行。3月24日，商总联会连同南京路等34路商联会加入有万余人参加的市民大会，次日，各马路商联会组织本路会员参加了由五万余人组成的示威大游行，示威游行后，"公共租界各马路商店，仍悬挂否认'二十一条'之白旗，尤以南京路一带最为整齐，各杂货店等多已将某国货另行藏置"③。

3月26日以后，商界的抗争进入经济绝交阶段。虬宝路商联会印发通告，劝路内各商家与日人停止买卖；闸北五路商联会拟从调查入手，"组织调查部，检查劣货，嗣后不得再进"；浙江路商联会通告本路各商号停进劣货。④3月30日，商总联会致函"各东洋庄一律限期停进日货"，并请总商会"转告各商帮以后实行抵制日货"。⑤4月15日，商总联会致函各路商联会会员，要求"(1)抵制日货，(2)不卖原料与日人，(3)辞退雇用之日员，(4)提取日银行之存款，并断绝一应款项往来，(5)不用日本纸币等"⑥。4月18日，南京路商联会临时职员会"议决请本路各商店，及各业报告旧存日货确数，并设法公卖以后勿再购进并勿装日船，一方调查国货名目，代为提倡"⑦。4月25日，商总联会"通告各路商界联合会，即日劝告各商店，将旧存日货，另储一间，并由各分会组织调查会，实行调查所存日货之统计，借伸自动之精神，而免外

① 《商总联会外交各会续纪》，《申报》1923年3月20日，第13版。
② 《山东路商联会之讨论外交会》，《申报》1923年3月21日，第13版。
③ 《各团体对日运动之昨讯》，《申报》1923年3月27日，第13版。
④ 《各团体对日运动之昨讯》，《申报》1923年3月30日，第13版。
⑤ 《商总联会外交委员会纪》，《申报》1923年3月31日，第13版。
⑥ 《各团体对日运动之昨讯》，《申报》1923年4月15日，第13版。
⑦ 《南京路商联会职员会纪》，《申报》1923年4月18日，第14版。

界之侵扰"①。5月3日，上海总商会通告全体会员，就"本埠现存日货若干？预定日货若干？及华货被日本定购若干？"②开展分类调查，并先从南京路开始，为此，南京路商联会通告全路各商店，先进行自查：

> 查日本以工立国，其制造品均运销吾华，国人以其价廉，均乐购之，利源外溢，莫此为甚，今一旦骤与经济绝交，即处彼于死地，乌用武力解决哉！故自今日始，各本个人之良心，为国争光，实行经济绝交，以挽狂澜之既倒，果能全国一致，始终坚持，何书不尽尺天涯彼等交还哉！本路为沪地商业最盛之区，巨肆林立，精华荟萃，振臂一呼，各路响应，对于实行抵制，负有首先倡导之职，兹送呈调查单一纸，敬乞据实填报，于三日内，寄送本会，以便汇编成集，作调查之参考。③

其他各路也先后开展日货调查。抵制日货运动开展以来，取得了一定成效，"各种奢华品，多已收藏不售，且亦无人过问，布匹玩具等，则多标明公卖，由买主自愿选购，惟购者已极少数，其他如药品及必需之原料，因需要故，仍照旧出卖，此后多数不愿再进日货，市上多数不愿收用，故已无形抵制，各马路商店与日银行款项往来，数本极少，今则已一概提出矣。故此次抵制，表面虽极安静，然成绩确极可观"④。4月23日《申报》记载，"各埠各商号，自与日经济绝交后，日货销路顿减，自本月十号起，至念日止，日本棉布输入，共计493担，较前周减少165担，又棉纱输入共计69担，较前周减少念5担，又闻福州日货，凡完全绝迹，长江各轮，亦决议将不载运日货"⑤。南京路各商店中，"南洋烟草公司各项材料，早已用国货替代，并设厂制造，先施、永安两公司除将旧存劣货收藏，或标明公卖外，一律不再购进，各呢绒洋货店，亦多能牺牲精神，将劣货收藏，并停止再进，其他如模范工厂、粹华药厂、大东、大北、各草帽公司、中华皮鞋公司、精益、明明、中华、眼

---

① 《商总联会实行调查日货》，《申报》1923年4月25日，第14版。
② 《总商会通告着手调查日货》，《申报》1923年5月3日，第13版。
③ 《五九纪念声中之对日运动》，《申报》1923年5月4日，第13版。
④ 《各方面对日运动之昨讯》，《申报》1923年4月12日，第13版。
⑤ 《日本纱布输入大减之调查》，《申报》1923年4月23日，第13版。

镜公司及南杂货店等，向无劣货"①。对日经济绝交取得了一定成效，表达了上海马路商界废除"二十一条"、维护国家主权的态度与决心。

华盛顿会议前后，以马路商联会为中心的上海中、小商人表达了强烈的政治热情，对华盛顿会议解决中国山东问题及废除"二十一条"充满了高度期盼，显示了与民意潮流的一致性，对北京政府形成了强大的舆论压力，有力地声援了中国代表在华盛顿会议上维护国家主权的外交努力。如果说以上层商人为主构成的商会主要以维护商权为核心的话，那么，以中、小商人为主体的商联会在 20 世纪 20 年代的国民外交舞台上，则以争国权的姿态将自身与商会区隔开来，在民意表达中，起了宣传、动员和组织作用，言论与行动也更加激烈。但中、小商人的力量有限，国民外交终究难以解决国家外交层面上所应解决的问题。

二、商联会的反贿选斗争

1922 年直奉战争后，以曹锟、吴佩孚为首的直系控制了北京政府。为了实现其统一全国、独揽政权的目的，曹、吴利用旧国会"驱徐迎黎"，6 月 1 日，旧国会议员在天津集会，宣布徐世昌任大总统"应即宣告无效"。次日，徐世昌被迫辞职，6 月 11 日，黎元洪入京代行大总统职权，北京乱局暂告稳定。当直系军阀认为局面基本恢复后，便迫不及待地策划"驱黎拥曹"，1923年 6 月 13 日，黎元洪在武力胁迫下被迫在辞职书上签字。此后，直系为运动选举开展了一系列贿选活动。在直系策划逼黎出京和运动选举期间，国共两党对曹锟图谋总统之位的野心就有所觉察，据包惠僧回忆，李大钊曾对他说："曹锟的贿选势在必行，我们虽然发动一切可以发动的力量反对贿选，但是在武力与金钱的势力下，那些议员老爷们的心目中还有甚么民主与正义啊！"②著名的国民党报人邵力子、叶楚伧号召工商学各界展开反抗斗争，呼吁上海商界采取强有力的措施，以"不出代议士与不纳租税"为手段，而"其最须先决

---

① 《南京路查货完竣》，《申报》1923 年 6 月 13 日，第 14 版。
② 包惠僧：《包惠僧回忆录》，人民出版社 1983 年版，第 363 页。

者，非否认北京政府不可。因必戴此假面具，凡事必将掣肘"。① 曹锟的贿选活动招致全国各界的普遍反对，其中以上海商界最为激烈。学界对此多有关注，但重点放在上海总商会及其所成立的民治委员会上，对以中小商人为主体的上海马路商界联合会重视不够。② 实际上，上海马路商界联合会在政治上较总商会更为活跃，包括民治委员会在内的一系列反贿选运动的举措与马路商界联合会的推动是分不开的。

（一）反贿选声浪的逐渐高涨

黎元洪被逼出京的消息甫经传出，上海马路商界联合会就表示坚决反对。1923 年 6 月 13 日，旧总会③发表宣言，指出"一国之元首，应有相当之敬礼，黎氏继任之是否合法，有无能力，为另一问题，若谋继大位者，不循政争之常轨，而效土匪之行径，此则非惟贻羞于国外，亦且种恶于将来，既损中央之威信，更丧国际之令名"，委婉地表达了对黎元洪的同情与支持。同时，宣言一针见血地指出了曹锟想利用北京政局贿选总统的企图，"乘间一过其朝思梦想之总统瘾，不图阿瞒瞒宫，陈桥加袍之活剧，竟重演于今日之民国"，声明作为民国一分子，自应承担起国民的责任，在旧总会看来，"民国犹一公司，国民犹之众股东，京内外凡百执政，总分公司中之职员耳，今各职员横行无忌，居股东地位者，断无任其败坏破裂，置公司血本于不问之理"，因而，坚决仅对曹锟担任总统，"如以临城祸首之曹锟，继任总统，国民誓不承认，设有甘心从逆，助桀为虐者，决与国人共弃之"。宣言还提出召集国民会议，组织国务委员会处理国是，停止向北京政府缴纳各项捐税及盐余、关余

---

①　《总商会委员会招待新闻界纪》，《申报》1922 年 12 月 28 日，第 13 版。

②　有关民治委员会的探讨，请参见李子文：《简论上海总商会"民治委员会"》，《史学集刊》1986 年第 2 期，第 53—57、7 页。亦可参见徐鼎新、钱小明《上海总商会史（1902—1929）》的有关章节。

③　1921 年 9 月上海马路商界总联合会一分为二，位于劳合路（1922 年 9 月迁至牯岭路，1923 年 1 月迁到山东路美隆街美伦里），以陈则民、王才运为首的各路商界总联合会称为旧总会，由赵南公、冯少山等人分立的各路商界联合会称为新总会（新总会会址起初设在浙江路，1922 年年初迁移至贵州路逢吉里，10 月再迁至四马路福祥里，1923 年 3 月再迁至江西路 60 号）。

三项主张。① 6 月 15 日，旧总会通知各路分会即日开会，表达民意，并致函总商会，要求召开各团体联席会议，"借以表示真正民意，而挽救垂亡之国家"。同日，新总会通电全国，揭穿曹锟攫夺总统宝座的阴谋，"现曹派军阀政客，已推翻内阁，驱逐总统，其第二步办法，即强奸国会，拥曹为总统"，并声明"对曹锟攫取总统，誓不承认"，希望"全国商界闻风兴起，一致作有力之表示"。② 6 月 17 日，新总会再次通电全国，"对于北京国务院参众两院等机关，一致否认"③。

在新、旧两总会的号召下，各马路商联会纷纷通电中外，或"不认曹锟为总统"，或"否认曹锟为首座"，"否认曹锟为候选总统"，表达上海中小商人抵制曹锟贿选的坚定态度，主张以自治、罢税、惩凶等为主要反制措施：

首先，实行国民自治。山东路商联会通电提出各省自治，由"各省国民起而组织合法之省政府，督促省议会，以最短时间制定单行宪法，实行自治、裁兵、废督，一致主张……迨省治清明，然后合力以谋中央政府之巩固"④。百老汇路商联会呼吁"召集国民大会，解决一切时局"⑤。虹口六路商联会决定"由本会出席总会代表，提出总会，设法联络各公团，组织救国大会，公举在野公正名流组织暂时行政委员会，并电各省征求同意，以为过渡政府"⑥。法租界商联会主张由各商会、各公团组织国民自决会，由各省各团体组织国民自卫团，维护地方治安。⑦ 沪北五区商联会致电新总会，请求该会通过各省区同乡会联席会召集各省区代表赴沪，并函请总商会电召全国商会代表来沪，"讨论进行方法，至代表汇集以后，组织一有实力有统系之民治团体……否则或且被讥，谓上海之市民，在特种势力之下，惯唱高调与空谈，鲜见实

---

① 《商总联会对政潮之重要宣言：提出国民自决办法三项》，《申报》1923 年 6 月 14 日，第 13 版。

② 《沪人对于北京政变之表示(二)》，《申报》1923 年 6 月 16 日，第 13 版。《沪人对于北京政变之表示(三)》，《申报》1923 年 6 月 17 日，第 13 版。

③ 《沪人对于北京政变之表示(五)》，《申报》1923 年 6 月 19 日，第 13 版。

④ 《沪人对于北京政变之表示》，《申报》1923 年 6 月 15 日，第 13 版。

⑤ 《沪人对于北京政变之表示》，《申报》1923 年 6 月 15 日，第 13 版。

⑥ 《沪人对于北京政变之表示(三)》，《申报》1923 年 6 月 17 日，第 13 版。

⑦ 《沪人对于北京政变之表示(三)》，《申报》1923 年 6 月 17 日，第 13 版。

行与成功者"①。

如何对待现有政府与国会，是实行自治必须面对的首要问题。一种意见主张否认现有北京政府官吏和国会议员的资格，沪西四路、长浜路、东北城、沪北五区、吴淞路、江西路、爱克界三路共七路商联会联合召开紧急大会，提出国民自决办法首在"撤销议员与官吏资格"②。6月17日，新总会召开紧急会议，会上，冯少山表达了上海商界对于北京政局的忧虑与危机感，指出"此次时局变化与前不同，存亡一发，断非区区文电所能奏效，商人若不预备牺牲，以后国事沉沦，永无改革希望"，经过讨论，会议通过了三项决议，即"(1)反对北京摄政委员会主张；(2)否认国会；(3)本会议先行组织委员会"，并且通电全国，否认北京政府及国会。③ 另一种意见则有条件地承认国会议员，敦请议员南下，要求他们对北京政府采取不合作态度。海宁路商联会发表宣言，邀请北京"纯粹国民议员"南下来沪，"共同组织合法政府，选举正式总统"④，批评"否认高调，是不啻助贼行逆，自速其亡。其是否别有用心，虽不能断言，然其不顾大局之罪，则万世不能逃也。是故吾商界应明白宣言曰，吾商人之所以赞成国会议员南下者，并非有爱于议员，实欲抵抗曹锟"⑤。云南北海两路商联会直指新总会反对议员南下"颇与民意不合"⑥。五马路商联会致电北京参众两院，希望两院议员"洁身自爱，立行出京，静候国民自身解决，若再恋栈附势，我国民誓不承认公等为代表，幸猛省无怠"⑦。虹口六路商联会敦请"两院议员南下开会，限于短时间内制定国宪，依法选举"⑧。沪西九路商联会紧急通过了针对北京政局的电文两则，一则希望参众两院议员"速行离京，择地改组，以维国本而慰民生"，一则希望顾维钧、王正廷"速行离京，毋视曹、陆、章末路"。⑨

---

① 《各方对于北京政变之昨讯》，《申报》1923年6月26日，第13版。
② 《沪人对于北京政变之表示(三)》，《申报》1923年6月17日，第13版。
③ 《沪人对于北京政变之表示(五)》，《申报》1923年6月19日，第13版。
④ 《沪人对于北京政变之表示(五)》，《申报》1923年6月19日，第13版。
⑤ 《商界对国会及民治运动解释》，《申报》1923年7月20日，第13版。
⑥ 《各路商联会开会汇纪》，《申报》1923年7月23日，第15版。
⑦ 《沪人对于北京政变之表示(三)》，《申报》1923年6月17日，第13版。
⑧ 《沪人对于北京政变之表示(三)》，《申报》1923年6月17日，第13版。
⑨ 《各方对付北京政变之昨讯》，《申报》1923年6月27日，第13版。

其次，罢税罢市，切断北京政府的财政来源。百老汇路商联会率先致电上海总商会，主张"至必要时，实行停税"①。沪西四路、长浜路、东北城、沪北五区、吴淞路、江西路、爱克界三路共七路商联会主张对北京政府"不供给彼作恶金钱而绝其作恶之能力"，并联名致书总商会，请实行罢税："我商人操金融界之总枢纽，如欲罢税，商人宜为先导，贵会为我商界总枢，如能登高一呼，必能万众响应……务祈贵会诸公斟酌进行，为全国倡。"②法租界商联会决定"将现行印花暂停贴用，并议政局未定以前，所有应纳捐税，一律截留，或交商会，或由殷实银行保管，以维地方公费"③。

大多数商联会主张将否认北京政府与罢税罢市结合起来，分步骤进行，新闸九路商联会于 6 月 21 日针对北京政局发表通电：

> (1)否认曹锟为候选总统；(2)否认贪污议员违反民意之国会；(3)否认已经辞职之国务员擅行总统职权；(4)行政机关，应迁移他处；(5)如果曹氏竟受其爪牙拥戴，悍然以总统自居，全国应与对付曹章陆之同样手段，实行罢市罢税。④

最后，惩凶。曹锟驱黎是直系军阀合谋的结果，应依法严惩。海宁路商联会表示，"逞凶驱逼黎氏之曹吴及其羽党冯玉祥、王怀庆、王承斌、薛之珩、聂宪藩、曹锐等，亦宜一体按法惩办"⑤。沪北五区商联会主张"声讨军阀政客，并诉诸法律，治以刑律之内乱罪，则庶几可以驱除狐犬之政客，豺狼之军阀，重睹天日，固我江山"⑥。当然，诉诸法律只是商人的一厢情愿，北京政府视法律如弁髦，司法亦为军阀所司，毫无独立性可言。

不过，否认北京政府也好，实行罢税也罢，都还只是上海马路商联会的政治姿态与可能采取的举措，而真正付诸实践的还是民治委员会的成立。

---

① 《沪人对于北京政变之表示》，《申报》1923 年 6 月 15 日，第 13 版。
② 《沪人对于北京政变之表示(三)》，《申报》1923 年 6 月 17 日，第 13 版。
③ 《沪人对于北京政变之表示(三)》，《申报》1923 年 6 月 17 日，第 13 版。
④ 《沪人士对于北京政变之表示(八)》，《申报》1923 年 6 月 22 日，第 13 版。
⑤ 《沪人对于北京政变之表示(五)》，《申报》1923 年 6 月 19 日，第 13 版。
⑥ 《各方对于北京政变之昨讯》，《申报》1923 年 6 月 26 日，第 13 版。

(二)民治委员会的成立：反贿选的实际诉求

民治委员会的成立，是上海商界反制曹锟贿选的一项实际行动。它的成立，与马路商界联合会的推动分不开，从某种意义上说，民治委员会是上海商界自下而上推动的结果。

曹锟驱黎后不久，上海总商会发出"寒电"，态度暧昧，仅要求国会约束总统内阁不许轻弃职守，以维危局，这等于承认曹锟政变的现实。"寒电"引起了许多商人团体的不满和批评，东北城商联会对总商会的态度尤为愤怒，指责"寒电""模棱两可，莫衷一是，殊失全体商民对于时局主张之真意"，并责问其"是否欲为曹锟洗涤逼宫夺印之罪恶，而使国会拥之以出耶"，要求总商会"明白示复，借释群疑，共和国家，主权在民，望贵会注意及此，勿令天下笑我商民无人也"。① 与此同时，旧总会亦致电上海总商会，明确表示，当下时局，"舍国民自决外，更无救亡良策，素仰贵会为上海商界之领袖团体，务望即日发起召集国民公共团体之联席会议"②。旅沪广东商人团体广肇公所致函批评总商会，希望它"博采大多数商人意见"，"以为解决大局之标准"。③

6月19日，新总会召集江西路、百老汇路、浙江路等二十余条马路的商联会代表开会，有代表在会上主张民治主义，建议发起民治运动，认为"民治主义，系纯洁之救国运动"，在民治主义下，"官吏须受制于人民机关，并非人民都去做官，总之吾人不怀私见，择善而从，生死存亡，咸在此民治主义"，商人在民治运动中应发挥重要作用，"中国今日尚有一线生机，全在商人"，"若民治机关成立，余信官吏决不敢为恶，因商人有最大权力威力，本可应用"。④ 福建路商联会也致函上海总商会，呼吁以商人为主体开展民治运动："盖今日能本良心谋救国者，惟商人耳，举中华全国国民稍足当外人一盼者，亦惟商人耳，是商人举足轻重，动关大局，当此千钧一发之际，亟应投袂奋起，本国民自决之精神，作民治之运动。"关于民治运动的具体步骤，福建路商联会指出：

　　第一步，首宜恢复商团，及其他工团、民团，亦应次第组织，至必

---

① 《沪人对于北京政变之表示(三)》，《申报》1923年6月17日，第13版。
② 《沪人对于北京政变之表示(三)》，《申报》1923年6月17日，第13版。
③ 《沪人士对于北京政变之表示(二)》，《申报》1923年6月16日，第13版。
④ 《沪人士对于北京政变之表示(六)》，《申报》1923年6月20日，第13版。

要时俾可起而自卫，以免兵匪蹂躏。第二步，亟宜由各省商人组织联省会议，解决国是，进而促成联省自治，以立民治基础，能如是，则一切纠纷自解，外人亦可抛弃共管之主张，不然，虽欲免于危亡，恐不可得。①

中外舆论对上海商人和总商会也寄予了很高的期待："今日中国之商人，在欧美各国视线中，以为足以联合其他民众之团体，整理中国之国事者。而在中国国内之公众，则亦认今日之会(指上海总商会召集的临时会员大会——笔者注)，为结合民治运动之发端。"②6月21日，新总会再次通电全国，发表主张，反对曹锟为总统，否认北京国会，希望商界共同努力，认为"最后一线之希望，全在纯洁商人与平民，惟真正之纯洁起而救国，国乃可救，本此宗旨，以全力奋斗，民治或可实现，政治庶有澄清之日"③。

也许，上海马路商联会有些自视甚高，认为只有商人才能肩负起挽救中国危局的重任，但从另一方面看，这何尝不是上海商界在国家政局混乱时的一种责任担当的宣示呢！在各路商联会的强烈呼吁下，上海总商会于6月23日召集临时会员大会，会董兼新总会代表霍守华提出议案四条，会员们讨论良久，稍加修改，表决通过：

> (1)宣布否认现存北京高凌霨等之非法摄政，及否认曹锟有候选总统资格。(2)通电全国军民长官，维持地方秩序，加意保护外人，大局问题，听候人民解决。(3)国会议员，不能代表民意，所有一切行动，不能认为有效。(4)关于以外种种建设问题，组织一民治委员会，继续讨论进行方法，委员额除全体会董一律加入外，再由会员选举三十五人组织之。④

---

① 《汇纪各方对于时局之函电》，《申报》1923年6月24日，第13版。
② 《沪人士对于北京政变之表示(九)》，《申报》1923年6月23日，第13版。
③ 《沪人士对于北京政变之表示(八)》，《申报》1923年6月22日，第13版。
④ 《昨日总商会会员大会纪》，《申报》1923年6月24日，第13版。关于民治委员会的缘起，冯少山曾在6月25日新总会的联席大会上做了说明："此会由鄙人自临城归，感触时局不良，与同乡会联席会议发起，初通过于同乡会联席会议，复通过于商会董事会，并由董事会议决，许各路商界联合会及同乡联席会议加入，现此会已经会员大会通过，其董事三十五人，已由商人原有会董三十二人及正副会长组织，至会员三十五人，则由全体会员选举。"(《商总联会联席大会纪：赞助民治委员会之讨论》，《申报》1923年6月26日，第13版。)

上述四项决议案的通过，表明上海商界在反对曹锟贿选的态度与应采取的主要反制措施上达成了一致，反映了上海总商会力图掌握领导权、将反贿选运动控制在自己手中的意图。会后，上海总商会连续发出"漾电"三通，宣布"自本月十四日起，所有曹锟高凌霨等因借窃政权，对内对外种种行为，凡我国民，概不承认其有代表国家资格"，参众两院"所有该议员等一切行动，概为无效"。① 至此，上海总商会顺应了中小商人的普遍诉求，也得到了马路商联会的响应。南京路商联会完全赞同总商会组织民治委员会的决议，并表示"如需实力表示之时，敬当全力作为后盾"②。新总会则印制传单，以通俗的语言来宣传民治委员会的责任与作用：

> 组织民治委员会，在这政权中断的时期，来解决国家根本上许多问题。简单说句话，就是国民行使主权，来挽救国家的危难，解除国家建设的障碍。中华民国的存亡，在此一举！我们商民，人人都负着救国的责任，应当大家起来，做这个民治委员会的后盾，并且要人人拿出良心来，选举纯粹精白的委员，将来还要监督这班委员的行动，免得我商界中少数败类，甘心作武人政客的走狗，又借了这委员会来作恶。这个生死关头，我们良善的商民，是应该大家觉悟，共同努力，使这民治精神，完全实现，我商界同胞，勿再失此千载一时救国自救的机会呀！③

6月30日，在社会各界的期盼中，35名委员经正式选举产生，与上海总商会会董一道组成民治委员会，7月4日，民治委员会举行正式成立大会，新、旧两总会联名登报，"通知各路分会，于今日（即7月4日——笔者注）民治委员会成立日，一体悬旗庆祝"，南京路商联会"分函各会员商店，一律于今日悬旗一天"。④ 7月14日，拟定章程草案，正式定名为上海总商会民治委员会，"以表示民意，贯彻民治为宗旨"。7月16日，民治委员会选举冯少山、

---

① 《昨日总商会会员大会纪》，《申报》1923年6月24日，第13版。
② 《各方对于北京政变之昨讯》，《申报》1923年6月30日，第13版。
③ 《商总联会联席大会纪：赞助民治委员会之讨论》，《申报》1923年6月26日，第13版。
④ 《商界对于民治委员会之态度》，《申报》1923年7月4日，第13版。

霍守华、虞洽卿等十四人组成常务委员会，并决定"以理财为进行范围"。①
为了加强民治委员会的基层组织工作，曾经分裂两年之久的新、旧两总会也
在各路商联会的呼吁下正式合并。正如旧总会在合并宣言中所指出的那样，
占上海市民大多数的商人"应各本良心，出其实力，以为委员会后盾"，如果
在民治运动中存在着两个分立的商总联会，那么"上海市民之威权，必因之扫
地，而其害即失却民治运动之关键"，正是在反贿选、倡民治运动中，"两方
误会，既涣然冰释，自今以往，两总联会仍合为一，无分疆域，无间彼此，
散之则偏于全部，合之则集于一堂，如身使臂，臂使指，同向此民治目标，
并力前进，我神圣之总联合会乎，誓必完成此中华民国，实观其平民政治而
后已"。② 一切似乎在朝着上海总商会预定的方向发展。

马路商联会关于国民自治的呼声奠定了民治委员会的民意基础，但民治
委员会的组织似乎偏离了商联会最初的愿望。从民治委员会委员的选举情况
看，当选人多为大商人或行业头面人物，详情见表8-3；加上上海总商会会
董，可以说，民治委员会完全体现了上海商界上层的意图。

表8-3 民治委员会票选委员所得票数及其背景简况③

姓名	票数	所代表行业或公司	姓名	票数	所代表行业或公司
聂云台	305	华商纱厂联合会	王正廷	100	华丰纺织公司
盛竹书	251	上海交通银行	袁近初	109	中央信托公司
王一亭	244	大达轮步公司	祝兰芳	107	中国书业联合会
田时霖	224	震巽木商公所	陆费逵	105	中华书局
穆藕初	210	厚生纺织公司	董杏生	105	董杏记号
朱葆三	200	四明商业银行	谭海秋	104	天利洋行(个人)
顾子槃	179	振华堂洋布公所	潘澄波	102	怡利洋行(个人)

---

① 《总商会民治委员会章程草案》，《申报》1923 年 7 月 14 日，第 14 版。《民治委员会
选出常务委员》，《申报》1923 年 7 月 17 日，第 13 版。

② 《两商总联会合并之酝酿：美伦里商总联会之宣言》，《申报》1923 年 7 月 4 日，第
14 版。

③ 《总商会民治委员会选举揭晓：聂云台等三十五人当选》，《申报》1923 年 7 月 1 日，
第 13 版。

续表

姓名	票数	所代表行业或公司	姓名	票数	所代表行业或公司
霍守华	172	裕繁铁矿公司	邱渭卿	91	德昶润颜料号
吴麟书	157	纱业公所	赵南公	88	泰东书局
乐振葆	153	泰昌木器公司	李馥荪	86	浙江北方实业银行
陈良玉	150	上海绍商公所	叶丹庭	83	上海钱业公会
穆抒斋	141	德大恒大纱厂	刘鸿生	82	上海水泥公司
钱贵三	135	北市米行公会	丁汝霖	81	鼎裕元裕丝号
陆伯鸿	134	上海华商电气公司	孙景西	81	阜丰面粉公司
孙梅堂	132	华美利钟表号	谢芝庭	80	中孚银行
项如松	131	洋货商业公会	谢仲笙	80	轮船招商沪局
陆维镛	118	出口各业公会	王晓籁[1]	77	大来号
徐静仁	114	华商纱厂联合会			

注：(1)"总商会民治委员会中，当选委员人名，已志昨报，兹悉当选委员中，尚有周佩箴得 97 票，因一时匆忙遗去，至王晓籁，则为第一候补人。"(《总商会民治委员会定期成立》，《申报》1923 年 7 月 2 日，第 13 版。)

民治委员会由清一色的总商会会董和大商人组成，令马路商联会始料未及，这不啻给对国民自治热情甚高、主张甚力的各路商联会以当头一棒。代表中小商人的各马路商联会被排除在这一民治机构之外，所以，它们不仅对民治委员会的成立反应冷淡，甚至不承认民治委员会能够代表上海全体商人。在民治委员会正式成立的 7 月 4 日，"亦有数马路商店，因此次总商会所组织之民治委员会，未能将商会以外之各路商人邀入，且当选之委员中，有现任官吏及政党政客在内，故尚有怀疑，如山东路等，则今日不主张悬旗"[1]。实际上，山东路商联会对民治委员会的封闭式选举颇为不满，表示"以后任何团体对于政治问题，单独进行者，本会概不承认"[2]。稍后，爱多亚路商联会致电商总联会，指出："总商会组织民治委员会，是否与贵总联合会有关？何以此次选举，由该会单独进行，该会既已单独进行，实与我各马路商界风马无

---

① 《商界对于民治委员会之态度》，《申报》1923 年 7 月 4 日，第 13 版。
② 《山东路商联会常会纪》，《申报》1923 年 7 月 4 日，第 15 版。

关……夫国家大事，关系全国民命，岂能一区区总商会，即可包办民治，其他农工学报等，是否不应参与政治欤？"①海宁路商联会致电总商会，"请通电全国公私团体加入，以多数民意，筹划进行方法"②。汉口路商联会会长吕静斋亦致函总商会，在肯定了民治委员会的必要性后，亦指出其欠妥之处："民治委员会，固解决国是之要图，仅由贵会会董三十五人，会员互选三十五人组合而成，既不首先联络他种团体，收其集思广益之功，且欲借助外力，酿成拒虎进狼之局。"③文监师路商联会指出民治委员会委员中"有现任督办者，有现任处长者，亦有兼任顾问谘议者"，要求成立审查会，"将委员之资格，审查一过，如兼任官吏或有政治关系者，应请其辞职，并由候补者继任，一方与各界协力进行，或能补救于万一"。④ 五马路商联会曾要求总商会开放团体代表旁听民治委员会会议，但并未得到总商会的同意，于是，去函诘问总商会，说"上海执业商界者岂仅仅会员诸公？总商会之名义，非如一马路商联会之狭小，似亦应咨询众意，采纳群情"，表达了对大商人操控民治委员会的强烈愤怒："纳费阶级，岂尽知识之士，少数名流，不无梗塞之见，岂真以国家之大事揽之一会，如云间之小国，或独立之一局耶？"⑤

各马路商联会对民治委员会的批评，其根源乃在于总商会对该组织的垄断，而非反对民治运动本身，正如海宁路商联会所声明的那样：

> 共和国以民为主，凡为国民，无有不赞成民治运动者，决无身为国民，而自剥其公权之理，况吾商人乎？近日各界之所以反对者，非反对民治运动，乃反对此次少数人利用民治运动而出风头者。即总商会民治委员会之所以遭人反对，亦因其组织不合法，为少数人所把持。于是吾商人亦应明白宣言曰，吾商人无人不赞成民治运动，惟民治运动，应由

---

① 《商联会对于民治运动之希望》，《申报》1923 年 7 月 5 日，第 13 版。
② 《海宁路商界致总商会函：主张各团体合力救国》，《申报》1923 年 7 月 6 日，第 13 版。
③ 《吕静斋致总商会函》，《申报》1923 年 7 月 6 日，第 13 版。
④ 《关于民治委员会之来往函》，《申报》1923 年 7 月 7 日，第 13 版。王正廷 1922 年 12 月曾被黎元洪任命为代理国务总理兼外长，1923 年 3 月转任中俄交涉督办。赵南公时任上海商标处处长。
⑤ 《五马路商联会致总商会函》，《申报》1923 年 7 月 2 日，第 13 版。《五马路商联会诘问总商会函》，《申报》1923 年 7 月 2 日，第 13 版。

纯洁国民合作，若夫官吏政客，固不能隐身参与，尤不能挟少数人把持利用，此应本会声明者。①

国民自治是上海商界反贿选运动的共同基础，上海总商会如果能善加利用，不仅能拉近与中小商人之间的距离，而且其在上海商界的权威性将大大提高。但是，上海总商会不仅将民治委员会的组成人员牢牢限制在商界范围内，而且严格控制在商界上层，这就使得具有广泛民意支持的民治运动失去了民众基础，民治委员会的职能也受到极大束缚。正如时论所批评的那样，虽然"上海总商会的民治委员会尤为震惊一时"，但除了"打几通空洞的电报，开几次人数不足的会议，举行几个赶热闹的示威游行外，民众几全无活动的能力"②，失去了民众基础的民治委员会，不过是政治上的一具空壳，从而也削弱上海商界反贿选运动的力量。有关上海总商会在反贿选运动中的表现，学术界曾有一种观点指出："'寒电'的温和措词，不过是上海总商会在尚未完全弄清民意所向的情况下的一种政治试探。当上海工商界积极支持'国民自决'主张，敦促总商会出面领导'民治运动'的信息反馈而来以后，上海总商会的政治立场和政治态度顿时明朗起来，并毅然肩负起领导'民治运动'的重任。"③如果上海总商会的"寒电"果真是一种策略性的政治试探，那么就不应该将民治委员会控制在如此狭小的范围内，如果上海总商会真的"毅然肩负领导'民治运动'的重任"，就不应将真正构成其民意基础的马路商联会排除在外，何况还有商界之外的其他社会各界呢？上海总商会想得到民治运动的领导权是真，但并未真正肩负起领导民治运动的重任。此后，上海总商会及其属下的民治委员会实际上退出了反贿选的前线，鼓噪一时的民治运动不久也销声匿迹。

（三）反贿选无果而终

中国共产党对曹锟政变后的时局进行了分析，批评了当时曾经出现的几种错误主张，指出"拥护黎元洪""拥护段祺瑞""国会南迁及制宪""团结西南联

---

① 《商界对国会及民治运动解释》，《申报》1923 年 7 月 20 日，第 13 版。

② 化鲁：《民众运动的方式及要素》，《东方杂志》第 20 卷第 13 号，1923 年 7 月，第 24 页。

③ 徐鼎新、钱小明：《上海总商会史（1902—1929）》，第 318 页。

省自治""借助列强"等，"都不是国民应取的正当态度"，而应由"全国的商会工会农会学生会及其他职业团体，推举多数代表在适当地点，开一国民会议"。中共对民治委员会寄予了很高期望，甚至主张"民治委员会即应起来肩此巨任，号召国民会议，以图开展此救国救民的新局面"①。但是，民治委员会的表现不仅使早期中共对商人大失所望，也使得曹锟更加有恃无恐，在全国各界的一片反对声中，曹锟反而加快了贿选步伐。9月中旬，报纸上出现了北方举行大选的消息，已于8月26日正式合并的商总联会立即通电全国，表达上海商民的态度：

> 敝会为上海全埠商民所组合，始终尊重两商会会员之议决案，无论曹锟之总统，以何种手段产出，国会之命运，以何种名义延长，同人等为保持人格计，均绝对不能承认，所望海内外同胞，一致奋起，协力争持，使军人议员，不能逞其诡谋，而政治前途，庶有清明之日。②

长浜路商联会发表"俭电"，主张"北京国会，无论是否足法定人数，若选出曹锟为总统，完全无效"，并希望全国各团体先行否认，一致声讨。③ 沪北六路商联会警告"曹锟一旦自居总统，我商界全国罢市罢工，实力抵制"④。10月1日，上海汉口路、山西路等35路商联会联电反对曹锟贿选，"务望全国同胞，一致奋起，反对金钱贿买之大选，声讨万恶之议员，以留国家正气，而保国民人格"⑤。

然而，曹锟依然我行我素。10月5日，曹派军阀政客买票成功，曹锟"当选"为"合法"总统，10月10日，曹锟入京就职大位。消息传出，举国愤怒，云南北海两路商联会发表"歌电"，主张对曹锟贿选，"群起罢税，以绝其机，至于此次贿选，无论产出何人，概不承认"⑥。10月6日，民国路、百老汇路、福建路等16路商联会参加了由同乡会联合会发起的反对贿选市民大会，

---

① 《中国共产党对于时局之主张》，《先驱》第24号，1923年8月1日。
② 《商总联会最近之表示》，《申报》1923年9月18日，第14版。
③ 《长浜路商联会否认大选电》，《申报》1923年9月29日，第13版。
④ 《沪北六路商联会常会纪》，《申报》1923年9月20日，第15版。
⑤ 《各路商联会反对贿选电：三十五路之重要表示》，《申报》1923年10月2日，第13版。
⑥ 《汇纪反对贿选电》，《申报》1923年10月6日，第13版。

大会通过了十四项决议案：

> ①通电中外否认曹锟为总统。②组织永久机关，进行议决案。③联络全国各机关，实行国民罢税。④照凌毅等提议，为受贿投票议员，于各地铸铁板，镌刻姓名，以昭炯戒，其附从政客，亦照议员例对待。⑤下半旗致哀。⑥与北京政府断绝经济关系。⑦每逢庆祝，将受贿议员姓名大书于白布，持以游行。⑧一致通电各省申讨曹锟。⑨警告西南东南各省准备讨贼。⑩反对非法国会。⑪召集国民会议，以真正民意解决国事。⑫宣布国会议员祸国史。⑬宣布曹锟与帝国主义勾结之秘密。⑭没收受贿议员财产。①

10月7日，中国国民党发表《申讨曹锟贿选窃位宣言》，揭露曹锟"贿赂公行，斁法窃位，几举我中华民国之纪纲道义，扫荡无遗"，决心"誓奋一贯之精神，伸大义于天下，为国家存正义，为国民作先锋。务使积年混秽恶浊之秽政，悉摧陷而廓清之!"②上海商界掀起了声势更大的不承认曹锟为总统的反贿选运动。东北城商联会通电全省各界，痛斥曹锟贿选使得"国体为之扫地，纲纪为之破坏"，号召各团体"迅即联络各界，奋起精神，一致声讨，使此元凶，不敢登台，借伸正义，而维国光"。③西华德路、长浜路、新闸路等商联会也通电反对曹锟贿选，并呼吁"各省出师讨伐，实力对付"④。沪北六路商联会召开紧急会议，通过两项办法："(1)通电全国，一致声讨，否认曹锟行使总统职权。(2)通告各商店，双十节日悬挂否认贿选总统，惩戒猪仔议员白旗，并函请总联合会嘱各分会一律悬挂。"⑤1923年的"双十节"，成为反对贿选的日子，山东路、爱多亚路商联会通告各商店"均贴'反对贿选总统，否认国会延期'等字样，并拟联合各路，一致加入提灯游行"⑥。参加提灯游

---

① 《昨日市民大会纪》，《申报》1923年10月7日，第13版。

② 《中国国民党申讨曹锟贿选窃位宣言》(一九二三年十月七日)，见《孙中山全集》第8卷，中华书局2011年版，第258页。

③ 《反对贿选总统之通电》，《申报》1923年10月10日，第13版。

④ 《新闸路商联会开会纪》，《申报》1923年10月18日，第14版。

⑤ 《汇纪反对贿选总统之文电》，《申报》1923年10月8日，第13版。

⑥ 《今日国庆纪念之筹备种种》，《申报》1923年10月10日，第13版。

行的市民达七千人以上，据载，"队中灯彩，光怪陆离，如猪仔灯、支票灯及国贼曹锟灯，均足以引起观众之注意，尤以五千元支票灯为招人注目，而曹锟灯之狗头人须，亦为提灯中之一特色"①。10月18日，汉壁礼路商联会召集紧急会议，通过"否认曹锟为总统，愿为正义后盾，以留国家正气"的议案。② 10月21日，天潼福德两路商联会召开职员临时会议，"坚持否认曹锟为总统，公决通电反对"③。虹口六路商联会新当选职员"金谓军阀总统，与民治精神，背道而驰，况曹氏搜刮民膏，贿买议员，腾笑万邦，贻羞中外，我清白商人，誓不承认"④。

尽管国民自治、罢税、惩凶的呼声铺天盖地，各种反贿选、不承认曹锟为当选总统的主张响彻云霄，却改变不了曹锟僭据总统的事实。在曹锟统治时期，以上海马路商联会为代表的中小商人采取了与北京政府不合作的态度，在列强"觐贺"、"金佛郎案"、纪念币发行等问题上高举反对大旗，继续推动反贿选运动：

首先，曹锟为了换取列强"觐贺"，不惜在临城劫车案的所谓"赔偿"与"惩罚"问题上接受屈辱的条件，上海商界对此表示强烈反对。山东路商联会向全国各工商团体发出"谏电"，希望商界担负起国民责任，反对曹锟的祸国条件："工商人同属国民份子，救国讨贼，义不容辞，除筹备实力对抗外，尚希全国一致表示，否认曹锟祸国政策。"⑤新闸路商联会通电反对曹锟全部承认列强提出的临案要求，希望"各省军民长官，热心救国，时不可失，应即速举义师，共伸讨伐，振我士旅，翦此凶残，为国争光，为民造福"⑥。

其次，反对"金佛郎案"。商总联会得知曹锟欲承认"金佛郎案"后，紧急致电外交部顾维钧，指出"沪上商民，愤激万状，此案为王克敏卖国政策，早经国会否认，万无改以阁议承认之理，事关外交部专责，盼公坚拒，国权民

---

① 《国庆日之形形色色》，《申报》1923年10月11日，第13版。
② 《汉壁礼路商联会开会纪》，《申报》1923年10月19日，第15版。
③ 《天潼福德路商联会开会纪》，《申报》1923年10月23日，第15版。
④ 《虹口六路商联会职员会纪》，《申报》1923年10月25日，第15版。
⑤ 《山东路商联会开会纪》，《申报》1923年10月17日，第14版。
⑥ 《新闸路商界联合会发表宣言》，《申报》1923年10月22日，第13版。

命，唯公是托"①。

最后，反对曹锟发行纪念币。为了庆贺曹氏"当选"，北京政府竟恬不知耻地发行纪念币，并计划运往上海售卖，得知此消息后，五马路商联会率先致函商总联会，抵制曹锟发行纪念币，指出"贼曹淫威方肆，诡计百出，竟欲发行纪念币，运沪分销，借此窥我动静，何异要我承认，大会应速设法，立予拒绝"②。沪北五区商联会也于 10 月 29 日召集评议、干事联席会议，对曹锟当选纪念币十万元即将运销沪市的行为，表示"本会既始终不认曹为总统，若果在沪发现，本会应即致函总联合会设法拒用"③。11 月 5 日，山东路商联会召开职员会，决定"函请总会拒用伪币，否认伪宪，请各路加入进行"④。11 月 16 日，商总联会召开第一次全体议董联席会，通过拒绝纪念币案，"公决致两总商会及银行公会钱业公会，并发传单，通告各商行，以示一致"⑤。

平心而论，曹锟贿选成功后，以马路商联会为主体的上海商界虽然继续推动反贿选运动，但是，由于民治委员会已形同虚设，马路商联会心有余而力不足，罢市罢税难以实施，整个活动渐趋沉寂，上海商界的反贿选斗争也无果而终。

总体上看，曹锟贿选是武人政治与金钱政治结合的产物，招致全国各界的普遍反对。以上海马路商界联合会为中心的上海商界掀起了声势浩大的反贿选斗争，它们纷纷集会、通电，否认北京政府，主张国民自治，呼吁罢税惩凶，并推动上海总商会出面组织民治委员会。上海总商会将民治委员会严格控制在大商人层面上，导致了"民治"即"商治"的局限性，增加了上海商界内部大商人与中、下层商人之间的分歧，严重削弱了反贿选运动的力量。反贿选运动是五四运动以来上海商人国民责任意识的一次实践和寻求国民自治的一次尝试，表明了上海商界与北京政府的进一步疏离，也为早期中国共产党人理解商人阶级提供了一个实例。

---

① 《商总联会反对承认金法郎案》，《申报》1923 年 11 月 15 日，第 14 版。
② 《五马路商联会之建议：致总商联会文》，《申报》1923 年 10 月 30 日，第 15 版。
③ 《五区商联会评干事联席会议纪》，《申报》1923 年 10 月 30 日，第 15 版。
④ 《山东路商联会之职员会》，《申报》1923 年 11 月 7 日，第 18 版。
⑤ 《各路商界总联合会议董会纪：合并后之第一次集会》，《申报》1923 年 11 月 18 日，第 14 版。

　　1923 年上海商界的反贿选运动既难以阻遏直系军阀操控选举的步伐，也没有改变曹锟贿选的结果，可谓雷声大雨点小，其原因除了商人自身的性格外，缺乏一个强有力的领袖团体也是一个重要因素，"曹锟窃位，吾各路商界，虽誓死反对，万众一心，然因握钮无人，以致诟词横来"①。虽然民治委员会一时博得了各界的好评，并被寄予了厚望，但自身的局限性不仅使其很快失去了应有的制衡力量，反而加剧了商界内部大商人与中小商人之间的分歧，使得直系军阀更加有恃无恐。贿选者自贿之，受贿者自受之，"议员多数爱钱病，不惜卖身助高兴"，对民众呼声充耳不闻，固然，如此玷辱民主的行为自应受到政治道德与良心的谴责，"呼为猎猡诚不诬，未免有辱代表甚"②，同时也表明，商人的力量尚不足以承担起维护民主的历史使命，因此，无论是当时的历史见证者还是当下的历史研究者，寄望于商人制止曹锟贿选的步伐，只能是一个美好的愿望。曹锟贿选是武人政治与金钱政治的结合，要制止曹锟贿选，只有推翻军阀统治，很显然，对商人阶级而言，这的确有些勉为其难，已经大大超出了他们的政治进取心和政治能量。

　　1923 年的上海商界虽然未能成功书写反贿选的历史，但我们依然不能忽视反贿选运动所具有的进步性。中共早期领导人充分肯定了它的意义："一般国民渐知干涉政治，渐知声讨军阀的罪恶，实在是好现象，虽空言也算是进步。"③首先，以中小商人为中坚力量的反贿选运动是五四运动以来上海商人国民责任意识的一次实践，"五四运动的胜利进一步加强了商人的国民身份认同，奠定了以中小商人为主体的各马路商联会的思想基石，为它的兴起和发展准备了条件，反过来，马路商联会的成立为中小商人的国民责任承担奠定了制度基石"④，成为中小商人政治参与的行为基础。曹锟贿选是破坏法统、践踏民主之举，损害了中华民国的形象，作为国民一分子，商人有责任起来

---

　　①　《五马路商联会之建议：致总商联会文》，《申报》1923 年 10 月 30 日，第 15 版。

　　②　辛亥革命武昌起义纪念馆选注：《峭谷诗稿》，湖北教育出版社 1991 年版，第 81 页。

　　③　陈独秀：《贿选后国民所能取的态度》（一九二三年十月十七日），见《陈独秀文章选编》中册，生活·读书·新知三联书店 1984 年版，第 339 页。

　　④　彭南生：《国民责任意识与上海中小商人团体力量的集结——以 20 世纪 20 年代上海马路商界联合会为分析重点》，《社会科学》（上海）2011 年第 4 期，第 146 页。

发声，有义务出来反对。其次，反贿选运动是上海商人寻求国民自治的一次尝试，表明了上海商界与军阀政府的进一步疏离。反贿选运动中成立的民治委员会，虽然由于上海总商会的操控而遭到各路商联会的反对，未能发挥其应有的作用，但是，汇于全国反贿选运动洪流之中的上海商界，却也因此独树一帜，将上海商人寻求国民自治的独特诉求展现在全国人民面前，具有象征意义。最后，反贿选运动为早期共产党人读懂中国商人阶级提供了一个实例。民治委员会的成立使早期共产党人欢欣鼓舞，李达称其为"中国工商阶级破天荒的壮举"①，毛泽东盛赞它是"商人出来干预政治的第一声"，是"三年不鸣一鸣惊人的表示"，认为商人注意政治、参与政治"是何等可喜的一个消息"②。很显然，这不仅说明早期共产党人对商人寄予了过高的希望，而且也表现了中共早期的不成熟和对商人认识的不深刻。但是，反贿选运动的不成功使共产党人认识到商人阶级内部存在着政治态度与行动上的差异，认识到资产阶级不能独力完成民主革命任务，从而为中国共产党制定正确的行动路线提供了实践基础。因此，从反贿选运动的溢出效应上看，即便反贿选运动说得多做得少，"虽空言亦算是进步"。

三、江浙战争中商联会的反战态度及行动

1924 年的江浙战争，又称"齐卢之战"，历时 41 天(9 月 3 日至 10 月 13日)。此役虽只是 20 世纪 20 年代众多军阀混战中的一场，且战争规模也不大，但由于它发生在经济富庶的江南地区，不仅打破了该地区自太平天国运动之后 60 年来的相对和平局面，造成了严重的兵灾，而且冲击了地区政治、经济格局，进而影响到全国的局势。可见，江浙战争的影响已经超越战争本身。然而，迄今为止学术界对江浙战争的研究大多关注于战争爆发的原因、经过和结果，对受到战争影响最大的普通民众及他们在战争状态下的应对缺乏探讨。本节拟以上海马路商界联合会为中心，以《申报》《民国日报》的记载

---

① 李达：《中国商工阶级应有之觉悟》，见《李达文集》第 1 卷，人民出版社 1980 年版，第 218 页。
② 毛泽东：《北京政变与商人》，《向导》(周刊)第 31、32 期合刊，1923 年 7 月 11 日。

为主要史料，重构江浙战争前后上海中、下层商人挽救时局的言论及行为，窥探中小商人团体在20世纪20年代城市社会管理中的地位和作用，并借此分析上海马路商联会在社会合法性与权威性方面的自我建构。

(一)反对战事，维护和平

江浙战争的交战双方为控制江苏的直系军阀齐燮元与占据浙、沪两地的皖系军阀卢永祥，交战目的是争夺上海地区的控制权。江浙战争爆发前，传言四起，1924年6—7月，卢永祥收容臧致平、杨化昭部，致使江浙对立全面升级，到8月初，江浙地区已是烽烟四起，人心极度紧张，公债暴跌，沪市市面岌岌可危。8月18日，齐燮元在南京召开军事会议，部署对浙用兵计划①，消息传来，上海商业迅受震荡，次日即有永春、永旭两大钱庄突然倒闭，紧接着又有裕丰、庆丰、隆裕三家钱庄因轧现而倒闭，市面顿现恐慌情形。

面对突如其来的战争传言和商业凋敝景象，上海商总联会及各马路商联会纷纷致电南京齐督军、杭州卢督办及淞沪何护军使等，内容多表达对国内政治混乱的不满，告诫外人干涉的危险，强调江浙地区的重要性及维护和平的必要性，要求当局坚持保境安民之主旨，以辟谣传而定人心。例如，沪南东区商联会致电江浙两省当局：

> 溯自民国肇造，祸患相寻，迄无宁岁，大都无谓之争端，曷当计及国利民福，以致内政不修，外交失败，国势日危，民生日困。钧座有鉴于此，昨岁协定和平公约，以保境安民，今尤口碑载道，铭感难忘。尔者川湘闽粤，战祸相继。各省水旱为灾，哀鸿遍野。即使全国和衷共济，恐亦难救民于水深火热。乃者报端宣载江浙风云日紧，噩耗传来，莫知所自。大好国家仅剩此江浙完善之区，且系商业中心，果遭糜烂，必引起外人干涉，牵动国际地位，是不仅关于江浙生命财产已也，如公之贤明，安忍出此。惟以群情疑虑，市面恐慌，用特电陈。务乞俯念民瘼，坚持和平主旨，重申前约，以靖谣氛，而安地方，不胜迫切待命之至。②

---

① 李公道、李菊卢编：《江浙战纪》，上海泰东书局1924年版，第77页。
② 《汇录各界呼吁和平之消息》，《申报》1924年8月20日，第13版。

与此同时，对于江浙双方连日来的调军输饷行动，广西路、爱多亚路、山东路、北山西路唐家弄两路等商联会联名致电有关各方，呼吁息战，希望双方"顾念大局，迅将军队退回原防，一面由两省公推绅商，划分缓冲地线，以定人心而维危局"①。有关函电的具体内容见表8-4：

表8-4　江浙战争爆发前夕上海各马路商联会主要函电一览

函电团体名称	时间	函电对象	主要内容
沪南东区商联会	8月19日	江苏、浙江两省当局	①痛陈时局凋敝之现状；②吁恳当局坚持和平主旨，重申前约，以靖谣氛，而安地方
肇嘉路十五铺商联会	8月21日	军民两长	恳请坚持保境安民之主旨，以辟谣传而定人心
广西路商联会	8月21日	南京齐督军、杭州卢督办	请钧座本保境爱民之旨，重申和平成约
五马路商联会	8月21日	南京齐巡阅使、杭州卢督办	忠告当局，尚望顾全民命，稍戢野心，勿使完善之区沦于灰烬
福建路商联会	8月21日	商总联会	①痛陈战谣见报后，上海商业所受之巨大损失；②请商总联会代表商人警告各方，从速制止
闸北商联会	8月22日	南京齐督军	请钧座履行去年"人不犯苏，苏不犯人"之宣言，保持初志，永奠东南
东北城商联会	8月23日	南京齐巡阅使、韩省长	恳本息事宁人之初衷，守保境安民之天职，使江浙一片锦肃土地，不致陷入旋涡
山东路商联会	8月23日	南京齐督军、杭州卢督办	①战谣对沪市商业的影响；②乞本保境安民之旨，早赐弭兵之表示
爱多亚路商联会	8月23日	南京齐督军、杭州卢督办、淞沪何护军使	望立颁会衔息谣布告，以定人心，而维市面
沪北五区商联会	8月23日	商总联会	请合力制止，冀达息事宁人之主旨

①　《和平运动一斑：商界呼吁息战电》，《民国日报》1924年8月31日，第11版。

续表

函电团体名称	时间	函电对象	主要内容
浙江路商联会	8月26日	杭州卢督办、南京齐督军	望迅予会衔，电沪辟谣，以安人心，而维大局
爱多亚路商联会	8月28日	南京齐督军、杭州卢督办	划定战区，缩小军事范围，于最短期间结束军事
山东路商联会	8月28日	何护军使	祈保护商界治安，勿危商场
广西路商联会	8月30日	南京齐督军、杭州卢督办	①撤防；②划分驻防缓冲地线
法租界商联会	8月30日	法总领事	恳请示限各米铺不得抬价居奇，并请饬探严密侦查，以杜转口私囤之弊
广西路、爱多亚路、山东路、北山西路唐家弄两路商联会	8月31日	南京齐督军、杭州卢督办、淞沪何护军使	①迅将军队退回原防；②划分缓冲地线
五马路商联会	8月31日	商总联会	①请总会协同县商会雇备船只，自赴无锡等埠产米之区购运米粮；②请要求两省当局发给通行护照，严禁军队留难劫夺

资料来源：本表根据《申报》《民国日报》相关记载加以整理而成。

注：本表所列函电的时间年份均为1924年。

除了发表息战吁和函电并与两省当局交涉外，在与军阀的周旋中，上海商总联会及各马路商联会也觉察到了军阀的野心，渐渐意识到和平难保。正如广西路商联会所言："历观双方复团体电文，表面保持和平，矢口不移，而暗中调军输饷，又若矢弦必发，凡此表里相反之事实，岂能掩天下之耳目，故在商民日日呼吁和平，而去和平之事实乃愈远，敝会鉴兹时局，知非宣言所能挽回。"①有鉴于此，各路商联会纷纷召集紧急会议，讨论时局，未雨绸缪，商议应对策略。

广西路商联会于8月24日召开紧急会议，呼吁各方展开自救，并提出四

---

① 《江浙时局问题之昨讯》，《申报》1924年8月25日，第13版。

项具体办法：

> (1)电请银行公会，钱业公会，通知各银行钱庄，停止与军阀交易，并勿供给任何借款，及代理汇划，以根本阻止军阀之活动，以维持市面之金融。(2)通告各路各商号一律应悬挂呼吁和平之白旗，词句务取平和，表示商民态度。(3)召集临时市民大会，倘无战事实现，须筹保障商业安全，及防止外人之干涉。(4)另由议董会推举代表对外接洽各项议决案。①

同一天，沪南东区商联会召开会董职员联席会议，全体一致赞成"再请愿当局，组织商团"，为谋取行动一致起见，决定"组织华界总联合会，暂定名为沪南各公团联合会"。②闸北十一路商联会则表示，如果战争爆发，则"当联合各省，实行罢税，断其饷源，以促当道之觉悟"③。此外，商总联会也召集各路会董紧急会，公决"如果何方首先破坏和平，用兵开战，则上海各路商界，誓以牺牲精神对付之"，并公推"成燮春、蒋梦云(芸)、王汉良、谢惠廷、余仰望、张贤芳、邵仲辉、虞仲咸等为代表，出席宁绍台三同乡会之和平会议，发表主张"。④

为与各团体达成共识，精诚合作，以谋一致之行动，文监师路、沪南东区、沪北五区、新闸九路、江西路、北山西路唐家弄两路等商联会与宁、绍、台三同乡会及沪埠各职业团体，于8月27日联合召开会议，讨论和平运动及消弭战祸方法，出席代表达百余人，并提出三项应对办法："(1)组织各公团联合会，反对破坏和平，(2)向北方军阀经济绝交，(3)禁止现全沪存米二十余万石出口，以资维持民食。"⑤

然而，言者谆谆，听者藐藐。各路商联会的隔空喊话，呼吁息战和平，无异于与虎谋皮，9月3日，江浙战事还是不可避免地爆发了。大批难民来沪避难，商界已现恐慌之状。山东路商联会以"商人亦国民份子，对于时局，自

---

① 《江浙时局问题之昨讯》，《申报》1924年8月25日，第13版。
② 《沪南东区商联会董职联席会》，《申报》1924年8月25日，第13版。
③ 《闸北十一路商联会开会纪》，《申报》1924年8月26日，第14版。
④ 《江浙时讯之昨闻》，《申报》1924年8月26日，第13版。
⑤ 《记各团体之时局联席会议》，《申报》1924年8月28日，第15版。

身亦应表示一种救济办法"为职志，召集会员紧急会议，并提出应对措施六条：

> (1)对时局发表辩明是非之宣言，并提交商总联合会会议善后办法。(2)请租界当局维持秩序，保护商业安宁。(3)通告本路各商界，切勿乘机增价。(4)至必要时由本会酌量收容避难贫民。(5)组织自卫纠察团，防止匪徒扰乱治安。(6)经济问题，由各会员量力募集之。①

此外，闸北十一路、五马路、东北城、西华德路等商联会也纷纷提出了应对时局的具体办法②，限于篇幅，不再一一列举。面对突如其来的战争危机，以马路商联会为代表的上海中、下层商人，一改往日避战求保的消极做法，积极出面与当局交涉，并提出诸多应对方法，虽然他们为维护地方和平所做的努力未能阻止战争的爆发，但他们反对战争、维护和平的厌战心态跃然纸上。更加值得称道的是，各路商联会在战争背景下体现出来的维持街区秩序、救济战争难民的市民责任感及其行动对维护战争状态下的城市社会秩序起了十分重要的作用。

(二)自卫与自救

传统社会里，参与地方管理及维护地方秩序一直是中国士绅的重要职能之一。士绅的这些职能自晚清以来日益强化，甚至有了脱离地方政府的趋势。民国以来，传统士绅的原有地位失去了制度上的保障，加之商、绅之间频繁的社会流动，商人开始在地方管理和地方秩序的维护中扮演越来越重要的角色。③ 特别是在地方秩序发生危机时，商人成为一支主要的维系力量，在社会管理中发挥着巨大的作用。

江浙战争爆发，商人祈求和平的希望瞬间化为泡影，失望至极。面对随之而来的交通受阻、拉夫、勒款、兵劫等事，他们一方面通电谴责战争，呼吁停战，另一方面积极着手维护战时社会秩序，包括武装自卫、救济难民、调节民食等。

---

① 《齐燮元昨向浙军开衅》，《民国日报》1924 年 9 月 4 日，第 11 版。
② 参见《申报》1924 年 8 月 28 日至 9 月 3 日的相关报道。
③ 相关论述参见马敏：《官商之间：社会剧变中的近代绅商》，天津人民出版社 1995 年版，第 80—93、220—243 页。

1. 武装自卫

自江浙开战后，兵匪窜入沪地者较往日增多，军官既无力约束，商民便只有力谋自卫。因此，江浙战争期间，以马路商联会为代表的上海中、下层商人，便纷纷以街区为单位组织武装团体进行自卫。

早在 1924 年 8 月底，由于江浙两方调兵运械，朝夕不遑，江浙人民惶恐异常，来沪避难者络绎不绝，而上海一埠"五方杂处，地面辽阔，军警虽富有保护之责，势难周至"，加之"近日抢劫掳人之案迭出，万一生战事，更属危险"。① 因此，为安定人心，维护地方秩序，东北城商联会于 8 月 28 日至 31 日，连续四次召集会员紧急会议，讨论筹组自卫团办法，当即议决"从速组织东北城商业自卫团，以辅军警之不逮"，并规定"凡本会商店最好每家派出一二人担任团员，如志愿者请即日前来报名，并领取本会备有之臂章一条，警笛一只，藤条一根，籍以保护"。② 随后，邑庙豫园商联会、闸北十一路商联会等也都分别召集紧急会议，筹办自卫团。据笔者基于《申报》《民国日报》的记载统计，上海当时由马路商联会组织的武装自卫团体应不少于 17 个（具体参见表 8-5），其名称则自卫团、保卫团、义勇团各异，其中以自卫团命名者较多。此时的武装团体，与以前士绅在朝廷号召下办理的团练大不相同，大多是战争爆发前后商人出于应急考虑，临时组织而成的。

表 8-5 江浙战争期间上海各马路商联会组织的武装自卫团体一览表

名称	创办时间	发起人或负责人	规模及经费来源	备注
东北城商业自卫团	9 月 4 日前	东北城商联会	每家商户派出 1～2 人	备有臂章一条，警笛一只，藤条一根
闸北商界自卫团	9 月 7 日	闸北十一路商联会	各商号推派 1 人，共 100 余人。由本路商民出资	分四队，每队推派队长四人，另有总队长两人，稽查两人，会计一人，每日上午八时至晚上十时为出防时期，每三小时为一班，如遇紧要时则全日夜全体出防维持秩序。枪械向官厅领取

① 《沪南东区商联会董职联席会》，《申报》1924 年 8 月 25 日，第 15 版。
② 《苏浙兵祸之开始》，《申报》1924 年 9 月 4 日，第 15 版。

续表

名称	创办时间	发起人或负责人	规模及经费来源	备注
豫园商民自卫团	9月9日	邑庙豫园商联会	拟招团员200名，在商人中募资	
沪南六路商界自卫团		沪南六路商联会		
沪北五区自卫团		沪北五区商联会	在该会成员中劝募	
曹家渡自卫团		姚榆关、俞紫标	每商号选派伙友1名，共有百余名	每十二人为一队，四队组成一团，呈请军署购备手枪
广西路商界自卫团	9月9日	程桂初	10人	团员有梭巡本路之义务，遇有警盗发生，吹警笛告警，并有协助探捕之义务
北城保卫团		北城商业联合会		
法租界商团		法租界商联会		军械及服装，均由法租界公董局供给
沪南东区保卫团	9月15日	沪南东区商联会	拟招团员100名，各业分任筹募	
南阳桥自卫团		南阳桥商联会		
沪西自卫团	10月16日	沪西四路商联会	30余人	
浙江路自卫团		浙江路商联会	20人	
沪南市民自卫团		沪西商联会、沪南公团联合会、林荫路商联会等	各团体均摊	

名称	创办时间	发起人或负责人	规模及经费来源	备注
沪北五区自卫团		沪北五区商联会		
民国路义勇团		民国路商联会		
福建路自卫团		福建路商联会		

资料来源：本表根据《申报》《民国日报》相关记载加以整理而成。

注：以上商界自卫团体的创立年份均为1924年。

这种以商业街区为单位组织起来的商界武装自卫团体，其主要目的在于"协助军警及保卫团之不逮"，以达"守望相助"之意。① 其组织特点有三。其一，组织程序严密。先由各路商联会召集会董职员会议，讨论自卫问题，拟订具体办法，一面向官厅呈请核准，一面开始筹资招募团员；获得当局批准后，开正式成立大会，并挂旗出巡。其二，入团资格明确。大多数商联会在招募团员时，对团员的年龄、品行等有明确的规定。例如，法租界商联会便明确规定团员资格如下："（甲）年在二十岁之上，四十五岁以下，身体强壮或曾受体育智识者。（乙）有正当职业，无嗜好，耐劳苦者。（丙）心平和气，胆壮意诚，能保持公众秩序，明了公众道德者。（丁）入团之先，须有号主或家长之允许书并签字盖章于上，方许入团。"②其三，招募方式多样。例如，东北城商联会在发起商业自卫团时，即规定"凡本会商店最好每家派一二人担任团员"③；沪西商联会等自卫团之团员则从商号厂家职员中招考④；福建路商联会则是由商人出资雇请团丁担任防务⑤。而更多的是从本路各商家店员中招募，并在其上岗前，对其进行一定的训练。虽然，在社会失序时由商人采取非常手段组织的这些临时性的自卫团体，只是万不得已的一种临时应对，

① 《闸北十一路商界联合会开会纪》，《申报》1924年9月16日，第11版。

② 《卢何去后之上海》，《申报》1924年10月14日，第10版。

③ 《苏浙兵祸之开始》，《申报》1924年9月4日，第15版。

④ 《各地之筹备保卫》，《民国日报》1924年9月7日，第10版。

⑤ 《苏浙兵祸纪》，《申报》1924年9月10日，第10版。

对其自卫能力也不能做过高的估计，但是，这些商界自卫组织在预防兵匪骚扰、减少经济损失等方面确实起了不小的作用。

2. 救济难民

战争是形成难民潮的主要社会原因之一，每次战事都会迫使成千上万的难民四处逃亡。近代上海由于租界的存在，无形中扮演了"安全岛"的角色，成为难民逃离战区后的目的地。因此，江浙地区每遇战事发生，上海便会成为一个巨大的难民城。① 早在江浙战争阴云密布时，难民潮便已开始。8 月中旬，松江、苏州、昆山、嘉兴等地稍有资产者即纷纷来沪避难，上海近郊居民也争相迁入租界。由杭州开往上海的特别快车日日运有大批难民到沪，每次行李都有上万件。② 宁波居民亦因闽省海军有军舰开到沪港，大起恐慌，富室多携眷赴沪。③ 自 9 月 3 日开战后，不仅有产者，各地受难的普通民众亦纷纷避难沪上。到 9 日，据《时报》消息称，"租界难民已超过五十万人"④，是月底，每天仍有几千难民涌入租界。突然膨胀的人口，给上海社会带来了极大的压力，这些人口不仅需要消耗大量的基本生活资料，亦会给沪地的治安带来诸多问题。因此，如何妥善安顿难民不仅仅是出于人道主义关怀的慈善事业，而且与沪地的商业经营环境息息相关，各马路商联会纷纷采取措施，开展难民救助工作。

9 月初，新闸九路商联会率先在公共租界叉袋角开办难民收容所安置难民，该所"为地四亩余，搭建芦棚三十六间"，该路商联会正副主任及职员"每日亲莅所设收容所中视察，灾民经费一节，亦由主任分别担募，现已有灾民百余人，每日共给粥饭三餐，灾民安适"。此外，为医疗卫生起见，该收容所"每日并由工部局特派职员来所倒洒臭水，另有义务医生陈漱庵，每日来所诊病，并由达得堂施送药券"，对灾民的安置可谓尽心尽力。⑤ 紧接着，鉴于连日来嘉定、浏河方面激战，逃难来沪者更见增多，为了有秩序地救济难民，

---

① 邹依仁：《旧上海人口变迁研究》，第 3—4 页。
② 陈真我：《回沪琐话》，《民国日报》1924 年 9 月 2 日，第 8 版。
③ 《密云不雨之江浙战局》，《民国日报》1924 年 9 月 1 日，第 10 版。
④ 《伤兵与难民之救济》，《时报》1924 年 9 月 9 日，第 3 张。
⑤ 《苏浙兵祸记(九)》，《申报》1924 年 9 月 12 日，第 10 版。《卢永祥抵沪后之战地消息》，《申报》1924 年 9 月 20 日，第 10 版。

在商总联会的倡导下，9月9日，广西贵州劳合三路、山东路、爱多亚路、南阳桥、北四川路唐家弄两路、天潼福德两路等十余路商联会代表，举行联席大会，讨论组织妇孺收容所之筹款方法及预备事项，提出"日来因江浙战祸，贫苦男妇纷纷来沪逃命，既有人满为患，复患衣食之虞，商界为人道与援助同胞计，亟应由各路分办或联合组织"，并议决由各路临时组织"商界救济难民委员会"，作为负责救济难民事宜的总机关，敦劝各路从速设立难民收容所。①

随后，福建路、广西路、沪南六路、沪北五区等商联会先后开设了难民收容所，各路商联会还联合开办了避难妇孺收容所，这是马路商联会设立的最大的难民救济机构。该所成立以来共收容难民400余人，每日供给三餐外，鉴于所收难民大都在逃难途中惊吓过甚，以致多数染有微恙，该所钱龙章、邬志豪二君特意发起一避难佐餐交际会，每日由诸同志轮流供给荤菜，以保难民健康。② 同时为防止疾病起见，每日请西门红房子医院派中西医士及该所医务主任钱龙章来所诊治，有疾者均用病车送院调养。③

在各路商联会的努力下，部分灾民得以暂时免受风餐露宿之苦，社会秩序也不至于进一步失控，这对于战后灾区的恢复颇为有利。同时，各路商联会所开展的难民救助工作，也体现出了近世中小商人对社会深切的关怀意识，是商联会自我建构过程中进一步提高社会合法性与权威性的有效手段。

3. 调节民食

民以食为天，江浙战争前，由于巨大的难民潮的到来，上海地区的人口骤然膨胀，粮食问题也变得严峻起来。随着战争的爆发，交通严重受阻，加之军队封船拉夫，米商皆不敢出门，从而使得无锡、常熟等产米之区的米粮无法运至上海，粮食问题更加危急。此时，如何应对粮食危机，关系到战时的社会秩序。为了消弭因粮食问题而引起的恐慌，避免因乏食而引起城市骚乱，以马路商联会为代表的上海中、下层商人纷纷采取措施，力挽危局。

8月下旬，由于受战争谣言的影响，在金融动荡的同时，沪市米价也大

---

① 《苏浙兵祸记（七）》，《申报》1924年9月10日，第10版。
② 《卢永祥抵沪后之战事消息（二十三）》，《申报》1924年10月12日，第10版。
③ 《军事渐次结束之上海》，《申报》1924年10月17日，第10版。

为上涨，人心顿陷恐慌，加之抢购风潮日盛，使得米价居高不下，而一般居民及逃沪难民则难免陷入口粮危机，社会安宁直接受到威胁。为此，法租界商联会特致函法总领事，恳请其"示限各米铺不得抬价居奇，并请饬探严密侦查，以杜转口私囤之弊"①。五马路、西华德路、沪北六路等商联会则纷纷致函商总联会，要求组织大团体，采办外米，以资救济。② 在各路商联会的呼吁下，商总联会于9月7日召开紧急议董会，商讨"限制米价维持民食"案，决定与总商会共同磋商。③ 接着，福建路商联会于9月8日开会员会，当即提出采办米粮办法："由各路商联会通告各路商店，自行到会认购，以备不虞，认定数目后，先行交价，汇解总商会出立收据，分一石五石两种，俟运到后凭此据取米。"④

随后，为救济本埠粮食市场，商总联会特组织一粮食委员会，专门办理设法购运事务。9月12日，该委员会在商总联会开会，议决粮食购办方法如下：决定采购芜湖籼米，每二百磅最低价格十元，由总商会负责收款及发写米票，商总联会负责印发订单，米业公所负责斛米及发米，如欲购买者，可先向各路商联会领取订单，凭单至总商会，预付米价齐全，制给米票，将来米到后，凭票前往米业公所领米。⑤ 14日，该会委员叶惠均等11人正式就职，并于晚间召集委员会议，当即议定实行米粮平价公卖办法，由商总联会将印制好的凭证，即日分送各马路商联会，照章分发，由承买者持票向总商会付足米价，换取领米证，俟两星期米到后，再行向指定之发米处取米，并于即日登报公告。⑥ 同时，为免起争执，特规定注意事项五条："(一)此项定单以填就向总商会缴足米洋后，方生效力。(二)此项定单以一石至五石为限度。(三)领米时不得以市价涨跌而争执之。(四)米样订定籼米。(五)已缴洋

---

① 《江浙战事有即日接触警耗》，《民国日报》1924年8月31日，第10版。

② 《江浙风云之昨讯种种》，《申报》1924年8月31日，第14版。《西华德路商联会开会纪》《沪北六路商联会开会纪》，《申报》1924年9月2日，第14版。

③ 《苏浙兵祸记(五)》，《申报》1924年9月8日，第14版。

④ 《苏浙兵祸记(七)》，《申报》1924年9月10日，第10版。

⑤ 《上海粮食问题之救济观(三)》，《银行周报》第37期，1924年9月23日，第42—46页。

⑥ 《苏浙兵祸记(十二)》，《申报》1924年9月15日，第10版。

定米，各路应负相当之责。"①

此外，除了限价、采办外米之外，各路商联会还积极办理平粜，以惠贫民。例如，闸北商联会因恐在闸北设立一处食米平价局不能普及民众，特提请南北两商会及钱米各业在闸北设立两局，以免贫民抱向隅之憾。② 南区商联会则鉴于区内贫户因米价腾贵，无力购米，特请南北商会在南会馆左近设局平价发粜，以维南市民食。③ 沪北五区商联会则在邢家木桥设立平价售米处，并因其原定二千石米早已售罄，特由陈翊庭向永大号添办白米二千石，以济贫民。④

通过各路商联会在战时状态下所采取的一系列应急措施，我们可以看出，在战争危机面前，商人有着较强的应对能力。同时，在这一过程中，以马路商界联合会为代表的上海中、下层商人也表现出了强烈的合作意识及负责精神，显然这也是上海地区的社会秩序在江浙战争破坏下不至于完全失控的有力保障。

(三)兵灾善后

10 月 13 日，卢永祥宣布下野，江浙战争结束。随之而来的是如何消除战争影响，尽快恢复正常的社会秩序。为此，上海各马路商联会不仅积极开展战后灾区救助，而且为了防止战事再起，还周旋于各方势力之间，扮演重要的交涉调解角色。

随着江浙战争的结束，由各马路商联会开办的难民收容所陆续开始将收容难民送回原籍。然而，战争所波及地区遭受了极大破坏，为了妥善安置返乡难民，使其免受居无定所、无衣无食之苦，各路商联会于 10 月 16 日分函各收容所，提出难民善后办法六条："(一)设收容所总办事处，以资统一而免涣散，经费由各所分任之。(二)难民一家之中，有父母妻子分作数次出避，分散于各处收容所者，宜报告总办事处，设法查明团聚，资遣回里，以免骨肉分离。(三)调查被祸地方受祸轻重，设兵灾善后事务所，分别办理善后事

① 《总商会通告购米办法》，《民国日报》1924 年 9 月 17 日，第 11 版。
② 《江浙风云之昨讯种种》，《申报》1924 年 8 月 31 日，第 14 版。
③ 《苏浙兵祸记(十)》，《申报》1924 年 9 月 13 日，第 10 版。
④ 《沪北五区办理平粜》，《民国日报》1924 年 10 月 5 日，第 5 版。

宜。(四)抚恤难民分甲乙丙三种：甲、屋毁家破无产可守者为最重，宜从优抚恤，遣送回里；乙、有家可归有业可就者为次等，宜给资遣送回里；丙、老弱妇孺无家可归无产可守者为最次等，宜转送上海妇孺救济会留养，并以各收容所所余捐款补助该会。(五)办理兵灾难民善后所需款项，可由各团体合词要求，在赈灾附税项下指拨。(六)其余未尽事宜，俟收容所总办事处成立后，再行次第讨论。"①

10月18日，商总联会发出召集紧急会议通告，指出对于兵灾善后事"非筹集巨款，万难应付"②。19日晚，商总联会为办理军事善后筹款事宜举行紧急会议，由会长袁履登报告近日各方接洽情形，讨论协助办法，决定组织委员会积极进行善后筹款，并举定执行委员九人，分函各马路商联会，召集会员大会，筹划部募，以期早日结束。③ 20日，商总联会兵灾委员会开会讨论募集救济难民善后经费办法，并当即提出具体措施五条：

> (1)决定阳历十一月一日起，开始挨户募捐，十日为限，汇解总会转送保安会。(2)请文书科赶办捐册收条，及通知等，发给各路分会，请其开会商议募捐手续，至期分别自行办理。(3)拟推钱龙章为经济股执行委员，陆文中、谢惠廷、许廷佐、张蓝栋、梁文基、乐树滋、朱保罗、陈翊庭、李泽源、孙镜湖、徐久根等为交际委员。(4)募集捐款，用正心字条揭帖捐户门首，存根由各路分会连同捐款，送交总会经济股发给临时收据，汇集总数后转送保安会，由总会登报征信。(5)所募捐款，祗限用于救济战区难民善后事宜，其用途分配，由总会开会议决行之。④

在商总联会的倡导下，南京路、沪南六路、文监师路、山东路、沪北六路、浙江路、百老汇路、四川路等商联会纷纷召集会议，指派劝募员分向各路商户劝募救济难民善后经费(劝募的具体情况见表8-6)。以上由各路商联会劝募所得款项，经商总联会决议"以兵灾善后名义指定在浏河设无利借钱局，

---

①　《商界收容所之善后策》，《民国日报》1924年10月16日，第5版。

②　《军事渐次结束之上海(三)》，《申报》1924年10月19日，第9版。

③　《上海军事完全结束》，《申报》1924年10月21日，第9版。

④　《办理军事善后之昨闻》，《申报》1924年10月23日，第9版。

以款借给极贫灾民，一年归还，三月一查，借资救济"①。同时，鉴于天气渐寒，商总联会特将收容所余款 1796.355 元，用于赶制棉被 500 床，限两星期内制就，施放灾地。② 除此之外，商总联会还组织商界查灾团，并先后两次组织兵灾委员会成员亲往受灾地区实地查勘，了解灾民情况，进行实地救助。

表 8-6　上海各马路商联会所募救济难民善后经费数额简表

募捐团体名称	募捐数额(元)	备注
汉口路商联会	100.0	
浙江路商联会	67.0	
曹家渡商联会	97.0	小洋 130 角
文监师路商联会	147.5	
百老汇路商联会	853.0	由该会用款购米 87 石零 4 升
江西路商联会	283.0	
沪西九路商联会	50.0	
沪北六路商联会	120.0	
沪南六路商联会	48.0	
沪东联合会	209.0	大小衣服等 200 余件
虹口六路商联会	120.0	
西华德路商联会	103.0	
爱多亚路商联会	367.0	
南京路商联会	340.0	
四川路商联会	45.0	小洋 32 角
总计	2949.5	小洋 162 角

资料来源：本表根据《申报》《民国日报》相关记载加以整理而成。

注：除上面所列出的马路商联会外，另有福建路、民国路等商联会因募捐数额不详未列入表内。

上海商人认为，江浙战争祸源之始乃为淞沪护军使及上海兵工厂，因此

① 《商总会决定助赈办法》，《民国日报》1924 年 11 月 17 日，第 5 版。
② 《商界兵灾善后会消息》，《民国日报》1924 年 11 月 25 日，第 5 版。

战事结束后，各马路商联会除积极办理灾区难民的善后赈济及调查事宜外，为防微杜渐，还与当局各方交涉，要求其"撤使移厂"。

早在江浙战争结束的次日(10月14日)，总商会、县商会、银业公会等六公团就曾发表致北京政府国务院及齐燮元电，说明"撤使移厂"为一切善后事宜之主要，务须赞成。17日，又有商人团体代表向孙传芳当面提出，要求其支持"撤使移厂"的倡议。随后，齐孙二人均表赞同。① 然而，在江浙战事结束一个月后，段祺瑞又倒行逆施，置民意于不顾，电促张允明就任护军使一职。此电一出，爱多亚路商联会立即致电段祺瑞，谓"此次东南战争，多因争夺此职而起，江浙人民受两方兵士之祸，焚掠奸淫，惨酷已极，迄今追思，犹有余痛，兹幸我公俯顺舆情，总执政权，务乞速下明令，将军职一概取消，杜绝觊觎，保障和平"②。

接着，商总联会召集紧急会议讨论时局问题，议决致电段祺瑞，请其主持和平，废除上海任何军职，将兵工厂搬迁、军队调防③，同时，还号召"各路商店一律揭帖请愿纸，帖文曰：裁军使，撤驻兵，制造局改工厂"④。沪北六路商联会则谓"沪设护军使军职，本袁项城迷信武力，防制东南作用"，而此次战事却因此而起，致使"东南半壁之精华，恐非十数年不能恢复"，要求段祺瑞"立电张允明班师湖北原防，宫邦铎调兵宁省，明令裁撤沪地军职，继再迁移兵工厂，完成沪上纯粹商场，限制二十里内永不住兵，以消弭未来之危机，永杜拥兵害商之争占"。⑤

随后，闸北、五马路、沪北五区、海宁路、福建路、文监师路、山东路、四川路、爱多亚路等商联会也纷纷致电段祺瑞，请其速电军队各驻原防，并明令"撤使移厂"。在各路商联会及总商会等团体的一致倡议下，段祺瑞最终于1925年1月15日下令淞沪护军使一职着即撤销，上海兵工厂停止工作，

---

① 《总商会等六团体之公电》，《申报》1924年10月15日，第9版。《齐燮元赞同裁撤护军使之复电》，《申报》1924年10月18日，第9版。《昨日团体代表与孙传芳接洽收束军队办法》，《申报》1924年10月19日，第9版。

② 《各团体与段往来电》，《民国日报》1924年11月28日，第9版。

③ 《商总会议董会》，《民国日报》1924年11月30日，第5版。

④ 《接管兵工厂问题》，《民国日报》1925年1月19日，第10版。

⑤ 《沪北商界致段祺瑞电》，《民国日报》1924年12月5日，第10版。

上海永不驻军。2月3日，《江浙二次和平条约》签订，在各马路商联会等团体与当局各方的努力交涉调解下，东南地区又得以暂保安宁。

(四) 商联会的自我建构

马路商联会是一个自发的民间商人组织，以街区为单位，以中、小商人为主体，它不像商会、同业公会等法人社团那样，拥有来自政府赋予的权力。因此，在正式的制度安排下，它不具有合法性与权威性。商联会要存在下来并获得社会的认可，进而扩大自身的影响力，必须进行权威性与社会合法性的自我建构。这种自我建构的过程一方面来自组织章程的自我约束与组织自律，从而将组织置于制度的规范下，在公众中树立起良好的社会形象，另一方面则取决于其在政治、经济、社会、文化生活中所扮演的角色，所承担的社会责任及其所起的社会作用。包括会众在内的社会大众对组织的评价是观察民间团体的自我建构成功与否，即是否具备社会合法性与权威性的重要方式。社会评价是多种多样的，既可直接诉之于社会调查，考察社会大众的认可度，也可看社会舆论的反映——在近代，报纸是社会舆论的主要工具，报纸的报道倾向既是社会舆论的呈现，又引导着舆论，还可以考察公众对组织的参与程度，包括组织的普及度、公众的参与率，等等。研究近代民间商人团体的自我建构，主要应该考察社会舆论与社会参与。

兴起于五四运动后的上海马路商联会，其生存空间相当有限，此时的沪埠，既有像上海总商会、县商会那样的综合性商人团体，也有以维护行业利益为诉求的同业公会，它们都是正式制度安排下的法人团体。因此，在商人团体林立的上海，像马路商联会这样的纯民间组织要存在下来，必须付出相当大的努力。到1924年江浙战争爆发时，商联会正处在其社会合法性与权威性建构的关键时期，江浙战争提供了一个极好的、得以展现其社会担当的机遇。手无寸铁的商人虽无力制止战争带来的发生，但商联会反对战争的鲜明态度却展示了其负责任的团体形象。其实，锱铢必较的商人更关心社会秩序的稳定，反对战争并尽其所能减少战争造成的影响，不仅符合社会大众的期待，更是商人要求一个良好的经商营工环境的职业本性使然。所谓"救人实则救己"，商人的利益与地方社会秩序的安宁息息相关。因此，江浙战争前后，上海马路商联会表现出了强烈的社会责任意识，它们为挽救社会秩序，做出了极大的努力。战前，它们通过发表函电、召集大会等方式，吁请当局保全东南和平。当战争不可避免地发生后，它们创办自卫团体、救济难民、调节民食，减轻了战争带来的损失。战后，它们又积极开展善后救济工作，同时，为了防止战事再起，它们还积极介入各方势力之间，扮演重要的交涉调解角色。此时的商人，俨然成为维护社会秩序的中坚力量。他们的努力使得所在地区在遭受兵燹后，基本的社会秩序得以维持，市面不至于崩溃。商联会的言行充分反映了中、下层商人所具有的合作精神、近代公益慈善观念及社会责任意识，它们的努力也得到舆论的极大关注，当时上海的主要报刊如《申报》《民国日报》等进行了连续报道，不仅有力地提升了商联会的社会形象，也扩大了其社会影响力。正是通过一系列的自我建构，商联会才由少到多，由小到大，最终不仅发展到 60 多个马路商联会，还在此基础上组建上海马路商界总联合会，成为此一时期上海 30 余万中小商人的代言人。

四、五卅运动中商联会的积极响应

上海各马路商联会组织和动员广大中、下层商人以同盟罢市、函电抗争、捐助款项等多种方式参与了五卅运动，表达了对学生爱国行动的一种有力声援，造成了一种有利于对外交涉的舆论环境，在一定程度上解除了工人、学生的后顾之忧，使得斗争能在相当长的一个时期内坚持下来，马路商联会也因此成为上海各商人组织中政治性格最为鲜明的街区性团体。

(一)罢市与开市：商联会的策略选择

罢市首先在公共租界展开。自 1925 年 6 月 1 日起，"公共租界内各商店均罢市，门上均贴有传单，有不达目的不开市等语"，在虹口，"杨树浦路、东西华德路、北四川路、北河南路、嘉兴路、文监师路、北浙江路、海宁路等处，除各小菜场及押店、肉庄、糕糯店、饭店均照常营业外，其余大小各店，一律罢市"。但罢市"仅限于公共租界，故沿爱多亚路一望，但见南首法租界商店，贸易如故"。① 1 日下午，罢市风潮波及华界，"大统路自闸北影戏院起朝北至姚家宅桥止大小店铺，尽行闭门，其余各马路亦同样罢市，惟光

---

① 《南京路惨剧后昨日公共租界罢市》，《申报》1925 年 6 月 2 日，第 13 版。

复路各米行照常交易"①。从上述情形看，公共租界、法租界和华界在对待罢市问题上，表现得颇不一致。如何看待不同界域的商人在罢市问题上的差异性呢？传统观点认为，罢市与否反映了商人在五卅运动中的坚定性或软弱性，然而，从罢市与开市的决策过程看，这不仅是商人在斗争手段上的不同选择，也是上海工商学界在五卅运动中的分工与合作的产物。

惨案发生当晚，商总联会致函总商会，"速请贵会举行非常会议，筹谋对待"，同时决定将五卅惨案提交给 5 月 31 日召开的各团体联席会议讨论。次日下午，由各团体召开的联席会议通过了六条要求，包括"(1)释放被捕学生；(2)抚恤伤亡；(3)外人道歉；(4)取消印刷附律；(5)取消码头捐；(6)收回公审公廨"，并决定由各团体推出两名代表组成委员会，专司其事。为了实现六条要求，学生代表一致希望商界罢市，商总联会"以大势所趋，各会员既一致主张，首先表示赞成，由各路签字，纳税华人会旋亦表示赞成"。总商会代理会长方椒伯在学生的一再要求下，"见势已如此，乃签字赞同"。② 从做出罢市决定的过程分析，商总联会的态度发挥了重要作用，总商会虽略显勉强，但总算顺应了学生的要求，"各马路商界总联合会首先答应了工人和学生的罢市要求，但总商会则须工人和学生及商总联合会的三催四迫才勉强签字答应罢市"③。

总商会对待罢市的慎重态度，是由其角色定位所决定的。作为法团，总商会与一般民间公团不同，在某种程度上充当着政府代理人，其一言一行具有一定的官方色彩，特别是在涉及对外关系的事件上，谨言慎行更应被看作一种角色本能。总商会在上海商界中处于"领袖群商"的地位，需要考虑商界的整体利益。因此，总商会在做出罢市这一牵涉上海商界全局的决定时，的确有些勉为其难。实际上，总商会一方面必须公开顺应工、学及商界部分代表的要求，另一方面又须私下对租界管理当局有所交代。于是，会后不久，方椒伯往访工部局总董费信惇，表示"总商会对运动并不同情，他之所以在宣

---

① 《南京路惨剧后昨日公共租界罢市》，《申报》1925 年 6 月 2 日，第 13 版。

② 《南京路发生惨剧后之昨日形势》，《申报》1925 年 6 月 1 日，第 13 版。

③ 郑超麟编述：《帝国主义屠杀上海市民之经过》，见上海市档案馆编《五卅运动》第 1 辑，上海人民出版社 1991 年版，第 273 页。

告总罢市的文件上签署，完全是强迫和威胁的结果"①。晚上十时，他和副会长傅筱庵又委托时任华人顾问的谢永森专门拜访了工部局警务处总巡麦高云，详细解释了总商会签字罢市的原委，他说：方会长"屈服于煽动分子和学生等人的胁迫，在大会上签署了一项文件。该文件声称，华商会同意关于六月一日在租界宣布总罢工的决议。……华商会在面对中国民众时，其处境甚为棘手，且方、傅他们也不能发表与各马路商界联合会早在用华商会名义散发的罢工传单相抵触的任何声明"②。

与总商会的态度不同，商总联会及公共租界各路商联会对罢市更为积极，原因何在呢？时人指出：

> 在三十日和一日的被害者当中，不少小商人和店伙。代表上海中等商人和小商人阶级的是各马路商界联合会及其总机关各马路商界总联合会。三十日屠杀之后，各联合会纷纷投函总联合会，愤激的表示愿意牺牲，愿意罢市，为学生后盾，总联合会亦屡次派人和学生会接洽。三十一日各团体在上海总商会开会时候，各马路商界联合会站在工人和学生一边，共同胁迫总商会非罢市不可，并且各马路商店不等至一日，即已纷纷闭门停止营业。③

的确，自5月30日至6月初，马路商人不仅目睹了惨案发生的全过程，而且有很多无辜的小商人及店员在惨案中不幸中枪伤亡，表8-7所列伤亡的部分商界人士是据《申报》的不完全记载整理出来的。作为公共租界中街区性的商人团体，商总联会和各路商联会有责任代表会员对租界当局的惨无人道的暴行积极予以抗争。

---

① 上海社会科学院历史研究所编：《五卅运动史料》第1卷，上海人民出版社1981年版，第753页。

② 上海公共租界工部局《警务日报》，见上海市档案馆编《五卅运动》第2辑，上海人民出版社1991年版，第105页。

③ 郑超麟编述：《帝国主义屠杀上海市民之经过》，见上海市档案馆编《五卅运动》第1辑，第272页。

表 8-7　五卅惨案中伤亡的部分商界人士

姓名/年龄	所属商店及地址	伤亡状况及时间
邬金华，14 岁	大世界西崽	5 月 30 日，子弹由背射入肺部死亡
石松仁，不详	大中华电器公司伙友	5 月 30 日，子弹由背腰射入，穿破两肾死亡
王纪福，36 岁	裁缝	5 月 30 日，子弹由胯骨穿破大肠死亡
唐良生，24 岁	华洋德律风公司接线生	5 月 30 日，子弹由背部射入膀胱死亡
石珠宝，21 岁	望志路人寿里 8 号小贩	5 月 31 日因弹中腹部而死亡
蔡洪春，22 岁	浙江路福兴点心店伙	子弹击中臂部，受重伤
邹益甫，32 岁	麦家圈其昌栈厨司	膝骨被击碎
钱石山，28 岁	法租界天利洋行职员	弹中右臂
陈金发，28 岁	大马路同昌车行伙友	弹伤腿骨
范章保，29 岁	昆明路 12 号商人	弹伤右肩
金念七，26 岁	公兴路金源记皮厂厂主	子弹从背射入，由腹出，生命甚危
华中原，22 岁	小花园兴隆鞋店鞋匠	子弹由近背右肋入，左肋出，脾肺肝均坏
梅和尚，32 岁	天津路朱顺馀水作工匠	子弹由背入，未穿出，命甚危
陈宝卿，50 岁	北京路周根记洋货号店伙	背肩中弹
周仁连，17 岁	山海关路 7 号电灯匠	弹中腰背，皆伤要害
王如平，24 岁	煤屑路南山 11 号酒店伙友	弹中背骨
卫阿二，56 岁	南褚家桥洪元记成衣铺店伙	弹中颌骨
蔡阿根，15 岁	浙江路 93 号吴和兴洋铁店学徒	5 月 30 日在南京路路口被西捕击伤，救治无效死亡
施花郎，26 岁	唐家湾小菜场 5 号商贩	弹穿碎两膝骨
张幼秋，26 岁	浙江路 717 号凤翔鞋庄账房	6 月 1 日在大马路被枪弹击伤
张月秋，26 岁	鞋店账房	6 月 1 日，在永安公司边门，子弹由背入左胁
沈河兴，21 岁	豆腐店伙	6 月 1 日，在永安公司门口，弹自背后及左肩入
毛东生，19 岁	东新桥源新顺蜡烛店伙友	6 月 1 日，弹从小腿向上入内

续表

姓名/年龄	所属商店及地址	伤亡状况及时间
杨连发，24 岁	浙江路 147 号美成鞋庄店伙	6 月 1 日在大马路、浙江路路口被巡捕击毙
陈鹤年，19 岁	偷鸡桥裕康金号伙友	6 月 1 日在南京路被巡捕击伤
朱子松，不详	浙江路 580 号交通鞋庄执事	6 月 4 日在店铺内被西捕以枪击伤头颅

资料来源：本表据《申报》相关记载综合而成。

6 月 1 日上午，各路商界总联合会召集各路代表举行联席会议，决定致电北京政府暨江苏省省长，请求速派专员来沪交涉，并印发维持秩序的传单，希望各路商店将罢市坚持下去："同胞被杀，休业志哀，尊重国体，维持秩序，静候解决。"①同时，公共租界各马路商界联合会也纷纷举行会议，对罢市进行了统一部署：

> 租界各马路商界联合会均开了会，要求会员们按照大会决议执行。过后不久，印有这一要求的传单就张贴在各公共场所，同时又在华籍居民中秘密散发。这一宣传活动使租界几条主要马路上的部分商店于今晨关门停业。在一份致店员书中有如下词句："商界全体人员和工人们所举行的总罢工将支援学生运动。"在同一时间散发的另一份套红印刷传单，其措词如下："同胞们！快觉醒吧！学生们在发表反对码头捐等的演讲时，竟被租界巡捕枪杀，现在到处都流着他们的血。如果我们中国人不奋起自卫，就将无立锥之地。明天将开始总罢工，罢工将进行到底。"②

南京路商联会依据联席会议决议案，于 6 月 1 日"全体会员商店一律罢市，各代表及职员每日集会两次，会议一切"，同时，要求"各会员商店坚决支持，并保守秩序。休业后应静待解决，务祈劝诫贵处伙友、学徒等人，如无重要事件，切勿外出，窗门亦应紧闭"。③ 四马路商联会呼吁各商店"罢市务必坚

---

① 《南京路惨剧后昨日公共租界罢市》，《申报》1925 年 6 月 2 日，第 13 版。
② 上海公共租界工部局《警务日报》，见上海市档案馆编《五卅运动》第 2 辑，第 107 页。
③ 《南京路惨剧后昨日公共租界罢市》，《申报》1925 年 6 月 2 日，第 13 版。

持到底，静候解决，誓达目的，万勿中止”①。与此同时，虹口三路、浙江路、汉口路、沪西四路、百老汇路、民国路、汉璧礼路、西华德路、南阳桥、爱多亚路等商联会也纷纷召开会议，表示“应同各路商总联会、总商会及各法团一致进行，互相援助，为永久之精神，不达目的不止”②。6月2日下午，商总联会召开会议，决议通告各路商店：

> 同胞被杀，凡属国人，同深悲愤，各路商店，亦已自动罢市，共起表示，本会连日讨论，正在筹议严重交涉办法，切盼商界同人，在此交涉期内，宗旨必须坚决，态度应各沉静，尊重国体，勿轻躁动。③

公共租界罢市后的第六日（即6月7日），位于华界的东北城商联会召开紧急会议，会员三百余人“要求本会举行最后之表示，作官厅交涉之后盾，当由主席付表决，全体举手赞同……一律实行牺牲营业，故昨日（指6月6日——笔者注）小东门、新北门、福佑路、旧教场、卢家弄、天官坊等各商店，皆已遵照议决案，将排门紧闭”，这时，距离五卅惨案已经有七天了。实际上，华界内早有商店的自动罢市，华界内的商联会为什么在七天后才做出罢市的决定呢？东北城商联会在致总商会会长虞洽卿的电文中解释说：

> 敝会当以事关重大，勿事一时之热度，俾留交涉余地，静候折冲之胜败，以作罢否之表准，乃时阅七日，非但交涉毫无结果，而英捕之惨杀学生依然如故，报章叠载，无日无之，甚至调召陆战队登陆，强占公共场所，擅封各大学，其视吾国为何如国乎，其视吾华人为何如人乎，吾华界商民人等，岂忍作旁观地位乎？亦岂任其妄为乎？④

不过，法租界、华界内的部分商联会在罢市问题上做出了不一样的选择。针对界内部分商店的自动罢市行为，法租界商联会主张“界内众商号，切弗罢市，以留协助余地”⑤。6月4日晚，法租界商联会召开紧急会议，“因法总领

---

①　《公共租界罢市之第五日》，《申报》1925年6月6日，第9版。
②　《公共租界罢市之第三日》，《申报》1925年6月4日，第13版。
③　《公共租界罢市之第二日》，《申报》1925年6月3日，第9版。
④　《公共租界罢市之第六日》，《申报》1925年6月7日，第13版。
⑤　《公共租界罢市之第三日》，《申报》1925年6月4日，第13版。

事曾允竭力援助，故为外交上之助力计，不得不暂维现状，以求圆满之结果"，于是通过"不罢市"决议案，并组建"上海法租界商业联合会维持秩序团"，因此，法租界中"横马路等各商号，仍照常营业，并未罢市，故法租界地方仍然安静"，该会同时发出致各会员通告，"务请各宝号暂维现状"，将营业收入捐助罢工、罢课的工人和学生：

> 法界一部分商人在某处集议，佥以罢市援助学生工人，本商人应尽之责任，但此次惨案，系发生于公共租界，法界商店，情形较为不同，殊无罢市之必要，不如仍行开市，即以此时期间每日营业所收入者，将其余利全数捐作救济此次惨案费用，庶一举数得。①

胡家桥商联会于 6 月 6 日晚召开的全体大会也不赞成罢市，呼吁"我华界万勿有此举动，自相残杀，应请各工人奋起精神，认真工作，俾得多做工资，接洽苦工"。法租界内的南阳桥商联会则主张听各商店自主："主张罢市开市，均系商人自动，本会不必过问。"②在法租界罢市与开市问题上，学生联合会倾向于开市，并"提出派代表请求法租界各商号开市"③。

此时，罢市不到两天的东北城商联会受邀与淞沪警察厅厅长常芝英晤谈，常芝英表示"甚愿罢市问题，赶紧结束，以免旷日持久，于营业上多所损失"，与此同时，学生联合会也来函反对华界罢市，称"如贵会救国有心，则乞慷慨捐输巨款，以助罢工工人，则贵会有助乎交涉前途者，且多于罢市"，6 月 7 日晚，东北城商联会召开紧急会议，决定于 6 月 8 日"一律开市"。同一天，华界南区、沪南六路、沪南东区、东北城、肇嘉路十五铺、民国路、邑庙豫园、北城八路商联会在南市浦东公所召开联席会议，"议决东北城各商铺之罢市三日，系为哀悼被杀学生市民起见，但华界各商业似无罢市之必要，应俟三日期满，照常营业，以维市面"④。次日，沪南六路商联会专门"通告各商号，切勿罢市，静候交涉之结果"⑤。在华界做出开市决定的同时，公共租界

---

① 《公共租界罢市之第七日》，《申报》1925 年 6 月 8 日，第 13 版。
② 《公共租界罢市之第六日》，《申报》1925 年 6 月 7 日，第 13 版。
③ 《公共租界罢市之第五日》，《申报》1925 年 6 月 6 日，第 9 版。
④ 《公共租界罢市之第七日》，《申报》1925 年 6 月 8 日，第 13 版。
⑤ 《蔡曾抵沪后之南京路惨案》，《申报》1925 年 6 月 9 日，第 9 版。

内商联会坚持罢市的决心仍十分坚定，6 月 7 日，南京路商联会与相邻的福建路商联会召开联席会议，重申"罢市问题，惨案交涉未了以前，本路等誓不开市"①。6 月 8 日上午，浙江路、五马路、河南路、爱多亚路等商联会召开联席会议，决定将罢市"一致坚持到底"②。

然而，罢市并未使外人在交涉中让步，6 月 18 日，北京政府与六国委员会代表团的交涉陷入停顿，18 日晚间，代表团离沪。在这种情况下，出现了开市的呼声："商人罢市既久，发生了一个开市的问题，以为长久罢市，多是自己的损失，所以提出缩短战线的口号来，并且说罢工要款项接济，才能维持，不如商人开市，将一部分利润来援助。"③但是，商联会内部在开市问题上意见不一，6 月 22 日下午，文监师路商联会将开市提案付诸表决，结果，会员"李君立起立反对，谓此次英捕惨杀同胞，全市愤激，达于极点，苟非有满意之交涉结果，誓不开市，多数附议，坚持到底"④。针对开市问题上的不同意见，江苏省政府致电商总联会，希望商界早日开市：

> 念此案发生以来，各业激于义愤，罢市业逾半月，牺牲甚巨，目前节关逼近，若再交涉需时，商市长此停顿，则各界益增损失，再四思量，忧心如捣，贵会领袖群商，洞烛利害，拟请敦劝各业，先行开市，所有本案交涉，由官厅负责办理，即希转致各业。⑤

6 月 24 日，商总联会邀集民间团体和官厅代表共一百余人召开联席茶会，会上，省政府代表再次强调商界"罢市以来，已二十余日，但于人无损，于己有害，故郑省长希望商界早日开市"，虞洽卿解释了总商会主张开市的原因。会后，公共租界 32 路商联会的代表商议开市问题，结果，"赞成二十六日开

①　《公共租界罢市之第七日》，《申报》1925 年 6 月 8 日，第 13 版。
②　《蔡曾抵沪后之南京路惨案》，《申报》1925 年 6 月 9 日，第 9 版。
③　恽代英讲述：《五卅运动》，见上海市档案馆编《五卅运动》第 1 辑，第 247 页。
④　《惨案移京后之上海昨讯》，《申报》1925 年 6 月 23 日，第 9 版。
⑤　《惨案移京后之上海昨讯》，《申报》1925 年 6 月 23 日，第 9 版。

市十八票，保留者四票，继续罢市者七票，多数主张开市"①，持续 26 天的罢市正式结束。这次罢市斗争给商界造成了重大损失，据事后公共租界 33 个马路商联会的调查呈报，罢市期内，租界内华人商铺损失银两共 3678145.9 两，银币达 7754831.15 元。②

从罢市与开市的过程看，在对待五卅惨案的态度上，政府"总以设法劝导先行开市，以待解决"③，主张抗争严格限定在外交层面上，压制商界积极的反抗行为；总商会则主张缩小斗争范围，目标直指英租界当局；商总联会和各路商联会则因为界域的不同而选择了不同的策略，以南京路商联会为代表的公共租界内的商联会坚持以罢市作为抗议租界当局和声援学生、工人的手段，法租界内的商联会则主张以开市争取法租界当局的外交同情，同时以营业收入援助工人、学生，华界内的商联会激于民族义愤，曾进行过罢市抗争，但很快在政府和学生组织的要求下，转而开市。在罢市并未成功促使外人在交涉中让步的时候，商总联会投票表决，结束了罢市。但是，各路商联会仍继续以函电交驰，以隔空喊话的方式对北京政府及国际社会形成舆论压力，表达商界的政治诉求，同时捐助款项，济工恤难，为工人、学生继续罢工、罢课提供经济后盾。

(二)隔空喊话：商联会的政治表达

五卅惨案的发生，激起了中国人民的一致愤怒，各界纷纷致电致函中央及地方政府，表达政治诉求，敦促政府迅速展开交涉。商总联会及各路商联会加入这一函电洪流中，先后数十次发出函电，或致段祺瑞政府、外交部、江苏省政府及江苏省驻沪交涉公署，或通电全国各界，或致电六国委员会，在表达悲愤的同时，提出了商界处理五卅惨案的要求。表 8-8 是根据《申报》记载整理的商总联会及各路商联会的部分函电内容。

---

① 《开市声中关于沪惨案之消息》，《申报》1925 年 6 月 25 日，第 9 版。出席会议的 32 路商联会为：江西路、福建路、汉璧礼路、汉口路、吴淞路、四川路、南京路、沪东、西华德路、广西路、北山西路唐家弄两路、四马路、文监师路、河南路、百老汇路、沪北五区、曹家渡、引翔港、天潼路、崇明路、山东路、山西路、爱克界三路、新闸九路、五马路、沪西六路、沪西四路、虹江六路、浙江路、北京路、海宁路、沪西九路。

② 《商总联会呈报五卅各路损失详数》，《申报》1926 年 5 月 5 日，第 13 版。

③ 《公共租界罢市之第七日》，《申报》1925 年 6 月 8 日，第 13 版。

表 8-8　商总联会及各路商联会部分函电内容

函电团体名称	时间	函电对象	主要内容
商总联会	1925 年 6 月 1 日	北京段执政、外交部，南京卢宣抚使、郑省长	盼速交涉，并派专员来沪
浙江路商联会	1925 年 6 月 2 日	北京段执政，南京卢督办、郑省长，江苏驻沪交涉公署	①迅派大员来沪严重交涉②迅予依法抗争，以保同胞生命
沪西商联会	1925 年 6 月 2 日	北京段执政、沈总长	电恳严重交涉，庶民愤可平，治安可保
沪南东区商联会	1925 年 6 月 3 日	北京段执政、外交部，南京卢宣抚使、郑省长，上海陈交涉员	务恳严重交涉，惩凶厚恤，对于工部局擅提码头捐等案，一致抗议，以维国权
汉口路商联会	1925 年 6 月 3 日	北京段执政、沈总长，南京卢督办、郑省长	据理严重交涉，伸国权，雪奇辱
七宝商联会	1925 年 6 月 3 日	上海陈交涉使	据理交涉，务达目的，重民命，保国权
爱多亚路商联会	1925 年 6 月 3 日	北京外交部	迅提严重交涉，务达收回主权、惩凶、抚恤、道歉目的
肇嘉路十五铺商联会	1925 年 6 月 4 日	北京段执政、外交部，南京卢宣抚使、郑省长，上海陈交涉使	向使团租界当局严重交涉，一致抗议，以维国权
商总联会	1925 年 6 月 5 日	江苏驻沪交涉公署，北京外交部	①要求租界当道严令警捕军队，切勿再有前项压迫强逼事件发生②再提二次抗议，严重驳复，勿稍退让
沪西九路商联会	1925 年 6 月 5 日	北京段执政、各省督办、省长	视人民为一体，同伸义愤，以盾其后
东北城商联会	1925 年 6 月 6 日	北京外交部沈总长	祈钧座热心毅力，与使团严重抗议
商总联会	1925 年 6 月 6 日	江苏特派交涉使	警告万国商团，嗣后毋得复有恐吓行动，再酿巨祸
法租界商联会	1925 年 6 月 8 日	法国驻沪总领事	立请将万国商团及西捕，先行解除武装
商总联会	1925 年 6 月 9 日	中国驻外各使	宣传五卅惨案真相

续表

函电团体名称	时间	函电对象	主要内容
法租界商联会	1925 年 6 月 9 日	北京政府特派专使蔡曾两君	驳复领事团之片面言论
浙江路商联会	1925 年 6 月 10 日	江苏特派交涉员，执政府任命专使曾蔡二君	向工部局严重交涉，分别惩办赔偿损失而安良善
法租界商联会	1925 年 6 月 10 日	江苏特派交涉员，法国驻沪总领事	①请于二十四小时内将十七条速交领事团积极严重交涉 ②请向英日两国提出严重抗议
东北城商联会	1925 年 6 月 10 日	卢宣抚使	请蔡曾二使应付交涉事宜，不得稍有退让
北城商联会	1925 年 6 月 10 日	北京政府特派专使蔡曾两君	请蔡曾二使毋畏强权，按照国际公法交涉，务达目的而后已
南京路商联会	1925 年 6 月 11 日	曾蔡两特使暨许交涉员	务祈从速据理力争，勿为强权屈伏
海宁路商联会	1925 年 6 月 11 日	西南各军界将领	捐弃前嫌，一致对外，迅速息争罢战
东北城商联会	1925 年 6 月 12 日	南京郑省长	请将学工商界所提出之十三条件，毅力抗议，务获平反
南京路商联会	1925 年 6 月 16 日	全国军事当局	请一致息争对外
民国路商联会	1925 年 6 月 16 日	驻沪法总领事梅礼蔼	请出为判证调解
南京路商联会	1925 年 6 月 17 日	六国委员会	希望诸国对华政策应时而变，本着国际公法、公理人道精神，公正处理五卅惨案
商总联会	1925 年 6 月 17 日	各省督办省长暨全国军民长官	请全国息争，一致御外
商总联会	1925 年 6 月 19 日	北京段执政、外交部、外交委员会	务恳迅与英公使严重交涉，限期六日内，有满意解决
东北城商联会	1925 年 6 月 20 日	冯玉祥	实行始志，勿渝初衷

续表

函电团体名称	时间	函电对象	主要内容
汉口路商联会	1925 年 6 月 22 日	北京段执政、沈总长	依据十七条，务达完全目的
宁波路商联会	1925 年 7 月 2 日	北京段执政外长暨外交委员会	严厉交涉，据理力争
商总联会	1925 年 7 月 15 日	北京外交部	速向使团提出赔偿先决条件
商总联会	1925 年 8 月 4 日	北京外交部沈总长	重派调查，无论如何，万难承认，应请大部，力主反对
商总联会	1925 年 8 月 13 日	北京段执政	饬沈外长严催使团即日开议，以彰公理而慰舆情
商总联会	1925 年 9 月 11 日	北京段执政、外交部沈总长	请即据理严驳，拒绝重查
五马路商联会	1925 年 9 月 16 日	北京外交部沈总长	反对司法重查，请政府万勿加派委员预预
汉口路商联会	1925 年 10 月 6 日	社会各界	反对沪案重查
商总联会	1925 年 10 月 7 日	社会各界	反对沪案重查
五马路商联会	1925 年 10 月 7 日	法、美、英、意、日、比驻北京使馆	反对沪案重查
沪北六路商联会	1925 年 10 月 10 日	社会各界	反对沪案重查
爱克界三路商联会	1926 年 1 月 14 日	江苏特派交涉员许秋骦	据实力争五卅惨案损失赔偿
爱克界三路商联会	1926 年 1 月 17 日	北京外交总长王正廷	以十三条据理力争，保障国权

资料来源：本表据《申报》相关记载加以整理而成。

商总联会与全国各界的隔空喊话，对促使北京政府派员调查并交涉五卅惨案产生了一定作用。6 月 1 日，上海马路商界总联合会率先致电北京政府，要求迅速展开交涉："陷日西捕枪杀演讲华人，全市悲愤，东日罢市，又杀数人，巨变在即，盼速交涉，并派专员来沪。"①其后，其他商联会多次致电政府，敦请派遣专使赴沪。在各界函电催促下，江苏省于 6 月 3 日派出南京交涉员廖恩涛、教育厅厅长蒋维乔、实业厅厅长徐兰墅、教育厅科员周冕英四人为沪案专员赴沪调查，6 月 4 日，北京政府秘书处致电上海总商会并转各路商界联合会，告知政府已委派蔡廷干、曾宗鉴"驰往查办"，同日，外交部为指派蔡、曾为沪案专使电复交涉公署：

> 迭据沪上各团体电请严惩交涉，派员赴沪，查此案伤毙多人，政府至为重视，一日即向使团提出严重抗议⋯⋯现奉执政府特派蔡督办廷干、本部曾次长宗鉴，克日赴沪调查，仰将以上办理情形，迅转上海各路商界总联合会、银行公会、南洋、同济、复旦、持志、大同、各大学校长⋯⋯②

6 月 10 日，驻京公使团委派英、法、美、比、意、日六国驻华使馆参赞组成六国委员会赴沪展开调查并办理此案，6 月 16 日，北京政府正式任命蔡廷干、曾宗鉴、郑谦、虞洽卿为沪案谈判委员，五卅惨案进入正式交涉阶段。可以说，正是在商总联会、各路商联会与全国各界的千呼万唤下，北京政府才派出专员调查并组成代表团与六国委员会展开正式谈判。

但是，隔空喊话的深层意蕴更在于表达商界的政治诉求。6 月 3 日晚，南市北城、东北城、民国路、肇嘉路十五铺、沪南东区、邑庙豫园等商联会率先提出较为完整的交涉条件，即"(一)惩办枪杀学生工人之凶手；(二)释放被捕学生工人；(三)永远取缔码头捐及印刷附律交易所领照；(四)收回会审公堂、取消领事裁判权；(五)赔偿肇事后华人一切损失；(六)向中国政府道歉；(七)不准越界筑路，如已筑之路应归还华官无条件接收"③。6 月 5 日，四马路商联会提出三项八条交涉条件："(甲)(1)工部局董事会，由华人共同组织，其华董资格及额数，依照西人纳税之规定。(2)收回公廨。(乙)(1)惩凶。(2)送回被捕人至交涉公署。(3)道歉。(丙)(1)撤销印刷附律提案。(2)撤销

---

①　《南京路惨剧后昨日公共租界罢市》，《申报》1925 年 6 月 2 日，第 13 版。
②　《公共租界罢市之第四日》，《申报》1925 年 6 月 5 日，第 9 版。
③　《公共租界罢市之第四日》，《申报》1925 年 6 月 5 日，第 9 版。

码头捐提案。(3)撤销交易所注册提案。"①其后，各路商联会纷纷加以补充和完善。这些诉求迅速以函电形式提交给北京政府，向中外各界清晰地传达了上海中、下层商人对五卅惨案的愤怒情绪，表现了商人维护国家主权、反抗英租界当局的意志与决心。函电除敦促政府迅速展开交涉外，还提出了商界对于解决五卅惨案的直接诉求和间接诉求。直接诉求表现为惩凶、赔偿、道歉等方面，间接诉求则集中体现为要求改变租界制度下存在的华洋不平等待遇。这些诉求最终与工界、学界的诉求一道汇聚成十三条正式交涉条件：

> (1)惩凶；(2)赔偿；(3)道歉；(4)撤换工部局总书记鲁和；(5)华人在租界有言论、集会、出版之绝对自由；(6)优待工人；(7)分配高级巡捕，捕房应添设华捕头，自捕头以下各级巡捕，应分配华人充任，并须占全额之半；(8)撤销印刷附律、加征码头捐、交易所领照案；(9)制止越界筑路；(10)会审公廨，华法官得独自裁判，领事无陪审或观审权；(11)工部局投票案；(12)要求取消领事裁判权；(13)永远撤退驻沪之英日海陆军。②

上述十三条中，第一条至第四条由五卅惨案直接引发，第五条至第十三条则是租界华商长期为之奋斗的目标，反映了商总联会及各路商联会所代表的上海中、下层商人的政治愿望。在北京政府的弱势外交下，中、下层商人的诉求虽然无法通过五卅运动而完全实现，但隔空喊话却是一次成功的政治表达。

(三)善后：济工与恤难

在公共租界罢市前，学生、工人已先行罢课、罢工。据估计，卷入罢工的工人达20余万，如何维持罢工、罢课的工人与学生最基本的生活，解决他们的后顾之忧，成为运动组织者最棘手的问题，也是五卅运动能否持续下去的关键。商总联会、商联会一方面发动广大中、下层商人以罢市声援工人、学生，另一方面呼吁并组织商人捐助款项，济工恤难，以善其后。

其实，法租界、华界内的部分马路商联会早就主张将开市收入全数捐给

---

① 《公共租界罢市之第五日》，《申报》1925年6月6日，第9版。
② 《公共租界罢市之第七日》，《申报》1925年6月8日，第13版。

罢工学生、工人以维持生活，坚持斗争。在 6 月 3 日上午南阳桥商联会紧急会议上，已有会员提出"由各会员担任经费实力救助"①，但未形成决议。沪西九路商联会也于 6 月 4 日召开紧急会议，决定"由本路各商家筹集巨资，以为补助劳工之预备"②。6 月 5 日，法租界商联会通过了由"各商号集款辅助工人"的决议案。③ 6 月 6 日，胡家桥商联会召开全体会员大会，"组织援助休业苦工临时募金队，推定张瑞章、滕致祥、林有辉等八人分赴各工商厂栈劝募，当由董鲤庭、金仲谦、周兆熊、何其昌、黄洞庭及各商号等捐助大洋一百二十余元"，这是商联会实际捐助款项、接济罢工工人行动的开始。同日，商总联会致函总商会、纳税华人会、各交易所，筹募济工基金，"务请解囊慨允，合力进行"④。这一时期，商界的捐款行动尚处在酝酿与筹划阶段。

但是，工商学界的三罢斗争并没有使五卅惨案很快得到公正处理，相反，五卅惨案后英租界当局继续对坚持三罢斗争的工人、学生、店员加以镇压，伤亡者不断增加，这不但更加激起了商界的政治热情，而且也使他们认识到斗争的长期性。为使工人、学生坚持下去，商总联会、各路商联会掀起了捐款高潮。6 月 7 日南京路、福建路两商联会联席会员大会专门讨论了捐款问题，决定"请各商号量力捐输，由会汇解工学商联席会，以救燃眉，当时在席者，均纷纷认捐，如南京路王才运君、时新昌各 100 元，同新祥同人 80 元，福建路邬志豪、周韶笙各 100 元，其余数十元至数元不等，计数颇巨，并有邓中兴五金号邓锦初君首先提倡商号伙友认捐办法，抽薪水之二成为捐款，邓君自捐 50 元外，该号本支各店计伙友 36 人，共捐出洋 116.8 元，到会商号，颇多赞同"⑤。华界南区、沪南六路、沪南东区、东北城、肇嘉路十五铺、民国路、邑庙豫园、北城等商联会"议决由各团体自行募捐，援助学生会"⑥。6 月 8 日，闸北商联会召开紧急会议专门讨论募捐问题，"请到会者先行自认，再行推出委员若干人，分向各路商号劝募……当场认定者计洋一百

---

① 《公共租界罢市之第三日》，《申报》1925 年 6 月 4 日，第 13 版。
② 《公共租界罢市之第四日》，《申报》1925 年 6 月 5 日，第 9 版。
③ 《公共租界罢市之第五日》，《申报》1925 年 6 月 6 日，第 9 版。
④ 《公共租界罢市之第六日》，《申报》1925 年 6 月 7 日，第 13 版。
⑤ 《公共租界罢市之第七日》，《申报》1925 年 6 月 8 日，第 15 版。
⑥ 《公共租界罢市之第七日》，《申报》1925 年 6 月 8 日，第 15 版。

数十元，并推出王理卿、朱兆圻为会计，李广珍、孙启英、萧哲明、程滋生、何振瀚、程鸿发、沈以敬、张亚悦、徐友仁、盛同元、王泽民、陆宝书为募捐委员"①。其他各路商联会亦纷纷召集职员会或会员大会，动员商店捐款，集腋成裘，据不完全统计，五卅运动期间，四川路、南京路、法租界等26个马路商联会共捐款大洋28809元，小洋7114角，铜元78910文，详情见表8-9。

表 8-9　五卅运动期间部分商联会捐款援助工人数额

商联会名称	捐款数额		
	大洋（元）	小洋（角）	铜元（文）
四川路	2406	2535	2550
南京路	5932	759	1070
法租界※	4580	1032	66550
汉口路	303	—	—
胡家桥	355	—	—
沪北六路	823	8	—
邑庙豫园	141	—	—
肇嘉路十五铺	965	432	2560
东北城	771	32	—
吴淞路	404	—	—
物华天宝两路	580	—	—
崇明路	170	—	—
西华德路	1137	146	—
沪西九路	450	214	—
汉璧礼路	1310	171	4000
沪南东区	2146	237	—
爱克界三路	336	—	—
南阳桥	300	—	—
山西路	249	—	—

① 《蔡曾抵沪后之南京路惨案》，《申报》1925年6月9日，第9版。

续表

商联会名称	捐款数额		
	大洋(元)	小洋(角)	铜元(文)
四马路	316	—	—
南区	632	1221	2180
百老汇路	3161	120	—
浙江路	300	—	—
文监师路	141	—	—
虹口六路	400	—	—
福州路	501	207	—
总　计	28809	7114	78910

资料来源：本表数据系根据《申报》1925 年 6—7 月的记载统计而成。

注：※内含法租界商联会义校学生募捐金额。

6月26日，商界结束罢市，为罢工工人筹募款项的任务转由总商会承担。总商会发起商界爱国募金大会，由会长虞洽卿任爱国募金队总队长，9月24日，虞洽卿召集各商联会代表开茶话会，对在座代表寄予厚望，希望商总联会"本不屈不挠之旨，组织爱国募金"①。在总商会的号召下，商总联会又发起组织爱国募金后援队，下辖四十支分队，以马路商联会为单位，募金数额为 53000 元，以一个月为限，分四期征募，为此，商总联会还专门成立了组织机构，以袁履登为总队长，邬志豪、钱龙章为副队长，叶惠钧为总参议，副总参议由许廷佐、成燮春担任，俞国珍任总干事，严谔声、蒋梦芸为书记长。② 除在沪埠广泛发动外，商总联会还派出张静庐、潘冬林、曹慕管、虞仲咸四人专程赴宁波组织发动，派出蒋梦芸、王延松、陆文韶、汪醒斋等人赴苏州宣传。

与此同时，各路商联会也积极投入爱国募金活动中。四川路商联会散发"不爱国不算热心，不募金不是同胞之广告"，于9月29日召开会员大会，要求会员商号"节省中秋筵席之费，以充爱国募金"，并发出通告，诉诸爱

① 《爱国募金之茶话会》，《申报》1925 年 9 月 25 日，第 14 版。

② 《爱国募金后援队成立》，《申报》1925 年 9 月 28 日，第 9 版。

国热情：

> 五卅以后，外交虽不能解决，然尚能相持而不屈者，民气一致故也。
> 现在济工负担，渐次减轻，最后时机，正须努力坚持到底，吾纵不为自
> 身计，亦当为子孙计也，弱国之民，如此如此，亡国之后，金钱何用，
> 言念及此，心为之寒，本会持不挠不屈之旨，组织爱国募金支队，敢希
> 本路各大宝号踊跃输捐，不落人后，是为厚望。①

各路商联会爱国募金后援队先后成立，广西贵州劳合三路商联会除组织募金
支队外，还专门成立了爱国募金妇孺队。10 月 10 日，爱国募金大会在上海总
商会正式成立，商总联会所属各路支队以演剧募金、节省中秋筵席费或直接
上门劝募等方法，募集款项，使济工恤难活动进入了一个新阶段。

以商总联会、商联会为代表的广大中、下层商人以罢市、隔空喊话、济
工恤难等多种方式参与了五卅运动。罢市固然表达了商界对学生爱国行动的
一种有力声援，但并不是唯一的手段，函电交驰中的言论，以隔空喊话的方
式，反映了商界反抗英租界当局、同情学生爱国之举的政治态度，不仅形成
了一种有利于交涉的舆论环境，也使北京政府感受到了来自民间的压力，捐
助款项、济工恤难更是对罢工、罢课的一种有力支持，它在相当程度上解除
了工人、学生的后顾之忧，使得斗争能在相当长的一个时期内坚持下来，也
正因如此，作为一种策略选择，学界并不反对商界开市，甚至一开始就不主
张华界、法租界内的商联会罢市。可见，开市不是商联会的单独行动，而是
五卅运动中工商学界集中力量、缩小打击面的一种策略选择，开市是运动整
体发展的需要，并不意味着软弱和妥协。因此，罢市是一种斗争手段，开市
是一种策略选择，五卅运动中的罢市与开市，不应作为资产阶级上层和中下
层的分界线，更不能作为资产阶级反抗帝国主义斗争坚定与否的标准。马路
商界联合会作为五四爱国运动中产生形成的一种街区性商人团体，在五卅运
动中对动员和组织广大中下层商人发挥了积极作用，平心而论，五卅运动中
工界、学界的爱国之举固然可歌可泣，商联会的政治参与亦属可圈可点。

---

① 《爱国募金会之消息》，《申报》1925 年 9 月 30 日，第 14 版。

五、南北对峙中的上海马路商联会

五四运动后，中国政局异常复杂。一是军阀混战连年，内阁变更频繁。华盛顿会议前后，正值直奉争夺北京政权最激烈的时候，靳云鹏内阁直系色彩浓厚，1921年12月，张作霖入京，靳内阁被迫辞职，徐世昌随之任命梁士诒组阁，梁有亲日背景，任上不仅重用交通系分子掌管财政部，而且起用五四运动中被罢免的曹汝霖、陆宗舆，大赦安福战犯，举借日债。1922年4月，周自齐取代梁士诒组阁，直、奉矛盾进一步激化。4月29日，第一次直奉战争爆发，奉军败退山海关外，直系军阀完全掌控了北京政权。在"法统重光"的旗号下，直系军阀推行"武力统一"政策，逼退徐世昌，虚迎黎元洪，制造曹锟贿选。1924年9月，江浙战争爆发，张作霖乘机率17万奉军入关，第二次直奉战争爆发。直系内部冯玉祥发动北京政变，囚禁曹锟，通电主和，并力邀孙中山北上共商国是，同时与张作霖妥协，北京政权实际上落入奉系的控制之下。此后，各路军阀与地方实力派之间的混战局面并未结束。不言而明的是，在军阀混战与内阁频繁变更的背后交织着列强的争夺与操控。

二是南北对峙。护法运动失败后，孙中山认识到军阀的本质，"南与北如一丘之貉"，他辞去广东护法军政府大元帅职务后，来到上海。上海的五四运动尤其是"六三"罢市使他看到了蕴藏在工人、学生、商人中间的巨大力量，同时，他也从俄国十月革命的经验中受到启发。1919年10月，孙中山将中华革命党整顿改组为"中国国民党"。1920年粤桂战争后，他于11月重返广州，恢复军政府，再揭护法旗帜。次年4月，国会非常会议在广州开会，通过《中华民国政府组织大纲》，选举孙中山为非常大总统。虽曾一度遭到陈炯明颠覆，但又于1923年重建广州政权，南北两个政权对峙的局面直到广州政府北伐成功后方告结束。

三是新政治力量的出现，1921年诞生的中国共产党，虽然力量还比较弱小，却代表了中国政治的希望，中共的主张为孙中山领导的国民党所接受，1924年中国国民党第一次全国代表大会通过的宣言，贯彻了"联俄、联共、扶助农工"三大政策，第一次国共合作局面正式形成。广州政府提出了废除不平等条约的正当要求，在广东发动了轰轰烈烈的工农运动、商民运动、青年运动、妇女运动。一时之间，广东成为引领中国革命的中心。

在南北对立的复杂局面下，商联会的政治姿态不仅取决于商联会自身的性质与职责，也取决于南北两个政权的性质。作为一个体制外的、非法人的中小商人团体，商联会以维护国权、商权为己任，理念与情感上均亲近南方革命政权。北京政府虽然权威不足，无所作为，但在法理上依然代表中国处理内政和外交，多事之秋下的政局与复杂速变的外交，使得北京政府处在风口浪尖上，受到各方质疑与反对。作为一个弱势政府，它对内没有维持一个稳定的政治局面，政争与战争交织而起，对外软弱妥协，在事关国家与民族利益的重大问题上，被迫退让。相反，南方革命政府以反对北洋军阀为宗旨，主张以革命手段推翻北京政府的统治。因此，商联会的政治天平明显偏向广州革命政府，对北京政府表现出了明显的疏离倾向，采取声讨、抵制、反抗等多种形式，反对北京政府，有时态度十分激烈，甚至以不承认北京政府相抗衡。

（一）反对北京政府

从成立的那一天起，商联会就站在对立立场上，批评北京政府的外交态度，反对其人事安排，拒斥其外债，限于篇幅，略述如下（有关商联会在重大政治活动如曹锟贿选、五卅运动中的表现，本书相关章节已有详细论析，此处不再赘述）。

第一，反对北京政府的外交态度。商联会成立之初，恰逢中国以战胜国身份参加巴黎和会。在如何处理山东问题上，商联会对北京政府的外交态度十分不满，法租界商联会致电巴黎和会中国公使转陆徵祥、王正廷、顾维钧专使，表示"山东问题，国民誓不承认签字，若签字，请勿回国"[①]。商总联会也致电北京政府，斥责"当局纵不为国权计，宁不为民意计乎？纵不为自身计，宁不为表同情于我之友邦计乎？密约既已铸成大错，卧榻岂容鼾睡他人，况国际联盟将次开会，提交公判，异口同声，政府既失着于前，宁不悔祸于后，若一意孤行，违反全国民意，铁路风潮，筹安覆辙，借鉴不远"[②]。巴黎和会期间，商联会积极支持学生的爱国行动，痛斥北京政府的亲日态度："此

---

① 《商界联合会致巴黎电》，《申报》1919年7月1日，第10版。
② 《商界拒绝直接交涉之严厉》，《申报》1920年2月7日，第10版。

次全国学界，要求取消军事协定，驳回日本通牒，政府竟置不理，至酿成全国罢课，不知政府何爱于日本，必欲助长其吞并之野心，何恶于国民，必欲摧折此勃兴之民气，清末前车，袁氏覆辙，可为殷鉴，本会全体商人，对于学界爱国行动，一致赞同，务望尊重民意，将两项要求，克日答复，否则土崩瓦解，即在目前。"①四马路商联会则致电北京政府，声讨当局的罪恶，指出"数年以来，为官僚忘其本分，人民代表之国会，竟产生于贩卖人口之安福部，依仗此等势力，而卖国以借款，而仇杀主体之人民，官吏何人，横暴一致于此"②。

第二，反对北京政府的人事安排。1921年北京政府欲任命张勋督办热河林垦事宜，消息一出，沪西商联会、新闸九路商联会、五马路商联会、海宁路商联会等群起反对，并致电北京政府，指出："勋非昔日通缉之罪人乎？缉之不得，赦之，赦之不已又用之，刑赏儿戏，几无法律可凭，我不知政府不惜牺牲一国之法律，以殉张勋，何独对于勋之厚也，还望下采舆论，俯顺民情，从速收回张勋督办热河林垦事宜之任命，以杜乱萌，而维法纪。"③大东门、东北城、民国路、北城、邑庙豫园等商联会还特地召集联席会议，决定"拍电政府，表示誓不承认"，痛斥北京政府对待张勋"姑息养奸，予以特赦，既属一人而负天下之众意，而今则反更予以重任，直置国本于不顾，弃舆情于敝屣，以致贻笑邻邦，人心动摇，国是颠倒，莫此为甚"，要求北京政府"俯顺舆情，急速收回成命，以固国本，而消隐患"。④ 随后，北京政府组建靳云鹏内阁，起用李士伟为财政总长，商联会认为这是一个亲日内阁，强烈反对，抵制北京政府吉会铁路、四郑铁路借款，表示"誓不承认，如果签字，当筹最后对付"⑤，要求北京政府"将李士伟迅予罢免，以顺舆情，而延国命"⑥。1922年年初，报章上出现了北京政府将起用曹汝霖、陆宗舆的消息，

---

① 《各路商界总联合会开会记反对租界行使印花税，赞同学界爱国行动》，《申报》1920年4月19日，第10版。

② 《商界联合会开会汇纪》，《申报》1920年4月22日，第14版。

③ 《沪西商界联合会之两要电》，《申报》1921年1月30日，第10版。

④ 《又一商界反对起用张勋电》，《申报》1921年2月3日，第10版。

⑤ 《商界总联合会要电》，《申报》1921年5月29日，第11版。

⑥ 《反对李士伟之继起》，《申报》1921年6月2日，第10版。

北海路、山西路、五马路、四马路等商联会立即联电徐世昌，指责其"起用凶人，实属违反全国民意，万一激起意外风潮，恐公亦无以自解，转电警告，务祈猛省"①。

第三，反对北京政府借外债、辟新税。1922年年初，报纸上出现了梁士诒内阁借债9600万的传闻，此即"九六公债"。② 上海各马路商联会进行了坚决抵制，商总联会立即致电徐世昌大总统，"郑重声明，我国民誓不承认此项九千万盐税公债，纵以全力相争，亦所不让，特此警告"③，南京路商联会致电各国驻华公使，不承认梁氏内阁的一切行为："敝国新任梁总理，举止荒谬，违背民意，一切设施，无论借款订约及何种谈判，敝国国民誓不承认。"④梁氏内阁的种种举动，令商联会十分愤怒，其指出，"近日梁士诒突窃内阁，赦安福，发巨债，拔曹陆，直接交涉鲁案，贪图借款折扣，种种违反民意，全国版图，必断送于若辈之手，国将不国，祛害除奸，急不容缓"⑤。商联会要求罢免梁士诒的呼声不断，相关电文见表8-10：

表 8-10　1922 年上海马路商联会反对梁士诒的电文一览

商联会名称	电文内容	资料来源
沪北六路	立解梁某总揆一职	《申报》1922 年 1 月 9 日
南京路	梁士诒窃据内阁，胆敢赦用逆党，私借巨款，并与日本直接谈判鲁案，倒行逆施，全国共愤，卖国殃民，罪无可赦，请一致反对，共灭害马	《申报》1922 年 1 月 12 日
百老汇路	我商民异常愤怒，恳速罢黜梁等，并宣布对外方针，否则誓以相当手段对付	《申报》1922 年 1 月 12 日
新闸九路	全埠商民，莫大愤慨，望速罢免，以顺舆情	《申报》1922 年 1 月 12 日

① 《商界反对起用曹陆电》，《申报》1922 年 1 月 7 日，第 10 版。

② 1922 年 1 月财政部与盐余借款联合团(北京银行公会召集与盐余借款有关各银行号组成"盐余借款联合团"，旨在要求政府清偿盐余借款，并协商债券发行办法)暨有关各银行号签订合同，规定财政部发行八厘债券，用以偿还指定盐余作抵之内外短期借款，因总额为 9600 万元，因此又称"九六公债"。"九六公债"曾引发了一场轰动一时的"财政大参案"。

③ 《国民对于现政府之反对声》，《申报》1922 年 1 月 8 日，第 10 版。

④ 《南京路商界之反对梁阁》，《申报》1922 年 1 月 12 日，第 14 版。

⑤ 《商学界电争鲁案与借款》，《申报》1922 年 1 月 9 日，第 10 版。

续表

商联会名称	电文内容	资料来源
沪北五区	鉴于北京政府之种种不法举动，公电梁阁，劝其自退	《申报》1922 年 1 月 13 日
商总联会	罢免梁氏，永不起用，以彰公意而救危亡	《申报》1922 年 1 月 13 日
东北城	俯顺舆情，另简贤能，以固国本，而平民愤	《申报》1922 年 1 月 14 日
西华德路	梁士诒不顾廉耻，前已饱食远飏，今复来啄此余肉，可怜我万万生灵，又为砧上之肉，任人脔割，肥已瘠民，诚何心哉！应即斥之下台	《申报》1922 年 1 月 15 日
北海路	另选贤能，速组新阁，似不必为梁氏一人，陷中国大局决裂于不可收拾之境	《申报》1922 年 1 月 16 日
爱多亚路	梁氏不去，国无宁日	《申报》1922 年 1 月 17 日

新闸路、文监师路、西华德路等十余路商联会开会集议，"以北京政府诈欺手段，殊属可恨，国民非有重大表示，难期胜利，因此一致主张组织二次示威大运动"①。北城商联会更将矛头直指徐世昌大总统，指责其"尸位三年，一无功绩，而祸国殃民之事，昭然若揭，前次直院之争，与兹吴张之战，莫非足下从中为之作俑，遂致不惜牺牲国家，摧残元气，人民受其荼毒，工商因之凋敝，教育因之停滞，水深火热，受惠实多，敝会为保全国脉，爱惜先生起见，用敢代达民情，请尔从速退位，以谢国人，听国民自决"②。商联会的主张虽多为纸上谈兵，也难以撼动北京政府的政治立场，却表达了鲜明的政治态度，并汇合成一股舆论洪流，进一步削弱了北京政府统治的权威。1922 年，爱多亚路商联会对中华民国成立以来的政治评价颇具代表性：

> 民国肇始，于兹十一年矣，因我国民放弃责任，听凭武人官僚专权，近年来我商民痛苦已达极点，加租增税，供军阀政客之欲望，甚至假言赈捐，救济灾民，其实不然，赈捐者官僚骗钱之手腕也，增税者杀人自杀之刀匕也，我商人不察内情，备受无名之痛苦，今我国民既知北政府之行为，有以造成外侮濒来，豺狼当道之世界，致我人民日处于水深火

---

① 《对于鲁案之二次示威大运动》，《申报》1922 年 1 月 8 日，第 10 版。

② 《北城商联会之驱徐电》，《申报》1922 年 5 月 23 日，第 13 版。

热之中。自洪宪盗国，安福卖国，皆为罪魁梁逆所缔造，今世人所注意之太平洋会，我国人希望山东问题，鲁案有公道满堂之解决，不意梁氏甫经上台，即密电太会代表施顾王，主张直接交涉，冀可向日借债赎路等情，其实赎路者口头禅，乃供给武人者耳，而素为国民所疾视之张作霖，决堤淹民之吴佩孚，因分赃不平，互起冲突，诚恐又起争端，我商民大祸又将至矣。①

因此，1922 年后，商联会在重大政治事件中，几乎"逢北必反"，对北京政府的赋税政策，如开征印花税、所得税等，多持抵制态度。

（二）亲近广州政府

广州政府是在维护约法、尊重国会、反对北京政府的护法运动中诞生的，虽然其构成比较复杂，但在孙中山及革命派的影响下，仍坚持反对北京政府的基本政治取向。这一点自然受到体制外的、非法人团体的上海马路商联会的认可，可以说，商联会与广州政府有着共同的政治基础。

商联会与孙中山之间的互动体现了商联会对广州政府的基本政治姿态。1921 年 4 月 7 日，孙中山再次当选非常大总统，不久，商联会纷纷致电广州，表示祝贺，天潼福德两路商联会直接致电孙中山，对广州政府寄予了莫大希望：

> 我公应变就职，万众有赖，从此有权发展，福利可期，伏乞早日兴师，直抵黄龙。扫乎□子，以奠宇内，顺世界之潮流，立民治之基础，同人属望，曷胜依依。②

即便是在革命受挫时，商联会也不改初衷，一如既往地拥护孙中山，给予困境中的孙中山以莫大支持。1922 年 6 月 16 日，陈炯明发动叛乱，围攻总统府。两个月之后，孙中山得知北伐军回师援助反击陈炯明叛乱受挫，于 8 月 9 日离粤前往香港转赴上海。他于次日上午六时抵香港，旋即于十二时乘坐俄国"皇后"号邮船出口驶沪，8 月 14 日抵沪，居住于上海莫里哀寓所，直

---

① 《爱多亚路商联会之时局宣言》，《申报》1922 年 11 月 17 日，第 10 版。
② 《商界联合会电贺总统》，《民国日报》1921 年 5 月 10 日，第 10 版。

至 1923 年 2 月陈炯明被驱逐之后，2 月 15 日孙中山才与随员陈友仁乘"杰斐逊总统"号邮船抵粤，重建大元帅府，就任大元帅职。寓居上海期间，商联会联合其他团体热烈欢迎孙中山，并组织团体赴寓所慰问，表达了上海中小商人对广州政府的支持。

本来，孙中山抵达上海的时间定为 12 日下午，由于途中遇风浪未能按时抵沪。但是，各商联会并不知情，仍为迎接孙中山做了精心准备和周到安排，从当时情况看，"沪地各界均于先一日预备欢迎，而英法捕房特派警探各四十名，在埠照料，水上警察亦加派警士，往来保护"，参与的团体有上海各路商总联会、全国各界联合会、旅沪浙江自治协会、江苏平民自治、天潼福德两路商联会、海员联合会、工商友谊会等。其情势"颇极一时之盛"①。在风浪的影响下，孙中山比原定抵沪计划推迟两天，即 14 日才抵达上海，"各界无不兴高采烈，欢欣鼓舞，所最可注意者，第三日之欢迎热度，不减于第一日，虽数次误期未到，而人民之信任如故"②。

21 日，吴淞路商联会林大松、爱克界三路商联会陈家宝、武昌路商联会副会长崔通约、爱多亚路房客联合会任子昂等上海本地工会及其他团体代表拜访了孙中山。"各代表至孙宅后，依次入内，比时总统因有客谈话，各代表遂聚坐内室，汪精卫、徐苏中、彭素民等招待。旋总统出见……向各团体代表发言，略谓'今日承蒙各团体诸君，如此热心下慰，鄙人实感于心，为救国之后援，其余问题甚多，皆在社会诸君身上，鄙人因近来各方下慰者甚多，未克与诸君多谈，深以为憾，并希望诸君原谅'云云。当由众请崔通约代表全体，发表慰劳辞，大旨谓各团体对于大总统，希望坚持主义，本西南护法之精神，以慰众望。总统又对众一鞠躬云'自当服从民意'，语毕退出，各代表亦纷纷出门。"各团体代表出门之后，又聚集于中国国民党总部围坐，继续发表意见，"结果公举筹备员多人，再行订期开上海工商学各界欢迎大会，并请孙总统演说三民主义之真意，全体赞成，后有徐、彭二君代表总统，按照各

---

① 《孙总统今晨抵沪・因俄后号被风所阻昨日赴码头欢迎者万余人》，《民国日报》1922 年 8 月 13 日，第 10 版。

② 《孙大总统平安抵沪・各界代表欢迎热忱》，《民国日报》1922 年 8 月 15 日，第 10 版。

团体代表数目，每人赠送'孙文学说'等书籍多份"①。

为筹备欢迎孙中山，包括商联会在内的上海工商团体多次举行筹备会，决定由18名筹备员负责，请孙中山进行演说。第一次筹备会在王吉人家中召开，"讨论结果，决定于本月二十五号下午二时，在贵州路各路商界总联合会开第二次筹备会"②。25日，筹备会在贵州路如期举行，上海各马路商联会30余名代表与会。会议报告开会旨趣，"大致谓孙中山先生为全国国民景仰之一人。吾人因彼为争民权民生而牺牲一切私利创造民国之伟人。吾人既赞成其主义，应作其后盾，所以今番来沪，各界人士在码头欢迎者三天。而三十余工团派代表去慰劳者，亦甚热闹，足见民意之倾向。吾人为发扬民意起见，应再开会代表"。会议决定次日下午再开正式筹备大会。同时，商总联会致函各路商联会，指出：

> 中山先生，手造民国，十一年来，艰苦备尝，其奋斗精神早为中外所共仰。兹值移居沪上，同人等钦仰之余，特发起欢迎大会，借以表示我国民爱戴之意。惟是欢迎秩序，必修预先妥筹，兹定于月之二十六日（即星期六）午后二时，在本会事务所开欢迎筹备会，用特专函奉达，即希贵会推派代表与会，共同筹商，是所至祷云云。③

26日下午，百老汇路、河南路、武昌路、邑庙豫园、五马路、四马路等商界联合会，在贵州路逢吉里新商总联会开联席会议，讨论筹备欢迎孙大总统，会议讨论了欢迎手续、日期、经费筹集、筹备员推举、欢迎地点等事项，决定将欢迎大会定名为"中华民国各团体欢迎大总统大会"，于9月9日在尚贤堂或总商会举行，会议当场募集经费185.5元，并推举筹备员赵南公、杨春绿、李铠等22人，分途进行。会议还决定自即日起，筹备会每天一会。④此后，新总会每日组织筹备会开会，加入欢迎的团体逐日增多，但大会地点迟迟难以确定，"原定九月九日开欢迎大会之日期，因之延宕，筹备处委员

---

① 《各团体慰劳总统盛况》，《民国日报》1922年8月22日，第10版。
② 《各团体预备请总统演说》，《民国日报》1922年8月25日，第10版。
③ 《各团体筹备欢迎总统》，《民国日报》1922年8月26日，第10版。
④ 《欢迎总统大会已定期》，《民国日报》1922年8月27日，第10版。

会，以孙中山本人不愿在尚贤堂开会，上海总商会开董事会，因人数不足，不能通过"①。在 9 月 8 日的筹备会上，"因地点与入场券特刊等种种手续，尚未协妥"，"赞成改期，全体通过"。② 不过，终因欢迎地点难以确定，原定 9 月 9 日的欢迎大会遂无形取消。直到 1923 年 1 月 17 日，上海各团体代表六十余人，公推赵南公为主席，前往莫利爱路孙中山住宅祝贺滇、桂联军攻克广州的胜利。孙中山亲自接见各团体代表，指出："中国形式上是独立国家，实际比亡了国的高丽还不如。""所以，国民还特要从民权、民生上作功夫；同时并应该发展民族自决的能力，团结起来奋斗，使中国在世界上成为一独立国家。至于国内军阀，只要人民万众一心，与他们奋斗，是不患不推倒的。现在南方的军阀已推倒了，将来北方军阀推倒是不成问题的。总靠在人民自身团体的力量坚固与否转移。……大家努力做去，中国方有强盛的希望。"各团体代表谒见后，天潼福德两路商联会代表陈广海上书请孙中山先生回粤，其书的内容是："我公素重民意，伏乞俯顺舆情，指日回粤，肃清余孽，仁风所到，德被群生，籍收和平统一之良效，慰我粤民众之竭诚。"③

此时，上海马路商界总联合会尚处于分立时期，但在支持、欢迎孙中山这一点上，新、旧两总会态度相同。由南京路等十九路商联会组成的旧总会对中山先生"为国奔走数十年，艰苦不屈，殊堪钦佩"，决定用总会名义"派余华龙、钱龙章、成燮春三人，备正式公函赴宅欢迎"。④ 9 月 1 日，三人携带公函赴孙宅慰劳孙中山，他们代表旧总会追溯了孙中山自辛亥革命以来的革命事迹，赞颂孙中山的革命功业，说"中山先生护法首功，举世钦仰，回忆辛壬以来，先生敝履尊位，高蹈云外，贫夫乘之，大肆凶暴，毁纲灭纪，言莽行操……若非先生艰苦卓绝，崎岖海隅，告朔饲羊，荡然以尽，奚云国体，还问共和，譬之商店招牌久易矣，此吾人欢迎先生，实抱有非常感幸者也"⑤，转达了沪埠商人对孙中山"抱有非常感幸"的赞誉之情与"怀有绝大希冀"的期

---

① 《各团体欢迎孙中山尚未定地点》，《申报》1922 年 9 月 6 日，第 13 版。

② 《欢迎总统大会改期》，《民国日报》1922 年 9 月 9 日，第 10 版。

③ 《接见上海各团体代表》，见陈锡祺主编《孙中山年谱长编》下册，中华书局 1991 年版，第 1555 页。

④ 《商总联会职员会纪》，《民国日报》1922 年 8 月 31 日，第 10 版。

⑤ 《商界今日欢迎孙中山》，《申报》1922 年 9 月 1 日，第 13 版。

盼之望："统一何以实现，善后何以施行，士何以勤于诵习，农何以安于畎亩，工何以精于制造，商何以集于市廛，种种救国大计，犹望先生擘画经营。"①据载，三代表前往莫利爱路孙宅谒见孙中山，"由总统延入应接室茗谈，代表先将欢迎词呈阅，然后依次问答，总统云：民国之主人翁为国民，国家兴亡，凡为国民者人人有责任，是以当此国家危亡之秋，士农工商皆应起而救国，上海为全国商业最发达之地，诸君实握有重大权力，即如前次六·三运动，上海商店愤而罢市，北京乃不得不释所囚之学生，罢市为商人最后之武器，非至必要时，不宜滥用，滥用则效力失，商人之武力穷矣，是以深愿诸君能各秉天赋之能力，随时尽国民之天职。代表复请总统于奔走国事之暇，建设良好之工商政策，俾全国商民得减痛苦。总统云，当视能力所及，尽力为之，旋有他客进谒，三代表辞出"②。

9月2日，孙中山复旧总会函，分析了护法战争以来的政治形势，表达了革命到底的决心，对上海商界寄予了莫大希望：

> 六年以来，武人毁法，遂起战争。疆土既离析分崩，民生亦忧伤憔悴。坚持数载，北方武人始知觉悟，相与为尊重护法之表示。庶几从此可导国人入于法治之途，然其代价固亦不菲矣！至于护法主张，如何始能使之真实无憾，法治进行，如何始能使之坚固不摇，此则有赖于全国人民之同心一德，努力不已，以蕲贯彻所愿，与诸君子共勉之者也。

> 若夫统一善后，莘莘诸端，事关重大，猥承清问，足征虚怀。文常憾国人之从事实业者，惟知自适己事，而以国政付之武人政客之手，致民治无由实现。今诸君子留心及此，谨为民国前途贺。

> 文自蓄志革命，即研究建设之方略，辛亥以来，有怀未遂，顾建设一日未成就，即民国一日未安全，耿耿之诚，无时或释。曾以所见著之篇帙，成为《建国方略》一书，虽卷帙未完，而规模略具。倘承鉴察，敢备刍荛。

---

① 《商总联会欢迎孙总统》，《民国日报》1922年9月1日，第10版。

② 《总统与商界代表谈话》，《民国日报》1922年9月2日，第10版。但据《申报》所载，谒见孙总统的代表仅有两人，余华龙代表因病并未参加。（《商界与孙中山之谈话》，《申报》1922年9月2日，第13版。）

至于六月六日及八月十五日之宣言，亦尝对于时艰，以谋补救，果能见之事实，必可息此氛梦。诸君子私愿，望更持之毅力。中华民国之事，惟中华国民能自决之。众志成城，则武人之反复，政客之播弄，皆不能动摇神器。文创立民国，当终其身为民国而奋斗，一切横暴之阻力，举无所畏；惟恃正义以为率，民意以为助。今兹与诸君子开诚相见，相期者大，相资者深。诸君子不以寻常酬酢之辞来，文亦不以寻常酬酢之辞应。惟鉴裁之。肃此答谢，敬候台绥。①

商联会对广州政府的政治主张与革命行动表示同情与支持。1922年1月中旬，天潼福德两路商联会再致电广州政府，呼吁早日北伐："北庭实无丝毫存在之价值，故去之愈速，国家命运，犹有一线之生机。否则听其溃败，势必惹出意外之苦痛，故此间心明理白之工商学各界份子，皆一致趋向西南。……希望速行誓师北伐，早日犁庭扫穴，荡涤瑕秽。奠定中原，与民更始。"②1月下旬，其再联合武昌路商联会、沪北五区商联会等六团体，致电孙中山，希望"速颁明令，指挥三军，克日誓师，用伸天讨"，表示"如有必须援助之时，自当协力，用壮声势，甘愿听命"。③

1922年7月，天潼福德两路商联会会长陈广海连同时间守约会总务崔通约致电广州政府孙中山，希望"此次讨逆，务乞坚决，勿为利口所动，一误再误，前车屡覆，调和调和，假其名以自欺欺人，人民父老受祸深矣。钧座被卖亦多矣，辛亥咄嗟而覆满胡，况义师云集，区区叛寇，曷足平耶，钧座速图之，民国前途，实利赖之"④。

1923年1月16日，孙中山发表《和平统一宣言》，主张"以裁兵去全国现有兵数之半，为和平统一之前提"，商总联会认为中山先生的宣言"老成谋国，独具深算，各界谅表同情"⑤，"若诚希望裁兵，则孙中山先生之办法，实为

---

① 《孙总统复商总联会函》，《民国日报》1922年9月3日，第10版。
② 《商界归向新政府佳象》，《民国日报》1922年1月11日，第10版。
③ 《六团体续向新政府请愿》，《民国日报》1922年1月22日，第10版。
④ 《商界劝总统坚决讨逆》，《民国日报》1922年7月7日，第10版。
⑤ 《商总联会主张裁兵电》，《申报》1923年1月31日，第13版。

最宜效法者"①。1924 年 11 月，孙中山和中国国民党发表对于时局之宣言，"主张召集国民会议，以谋中国之统一与建设"②，孙中山离沪前夕对记者发表谈话，再次主张召开国民会议，对此，各马路商联会联合其他团体表示赞成，其中，天潼福德两路商联会、吴淞路商联会、嘉兴路商联会、河南路商联会、东北城商联会、全国学生联合会等 62 个团体通电赞成孙中山先生政见，"认此主张确为救济中国之良药，希全国各公团一致赞助"③。此外，五马路商联会致函商总联会，请求召集会议，"以便讨论国民会议之提案，以符团结之本旨"④。文监师路商联会致函商总联会，认为"孙中山先生宣言国民会议，解决国是，大有清明气象，吾等虽属商人，亦系国民一份子，理应秉请主人翁之地位，召集会议，共同讨论，一致赞成孙公之主张，用特建议于贵总联合会，迅予召集全体董事大会，开会讨论，以符团结，而重国政"⑤，经会员"共同讨论，一致赞成孙公之主张"，"以符团体而重国政"⑥。在各路商联会的呼吁下，商总联会于 11 月 28 日举行临时议董会，公推严谔声、蒋梦芸起草关于时局的电稿。⑦

　　1925 年孙中山逝世后，上海马路商联会立即表达哀思，并寄望于国民党继续中山遗志。天潼福德两路、武昌路、吴淞路商联会致电国民党本部，表示"中山先生毕生革命，造福家邦，会兹逝世，痛惜良深，革命未终，导师遽丧，国家多难，又折元勋，缅怀国事，益用隐忧，所望哲生世兄顺变节哀，暨诸同志善承先生志，国乱不足平也"⑧。南京路、四川路、河南路、山东路、海宁路、福建路、天潼福德两路等商联会及所在街区商店，则以下半旗的方式对孙中山的逝世表示哀悼。东北城商联会致电孙科，形容中山先生的逝世"如擎柱告折，山河兴倾覆之患"，希望孙科"努力国是，以继先人未竟之

①　《征求裁兵意见之福音》，《申报》1923 年 3 月 27 日，第 13 版。

②　孙中山：《北上宣言》（一九二四年十一月十日），见《孙中山全集》第 11 卷，中华书局 2011 年版，第 297 页。

③　《各公团赞成中山先生之政见》，《民国日报》1924 年 11 月 24 日，第 5 版。

④　《商联会赞助国民会议》，《民国日报》1924 年 11 月 24 日，第 5 版。

⑤　《商联会赞同国民会议之提案》，《申报》1924 年 11 月 26 日，第 13 版。

⑥　《民众赞助孙先生主张》，《民国日报》1924 年 11 月 26 日，第 5 版。

⑦　《商总会议董会纪》，《民国日报》1924 年 11 月 30 日，第 5 版。

⑧　《孙中山逝世之哀悼》，《申报》1925 年 3 月 14 日，第 13 版。

志，用副天下亿兆之望"。① 商总联会于 3 月 22 日举行孙中山追悼大会，共有四千多人出席了追悼会，上午，商总联会职员及各路分会职员举行公祭礼，商总联会在祭文中高度评价中山先生的革命业绩：

> 哀我先生，功在民国，泽被国民，心存革命，志切维新，三民主义，建国方针，力挽狂澜，天演天竞，巨大之责，独力肩任，方期实现，共睹升平，胡天不吊，肝癌忽膺，噩耗传来，环球震惊，遗命所嘱，耿耿此心，凡有血气，莫不尊亲，心香一瓣，哭奠沪滨，先生英灵，来格来馨，尚飨。②

并且，商总联会表示要继承中山先生遗志，蒋梦芸在演说中指出："今日礼堂上颜额曰：'先生不死'。然先生实际已死，所谓不死者，赖有继志之人，以赓续其事业，诸君今日到会，当求所以永久纪念先生，先生为创造中华民国之人，忆及中华民国，即可联想及于先生，然吾等与先生同为人耳，果能一致努力，则民国前途之强盛有为，自属易事耳。"③孙中山逝世后，商联会每逢中山冥诞或诞辰纪念日，均以不同方式表达怀念之情，1926 年孙中山诞辰纪念日前夕，商总联会以其为"上海三十余万商人集合之机关"，要求各路分会"转致各商店，是日一律悬旗，以志庆祝"。④ 各路商联会也积极响应商总联会的号召，如九亩地商联会通告各商号，以"本联合会为纯粹商人结合团体，对于加惠商人之国父诞辰，应有相当之表示，为此通告前来，凡我各商号，应于是日一致悬挂国旗，借表敬意，而资纪念"⑤。纪念日当天，商总联会、五马路、沪北六路、湖北海口两路等商联会纷纷举行纪念仪式，缅怀中山先生思想与革命事迹。⑥ 1927 年南京国民政府建立后，商联会举行中山逝世纪念日活动已成常态。

　　从某种意义上说，疏离北京政府、亲近广州政府是商联会政治立场的表

---

① 《孙中山逝世之哀悼(五)》，《申报》1925 年 3 月 18 日，第 13 版。
② 《各路商界追悼中山大会》，《申报》1925 年 3 月 23 日，第 13 版。
③ 《各路商界追悼中山大会》，《申报》1925 年 3 月 23 日，第 13 版。
④ 《明日商界庆祝中山诞辰》，《申报》1926 年 11 月 11 日，第 13 版。
⑤ 《明日商界庆祝中山诞辰》，《申报》1926 年 11 月 11 日，第 13 版。
⑥ 《昨日各界纪念中山诞辰》，《申报》1926 年 11 月 13 日，第 13 版。

达，广州政府是革命的象征，而其革命的对象就是军阀操控下的北京政府，理解了这一点，也就不难理解 20 世纪 20 年代商联会对政治的积极参与。当然，商联会对革命的同情，离不开中小商人这个社会基础，以及国共合作时期政党势力的渗透，商总联会和部分马路商联会领导层的国民党员身份，就是一个最好的诠释，对此，本书将在第十章予以详细分析。

第九章 与邻相恤：商联会与社会公益事业的发展

"与邻相恤"是中华民族的传统美德，中国古代社会"五家为邻，五邻为里"，与邻相恤是十分重要的人伦关系范畴，孟子主张邻里间"乡田同井。出入相友，守望相助，疾病相扶持，则百姓亲睦"。随着社会的发展和进步，"邻"的内涵也在不断变化，可大可小，成为一个相对概念，于是，与邻相恤亦因"邻"的内涵变化而具有不同的意义。首先，"邻"的题中本义是指比邻而居的住民，与邻相恤就是邻居间的患难相助。在近代城市中，一个街区里的居民和睦相处，有无相恤，很大程度上取决于街区内公益事业的发展，也是维系一个良好的社会秩序的需要。其次，街与街邻、城与城邻、省与省邻，一国之内骨肉同胞皆为邻，因此，在天灾、人祸后，一方有难，八方支援，与邻相恤就是同胞间的患难与共。在近代中国，小灾几乎无时不有，重大灾害亦不鲜见，军阀混战的存在，使人祸频于天灾，战难重于天灾，救助任务十分繁重。最后，国与国邻、洲与洲邻，地球上人类皆为邻，与邻相恤就是人类的患难相恤，这是一种国际人道主义关怀。从关爱比邻而居的邻居开始，上升到整个人类社会的患难相恤，是与邻相恤的升华。作为一个自发的、街区性的民间商人团体，上海马路商联会从所在街区内的公益事业开始，发展到对天灾人祸后受难的国内同胞的救助，直至国际上重大自然灾害后的援助，在社会公益事业中扮演了一个积极的角色。

一、行小善：举办街区公益事业

与中国传统慈善公益事业比较起来，团体行善或许是近代慈善公益事业较为显著的一个历史特点，这一方面归功于专门性的慈善团体的急剧增长，另一方面则是由于商人组织在团体慈善公益事业中占有重要地位。有关专门性慈善团体的公益事业，学术界多有探讨，对商人团体慈善事业的研究一般多集中在商会、同业公会、同乡会等影响较大的商人团体方面，尤其专注于重大灾荒发生后的捐款捐物等慈善活动，相对而言，对中小商人团体在日常生活中的"行小善"式的公益行为则重视不够。本节主要论述马路商联会在城市街区慈善公益事业中所发挥的作用。

街区是近代城市中的基础商业社区，是商人经商营工、安身立命的依托地。同一街区内，来自不同地域的商人经营着相同或不同的行业，营造一个和谐相处、有序经营的商业氛围是所有商人的共同目标，对于前店后坊、家店合一的中小商人来说，街区更是他们共同生活的家园，是他们朝夕相处的公共空间。因此，街区内的公共意识是商业社区存在和发展的一种重要意识形态，这有赖于相应的组织基础与行动基础的建立，即一方面，通过那些突破传统的乡缘、血缘、业缘的新式社团组织将不同地域、不同行业的商人联结起来，增强街区内商人的凝聚力、向心力，使之成为商人融入新型商业社区的依靠，另一方面，通过"行小善"式的慈善公益行为，解决街区内商人所面临的暂时困难，提高商人对街区的认同，进而养成他们的家园意识。一个公共环境优越的商业街区也可以提高顾客的认可度，增加客流量，从而带动商户的经营业绩。

商联会是建构街区组织基础的有效载体，它是五四运动时期首先在上海租界内兴起的、以中小商人为主体的街区性商人团体，其主要目的是争取华商在租界内的平等权利，随着其影响的逐步扩大，后蔓延到华界。从现有研究看，民国时期上海商联会组织多达六十余个，其中有一条马路独立设立者，如南京路商联会、山东路商联会等，有几条相邻马路合组者，如东北城商联会由福佑路、张家路、穿心街、旧教场等处商户联合设立，沪南六路商联会由南车站、黄家阙、煤屑路、沪军路、高昌庙、陈家桥六路商店组成，闸北八路商联会成员则包括共和新路、中兴路、永兴路、香山路、正园路、北大源路、晋善路、指江庙路八路商户。一般来说，单一马路设立的商联会，其所在街区商户众多，商业较为繁荣，多条马路合组的商联会，则由邻近的几条马路构成一个相对完整的商业社区。商联会的公益事业，正是从其所覆盖的商业社区开始的。

(一)兴办街区义务教育

商联会会员多属中小商人，其子弟及店铺内的学徒多缺乏教育，因此各路商联会将筹办街区内的义务教育作为商联会的一项重要任务，专门设有教育科，主管义务学校事宜。商联会将义务学校看作社会教育的一个有机组成部分："商界联合会，为什么要办义务夜校，目的在培植不能求学诸子弟，若使各义务学校办得皆有精神，一旦普及全国，岂非社会教育前途之大幸。"①商联会义务学校分日校、夜校两种类型，办学经费完全由会员自愿捐助，商联会经常召集会议讨论招生数量、教员聘请、课程设置、开学及放假日期，并对学业成绩优异者给予奖励。

从现有史料记载看，北福建路工商联合会夜校是较早成立的商联会夜校，该校于1919年8月13日举行开学典礼，校长李心田。②紧接着，新闸路商联会也于8月17日开会讨论创办义务学校之事宜，决定在新闸路新康里227号门牌开办义务学校。③9月4日新闸路男女义务学校正式成立，会长胡鉴人兼任校长，同时聘请沈联芳、聂云台、黄楚九等人为名誉董事，新闸路商联会30余人担任董事，负责筹集办学经费。④9月21日，在南京路商联会的成立大会上，就有会员建议重视附属事业建设，"最好为店员设一公共娱乐场，略备书报、音乐、台珠以挽嫖赌之恶习，而对于店员知识之增进尤为重要，如设立免费公共商业补习学校等事，而对于入会店主亦宜注意增彼之利益"⑤。为了提高商铺店伙的文化水平，南京路商联会于1919年冬设立夜校，"专收会员商店之职员学生教之读，俾提高商人之知识。承各会员多数赞同，纷纷

① 《各学校消息汇纪》，《申报》1922年9月3日，第15版。
② 《北福建路工商联合会夜校开学纪》，《申报》1919年10月15日，第11版。
③ 《新闸商联会创办义务校》，《申报》1919年7月20日，第11版。
④ 《新闸商联会义务校成立》，《申报》1919年9月6日，第10版。
⑤ 《南京路商界联合会成立纪》，《申报》1919年9月21日，第10版。

捐输创办费用，达四千元之谱"①，额定学生人数200名，以国文、英文、算术为主要科目。"成立之始，求学者甚形踊跃。时校长为潘励绅先生，教务由余华龙先生主持，国文教员为裘越隽、李世懿、齐铁忱诸先生，英文、算术教员为朱华德、虞秉荣、虞从新、沈锡琪及陈叶王诸先生，皆各大学及专门学校毕业，学问经验均甚宏高。"②夜校隶属于教育科，1921—1923年，曾由邬挺生、徐乾麟等人亲自担任校长，夜校经费、教员聘请、课程设置、招生、结业成为南京路商联会的一项重要工作，为此该会专门设立一项基本金，筹募特捐，1922年1月，南京路商联会通过"组织募集夜校基金委员会，推举委员二十人，分担募集，每人分担五百元，合计一万元"的决议③，仅1922年6月，就发起募捐1510元④。每届学生结业时，商联会都要对优秀学员予以奖励，并由重要职员出席颁奖。1920年2月5日，南京路商联会在该会事务所专门召开义务夜校讨论会，会议决定聘请曾经留学美国的俞希稷担任夜校教务长，余华龙、陈亮公为副教务长，并决定于2月29日正式开学，学额定为260名。⑤

绝大多数商联会都设有义务夜校，有些还开办日校，每年招收本路子弟或学徒免费入学学习，非本街区子弟酌收少量学费，如"河南路商界联合会补习夜校，为一般努力平民教育之学者，合河南路商界联合会组织而成，专为本路年长失学及无力入学者而设，创办至今（即1925年——笔者注），已逾四载，自秋季开学以来，来学者约计二百余人，校中仍为黄警顽、周则孟等主持一切，闻今年新定简章，如非本路学生，亦可入学，只须加付学费一元"⑥。表9-1是根据《申报》的记载整理的各路商联会义务夜校的例子。

---

① 王廉方：《本会史略》，原载《上海南京路商界联合会会刊》（1930年），转引自上海市工商业联合会、复旦大学历史系编《上海总商会组织史资料汇编》下册，第995页。
② 李世懿：《夜校略史》，原载《上海南京路商界联合会会刊》，转引自上海市工商业联合会、复旦大学历史系编《上海总商会组织史资料汇编》下册，第1026页。
③ 《南京路联合会职员会纪》，《申报》1922年2月16日，第15版。
④ 《南京路商联会会报重版讯》，《申报》1922年6月18日，第15版。
⑤ 《南京路商联会会议夜校事》，《申报》1920年2月6日，第10版。
⑥ 《河南路补习夜校之近讯》，《申报》1925年9月24日，第20版。

表 9-1　各路商联会义务夜校举例

夜校名称	开办日期	夜校简况
福建路商联会有恒义务学校	1919 年 12 月 15 日	学员 30 名，均为本路各商号学徒，王宗藩担任校长，每周二、周四、周六教授英文，周三、周五教授国文，聘请邬绥发等人担任义务英文教员，高维岳担任义务国文教员
海宁路商联会第一义务夜校	1919 年 11 月 17 日	教员宋诚彰、王莲洲二君。报名入学者达 36 人
爱克界三路商联会夜校	1919 年 11 月 7 日	教员 8 人，中文教员承玉书、陈志青，英文教员龙权、郑慕贤，修身教员沈颂南，珠算教员蒋耀泉、陈家宝，验看银洋教员戎明昶
五马路商联会夜校	1919 年 11 月 19 日	筹办中英义务学校，规定凡属本路各商户子弟、学徒均得报名入校
沪北五区商联会义务夜校	1919 年 12 月	聘请吴正阳、陆乾惕、许惠人、沈人和、陆仲义、贝鼎新、张濒周、史观涛、蒋介民等人担任义务教员，开设国文、英文、算学、历史、地理、簿记、尺牍等课程
北城商联会义务日校	1920 年 2 月 23 日	到 1921 年，该街区义务日夜校学生总数达 300 余人，1922 年增至 400 余人，租定老北门内萨珠弄房屋一所，扩充校舍
浙江路商联会义务学校	1920 年初春	招生 40 余人，由孙镜湖会长亲任华人教员，另聘请西文教员
闸北十一路商联会中英夜校	1923 年 12 月 8 日	公推白公壁为教务主任，臧退菴、姜怀素、吴仲立、余振亚等人分别担任教务。定额招收学员 50 名，每晚七时半至九时半，授中西文各一小时，年龄不限
闸北十一路商联会义务日校	1924 年 7 月 29 日	招收学生十岁以上者 30—40 名，预算经费，每年最少数三五百元，其不敷之数，由本会各热心教育者随意乐助
中城商联会义务夜校	1924 年 4 月 1 日	将肇嘉路平民义务夜校更名为中城商联会义务夜校，额定学员 60 名

此外，百老汇路、西华德路、山西路、山东路、沪西、汉口路、民国路、沪北六路、汉璧礼路、虹口六路、沪南六路、南区、静安寺九路、西城、九

亩地等马路商联会均办有义务学校。① 但相关文献仅简略提及，难以详述。

同样，由于相关史料的缺失，截至目前，我们并不清楚各路商联会究竟办了多少义务学校，培养了多少学生，但有一点是肯定的，商联会义务教育的成效是突出的，据称，"各分会设立之义务学校，统计数十处，日夜学生数万余人"②。进入义务学校学习的学生也是刻苦的，如民国路商联会在1921年年初评估义务夜校办学成绩时指出："共有学生九十人，皆勤恳同学，故此次考试，计优待二十四人，成绩优美，非始料所及。"③

(二)重视街区公共卫生

近代上海商业畸形发展，人口迅速膨胀，城市化进程滞后于人口的增长，各种市政设施简陋，尤其是公共卫生事业满足不了基本的医疗需求。在这种情况下，各路商联会非常重视街区卫生事业，一般均设有卫生科或卫生股，由专人负责，每当疫症发生或季节性流行病发作时，便自筹经费开设施医局、施诊所，施茶给药，防暑降温，缓解了医疗卫生事业的紧张状况，在一定程度上防止了疫病的流行，满足了街区居户及行旅者防暑降温的需要。

首先，开设时疫施诊所，满足普通市民的治病需求。每当春、夏季节来临，各路商联会便自筹资金、自备药物，聘请中西名医定期开诊，施诊时间长则三至四个月，短亦一月有余，以事务所为临时施诊所。以山东路商联会为例，1921年该路商联会"在公共租界打狗桥金隆街美伦里第九号，设立暑期施诊所，分施诊、特诊二种，施诊，收号金铜元三枚，凭券依次至指定医生处就诊，特诊，略收诊金，不计多寡，随到随诊，此项诊金，悉充施药之用，科目分内科、外科、眼科、喉科、疯科、儿科、女科，及时疫救急等症，诊察时间每日上午八时至十一时，下午二时至四时止，星期照常诊察，现定

---

① 例如，法租界商联会除夜校外，也筹备开设了日校，招收学员30人(《商界联合会开会两则》，《申报》1921年2月22日，第11版)；山东路商联会在1921年招收学员100人(《汇纪商界联合会消息》，《申报》1921年3月3日，第11版)；1921年福建路商联会组织养正国民学校一所，招收学生百余人(《福建路义务夜校添设日课》，《申报》1921年4月11日，第11版)；沪西商联会义务夜校有学生40余人(《沪西商界联合会开会纪》，《申报》1922年1月17日，第11版)。

② 《组织市政筹备会之建议》，《申报》1925年3月7日，第13版。

③ 《民国路商业联合会纪》，《申报》1921年1月24日，第10版。

夏历六月十五日开诊，至中秋止，其尤贫病无力者，得请求发给凭单，向指定药铺、领取药剂"①。山东路商联会会长钱龙章时任鼎阳观食品公司总理，兼业医师，对于街区卫生事业非常重视，1923年7月，山东路商联会如期开办暑期施诊所，聘请陈步舟、周纯嘏、王涤生、钱建章、陆颂轩等十余人为义务医生，经费由该路"各商店量力担任"。② 暑期过后，"贫病来医者仍踊跃，势难停止"，于是又"改为常期施诊"，经费由该路"筹募特别捐一次，并请各慈善家自由捐募"。③ 1925年，因五卅运动的发生，失业工人众多，山东路商联会施诊所扩大施诊范围，惠及失业劳工：

> 今年因劳工失业者多，该会为注意工人卫生计，特印刷传单数万张，通告各工人，凡患有疾病者，均可往诊，诊金完全不收，另行给药，该诊所决定于阴历下月十五开幕，医生有钱龙章、何墨君、钟星若等担任，内外各科，中西全备，开诊时间，以每日上午八时至十一时止，给药处带钩桥姜衍泽麦家圈顾天仁二号。④

除山东路外，其他各路商联会也定期开设诊所。1921年2月，五马路商联会鉴于"近来寒暖不时，最易发生疾病，沪上贫民，类占多数，偶一致病，即无力医治，关于生命，恐有危险之处，故拟请中西医士常驻该会事务所内，每日施诊，倘贫病者前往医治，概不取费"⑤。5月19日，浙江路商联会开会讨论了施医局问题，鉴于"迩来天气渐热，疫症恐将流行，贫苦之家，易生疾病，无力求医购药，遂至因循坐误，死亡相继"，决定"仍循囊例，就本事务所施医给药，借尽天职"。同日，四川路商联会决定"延请医士二名(内外科各一)，每日上午九时至十一时半，在本会会所施医给药"。⑥ 1924年6月，四马路、山西路两商联会联合开设夏季施诊所，"为苦力平民感受流行病而无力

---

① 《山东路商界联合会设立暑期施诊所》，《申报》1921年7月19日，第15版。
② 《山东路商联会常会纪》，《申报》1923年7月11日，第15版。
③ 《山东路商联会开会记》，《申报》1923年8月22日，第14版。
④ 《山东路施诊所开诊》，《申报》1925年8月4日，第18版。
⑤ 《五马路商界联合会消息》，《申报》1921年3月25日，第11版。《五马路联合会开会纪》，《申报》1921年3月28日，第11版。
⑥ 《商界联合会开会汇纪》，《申报》1921年5月20日，第11版。

服药者治疗之"，在 17 日召开的两路联席会议上，"议决各按地段分头募款，四马路推项松茂为劝募员，山西路推严蓉卿为劝募员，一面函请医士任诊治，院址即设四马路福祥里商联会内"。① 同日开诊的还有沪南六路商联会开办的施诊所，该会聘请"童燮君为本会内科义务医生，每逢单日上午八时至十二时候会诊治"②。1926 年 7 月中旬，广西、宁波、天津三路商联会"鉴于时疫流行，特请汪慕卢医士为义务医生，并印三千六百张医药券，散给各路贫户，以便随印就诊领药，不费分文"③。8 月初，湖北海口两路商联会"鉴于时疫蔓延，以应时令之急，决定施送防疫血清针，业已聘定西医杨少峰、奚缵黄、陈海祺、倪荣四医家担任……下午一时至三时，不论何人，前往注射，概不收费"④。8 月 10 日，汉璧礼六路商联会"聘请儒医李春芳每日上午九时至十一时，在源泰昌衣庄内设所施诊，并商请泰山堂药材号代为给药，药价亦由本会归纳"⑤。时疫诊所是一种普遍现象，此类记载很多，限于篇幅，不再赘述。

有些马路商联会还筹议建设常设性医院。例如，1923 年 4 月，北城商联会通过筹设施医局的决议，"聘请德医俞松筠、中医徐紫明二君担任"⑥。1925 年 7 月，南阳桥商联会通过了设立劳工医院的议案。⑦

其次，在疫症高发时节，开设特色门诊。1921 年 4 月，北城商联会鉴于该路义务学校学生 300 余人"因气候渐热，天花盛行，儿童最易传染，危险实甚"，决定自 4 月 25 日起请青年楼医生"为各生布种牛痘"。⑧ 1922 年 3 月中旬，四川路商联会鉴于"痘疫流行，本会施诊医院，应先设牛痘局，以免传染，议决自下星期二（即夏正二月二十二日）起，每逢礼拜二、五及礼拜日，下午二时至四时，为施种时间"⑨。1925 年 11 月下旬，汉璧礼六路商联会聘

① 《四马路山西路两商联会联席会议》，《申报》1923 年 6 月 18 日，第 15 版。
② 《沪南六路商联会推出委员》，《申报》1924 年 6 月 28 日，第 15 版。
③ 《各商联会消息》，《申报》1926 年 7 月 12 日，第 15 版。
④ 《昨日时疫略松》，《申报》1926 年 8 月 2 日，第 14 版。
⑤ 《各商联会消息》，《申报》1926 年 8 月 10 日，第 16 版。
⑥ 《北城商联会开会纪》，《申报》1923 年 4 月 23 日，第 14 版。
⑦ 《南阳桥商联会职员会纪》，《申报》1925 年 7 月 28 日，第 17 版。
⑧ 《商界联合会消息汇纪》，《申报》1921 年 4 月 26 日，第 11 版。
⑨ 《四川路联合会开会纪》，《申报》1922 年 3 月 18 日，第 15 版。

请名医邬仲铭，义务施种牛痘。① 1926 年 3 月底，沪南东区商联会针对天花流行，发出一则特别通告：

> 径启者，每年春季天花盛行，此症易于传染，最是危险，本会为免除此症并保全公共健康起见，特请本会卫生股主任毛柏泉医士布种牛痘，购用工部局验制最新鲜痘苗，定于阳历四月一号起至五月十五号止，为布种期间，不取分文费用，本会备有种痘免费证，除分送各会员外，如欲种者，请向中华路东姚家弄本会事务所索取此证，于每日上午八时至十时，到城内虹桥太平街本会送诊所投种可也，特此通告。②

1928 年 2 月，九亩地商联会聘请张幼诠医师为该会会员义务施种牛痘，预防天花流行。③ 山东路商联会则由钱龙章医师"于每星期一、三、五上午九时至十一时，在本会施种牛痘"④。

最后，普及卫生常识，预防疾病发生。1925 年 8 月，东北城商联会向各会员商店发出通告，提醒注意饮食卫生：

> 迩来气候不正，时疫流行，若不设法防遏，则疫势蔓延，恐无已时，防边之法维何？曰洒扫庭除，必清必洁，浇洒臭水，惟勤惟力，夜深露重，当街勿宿，瓜果生冷，忌购毋食，垃圾渣质，须投桶内，小便溲溺，务趋厕棚，勿贪凉，勿落夜，勿食过量之物，勿饮未沸之水，蝇蚋毋使麇集，秽物毋令堆积，父兄戒其子弟，店主嘱其伙友，守上述种种格言，即讲求卫生之要诀，行讲求卫生之良法，即防遏疫疠之善策，事关生命危险，维希格外注意。⑤

武昌路商联会则针对 1928 年"脑炎红疫两症发生，传染甚速，以婴孩受害更多"的状况，"设一赠医处，并星期刊一种卫生常识，按户分派"，同时，"刊备送诊

---

① 《各商联会消息并志》，《申报》1925 年 11 月 24 日，第 14 版。
② 《各商联会消息》，《申报》1926 年 3 月 28 日，第 15 版。
③ 《各商联会消息》，《申报》1928 年 2 月 2 日，第 15 版。
④ 《各商联会消息》，《申报》1928 年 3 月 28 日，第 14 版。
⑤ 《防疫与患疫消息》，《申报》1925 年 8 月 27 日，第 15 版。

券，分给各贫病家，无论何时，可持券至本路十三号吴纪舜医所求诊"。①

各路商联会开办的施诊所在很大程度上为贫病者解除了病痛，如1924年沪西四路商联会施诊医院施诊当月累计治疗达1300余名患者②，四川路商联会于1929年开办的夏季施诊所，仅两个多月，就诊治700余名病号③。它们也因此赢得了良好的社会声誉，如汉口路商联会"每届暑天，特设义务疹病所，贫病者并施诊给药……一切设施，尤见完备，所聘任各科之中西医士，皆著名本埠医界，故就诊者实繁有徒，莫不交口顿赞"④。汉璧礼六路商联会查震园医士开办施诊以来，颇受患者好评，"抱病之家，均称其医理精良，一经诊治，立起沉疴，且对于贫寒患病者，另给车资，同人殊甚赞佩"⑤。

"行小善"是以中小商人为主体的商联会在商业街区内兴办慈善公益事业的一个重要特色，与突发性的天灾人祸后的大规模救济相比，它更为细碎化、常态化、制度化。商联会兴起后，不间断的"行小善"行为成为街区内商民生活中的一种重要依存方式，它的存在，既得益于中国传统文化的长期熏陶，也是城市化进程的必然产物。

中国传统文化历来重视善行，孔子曰"善不积，不足以成名"⑥，在此基础上，刘备讲得更直白，他告诫其子刘禅"勿以恶小而为之，勿以善小而不为"，此语经《三国志》而广为流传，成为中国古人修身齐家的伦理准则。信众甚广的佛教文化也提倡善行，并将行善积德与来世幸福结合起来，戒勉信众从身边一点一滴的小善做起，由小善累积成大善，由此所有信众都能成为大善士。古代商人重义轻利，鄙视为富不仁的吝商，发家致富后多能回馈乡梓，或架桥修路，或捐资办学，惠及子孙，名垂后世。近代中国处在急剧的转型时期，经商营工者面临着更为激烈的竞争，虽有少数商人善抓机遇，累积巨富，但大多数商人毕生漂泊异乡，惨淡经营，甚至客死他乡。同那些富有的大商人相比，他们个人力量有限，但如果以团体的面貌出现，便能集腋成裘，

---

① 《各商联会消息》，《申报》1928年4月4日，第15版。
② 《各路商联会开会并纪》，《申报》1924年8月5日，第14版。
③ 《各商联会消息》，《申报》1929年8月20日，第14版。
④ 《汉口路商联会暑天诊病所结束》，《申报》1925年9月17日，第15版。
⑤ 《各路商联会开会详记》，《申报》1925年9月17日，第15版。
⑥ （清）焦循撰：《易学三书》下册，九州出版社2003年版，第361页。

聚沙成塔，在慈善公益事业中有所作为。由于经营规模的限制，他们更经不起社会动荡所带来的冲击与折腾，更需要自助助人，创造一个稳定、安全、有序的营商环境。马路商联会倡导的慈善公益事业从制度上满足了中小商人的需求。

商联会是以中小商人为主体的街区性自治团体，除政治性的诉求外，商联会十分重视所在商业社区包括公共教育、时疫防治、公共安全等在内的、与营商环境密切相关的慈善公益事业，将建设和谐的街邻关系、谋求街区公共事业的发展摆在了突出的位置。例如，东北城商联会以"联络商界感情，借通彼此声气，谋商业之发达，尽国民之天职"为宗旨①，山东路商联会则将"增进商人道德，敦睦本路感情，协办提倡国货，合谋公共幸福"列为团体的目标②，沪西商联会重视"联络各号感情，协力提倡国货，询谋公共利益"③。事实上，各路商联会的领导层从一开始就十分看重商联会的自治性、公共性与互助性，曾担任过南京路商联会副会长的王廉方认为："商联会者，集合同路之铺户而成立，有出入相友守望相助之旨，今日所需要地方自治之基础，本会庶几乎近焉，与只图高远而不务实际者不可同日而语。"④福建路商联会会长邹志豪曾公开宣布："当时之所以发起斯会，纯为谋市政发展，商业改良，唤起市民，有自治之精神，享自由之幸福，同参市政，无分轸域。"⑤北城商联更明确宣布："本会成立宗旨，重在地方自治。"⑥从组织的自发性，成员加入的自愿性到街区防盗、防疫、兴学等公共事务中的自卫性与互助性来看，商联会的确具有浓厚的街区自治性，慈善公益事业既是商联会治理街区的主要内容，也是建构其社会权威的重要基础。

商联会的会员多为普通的中小商人，同大商人相比，他们资金少、规模小，店面简陋，大多家店合一，通常情况是店主租用复合房屋的前排房子，

---

① 《东北城商业联合会之组织》，《申报》1919年9月5日，第10版。
② 《上海山东路商界联合会章程》，《申报》1919年11月28日，第11版。
③ 《沪西商业联合会开成立会》，《申报》1919年9月1日，第10版。
④ 王廉方：《本会史略》，原载《上海南京路商界联合会会刊》(1930年)，转引自上海市工商业联合会、复旦大学历史系《上海总商会组织史资料汇编》下册，第996页。
⑤ 《组织市政筹备会之建议》，《申报》1925年3月7日，第13版。
⑥ 《北城商业联合会之评干联席会》，《申报》1922年4月3日，第14版。

全家住在二层，把起居屋变成小商店，经营与人们日常生活关系最紧密的商品和服务。以遍布大街小巷的煤店为例，经营这种生意的店主通常住在二楼，因为他需要整天照看这个店，通常男主人是店主并打理店内的事务，他时常会雇一两个伙计，一般是亲戚或同乡。比煤店规模更小的烟纸店，通常也是家庭生意，一般不会大于一间起居室，有些烟纸店设在弄堂口，"它仅仅是面朝街口的起居室的前半部分，而后半部则用做家用。有些店，只用一扇窗户进行买卖，顾客是不能进来的。像这样的商店，所有的买卖都是通过窗台完成的。除了家里人，店主通常不会雇用别人"[①]。事实上，他们忍受着噪音、灰尘、被盗等恶劣条件惨淡经营，大多是为了养家糊口。当然，商联会成员中也有一些经济实力较为雄厚的商人，他们通常居于商联会的领导层，但同总商会会员相比，依然属于经济力量较弱的中小商人，并且因此而被排除在商会组织之外。所以，一方面，商联会的领导层要在街区中形成足够的号召力，累积足够的力量与商会组织相抗衡，离不开这些中小商人的认可，兴办慈善公益事业，无疑是建立团体权威的一种有效方式；另一方面，这些中小商人加入商联会，不仅希望尽快融入新的城市社区，成为都市社会中的一员，更重要的，还寄望于商联会能为他们排忧解难，能够保障其经营的公共安全，使他们的城市生活能够延续下去。但是，中小商人又没有足够的经济实力，难以像大商人那样动辄一掷千金"行大善"，因此，"行小善"式的互助行为便成为商联会兴办街区慈善公益事业的一个主要特色。

"行小善"式的慈善公益行为，在政府救济力量所不及的边缘地带与社会救助所忽略的基层社区中，满足了社会弱势群体雪中送炭式的需求，成为民国时期城市社会管理的有机组成部分，产生了积极的社会效应，其意义不可低估。首先，街区内的"行小善"行为发挥了拾遗补阙的作用，与商会、同业公会、同乡会等商人团体的慈善公益行动一道构成一个较为完整的商人救助网络，形成社会协同效应，即商会负责组织较为大型的赈济活动，同业公会开展同行商人的救助，同乡会进行同籍商人的救济，商联会举办街区内的扶危济困活动，这样，从大到小，从同行、同乡到街邻，基本上形成了一个立

---

① ［美］卢汉超：《远离南京路：近代上海的小店铺和里弄生活》，罗玲、任云兰译，见刘海岩主编《城市史研究》第23辑，天津社会科学院出版社2005年版，第248页。

体公益网络。其次，商联会通过"行小善"式的公益行动，在一定程度上满足了商户对公共教育、公共卫生、公共安全的需求，缓解了社会冲突，改善了经营环境，增强了商人对所在街区的认同，提高了商户的组织化程度，反映了商联会在商业社区内自我管理能力的提升。从这个意义上说，商联会扮演了城市社会管理组织者的角色。最后，商联会"行小善"式的慈善公益行为为城市自治奠定了基础。如前所述，商联会是一个以中小商人为主体的街区自治性团体，自主组织、自主决策、自主行动是该团体的重要特征，办学、防疫、防盗等公共事务的成功开展反映了商联会自主行动的能力，这种能力是城镇自治所不可或缺的。

纵观近代历史，地方自治曾是清末新政的一项主要内容，晚清政府为此专门制定了《城镇乡地方自治章程》，开展自上而下的地方自治，这一过程十分艰难，原因是多方面的，其中民间自治素养的缺乏是一个重要因素。自治素养的熏陶是一个自上而下与自下而上相结合的过程，其核心理念是民主，民主的基石是自由平等，因此"自治意味着人类自觉思考、自我反省和自我决定的能力"①。从这个意义上说，在街区商人自愿入会的基础上产生的上海马路商联会，体现了一般商人对选举权与被选举权的尊重，反映了商人在街区范围内的自我管理能力的提升。商联会在自身运行中，本着一店一权的平等原则，经全体会员民主选举产生领导机构，从会长到各科职员均由投票产生，义务为街区商人服务，在集体意志的基础上，积极兴办街区内的公共事业，普通商人也热情参与其中，防盗、防疫和办学等公共事业广泛开展的背后，是商人公共意识的勃发。

二、守望相助：维护街区公共治安

从某种意义上说，民初上海马路商联会既是一般中小商人在五四运动中迸发出来的政治激情延伸的结果，也是抵抗租界当局增加捐税斗争的产物。但不可否认，商联会从其产生的那一刻起，就带有明显的自助、自卫性。据

---

① 周松青：《上海地方自治研究(1905—1927)》，上海社会科学院出版社 2005 年版，第 2 页。

《申报》1919 年 6 月 6 日的报道，沪埠小东门众商家鉴于"国亡在即，岂可坐而待毙乎？窃念天下兴亡，匹夫有责，吾商界亦国民一份子，如再不醒起而为学生后盾，将何以对众学生爱国之热忱，故将敝处小东门外各商界全体联合一会，以保一方之秩序"名之以商业联合义会，"自小东门外大街各商号联合一会，保一方治安，为永久之计"，"如逢商界关系，生种种事端，即须集议开会，取一致进行"，参加发起的商号达 80 家。① 这是见诸记载的最早的街区性商人组织，该团体虽未直接名之以马路商联会，但已具有商联会的雏形，且将"保一方之秩序""保一方治安"作为其主要诉求。

从其实际职能看，商联会确实将为广大商人排忧解难放在极其重要的位置。北城商联会负有保卫北城一带会员的责任，"如有冤抑受诬，因而损害名誉、身体、财产，就本会能力所及，经调查确实后，设法救济之"②。东北城商联会亦有同类规定："如有冤抑而受不当之诬，于名誉财产上有关系者，则就本会能力所及，经职员调查确实，须由入会者全体负责，以法律救济之。"③商联会联结商人互助，甚至在必要时实施法律援助的行为，对于社会地位相对低下、有时孤立无援的中小商人来说，具有较强的吸引力，尤其是街区防盗，满足了商人保障财产安全的需要。近代上海五方杂处，帮派林立，地方军阀为争夺沪埠，数次交战于此，兵痞、兵匪横行，无业游民众多，治安环境堪忧，每年冬季，盗窃和抢劫案件频发，商业店铺屡受损失，尤其是岁末年初，一般中、小商户人人自危，街区治安亟待改善。各路商联会针对冬防，主要采取了以下几项措施：

第一，及时向捕房或地方警察厅通报所属街区内的盗抢案件，敦促其加大防卫密度、增强打击力度。1921 年 4 月底，新闸九路商联会会长胡鉴人曾专门就防盗问题致函租界总捕房，"请求加驻巡捕，严重防御，以维秩序而保治安"，捕房总巡及新闸捕头爱耶司非常重视，接函后曾专门问计于胡鉴人，"赞同从严防范"。④ 1923 年 1 月上旬，接连发生七浦路大生烟纸店被劫、德

---

① 《沪上商界空前之举动》，《申报》1919 年 6 月 6 日，第 11 版。
② 《北城工商联合会之筹备》，《申报》1919 年 7 月 21 日，第 11 版。
③ 《东北城商业联合会章程》，《申报》1919 年 9 月 5 日，第 10 版。
④ 《新闸路联合会职员会纪》，《申报》1921 年 4 月 29 日，第 11 版。

源茂店主张德安在途中被抢案件，沪北六路商联会为此专门致函工部局汇司捕房，请求在七浦路、北山西路口交界处"于每日五点钟后，派巡捕站岗数小时，以资保护，而安人心"①。11月上旬，闸北八路商联会所属街区永兴路、会馆路转角处发生盗案，该会迅速致函警察厅，请求在该处"增设岗位一座，以资保护，而安人心"②。上海南市商业繁盛之区，年关临近多有剪绺党(扒窃犯)、三十六股党(无业游民)、江湖乞丐等肆行街头，"明则敲诈，暗则劫箧，行旅店铺，多被侵害"，沪南商联会于12月底专门致函警察厅，要求严厉查办，"将其像片悬挂通衢要道，以昭炯戒"，"将获案窃丐流氓惩办后，解送该各厂所教养"。③

第二，采群意，集众智，为防盗积极出谋划策，并配合捕房和警务部门采取有效的防盗方法。1924年7月初，针对会员商店邵万生号被劫和枪伤华捕案，南京路商联会立即召开临时紧急会议，提出四项办法向工部局请愿，即"(1)请增添巡逻巡捕；(2)请设巡捕；(3)请装设警铃电话；(4)请加严查禁军器来源"④，并致函总商会、纳税华人会、各路商界总联合会等团体共商办法，一致行动。与此同时，福建路商联会也致函华顾问转请工部局，请求在该路"加添巡捕十名，及装设警铃"⑤。山西路商联会认为"清查户口，实为铲除伏莽，根本清源之计"，函请各路商联会征求意见，"倘多数赞同，即邀集筹议，继续进行"。无独有偶，山东路、爱多亚路两商联会也主张清查户口，"严行取缔小客栈及各旅馆，如有马路商联会者，可由马路商联会会长负责，派员合同调查，以免隔膜"⑥。浙江路商联会则主张警卫与自卫相结合，致函警务处，要求采取以下五项措施：

> (1)请于租界内商务繁盛之区，及易引盗匪注目之地，添设警岗，并多派便衣巡逻，严密梭巡，俾遇抢劫情事发生，易于召集帮同擒盗。

①《沪北六路商联会常会纪》，《申报》1923年1月21日，第14版。
②《闸北商联会请警厅增岗函》，《申报》1923年11月10日，第13版。
③《沪南商联会致警厅长函：请取缔流氓乞丐》，《申报》1923年12月27日，第14版。
④《南京路商联会讨论防盗办法》，《申报》1924年7月2日，第13版。
⑤《福建路商联会致纳税函》，《申报》1924年7月2日，第13版。
⑥《各商联会对于防盗之主张》，《申报》1924年7月4日，第13版。

（2）请查禁售卖盗匪所持利器（如手枪等类）。（3）请准予各商号自备御盗器具，以防不测。（4）已犯而擒获者，请处以酷刑，公布社会，以资儆众。（5）在犯而逃匿者，务即设法拿案惩办。①

福建路商联会提出了维护街区公共安全的治标与治本案：

> 所谓治标者：（一）装设警灯警铃，以图报警迅速。（二）租界枢要之区，警备似嫌单薄，宜增加巡捕多名，俾匪徒不敢从而生心。（三）优订奖励巡捕因公伤害抚恤章程。此外所谓治本者，惟消纳游民，最为上策。②

五马路商联会"主张设立租界商团，由各商店自行担任经费，密布市场……至于团员人材，则由各马路商联会自由选聘"。百老汇路商联会也提出"组织特别巡捕，由各马路店员中选择，装置警灯警铃于幽僻处，严禁私运军火入口，清查户口"。③

此外，北京路、沪西九路、汉口路、汉璧礼路等马路商联会也各自提出了防盗建议，限于篇幅，不一一列举。④ 为形成一致意见，商总联会于7月7日晚召开临时议董会，来自23个马路商联会的66名议董及名誉会董与会，会议收到各分会关于防止盗案的提案公函共24件，防盗意见共11种，通过了向工部局建议实行的七条防盗方法：

> （1）添设特别巡捕，由各路商店职员自任之。（2）增加各路站岗巡捕。（3）请捕房奖励因公被盗伤害之探捕。（4）界内创办游民工厂。（5）装置报警铃。（6）从严检查旅馆。（7）取缔游民。⑤

次日下午，工部局邀请南京路等31路商联会代表赴该局讨论防盗办法，"对于严禁军火来源，认为极为重要，允于加严取缔，并重办私贩罪犯，对于

---

① 《各商联会对于防盗之主张》，《申报》1924年7月4日，第13版。
② 《防盗消息汇录》，《申报》1924年7月7日，第13版。
③ 《防盗消息汇录》，《申报》1924年7月7日，第13版。
④ 《防盗意见之昨闻并录》，《申报》1924年7月8日，第13版。
⑤ 《商总联会临时议董会纪》，《申报》1924年7月8日，第13版。

创办游民工厂、特别巡捕、盗警汽车、奖励因公伤害探捕及严查旅馆等节，均极赞成"①。不久，老闸捕房邀请南京路、福建路商联会面商，两路商联会又联合提议防盗办法六条：

> (1)严查私贩军火及私藏军器。(2)增加站岗及巡逻巡捕，并改良交替换班方法。(3)装置盗警特号电话。(4)加严检查旅馆。(5)取缔界内游民。(6)设备盗警武装汽车。②

对于各路商联会的建议，租界当局给予了积极回应，工部局总巡强森表示，"防止盗案方法，已次第进行，除派捕沿路昼夜梭巡及施行临时搜检外，并置暗探多人，严密侦察，实际已与增派警捕无异……至装置警铃，工部局极愿协助进行"③。7月12日，老闸捕房捕头爱佛生与南京路、福建路商联会代表在宁波同乡会面商防盗办法，再次表明租界当局采纳各路商联会防盗意见的态度，据载，"爱君对于增加岗位，设置特别盗警电话，及武装汽车，均拟商酌实行，对于加严取缔旅馆、查禁军火，已在加严侦查"④，同时，在若干路段采取措施，加派巡捕，"福建路、北京路、宁波路等处业已广派印捕，一律荷枪往来巡查，守望相接，二马路、三马路一带转角处，现亦加派荷枪华捕驻巡，以保公安"⑤。

第三，在盗案频发季节，提请街区内的商户留意盗贼出入，同时设立防盗委员会、商民守望团、特别巡逻队等，加强自卫。1923年12月初，文监师路商联会针对街头游民欺诈勒索现象，特发通告："本路新开张之各商店，时有江湖流丐，无端骚扰，凭空索诈规费等情，迭经各店主来会报告，言之凿凿，殊属可恶，本会有保护会员之职责，维持之必要，特为通告，以后如再有此种情事，望各商店来会报告，经本会派员调查属实，定即扭送捕房，按律究办。"⑥闸北十一路商联会一面函请警察厅"日夜加班巡逻各街巷"，一面

---

① 《工部局总巡与各商联会代表之会议》，《申报》1924年7月9日，第13版。
② 《两路商联会联席会议纪》，《申报》1924年7月10日，第13版。
③ 《华顾问建议防盗方法之复音》，《申报》1924年7月11日，第13版。
④ 《两路商界会商防盗办法续纪》，《申报》1924年7月13日，第13版。
⑤ 《公共租界捕房防范加严，各马路加派巡捕》，《申报》1924年7月5日，第13版。
⑥ 《文监师路商联会严查索诈游民》，《申报》1923年12月7日，第15版。

提请各商店注意采取以下四条防范措施："(1)不得令无能力之学徒督送银钱；(2)账柜不得存储巨款，其逐日门户所进，亦应随时检收严密处所；(3)提早结账时间；(4)遇有盗窃发生，无力抗拒，及近迫禁声张时，俟盗匪出门，应一面报警，一面尾追。"①沪北五区商联会所属西宝兴路在 10 月 9 日至 12 月 4 日不到两个月的时间里接连发生五起盗案，商联会专门召集评干联席会议，决定"自行设法办理，由青岛路起，至西宝兴路止，各居户概装电铃，总线接在警署，所有装户，概行编号，倘遇盗匪劫抢时则一鸣，火警则二鸣，一见有警，警署即可派警前往追捕"，并专门为此发出通告，征求各店铺居户意见。② 有些街区相连的马路商联会还实行联防，如山东路、河南路、爱多亚路等商联会鉴于"地势相连，对于防止盗匪，严禁流氓，应由各商店联合"办理，联名通告各商店，"对于盗匪抢劫商界，请各商店多备警笛、警铃，密报捕房捕捉"，"对于马路上有在途抢劫行人之货物银钱，各商店切勿袖手旁观……务请各商店立即报告本会，或直接报告捕房，严行查捕，以保治安"。③ 稍后，山东路、河南路、爱多亚路三路商联会会长钱龙章、邵仲辉、鲁廷建协商联合自卫防盗法十条，决定设立义务守望团，"各商店应得推举代表一人，报告本会，组织义务守望团，轮流督促，或站岗巡捕，如遇有盗运之事，该团员得立即报告巡捕，或吹警笛或打电话至巡捕房"。为统一行动，三路商联会设立联合办事处于带钩桥金隆街美伦里 9 号，每周一下午四时至六时开常会一次，讨论防盗方法。④ 浙江路商联会则决定"由本会各商店，每店每日抽出一人，结队游行，借以示警，并请各备小旗一方，上书'注意盗匪'、'防止盗劫'、'请各自行注意'、'遇盗即行拘报'、'商人群起驱盗'等字样，下署以'浙江路商界联合会义务游行防盗队'十五字"⑤。从 1924 年 8 月 1

---

①　《闸北十一路商联会昨讯：议决冬防办法四项》，《申报》1923 年 12 月 10 日，第 15 版。

②　《沪江五区商联会联席会纪：防卫盗匪方法》，《申报》1923 年 12 月 11 日，第 15 版。《沪北商界防盗装置警铃》，《申报》1923 年 12 月 25 日，第 14 版。

③　《各路商联会防盗之计划》，《申报》1924 年 7 月 13 日，第 13 版。

④　《商界防盗消息汇录》，《申报》1924 年 7 月 15 日，第 14 版。

⑤　《商界防盗消息汇录》，《申报》1924 年 7 月 15 日，第 14 版。

日开始，游行时间为每日晚上八时至十一时。① 南京路商联会通告市民严加防范，尤应注意：

> (1)各店如接有恐吓索诈等函件，速即密报该管捕房或本会，以便缉拿凶手。(2)各店请速互相装置警铃，以备报警，如托本会代办亦可。(3)如发见形迹可疑或携带军器之人，临时用电话或秘密报告本会及各该捕房。(4)部门厨窗等加装完备，妥加防范，以免意外。(5)晚间准酌商情，提早收市。(6)勿容留来历不明之生客及伙友。(7)招致有力之伙友，守护防卫。②

广西路商联会则推出六条主要措施，以"应筹自身防范方法，借以补助租界当局之不逮"：

> (1)各商号及各住户租赁房客，如见有形迹可疑之人，可即径报总会，或用电话通知(电话中 482 号)。(2)本会据报后，即派调查员会同报告人，实施侦查，一面报告捕房查究。(3)各商号应自备警笛一个，俾遇盗警使用。(4)各烟兑业及钱庄，应一律装置铁栅。(5)各商号如需装置警灯，可面询本会装置方法。(6)各商店如需装置警铃，可电话询问爱多亚路警灯公司沈颂阁君接洽。③

值得注意的是，1924 年 7 月初，广西路商联会提出了组织防盗委员会作为防盗的治本之策。针对盗案频发、多发之势，广西路商联会决定采取治标、治本两种防盗善后之策："(甲)函请各路商界联合会各推派代表一人至三人，组织防盗委员会，筹议根本防范方法；(乙)由本会通告本路商号，装置绿色警灯，店内多装开关机(设置简单、价亦廉省)，纵遇盗运，探捕邻人见警报后，协力捕拿，俾其无从遁避。"④稍后，该路商联会还起草了防盗委员会章程草案，规定该委员会由华租二界各路商联会各推派代表一人组织，其职责

---

① 《防盗消息汇报》，《申报》1924 年 7 月 26 日，第 13 版。
② 《防盗消息汇报》，《申报》1924 年 7 月 29 日，第 13 版。
③ 《防盗消息汇报》，《申报》1924 年 7 月 29 日，第 13 版。
④ 《防盗消息一束》，《申报》1924 年 7 月 6 日，第 13 版。

包括"议决切实防盗方法，呈请当道施行，及筹议装设警铃警灯，募集特别巡捕一切事宜"，设正、副委员长各一人，下设评议、执行二部。①

7月13日，广西路商联会发起召开了第一次防盗委员会筹备会议，推举叶惠钧、吕静斋、陈广海等十人为筹备委员。②7月16日，商总联会也决定成立防盗委员会，并推举叶惠钧、杨春绿、林仰之等七人为筹备委员。③广西路商联会与商总联会设想相同，遂决定合并进行。7月24日，各路防盗委员会召开第一次会议，通过了委员会简章共八条，规定该委员会"以设法防范盗匪，维持治安为宗旨"，由十五位执行委员组成，下设文牍、调查、交际、会计四科。④7月28日，各路防盗委员会举行第二次会议，选举邬志豪、袁履登、钱龙章、蒋梦芸、潘冬林、王汉良、胡凤翔、沈田莘、余仰圣、李泽源、冯秋心、童理璋、谢惠廷、邵仲辉、严谔声十五人为执行委员，并由执行委员推选袁履登为正会长，钱龙章、胡凤翔为副会长，各科主任也各有其人。⑤11月中旬，又征得工部局的同意，设立了上海各路商界防盗委员会调查处，"由上海各马路商界总联合会防盗委员会联合各马路分会共同组织"，其宗旨为"辅助警力、防止盗案、维持地方安宁"，调查员由各马路商联会各推派一人至两人组成，其职责包括"在界内各马路侦查盗案，报告就近捕房或捕房办公人员，预先拘捕，遇有形迹可疑之人，亦得随时报告"。⑥

法租界商联会则于1925年5月初组织了商民守望团，该团本守望相助之古训，"以期团结商民团体，发展商民精神，以维地方治安为主旨"，规定每一商号或每一住户各推派一人为团员，每十户合成一班，每十班合成一队，每十队合成一团，总团部设商联会办事处内，经费由商联会担负。守望团每日出巡，二小时轮换一次，"轮流梭巡时，如遇盗警，得互吹警笛，而前后左右各团员，须同时互应，使盗匪知有防备，不敢图劫而遁"。⑦

① 《各路商联会防盗之计划》，《申报》1924年7月13日，第13版。
② 《商界防盗消息汇报》，《申报》1924年7月14日，第13版。
③ 《商总联会议董会纪：组委员会研究防盗方法》，《申报》1924年7月17日，第13版。
④ 《防盗消息汇报》，《申报》1924年7月26日，第13版。
⑤ 《防盗消息汇报》，《申报》1924年7月29日，第13版。
⑥ 《防盗调查处章程正式成立》，《申报》1924年11月15日，第14版。
⑦ 《法租界商联会开会纪》，《申报》1925年5月4日，第13版。

1926 年 7 月，南京路商联会会长余华龙与租界当局商定，"以南京路商联会名义，雇用巡捕二十名，组织特别巡逻队，枪械由工部局发给，号衣则任该会自制，分甲乙两班，日夜巡逻，以资戒备"①。特别巡逻队虽因费用不敷而未能坚持，但"于此数月中，南京路上之盗案竟得无形减少"②。1929 年 11 月，南京路上的绮华公司与惠林登手表行相继失窃，商联会常务主席王廉方、司徒尚燊等人多次与工部局警务处磋商，警务处"派巡捕九人为南京路冬防专差，规定钟点，轮流巡查，由会中加纳冬防捐，每月需洋二百廿五元，以三个月为期。……乃向各会员征募之。每月总额得洋一百九十九元，相差之数由会补足"③。总之，商联会对维护各马路街区的公共治安起了一定作用，正如南京路商联会史略所称："年来盗贼之风益炽，本会力谋防护，劝装警铃，举办冬防，筹备特别巡逻等，其事虽或成或不成，要亦尽我职责而止。会员商店之遭盗窃而报告本会者，莫不据情转请工部局警务处，饬属严缉，努力善后，虽各案结果未能尽如人意，盗窃发生，未能根本铲除，而当局经本会函质，每答复件或派员前来，表示注意，此我会敢为喉舌之功也。"④

三、恤邻济灾：商联会的社会救助事业

如前所述，近代中国多灾多难，天灾人祸并生，政府救助不力，民间积极兴办社会救助事业。在 20 世纪 20 年代天灾人祸的善后救济中，上海马路商联会设立专门的赈灾机构如避难所、收容所、筹赈委员会、善后委员会等，发动会员捐款捐物，发挥了积极作用。

1920 年下半年，华北爆发了晚清"丁戊奇荒"以来最为严重的一次旱灾，据北京政府官方统计，北方各省受灾县共 340 个，其中京兆区 17 县，直隶省

---

① 《南京路将组特别巡逻队》，《申报》1926 年 7 月 17 日，第 15 版。
② 倪古莲：《本会历届工作纪要》，原载《上海南京路商界联合会会刊》，转引自上海市工商业联合会、复旦大学历史系编《上海总商会组织史资料汇编》下册，第 1019 页。
③ 倪古莲：《本会历届工作纪要》，原载《上海南京路商界联合会会刊》，转引自上海市工商业联合会、复旦大学历史系编《上海总商会组织史资料汇编》下册，第 1022 页。
④ 王廉方：《本会史略》，原载《上海南京路商界联合会会刊》（1930 年），转引自上海市工商业联合会、复旦大学历史系编《上海总商会组织史资料汇编》下册，第 996 页。

86 县，河南省 77 县，山东省 21 县，山西省 64 县，陕西省 75 县。① 另据北京国际统一救灾总会的调查数字，京兆和直隶受灾县为 97 县，山东为 35 县，河南为 57 县，山西为 56 县，陕西为 72 县，共 317 县。② 据华洋义赈会调查，在直隶完县，"灾民多食野菜棉子树皮草根"③，任邱县"灾民现食野菜蔓菁山药叶等"④，丰润县"饥民尽食苜蓿芽野菜秕糠"⑤。马路商联会积极组织赈济华北旱灾活动，1921 年 3 月 11 日，上海各界发起成立联合急募赈款大会，筹款赈济北方八省旱灾，新、旧总会及各路分会纷纷加入募款大会，分路段募款。15 日，联合急募赈款大会到西华德路募款，该路商联会派出十三名职员陪同募捐⑥，18 日到新闸募款时，新闸路商联会胡鉴人、黄肇忠、王肇成、秦志新、平慧廷、黄贤卿、谢宪峰、王茂卿、徐恺君、钦鸿生十人为募捐队员，"协助劝募，以襄义举"⑦。19 日联合急募赈款大会派员至南京路募捐，"由联合会推举职员王才运、余华龙、王廉方、张秉森随队协助劝募，自泥城桥至外滩止，直募至午后二时始竣。总计各队约募得七八百元，尚有南洋公司等数家，则认捐巨款，自行送会，不在数内"。在山东路募款时，山东路商联会"亦派职员同该会募捐员分途劝募，各商号均极踊跃，计一段带狗桥，二段金龙街，三段麦家圈，四段交通路，五段望平街，六段二马路至大马路，七段北山东路如意里等处，总计五百余元"⑧。在沪西地区，商联会职员颜芹香、吴锡三、陈荣堂三人会同协助联合急募赈款大会队员"向沪西各商号劝募赈款，计共得银一百四十七元"⑨。法租界由商联会代募急赈款，租界内分十段分途募捐，每段四人，从 15 日开始，分班助赈，"各会员连日奔走呼号，非

---

① 李文海、程歗、刘仰东等：《中国近代十大灾荒》，上海人民出版社 1994 年版，第 138—139 页。

② 北京国际统一救灾总会：《北京国际统一救灾总会报告书》，北京出版社 1922 年版，第 10 页。

③ 《华洋义赈会消息：直隶各县灾况》，《申报》1921 年 1 月 5 日，第 11 版。

④ 《华洋义赈会消息：直隶各县灾况（二）》，《申报》1921 年 1 月 6 日，第 10 版。

⑤ 《华洋义赈会消息：直隶各县灾况（五）》，《申报》1921 年 1 月 11 日，第 10 版。

⑥ 《西华德路联合会开会纪》，《申报》1921 年 3 月 16 日，第 11 版。

⑦ 《新闸商界联合会职员会纪》，《申报》1921 年 3 月 18 日，第 11 版。

⑧ 《南京路山东路募捐情形》，《申报》1921 年 3 月 20 日，第 11 版。

⑨ 《沪西商界之募赈情形》，《申报》1921 年 3 月 22 日，第 11 版。

常辛劳"，共募得大洋 460 元，小洋 1614 角，钱 46314 文，另有米票六斗，具体情形如表 9-2 所示：

表 9-2 法租界赈济北方八省旱灾募捐情形概观

段 名	募集赈款赈物情况			
	洋(元)	小洋(角)	钱(文)	其他
第一段	36	190	11550	
第二段	25	368	3429	
第三段	48	158	4730	
第四段	82	417	8620	
第五段	124	80	5955	
第六段	113	16	360	
第七段	——	115	2330	
第九段	12	174	3340	米票六斗
第八、第十段	11	96	5920	
其 他	9		80	
总 计	460	1614	46314	米票六斗

资料来源：《法租界联合会筹赈结果》，《申报》1921 年 3 月 22 日，第 11 版；《法租界联合会募赈续志》，《申报》1921 年 3 月 23 日，第 10 版；《法租界商业联合会开会纪》，《申报》1921 年 3 月 23 日，第 11 版。

临城劫车案发生在 1923 年。该案发生后，上海山东路商界联合会率先发出"佳电"，要求交通部"迅令就近得力军队驶往追剿，肃清余孽，务将被掳中西人士尽数救出，以保国体，而除后患"①。5 月 13 日，总部位于江西路 60 号的新总会，收到 29 件关于临城劫车案的来电②，次日，总部位于美伦里的旧总会提出三项解决办法："(1)请政府从速营救中外被掳人民，以保国际信用；(2)此案出事地点在山东区域，应请政府治曹锟吴佩孚田中玉等以事前防

① 《两团体电诘津浦路劫案》，《申报》1923 年 5 月 10 日，第 13 版。
② 《商总联会常会纪》，《申报》1923 年 5 月 14 日，第 14 版。其时马路商界总联合会已分裂为二，为了表述的方便，将总部位于江西路的总会称为新总会，总部位于美伦里的总会称为旧总会。

护失宜之罪，立即革职查办，至勒赎等费，应令解其私囊赔偿；（3）全国铁路沿线嗣后应派就地得力军队驻扎防卫，以免后患。"①

5月15日，旧总会发表通电，认为"临城劫车巨变，罪在曹吴诸人"，要求对临城劫车案进行追责，将曹锟、吴佩孚等人"勒令解职，以谢国人"。②5月16日，新总会也致电各省公署，指出"临城劫案，中外震骇，曹锟吴佩孚田中玉辈皆坐拥重兵，乃在其所辖境内，溺职负国，罪不容诛，应请国民共申讨伐，勒令解职，以谢国人"③。马路商联会与社会各界的谴责和声援不仅未能推动政府解救人质的进程，相反，交通部声明，只负临城劫案被掳外人营救之责。声明一出，各马路商联会同声愤慨，南京路商联会召集临时职员会讨论临城劫车案，认为"中西车客，同时被掳，不应偏重外人，而置中国绑票生命于不顾"，并决定致电国务院"请其从速将中西被难车客，同时设法求援出险，并严惩怠职各军官"。④新总会也致电交通部，反对"漠视华人于不顾"，要求"务将所有被掳乘客，克日救出"。⑤5月21日，沪东商联会电促政府营救人质，并"请立将曹吴田等革职严惩，并抄没其私产，以抵偿赎费，及一切损失"⑥。

然而，被掳人员的释放依然遥遥无期，商总联会忧心如焚。5月20日，新总会决定推派代表赴临城实地调查，并组织临时救护队自行营救。⑦5月25日，新总会推定冯少山为代表，同时出任救护队队长，会同红十字会等公团代表乘快车北上，营救被掳人士⑧，同时致函全国各报馆、各团体，提出切实负起国民责任："天下兴亡，匹夫有责，在昔专制时代且如此，矧民国主权在民者耶，愿国人一致奋起，解决国事，庶几贪官污吏，不敢再肆虐于中

① 《津浦路大劫案之沪讯》，《申报》1923年5月15日，第13版。
② 《津浦路大劫案之各团体电》，《申报》1923年5月16日，第13版。
③ 《津浦路大劫案之各团体电》，《申报》1923年5月16日，第13版。
④ 《津浦路大劫案沪讯汇报》，《申报》1923年5月17日，第13版。
⑤ 《津浦路大劫案之昨讯》，《申报》1923年5月19日，第13版。
⑥ 《沪东商联会职员会纪：议决质问临城案》，《申报》1923年5月22日，第14版。
⑦ 《商总联会常会纪》，《申报》1923年5月18日，第14版。《临城事件之昨讯》，《申报》1923年5月22日，第13版。
⑧ 《临城事件之昨讯：沪人营救被掳者之一般》，《申报》1923年5月26日，第13版。

国，然后政治有就轨之望，国家有清平之时，凡我国民，其共图之。"①到枣庄后，冯少山联合赴临城营救各民间团体组成全国公署驻枣联合临时救济会，并亲任外交股主任②，与此同时，与土匪代表济镇江、刘梧岗两人接洽，争取先行释放人质数名③。

为了早日救出人质，旧总会希望政府"相机行事，对于匪徒条件，勉强先加承认，以期中外人民，早得释回"④。5 月 23 日，旧总会再次召开临时紧急会议，决定组织救护队，"携带粮食药品，前往临城救济中西难民"，并推定俞希稷、钱龙章、蒋梦芸、成燮春、潘冬林、俞铭巽、余仰圣等九人组织救护临城被难人士委员会，商定具体营救办法，包括"(1)请钱龙章赶办粮食。(2)请各委员及各路代表携带捐册分向各处募捐。(3)委员会每晚一次。(4)函请各公司捐助衣食物品。(5)登报劝各界捐助银钱等。(6)登报通告各地被难家属，速即来会报告被难人姓名等。(7)登报征求各界之意见及办法"，并当场募得捐款 620 元。⑤ 5 月 25 日晚，救护临城被难人士委员会召开第一次委员会议，决定派遣蒋梦芸、潘冬林二人先行赴临城，并制订募款办法。29 日，两人乘快车出发。此后，两人每日发函报告临城劫车案人质营救进度，并提出应注意善后事宜："(1)此后铁路警备方法。(2)议安慰被掳外人之办法，免其苛求。(3)议报酬调解之西人办法，免其要挟。(4)讨论惩罚文武官吏，及限制此次调停之酬劳办法，因此间文武各官，误前误后，实为本案之罪人，有过无功，宜罚不宜赏也。(5)慰劳及救济中国难民办法。"⑥

与此同时，南京路、民国路、山东路、四川路等商联会纷纷发出通告，声明"代募银洋物品，前往救济，事在燃眉，迫不及待，本路各商号，对于慈善事业，素抱热诚，不让人后，尚望慨为捐助，或银钱，或物品，请即直接送交商联会"⑦，救济临城被掳人质。

---

① 《临城事件之昨讯：沪人营救被掳者之一般》，《申报》1923 年 5 月 26 日，第 13 版。
② 《关于临城事件之昨讯》，《申报》1923 年 6 月 3 日，第 13 版。
③ 《商总联会议董会纪》，《申报》1923 年 6 月 13 日，第 13 版。
④ 《临城事件之昨讯》，《申报》1923 年 5 月 22 日，第 13 版。
⑤ 《沪人营救临城被掳人士昨讯》，《申报》1923 年 5 月 25 日，第 13 版。
⑥ 《临城事件将结束之种种消息》，《申报》1923 年 6 月 4 日，第 13 版。
⑦ 《沪人营救临城被掳人士昨讯》，《申报》1923 年 5 月 28 日，第 13 版。

表 9-3 旧商总联会捐款捐物一览表

捐助日期	捐助情况
1923 年 5 月 25 日	南京路一百元，杨树浦路一百元，文监师路五十元，谢廷灿五十元，山东路五十元，新闸路五十元以上，四川路一百元，沪北六路五十元，爱多亚路三十元，虹口路二十元，共计六百二十元
1923 年 5 月 26 日	山东路商联会代募山东路鼎阳观酱菜百听
	南京路商联会代募施德之君一百元，神功济众水一千瓶，模范工厂洋二十元，大丰茶叶公司茶叶五箱，三阳南货店饼干两大箱
1923 年 5 月 27 日	山东路商联会代募钱龙章君洋二十元，马敦和君洋十元，庆云银楼洋十元，华德茂洋五元，何墨君洋五元
	南京路商联会代募三友实业社洋五元
	西华德路商联会募洋五十元
1923 年 5 月 28 日	沪东商联会丁朝奎君，经募该会洋一百元
	文监师路商联会，经募各商店洋三十五元五角
	西华德路隆兴食物店捐饼干五十磅
	南京路任募同昌车行捐五元
1923 年 5 月 30 日	四川路商联会认筹一百元，并募得联益贸易公司金钢牌香皂一箱，计十二打，狄百克刷子六个，轧发刀三把
	虹口商联会募得大洋十七元，小洋六十四角
	山东路姚士元捐洋五元

资料来源：据临城劫车案期间《申报》有关记载整理而成。

5 月 30 日，旧总会将第一批"各路商店捐助货物用品饼干药水酱菜肥皂茶叶等二十三件"交给中华捷运公司运往临城。[①] 6 月 4 日，旧总会接到驻枣庄代表来函，称"下山被难人士大都衣履不全，困苦异常，请速寄夏衣帽鞋及粗细饼等，以便救助"，连夜"将第二批衣食等，托转运公司装运前往"，据悉，该批物品包括"草帽念打、布短衫裤二百套、饼干五百磅、扇子二百把、鞋子

---

① 《关于临城事件之昨讯》，《申报》1923 年 6 月 1 日，第 13 版。

二百双"。① 6 月中旬，经过政府与劫匪的艰苦谈判和社会各界的营救，临城劫车案被掳西人全部释放。商总联会派驻枣庄代表陆续撤回，7 月初，救护临城被难人士委员会解散，商联会的临城劫车案救助工作结束。

1923 年是个多灾之秋。9 月 1 日，日本东京、横滨一带发生了大地震，9 月 2 日，上海《申报》在"特约路透电"中报道了日本大地震的消息，此后，上海各大报连篇刊载了大地震给日本所造成的损失，"东京几成灰烬，损失在十五六亿以上，横滨等处灾害亦重"②。进一步的消息认定"东京之损害，约计五十亿"③。日本驻沪总领事表述日本震灾时说："敝国东京横滨等处各重要区域，突然发生地震，同时火山爆发，飓风海啸，相继而至，灾情重大，为亘古以来所罕有，除建筑物及财产等损失之数，一时尚难调查确实计算外，生命之丧失，约计几及二十余万口，目前疮痍满目，流离失所，尚不知凡几。"④

消息传来，正处在抵制日货运动中的上海商界立即行动起来，积极开展救灾恤邻活动。山东路商联会十分挂念日本震灾中的华侨，提出"旅日华侨甚伙，应筹救济方法，对于日本国民，亦应为同等之救济"⑤。南京路商联会号召会员"量力捐助，踊跃救济款项"，汉口路商联会亦主张"吾人应尽友谊之互助，筹款赈济"。⑥ 商总联会则致函日本驻沪总领事，表示将"会同各界量力救济"，并"专函慰问"。⑦ 各路商联会赈救日本震灾的活动汇入上海总商会的救济洪流中，形成了一股救济日本灾民的热潮。上海总商会"闻信之余，同深

① 《临城事件消息汇志》，《申报》1923 年 6 月 5 日，第 13 版。

② 《日本大地震损害纪》，《申报》1923 年 9 月 3 日，第 7 版。

③ 《日本大地震损害纪(三)》，《申报》1923 年 9 月 5 日，第 7 版。

④ 《昨日之救济日灾消息》，《申报》1923 年 9 月 8 日，第 13 版。后据日本水野梅晓震后证实，东京方面死伤及失踪者 242558 人，"人命以外之物质的损害，不下一百亿"，横滨方面，死者 23767 人，伤者 40808 人。([日]水野梅晓：《日本震灾概况》，《申报》1923 年 10 月 18 日，第 16 版。)

⑤ 《山东路商联会开会纪》，《申报》1923 年 9 月 5 日，第 15 版。

⑥ 《南京路商联会职员会纪》《汉口路商联会开会纪》，《申报》1923 年 9 月 8 日，第 15 版。

⑦ 《各界赈济日灾之昨日情况》，《申报》1923 年 9 月 9 日，第 14 版。

惊悼，只以距离辽远，交通阻滞，无由亲致唁忱"①，故特致函沪埠日本商业会议所，转致慰问日本受灾人民，并于9月5日再致电日本驻沪总领事矢田七太郎，将日本震灾当作人类的共同灾害，称地震造成的巨大损失不仅是日本"举国之不幸，亦即世界人类之不幸，敝国人民，谊切同洲，尤为惊悼"，因此，要求总领事署"代致唁忱，务祈允为转达"②，表达了中国人民对日本人民受灾的深切同情。宁波旅沪学会召集职员会，决定致电日本政府，对日本"贵国巨灾，不胜怆悼，恤邻之责，惟力是视"③。华商纱厂联合会致电日本大阪纺织联合会和驻沪总领事馆，"代表全体会员专电慰问，并表悼惜之忱"④。中华全国道路建设协会致电日本驻沪总领事馆转日本内务省，称"中日同文同种，唇齿相依，数千年来，守望相助，历史所书，举世共鉴……彼邻友邦，休戚与共，能勿潜然，尚希贵国被灾同人各抑伤感，徐图复业，否极泰来，幸勿悲观，专肃电慰，无任悼惜"⑤。此外，上海女子参政会推代表唐家伟、朱剑霞亲持专函前往日本驻沪总领事馆慰问。

在上海总商会的领导下，上海各民间团体和绅商纷纷组织起来，募集救灾款项和物资。日本震灾消息见报后，上海绅商界头面人物朱葆三、盛竹书、陆伯鸿、王一亭、钱新之、孙仲英(时任华洋义赈会职员)等三十余人于9月3日在一枝香召集急救日灾会议，成立临时机构，决定"会集各公团、各善团群策群力，积极进行"，以朱葆三、盛竹书、朱芑臣、王一亭等人为筹备主任，并向各公团、各善团发出通告，定于9月6日召开赈济日灾联席大会，多数马路商联会派代表参加了会议。9月4日，上海总商会特开临时会董会，讨论赈济办法，议决"购办面粉一万包，米三千包，明日装招商局新铭轮船赴日救济"，并推举虞洽卿办理报关，顾馨一、荣宗敬办理购置面粉及装船事宜，徐

① 《关于日本地震大灾之消息》，《申报》1923年9月4日，第13版。
② 《关于日本地震大灾之昨讯》，《申报》1923年9月6日，第13版。
③ 《关于日本地震大灾之消息》，《申报》1923年9月4日，第13版。
④ 《关于日本地震大灾之昨讯》，《申报》1923年9月6日，第14版。
⑤ 《关于日本地震大灾之昨讯》，《申报》1923年9月6日，第14版。

可陞代表总商会赴日调查灾情及办理救济事宜，并当场认垫捐款共计 61000 元①，招商局也免费派出新铭轮船运送救济物资。与此同时，总商会发出公函，要求各公团、各善团积极参加 9 月 6 日的赈济日灾联席大会，"念人类互助之义，本先哲博爱之怀，拨冗惠临，共襄义举，并请于同业中各自分头劝募，务期集有成数，源源筹济"。9 月 5 日，上海总商会又致函全国商会联合会，请转知全国各商会，一同发起救灾。② 9 月 6 日，中国协济日灾义赈会正式成立，朱葆三任会长，盛竹书、王一亭为副会长，办事处设在仁济堂，以蓝底白十字为会旗。③ 盛竹书在中国协济日灾义赈会成立会上阐明了该组织的必要性，指出此次日灾中，"不仅中国侨商工人学生，尚留居彼地，即绝无关系，而揆诸救灾恤邻之义，亦应设法救济。况中日为同文同洲之国，迩来中日虽感情微有隔阂，然吾国德化甚深，素能力行仁义，推物与民胞，断难坐视"④。

此后商界赈济日灾活动纳入统一轨道。同日，满载价值 12 万余元的赈济日灾物资的新铭轮船驶往日本，截至 9 月 27 日，赈济款物"计大宗白米面粉十二万元，红十字会药品一万元，汇神户中华会馆洋五千元，共支出十四万元"⑤。同时，中国教育团救济日灾会亦正式成立，事务所设在上海西区方斜路江苏省教育会，专门在中华教育团体中开展救灾款项及物品筹集活动，并

---

① 《关于日本地震大灾之昨讯》，《申报》1923 年 9 月 5 日，第 13 版。总商会认捐 61000 元的构成如下：总商会 10000 元，方椒伯向各董接洽 10000 元，祝兰航 5000 元，顾馨一 5000 元，荣宗敬 5000 元，薛文泰 5000 元，虞洽卿、闻兰亭、沈润挹共 10000 元，徐冠南 3000 元，叶惠钧代表杂粮公会 2000 元，徐乾麟 1000 元，田祈原、楼恂如、王鞠如、盛筱珊、谢韬甫共 5000 元。

② 《关于日本地震大灾之昨讯》，《申报》1923 年 9 月 6 日，第 13 版。

③ 发起成立中国协济日灾义赈会的民间团体有：仁济堂、红十字会、中国济生会、联义善会、上海总商会、宁波同乡会、海员工会、闸北慈善团、广益堂、银行公会、公教进益会、中华学艺社、青年协会、普善山庄、绍兴同乡会、上海慈善团、上海慈善救济会、工商研究会、妇孺救济会、纱厂联合会、中国义赈会、江苏防灾会、玻璃制造同业会、面粉公会、煤业公会、女青年会全国协会、沪南慈善会、上海县商会、上海女青年会、位中善堂、至圣会、城北慈善会、书业商会、书业公所、上海青年会等。参见《救济日本地震大灾之消息种种》，《申报》1923 年 9 月 7 日，第 13 版。

④ 《救济日本地震大灾之消息种种》，《申报》1923 年 9 月 7 日，第 13 版。

⑤ 《关于日灾之昨闻种种》，《申报》1923 年 9 月 28 日，第 13 版。

决定在各校设立筹募队。沪埠佛教居士则发起成立佛教普济日灾会。① 上海书画保存会于9月9日专门为筹济日灾召开临时大会，据载，"原将家藏书画鬻款助赈者，有汪北平君所藏吴仓硕、李梅庵等屏条，及唐寅百蝶图，钱季寅捐助近代名人书画真迹，汇编五百册，姜玉辉助刘石庵堂幅八帧"②。

除捐款捐物外，商联会等民间组织还派遣救护人员赴日本灾区直接参加调查与救助。中国红十字会总办事处理事长庄得之、医务长牛惠霖携"男女医士四人，救护员八人，书记会计各一人，女看护士四人，队役四人，现款二万元，药料等品十余大箱"，于9月8日启程前往日本东京参与赈灾工作。③此外，"有叶慎斋等三人愿意前往调查……牛惠霖博士愿亲自赴救，此外自告奋勇前往者甚多"④。教育界发起组织了上海中华教育团体救济日灾会，专办筹募救灾款项及物品事宜，并推举中华学艺社林暌赴日调查灾情。

其时，中国民间正因日本援引"二十一条"拒绝归还旅顺、大连等租借地而掀起大规模的抵制日货运动，抵货与赈灾相互交织，演绎出一首民族主义与人道主义的交响变奏曲。在日本人民遭受地震所造成的天灾时，中国民间并没有将对侵略者的仇恨转嫁到日本灾民身上，相反，秉承了中国自古以来的赈灾恤邻、以德报怨的优良传统，站在人类的道德制高点上，及时开展了广泛的赈灾活动。一边是抵制日货运动，坚持理性的民族主义，一边是赈济日灾活动，高倡人道主义，抵货运动并未因赈灾活动而中止，赈灾活动亦未因抵货运动而消极。上海马路商联会既是抵制日货运动的主力，又积极参与赈济日灾的活动，既没有因为民族主义而放弃人道主义，使民族主义变得狭隘，也没有由于人道主义而抛弃民族主义，两者相互激荡，并行不悖，演出了一场抵制日货运动与赈济日灾活动相互交织的历史活剧。

除了天灾，还有人祸。1924年的江浙战争给战区人民造成了极大的灾难，"此次东南战祸，遭灾者如太仓、嘉定、昆山、松江、宝山、黄浦等县，合计损失当在五千万元以上，而尤以太仓之浏河、嘉定之黄渡、南翔等处为

① 《救济日本地震大灾之消息种种》，《申报》1923年9月7日，第13版。
② 《各界赈济日灾之昨闻》，《申报》1923年9月10日，第13版。
③ 《关于日本地震大灾之昨讯》，《申报》1923年9月8日，第13版。
④ 《救济日本地震大灾之消息种种》，《申报》1923年9月7日，第13版。

最烈，环观灾地，一场瓦砾，惨不忍睹，即离战区较远之村落，凡衣服被褥，莫不抢劫一空，家用什物，亦皆捣毁殆尽，灾民回里，无衣无食，露宿待援者，遍地皆是"①。新闸路商联会率先设立避难收容所，随后，各路商联会相继设立了避难收容所，新闸九路商联会设立灾民收容所，占地三亩余，能安置七百余名灾民，截至 9 月 10 日，该所已接纳一百余灾民，"每日供给粥饭三餐，灾民安适"②，南区商联会在"南会馆左近亦设局平价发籴，以维南市民食"③。

在此基础上，商总联会于 9 月 8 日派邬志豪、潘冬林分途接洽各路商联会，拟设立上海各路商界妇孺避难收容所。④ 次日下午，山东路、爱多亚路、南阳桥、广西贵州劳合三路、北四川路、天潼福德两路等十余路商联会代表专门集议组织妇孺收容所事宜，并提出六条具体办法："(1)由各路临时组织商界筹议救济难民委员会；(2)通告各路自动速行组织收容所；(3)筹款方法，致函商总联会，议定妥当办法；(4)委员会筹议救济方法，报告商总联会执行；(5)各路均得推派代表加入委员会；(6)委员会地点，暂设广西路商联会内。"⑤9月中旬，商总联会钱龙章、邬志豪、蒋梦芸、王汉良、潘冬林、余仰圣等人正式发起设立难民收容所，地址初设在虹口伯顿路菜场上层(后改租兆丰路某酱园空屋四十余间为所址)，并专门制订了简章：

> (1)本所由各马路商界联合会组织之，故定名为各马路商界联合会第一收容所。(2)本所以救济战区避难贫苦妇孺为宗旨。(3)本所暂定收容难民一百人。(4)本所除供给难民膳宿外，并设备茶水医药等。(5)本所经费由发起人会同各马路商界联合会筹募分任，外界如愿捐助者，无任欢迎。(6)本所办事细则另订之。(7)本所经工部局核准备案。⑥

---

① 《上海军事善后之昨讯》，《申报》1924 年 11 月 11 日，第 9 版。
② 《苏浙兵祸纪(九)·新闸九路商联会设灾民收容所》，《申报》1924 年 9 月 12 日，第 10 版。
③ 《苏浙兵祸纪(十)·南区商联会设局平籴》，《申报》1924 年 9 月 13 日，第 10 版。
④ 《苏浙兵祸纪(六)·商界纷纷组织难民收容所》，《申报》1924 年 9 月 9 日，第 14 版。
⑤ 《苏浙兵祸纪(七)·商界纷纷组织妇孺收容所》，《申报》1924 年 9 月 10 日，第 10 版。
⑥ 《苏浙兵祸纪(十一)·各路商总联会筹设收容所》，《申报》1924 年 9 月 14 日，第 10 版。

9月18日，商总联会推举袁履登为第一收容所主任，并分别推定各股主任：会计股为邬志豪、陈翊庭，医务股为钱龙章，救护股为吴仲斋、蒋梦芸，总务股为潘冬林、余仰圣，调查股为王汉良、陆文韶，卫生股为谢惠廷、徐允根，其他发起人均为委员，逐日到所值班。① 收容所经费完全由各路商联会自愿捐助，发起人认捐1480元。② 10月4日，第一收容所在民国路老北门正式开办，所址为邬志豪借出之三楼三底住宅，并以袁履登的名义致函各团体：

> 第一收容所于民国路老北门外浸会堂对过，额定三百五十人，除供给膳宿外，另行设备卫生、医药诸项，以致预防，并定本月四日正式开办，贵会热心救护难民，成绩卓著，嗣后如有无处安身之避难人，敬祈暂送敝所，自当照章留养，借免饥寒，事关善举，尚祈赐教为幸。③

第一收容所成立后，救护队即四出收容难民：

> 第一批救护队潘冬林、张贤方、程桂初于清晨七时乘小轮出发，持旗在闵绕行一周，难民毕集，当协同红会救出该处妇孺十八人，于下午二时回所，第二批救护队，专在南车站接收，由乐树滋诸君担任，约晚间有大批妇孺到所。④

江浙战争结束后，商总联会关闭了收容所，成立兵灾善后委员会。除衣食、物品、证券外，收容所开办的三十余天时间里，共收到善款3460.16元，"收容浏河、青浦、安定、松江、闵行、泗泾等处难民401人"，开支1663.805元，结余1796.355元，连同剩余衣食物品证券，一并移交各路商界

---

① 《苏浙兵祸纪（十六）·各马路商联会组织收容所之进行》，《申报》1924年9月19日，第10版。
② 《卢永祥抵沪后之战事消息（八）·商界收容所之进行》，《申报》1924年9月27日，第10版。
③ 《卢永祥抵沪后之战事消息（十六）·各路商联会致各团体函》，《申报》1924年10月5日，第10版。
④ 《卢永祥抵沪后之战事消息（二十）·商界收容所消息》，《申报》1924年10月9日，第10版。

设立兵灾善后委员会。① 商总联会再次发起捐款，呼吁各路商铺"多捐一钱，多救一命，体上天好生之德，开自己方便之门，庶几兵燹余生，得延残喘"②。各路商联会积极响应，截至 11 月 25 日，共收到江西路 283 元，汉口路 100 元，文监师路 147.5 元，沪西九路 50 元，沪北六路 112 元，曹家渡大洋 90 元、小洋 130 角，沪南六路 48 元，沪东大洋 123 元、小洋 477 角、铜元 100 枚、大小衣服等 200 余件，西华德路 200 余元，民国路 237 元，虹口六路 107 元，福建路 416 元，闸北八路 85 元、小洋 12 角，北山西路 27 元。此外，百老汇路募集 853 元，自行购办白米 87 石，并于 12 月 10 日，"推派王亨礼等三人，与商总联会代表潘冬林将是项赈米，押运黄渡，随即会同该镇绅董金君、亲赴邓家阁泥岗等十余村散放米票，一面则在金绅宅内按票发米"。③

为解决战事期间沪埠粮食供应问题，商总联会还设立了粮食委员会，由 11 名委员组成，9 月 14 日委员正式就职，并举行首次委员会，决定"实行米粮平价公卖办法"，即"由总会将印刷完工之凭证，即日分送各马路商联会，照章分发，由承卖者向总会付足米价，每包二百磅，芜湖白籼米价洋十元，换取领米证，俟两星期米到后，再行向指定之发米处领米"。④ 这实际上是一种期货交易。从战争期间的避难收容，到战后捐款捐物从事善后救济，上海马路商联会的救助活动不仅减轻了战争难民的痛苦，也部分化解了江浙战争的后遗症。

1928 年年底，为了赈济河南、陕西、甘肃三省蝗旱大灾，商总联会成立了筹赈豫陕甘灾委员会，并制订了组织大纲，有组织有计划地开展赈灾工作，组织大纲规定了筹赈豫陕甘灾委员会的宗旨、构成、筹款方式等内容：

---

① 《上海各路商界总联合会设立避难妇孺收容所敬谢各大善士》，《申报》1924 年 11 月 15 日，第 11 版。

② 《商总联会劝募兵灾赈捐》，《申报》1924 年 11 月 26 日，第 13 版。

③ 《各路商界设立兵灾善后消息》，《申报》1924 年 11 月 25 日，第 9 版。《各马路商联会开会汇纪》，《申报》1924 年 12 月 9 日，第 14 版。《各马路商界设立兵灾善后会消息》，《申报》1924 年 12 月 12 日，第 14 版。《百老汇路商联会散放赈米，派员在黄渡放发》，《申报》1924 年 12 月 13 日，第 15 版。

④ 《苏浙兵祸纪(十二)·商界维持粮食之进行》，《申报》1924 年 9 月 15 日，第 10 版。

（一）本会以筹款筹物赈救豫陕甘三省灾民为唯一宗旨。

（二）本会定名为上海各路商界总联合会筹赈豫陕甘灾委员会。

（三）本会以各路联合会，推派出席之代表为委员。

（四）本会全体委员，得公推常务委员五人，主持会务。经济委员三人，管理捐金。

（五）本会设立左列各部：甲、捐务部；乙、宣传部；丙、文书部；丁、交际部；戊、游艺部。

（六）本会右列各部，公推主任一人，负责办事。

（七）各部视事务之繁简，经常务委员之同意，得雇员办理之。

（八）凡送缴赈金，须由常务委员经济委员连名签印，出给收据，候汇集登报布谢。

（九）本会筹得赈金，由常务委员经济委员保存，随时汇解驻沪豫陕甘赈灾委员会办事处收汇放赈。

（十）本会得聘请各路商界中热心公益见义勇为者，为筹赈名誉委员，或赞助委员。

（十一）本会筹赈期间，以三个月为期。

（十二）本会委员服务出力成绩优著者，由本会报请国民政府豫陕甘赈灾委员会予以最荣誉之嘉奖。

（十三）本会办公时间，每日上午八时起，至下午六时止。

（十四）本会委员常会，每逢星期晚上准七时举行。

（十五）本会例行会务，由常务委员与各部主任相机办理。

（十六）本会办公地点，在南京路八十一号三楼。

（十七）本会简章有未尽事宜，得随时修正增益。

（十八）本简章公决日施行之。①

1929 年元旦刚过，筹赈豫陕甘灾委员会就推定了各部主任，其中钱龙章、张子廉、许云辉为劝募主任，陶乐勤、王屏南、张横海为文书委员，张一尘、虞仲咸、陈翊庭为交际委员，胡凤翔、邱嘉樑、余仰圣、朱保罗、张

---

① 《商总会三省筹赈会草案》，《申报》1928 年 12 月 31 日，第 14 版。

贤芳、王肇成、范更新、蔡治君、陈广海、林仰之为宣传委员。① 1月9日，筹赈豫陕甘灾委员会举行会议，讨论了募捐办法，决定"(一)募捐方法，分为四项：(甲)特别捐，以各商号营业收入项下，提出百分之五，作为赈款，其提取日期限七天；(乙)普通捐，不限百分之五者；(丙)乐善捐，用木筒分设重要地点，及随路劝募，任人投输；(丁)其他捐，股户捐、游艺捐、及不列入上项名称者。(二)上项四项，募捐方法，除丙种乐善捐不给收条外，所有甲、乙、丁三项，均备有印成之定式收据，分一元、五元、十元、五十元、一百元五种，以杜流弊"②，号召市民"举手予援，使豫陕甘灾民濒死者活之，濒危者安之，寒者衣之，饿者食之，以成造化之大仁，以尽胞与之大义"。③ 筹赈豫陕甘灾委员会决定"向各公司商号，告借送货汽车，于其汽车两旁，张贴乞赈广告，借此宣传，引起各界人士注意，冀收助赈之效果"，为此，专门致函市公安局，要求其"通饬所属，凡遇敝会张贴乞赈广告之汽车经过内地各处，准予通过"。④ 公安局积极配合，表示"自当照办"。1月22日，商总联会在北京路功德林专门举办筹赈宴叙，决定组织筹款队，共分五十队，每队筹款目标为2000元。⑤

筹赈委员会决定2月14—20日为提赈第一期，经过广泛动员，包括五洲大药房在内的35家商店承诺将营业收入的5％捐作赈款。新历2月1日至2月7日为第二次提成赈灾期，包括中国化学工业社、义成啤酒公司、中国皮件公司、中华书局、商务印书馆等在内的数十家商号参与值百提五活动，其中中国化学工业社愿将门市收入的30％、义成啤酒公司愿将门市收入的40％捐入赈款。新历3月5日至11日为第三次提成赈灾期，为此商总联会联合上海总商会等团体发布公告，号召"国中人士，凡有需要物品，请于此七天赈灾期内尽量购买，俾买卖双方各种善果，被灾民众得庆更生，福己福人莫

① 《商总会筹募豫陕甘三省振款》，《申报》1929年1月6日，第14版。
② 《商总会对三省筹赈之急进》，《申报》1929年1月10日，第14版。
③ 《商总联会为豫陕甘三省同胞请命》，《申报》1929年1月12日，第14版。
④ 《商总会用汽车游行宣传筹赈》，《申报》1929年1月17日，第14版。
⑤ 《商总联会为三省筹赈宴叙纪》，《申报》1929年1月23日，第14版。

善于此"①。

各路商联会也积极行动起来，组织专员向本路商店劝募，成效可观。汉口路商联会"积极分头筹募，不拘多寡"。福建路商联会推定王靖东为主任，尤素臣、杨良弼、童谦和等九人为赈灾委员，"专办筹赈事宜"，"并通告征求各商加入百分提五之营业赈金"。② 沪南六路商联会"积极进行，以济穷困而利善举"③，并推定"陈锦堂、王凤生、俞在明、乐树滋、王奎元、徐云翔为劝募员，即日出发分头劝募"④。南京路商联会自 3 月 6 日开始劝募，结果"第一日得洋五百六十八元，兹悉第二日续行出发，成绩仍佳，又捐到洋四百九十六元"，第三天又募到 140 元，三天共募得赈款 1204 元，踊跃捐输者 146家，多者达百元，少者仅一元。⑤ 北京路商联会组织筹赈委员会，公推张一尘、孙烈昌、周豹元、陆振廷、陈士德为劝募委员，从 3 月 9 日起分头在北京路商店劝募，据悉，"该路近来虽生意清淡，均尚慷慨解囊"，募捐首日共计募到大洋 190 元，次日又募集 165 元，其后又有少量募款缴到，总共 442元。⑥ 虹口六路商联会成立豫陕甘赈灾募捐队，"除由正副队长暨名誉队长参谋队员等，尽力进行外，并请朱保罗君四出募集"，首批募集捐款 435 元，第二批亦劝募 225 元。⑦ 沪北川宝商联会豫陕甘赈灾委员会委员叶其昌、张炳荣、王成栋、李恒林等人，连续数日向北四川路、虹江路等处各商栈劝募，应募者甚为踊跃，金额从 1 元至 10 元不等。⑧ 1929 年 3 月底 4 月初，国民党

---

① 《上海各路商界总联合会豫陕甘筹赈委员会为灾民乞赈通告(第二号)》，《申报》1929 年 2 月 2 日，第 6 版。《乞赈公告》，《申报》1929 年 3 月 5 日，第 2 版。

② 《各商联会消息》，《申报》1929 年 1 月 14 日，第 16 版。

③ 《各商联会消息》，《申报》1929 年 1 月 15 日，第 14 版。

④ 《各商联会消息》，《申报》1929 年 4 月 5 日，第 14 版。

⑤ 《各商联会消息》，《申报》1929 年 3 月 8 日，第 17 版。《各商联会消息》，《申报》1929 年 3 月 9 日，第 14 版。

⑥ 《各商联会消息》，《申报》1929 年 3 月 10 日，第 14 版。《各商联会募赈之进行》，《申报》1929 年 3 月 12 日，第 16 版。《北京路商联会开会记》，《申报》1929 年 5 月 20 日，第 14 版。

⑦ 《各商联会募赈之进行》，《申报》1929 年 3 月 12 日，第 16 版。《商界募赈昨讯》，《申报》1929 年 3 月 24 日，第 16 版。

⑧ 《川宝商联会豫陕甘赈灾工作》，《申报》1929 年 3 月 16 日，第 16 版。

第三次全国代表大会上传出统一商民组织，解散商联会的消息，此后，商总联会及各路商联会转入保卫商联会生存的斗争中，豫陕甘三省筹赈活动虽未因此终止，但已大受影响。

综上所述，各路商联会对街区范围内的教育、卫生、治安等公共事务责无旁贷，夏天防暑、冬天防盗、时疫防治成为许多商联会的重要职责，这在一定程度上说明商联会的确具有邻里组织的色彩。随着"邻"的范围的扩大，从邻街，到邻省，再到邻国，商联会投入的热情与力度明显递减，这时候，各路商联会之上的商总联会就承担起社会公益事业领导者的责任。与街区内的日常公共事务不同，在救助国内外灾民、战争难民的慈善公益捐款活动中，各路商联会之间仍存在着较大的差异。但从总体上看，商联会面对临街商铺的零星碎款，将涓涓细流汇聚成一股股救助洪流，这一行为本身就是一种最为广泛的基层动员，同时，也传承着中华民族的传统美德，彰显了一种良好的社会风尚。

第十章　曲终人未散：商联会的重组

1929 年 11 月起，曾经跟踪记录马路商联会的上海几大报刊如《申报》《民国日报》《新闻报》，突然间不再有关于马路商联会的大量记载，连只言片语的零星报道也很少见，一夜间曾经活跃于上海的商总联会与各马路商联会似乎从公众的视线中集体消失了。如何解释这一现象，是彻底结束了吗？是奉国民政府整理商人团体的命令而解散①，还是另有隐衷？这一现象又是如何形成的？本章认为，上海马路商联会在新闻报纸上的失踪和失语，并不表示这个组织的消失。种种迹象表明，该组织依然存在，但其活跃度确实不如以前，这或许与国民党角色的转型有关。北伐战争胜利后，国民党取得了全国政权，定都南京，完成了从革命党向执政党的转变，认识到"过去工作，在于革命之破坏，今后工作，则在革命之建设也"②，国民党先是开展了统一商民运动，以商总联会和各路商联会为基础，成立商民协会，继之于 1929 年设立商整会，接收上海总商会、商总联会、商民协会等商人组织，成立统一的上海市商会。不过，商总联会和各路商联会依然改头换面地以"市民会"和"市民分会"的名义保留下来，随后，又宣布恢复活动。虽然报纸上的报道少了，但这

---

① 学界有一种观点认为："1929 年，国民党政府颁布《上海特别市商人团体整理委员会组织大纲》，上海马路商界联合会，因其组织形式与整理商人团体的原则有悖而被取消。"（蔡丰明、张丽丽主编：《民俗上海·闸北卷》，上海文化出版社 2007 年版，第 39 页。）

② 《江都县商民协会整理委员会致国民党三全会代电》，中国国民党中央委员会党史会藏档案，档案号：会 3.1/17.5。

只是一种并未结束的"消失"。

一、马路商联会的政治化步调

马路商联会本来就是一个政治色彩较为浓厚的、以中小商人为主体的商人团体，国民革命后期，国共两党都看到了这一点。国民党改组后，开始重视让民众参与国民革命，商民运动也是其中之一。1924 年 11 月，国民党在中央执行委员会里专门设立了商民部。不过，与同一时期的青年运动、农民运动、工人运动、妇女运动相比，商民运动并未真正开展起来，这与国民党对由大商人把控的旧商会的负面认识自然分不开。① 直到 1926 年，国民党第二次全国代表大会通过《商民运动决议案》，深刻阐述了商人参与国民革命的必要性与可能性，在这之后，随着北伐战争的推进，商民运动才与国民革命一起蓬勃发展起来②，得到了国共两党的正面评价。中共早期领袖恽代英注意到商联会在五卅运动中的表现，指出："马路商界联合会，却赞成我们的十七条"，"各马路商界联合会，是一般小商人的组织，小商人比较大商人的革命性要强"。③ 中共江浙区委充分肯定了五卅运动后上海"商人运动之进步"，指出："上海的商人运动，更加值得我们乐观。半年以前，我们终觉得商人群众中太没有力量，打不进去。现在不但许多中小商人的表现非常左倾，各马路商界总联合会无形中且可受我们同志之左右，该会重要分子如余化龙、邬培因等都已加入民校市党部，行动比较很左。此外还有好几条分马路商界联合

---

① 《商民运动决议案》认为："现在商会均为旧式商会，因其组织之不良，遂受少数人之操纵"，甚至"爱帝国主义者和军阀之利用，作反革命之行动，使一般之买办阶级每利用此种商会为活动之工具"。[中国第二历史档案馆编：《中国国民党第一、二次全国代表大会会议史料》(上)，江苏古籍出版社 1986 年版，第 389 页。]

② 《商民运动决议案》指出："国民革命为谋全国各阶级民众之共同的利益，全国民众均应使之一致参加，共同奋斗。商民为国民之一份子，而商民受帝国主义与军阀直接之压迫较深，故商民实有参加国民革命之需要与可能。"[中国第二历史档案馆编：《中国国民党第一、二次全国代表大会会议史料》(上)，第 388 页。]

③ 恽代英：《恽代英全集》第 8 卷，第 106、102 页。

会都可受我们的影响而积极参加革命的工作。"①

当然，这一局面的形成与国共两党的努力分不开。北伐战争前，国民党势力已经开始了对商人团体的渗透，尤其是像上海马路商联会这样以中小商人为主体的商人团体。其时，国民党上海特别市党部分为左右两派，形成两个党部，西山会议派控制右派，左派拥护国共合作，重视对中下层商人的动员。郭太风将国民党对商联会的工作分为四个阶段，其中，1924 年前"主要是渗透人员，试探考察，相机利用的阶段"，1924 年年底到五卅运动前后，"国民党与商总联会的关系进入第二阶段"。② 国民党员以不公开身份参加了商联会的活动，并担任重要职务，如邵力子曾以《民国日报》代表的身份加入河南路商联会并成为商总联会议董，还曾一度担任议长。③ 其实，邵力子与早期中共组织保持着密切联系，他后来回忆说："我参加马路商界联合会，把该会情况，向共产主义小组报告，小组也讨论过商界联合会的工作，我亦按小组决定进行工作。"④王汉良对国民党势力在商联会系统中的渗透起过重要作用。王汉良，浙江杭县人，早年加入同盟会，倾向革命，曾担任过陈英士的卫队长，参加讨袁战争。其商界身份为上海古玩市场经理，开设锦瑞记古玩号于江西路、五马路路口⑤，1926 年出任国民党上海特别市党部执行委员兼商民部部长、国民党上海登记委员会常务委员。⑥ 此前，他频繁出席商联会和商总联会系统的活动。1923 年以五马路商联会代表的身份出任商总联会议董，当商总联会分裂时，王汉良在背后力促其重新合并，"此次合并运动之发端者，系五马路王汉良君"⑦。是年年底，王汉良当选为五马路商联会会

---

① 中央档案馆、上海档案馆编：《上海革命历史文件汇集·中共江浙区第一次代表大会有关文件（一九二七年二月）》，中央档案馆、上海档案馆 1990 年版，第 413 页。"余化龙"应为"余华龙"。

② 郭太风：《二十年代上海商总联会概述》，《档案与史学》1994 年第 2 期，第 44 页。

③ 严谔声：《我与商界联合会》，《档案与史学》2002 年第 2 期，第 40—41 页。

④ 西安师专马列主义教研室党史组、西北大学政治理论系史教研室合编：《中共"一大"资料汇编》，1979 年，第 204 页。

⑤ 《商界营救王汉良》，《申报》1927 年 2 月 6 日，第 14 版。

⑥ 《国民党上海登记委员会成立会》，《申报》1926 年 11 月 20 日，第 13 版。

⑦ 《各路商界游园会纪》，《申报》1923 年 8 月 27 日，第 13 版。

长，并连选连任。① 1925 年年底又当选为商总联会副会长。② 他利用其有利身份在商联会系统内积极活动，发展国民党党员。据当事人回忆，经他介绍，商总联会领袖层有多人加入国民党：

> 王汉良加入国民党后，陆继介绍商总联会委员邬志豪、俞国珍、余华龙、许云辉、虞仲咸等加入国民党。王汉良任市党部商人部长后，以余华龙为四区党部商人部长，余调充市党部委员后，由许云辉继四区党部商人部长。③

此外，张静庐、王延松、张振远、邬培因、张横海、蒋梦芸、陆文韶、沈成甫、吴亮生、王子炎、陆祺生、沈田莘等人都先后加入国民党，王延松还曾一度担任国民党上海特别市党部商民部部长，"商联会分子有通过其他关系加入国民党的，陈勇三、余紫标通过钮永建的关系加入国民党，陈翊庭因系闸北区保卫团人员便加入闸北区组织，张静庐由林钧直接介绍，后任上海市党部委员，汪维英、曹志功与杨烈武、徐谦有安徽同乡关系，经中央党部通过后转入上海组织的"。国民党上海特别市党部还在商总联会设立两个分部，余华龙、虞仲咸各负其责，"商总联会所以会成立两个区分部组织，是国民党在商人团体中通过'党团'发挥作用的策略"。④

虽然商联会系统内加入国民党的人数不是很多，但他们都是商联会系统内的活跃分子，大多在商总联会或各路商联会中担任或曾任过要职，详情如表 10-1 所示：

---

① 《五马路商联会改选讯》，《申报》1923 年 12 月 9 日，第 15 版。
② 《商总联会选举揭晓》，《申报》1925 年 12 月 10 日，第 14 版。
③ 《1964 年 7 月 12 日座谈会纪录综合》，原件藏上海市工商业联合会档案史料室，转引自上海市工商业联合会、复旦大学历史系编《上海总商会组织史资料汇编》下册，第985 页。
④ 曹志功：《曹志功回忆》(1964 年 6 月 14 日)，原件藏上海市工商业联合会档案史料室，转引自上海市工商业联合会、复旦大学历史系编《上海总商会组织史资料汇编》下册，第 986—987 页。其中，"余紫标"应为"俞紫标"之误。

表 10-1　商联会系统内的若干国民党员身份示例

姓名	商界身份	姓名	商界身份
王汉良	五马路商联会会长，商总联会副会长	邬志豪	福建路商联会会长，商总联会会长
王延松	湖北海口两路商联会会长，汉口路商联会副会长，商总联会副议长	张振远	北山西路唐家弄两路商联会副会长，商总联会议董
许云辉	山西路商联会副会长，商总联会议董	蒋梦芸	南京路商联会副会长，商总联会议长
俞国珍	商总联会议董兼总务主任，西藏九江两路商联会副会长	邬培因	福建路出席商总联会议董，西藏九江两路商联会董事
虞仲咸	浙江路商联会副会长，商总联会议董	陆文韶	沪北六路商联会副会长，商总联会议董
余华龙	南京路商联会会长，商总联会议长、会长	张横海	四川路商联会议长，商总联会议董
张静庐	四马路商总联会议董	沈成甫	商总联会议董
吴亮生	民国路商联会会长，商总联会议董	陆祺生	海宁路出席商总联会议董、常委
王子炎	唐家湾商联会副议长，湖北海口两路商联会副会长，商总联会议董	陈勇三	虹口六路商联会副会长，商总联会议董、副会长
沈田莘	北京路出席商总联会议董、执委	俞紫标	曹家渡商联会会长，商总联会议董
张一尘[1]	五马路商联会监察委，南京路商联会执委，北京路商联会执委，沪北川宝商联会常委，商总联会常委	潘冬林[2]	文监师路（蓬路）出席商总联会代表，商总联会议董兼总务主任、交际主任，1927 年后任商总联会常委

资料来源：据《申报》《民国日报》等有关记载辑录而成，其中商界身份为其担任或曾经担任过的最高职务。

注：(1)张一尘，1929 年任国民党第三区党部商运委员会主席。(2)潘冬林的国民党身份参见《江浙区委九月份工作报告——政治概况与群运工作情况(1926 年 10 月)》，见中央档案馆、上海档案馆编《上海革命历史文件汇集·中共江浙区第一次代表大会有关文件(一九二七年二月)》，第 373 页。

在国共两党的影响下，商总联会与部分商联会的革命倾向日益明显。如前所述，早在 1926 年 7 月，商总联会曾讨论通电拥护广州政府北伐，8 月，商总联会即决定委派王汉良、余华龙、潘冬林等十人前往广州参观市政，其主要目的包括"考察广州政府与商人之关系，及对商业上之措置情形"，"调查政府与人民之感情，再求明了广州工会农会等之组织真相"①，后虽因经费问题，仅王汉良一人成行，但商总联会的政治态度不言自明。1927 年 3 月 21 日，国民革命军占领上海，商总联会与各路商联会纷纷表明政治立场。商总联会率先召开紧急会议，通告自即日下午四时至 22 日休业，悬挂青天白日旗，张贴"欢迎国民革命军""拥护国民政府"标语，并推定邬志豪、陈勇三、沈田莘、陈芝寿、刘仲英、余仰圣、张贤芳为代表慰劳国民革命军。4 月 28 日，商总联会将"欢迎蒋总司令，庆祝北伐胜利"的传单印发数万份，分送全市各商店张贴。② 南京路、福建路、法租界等商联会或举行欢迎国民革命军大会，或推举代表慰劳国民革命军，南京路商联会"拨款购办葡萄酒两箱，及饼干纸烟等，慰劳到沪革命军，并公推王廉方、蒋梦芸、屠润材、费杏庄、刘成组、苏豫朋、陈少侠、孙雪泥八人，为慰劳代表"，东北城商联会亦选派冯秋心、谢企安、吴凤翔、蔡明正为代表，"携带食品，往谒白总指挥，表示欢迎，并慰劳各将士"③，沪南东区商联会"赠送品如食品、面粉、川菜等，银洋四十元"④。4 月 8 日，南市商总联会、北城商联会、西区丽园路六路商联会等联合南市商民协会、沪西商业公会等团体通电全国各界：

> 溯自革命军蒋总司令兴师北伐以来，不数月间，迭克各省，暴戾军阀，望风遁逃，功略盖天地，千古无其匹，从此三民主义，得以实行，国民政府，基础巩固，素受压迫之民众，得以解放而苏息，此正全国民众有以报蒋总司令丰功之时。讵有不良份子，甘作帝国主义及军阀之走狗，意图中伤而破坏，敝会等为商界公立之团体，民意所在，难安缄默，

① 《商总会赴粤参观团消息》，《申报》1926 年 8 月 7 日，第 14 版。
② 《同声欢迎总司令》，《民国日报》1927 年 3 月 28 日，第 1 版。
③ 《各团体慰劳国民军》，《申报》1927 年 3 月 24 日，第 11 版。
④ 《各商联会消息》，《申报》1927 年 3 月 27 日，第 11 版。

为此郑重宣言，嗣后如有阻挠蒋总司令革命之工作者，即为全国之
公敌。①

可见，这份通电不仅将商联会等组织自视为民意代表，表达了拥蒋态度，而
且强烈反对与蒋的"革命"立场不一致的"公敌"。"四一二"反革命政变后，商
联会政治立场日益右倾，4月16日，南市商总联会与各区商联会联衔通电全
国各界，拥护蒋介石的"反共"主张，叫嚣铲除共产"余毒"："自此辈横行，百
业为之凋敝，人人莫不自危，金融停顿，不共产亦将破产，外交急迫，非救
国行且亡国，猖獗甚于土匪，流毒逾乎蛇蝎。苟不亟起扑灭，国人将无焦额，
际兹千钧一发，覆亡临头之时，毅然解除不法纠察队之武装，扫灭祸国共产
党之元凶，惊人一举，全国称快，从兹被利用者，憬然而悟，遭荼毒者霍然
而苏，不仅沪民之幸，抑全国之福也，希望全国各埠速起仿行，一致铲除共
产遗孽。"②其语言之极端、"仇共"之坚决，于此可见一斑。更有甚者，"七一
五"反革命政变、"宁汉合流"后，商总联会致电南京国民党中央特别委员会，
表示积极支持，认为"此后党国盛极，统一可期，前程广大，未可限量，敝会
为上海全埠市民所组织，对于宁汉合作，尤为愉快，可祝可颂，莫逾于
此"③。于此不难看出，商总联会与南京政府正处于政治上的"蜜月期"。

不仅如此，商总联会在财政上也积极支持南京政府。5月上旬，商总联
会发起认缴"革命捐"，支持国民革命军，"每月认捐房租一元，以充军饷，其
非自业者，将此库券交房东，以作该月房金，同时请国民政府，以国库券作
抵，再发起国民革命捐自由捐助，使革命军完成北伐"④。为促销二五国库
券，商总联会发起号召，称"处此青天白日之下，吾商民应与武装同志联合战
线，以完成国民革命，所谓有力者出力，有钱者出钱，各尽其力，以底于
成"⑤。在征求新会员时，将加入商联会与否作为革命与反革命的界线，6月
2日在商总联会紧急会议上，竟然出现了"请市党部商民部通告各商店一致加

---

① 《南市各商业团体拥护蒋总司令电》，《申报》1927年4月9日，第13版。
② 《各界一致护党之热烈》，《民国日报》1927年4月16日，第1版。
③ 《商总会电贺中央特委会》，《申报》1927年9月21日，第9版。
④ 《商总联会开会纪》，《申报》1927年5月9日，第10版。
⑤ 《商总会劝募库券代表大会纪》，《申报》1927年7月20日，第13版。

入商联会参加革命工作，否则为反革命"的提案①，随后，商总联会致函各马路商联会，声明"倘有未经加入本路商界联合会者，一致劝导参加，仰请贵会派员将商店未加入会者，从速入会，而厚团结，借资宣传革命工作，易于进行，其不愿加入者，即不赞成党化之商店，可认反革命派，并一面揭晓其经理人姓名，报告上海特别市党部"②。在有商总联会以及山东路、河南路、五马路等15个马路商联会参加的上海公共租界市民代表大会上，提出的十个对内对外的口号，完全站在国民党的政治立场上，将"反共"与"反帝"混为一谈："(1)反对增加巡捕捐；(2)取消不平等条约；(3)收回租界；(4)打倒帝国主义；(5)消灭共产党；(6)拥护中国国民党；(7)实行三民主义；(8)拥护南京国民政府；(9)完成北伐；(10)完成国民革命。"③此后，反对租界当局增加捐税的斗争也更增添了"革命"和受国民党领导的双重色彩。1927年7月，公共租界工部局拟增加房捐二厘，商总联会及各马路商联会坚决反对，并郑重宣言："本会之革命精神，日益饱满，本会之态度，日益坚决，本会此后之使命，当在中国国民党领导之下，第一为达到取消工部局非法加捐之目的，第二为达到收回租界之目的，第三为达到取消不平等条约之目的，第四为达到中国自由平等之目的，海枯石烂，此志不渝。"④西城商联会在对日经济绝交大会上，要求全体到会人员宣誓如下：

> 中国商民誓以决心，恪遵党训，拥护中国国民党民治国家，有违背国际公法，侵略民国领土侮辱华胄人民，以足制帝国主义者死命的最厉害手段，抵制仇国货物，实行经济绝交，如背斯言，愿受上帝裁判，谨誓。⑤

商总联会和各路商联会还在各种会议上加入了表明革命立场的政治仪式，如向国民党党旗、中华民国国旗及孙中山遗像行礼，恭读或集体诵读遗嘱，肃立静默，有时还唱国民党党歌，正式会议之前宣读国民党上海特别市党部来

---

① 《商总会紧急会议》，《民国日报》1927年6月4日，第2版。
② 《函促各商店加入商联会》，《申报》1927年6月8日，第15版。
③ 《公共租界市民代表大会纪》，《申报》1927年6月24日，第13版。
④ 《今日举行反对增捐大会》，《申报》1927年7月3日，第13版。
⑤ 《西城商联会对日经济绝交之会议》，《申报》1927年7月3日，第13版。

件或由市党部、商民部等代表致训词，会议程序上也更多地增加革命性演说，如九亩地商联会在 1928 年元旦庆祝会上，就请人演说"过去十六年之政治情形及商人所受之痛苦，希望商人同一站在革命战线上，与军阀及帝国主义者奋斗"①。有时还加演具有革命色彩的话剧，如 1928 年商总联会为续募二五国库券举行了有各分会代表二千余人参加的动员大会，会议主席王汉良在会议上激情演讲："请诸位来此共同讨论解除商人痛苦的方法，而惟一出路，则为完成北伐，结束军事，实施建设事宜，俾政府与人民更始，同享自由平等幸福，现在蒋总司令急谋北伐之完成，但必饷糈充裕，进行方能顺利，至于筹饷而不病民者，则惟加募续发二五库券"，"本会虽为中小商人所组织，但势力亦极雄厚，故特举行大会，请诸君尽量承买，并转行劝导，共同踊跃购此有光荣有利益担保确实之库券，以期凑足军需，早日完成北伐，亦即早日解除吾商界所受之痛苦"。最后，少年宣讲团表演"警世新剧'军民合作'，对于守财奴之家庭丑态，军阀之逆施横行，及革命军之与民合作，均淋漓尽致，听者动容"。②

　　1927 年 7 月，商总联会和各路商联会依据国民党上海特别市党部的指示开始改组，改会长制为委员制，并明定各路商联会为商总联会的分会组织，"不受本总会指导之联合会得呈请市党部解散改组之"，已成立的商联会于 8 月 15 日之前一律改组完毕，未成立商联会的马路，于 8 月 30 日之前一律成立。③ 商联会执、监委换届选举时，需邀请国民党上海特别市党部或所在区党部指派代表指导、监督并训话，执、监委员就职时还需要集体宣誓，表态接受国民党的领导，如汉口路商联会第二届执行、监察委员就职时，宣誓如下："敬受中国国民党指导，谨遵国府命令，团结本路商人，努力工作，如渝此旨，愿受本会严厉之裁制，谨此宣誓。"④

　　由此可见，1927 年后，随着北伐战争的胜利和南京国民政府的成立，商总联会在政治上日益偏向国民党，国民党政府也对商总联会配合北伐战争寄

---

① 《各界庆祝元旦详志》，《申报》1928 年 1 月 4 日，第 13 版。
② 《商总联会会员大会纪》，《申报》1928 年 3 月 17 日，第 13 版。
③ 《商总联会组织委员会开会记》，《申报》1927 年 7 月 15 日，第 15 版。
④ 《汉口路商联会第二届委员就职记》，《申报》1928 年 8 月 6 日，第 14 版。

予了厚望，希望将商总联会及其所属商联会纳入国民党的政治体制之下，为此，还依托商总联会和各路商联会掀起了筹组商民协会的热潮。

二、亦迎亦拒：商民协会的筹组及结局

商民协会是国民党政府"统一商运"的重要载体。在上海，国民党主要依靠"党化"色彩浓厚的商总联会开始筹组商民协会的工作，商总联会也积极响应南京国民政府的号召，加紧筹备商民协会，加速向国民党政权靠拢。1927年3月20日，上海特别市商民协会临时执行委员会宣告成立，其组成人员除王晓籁外，主要是商总联会的骨干分子，如王延松、陈勇三、严谔声、张子廉、张振远、程祝荪、郑缄三、陆文韶、邬志豪、沈田莘、潘冬林、余仰圣等。临时执行委员会的主要职责就是依照国民政府法令，筹备组织商民协会，以实现"集中商民力量，解除压迫苦痛"的目的。① 为了广泛动员商人加入商民协会，临时执行委员会发布了征求会员入会书，指出"本会之组织，与其他商业团体并不冲突，凡以加入其他商业团体者，仍有加入本协会之必要。盖本协会之组织范围，包含团体、店主、店员而成，所以融洽各级情感者至为密切"②。随后，临时执行委员会制订了商民协会章程，规定商民协会的宗旨在于"改善商民之组织，团结商民之力量，解除商民之痛苦，增高商民之地位"，"凡住上海之中国商人，不论性别，凡依照本会章程，遵照本会纪律，履行本会议决案，皆得为本会会员"，但"帝国主义之走狗、军阀之走狗"不得加入，会员除遵守章程、缴纳会费等一般义务外，还"不得勾结帝国主义者、军阀、贪官、污吏、或土豪、劣绅"，"不得压迫工人、农民"。临时执行委员会下设仲裁、教育、文书、会计、宣传、组织六部，其中，宣传部"办理宣传三民主义及本会政策事宜"，临时执行委员会"每月须将活动经过情形，报告中央执行委员会一次"。③ 稍后，临时执行委员会又将商民协会的目标申述为五条，更加突出了政治首位意识："(1)绝对拥护三民主义。(2)绝对拥护国民

---

① 《国民军昨日占领上海》，《申报》1927年3月22日，第9—11版。
② 《商民协会征求入会》，《民国日报》1927年3月26日，第2版。
③ 《商民协会发表章程草案》，《申报》1927年3月28日，第12版。

革命军领袖蒋总司令，完成北伐。（3）尊重司法独立。（4）调解劳资纠纷。（5）保护商权，振兴实业。"①经国民党上海特别市党部商民部审查修正后的章程共九章四十条，又进一步强化了"革命"色彩，如不得加入商民协会的人扩大为"（甲）帝国主义之走狗，现任之买办牧师及入外国籍者。（乙）军阀之走狗，劣绅贪官污吏"，在会员义务中，加上"不得压迫一切苦力"，第十三条又特别规定商民协会"须受上海特别市党部之指导与监督"。② 从临时执行委员会对商民协会的定位及国民党核准后的商民协会正式章程来看，商民协会是国民党政治架构之下的、依法组成的、政治色彩非常浓厚的商人团体。

国民党上海特别市党部商民部还以多种方式进一步明确商民协会的"革命"定性。在商民部召集的商民协会第一次筹备大会上，明确指出"商民协会为革命之法团，须有革命的精神。商民每被人指为不革命的，或指为无团体组织，经验缺乏，故此后我商民应一致觉悟，努力组织起，以增商民地位，而参加全民革命，以达全民政治目的，并须扫除从前感情用事之劣点，此后区会与市会须互相联络一致，俾有统系，而资策应"③。为动员更多的商人加入商民协会，上海商民协会筹备处还以通俗易懂的语言发表告商民书，指出：

> 亲爱的商界同胞同志，我们现在在青天白日之下，应当大家起来，要求解除痛苦，增进福利，尤其是中下级的商民。在从前的时候，商会是没有我们参加的权利，官厅是不把我们放在眼睛里。好了好了，现在是有了地位了，地位在那里，就是这个从革命得来的商民协会，因为商民协会，是代表商民的一个法令机关，他的组织，是根据国民政府所颁布的条例，他的目的，就在提高商民的地位，大家团结起来，共同参加国民革命，和农工学兵同享革命所得来的一切权利。④

为了加快商民协会的筹组进程，临时执行委员会将上海特别市划分为十一个区，分区推进，"闸北为第一区，东至上海县界，南至美租界，西至苏州

---

① 《商民协会消息》，《申报》1927年4月13日，第16版。
② 《商民协会章程奉中央核准》，《申报》1927年6月10日，第14版。《商民协会章程奉中央核准（续）》，《申报》1927年6月11日，第14版。
③ 《商民协会筹备大会纪》，《申报》1927年6月11日，第14版。
④ 《商民协会发表告商民书》，《申报》1927年8月4日，第14版。

河，北至彭浦沙泾港。南市为第二区，东至黄浦，西至天钥桥老龙华，南至
黄浦，北至法租界。法租界为第三区，东至黄浦，南至华界，西至海格路，
北至英租界。英租界为第四区，东至黄浦，西至胶州路，南至法租界，北至
苏州河。美租界为第五区，东至周家湾，南至黄浦及苏州河，西至北西藏路，
北至华界。浦东为第六区，以上宝两县为界。引翔港为第七区，东至黄浦，
南至美租界，西至宝山路，北至宝山界路。蒲淞市为第九区(法华镇、七宝、
徐家汇、北新泾、漕河泾、曹家渡、江桥、虹桥、诸翟镇)，东至天钥桥路、
海桥路、胶州路，南至黄浦，北至上宝界河。真茹为第十区，东至闸北，南
至苏州河，北至大场。闵行为第十一区。"①各区均得设立分会。各区商民协
会的组织，"须依照商民部发给之中央党部所颁布商民协会组织程序之规定"，
"在上级特别市商民协会未正式成立前，一切监督指导之权，属诸上海特别市
党部商民部"。②5月初，商民部指派指导员协助各区筹组商民协会分会，其
中，"第一区，陈翊廷、郑缄三。第二区，张梅庵、顾九如。第三区，程祝
苏、李鹄成。第四区，陈贤本、许云辉。第五区，陆祺生、陈翊廷。第六区，
王汉强、陆文韶。第七区，张子廉、汪维英。第八区，许云辉、陈际程。第
九区，王延松、程祝苏。第十区，陆文韶、王汉强"③。不难看出，各区指导
员中的绝大多数均为马路商联会的领袖或骨干分子。在此基础上，商民部又
委任了王承志、王汉良、陆文韶、陈鹏、严谔声、虞洽卿、吴蕴斋、王晓籁、
冯少山、叶惠钧、朱吟江十一人为上海特别市商民协会筹备员，所有筹备员
均须宣誓效忠国民党：

> 余等奉中国国民党中央党部之命令，筹备上海特别市商民协会，誓
> 必遵照总理遗嘱，服从本党纪律，执行国家法令，务于最短期间，将上
> 海特别市各级商民协会筹备完竣，俾上海商民得早日享受利益，如其因

---

① 《商民协会章程奉中央核准》，《申报》1927年6月10日，第14版，原文即缺少第
八区。

② 《商民协会区会组织法》，《申报》1927年6月14日，第14版。

③ 《商民协会派定指导员》，《申报》1927年5月3日，第13版。

循坐误，有背誓言，愿受本党最严厉之处罚，谨誓。①

经过近一年的筹备，1928 年 3 月 1 日，上海特别市商民协会举行代表大会，宣告商民协会正式成立，4 日，商民协会举行选举大会，国民党上海特别市党部商民部田四周"希望各代表均能以远大眼光，选出能有负责能革命之人才，为市会委员，则市会前途必定能发扬光大"，来自各业分会的代表 113 人投票选出 31 名执行委员、9 名纪律裁判委员，其中商总联会与商联会中的活跃人物如邬志豪、陆文韶、胡鉴人、张梅菴、成燮春、冯少山、潘以三等均名列其中。② 选举大会的举行和执行委员的产生，表明在上海总商会、商总联会之外，上海第三个全市性的商人团体的问世。

不过，与市商民协会筹备中的轰轰烈烈、成立时的热热闹闹相比，各路分会筹组商民协会的热情逐层递减。区商民协会的筹备工作虽按部就班，但只开花不结果者有之。例如，法租界商民协会由法租界商总联会发起筹备，1927 年 3 月下旬，设筹备处于八仙坊 7 号，规定租界内"商业团体代表、商店主人、经理、店员，皆得入会"③，以各路分会为基础，指派筹备员专门负责，分别为：(唐家湾)程祝荪、方伯琴，(南阳桥)龚静岩、张瑞琛，(爱多亚路)鲁廷建、童理璋，(民国路)吴亮生、盛世伟，(西区)盛植人、沈仲俊，(法租界)於子承、李维良，(菜市街)楼鸿钧、石厥卿。④ 不过，法租界商民协会终究没有成立起来。又如，沪南商民协会由王汉良、陈春盈、赵南公、林钧、胡凤翔、萧效仁等 25 人发起筹备。⑤ 闸北商民协会全称为上宝两县闸北市商民协会，即第一区商民协会，发起于 1927 年 3 月底，筹备员为来自闸北各商联会及有关商业团体的代表陶子敢、范和笙、蔡洽君等 21 人，分总务、文牍、财政、庶务、组织、宣传、交际等部，筹备费由筹备员各垫付大

---

① 《商民协会筹备员就职典礼》，《申报》1927 年 7 月 7 日，第 13 版。
② 《市商民协会选举大会纪》，《申报》1928 年 3 月 5 日，第 13 版。
③ 《各商协会消息》，《申报》1927 年 3 月 29 日，第 11 版。
④ 《商民协会消息》，《申报》1927 年 4 月 11 日，第 15 版。
⑤ 《各商协会消息》，《申报》1927 年 3 月 29 日，第 11 版。

洋 10 元，筹备时间为 24 天。① 第一区商民协会下设六分会，分别由所在地商联会负责推举筹备员。② 但是，直到市商民协会奉令停止活动为止，沪南商民协会、闸北商民协会也未见正式"开张"。

草草成立者有之。南市商民协会的筹备亦始于 1927 年 3 月下旬，筹备会执行委员高鉴清、潘旭升、胥仰南、沈子卿、朱树桢、林稚周、顾竹君、张志鹏、潘国柱、张秉鑫、顾惠民、冯秋心、陈子祥、杭国治、王壮飞等人分头深入区内 57 个商业行业接洽发动。③ 3 月 30 日，南市商民协会宣告成立，正式定名为上海南区商民协会分会，会所暂设浦东公所。④ 第四区商民协会集中在英租界，由界内南京路、山东路、浙江路、福建路、汉口路、西藏九江两路、湖北海口两路、河南路、沪西四路、山西路等商联会联合筹组，正式成立于 1927 年 4 月 25 日，其区域范围为"黄浦滩以西，静安寺胶州路以东，苏州河以南，爱多亚路以北"⑤。第四区商民协会下设十六个分会，"各路商界联合会推出十人，由本区委聘之"⑥，具体负责各分会的筹备工作。上述两个商民协会虽宣告成立，但并未开展实质性的活动。

各路商联会对成立商民协会大多置若罔闻，而是专注于商联会自身的事务，或忙于由会长制向委员制的转型，或筹设新的商联会。有部分马路商联会也响应国民政府的号召，开始筹组商民协会分会。1927 年 3 月 25 日，南京路商联会发起组织商民协会南京路分会，"商界联合会全体职员代表照章加入为会员"，并设立由余华龙、蒋梦芸、王廉芳等 11 人为临时执行委员的筹备

---

① 《各团体消息汇纪》，《民国日报》1927 年 6 月 30 日，第 3 版。

② 第一分会由潭湾起沿吴淞江，及麦根本路火车站，至华盛路为界，由闸北商联会各会员公推代表，负责筹备。第二分会由华盛路朝东，至大统路，由十一路商联会各会员公推代表，负责筹备。第三分会由乌镇路、国庆路至北浙江路止，由该处当地商民公推代表，负责筹备。第四分会由新民路至宝山路，由虬宝商联会公推代表，负责筹备。第五、第六两分会包括宝兴路、宝通路、刑家宅路等，均由沪北五区商联会公推代表，负责筹备。(参见《一区商民协会讯》，《民国日报》1927 年 9 月 11 日，第 2 版。)

③ 《各商协会消息》，《申报》1927 年 3 月 29 日，第 11 版。

④ 《各商协会消息》，《申报》1927 年 3 月 31 日，第 10 版。

⑤ 《商民协会消息》，《申报》1927 年 4 月 26 日，第 15 版。

⑥ 《各团体消息汇纪》，《民国日报》1927 年 6 月 30 日，第 3 版。

机构，广泛征求该路各店商人入会。① 3 月 29 日，东北城商联会筹备成立商民协会东北城分会，决定"(1)定名为上海南市商民协会东北城分会。(2)会所暂借东北城商业联合会。(3)入会者，遵照商民协会条例，凡商店中之经理商友概可加入。(4)推定冯秋心、谢企安、胡凤翔、王善根、叶悦初等二十人为筹备委员"②。广西、贵州、劳合、宁波、天津五路商联会则直接将团体名称改为"五路商民协会"，将会长制改为委员制，并发表宣言指出："广西贵州劳合宁波天津五路，处全埠适中地点，且为商业繁盛之区，在前五路商民，为谋发展商业交换智识起见，曾有五路商联会之组织，兹因政局革新，根据国民政府法令，就原有基础，组织上海商民协会中央五路分会，以拥护国民政府、服膺三民主义、努力革命成功为宗旨，以巩固商民权利，发展商业范围为目的，所有内部组织及对外一切设施，悉遵法定手续与程序办理。"③民国路商联会认为，"本路毗连租界，为商业繁盛之区，自国民军到沪，吾沪商界最先欢迎，解除十数年来之压迫，欣忭莫名，然军事已过，建设伊始，同人等应时流所趋，实有组织商民协会之必要"，并推定吴亮生、徐文彬、蔡志阶等 11 人负责筹备。④ 菜市街商联会朱声茂、楼鸿钧等人发起组织商民协会菜市街分会，"以奉行三民主义，努力国民革命，增进商民权利，发展商业利益为宗旨"⑤。北城商联会"由附近商家，共同发起，组织南市商民协会北城分会，计签名加入者，约千余家，进行颇为积极"⑥，"凡商店经理职员伙友概可加入"⑦。有些商民协会由两路商联会联合筹设，如山东路、爱多亚路商联会联合成立两路商民协会。其他如沪南六路、百老汇路、北山西路唐家弄两路、西华德路、汉璧礼十一路、沪南东区、邑庙豫园等马路商联会也开展了商民协会的筹备工作，但有始无终，从现有史料来看，这些马路商联会发起筹设的商民协会并未真正成立起来，不过是虚应故事。

① 《商民协会征求入会》，《民国日报》1927 年 3 月 26 日，第 2 版。
② 《各商协会消息》，《申报》1927 年 3 月 30 日，第 11 版。
③ 《商民协会消息》，《申报》1927 年 4 月 15 日，第 15 版。
④ 《各商协会消息》，《申报》1927 年 4 月 1 日，第 15 版。
⑤ 《商民协会消息并记》，《民国日报》1927 年 4 月 16 日，第 2 版。
⑥ 《各商协会消息》，《申报》1927 年 3 月 31 日，第 10 版。
⑦ 《商民协会消息并纪》，《民国日报》1927 年 4 月 29 日，第 2 版。

国民党推动筹建商民协会时，商联会已经运行多年，会务顺畅，且正在进行从会长制向委员制的改组。那么，店员应该加入工会还是商民协会？店员的标准是什么？上海工会与商民协会发生了激烈争执，按商民协会章程的规定，凡居住在中国的商人，无论性别，均得为商民协会会员，但入会费"普通商民最高不得过五元，商店职工不得过一元，小贩不得过五角"，这是否意味着所有商店职工和小贩都得加入商民协会呢？国民党中央的解释是，"所谓商店职工，系带有商人性质，于商店资本有关系者，乃得适用，非谓凡商店职工，即为商人即须加入商民协会"①，而商联会则认为"商店职工四字，顾名思义，似确系指店员而言，若必谓系指与商店资本有关系者，终觉有牵强之痕也"，"商店店员应在商民之列，似无加入工会组织之理"②。关于店员的争执及有关解释，不仅使得筹备中的商民协会无所适从，也在一定程度上打击了商联会筹设商民协会的积极性。更为重要的是，在此时的上海，由总商会系统、商总联会系统、同乡会系统等商人团体构筑起来的商人网络体系已经较为密集，任何试图改变这一网络体系的企图都将引起整个网络的震动，除非彻底打破这个网络体系。

三、改组和抗争：并未结束的消失

商总联会与商联会的命运转折始于1929年。这年3月中旬，中国国民党第三次全国代表大会召开，上海商界对国民党三全大会充满了希望。3月初，上海市商民协会致电国民党中央，"所坚决主张者，以为商民的组织不容有二"，提出使商民协会成为商人唯一组织，"务期统一商民组织之愿望，至第三次全国代表大会时而得以实现"。③ 会议期间，商民协会还召集全国商民协会代表晋京请愿统一商民组织："惟商民则除有合于现代潮流之商民协会外，各地尚有旧式商会之存在，以致商民彷徨歧路，黠者有所趋避，训练无从实

---

① 《商民协会包含店员之讨论》，《申报》1927年5月25日，第9版。
② 《商界再请核定工商标准》，《申报》1927年5月26日，第9版。
③ 《请求中央统一商运组织》，《民国日报》1929年3月3日，第2版。

施。"①上海商民协会豫园分会致电国民党三全大会，说"党国大计，民生疾苦，及一切训政建设事宜，皆赖解决，仍本革命原则，期达平等目的，全国商民，于瞻仰钧会之余，一致热烈拥护"②。

商总联会与各路商联会纷纷致电祝贺国民党三全大会的召开。商总联会盼望国民党三全大会"承前启后，继往开来，鸿猷嘉谟，擘划周详，置国磐石，拯民衽席，行见国民革命，指日成功"，北京路商联会也希望"从兹国基永固，民生昭苏，莫此数语，谨电驰贺，惟率全体会员，竭诚拥护"。③

1929 年 3 月，国民党上海特别市党部陈德征、潘公展联名在国民党三全大会上提出《请解散各地各级商会以统一商民组织案》：

> 商会过去之历史，全有商棍操纵把持，运用其地位，以勾结帝国主义与军阀，冀危害党国……吾党同志应于第三次全国代表大会完成第二次全国代表大会决议之使命，将全国所有一切商会商界联合会以及全国商会联合会迅予解散，以便集中商民力量，使站在同一战线上，共同努力国民革命。④

不过，这一提案披露后，遭到各地商会及有关商人团体的抵制。商总联会立即致电国民党三全大会秘书处，反对以任何名义解散商联会：

> 属会认为时机未至，按属会之产生，有需要存也，无此需要，无论用何力量，即偶成会，亦属有名无实，有此需要，即名不成会，实有组织，而属会之组织之始，其需要，大者为应付外交，以为政府后盾，次者为反抗军阀，以为国民革命壮声威，末则自谋利益，以促进国家社会之经济。在此帝国主义尚未打倒、宪政尚未实施之时，属会以前有助于国民革命之工作，似有组织进行之必要。盖会不在表面统一，此须目标一致，否则同床各梦之习语，何自来也。属会无似，因努力辅助国民革命，成功心切，急不择言，电请转呈大会，讨论该案之时，予以谅察，

---

① 《市商协会请愿书》，《民国日报》1929 年 3 月 19 日，第 1 版。
② 《各界热烈拥护三全会》，《民国日报》1929 年 3 月 25 日，第 1 版。
③ 《各商联会电贺三全大会》，《申报》1929 年 3 月 19 日，第 13 版。
④ 《上海代表向三全大会之提案》，《申报》1929 年 3 月 22 日，第 9 版。

不胜感戴之至。①

但是，商总联会的呼吁并未受到重视，3 月 30 日，商总联会又在各大报刊上发表宣言，公开反对解散商联会：

> 各路商界总联合会宣言云，查我各路商界总联合会之成立，岂偶然哉。盖适应社会生存之需要，不得不有此组织耳。缘民八五四运动，为对日外交，兴于当时之北京，上海商人即于六三罢市响应，卒收罢斥曹陆章之宏效。各路商界联合会，因是有组织之雏形，继以公共租界工部局加捐，为要求市民权与反对加捐，各路商界，遂为具体组织，而统一于总会，此次奋斗结果，于组织纳税华人会，产生五华顾问条件之下为折衷之加捐。五卅惨案，各路商店罢市至二十七日之久，上海全体市民，无不共同努力，以为不合作之抵抗，而我商界联合会事实上之贡献，殊不下于人。至于国民革命运动，各路商界联合会，口头标语，或未如今日之具体，而对于军阀之进攻，对于总理广州蒙难回申，特派代表致敬，对于欢迎国民革命军，对于庆祝国民政府奠都南京，亦未尝后人，间亦先为主动，此各路商界联合会以往之行为，彰彰在人耳目者也。惟以各路商界联合会系适应社会生存之需要而组织，故以军阀之暴而不敢解散，以帝国主义之力而不能解散，盖集会结社之自由，固非其他势力所能剥夺所能侵犯，所以民主政治，视集会结社自由为人民之无上权利，而我中国国民之政纲，对内政策第六条，所以有确定人民有集会结社等等之完全自由权也，总之，人民有适应社会生存之需要而集会也，其集会之自由权，不能否认之。反之，人民无适应社会生存之需要而不集会也，其不集会之自由权，亦不能否认之。窃谓人民之组织，根据社会生存之需要，应有纵横二者，纵有以职业分，横者如保甲，以区域分，而我商界联合会，为其后之一种，盖具体力量之表现，与宣传意思之迅速，为我各路商界联合会所不让人者也，而特殊情形，与方以类聚之原则，凡为政者所不能否认，此所以国家于普通法外，又有特别法之制定，在此国民革命尚未成功之际，各路商界联合会，责任未完，似应继续存在，

① 《商总会致三全大会电》，《申报》1929 年 3 月 26 日，第 13 版。

以适应社会生存之需要，岂偶然哉，不得已，谨此宣言，诸维台鉴。①

上述宣言表达了三层意思。一是历数了商联会在五四运动、五卅运动、国民革命运动中的功绩，言下之意是，国民党政权不能过河拆桥。二是从民主政治的角度，说明了政府不能否认人民集会结社的权利，军阀、帝国主义尚且不敢解散的商联会，难道国民党政权要痛下杀手、强行解散吗？三是从社会自治的角度，论述了以区域为活动范围的马路商联会存在之必要。总之，"在国民革命尚未成功之际，各路商界联合会，责任未完，似应继续存在，以适应社会生存之需要"，一句话，政府虽有解散之权，但商联会自有存在之理由。此时的商总联会执行委员大多数为国民党员，对商总联会和商联会历史的肯定，在一定程度上也是对自身努力的认可。

4月2日，各路商联会代表50余人在商总联会开会，通过了以各路商联会名义发表针对统一商界组织的宣言、给国民党中央党部的呈请书，"表明本会之历史，及中小商人之联合而组成，向为商界革命惟一之机关"，通函全国各机关及政府当局，促请注意商联会存在的必要性。② 4月5日，包括南京路、民国路、汉口路、四马路等商联会在内的54个马路商联会发表了《上海全市各路商联会对商界统一组织宣言》，在历数商联会的"光荣"历史后，宣告"革命尚未完成，我各路商界之任务，为良心所驱策，殊难放弃以任人独任也，再所谓训政者，训练人民熟习四权之运用也，而我各路商界应有组织，所以实为练习四权运用之工具，因我各路商界之组织，为平面之组织，所以于唤起之工作，收效尤为宏速，是岂具文之机关哉！是岂无益于实现三民主义之机关哉！"③

4月下旬，福建路商联会接到国民党中央执行委员会来函，表示"三全会代表陈德征等同志提出统一商人组织案，有解散各商会办法，胪陈理由，请予维持等情，查三全会陈代表等虽有此项提案，但大会并无决议，兹据前情，特函复查照"，福建路商联会接到此函后，通知各会员"俾会务得更发扬踔厉，

---

① 《商总会对统一商界组织宣言》，《申报》1929年4月1日，第13版。
② 《全市商联会代表大会纪》，《申报》1929年4月3日，第16版。
③ 《上海全市各路商联会对商界统一组织宣言》，《申报》1929年4月5日，第13版。

而无犹豫之疑，以期团结精神，日趋雄厚，俾商人革命之机关，得根深蒂固"。① 仅仅过了十天，上海总商会便接到了国民党中央执行委员会关于统一商人团体组织的"冬电"通知，要求"所有旧总商会、商民协会、闸北商会、南市商会等商人团体，一律停止办公"②。上海总商会在接到国民党中央执行委员会的通知后，随即"预备移交"，沪南商会亦"暂行停止工作，静候整理"，商民协会"当经遵照办理，刻已预备一切结束手续"。③ 幸运的是，商总联会和各路商联会不在此次整理之列，并由商总联会向上海市社会局统一登记备案，社会局对各路商联会进行核实并予以认定，如沪南六路商联会代表徐云翔于 5 月 24 日"被传至社会局问话，由第二科张孟杰君接见，海以本会发起组织及历年办事经过情形，一一从实详答，嗣蒙张君允为合格"④。上海市商人团体整理委员会成立后，各路商联会转向商整会整理登记。

　　1929 年 11 月起，上海几大报刊如《申报》《民国日报》等不再有关于马路商联会的记载，一夜间曾经活跃于上海的各马路商联会完全从公众的视野中消失了。这种消失是否意味着商联会奉命结束了呢，抑或是国民党政权对报道商联会活动的控制加强了呢？

　　1929 年 10 月下旬，国民党上海特别市党部执行委员会致函上海市商人团体整理委员会，训令各马路商联会停止活动，"查本市尚有各马路商界联合会之存在，此项组织，殊与中央统一上海商人组织之意旨大相背谬，为此令仰该会，克日分饬各马路商界联合会停止活动，以免各自为政而滋纷歧"⑤，同时，决定筹组市民联合会(以下简称"市联会")。11 月 1 日，市联会筹委会讨论了接收商总联会办法，并"通告各马路分会，由原任职员暂行负责维持，静候改组"⑥。此后数月，商联会的改组工作陷于停顿，以致南市商总联会所属

---

① 《各界开会简报》，《申报》1929 年 4 月 23 日，第 14 版。

② 《统一组织商人团体》，《申报》1929 年 5 月 4 日，第 13 版。

③ 《商人团体整理会将召集》，《民国日报》1929 年 5 月 5 日，第 2 版。《南商会停止工作》，《民国日报》1929 年 5 月 7 日，第 1 版。《市商协召集结束会议》，《民国日报》1929 年 5 月 8 日，第 1 版。

④ 《沪南六路商联会登记合格》，《申报》1929 年 5 月 25 日，第 14 版。

⑤ 《各路商联会一律停止活动》，《民国日报》1929 年 10 月 27 日，第 3 版。

⑥ 《市民联会第一次会议纪》，《民国日报》1929 年 11 月 2 日，第 1 版。

20 余个华界马路商联会联名呈文国民党上海特别市党部，表达"未奉钧部命令另组其他市民集团，深为遗憾"，并表示"吾内地商联会，在今日亦有改组其他市民集团之必要"。①

1930 年 4 月中旬，国民党中央执行委员会再次训令上海市商人团体整理委员会："查商会法、工商同业公会法，及各该法施行细则，均经颁行在案，各地商人团体自应依法办理，不得异议，而商会法、工商同业公会法中，并无依马路为单位，而可成立一会之规定，上海特别市各马路商界总联合会之组织，依法自难存在。除已指令该上海特别市各马路商界总联合会接受上海特别市党部命令停止活动，并依法重新组织外，合行令仰该会，迅即严饬该上海特别市各马路商界总联合会遵照办理，毋再借词延宕为要。"②为因应这一变化，商总联会一方面进行抗争，呈请南京国民政府行政院，以"团体性质、组织方法、时势需要"为由撤销国民党上海特别市党部"停止该会活动之决议与命令"③，另一方面又于 4 月 19 日召开全体代表会议，决定将商总联会和各路商联会分别改组为"上海市民总联合会"和"某路市民联合会"，并要求"于最短期间改组妥洽，以合法成立"④。但是，在国民党上海特别市党部民训会看来，此举显属"改头换面对外活动"，其明确要求"不得擅自行动，故前各路商总联合会诸君之违法举动，吾人深为遗憾"。⑤ 不过，"商联会照常存在，未能遵令移交"⑥，双方陷入僵局。

国民党上海特别市党部主导下的市联会仍在加紧筹备之中。1930 年 5 月 7 日，市民总联合会(以下简称"市总联会")筹备委员会选举余华龙、王延松、成燮春、邬志豪、张一尘、钱龙章、袁履登为常务委员。其实，不仅这 7 人全部为商总联会及各路商联会中的领袖人物，39 名筹备委员中的绝大多数亦

① 《南市商联会请改组之呈文》，《民国日报》1929 年 11 月 12 日，第 3 版。
② 《各马路商联会奉令停止活动》，《民国日报》1930 年 4 月 16 日，第 1 版。
③ 《批令：第九五号(十九年四月一日)：原具呈人上海各路商界总联合会：呈为声明团体性质组织方法时势需要请监核转行呈请撤销上海市党部停止该会活动之决议与命令由》，《行政院公报》第 139 期，1930 年，第 50 页。
④ 《各路商联改组市民会讯》，《民国日报》1930 年 4 月 24 日，第 1 版。
⑤ 《市执委会制止各路商总联会活动》，《民国日报》1930 年 4 月 25 日，第 1 版。
⑥ 《市民会遵令积极进行》，《民国日报》1930 年 4 月 26 日，第 2 版。

为商联会系统内的活跃分子。王延松在筹委会委员就职仪式上阐明了商总联会与市总联会之间的继承性，他说："前各马路商联会对帝国主义者之努力反抗，成绩之佳，人所闻见，今之名称虽废，而其精神不可涣散，市党部委任三十九人为委员，即为继续努力其余绪，进为市民谋幸福，市政谋改良。"① 市总联会会址设在南京路 61 号，此为商总联会会址。5 月 16 日，市总联会筹委会决定各路商联会改组手续如下："(1)呈请市党部核准，设立市联会分会。(2)以前各路商联会为基础。(3)登记办法，由登记科积极订定办理。(4)会员资格与入会手续，议决在特区住居二年以上□年龄二十岁以上□有正当职业者为合格。至入会手续另订之。(5)会员月费分二种，甲、一元以上，乙、二角以上。(6)请市部颁给印章。"②然而，国民党上海特别市党部对将各路商联会改组为市总联会分会以与"原宗不合，未便照准"驳回，筹委会则决定"对于设立分会，应拟具补救方法，再事呈请"③，即"规定全区分为三区，每区设立分会若干"，市党部"批准准予设立区分会"④。随后，筹委会制订了《市民会区分会条例》共八条⑤，并派员筹备区分会，确定设立 43 个区分会。但是，《市民会区分会条例》呈请国民党上海特别市党部后，市党部"核与人民团体组织法不合，应由人民自动发起，依照会章组织，所请委任区分会筹备委员一节，应毋庸议"⑥。随后，国民党上海特别市党部于 1931 年 5 月公布了修正后的《市民会分会章程》共三十条，对区分会的产生程序、组织机构、运行机制、会员会费等做了详细规定，增加了市民会的职责："一、发扬民族精神，增进

①　《特区市民会昨成立选出常务委员七人》，《民国日报》1930 年 5 月 7 日，第 1 版。

②　《市民联会常委会》，《民国日报》1930 年 5 月 17 日，第 1 版。

③　《市民联会组织法，设立分会未批准》，《民国日报》1930 年 6 月 5 日，第 1 版。

④　《市民联会呈准组织区分会》，《民国日报》1930 年 6 月 20 日，第 1 版。

⑤　《市民会区分会条例》规定："一、上海特别市联合会为便利会务起见，得设立区分会，数无定额，二、区分会直属于特别区市民联合会，三、区分会之组织，须有合格之市民七人以上之发起，并征得一百人以上或商店五十家之连署，呈准市民联合会转请市党部民训会核准设立之，四、区分会之名称为上海特别市特别区市民联合会第几分会，五、区分会执行委员之人数，得按照会员之多寡而酌定之，用票选法产生，六、区分会执委任期一年，期满改选，连选得连任，七、区分会之次第，以先后成立者为序列，八、本条例呈请国民党上海特别市党部核准后施行。"(《市民会区分会条例公布》，《民国日报》1930 年 7 月 12 日，第 1 版。)

⑥　《市民联会改变分会组织法》，《民国日报》1930 年 9 月 7 日，第 3 版。

特区市民之团结，二、解除特区市民目前反感受之一切痛苦，三、平衡特区内之一切权利义务，四、努力宣传三民主义，促进废除不平等条约，五、执行市联会决议之一切议案，六、向市联会建议各种方案。"① 此后，各马路纷纷组织市联会区分会，截至市总联会成立前，已有 36 个区分会陆续成立。1931 年 12 月 6 日，市总联会在市商会举行成立大会，36 个区分会的 115 名代表以及来自国民党上海特别市党部、社会局的代表出席了大会，会议选举张一尘、余玉、张贤芳、邱嘉栋、刘仲英等 35 人为执行委员，选举郐志豪、陈蔚文、王延松、沈田莘、袁履登等 11 人为监察委员。② 大会议通过了市总联会宣言：

> 在上海市地方自治未完成之前，市民联合会为其先锋，在租界市制自遵用中华民国市组织法之前，特区市民联合会犹须为其先锋。夫市民联合会之产生虽新，而其作育，则为各路商界联合会，所以其精神，其目的，其坦白，仍续商界联合会，无所变更。盖三民主义之深入，固铭刻在心骨而已久者也。我市民联合会同人，深悉国以民立，政府以民成，民之原素健全，民之言行健全，国靡不强，政府靡不有力，所以同人一贯之主张，为从自身起实行。总理"和平奋斗救中国"之遗音，推之而本联合会份子，无不如是，推之而至于特区全体市民无不如是，庶可将"互相推诿"、"互相慢怨"之恶习一扫而空，庶可将我国之倚人赖他之劣性一扫而空。终期全体市民，除尽国民之天职外，抱定将今日"在其位必不谋其位"、"不在其位必谋其政"之时弊，铲除尽净。穷思如能推而广之，则保护边防之事，以不致率兵而退，将国家土地，供与日本，此外不平等条约之废除，外国经济侵略之防止，国民生计之发扬改善等等，直易如反掌耳，成立始伊，谨此宣言。③

市总联会的上述宣言不仅阐明了该组织在城市自治中的先锋角色及其所应该发挥的作用，而且再次表明了其与马路商联会之间的继承性。因此，可以说，1929 年后，虽然马路商联会在名义上不复存在，但其目的、职责与组

---

① 《市党部修正市民会分会章程》，《民国日报》1931 年 5 月 26 日，第 3 版。
② 《市民联合会今日正式成立》，《民国日报》1931 年 12 月 6 日，第 3 版。《市民联合会昨日举行成立大会》，《民国日报》1931 年 12 月 7 日，第 3 版。
③ 《市民联合会昨日举行成立大会》，《民国日报》1931 年 12 月 7 日，第 3 版。

织活动在市联会中依然得到了延续。12 月 15 日，市总联会执行委员会选举王汉良、胡凤翔、余华龙、张一尘、钱龙章、张横海、曹志功、王肇成、汪维英九人为常务委员，这九人都是商总联会的头面人物。①

市总联会虽然成立起来了，但商总联会和各路商联会并未就此销声匿迹。20 世纪 30 年代初，一度停止活动的商总联会开始恢复，"去春停止活动的上海市各马路商界联合会恢复活动"②。有趣的是，作为市总联会执委的王汉良在 1931 年 12 月 25 日，又召集上海南京路、福建路、浙江路、百老汇路等 30 个马路商联会的代表百余人举行专门会议，"一致议决恢复各马路商界总联合会及其分会，并决定自即日起继续工作。随后，商总联会及其分会发表恢复自由宣言，其中有言：'现今民主政治势力若日月之蚀，已阴霾扫去，光明恢复。而我党国诸公又复深切认识孙总理之遗教，履行精诚团结，将一二三届中央执监委员均为四届执监委员，更足证明东西风互相压倒之非是，则嗣后人民自由权必能完全行使，我会被若辈以强暴胁迫之手段停止活动，无异被绑匪私擅逮捕拘禁。兹若辈已恶贯满盈，而民主已战胜专制，自应急起直追，剑及屦及，自行恢复自由，积极负担援助外交，促进市政之使命，以示孙总理确定集会结社等之完全自由权之政策并非虚设。'"③此后，"上海各路商界联合会，自奉命恢复工作后，各路商联会均已照常办公"④。

1932 年元旦，商总联会召集代表大会，国民政府委员冯玉祥亲临大会致训词，大会决定"通电全国，拥护实现民主政治之国民政府，诚诚团结，同赴国难，一致对日，收复失地"⑤。"一·二八"淞沪抗战爆发后，南京路商联会在九江路设妇孺收容所，收容战区逃难妇女儿童四千人。⑥

<hr>

① 《市民联合会执监委员就职》，《民国日报》1931 年 12 月 16 日，第 4 版。
② 《各路商界总联合会继续工作》，《申报》1931 年 12 月 24 日，第 14 版。
③ 《上海各路商界总联合会暨各路分会恢复自由宣言》，《申报》1931 年 12 月 27 日，第 2 版。《各路商总会开会》，《民国日报》1931 年 12 月 26 日，第 3 版。
④ 《爱文义路九路商联会纪》，《申报》1931 年 12 月 31 日，第 16 版。
⑤ 《商总今日大会拥护和平统一》，《民国日报》1932 年 1 月 1 日，第 3 版。
⑥ 《南京路商联会被难妇孺收容所》，《上海战事画报》第 2 期，1932 年，第 28 页。

图 10-1　南京路商联会被难妇孺收容所

此外，邹韬奋于 1932 年发表于《生活》周刊上的《公意的表现》中，还有"沪北各路商界联合会"呈请立即枪决汉奸胡立夫的记载。①抗战全面爆发后，上海马路商联会会务陷于停顿，但随着抗战的胜利，部分马路商联会又恢复了活动，如南京路商联会在 1945 年恢复了以王廉方、孙文毅、乐辅成、庄智鹤、徐梅卿、计健南、屠开徵为常务委员，陶松汉等 14 人为委员的组织机构，并多次向上海市社会局登记注册，虽未如愿，但南京路商联会仍以团体名义开展活动并与政府有公文往来。②

由此可见，随着 1929 年 10 月国民党上海特别市党部停止商总联会和各路商联会活动的指令的发布，尤其是 1930 年 4 月市联会的成立，商总联会和各路商联会的活动骤然减少，同时，随着国民党夺取全国政权并完成由革命党向执政党的转型，商总联会也不再如过去那样受到重视，但将此视为商联会整体消亡的时间，并不符合历史实情。一方面，商总联会和各路商联会宣布恢复自由，继续履行职责；另一方面，它们仍在以商总联会和各路商联会的名义开展活动。因此，商联会在新闻报纸上的失语与失踪，实乃一种并未结束的"消失"。

①　韬奋(邹韬奋)：《公意的表现》，《生活》(周刊)第 7 卷第 33 期，1932 年 8 月 20 日。
②　张生：《上海南京路商界联合会简论(1919—1949)》，《社会科学》(上海)2008 年第 2 期，第 163—167 页。

结　语

　　上海马路商联会是一个以中小商人为主体、以维护商人经济利益为基本目的、以商业街区为主要活动范围的民间社团群体。五四运动后，上海公共租界、法租界和华界共出现了 75 个马路商联会，其中既有单一马路商人组成的商联会，也有多条马路商人组成的区域性商联会，在此基础上还分别形成了三个商总联会，即公共租界商总联会，法租界商总联会和南市商总联会。上海商联会的兴起不是一个偶然现象，而是多种合力驱动的结果。开埠通商以来，上海积聚了近代中国最为发达的民族工商业，人口快速增长，多元文化并存，到五四运动前夕，已经累积起了各类结社的经济社会基础。五四运动激发了上海商人的政治热情，"六三"罢市展现了上海商人的力量，从而为中小商人的联合积累了一定的政治自信。五四运动中上海商人国民意识的自觉为商联会的兴起提供了宝贵的思想资源。近代上海虽然商人团体众多，但无论是商会还是同业公会或同乡会，都难以满足同一街区内的大量中小商人结社的主观需求。在上述显性与隐性因素的共同作用下，以中小商人为主体、以街区为活动范围的马路商联会已是呼之欲出，最后对商联会的出现产生"临门一脚"作用的是公共租界当局征收房捐令的出台，这为租界华商组建团体联合抗争提供了契机。

　　马路商联会是一个草根性社团。首先，从它的构成来看，它是一个以中下层商人为主体的民间组织，其会员大多来自商业社区底层，遍布于马路、街巷、里弄，其中也有少量大商人，甚至还有一些社会名流，他们或居于商联会领导层，或被商联会延揽为名誉董事，但这并未改变商联会的结构性特点，他们的出现如果不是大商人或政治势力对底层商人社会的主动渗透，就是商联会为了借重他们的影响力来提高自身社会地位的被动加入，前者是为了利用中小商人的力量为其政治目标服务，后者无非是为了提高商联会的社会权威性。其次，从其产生方式看，它完全是在商人自愿的基础上自发形成的民间社团，既非法律制度的安排，也没有来自政府的权力赋予，因此，商联会不是一个法人团体，对会员没有约束力，从某种意义上说，商联会只不过是中小商人间的一种松散的聚合，它需要不断地强化自我建构，加强自身在商业社会中的责任担当，以此取得社会合法性，增强对商人的号召力和吸引力。但是，商联会数量众多，规模不一，实力参差不齐，并非所有商联会自我建构的努力都能如愿以偿，于是，胎死腹中者有之，难以为继者有之，有名无实者有之，惨淡经营者亦有之，对各路商联会不能等量齐观。最后，从它的运行过程来看，马路商联会体现了多样化与差异性，它没有统一的模式，有会长制、会长—干事长制、董事会制、委员会制，团体领袖一般由商人兼任，且为义务职，他们均由一定的选举程序产生，商联会的选举机制体现了民间社会的朴素民主原则，每位会员均有选举权，但并非所有会员都重视自己手中的权利，较大的商联会选举较为规范，能够按时依章换届，少数商联会具有相当大的随意性，多年不选、会员放弃参选、选后不履职等现象时有发生，从而导致部分商联会长期为少数商人所操控。

商联会也是一个经济性社团，虽然它具有浓厚的政治色彩，但维护中小商人的经济利益始终是它的初衷，这不仅体现在商联会的章程条文上，更体现在它的实际行动中。从抵制公共租界当局增加房捐，到抗议北京政府征收租界华商印花税，从反对电话加价，到声援房客运动，从马路上的路灯、邮筒的设置与维护，到商业街区内的防疫防盗，其斗争与活动无一不与中小商人的利益息息相关。与传统商人和手工业者的抗税抗捐斗争相比，其不同之处在于，商联会将抗捐与政治参与权联结起来，赋予其近代色彩，在这里，抗捐看似是手段，是为了争取政治参与权，但参与政治的目的是更好地维护商人的利益。无论是公共租界、法租界商联会争取华顾问、华人董事的斗争，还是华界商联会争取城厢、闸北自治的努力，其基本目的都是维护商人的经济利益。为了坚持其初衷，商联会有时不惜借用租界当局的力量，联合起来反对北京政府的征税行为，最典型者莫过于租界商联会反对北京政府征收租界华商印花税的斗争，而华界商联会为了达到抵制官方增税的目的，却常常以租界华商为参照，要求中外一律。从实际效果看，商联会维护经济权益的斗争也取得了一定程度的胜利。我们既不能因为商联会的政治色彩，或者政治势力的介入，又或者它的某些政治参与行为而否认其经济性，也不能由于几个大商人参与其间，而否认它代表了中小商人的利益。

商联会的政治色彩体现了一定的时代性与民族性。一方面，在西方自由、平等理念的长期浸润、熏陶下，上海商人的民主观念进一步增强，在他们看来，自由结社是天赋人权，争取租界制度下中外人民地位平等、待遇一致，何尝又不是人人生而平等的具体体现呢？西方租赋观念的传入，使上海商人有了以其人之道还治其人之身的武器——"不出代议士不纳租税"，因此，在抗捐斗争中，租界华人不仅建立了属于自己的商联会，而且将争取租界华人参政权作为斗争的一个重要目标，这使得以民主相标榜的西方列强对商联会的正当诉求难以全然拒斥，任何反对与阻碍都显得苍白。市民权运动与商联会的创建、发展伴随始终，不仅使商联会蒙上了一定的政治色彩，更赋予其民族性，租界制度是不平等条约的产物，也是近代中国人民挥之不去的痛，租界里发生的"乔杨案""陈阿堂案"等一桩桩看似普通的刑事案件，无不激起上海商人巨大的抗争，这些发生在租界里的案件犹如在中国人民的伤口上撒上盐，加剧了中国人民的伤痛，激起了上海商人强烈的民族意识。五四运动中的"外争国权"，就是要争取废除强加在中国人民身上的不平等条约，从这个意义上说，市民权运动实际上就是上海商人"国权"意识高涨的反映。另一方面，"朝小野大"是这一时期国家与社会之间的基本格局，随着北京政府权威下降，对地方的控制力进一步减弱，国家无力强化基层社会治理，商人要求城市自治的呼声不断高涨，商联会乘势而起，北京政府对这些民间自发兴起的各种利益团体鞭长莫及，只能听之任之，官方虽曾将商联会认定为非法团体，却不敢轻易取缔，这为民间社会开展政治活动提供了一个有利的客观环境。偏偏"朝小"事多，从府院之争到曹锟贿选，政局频变，从直奉大战到江浙战争，混战连年，严重破坏了社会稳定，导致市场恐慌，商联会的反梁士诒内阁、反曹锟贿选、反江浙战争，赞成淞沪自治、拥护国民革命，看似是商联会政治热情的集中勃发，也使其蒙上了一层浓厚的政治色彩，但是，仔细分析其政治参与行为，其背后的深层动机乃是商人的厌战、望治心理，在商人看来，稳定的社会秩序、良好的经商环境，才是他们心中的政治，这是商人的精明之处，也是商人的政治经济学。

商联会的政治参与并未摆脱中下层商人政治性格的左右。与上海总商会等体制内的商人团体相比，商联会的政治言行更为直白，政治态度更加激进，无论是"六三"罢市时的坚持，还是五卅运动中与工人、学生的联合，都与上海总商会形成霄壤之别。尽管如此，商联会仍有别于工人、学生，当运动或斗争进一步向前发展的时候，商联会总是表现出畏缩与退让，早期共产党人将此归结为小资产阶级与生俱来的软弱性，可谓一语中的。这也正是商联会的难言之隐，罢市与抵制外货是商人手中最为锐利的武器，对锱铢必较的商人来说，也是最后一招，不到万不得已，商人不会轻易罢市抵货，因为，无论是对北京政府施加压力也好，还是对西方列强进行反制也罢，罢市与抵货在打击对手的同时，商人自身也要承受巨大损失。因此，当五卅运动取得阶段性的胜利后，商联会就立即结束罢市，并退出了工商学联合会，虽然在特定条件下，罢市还是开市具有策略意义，但策略背后隐藏的经济利益仍难以否认。在其他重大政治事件中，商联会也多以通电、宣言等形式，表明政治态度。可以说，隔空喊话是商联会政治参与的常态，是商联会作为草根性社团的合理反应，它可以不受既有体制的约束，站在官方对立面，在这一点上，恰与以推翻北京政府为目标的广州政府形成交集，国共合作时期的国民党加强了对商联会的政治渗透，商联会也更加亲近广州政府，呈现出日益明显的政治倾向。

但是，商联会无论如何也没有料到南京国民政府的建立预示着它的行将结束，无论是从商联会对革命有功的自我评价来看，还是从国民党政权建立前对待商民运动的态度来观察，即便不赋予商联会以政治合法性，至少也应该听任其自我发展。但是，国民党政权还是在统一商人团体的名义下取消了马路商联会的独立生存发展权。在这一过程中，缺乏政治智慧的商联会有过申诉，也进行了抗争，但它们不明白随着国民党由革命党向执政党转型，商人团体按照执政党的意愿加以改造实属必然，因此，不情愿也好，无可奈何也罢，1929 年后，商联会在整体上是消失了，这种结局颇具悲剧色彩。部分商联会虽还有一些零星活动，似乎是一种没有结束的消失，但这些零星活动充其量也只能唤起人们对商联会的部分回忆，曾经有过的叱咤风云随着时间的推移而渐渐沉寂，以至彻底尘封在历史的故纸堆中。

上海马路商联会存在的时间虽然不长，但当我们扒开尘封已久的故纸堆、还原商联会的历史面貌时，我们仍不能不惊叹它曾经拥有的历史能量。客观地说，在20世纪20年代的上海历史舞台，乃至于近代中国的历史舞台上，上海马路商联会扮演了一个特殊的历史角色。在深陷军阀混战、国际地位沉沦的近代中国这个大舞台上，以中小商人为主体的商联会的出现及其在政治、经济、社会、外交中的表现，充分表达了中国商人的国民责任意识，进一步削弱了北京政府存在的合法性，动摇了其统治的社会根基，从而助长了国民革命的声势。在近代上海这个小舞台上，马路商联会的出现完善了上海商人团体的结构，织密了商人组织网络，在条状性的同业公会、传统地域性的同乡会之外，增添了以街区为单位的块状性团体，在主要是大商人才能参加的上海总商会、县商会之外，使数量更为庞大的中小商人有了自己的组织。在上海商人力量的动员与集结上，马路商联会发挥了商会、同业公会、同乡会所难以发挥的作用，从而壮大了上海商人阶层的力量，使得为租界华人争取平等参政权的市民权运动取得了一定的成功，在城市经济社会秩序建构、街区市政建设与公益事业的发展、中小商人利益的维护等方面，扮演着不可替代的角色。上海这个近代中国最大的工商业城市造就了马路商联会这个特殊的商人团体，商联会则以自己的实践与逻辑书写了20世纪20年代的上海史。

附录一　各路商联会的创立及存续时间表

序号	名称	创立或改组年份 或最早出现时间	存续时间
1	沪西商店联合会	1919 年 6 月	10 年 5 个月
2	浙江路商联会	1919 年 7 月	10 年 4 个月
3	七浦路商联会	1919 年 7 月	10 年 4 个月
	沪北六路商联会	1920 年 2 月	
4	文监师路商联会	1919 年 7 月	10 年 4 个月
	蓬路三路商联会	1928 年 8 月	
5	北城商联会	1919 年 7 月	10 年 4 个月
6	新闸路商联会	1919 年 8 月	10 年 3 个月
7	河南路商联会(北河南路商联会)	1919 年 8 月	10 年 3 个月
8	北福建路商联会	1919 年 8 月	10 年 3 个月
9	海宁路商联会	1919 年 8 月	10 年 3 个月
10	民国路商联会	1919 年 8 月	10 年 3 个月
11	南京路商联会	1919 年 9 月	10 年 2 个月
12	汉璧礼路商联会	约 1919 年 9 月	10 年 2 个月
	汉璧礼六路商联会	1925 年 11 月	
13	四川路商联会	1919 年 10 月	10 年 1 个月
14	天潼福德两路商联会	1919 年 10 月	10 年 1 个月
	天潼五路商联会	1927 年 12 月	

续表

序号	名称	创立或改组年份或最早出现时间	存续时间
15	山东路商联会	1919 年 10 月	10 年 1 个月
16	嘉兴梧州两路商联会	1919 年 10 月	10 年 1 个月
	虹口六路商联会	1922 年 11 月	
17	五马路商联会	1919 年 10 月	10 年 1 个月
18	四马路商联会	1919 年 10 月	10 年 1 个月
19	汉口路商联会	1919 年 10 月	10 年 1 个月
20	各路商界总联合会	1919 年 10 月	10 年 1 个月
21	东北城商联会	1919 年 10 月	10 年 1 个月
22	邑庙豫园商联会	1919 年 10 月	10 年 1 个月
23	福建路商联会	1919 年 11 月	10 年
24	唐家弄商联会(北山西路唐家弄两路商联会)	1919 年 11 月	10 年
25	西华德路商联会	1919 年 11 月	10 年
26	沪北五区商联会	1919 年 11 月	10 年
27	武昌路商联会	1919 年 12 月	9 年 11 个月
28	广西路商联会	1919 年 12 月	9 年 11 个月
	广西贵州劳合三路商联会	1925 年	
	广西、贵州、劳合、宁波、天津五路商联会	1927 年	
29	沪西九路商联会	1919 年 12 月	9 年 11 个月
30	爱克界三路商联会	1919 年 12 月	9 年 11 个月
31	法租界商联会	1919 年 12 月	9 年 11 个月
32	中城商联会	1919 年 12 月	9 年 11 个月
33	百老汇路商联会	1920 年 1 月	9 年 10 个月
34	山西路商联会	1920 年 1 月	9 年 10 个月
35	北京路商联会	1920 年 1 月	9 年 10 个月

续表

序号	名称	创立或改组年份或最早出现时间	存续时间
36	大东门商联会	1920 年 1 月	9 年 10 个月
	肇嘉路十五铺商联会	1924 年 6 月	
	东南城商联会	1928 年 11 月	
37	崇明路商联会	1920 年 8 月	9 年 3 个月
38	爱多亚路商联会	1920 年 12 月	8 年 11 个月
39	北海路商联会（云南北海两路商联会）	1921 年 1 月	8 年 10 个月
40	胡家桥商联会	1921 年 2 月	8 年 9 个月
41	沪东商联会	1921 年 12 月	7 年 11 个月
42	闸北五路商联会	1922 年 6 月	7 年 5 个月
	闸北商联会	1923 年 8 月	
43	江西路商联会	1923 年 3 月	6 年 8 个月
44	沪西四路商联会	1923 年 3 月	6 年 8 个月
45	南车站黄家阙两路商联会	1923 年 5 月	6 年 6 个月
	沪南六路商联会	1924 年 6 月	
46	虹镇商联会	1923 年 8 月	6 年 3 个月
47	闸北八路商联会	1923 年 10 月	6 年 1 个月
48	沪南东区商联会	1923 年 11 月	6 年
49	闸北十一路商联会	1923 年 11 月	6 年
50	七宝商联会	1924 年 4 月	5 年 7 个月
51	曹家渡商联会	1924 年 5 月	5 年 6 个月
52	南区商联会	1924 年 5 月	5 年 6 个月
53	引翔港华德路商联会	1924 年 7 月	5 年 4 个月
54	南阳桥商联会	1924 年 11 月	5 年
55	闸北四区里正商联会	1925 年 5 月	4 年 6 个月
56	物华天宝两路商联会	1925 年 6 月	4 年 5 个月
57	南城商联会	1925 年 7 月	4 年 4 个月

续表

序号	名称	创立或改组年份或最早出现时间	存续时间
58	唐家湾商联会	1925 年 10 月	4 年 1 个月
	唐家湾九路商联会	1925 年 11 月	
59	沪西六路商联会	1925 年 11 月	4 年
60	南市商总联会	1925 年 11 月	4 年
61	九亩地商联会	1925 年 12 月	3 年 11 个月
62	中央九路商联会	1926 年 1 月	3 年 10 个月
63	湖北海口两路商联会	1926 年 3 月	3 年 8 个月
64	西藏九江两路商联会	1926 年 4 月	3 年 7 个月
65	西城商联会	1926 年 4 月	3 年 7 个月
66	菜市街商联会	1926 年 6 月	3 年 5 个月
67	法租界商总联会	1926 年 7 月	3 年 4 个月
68	法租界西区商联会	1926 年 8 月	3 年 3 个月
69	王家宅十路商联会	1926 年 12 月	2 年 11 个月
70	翔西三路商联会	1927 年 12 月	1 年 11 个月
71	徐家汇路商联会	1928 年 7 月	1 年 4 个月
72	沪北川宝商联会	1928 年 10 月	1 年 1 个月
73	闵行商联会	1929 年 3 月	8 个月
74	新西区十二路商联会	1929 年 5 月	6 个月
75	苏州路商联会	1929 年 7 月	4 个月

说明：

（1）本表据《申报》《民国日报》《上海总商会组织史资料汇编》等资料编制而成。

（2）有些马路商联会在发展的过程中有改组、合并或分离，其中经改组的商联会有明确的连贯性，本表不因其名称变化而视其为两个商联会，合并而成的，被合并者在合并前仍视为一个独立的商联会，分离的商联会，分离后亦视为一个独立的商联会。

（3）本表所列商联会的存续时间系以结束时间减去创立时间计算所得，其中结束时间统一为 1929 年 11 月。

附录二　马路商联会组织演变情况简表

原名称	合并、分离等演变情况	合并或分离后的名称
浙江路商联会	1925年浙江路虞仲咸等部分会员成立改组委员会，推翻原浙江路商联会，原浙江路商联会另组中央九路商联会	浙江路商联会 中央九路商联会
七浦路商联会	1920年开封路、阿拉白司脱路、甘肃路、北西藏路、文极司脱路等陆续加入，进行重组	沪北六路商联会
文监师路商联会	1928年加入北江西、伯顿等路进行重组	蓬路三路商联会
汉璧礼路商联会	1925年，因有恒路、兆丰路、塘山路等五路相继加入进行重组	汉璧礼六路商联会
天潼福德两路商联会	1927年因吴淞路、乍浦路、密勒三路商店加入，改组为天潼五路商联会	天潼五路商联会
四川路商联会（四川崇明两路商联会）	1920年崇明路脱离四川崇明两路商联会，独立为崇明路商联会	四川路商联会 崇明路商联会
嘉兴梧州两路商联会	1922年东鸭绿路、欧嘉路、狄思威路、肇勤路等路商店陆续加入后进行重组	虹口六路商联会
广西路商联会	随着贵州路、劳合路商店的加入，1925年更名为广西贵州劳合三路商联会，1927年宁波路、天津路相继加入，五路重组	广西、贵州、劳合、宁波、天津五路商联会

续表

原名称	合并、分离等演变情况	合并或分离后名称
大东门商联会	1924 年改组，更名为肇嘉路十五铺商联会，1926 年东南城各商店纷纷入会，1928 年改组为东南城商联会	东南城商联会
闸北五路商联会	1923 年五路之外的海昌路、恒通路、大统路、金陵路等二十余条马路的商店加入，重组更名为闸北商联会	闸北商联会
南车站黄家阙两路商联会	1924 年随着煤屑路、沪军营、高昌庙、陈家桥四路商店加入，进行重组，更名为沪南六路商联会	沪南六路商联会
唐家湾商联会	1925 年，随着蓝维蔼路、平济利路、辣斐德路、天文台路、菜市路、贝勒路、康悌路、制造局路、徐家汇路加入，重组为唐家湾九路商联会	唐家湾九路商联会

说明：本表据《申报》《民国日报》等报刊资料编制。

主要参考文献

一、专著

Joseph Fewsmith, *Party, State, and Local Elites in Republican China: Merchant Organizations and Politics in Shanghai, 1880—1930*, Honolulu, University of Hawaii Press, 1985.

Joseph Fewsmith, *The Emergence of Authoritarian－Corporatist Rule in Republican China: The Changing Pattern of Business Association in Shanghai*, Ph. D. Thesis, the University of Chicago, 1980.

[法]白吉尔：《上海史：走向现代之路》，王菊、赵念国译，上海社会科学院出版社 2005 年版。

[美]鲍德威：《中国的城市变迁：1890—1949 年山东济南的政治与发展》，张汉、金桥、孙淑霞译，北京大学出版社 2010 年版。

[美]顾德曼：《家乡、城市和国家——上海的地缘网络与认同，1853—1937》，宋钻友译，上海古籍出版社 2004 年版。

[美]卢汉超：《霓虹灯外——20 世纪初日常生活中的上海》，段炼、吴敏、子羽译，上海古籍出版社 2004 年版。

[美]罗威廉：《汉口：一个中国城市的冲突和社区(1796—1895)》，鲁西奇、罗杜芳译，中国人民大学出版社 2008 年版。

［美］罗威廉：《汉口：一个中国城市的商业和社会（1796—1889）》，江溶、鲁西奇译，中国人民大学出版社 2005 年版。

［美］罗兹·墨菲著，上海社会科学院历史研究所编译：《上海——现代中国的钥匙》，上海人民出版社 1986 年版。

［美］西奥多·C. 贝斯特：《邻里东京》，国云丹译，上海译文出版社 2008 年版。

［葡］裘昔司：《晚清上海史》，孙川华译，上海社会科学出版社 2012 年版。

［日］高纲博文：《近代上海日侨社会史》，陈祖恩译，上海人民出版社 2014 年版。

［日］小浜正子：《近代上海的公共性与国家》，葛涛译，上海古籍出版社 2003 年版。

白华山：《上海政商互动研究（1927—1937）》，上海辞书出版社 2009 年版。

陈文彬：《近代化进程中的上海城市公共交通研究（1908—1937）》，学林出版社 2008 年版。

陈祖恩：《上海日侨社会生活史（1868—1945）》，上海辞书出版社 2009 年版。

邓中夏：《中国职工运动简史（1919—1926）》，人民出版社 1979 年版。

方平：《晚清上海的公共领域（1895—1911）》，上海人民出版社 2007 年版。

郭剑林：《吴佩孚传》，北京图书馆出版社 2006 年版。

郭绪印：《老上海的同乡团体》，文汇出版社 2003 年版。

何一民主编：《近代中国衰落城市研究》，巴蜀书社 2007 年版。

胡适：《丁文江的传记》，生活·读书·新知三联书店 2014 年版。

黄逸峰、姜铎、唐传泗、徐鼎新：《旧中国民族资产阶级》，江苏古籍出版社 1990 年版。

金光耀、王建朗主编：《北洋时期的中国外交》，复旦大学出版社 2006 年版。

乐正：《近代上海人社会心态（1860—1910）》，上海人民出版社 1991

年版。

李黎明：《近代上海摊贩群体研究（1943—1949）》，山东人民出版社 2013 年版。

李文海、程歗、刘仰东等：《中国近代十大灾荒》，上海人民出版社 1994 年版。

梁元生：《晚清上海：一个城市的历史记忆》，广西师范大学出版社 2010 年版。

刘惠吾编著：《上海近代史》（上），华东师范大学出版社 1985 年版。

罗苏文：《近代上海：都市社会与生活》，中华书局 2006 年版。

马长林：《上海的租界》，天津教育出版社 2009 年版。

马敏：《官商之间：社会剧变中的近代绅商》，天津人民出版社 1995 年版。

马敏、朱英：《传统与近代的二重变奏——晚清苏州商会个案研究》，巴蜀书社 1993 年版。

彭明：《五四运动史》，人民出版社 1984 年版。

上海百货公司、上海社会科学院经济研究所、上海市工商行政管理局编著：《上海近代百货商业史》，上海社会科学院出版社 1988 年版。

宋钻友：《广东人在上海（1843—1949 年）》，上海人民出版社 2007 年版。

孙倩：《上海近代城市公共管理制度与空间建设》，东南大学出版社 2009 年版。

陶水木：《浙江商帮与上海经济近代化研究（1840—1936）》，上海三联书店 2000 年版。

王菊：《近代上海棉纺业的最后辉煌（一九四五—一九四九）》，上海社会科学院出版社 2004 年版。

王芸生编著：《六十年来中国与日本》第 8 卷，生活·读书·新知三联书店 2005 年版。

隗瀛涛主编：《中国近代不同类型城市综合研究》，四川大学出版社 1998 年版。

魏文享：《中间组织——近代工商同业公会研究（1918－1949）》，华中师范大学出版社 2007 年版。

徐鼎新、钱小明：《上海总商会史(1902—1929)》，上海社会科学院出版社 1991 年版。

徐新吾、黄汉民主编：《上海近代工业史》，上海社会科学院出版社 1998 年版。

严昌洪主编：《近代中国城市下层社会群体研究——以苦力工人为中心的考察》，湖北人民出版社 2016 年版。

杨荫溥：《民国财政史》，中国财政经济出版社 1985 年版。

易继苍：《买办与上海金融近代化》，知识产权出版社 2006 年版。

于珍：《近代上海同乡组织与移民教育》，社会科学文献出版社 2009 年版。

张生：《上海居，大不易——近代上海房荒研究》，上海辞书出版社 2009 年版。

张天政：《上海银行公会研究(1937—1945)》，上海人民出版社 2009 年版。

张笑川：《近代上海闸北居民社会生活》，上海辞书出版社 2009 年版。

张忠民主编：《近代上海城市发展与城市综合竞争力》，上海社会科学院出版社 2005 年版。

张仲礼、熊月之、沈祖炜主编：《长江沿江城市与中国近代化》，上海人民出版社 2002 年版。

张仲礼主编：《东南沿海城市与中国近代化》，上海人民出版社 1996 年版。

张仲礼主编：《近代上海城市研究》，上海社会科学院出版社 1990 年版。

钟思远、刘基荣：《民国私营银行史(1911—1949 年)》，四川大学出版社 1999 年版。

周松青：《整合主义的挑战：上海地方自治研究(1927—1949)》，上海交通大学出版社 2011 年版。

朱英：《近代中国商人与社会》，湖北教育出版社 2002 年版。

邹依仁：《旧上海人口变迁的研究》，上海人民出版社 1980 年版。

二、论文

[韩]李升辉：《1920 年代上海"中小商人"团体的构成与性质》，见欧阳恩良主编《近代中国社会流动与社会控制》，社会科学文献出版社 2010 年版，第 128—137 页。

[美]卢汉超：《远离南京路：近代上海的小店铺和里弄生活》，罗玲、任云兰译，见刘海岩主编《城市史研究》第 23 辑，天津社会科学院出版社 2005 年版，第 238—266 页。

[日]陈来幸：《"五四"运动后上海商界之革新潮流(1919—1923)》，见章开沅、朱英主编《对外经济关系与中国近代化》，华中师范大学出版社 1990 年版，第 286—303 页。

[日]陈来幸：《上海各路商界联合会について(1919—1923)》，《神户大学史学年报》1988 年第 3 号。

[日]水羽信男：《日本的中国近代城市史研究》，《历史研究》2004 年第 6 期。

冯筱才：《中国商会史研究之回顾与反思》，《历史研究》2001 年第 5 期。

冯筱才：《最近商会史研究之刍见》，《华中师范大学学报(人文社会科学版)》2006 年第 5 期。

郭太风：《二十年代上海商总联会概述》，《档案与史学》1994 年第 2 期。

胡光美、宋美云、任云兰：《首届商会与近代中国国际学术讨论会综述》，《历史研究》1998 年第 6 期。

李达嘉：《上海的中小商人组织——马路商界联合会》，《新史学》(台北) 2008 年第 3 期。

李达嘉：《五四运动前后的上海商界》，《"中央研究院"近代史研究所集刊》1992 年第 21 期。

李金铮、吴志国：《清末官方与民间社会互动之一瞥——以 1908～1911 年天津商会反对印花税为中心》，《江海学刊》2006 年第 6 期。

李向东：《抗争的变曲：〈租界内华人实行贴用印花办法〉评析》，《历史教学》2013 年第 10 期。

李子文：《简论上海总商会"民治委员会"》，《史学集刊》1986 年第 2 期。

陆烨：《抗捐视角中的上海法租界市民团体(1919—1937)》，《史林》2013年第 6 期。

马敏：《21 世纪中国近现代史研究的若干趋势》，《史学月刊》2004 年第6 期。

马敏、付海晏：《近 20 年来的中国商会史研究(1990—2009)》，《近代史研究》2010 年第 2 期。

彭南生：《1921 年上海公共租界乔杨案抗争的多重驱动——兼论近代上海马路商界联合会与同乡会的关系》，《浙江社会科学》2010 年第 3 期。

彭南生：《1923 年上海商界的反贿选运动——以上海马路商界联合会为分析中心》，《华中师范大学(人文社会科学版)》2011 年第 6 期。

彭南生：《20 世纪 20 年代初期的上海铜元危机及其应对——以马路商界联合会为讨论中心》，见张宪文主编：《民国研究》总第 15 辑，社会科学文献出版社 2009 年版，第 80—96 页。

彭南生：《20 世纪 20 年代的上海南京路商界联合会》，《近代史研究》2009年第 3 期。

彭南生：《20 世纪 20 年代上海马路商界联合会的组织生态》，《华中师范大学学报(人文社会科学版)》2010 年第 6 期。

彭南生：《20 世纪 20 年代上海商业街区的基层选举——以上海马路商界联合会为分析中心》，《江苏社会科学》2009 年第 3 期。

彭南生：《对商贩之死的抗争——以 1926 年"陈阿堂案"为讨论中心》，《江苏社会科学》2008 年第 3 期。

彭南生：《国民责任意识与上海中小商人团体力量的集结——以 20 世纪20 年代上海马路商界联合会为分析重点》，《社会科学》(上海)2011 年第 4 期。

彭南生：《简论华盛顿会议前后的上海马路商界联合会》，《社会科学家》2008 年第 4 期。

彭南生：《抗捐与争权：市民权运动与上海马路商界联合会的兴起》，《江汉论坛》2009 年第 5 期。

彭南生：《论民初上海马路商界联合会的街区自治性》，《理论月刊》2009年第 3 期。

彭南生：《民初上海马路商界联合会简论》，《浙江学刊》2005 年第 6 期。

彭南生：《屈辱的记忆：以"廿一条"国耻纪念为讨论中心》，《江苏社会科学》2010 年第 5 期。

彭南生：《权重还是利重：1922 年上海银楼业罢工风潮的取向》，《浙江学刊》2008 年第 4 期。

彭南生：《上海商总联会的形成、重组及其性质》，《华中师范大学（人文社会科学版）》2015 年第 3 期。

彭南生：《五卅运动中的上海马路商界联合会》，《安徽史学》2008 年第 3 期。

彭南生：《五四运动与上海马路商界联合会的兴起》，《华中师范大学学报（人文社会科学版）》2009 年第 3 期。

彭南生：《行小善：近代商人与城市街区慈善公益事业——以上海马路商界联合会为讨论中心》，《史学月刊》2012 年第 7 期。

彭南生：《政争、权争与派系之争：上海商总联合会分裂原因初探》，《史学月刊》2014 年第 8 期。

彭南生、何亚丽：《江浙战争前后的上海马路商界联合会——兼论近代民间商人组织的自我构建》，《江西社会科学》2014 年第 12 期。

彭南生：《民族主义与人道主义的交织：1923 年上海民间团体的抵制日货与赈济日灾》，《学术月刊》2008 年第 6 期。

宋钻友：《南北对峙与上海广东社会内的政见纷扰（1917—1927）》，《史林》2007 年第 5 期。

孙爱民：《近代上海商总联会研究》（未刊稿），硕士学位论文，上海师范大学，2004 年，指导老师为苏良智教授。

唐振常：《市民意识与上海社会》，《上海社会科学院学术季刊》1993 年第 1 期。

王旭、赵毅：《施坚雅宏观区域学说述论——中国城市史研究的理论探索》，《史学理论研究》1992 年第 2 期。

吴承明：《经济学理论与经济史研究》，《中国经济史研究》1995 年第 1 期。

熊月之：《20 世纪上海史研究》，《上海行政学院学报》2000 年第 1 期。

熊月之：《从上海史研究看魏斐德治史方法》，《杭州师范大学学报（社会科学版)》2013 年第 5 期。

熊月之、张生：《中国城市史研究综述(1986—2006)》，《史林》2008 年第 1 期。

徐鼎新：《中国商会研究综述》，《历史研究》1986 年第 6 期。

虞和平：《近八年之商会史研究》，《中国社会经济史研究》1995 年第 4 期。

张生：《上海南京路商界联合会简论(1919—1949)》，《社会科学》(上海) 2008 年第 2 期。

郑则民：《华盛顿会议与二十年代前期的中国政局》，《民国档案》1991 年第 4 期。

朱英：《中国行会史研究的回顾与展望》，《历史研究》2003 年第 2 期。

朱英：《中国商会史研究如何取得新突破》，《浙江学刊》2005 年第 6 期。

朱镇华：《近代上海金融市镇发展概况》，《金融研究》1991 年第 9 期。

三、报刊、档案、文集、史料集、工具书

(清)焦循撰：《易学三书》，九州出版社 2003 年版。

《八十年之前的上海商总联》，《现代工商》2008 年第 4 期。

《令社会局一件：为呈复办理上海各路商界联合会注册经过情形及应否准予注册之处祈核示》，《上海特别市政府市政公报》第 23 期，1929 年，第 73—74 页。

《批令：第九五号(十九年四月一日)：原具呈人上海各路商界总联合会：呈为声明团体性质组织方法时势需要监核转行呈请撤销上海市党部停止该会活动之决议与命令由》，《行政院公报》第 139 期，1930 年。

《批上海南京路商界联合会为据情呈请对于商店门沽单免贴印花以维商业由》，《财政公报》第 33 期，1930 年，第 80—81 页。

《批上海西城商界联合会王洞明为诉公用局广告税管理处强拆招牌迹近压迫恳请制止由》，《上海特别市市政公报》第 12 期，1928 年，第 102—121 页。

《批闸北虬宝各路商界联合会为招牌税苛捐病商请撤销或饬局明定丈尺俾资遵守由》，《上海特别市市政公报》第 15 期，1928 年，第 176—200 页。

《上海商会问题重要宣言》，上海市档案馆藏档案，档案号：S174-1-27。

《上海市机器染织工业同业公会章程》，上海市档案馆藏档案，档案号：S33-1-7。

《上海市木材商业同业公会章程》，上海市档案馆藏档案，档案号：S145-1-14。

《上海书业公所现行章程》（1923年重订），上海市档案馆藏档案，档案号：S313-1-1。

《上海震巽木业公会章程》，上海市档案馆藏档案，档案号：S145-1-7。

《申报》《民国日报》《时事新报》《中外日报》《中行月刊》《商业月报》

北京国际统一救灾总会编：《北京国际统一救灾总会报告书》，北京出版社1922年版。

陈独秀：《谈政治》，《新青年》第8卷第1号，1920年9月。

陈锡祺主编：《孙中山年谱长编》，中华书局1991年版。

陈炎林编著：《上海地产大全》，上海地产研究所1933年版。

戴渭清编：《国民政府公文程式新编》，民治书店1928年版。

邓中夏：《邓中夏全集》（下），人民出版社2014年版。

邓中夏：《我们的力量》，《中国工人》第2期，1924年11月。

上海市工商业联合会、复旦大学历史系编：《上海总商会组织史资料汇编》（上下册），上海古籍出版社2004年版。

化鲁：《民众运动的方式及要素》，《东方杂志》第20卷第13号，1923年7月。

黄纪莲编：《中日"二十一条"交涉史料全编（1915—1923）》，安徽大学出版社2001年版。

金普森、孙善根主编：《宁波帮大辞典》，宁波出版社2001年版。

蒯世勋：《上海公共租界华顾问的始终》，《上海通志馆期刊》第1卷第4期，1934年3月。

李达：《中国商工阶级应有之觉悟》，见《李达文集》第1卷，人民出版社1980年版。

中国李大钊研究会编注：《李大钊全集》，人民出版社2006年版。

李公道、李菊卢编：《江浙战纪》，泰东书局1924年版。

李子宽：《回忆"国闻社"》，中国人民政治协商会议江苏省常州市委员会文史研究委员会编《常州文史资料》第 9 辑，1989 年。

毛泽东：《北京政变与商人》，《向导》(周刊)第 31、32 期合刊，1923 年 7 月 11 日。

彭泽益主编：《中国工商行会史料集》(上下册)，中华书局 1995 年版。

陈独秀著，乔继堂选编：《陈独秀散文》，上海科学技术文献出版社 2013 年版。

秦瘦鸥：《小店主》，见《二舅——秦瘦鸥短篇小说选》，太平书店 1944 年版。

上海社会科学院历史研究所编：《五卅运动史料》第 1 卷，上海人民出版社 1981 年版。

上海社会科学院历史研究所编：《五四运动在上海史料选辑》，上海人民出版社 1960 年版。

上海市档案馆编：《一九二七年的上海商业联合会》("上海档案史料丛编")，上海人民出版社 1983 年版。

上海市档案馆编：《工部局董事会会议录》第 20—24 册，上海古籍出版社 2001 年版。

上海市档案馆编：《五卅运动》第 1 辑，上海人民出版社 1991 年版。

上海市工商业联合会编：《上海总商会议事录》(三)，上海古籍出版社 2006 年版。

陈独秀：《陈独秀文章选编》，生活·读书·新知三联书店 1984 年版。

宋原放主编：《中国出版史料(现代卷)》(第 1 卷上册)，山东教育出版社 2001 年版。

韬奋：《公意的表现》，《生活》(周刊)第 7 卷第 33 期，1932 年 8 月 20 日。

西安师专马列主义教研室党史组、西北大学政治理论系党史教研室合编：《中共"一大"资料汇编》，1979 年版。

辛亥革命武昌起义纪念馆选注：《峭谷诗稿》，湖北教育出版社 1991 年版。

熊月之主编：《稀见上海史志资料丛书》第 1—10 册，上海书店出版社 2012 年版。

严谔声口述：《我与商界联合会》，《档案与史学》2002 年第 2 期。

恽代英：《恽代英全集》第 8 卷，人民出版社 2014 年版。

张枬、王忍之编：《辛亥革命前十年时论选集》第 1 卷上册，生活·读书·新知三联书店 1960 年版。

中国第二历史档案馆编：《中国国民党第一、二次全国代表大会会议史料》（上），江苏古籍出版社 1986 年版。

中国第二历史档案馆编：《中华民国史档案资料汇编》第 3 辑"财政"，江苏古籍出版社 1991 年版。

中国人民银行上海市分行编：《上海钱庄史料》，上海人民出版社 1960 年版。

中国人民政治协商会议全国委员会文史资料委员会编：《中华文史资料文库·社会民情编》第 20 卷（20—20）"社会民情"，中国文史出版社 1996 年版。

中国社会科学院近代史研究所近代史资料编辑组编：《五四爱国运动》（下），中国社会科学出版社 1979 年版。

中国社会科学院近代史研究所中华民国史研究室、中山大学历史系孙中山研究室、广东省社会科学院历史研究室合编：《孙中山全集》第 8、11 卷，中华书局 2011 年版。

中国科学院历史研究所第三所近代史资料编辑组编：《五四爱国运动资料》，科学出版社 1959 年版。

中国银行总管理处经济研究室编印：《全国银行年鉴（中华民国二十五年）》，1936 年版。

中华书局辞海编辑所修订：《辞海（试行本）》第 8 分册，中华书局 1961 年版。

中央档案馆、上海档案馆编：《上海革命历史文件汇集·中共江浙区第一次代表大会有关文件（一九二七年二月）》，中央档案馆、上海档案馆 1990 年版。

朱枕霞：《百老汇路商界联合会募捐册序》，《小说日报汇订》第 148 期，1923 年，第 8 页。

索　引

后　记

老一辈专家常常告诫青年学者："板凳要坐十年冷，文章不写半句空！"摆在大家面前的这本小书是我主持的 2010 年度国家哲学社会科学基金项目"上海马路商界联合会研究"的结项成果。从搜集资料到开题、从立项到结项，历经十余年，自认为也下过一番苦功夫，它的出版或许对时下的商会史研究还有些助推作用。但能否做到"文章不写半句空"，只有留待各位同人评判了。

课题结项后，我便如释重负，稿子也束之高阁了。我并不着急出版，一来没有那么强的急迫性，二来当下出版常常需要出版赞助，而我的课题经费已无结余。于是，我便让它"待字闺中"，期待着有一天，有人慧眼独具，能提供一顿"免费的午餐"。

2018 年的某一天，北京师范大学出版社谭徐锋工作室的徐锋博士打来电话，询问我多年前的一本小册子(《中间经济：传统与现代之间的中国近代手工业(1840—1936)》)有无再版的打算，我当时表示，如果没有时间上的硬性要求，可以在修订后再版，并向他自荐了《上海马路商界联合会研究》这一结项成果。其时，该成果的结项鉴定结果已经公布，承蒙专家们的厚爱，获得了优秀等级。这虽然是专家们对课题负责人的鼓励与鞭策，但我也将其视为对我下过的一番功夫的认可。随后，我将书稿电子版发给徐锋博士，很快双方就签订了出版协议，不仅免去了出版费，而且还付给标准不低的稿酬，同时，徐锋博士建议，该成果可以申报国家哲学社会科学成果文库，如能列入，再进一步提高稿酬标准。

感谢全国哲学社会科学工作办公室卓有成效的工作。近些年来，社科办做了大量基础性研究的谋划、组织、资助工作，如设立文史哲等基础性学科的重大攻关项目，尤其是冷门绝学类项目，设立国家哲学社会科学成果文库，遴选一批高质量的著作予以资助出版，推出中华外译项目，鼓励中国学术走出去。在北师大出版社的鼓励下，我申报了2019年国家哲学社会科学成果文库，并如愿入围。感谢盲评专家们的认可，他们为拙著的调整、补充、完善提出了十分宝贵而中肯的意见和建议，并给予热情洋溢的肯定和慷慨的支持。这是对我本人多年努力付出的一种肯定，对一位学者而言，能够入选文库更是一种荣誉。

至今我也不知道是哪些盲评专家，但我对他们认真负责的精神表达崇高的敬意！对他们深刻精准的专业鉴定表达由衷的敬佩！他们不仅同意拙著入选国家哲学社会科学成果文库，比这更珍贵的还在于专家们毫无保留地提出了修改意见与建议。当然，我也毫无保留地接受专家们的意见，尽可能地予以修改，对一时因资料不足难以完善的地方，留待以后继续探索。

最后，我要特别感谢北京师范大学出版社谭徐锋工作室的谭徐锋博士，是他激活了拙著的出版工作。谭君从华中师大到中国社会科学院近代史所再到中国人民大学清史所，从一个本科生到历史学博士，受过良好的、完整的史学训练，他思维敏捷，视野宽广，眼界独到。我当时认为，他到出版社做一个普通编辑，多少有点屈才，甚至是人才浪费，并认为他应该到大学任教。但当得知他在出版界取得的成就时，特别是经由他策划的一本本史学佳作面世时，我打消了这一念头。他对学术的理解，他与学者的联系与沟通，都使得他的策划与编辑工作如鱼得水，一通电话，不仅确定了他想确定的，也敲定了我想敲定的，看似简单，背后却是彼此间的知己知彼和相互信任。

尽管下了一番苦功夫，但学术研究无止境，书中的缺漏与遗憾在所难免，我不仅对此负有全责，也恳请学界同人们不吝赐教，批评指正，共同推进这项研究工作的发展。值此出版之机，补缀数语，感激之余，还祈望于学界大家。

彭南生
2021年1月7日于武昌桂子山

图书在版编目(CIP)数据

街区里的商人社会：上海马路商界联合会：1919—1929 /彭南生
著. —北京：北京师范大学出版社，2021.4
（国家哲学社会科学成果文库）
ISBN 978-7-303-26906-8

Ⅰ. ①街… Ⅱ. ①彭… Ⅲ. ①商业史—上海—1919－1929
Ⅳ. ①F729.6

中国版本图书馆 CIP 数据核字(2021)第 050568 号

营　销　中　心　电　话	010-58808006
北京师范大学出版社谭徐锋工作室微信公众号	新史学 1902

JIEQULI DE SHANGREN SHEHUI SHANGHAI MALU
SHANGJIE LIANHEHUI

出版发行：北京师范大学出版社 www.bnup.com
　　　　　北京市西城区新街口外大街 12－3 号
　　　　　邮政编码：100088
印　　刷：北京盛通印刷股份有限公司
经　　销：全国新华书店
开　　本：710 mm×1000 mm　1/16
印　　张：37.75
字　　数：637 千字
版　　次：2021 年 9 月第 1 版
印　　次：2021 年 9 月第 1 次印刷
定　　价：165.00 元

策划编辑：谭徐锋　　　　　责任编辑：曹欣欣
美术编辑：王齐云　　　　　装帧设计：肖　辉　王齐云
责任校对：陈　民　　　　　责任印制：马　洁